2024 | SK Hynix | 인적성검사

SK하이닉스 고졸/전문대졸 Maintenance/Operator 필기시험

SKCT

gosinet
(주)고시넷

스마트폰에서 검색 고시넷

www.gosinet.co.kr

최고 강사진의 동영상 강의

수강생 만족도 1위

류준상 선생님

- 서울대학교 졸업
- 응용수리, 자료해석 대표강사
- 정답이 보이는 문제풀이 스킬 최다 보유
- 수포자도 만족하는 친절하고 상세한 설명

고시넷 취업강의 수강 인원 1위

김지영 선생님

- 성균관대학교 졸업
- 의사소통능력, 언어 영역 대표강사
- 빠른 지문 분석 능력을 길러 주는 강의
- 초단기 언어 영역 완성

공부의 神

양광현 선생님

- 서울대학교 졸업
- NCS 모듈형 대표강사
- 시험에 나올 문제만 콕콕 짚어주는 강의
- 중국 칭화대학교 의사소통 대회 우승
- 前 공신닷컴 멘토

PREFACE

정오표 및 학습 질의 안내

정오표 확인 방법

고시넷은 오류 없는 책을 만들기 위해 최선을 다합니다. 그러나 편집 과정에서 미처 잡지 못한 실수가 뒤늦게 나오는 경우가 있습니다. 고시넷은 이런 잘못을 바로잡기 위해 정오표를 실시간으로 제공합니다. 감사하는 마음으로 끝까지 책임을 다하겠습니다.

고시넷 홈페이지 접속 > 고시넷 출판-커뮤니티 > 정오표

www.gosinet.co.kr

모바일폰에서 QR코드로 실시간 정오표를 확인할 수 있습니다.

학습 질의 안내

학습과 교재선택 관련 문의를 받습니다. 적절한 교재선택에 관한 조언이나 고시넷 교재 학습 중 의문 사항은 아래 주소로 메일을 주시면 성실히 답변드리겠습니다.

이메일주소 **qna@gosinet.co.kr**

contents 차례

파트 4 유형 D 상황판단

파트 5 실전모의고사

파트 6 인성검사

파트 7 면접가이드

책 속의 책 정답과 해설

권두부록 최근 기출문제

파트 1 유형 A 기초지식

파트 2 유형 B 언어이해

파트 3 유형 C 패턴이해

파트 5 실전모의고사

EXAMINATION GUIDE

구성과 활용

1

SK하이닉스 소개 & 기출문제

SK하이닉스에서 추구하는 경영철학과 기업목표, 인재상 등을 수록하였으며 기출문제를 복원하여 출제 경향과 출제 영역 등을 한눈에 파악할 수 있도록 구성하였습니다.

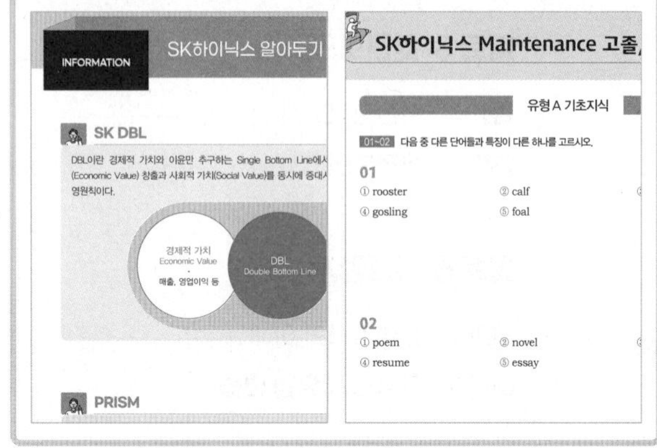

2

파트별 유형 분석 & 대표예제로 출제 경향 분석

기초지식, 언어이해, 패턴이해, 상황판단에서의 자주 출제되는 유형을 테마로 분석하여 최신 출제 경향을 파악할 수 있도록 하였으며 테마별 출제 키워드를 정리하고 대표예제를 실어 영역별 효율적인 학습이 이루어지도록 하였습니다.

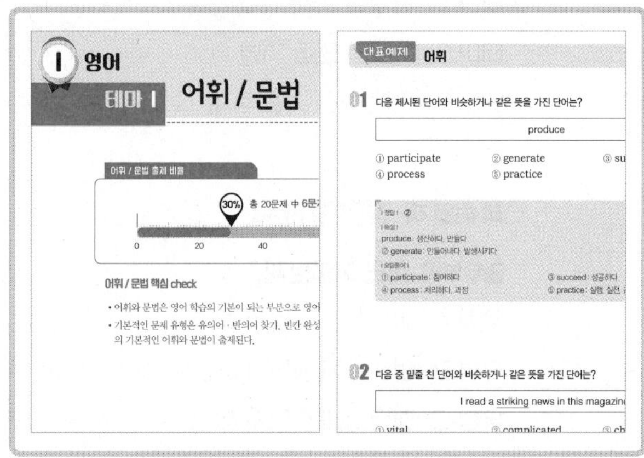

3

출제유형문제연습과 실력다지기로 문제 풀이 연습

과목별 기출예상문제를 자주 출제되는 유형의 문제로 구성하여 문제 풀이 연습을 할 수 있도록 구성하였습니다.

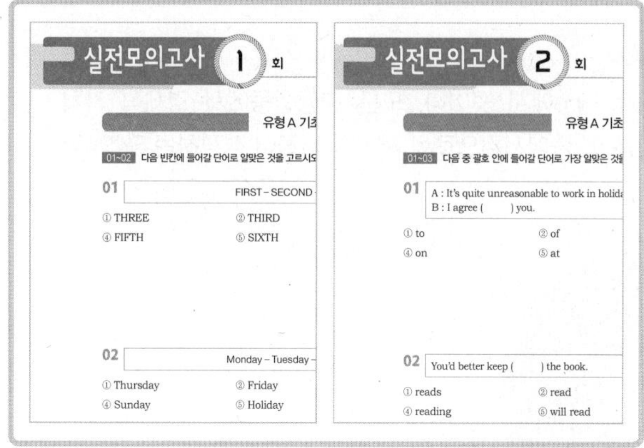

4

실전모의고사로 실전 연습 & 실력 up!!

최신 기출문제 유형에 맞게 구성한 총 2회분의 실전모의고사로 완벽한 실전 준비가 가능하도록 하였으며 두 번의 실전 연습을 통해 자신의 실력을 점검하고 향상시킬 수 있도록 구성하였습니다.

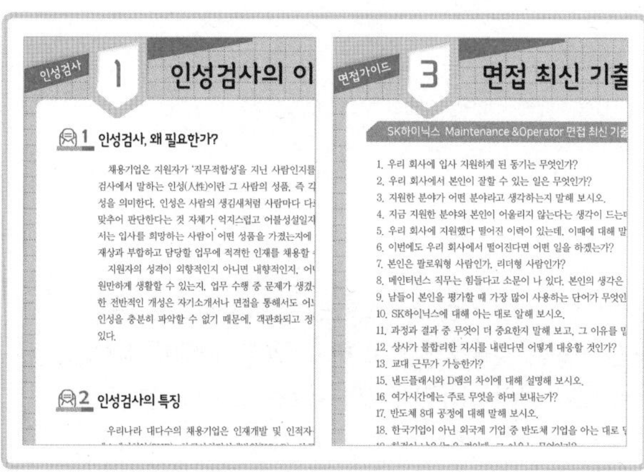

5

인성검사 & 면접으로 마무리까지 ok!!!

채용 시험에서 최근 점점 중시되고 있는 인성검사와 면접 질문들을 수록하여 마무리까지 완벽하게 대비할 수 있도록 하였습니다.

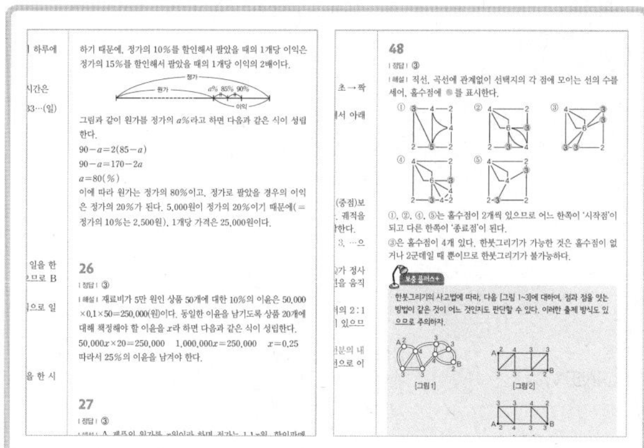

6

상세한 해설과 오답풀이가 수록된 정답과 해설

실력다지기와 실전모의고사의 문제에 상세한 해설을 수록하였고 오답풀이 및 보충 사항들을 수록하여 문제풀이 과정에서의 학습의 효과가 극대화될 수 있도록 구성하였습니다.

INFORMATION

SK하이닉스 알아두기

SK DBL

DBL이란 경제적 가치와 이윤만 추구하는 Single Bottom Line에서 벗어나, 모든 경영활동에서 경제적 가치(Economic Value) 창출과 사회적 가치(Social Value)를 동시에 증대시킴으로써 사회와 더불어 성장하는 SK의 경영원칙이다.

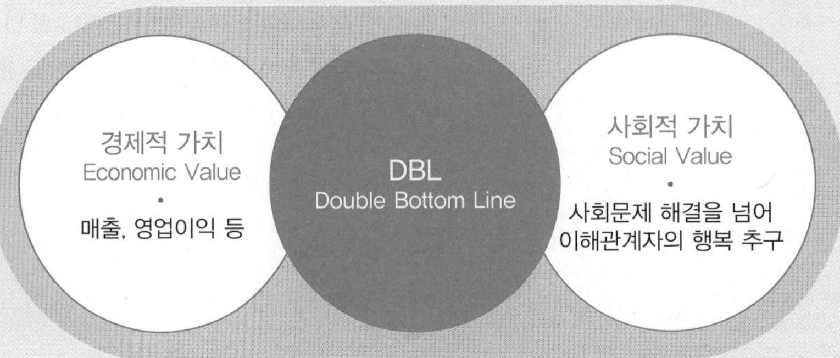

PRISM

SK하이닉스는 DBL이라는 고유의 경영 철학을 갖춘, 목적 의식을 가진 기업으로, EV는 물론 SV 창출을 통해 세상에 선한 영향력을 전파하고 더 나은 세상, 더 밝은 미래를 만드는 것을 사명으로 하고 있다. PRISM은 SK하이닉스가 기존 SV 2030에서 수립한 목표를 모두 포괄하면서, ESG 관련 이해관계자의 새로운 요구까지를 폭넓게 수용한 ESG 프레임워크이다.

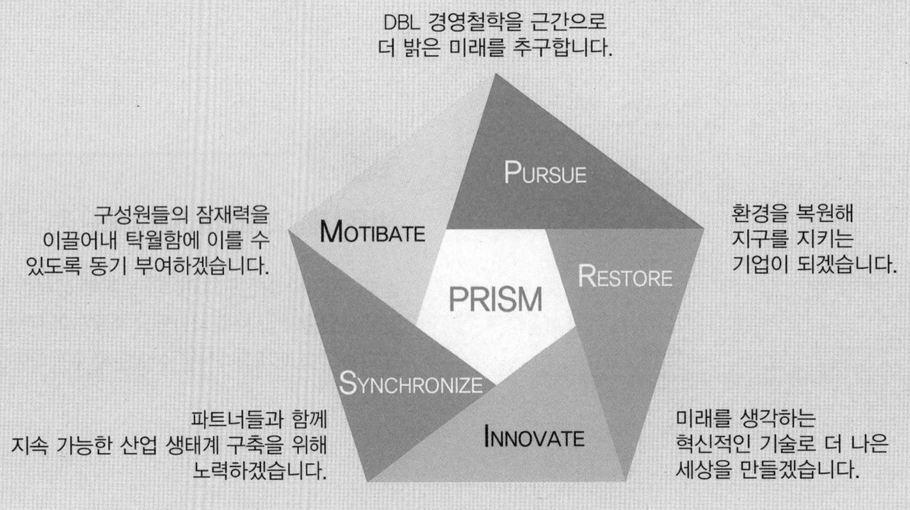

기업목표

Pursue	Restore	Innovate	Synchronize	Motivate
SV 사회공헌 사회성과 창출 누적액 1억 원	Scope 1&2 온실가스배출량 2020년 수준 유지	공정가스 배출량 40% 감축	협력사 ESG 온라인 자가평가 100%	여성 팀장 비율 10%

인재상

첨단 기술을 실현할 수 있는 인재
지속적으로 소통하는 인재
도전하고 노력하는 인재

VWBE	SUPEX	패기
자발적(Voluntarily)이고 의욕적(Willingly)인 두뇌활용(Brain Engagement)하는 인재	인간의 능력으로 도달할 수 있는 최고 높은 수준까지 도전하는 인재	스스로 동기부여를 하고 성장을 위해 노력하는 인재
협업능력	**기술역량**	**사고력 · 실행력**
제품의 완성도를 위해 다양한 사람과 끊임없이 소통하고 경계를 넘어 협력하는 인재	글로벌 반도체 시장을 선도하는 SK하이닉스의 첨단 기술을 함께 실현할 수 있는 인재	기술에 대한 집념으로 한 발 앞서 시장을 읽고 움직이는 인재

New CoC
SK하이닉스가 Global Top Player로서 지향하는 핵심가치,
그 가치를 실천하기 위한 우리만의 일하는 방식

초기술로 세상을 더 행복하게!		
Bar Raising	**Data Driven**	**One Team**
최고를 향해 한 단계 높은 기준으로 행동한다	Data로 소통하고 Data로 해결한다	서로를 연결하고 하나로 협업한다
Innovation	**Customer Focus**	**Perfection**
더 쌓고, 더 작게 하고, 더 저장한다	고객보다 먼저 준비하고 신속하게 움직인다	어려울 때 더 잘하고 Detail에 강한 것이 실력이다

SK하이닉스의 모든 것

기업정보

SK하이닉스는 글로벌 테크 리더십을 통해 고객, 협력사, 투자자, 지역사회, 구성원 등 이해관계자들에게 더 큰 가치를 제공하고자 하며, 글로벌 파트너와 기존 틀을 깨는 초협력으로 글로벌 ICT 생태계를 선도하는 Solution Provider를 지향한다.
또한 경제적 이익만을 추구하는 경영방식에서 벗어나, 사회적 가치와 건강한 기업 지배구조를 고민하는 ESG 경영을 강화하여, 인류와 사회에 기여하는 '글로벌 일류 기술 기업'으로 성장해 나갈 것이다.

기업명	SK하이닉스	대표이사	곽노정
설립일	1983년 2월	업종	반도체 소자 제조와 판매
본사소재	경기도 이천시 부발읍 경충대로 2091	제품 및 서비스	**메모리 반도체** DRAM, NAND Flash, MCP(Multi-Chip Package) 등 **시스템 반도체** CIS(CMOS Image Sensor)등

사회영역

DRAM

끊임없는 연구개발로 업계 최고 수준의 미세공정 기술을 확보하고 있는 SK하이닉스는 엄격한 품질관리를 통해 세계 최고 성능과 안정성을 갖춘 D램 제품을 생산하고 있다.
PC · 노트북 등에 사용되는 PC D램, 데이터센터의 대용량 서버 등에 사용되는 서버 D램, 전력소모가 적어 스마트폰 등 각종 휴대용 기기에 적합한 모바일 D램, 많은 양의 데이터를 고속으로 처리할 수 있어 그래픽 데이터 처리에 사용되는 그래픽 D램, 다양한 디지털 기기의 동작에 필요한 컨슈머 D램 등이 주요 생산 제품이다. 또한 고객이 요구하는 DDR2–DDR3–DDR4 인터페이스를 지원하는 다양한 제품군을 제공하고 있다.
SK하이닉스는 혁신적인 연구개발을 통해 업계 최고의 기술력을 유지하고, 고객의 다양한 요구를 충족하는 제품을 개발해 세계 D램 업계를 선도하고자 한다. 특히 기존 제품보다 전력소모는 적으면서도 용량과 처리속도는 크게 향상된 고용량 · 고성능 · 저전력의 프리미엄 제품을 지속적으로 개발하고 있다.

CIS

CIS는 각종 IT 기기에서 전자 필름 역할을 하는 비메모리 반도체이며, 비메모리 반도체임에도 생산 공정이 메모리반도체 기술과 연관이 가장 많은 제품이다. SK하이닉스는 메모리반도체 분야에서 축적한 기술 경쟁력을 바탕으로 CIS 사업에 성공적으로 진입했다. CIS를 통한 영상정보의 활용은 향후 더욱 늘어날 전망이다. SK하이닉스에서 생산되는 CIS 제품은 휴대폰 · 스마트폰 카메라는 물론 웹 카메라, 의학용 소형 촬영장비 등 여러 분야에 공급될 예정이다.

NAND Flash

MP3 · PMP · 디지털카메라 · 내비게이션 등에 단순한 저장장치로 사용되던 낸드플래시는 최근 스마트폰 · 태블릿 PC · SSD(Solid State Drive) 등으로 응용처가 다변화되는 추세이다. 업계 선두수준의 기술력과 시장 지배력을 갖춘 SK하이닉스는 이러한 변화에 발맞춰 데이터 처리속도를 높이고 저장용량을 증가시킨 제품을 지속적으로 개발하고 있다.

MLC(Multi Level Cell), TLC(Triple Level Cell) 등 최신 낸드플래시를 생산하고 있으며 128~512Gb까지 폭넓은 용량의 제품군을 보유하고 있는 SK하이닉스는 낸드플래시 단품은 물론, MCP(Multi Chip Package), 내장형(Embedded) 낸드플래시와 SSD 등을 통해 고객의 다양한 요구를 충족시키는 최고의 낸드솔루션을 제공한다.

직무안내

Maintenance

생산 장비의 Set-up, 검교정 및 정비, 장비의 최적 가동 상태 유지 업무, Gas/Chemical 설비운영 및 유지 보수 업무이다.

세부업무로 장비의 성능, 신뢰성을 유지 관리, 고장 발생 시 신속 정확히 판단하여 조치하는 활동, 장비 성능 향성을 위한 지속적인 노력, 안정된 현장관리를 위한 전반적인 장비기술 교육 활동이 있다.

Operator

입사 후 1~3개월 교육을 성실히 이수하면 쉽게 수행할 수 있는 반도체 제조 관련한 업무로 제조 현장에서 반도체 장비 조작을 통한 제조 또는 제조 지원 업무, 반도체 제품의 특성 및 Data 입력, 품질 관련 시험 및 불량 요인 검사 업무이다.

세부업무로 반도체장비 Operation을 통한 제조 또는 제조 지원 업무, 반도체 제품의 특성 및 Data 입력, 품질관련 시험 및 불량요인 검사 업무, 지수 향상을 위한 생산실적 분석 및 개선이 있다.

GUIDE

SK하이닉스 인적성검사 개요

채용 절차

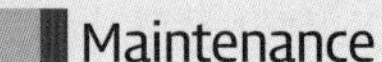

Maintenance

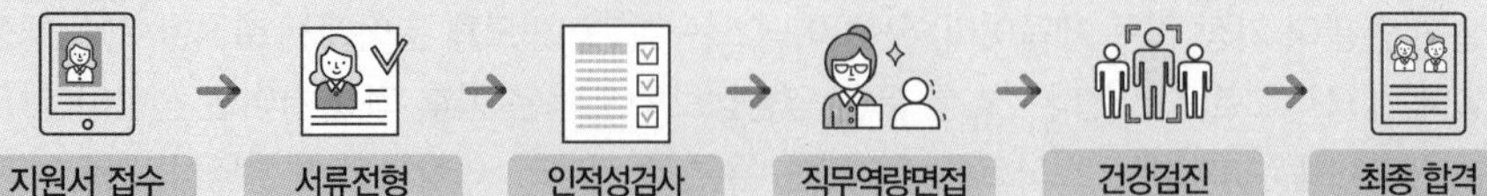

- 모집 시기는 소요 발생 시, 연중 상시로 홈페이지 채용소식을 통해 신입 Maintenance를 모집한다.
- 서류전형은 성적, 출결 등의 내용을 위주로 전형한다.

Operator

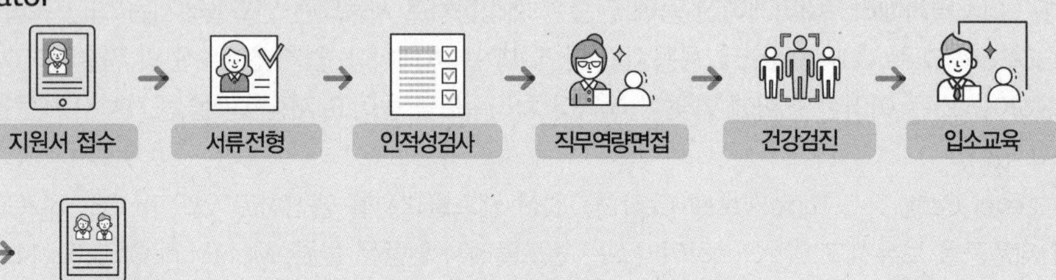

- 모집 시기는 소요 발생 시, 연중 상시로 홈페이지 채용소식을 통해 신입 Operator를 모집한다.
- 서류전형은 성적, 출결 등의 내용을 위주로 전형한다.
- 입소교육은 회사에 집결하여 6.5일 과정으로 교육이 진행되며, 교육기간동안 기숙사 및 숙식이 제공된다.
- 입소교육을 성실히 완료하여 최종 수료된 사람에 한하여 최종 합격 및 입사가 진행된다.

시험영역 및 유의사항

구분	영역	문항 수	제한 시간	출제 유형 및 비고
적성검사	기초지식	20	45분	영어 : 유의어 반의어, 독해, 회화문 등 수학 : 사칙연산, 응용계산 등
	언어이해	20		단어유추, 관계유추, 언어유추, 논리적 오류 등
	패턴이해	20		지각속도, 도형추리, 형태지각, 도식추리, 궤적 · 매듭 · 한붓그리기 · 종이접기 등
	상황판단	20		직장에서의 인간관계, 조직의 발전을 위한 방안 등
인성검사		280	40분	–

※ 채용 절차, 시험 영역, 시간 등은 계열사 및 시기별로 상이할 수 있다.

SK하이닉스 신입사원 모집 질문과 답변

01 *성별 및 나이 제한이 있나요?*

성별 및 나이 제한 없습니다.

02 *입사지원서 전공 검색 시 일치하는 결과가 없습니다.*

정확히 일치하는 전공 검색 결과가 없는 경우 유사한 전공으로 입력해 주시기 바랍니다.

03 *성적 기입 시 전 학년 모두 입력해야 되나요?*

본인 최종학력에 따라 고교 생활기록부 또는 전문대 성적 증명서를 기반으로 빠짐없이 작성해야 되며, 허위 또는 누락 시 채용 불이익이 있을 수 있습니다.

04 *지원서의 고교 행동 특성 및 종합 의견은 필수로 기입해야 될까요?*

네, 생활기록부 내용 그대로 기입해 주시기 바랍니다.

05 *입사지원서를 수정할 수 있나요?*

지원서는 작성 중 수시로 임시 저장이 가능하며, 제출 완료 이후에도 접수 마감일 이전까지는 언제든지 수정이 가능합니다.

06 *입사지원 시 제출서류는 무엇이며, 언제 제출하나요?*

고교 생활기록부, 전문대 성적/졸업 증명서, 자격증 등 면접 시 제출하시면 됩니다.

07 *인적성검사 장소는 어디인가요?*

서울에서 진행 예정으로 세부 장소는 서류 합격자에 한해 추후 안내드리겠습니다.

08 *인적성검사를 오프라인으로 진행할 예정인가요?*

네. 그렇습니다. 지원자 여러분의 안전한 응시를 위해 최선을 다해 준비 중이며 방역 수칙을 철저히 준수하여 시행할 예정입니다.

09 *인적성검사는 어떤 문제를 보나요?*

적성은 기초지식(영어, 수학), 언어/패턴 이해, 상황 판단 등 총 80문제이며, 인성은 Maintenance 직무에 부합하는 인재 선발을 위한 인성검사로 280문항입니다.

10 *회사가 이천, 청주에 위치하고 있는데, 입사하게 되면 기숙사 입숙이 가능한가요?*

미혼인 경우 기숙사가 제공됩니다. 단, 부모님 주소지 기준으로 배치 사업장에 통근버스 미운행 지역인 경우 입숙 가능합니다.

11 *전형 결과는 어떻게 통보가 되나요?*

지원자 이메일 주소로 결과를 안내드리고 있습니다.

12 *이 외 궁금한 사항은 어떻게 문의해야 될까요?*

채용담당자에게 메일 문의하시기 바랍니다.

고시넷

SK 하이닉스 Maintenance/Operator

권두부록
최근 기출문제

인적성검사란? 주어진 상황을 유연하게 대처하고 해결할 수 있는 종합적인 능력을 평가하는 검사이다.

유형 A 기초지식

01~02 다음 중 다른 단어들과 특징이 다른 하나를 고르시오.

01

① rooster ② calf ③ lamb
④ gosling ⑤ foal

02

① poem ② novel ③ play
④ resume ⑤ essay

03~05 다음 빈칸에 들어갈 단어로 알맞은 것을 고르시오.

03

The manager had back problems and decided to buy an ________ chair.

① anatomically ② economics ③ uncomfortable
④ adjustability ⑤ ergonomic

04

The new Nintendo game __________ is very well-designed.

① consolation ② controller ③ interfacing
④ council ⑤ counsel

05

All employees must __________ attention to plant safety.

① have ② pay ③ has
④ do ⑤ take

06 다음 글의 밑줄 친 부분과 의미가 가장 가까운 것은?

| 보기 |

Including several interviews with the residents who used to mine but now suffer from asthma, the documentary <u>delves into</u> coal mining issues in the suburban area of Ontario.

① discourse ② corroborate ③ explicate
④ converse ⑤ investigate

07~10 다음 글의 밑줄 친 부분에 들어갈 문장으로 적절한 것을 고르시오.

07

| 보기 |

A : What business is on your mind?
B : Do you think that owning a flower shop has good prospects nowadays?
A : It could. But have you prepared yourself mentally and financially?
B : ______________________________
A : Good! Then you should choose a strategic place and the right segment too. You must do a thorough research to have a good result.
B : I know that. It's much easier to start a business than to run it well.

① I plan to go to the hospital tomorrow.

② I can't be like that! I must strive to get a job.

③ I'm ready to start with what I have and take a chance.

④ I don't want to think about starting my own business.

⑤ It's none of your business.

08

| 보기 |

M : What's that noise?
W : Noise? I don't hear anything.
M : Listen closely. I hear some noise. ______________________________
W : Oh, let's stop and see.
M : Look! A piece of glass is in the right front wheel.
W : Really? Umm.... You're right. What are we going to do?

M : Don't worry. I got some experience in changing tires.

① I gave my customers sound advice.

② Maybe air is escaping from the tire.

③ I think the mechanic has an appointment.

④ Oh! Your phone is ringing in vibration mode.

⑤ Maybe I'll go to the hospital this week.

09

보기
M : Would you like to go out for dinner, Mary? W : Oh, I'd love to. Where are we going? M : How about the new pizza restaurant in town? W : Do we need a reservation? M : I don't think it is necessary. W : But we may have to wait in line because it's Friday night. M : You are absolutely right. Then, I'll ______________________ right now. W : Great.

① cancel the reservation
② give you the check
③ eat some breakfast
④ book a table
⑤ check a recipe

09

보기
M : Excuse me. How can I get to Seoul Station? W : You can take the subway. M : How long does it take? W : It takes approximately an hour. M : How often does the subway run? W : ______________________

① It is too far to walk.
② Every five minutes or so.
③ You should wait in line.
④ It takes about half an hour.
⑤ You can get on line number 1 or 4.

11~15 다음 식을 계산하시오.

11

$$159+84$$

① 13 ② 33 ③ 133
④ 243 ⑤ 843

12

$$78-37$$

① 23 ② 41 ③ 63
④ 71 ⑤ 131

13

$$3.5+3.09\times2.1\div0.24$$

① 25.75 ② 28.375 ③ 30.5375
④ 45.0625 ⑤ 47.4765

14

$$4\frac{6}{11}\times\frac{11}{15}$$

① $\frac{5}{3}$ ② $\frac{8}{3}$ ③ $\frac{10}{3}$
④ $\frac{13}{3}$ ⑤ $\frac{16}{3}$

15

$$\left(\frac{3}{5}-\frac{2}{7}\right)\times\frac{7}{11}$$

① $\frac{1}{11}$ ② $\frac{1}{5}$ ③ $\frac{9}{35}$
④ $\frac{11}{35}$ ⑤ $\frac{10}{77}$

16 작년 ○○회사의 직원은 480명이었다. 올해 남자 직원은 10% 증가, 여자 직원은 20% 감소하여 총 450명이 되었을 때 작년 남자 직원은 총 몇 명인가?

① 220명 ② 240명 ③ 260명
④ 280명 ⑤ 300명

17 A 사원은 사무용품을 다음과 같이 구입하였다. 형광펜의 가격은 얼마인가?

- 가위 3개, 메모지 5개, 형광펜 2개를 구입하고 25,000원을 지불하였다.
- 가위 5개, 메모지 1개, 형광펜 3개를 구입하고 23,000원을 지불하였다.
- 가위 6개, 메모지 2개, 형광펜 1개를 구입하고 27,000원을 지불하였다.

① 1,000원 ② 2,500원 ③ 3,500원
④ 4,000원 ⑤ 5,000원

18 올해 민아 부모님 나이의 합은 68세이다. 아버지가 현재 어머니의 나이였을 때 어머니의 나이는 아버지 나이의 $\frac{7}{8}$이었다고 한다면 올해 민아 어머니의 나이는 몇 세인가?

① 28세　② 32세　③ 34세
④ 35세　⑤ 36세

19 정육면체 주사위를 두 번 던졌을 때 나온 주사위 눈의 합이 5의 배수가 되는 경우는 모두 몇 가지인가?

① 3가지　② 4가지　③ 5가지
④ 6가지　⑤ 7가지

20 기상청에서 A 지역에 비가 올 확률이 0.7이고 A와 B 지역 모두에 비가 올 확률이 0.4라고 발표하였다. B 지역에 비가 오지 않을 확률은?

① $\frac{1}{7}$　② $\frac{2}{7}$　③ $\frac{3}{7}$
④ $\frac{4}{7}$　⑤ $\frac{5}{7}$

유형 B 언어이해

01 첫 번째 쌍과 두 번째 쌍의 단어 관계가 같아지도록 빈칸 안에 들어갈 단어로 적절한 것은?

시력 : 안경=청력 : (　　)

① 돋보기　② 보청기　③ 이비인후과
④ 헤드폰　⑤ 후각

02 다음 단어의 관계와 같은 관계를 가진 단어 쌍은?

소환 : 호출=(　　) : (　　)

① 타결 : 결렬　② 명령 : 지시　③ 합성 : 분해
④ 위반 : 준수　⑤ 중지 : 지속

03 다음 글의 ㉠, ㉡과 관계와 같지 않은 단어 쌍은?

구도의 필요에 따라 좌우와 상하의 거리 조정, 허와 실의 보완, ㉠ 성김과 ㉡ 빽빽함의 변화 표현 등이 자유로워졌다.

① 곱다 : 거칠다　② 무르다 : 야무지다
③ 넉넉하다 : 푼푼하다　④ 느슨하다 : 팽팽하다
⑤ 가지런하다 : 들쑥날쑥하다

04~09 다음 단어들의 공통 요소를 파악하여 연상되는 단어를 고르시오.

04

해수욕　　장마　　매미

① 거미　　② 여름　　③ 모래사장
④ 휴가　　⑤ 우산

05

하늘　　바다　　태극무늬

① 파란색　　② 노란색　　③ 빨간색
④ 흰색　　⑤ 초록색

06

눈　　냉장고　　살

① 찜질방　　② 얼음　　③ 겨울잠
④ 카페　　⑤ 비만

07

과제　　동아리　　교수

① 기한　　② 권위　　③ 취미
④ 공부　　⑤ 대학교

08

베를린　시계　돌

① 유럽　② 벽　③ 자격루
④ 모래　⑤ 제주도

09

제우스　민주주의　지중해

① 독일　② 프랑스　③ 그리스
④ 터키　⑤ 스페인

10~13 다음 단어들을 보고 3개 이상에 공통으로 연상되는 단어를 고르시오.

10

잔디, 등불, 인공, 깃발, 드릴, 달, 해바라기, 공전, 오토바이

① 위성　② 토끼　③ 겨울
④ 도로　⑤ 운동회

11

성적, 불쾌, 신원, 볏짚, 훈화, 묘사, 학살, 수감, 반들반들

① 통일　② 거울　③ 조회
④ 진압　⑤ 그림

12

수영, 집중, 방어, 한글, 보리, 파도, 지구, 배, 조소

① 지하철　② 바다　③ 전쟁
④ 이름　⑤ 미술

13

돼지, 안경, 샐러드, 말, 손가락, 새, 토마토, 부리, 가위

① 달리기　② 채소　③ 학용품
④ 구관조　⑤ 반지

14~16 다음 명제가 모두 참이라고 할 때 항상 참인 것을 고르시오.

14

- 요리를 잘하는 사람은 반드시 청소도 잘한다.
- 청소를 잘하는 사람은 반드시 키가 크다.
- 나는 요리를 잘한다.

① 키가 크면 청소를 잘한다.　② 청소를 잘하면 요리를 잘한다.
③ 키가 작으면 청소를 잘한다.　④ 나는 키가 크다.
⑤ 나는 키가 작다.

15

- 영화를 좋아하면 감수성이 풍부하다.
- 꼼꼼한 성격이면 편집을 잘한다.
- 영화를 좋아하면 꼼꼼한 성격이다.

① 편집을 잘하지 못하면 영화를 좋아하지 않는다.
② 꼼꼼한 성격이면 감수성이 풍부하다.
③ 편집을 잘하면 영화를 좋아한다.
④ 꼼꼼한 성격이면 영화를 좋아한다.
⑤ 영화를 좋아하지 않으면 편집을 잘하지 못한다.

16

- 안경을 쓴 사람은 가방을 들지 않았다.
- 안경을 쓰지 않은 사람은 키가 크지 않다.
- 스카프를 맨 사람은 가방을 들었다.

① 가방을 들지 않은 사람은 안경을 썼다.
② 안경을 쓰지 않은 사람은 스카프를 맸다.
③ 안경을 쓴 사람은 키가 크다.
④ 키가 큰 사람은 스카프를 매지 않았다.
⑤ 가방을 든 사람은 스카프를 맸다.

17 A~E는 마라톤 경기 중이다. 다음 <조건>을 바탕으로 할 때, 최종 순위가 2등인 사람은? (단, 주어진 조건 외 변동사항은 없다)

| 조건 |

- 출발 직후 1등은 C이며, B와 C 사이에 두 명이 있다. A는 B보다 앞서 있다.
- 이후 A만이 역전하여 가장 먼저 결승선을 통과했고, 역전을 당한 사람은 C뿐이다. E는 D보다 먼저 결승선을 통과했다.

① A
② B
③ C
④ D
⑤ E

18~20 다음 <조건>을 읽고 각 문제의 내용이 논리적으로 참이면 ①, 명확하게 거짓이면 ②, 참 · 거짓을 알 수 없으면 ③을 고르시오.

| 조건 |

- ○○기업의 신입사원 A~E는 마케팅팀, 인사팀, 홍보팀, 재무팀, 물류팀 중 한 곳에 배치된다(단, 신입사원은 각각 다른 팀에 배정되며 각 팀은 1~5층 중 한 층에 하나씩 있다).
- 홍보팀은 홀수 층에 위치하며, 물류팀과 홍보팀 사이에는 한 개의 팀이 있다.
- 인사팀과 재무팀은 인접하지 않으며, 재무팀은 맨 위층에 있다.
- 인사팀은 물류팀보다 아래층에 있다.
- D는 홍보팀이고 E는 홀수 층에서 근무하게 된다.
- A는 B보다 아래층에서 근무하게 되며, A와 B가 근무하는 층 사이에는 한 명의 신입사원이 근무한다.

18 물류팀은 홍보팀보다 아래층에 있다.

① ② ③

19 E는 물류팀에서 근무하게 된다.

① ② ③

20 A는 인사팀 사원이다.

① ② ③

유형 C 패턴이해

01~06 다음의 문자군 중에 각 문제의 왼쪽에 제시된 기호, 문자가 포함된 개수를 고르시오.

01

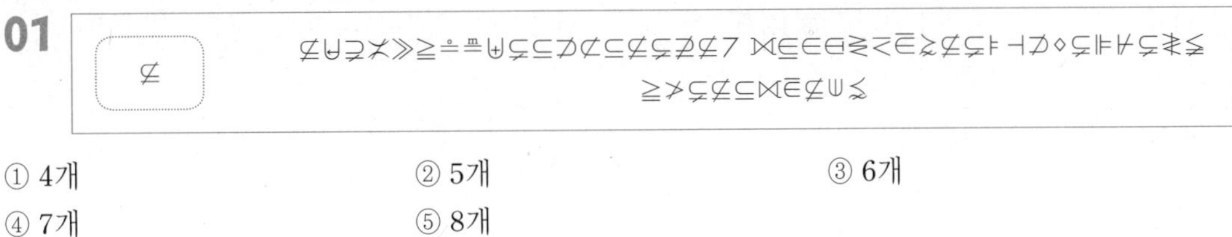

① 4개 ② 5개 ③ 6개
④ 7개 ⑤ 8개

02

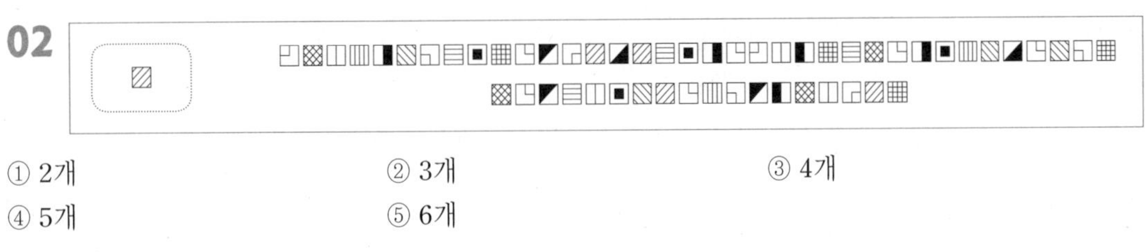

① 2개 ② 3개 ③ 4개
④ 5개 ⑤ 6개

03

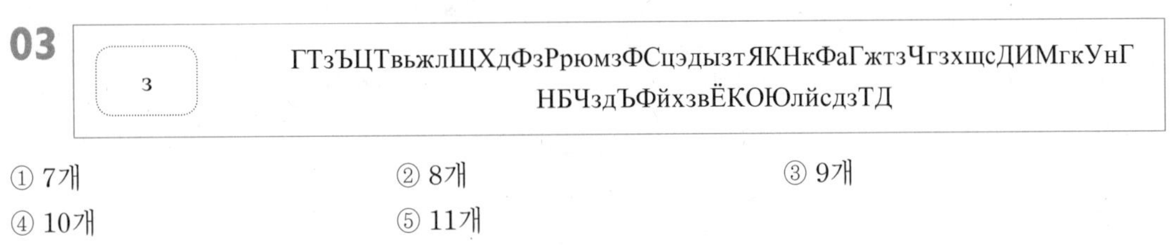

① 7개 ② 8개 ③ 9개
④ 10개 ⑤ 11개

04

e	Improvements are invented only by those who can feel that something is not good.

① 8개　② 9개　③ 10개
④ 11개　⑤ 12개

05

ㄹ	기억력이 나쁜 것의 장점은 같은 일을 여러 번, 마치 처음처럼 즐길 수 있다는 것이다.

① 3개　② 4개　③ 5개
④ 6개　⑤ 7개

06

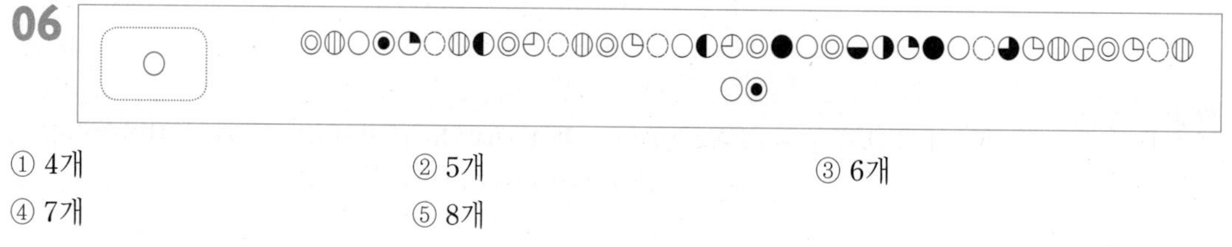

① 4개　② 5개　③ 6개
④ 7개　⑤ 8개

07~08 다음 중 나머지와 다른 하나를 고르시오.

07

①
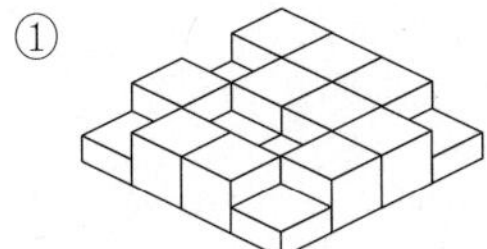
②
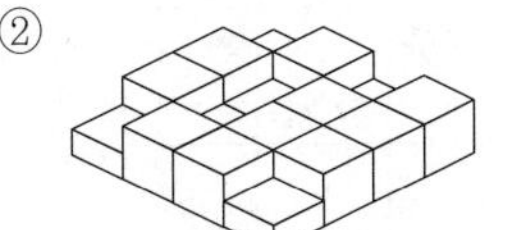
③
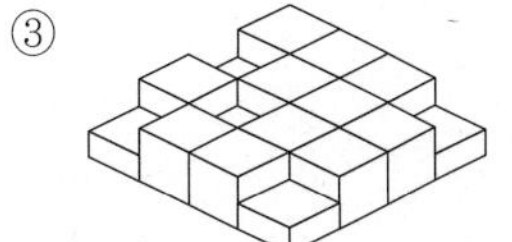
④
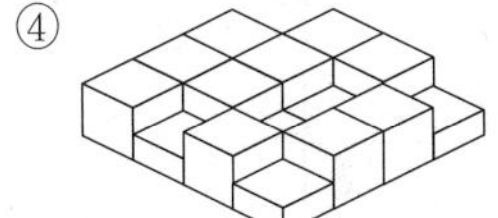
⑤
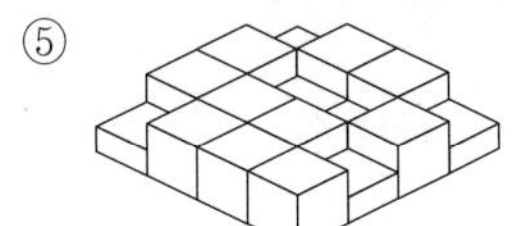

08

①
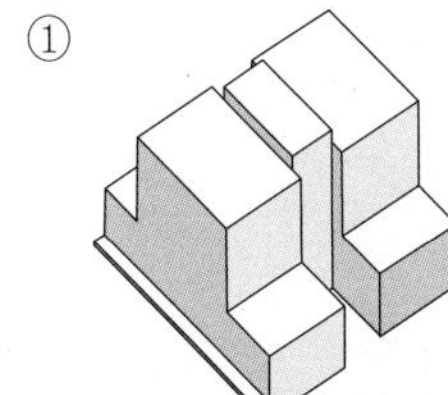
②
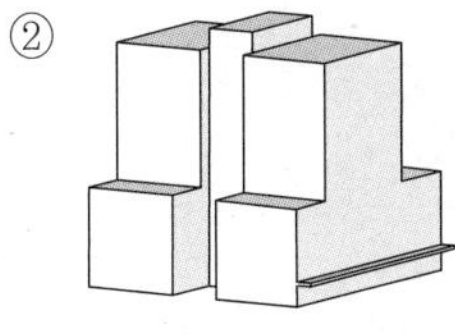
③
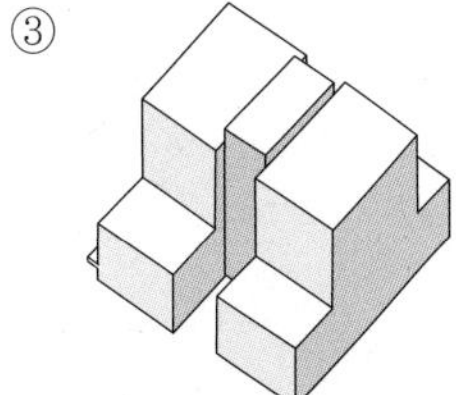
④
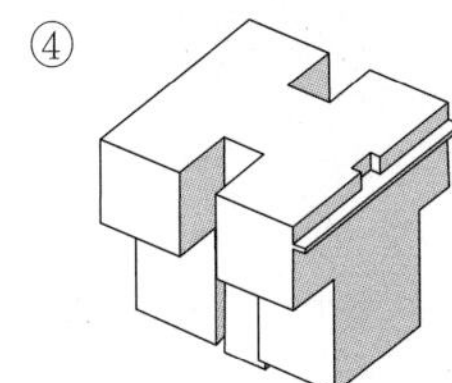
⑤
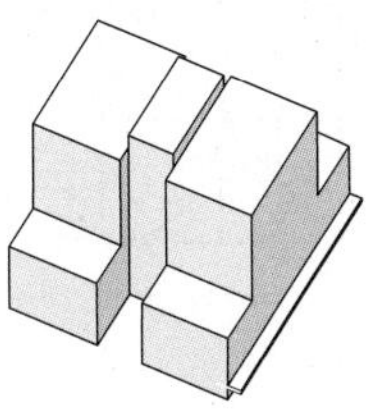

09~10 다음 도형을 시계방향으로 90° 돌렸을 때의 모양을 고르시오.

09

①

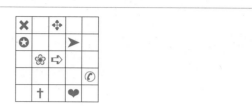

②

③

④ 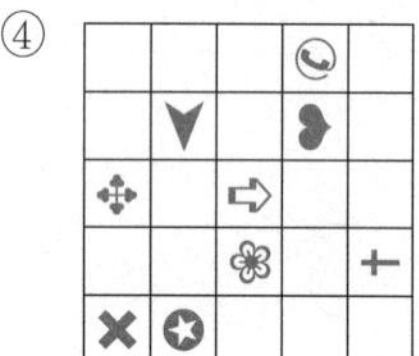

⑤ 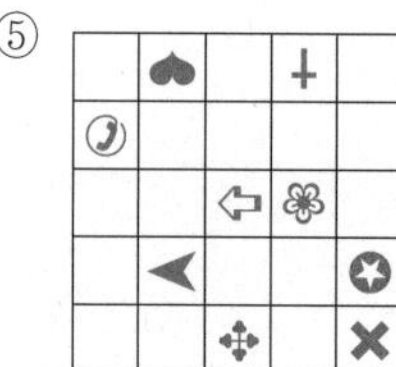

10

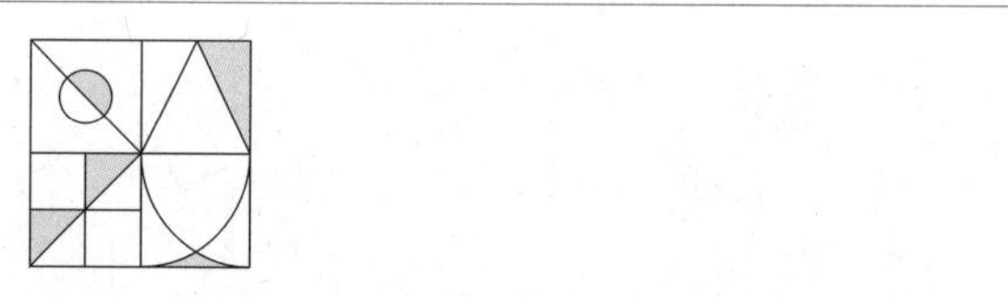

① 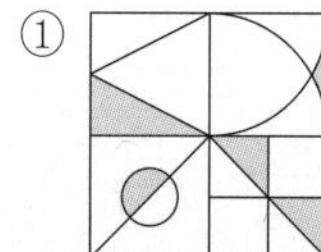

② 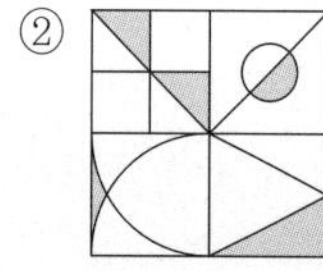

③ 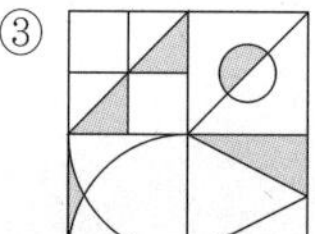

④ 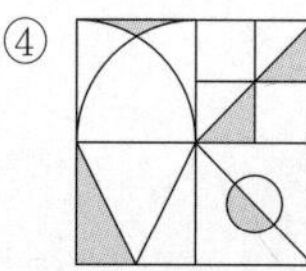

⑤ 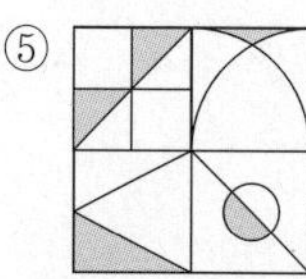

11~14 다음 도형을 이용하여 만들 수 없는 것을 고르시오(단, 제시된 도형이 모두 들어가야 하며, 한 번씩 만 이용되어야 한다).

11

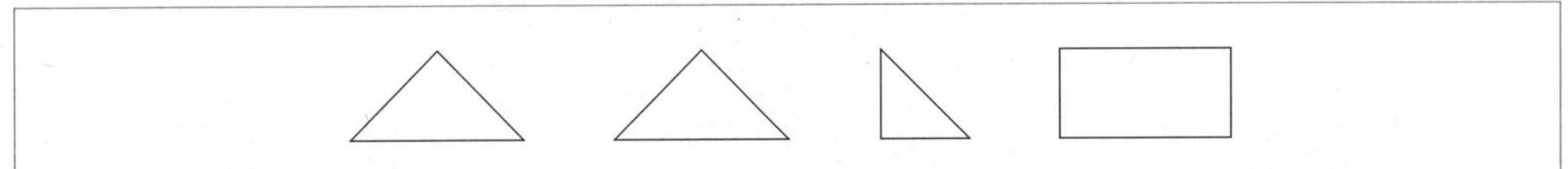

①
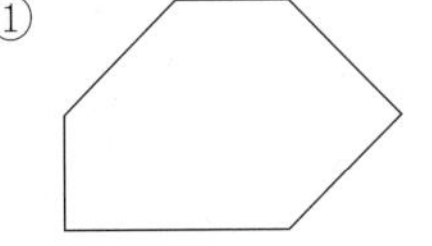
②
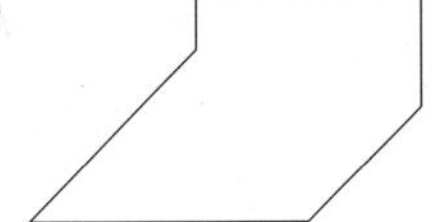
③
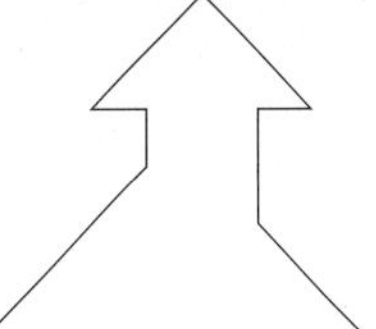

④
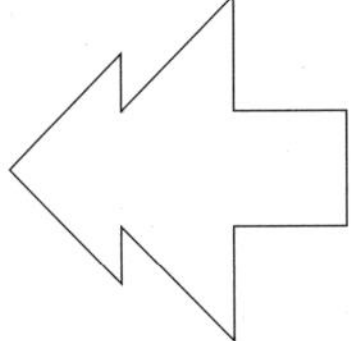
⑤
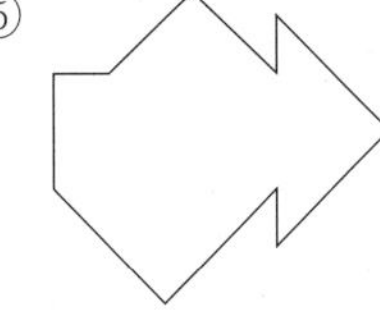

12

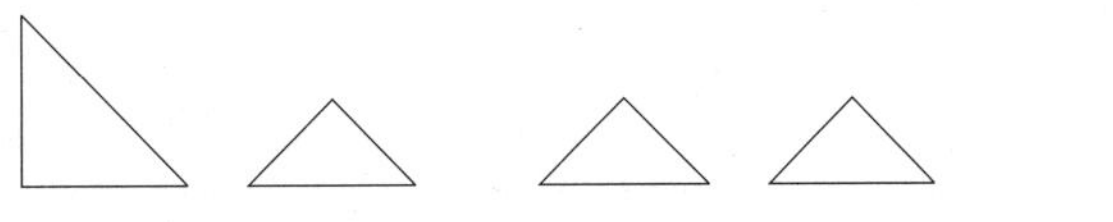

①
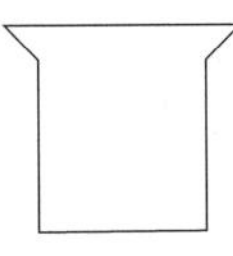
②
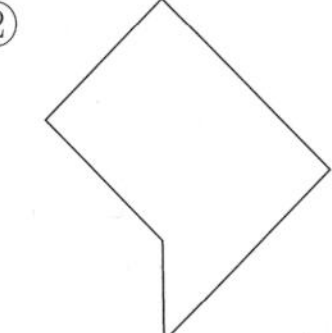
③
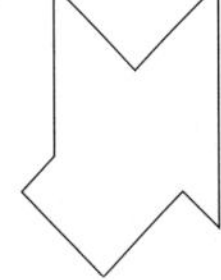

④
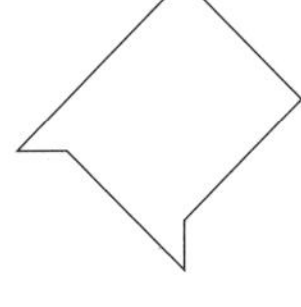
⑤

13

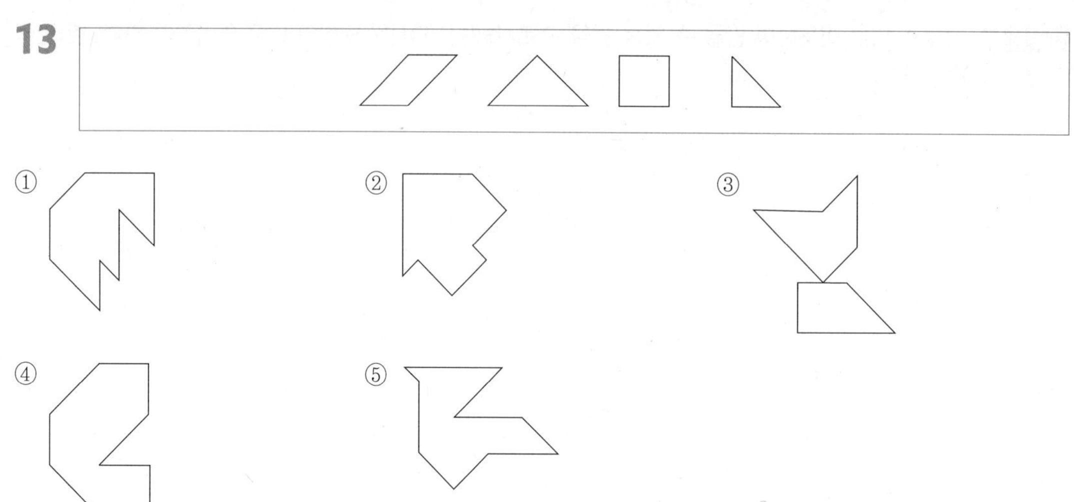

14

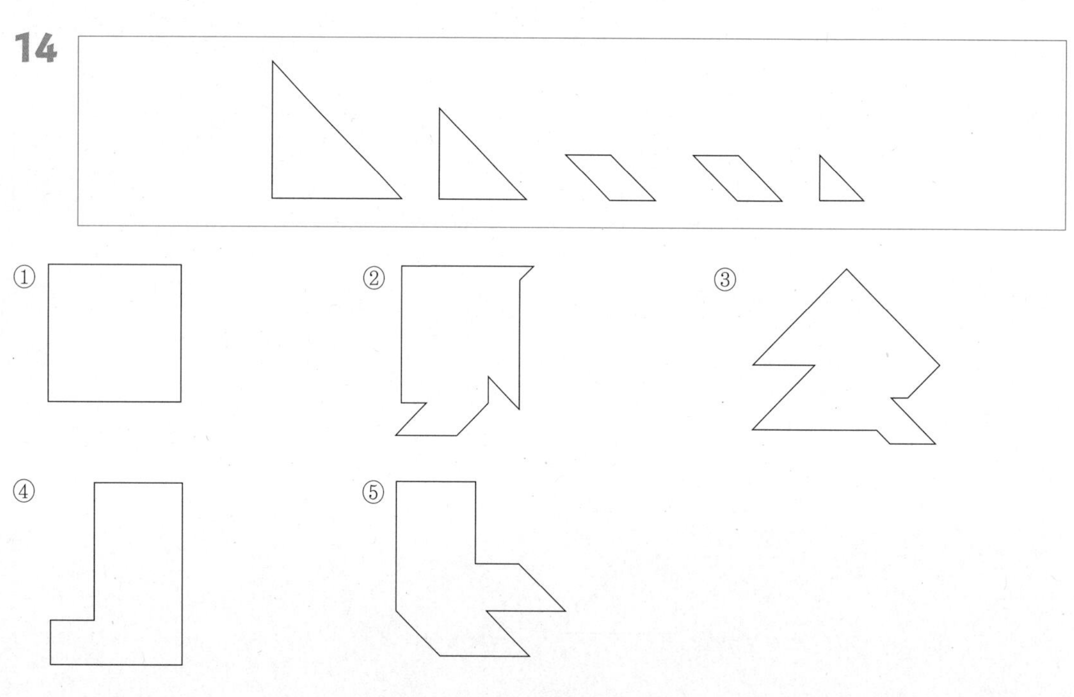

15 다음 그림과 같이 화살표 방향으로 종이를 접은 후, 마지막 색칠된 부분을 자른 뒷면의 모양으로 옳은 것은?

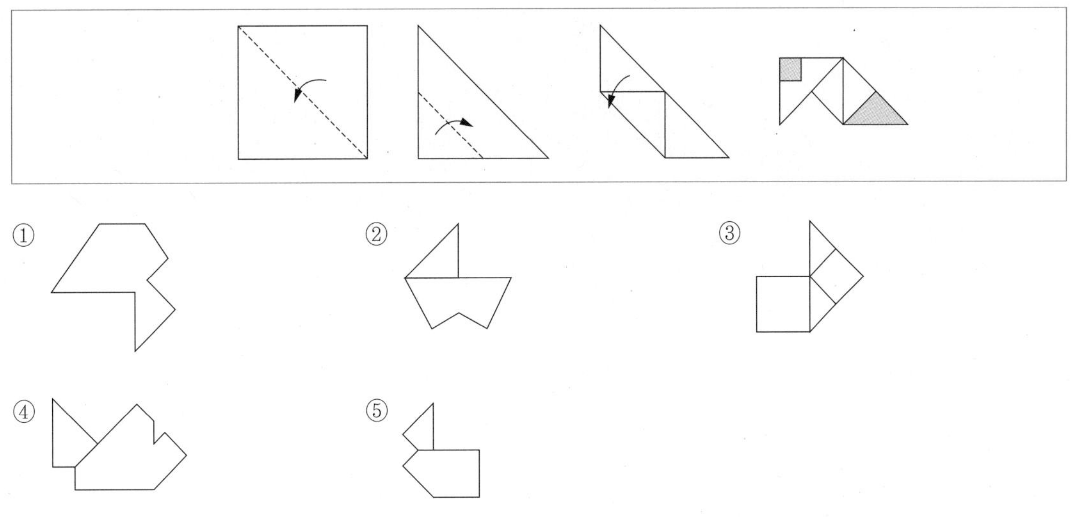

16 다음 그림과 같이 화살표 방향으로 종이를 접은 후 마지막 색칠된 부분을 자르고 다시 펼쳤을 때의 모양으로 옳은 것은?

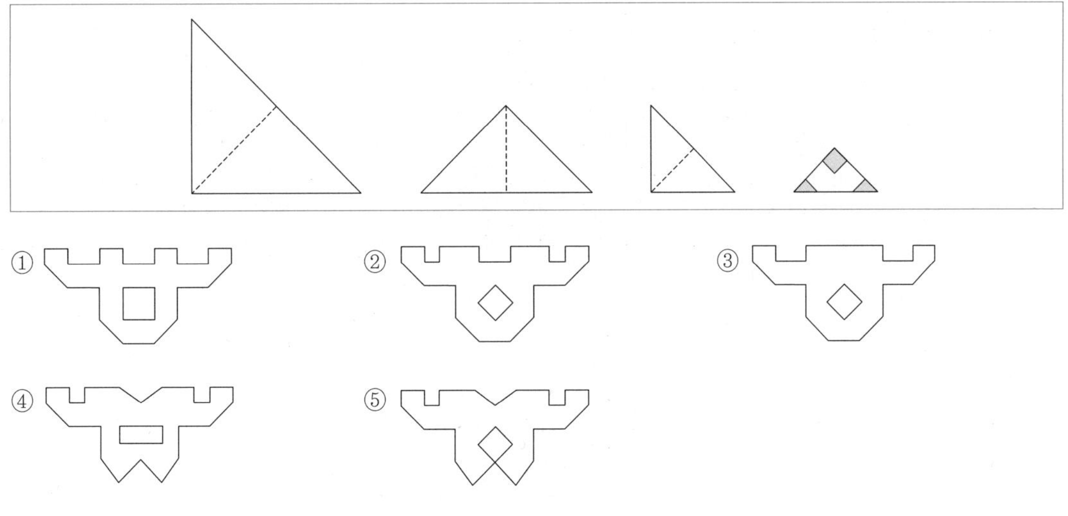

17 정육면체의 두 표면에 다음과 같은 표시를 하였을 때, 정육면체의 전개도로 옳은 것은?

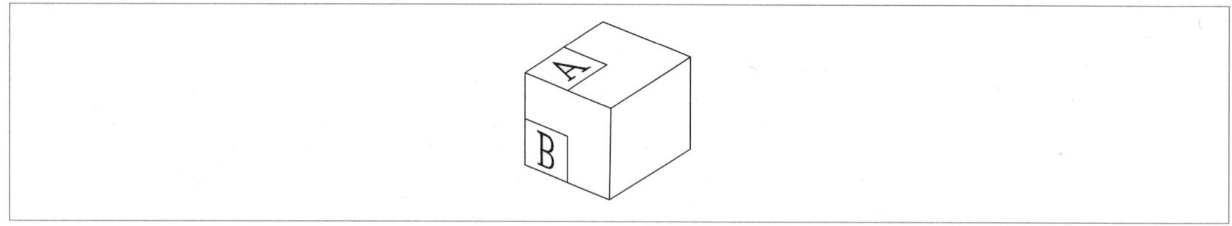

①

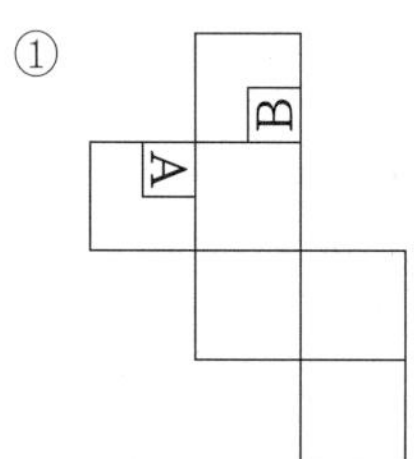

②

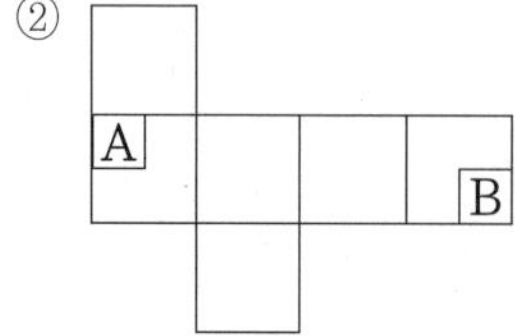

③

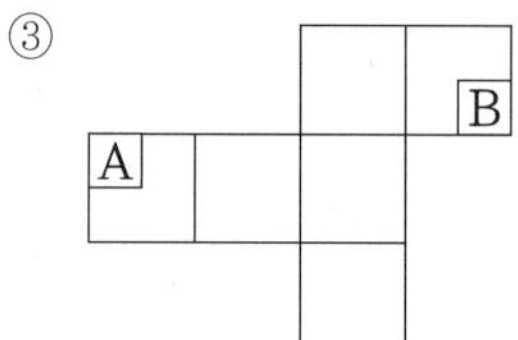

④

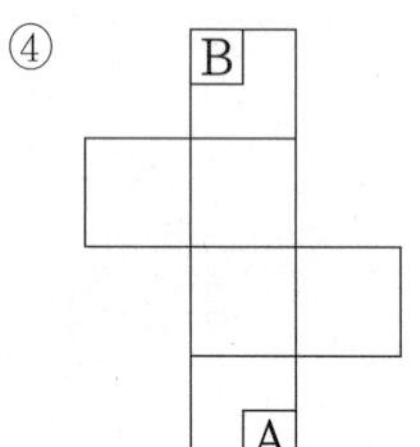

⑤

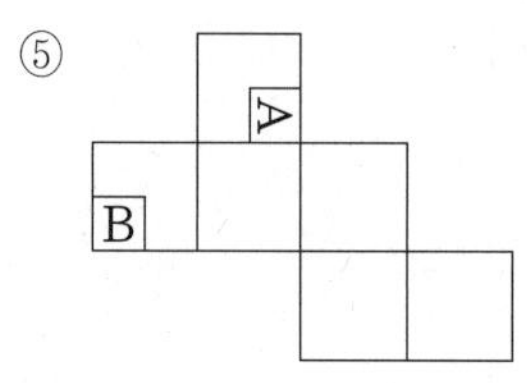

18 다음 입체도형 중에서 나머지와 다른 하나는?

①

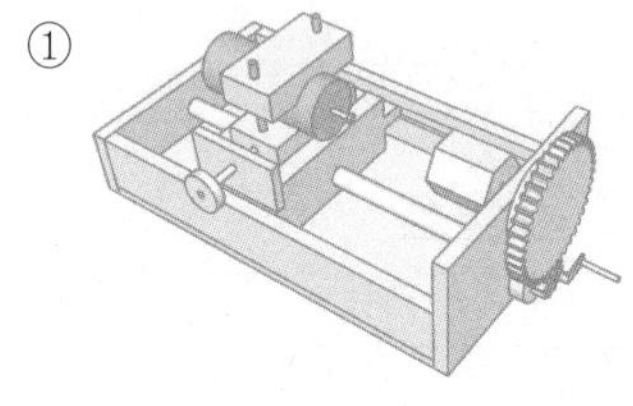

②

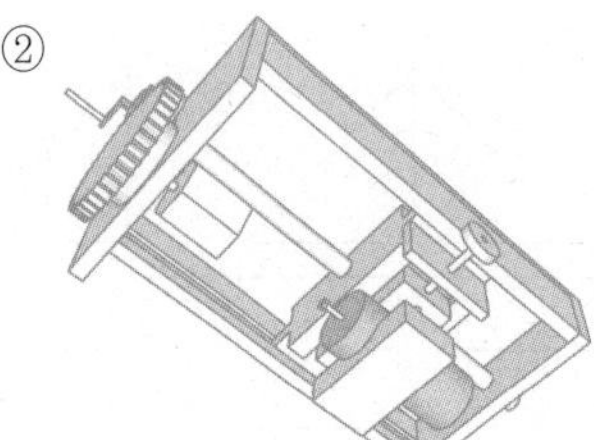

③

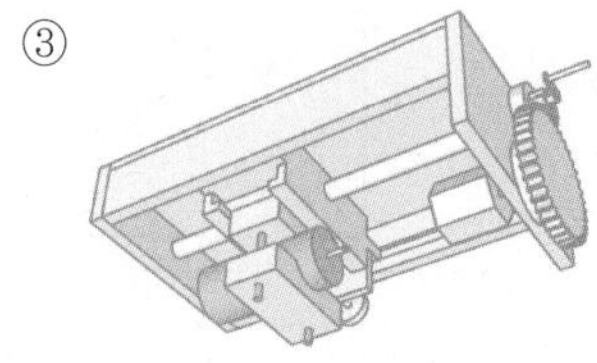

④

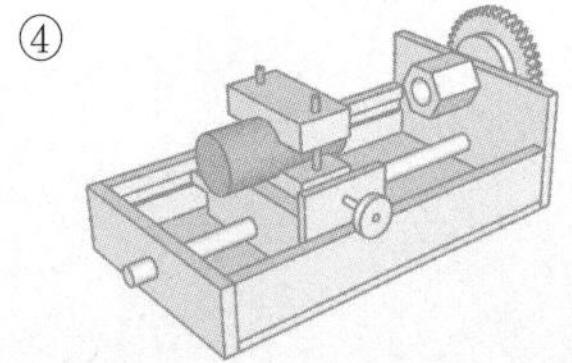

⑤

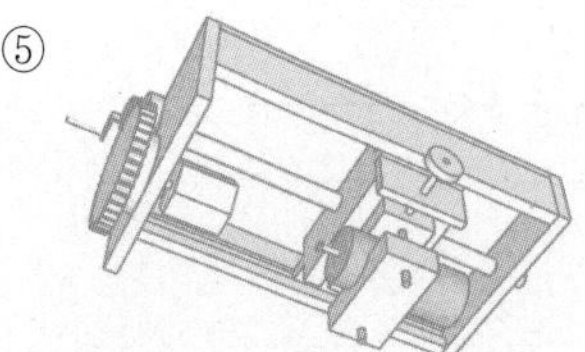

19 다음 그림에 나타나 있지 않은 조각은?

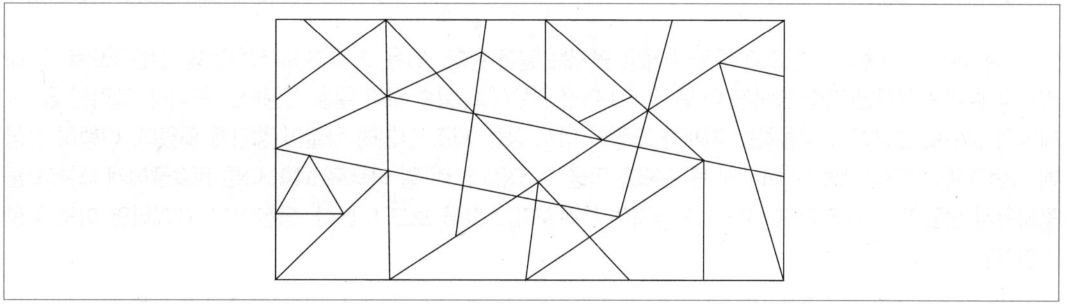

① 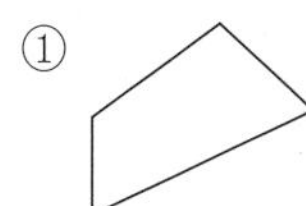

② 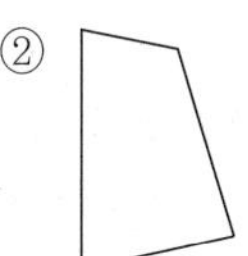

③ 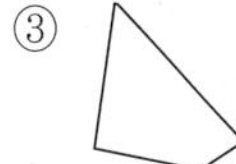

④ 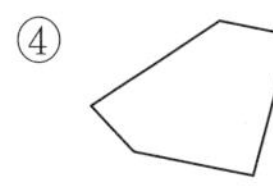

⑤ 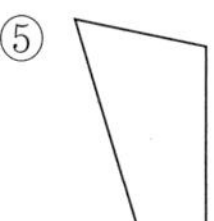

20 다음 두 블록을 합쳤을 때 나올 수 없는 형태는? (단, 회전은 자유롭다)

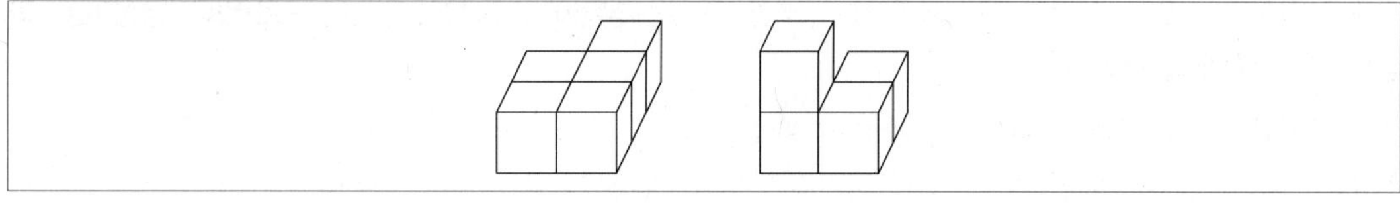

① 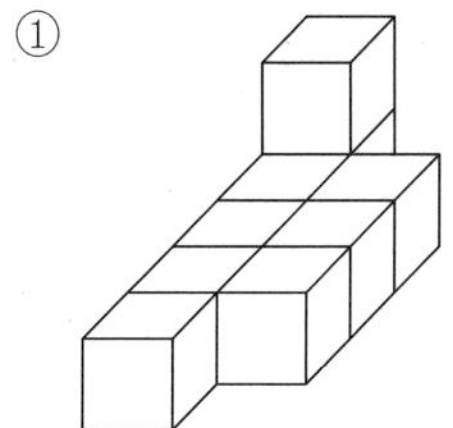

② 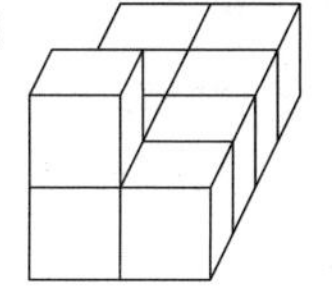

③ 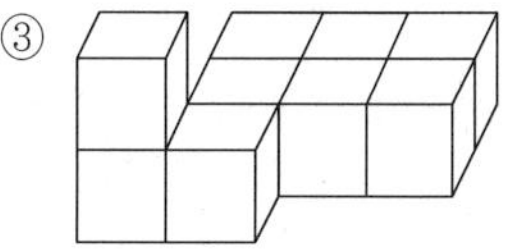

④ 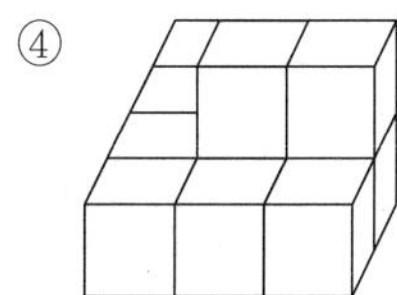

⑤ 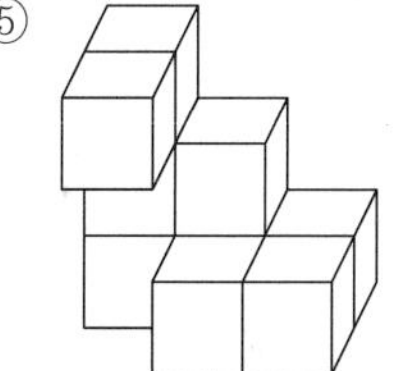

유형D 상황판단

01 A 대리는 기술직 사원으로 주로 기계를 만지는 일을 한다. M은 A의 부하 직원인데, 전반적으로 A 대리보다 경력은 적지만 기술 능력은 더 뛰어나서 어떤 업무에도 실수 없이 일을 진행하는 편이다. 그러던 중, A 대리의 실수로 현장에서 사용하는 기계가 고장이 나서 상품 제조 진행에 차질이 생기게 되었다. 다행히 현장에 있던 M이 대처를 잘하여 회사에 큰 손해를 막을 수 있었다. 이 일 이후로 M이 다른 동료들에게 대놓고 불평하면서 선임인 A 대리가 자신보다 기술력이 부족하다고 흉을 보고 다닌다. 당신이 A 대리라면 어떻게 할 것인가?

① 기술력이나 근무 경력을 떠나서 선임을 흉보는 일은 잘못된 것이므로 M을 따끔하게 훈계한다.
② M을 투명인간처럼 무시하면서 생활한다.
③ 후임보다 기술력이 뒤지지 않도록 퇴근 후 자기 개발에 몰두하여 기술력을 높인다.
④ 후임보다 능력도 없고 회사에 도움이 안 되는 것은 사실이므로 모두를 위해서 퇴사한다.
⑤ M에게 그런 행동은 좋지 않다며 부드럽게 훈계한다.

02 Q 과장은 본인이 담당하는 대리점 업무를 B 대리에게 맡기고 해외 출장을 갔다. 복귀 후 B 대리에게 맡겼던 업무를 확인해 보니, B 대리의 실수로 회사가 큰 손해를 입었다는 사실을 알게 되었다. 엎친 데 덮친 격으로 만회할 수 있는 기한이 지나 더 이상 손을 쓸 수 없는 상황에서 팀장이 책임을 묻고 있다. 당신이 Q 과장이라면 어떻게 할 것인가?

① B의 실수로 인한 손실이므로, 손실에 대한 책임을 B에게 전가한다.
② B가 저지른 실수이지만, 본인의 담당 대리점 업무이므로 본인 책임이라고 말한다.
③ 해외 출장 때문에 불가피한 일이었다고 팀장에게 변명한다.
④ 팀장 앞에서는 B를 혼내고, 사석에서 따로 달래며 사과한다.
⑤ 회사에 큰 손해를 입혔으므로, 책임을 지는 차원에서 사직서를 제출한다.

03 C 사원은 명절 연휴 기간에 부모님의 효도여행을 계획하였다. 그런데 C 사원의 팀에서 거래하는 해외 바이어에 이슈가 생겨 연휴기간에 출장 일정이 잡혀 버렸다. 부서 내에서 아직 휴가 계획이 있는 직원은 없고, 이 출장을 가야 하는 직원은 본인의 연휴를 뒤로 미루어야 하는 상황에서 N 팀장이 C 사원에게 출장을 다녀오라고 지시하고 있다. 당신이 C 사원이라면 어떻게 할 것인가?

① N에게 허락을 받고 연휴 계획이 없는 다른 팀원에게 출장을 양도한다.
② 이미 계획된 여행이므로 팀장의 지시를 거절한다.
③ 팀장이 업무를 지시한 것이므로 당연히 휴가 일정을 뒤로 미룬다.
④ 우선 출장은 맡되, 해외 거래처와 일정을 조율하여 효도여행 이후에 다녀올 수 있도록 한다.
⑤ 맡은 출장은 다녀오되, 휴가 일수의 연장을 건의한다.

04 E 과장이 속한 팀의 팀장 H는 팀원들에게 항상 타부서보다 실적이 좋아야 하고 열심히 일해야 한다는 것을 강조한다. 특히 매월 마감 실적을 타 부서와 비교하며 실적이 부진할 경우 팀원들에게 화를 내고, 극심한 스트레스를 준다. 팀원들은 중간 관리자인 E 과장에게 이러한 스트레스에 대해 종종 하소연을 한다. 당신이 E 과장이라면 어떻게 할 것인가?

① E 또한 스트레스를 받고 있음을 어필하며 팀원들과 함께 H의 업무 방식을 비판한다.
② 부서의 매출실적이 좋으면 팀원들의 성과도 좋아지는 것이기 때문에 팀원들을 다독여 열심히 일하도록 한다.
③ 팀원들에게 원래 팀장급들은 매출 압박을 가장 심하게 받는다며 H를 두둔한다.
④ 스트레스를 하소연한 팀원들이 누구누구인지 H에게 보고한다.
⑤ H를 찾아가 팀원들의 사기가 많이 떨어져 있으니 조금만 자제해 달라고 부탁한다.

05 F 대리는 진급시험을 앞둔 G 과장과 함께 일하고 있다. G 과장은 본인의 시험 공부를 핑계로 F 대리에게 업무를 인계하고 있는데, F 대리는 과중한 업무로 야근을 하며 자신의 업무 외의 일을 처리하고 있는 상황이다. 이때, F 대리가 담당해 온 프로젝트의 발표일이 다가와 이 업무에만 매진해야 하는 일이 생겼다. 당신이 F 대리라면 어떻게 할 것인가?

① 다른 사원에게 양해를 구하고 프로젝트 마감 일까지만 G의 업무를 다른 사원에게 인계한다.
② 어쩔 수 없는 상황이므로, 더 늦게까지 야근을 하며 자신의 상황을 동료에게 하소연한다.
③ 팀장에게 상황을 보고하고, 자신의 프로젝트를 도울 수 있는 다른 직원에게 지원 요청을 한다.
④ G에게 상황을 설명하고, 인계받았던 업무를 조율해 줄 것을 상의해 본다.
⑤ 나중에 자신도 진급시험을 앞두고 도움을 받아야 할 것이므로, G의 업무를 계속 도맡는다.

06 W 대리는 이번 상반기 채용한 12명의 인턴을 관리하는 담당자이다. 이 인턴 중 한 명인 T 사원은 유학파로, W 대리보다 나이도 많고 직장 경험도 있어 W 대리의 지시를 잘 따르지 않고, 사내 환경에 대해서도 종종 불평과 불만을 이야기하는 편이다. 이와 관련하여 몇 번 T 사원에게 좋게 타일렀지만 그의 태도에는 전혀 변화가 없다. 당신이 W 대리라면 어떻게 할 것인가?

① 인사팀에 T의 문제에 대해 보고하고, 인턴십 기간 중 해고한다.
② 좋게 타일러도 효과가 없었기 때문에 T에게 전보다 더욱 강한 주의를 준다.
③ 인턴의 관리책임 업무를 맡아 본 경험이 있는 다른 상사에게 조언을 구한다.
④ T를 그대로 두고, 인턴 평가를 할 때 사실 그대로 기재한다.
⑤ 자신이 T에게 업무를 지시하는 과정에서 문제가 있었나 생각해 본다.

07 특정 생활 습관에 집착하는 W 차장은 팀원들에게도 본인의 생활습관을 강요한다. 예를 들어, 전화기는 반드시 책상의 왼쪽에 있어야 한다든가, 아주 사소한 생활 습관까지 간섭을 하고 이를 거부하면 업무와 고과에 있어서도 부당한 대우를 한다. 당신이 팀원 중 한 사람이라면 어떻게 할 것인가?

① W의 강요를 무시하고, 이에 대해 부당한 대우가 있다면 팀장에게 보고한다.
② 주변에 W가 있을 때만 그의 말을 따르고, 평소에는 자유롭게 생활한다.
③ 적정 범위를 넘는 간섭은 부당하다고 말하며 W에게 항의한다.
④ 업무와 고과에 부당한 대우를 받을 수 없기 때문에 W의 말을 따라 생활습관을 고친다.
⑤ 사내 인트라넷에 W의 부당함에 대해 익명으로 투고한다.

08 기술영업 영업사원인 S는 거래처 입찰을 진행 중 거래처에 기존 단가 대비 10% 인하하여 입찰을 제시하였다. 하지만 거래처의 발주담당자 P는 기존 단가 대비 20% 저렴한 입찰을 요구하고 있다. 당신이 S라면 어떻게 할 것인가?

① 담당자 P와 자주 교류하여 친분을 쌓은 후, 다시 협상해 본다.
② 거래처와 친밀한 관계를 유지하는 동료에게 대신 협상해 달라고 얘기한다.
③ 무리한 조건을 요구한 담당자 P에게 이런 거래는 성립이 되지 않는다고 강하게 항의한다.
④ 상사에게 요구조건을 보고하지 않고, 입찰이 실패했다고 보고한다.
⑤ 상사에게 진행상황을 보고한 뒤, 입찰업무 방향을 수정하거나 지침을 받아 처리한다.

09 부서 막내인 D는 O의 괴롭힘을 받는다. O는 개인적인 업무를 D에게 과도하게 강요하고 있는데, D는 이로 인해 받는 스트레스가 크다. D는 O에게 개인 면담을 요청하여 개인적인 심부름을 줄여 줄 것을 건의하였지만, O는 요지부동이다. D는 최근 같은 부서에서 근무 중인 T에게 이러한 자신의 고민을 털어놓았다. 당신이 T라면 어떻게 할 것인가?

① 상사의 지시니 최대한 버티라고 조언한다.
② O와 다시 이야기해 보라고 조언한다.
③ O의 상사에게 O의 행동에 대해 이야기한다.
④ O에게 D가 사내 적응에 어려움을 겪으니 도와달라고 간접적으로 요청한다.
⑤ 부서 회의 시, 부서원 전체를 대상으로 사적인 심부름을 자제해 줄 것을 돌려서 말한다.

10 U와 I는 고등학교 동창이다. 원래는 친한 사이였지만 사소한 말다툼으로 인해 사이가 멀어진 둘은, 거래처와 담당자 관계로 다시 만나게 되었다. U와 I는 미팅에 참석했는데, U는 I에게 전혀 아는 체를 하지 않는다. 거래처 관계이기 때문에 U와는 적어도 3년간 계속 만날 것으로 예상된다. 당신이 I라면 어떻게 할 것인가?

① 같이 계속 모르는 척하며 지낸다.
② 업무상 만났을 때 친근감을 표하며 잘 부탁한다고 이야기한다.
③ 팀장에게 다른 거래선으로 바꾸어 주면 더 열심히 하겠다고 이야기한다.
④ 미팅 후 U를 찾아가 혹시 자신이 불편하다면 담당자를 다른 사람으로 바꾸어 주겠다고 이야기한다.
⑤ U와 사적인 자리를 만들어, 지난 일은 잊고 다시 잘 지내 보자고 이야기한다.

11 J 부장은 항상 부서 막내인 A에게 불필요한 충고를 많이 하고, 쓸데없는 이야기를 너무 많이 해서 스트레스를 받게 한다. A는 이 상황으로부터 받는 고충을 동료인 V에게 이야기하였다. 당신이 V라면 어떻게 할 것인가?

① 내 일이 아니므로 신경 쓰지 않고 넘어간다.
② A의 기분을 풀어 주기 위해 노력한다.
③ J에게 동료로서 솔직하게 느낀 점을 이야기하고, A의 마음을 헤아릴 수 있도록 간접적으로 말한다.
④ 그 자리에서 J를 찾아가 둘 사이를 중재한다.
⑤ A의 편을 들며 J에 대해 함께 불평한다.

12 **C는 업무 시간 내에 일을 마치고 정시 퇴근하는 것을 선호한다. 그런데 C와 같은 프로젝트를 담당하고 있는 E는 오후부터 일을 시작해서 늦은 저녁이 되어야 업무를 마친다. C와 E의 일일 보고는 함께 보고되어야 하기 때문에 C는 자신의 하루 업무를 다 마친 상태임에도 E의 업무가 마무리되는 것을 기다렸다가 늦게 퇴근해야 하는 일이 빈번하다. 당신이 C라면 어떻게 할 것인가?**

① E에게 "저는 업무를 다 마쳤으니 퇴근 시 함께 보고해 주세요"라고 말하면서 자신의 업무 내용을 전달한 후 먼저 퇴근한다.

② E가 오전에 업무를 시작할 수 있도록, 프로젝트를 총괄하는 상사에게 점심시간 직후 일일 업무 상황을 중간 보고하는 단계를 만들자고 제안한다.

③ E에게 당신의 업무 스타일로 인하여 나의 퇴근 시간이 보장되지 않아 힘들다고 솔직하게 이야기한 후 퇴근 시간 전에 최대한 업무를 다 마쳐 달라고 요청한다.

④ E에게 일의 효율을 높이기 위하여 업무 시간 내에 무조건 일일 업무를 마치도록 하자고 돌려서 말한 후 퇴근 시간이 되면 업무 결과를 자신에게 전달하게 한다.

⑤ E에게 일일 업무 종료 여부와 관계없이 퇴근 시간이 되면 일단 업무 결과에 대한 보고를 진행하는 것이 옳은 것 같다고 말한 뒤 매일 정해진 시간에 업무 보고를 하게 한다.

13 **K 대리가 속한 팀에서 진행한 프로젝트가 성공적으로 마무리되었다. 이에 따라 회사 창립기념 행사에서 팀장이 대표로 나서 프로젝트 결과를 보고하였고, 팀장은 이달의 우수사원으로 선정되었다. 그리고 팀장에게만 특별휴가 3일이 지급되었다. 프로젝트 성공에 따른 결과였는데, K 대리를 포함한 팀원 4명에게는 별다른 보상이 주어지지 않았다. 당신이 K 대리라면 어떻게 할 것인가?**

① 왜 팀장에게만 특별휴가가 지급된 것인지 팀장에게 직접 물어본다.

② 팀장이 특별휴가를 사용하는 날짜에 맞춰 자신도 휴가를 신청한다.

③ 팀장에게 자신을 포함한 팀원들은 언제 휴가를 가면 되는지 자연스럽게 물어본다.

④ 팀장이 휴가를 받은 데는 프로젝트 성공 외의 이유도 있을 것이라고 생각하며 스스로를 위로한다.

⑤ 팀장보다 높은 직급에 있는 부장에게 왜 함께한 팀원에게는 휴가가 주어지지 않았는지 여쭤본다.

14 회사에서 성실하다고 평판이 자자했던 L 대리는 요새 들어 지각이 잦고 실수도 많이 한다. L 대리가 걱정된 C 팀장은 따로 불러 면담을 진행했다. 알고 보니 L 대리의 어머니가 암에 걸리셔서 퇴근 후에 병간호를 하고 있다고 한다. 당신이 C 팀장이라면 어떻게 할 것인가?

① L에게 당분간 휴가를 낼 것을 권유한다.
② L에게 어떻게 하면 좋겠는지 의견을 묻는다.
③ L의 상황을 팀원들에게 말하고 업무를 분담해 준다.
④ L에게 최대한 일에 집중해 달라고 부탁하며, 급한 일은 도와주겠다고 말한다.
⑤ 상황은 충분히 이해한다고 공감해 주면서, 하지만 공과 사는 구분해야 한다며 충고한다.

15 W 팀장이 신입사원 X에게 지금 당장 처리해야 하는 급한 업무이거나 중요한 업무는 아니지만, 퇴근 시간 전에는 끝내 줬으면 좋겠다고 말하면서 업무를 맡겼다. X는 처음으로 팀장에게서 부여받은 단독 업무이기 때문에 이 업무의 처리 결과가 자신의 인상을 결정한다고 생각해서 최대한 완벽하게 업무를 해내고 싶다. 그런데 직속 사수인 Y가 와서 현재 Y가 맡아서 진행하고 있는 행사 준비에 일손이 많이 부족하니, 얼른 행사장으로 와서 업무 지원을 해 달라고 한다. 현재 팀장은 부재중이고 퇴근 시간까지는 4시간밖에 남지 않았다. 당신이 X라면 어떻게 할 것인가?

① Y에게 W가 시킨 업무를 보여 주고 둘 중 어떠한 업무가 더 중요한지 판단해 달라고 한다.
② Y가 다급하게 행사 지원을 요청한 것에 대하여 W에게 메일로 보고하고 Y를 따라나선다.
③ Y에게 퇴근 전까지 팀장님에게 보고해야 하는 업무가 있어서 돕지 못한다고 이야기한다.
④ W가 Y보다 높은 사람이므로 W의 업무를 처리하고 시간이 남으면 Y를 도우러 간다.
⑤ Y를 따라가서 한 시간 정도만 일을 돕다가 사정을 이야기하고 W가 시킨 업무를 한다.

16 S 팀장은 Q 팀으로부터 업무를 요청받고 매우 중대한 사안이므로 내일까지 Q 팀이 요청한 업무를 완료해야 한다는 상사의 지시까지 받았다. 하지만 팀에서 해당 업무를 가장 잘하는 C가 몸이 아파서 출근을 하지 못하는 상황이고, D는 바쁜 업무로 인하여 다른 팀과 협업을 하는 중이며, E는 오후에 거래처 미팅을 위하여 외근을 가야 한다. 그리고 신입사원 F는 입사한 지 2주밖에 되지 않아 현실적으로 도움이 되지 않는다. 당신이 S 팀장이라면 어떻게 할 것인가?

① Q 팀에 팀의 인력 상황을 설명하고 내일까지 업무를 마치기는 어렵다고 이야기한다.
② 자신의 팀에는 해당 업무를 맡을 사람이 없으므로, Q 팀에 인력 지원을 요청한다.
③ 출근을 하지 않은 C를 제외한 팀원들을 소집하여 현재 상황에 대해 논의한다.
④ 자신이 E 대신에 거래처 미팅 외근을 나가고 E에게 해당 업무를 맡긴다.
⑤ Q 팀으로부터 요청받은 업무를 자신이 독단으로 맡아서 진행한다.

17 건설사 W가 곧 촬영에 들어갈 드라마에 아파트를 협찬하기로 함에 따라 담당 부서의 R 팀장과 G 대리가 해당 드라마 기획자인 유명 PD M과 미팅을 하기로 하였다. 그런데 미팅을 하러 가는 차 안에서 R 팀장은 G 대리에게 자신이 평소에 드라마도 잘 보지 않고 말주변도 없으니 G 대리가 나가서 미팅을 이끌어 달라고 신신당부를 하였다. 당신이 G 대리라면 어떻게 할 것인가?

① 학교, 지역, 가족 등 PD인 M과 자신이 공감대를 형성할 수 있을 만한 정보를 미리 조사해서 친밀감을 형성하는 방식으로 미팅 분위기를 주도해 나간다.
② M이 이전에 기획하거나 연출했던 드라마에 대한 호평으로 인사를 시작하며 미팅 전에 상대의 호감을 사는 방식으로 업무 이야기를 시작해 나간다.
③ M을 만난 후에 자신이 드라마 보는 것을 좋아한다고 밝히면서 곧 촬영에 들어갈 M의 드라마에 대한 기대감을 드러내며 호감을 표한다.
④ 협찬이 M의 드라마에 어떠한 긍정적 영향을 미칠지에 대해 중점적으로 정리하여 M에게 전달함으로써 M을 설득한다.
⑤ 이전 W사가 협찬했던 드라마들이 얼마나 좋은 성과를 냈었는지에 관하여 자부심을 가지고 M에게 이야기한다.

18 어느 날 점심시간에 A 사원은 같은 팀 선배 B와 이런저런 이야기를 나누던 중에 일주일 뒤가 B의 생일이라는 사실을 알고, B에게 생일을 어떻게 보낼 계획인지 물었다. 그러자 B는 자신이 클래식을 굉장히 좋아한다면서, 이번에 클래식 공연을 보고 싶지만 친구들과 일정이 맞지 않아 혼자 생일을 보내야 할 것 같다고 답했다. B는 A가 신입 때부터 많은 도움을 준 선배지만 아직 사적인 자리에서 만난 적은 없는 사이이다. 게다가 A는 클래식 음악에 대해서 아는 바도 거의 없고 관심도 없다. 하지만 B의 이야기를 들은 이상 생일을 그냥 지나치기에는 마음이 불편할 것 같다. 당신이 A라면 어떻게 할 것인가?

① B의 생일 당일, 퇴근 시간 전에 팀 사람들과 함께 축하 파티를 해 준다.
② B의 생일에 볼 만한 클래식 공연을 알아보고 그 정보를 B에게 알려 준다.
③ 클래식 음악을 잘 아는 사람에게 물어봐서 적당한 클래식 음악 CD를 B에게 선물한다.
④ 그간의 감사함도 표할 겸, B에게 생일에 함께 클래식 공연을 보러 가자고 한다.
⑤ 가볍게 오고 간 대화이므로 크게 신경 쓰지 않고 생일날 B에게 축하 인사를 건넨다.

19 Z는 거래 계약을 위해 해외 바이어를 인천국제공항에서 픽업해 미팅 장소로 향하고 있다. 차 안에서 바이어와 대화를 하던 중, 해외 바이어가 최고급 호텔과 비행기 비즈니스석을 예약해 주지 않은 것에 대한 불만을 Z에게 토로하였다. 하지만 회사에서 할 수 있는 예산을 모두 동원해 대접한 상황이다. 당신이 Z라면 어떻게 할 것인가?

① 바이어에게 현재의 대접이 최선을 다한 대접임을 설명한다.
② 계약 성립이 중요하므로 이번에는 개인적 사비로 최고급 호텔을 예약해 주고, 회사에 차후부터는 비즈니스석과 최고급호텔 예약이 필요함을 보고한다.
③ 만족하는 수준이 아닌 대접을 한 것에 대해서 정중히 사과한다.
④ 팀장에게 바이어의 불만에 대해서 보고하고 예산을 더 집행할 수 있는지 확인해 본다.
⑤ 회사 사정상 미팅에 사용되는 예산이 충분하지 않았음을 설명하고 다음에는 예산을 늘리겠다고 양해를 구한다.

20 G 팀의 S 대리는 업무능력은 뛰어나지만 자기주장이 강하고 직설적이라 팀원들과 몇 차례 불화를 겪었던 이력이 있다. S 대리가 포함된 프로젝트에서 이번에 인원 보강을 위해 업무 능력이 괜찮고 평판도 좋은 X 대리를 영입하였다. 하지만 S 대리와 X 대리는 업무를 같이 하며 겪은 불화로 현재 매우 사이가 좋지 않다. S 대리와 X 대리가 함께 진행해야 하는 프로젝트는 성공적으로 마무리되어야 한다. 당신이 G 팀의 팀장이라면 어떻게 할 것인가?

① S와 X를 따로 불러서 이번 기회에 서로 관계도 회복하고 일도 잘해 보자고 설득한다.
② 프로젝트 참여 인원들과 술자리를 만들어서 S와 X가 자연스럽게 이야기하며 관계가 회복되도록 노력한다.
③ 둘을 따로 불러 사적인 감정으로 일에 나쁜 영향을 주지 않기를 기대한다고 이야기한다.
④ S와 X가 함께 일하는 것은 팀워크에 도움이 되지 않으므로 둘 중 한 명만 프로젝트에 참여시킨다.
⑤ 사적인 감정과 일은 서로 관계가 없으므로 그냥 프로젝트를 진행시킨다.

고시넷

SK 하이닉스 Maintenance/Operator

최신 기출 분석

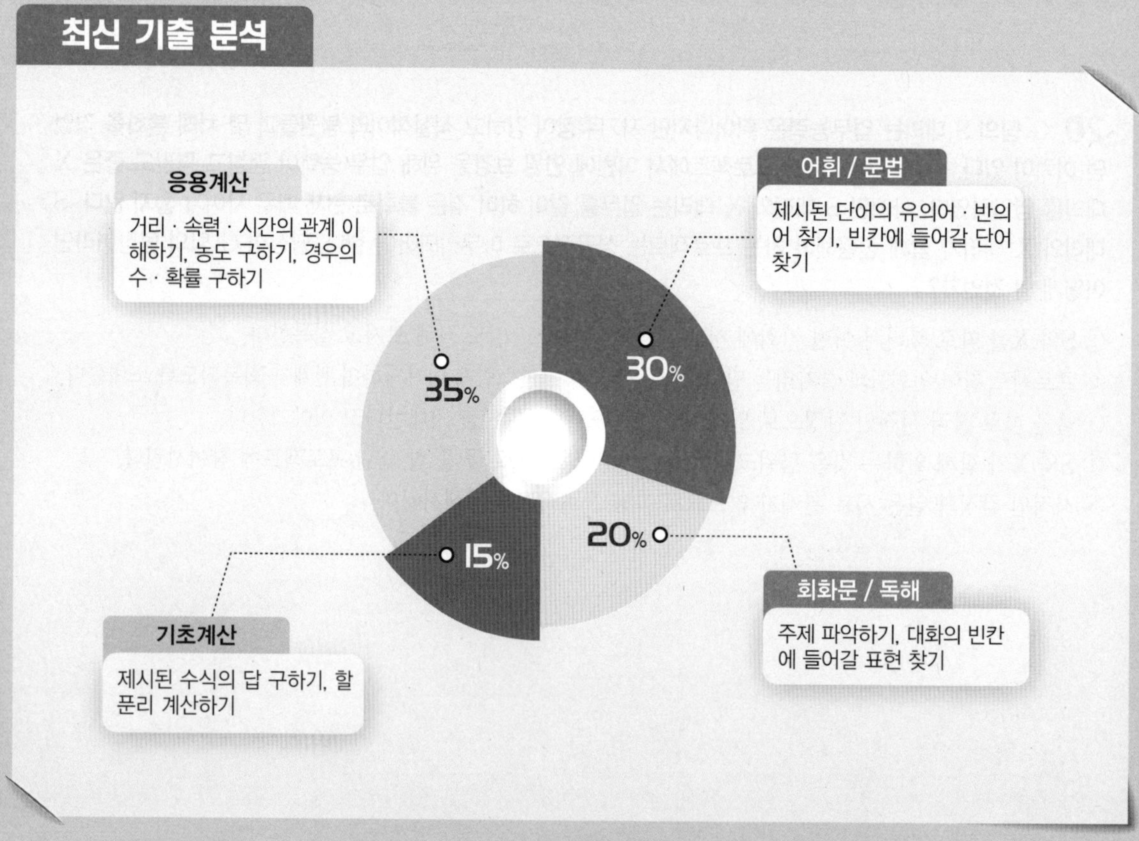

파트 1
유형 A 기초지식

테마 1 어휘 / 문법

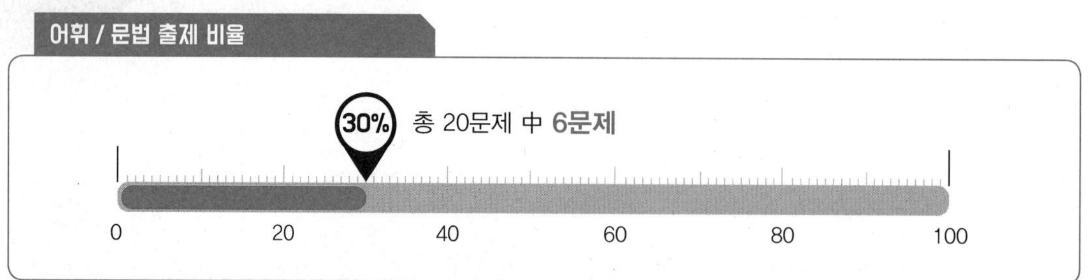

어휘 / 문법 핵심 check

- 어휘와 문법은 영어 학습의 기본이 되는 부분으로 영어파트에서 출제 비중이 가장 높다.
- 기본적인 문제 유형은 유의어 · 반의어 찾기, 빈칸 완성하기, 영문 정의형 등으로 고등학교 교육과정의 기본적인 어휘와 문법이 출제된다.

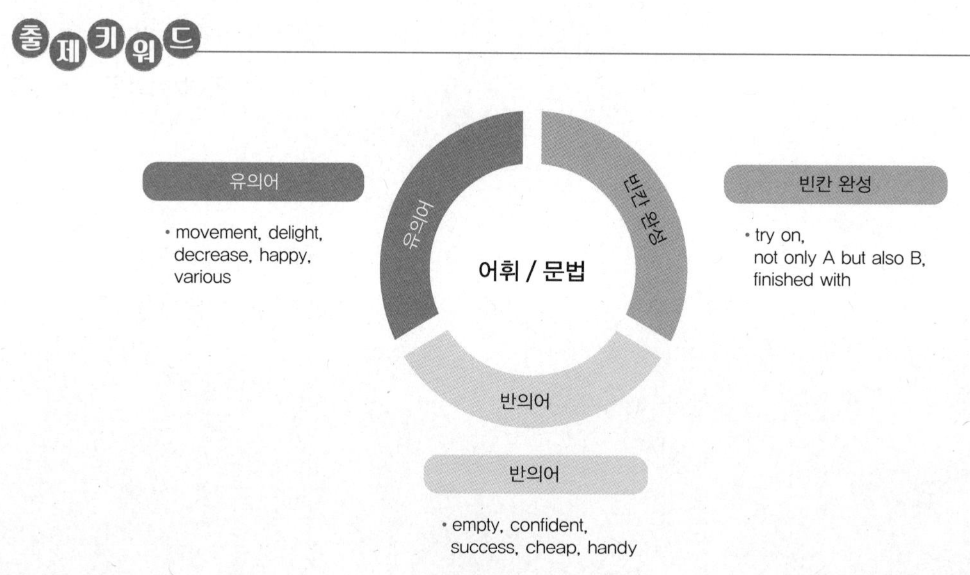

대표예제 어휘

01 다음 제시된 단어와 비슷하거나 같은 뜻을 가진 단어는?

produce

① participate ② generate ③ succeed
④ process ⑤ practice

| 정답 | ②

| 해설 |
produce : 생산하다, 만들다
② generate : 만들어내다, 발생시키다

| 오답풀이 |
① participate : 참여하다
③ succeed : 성공하다
④ process : 처리하다, 과정
⑤ practice : 실행, 실천, 관행

02 다음 중 밑줄 친 단어와 비슷하거나 같은 뜻을 가진 단어는?

I read a <u>striking</u> news in this magazine.

① vital ② complicated ③ chilly
④ remarkable ⑤ realistic

| 정답 | ④

| 해설 |
striking은 '인상적인', '두드러진' 등의 뜻으로 쓰인다. 따라서 '두드러진', '놀랄 만한' 등의 의미를 갖고 있는 remarkable이 답이 된다.

| 오답풀이 |
① vital : 필수적인
② complicated : 복잡한
③ chilly : 추운, 쌀쌀한
⑤ realistic : 현실적인

| 해석 |
나는 이 잡지에서 인상적인 소식을 읽었다.

유형 분석
제시된 어휘와 비슷한 뜻을 가진 어휘를 찾는 문제이다.

해결 전략
1. 대부분 쉬운 수준의 단어가 출제된다.
2. 선택지에 모르는 단어가 나오더라도 당황하지 말고 선택지에서 알고 있는 단어를 소거하는 방법으로 풀어나간다.

대표예제

> 학습 TIP
>
> 1. 문제에서 묻는 것이 유의어인지, 반의어인지 헷갈리지 않도록 주의한다.
> 2. 단어를 암기할 때 유의어, 반의어를 함께 암기하면 도움이 된다.

03~04 다음 제시된 단어와 반대의 뜻을 가진 단어를 고르시오

03

tiny

① major　② rough　③ solid
④ huge　⑤ fancy

| 정답 | ④

| 해설 |
tiny : 아주 작은
④ huge : 거대한

| 오답풀이 |
① major : 주요한　② rough : 거친
③ solid : 단단한　⑤ fancy : 복잡한, 값비싼

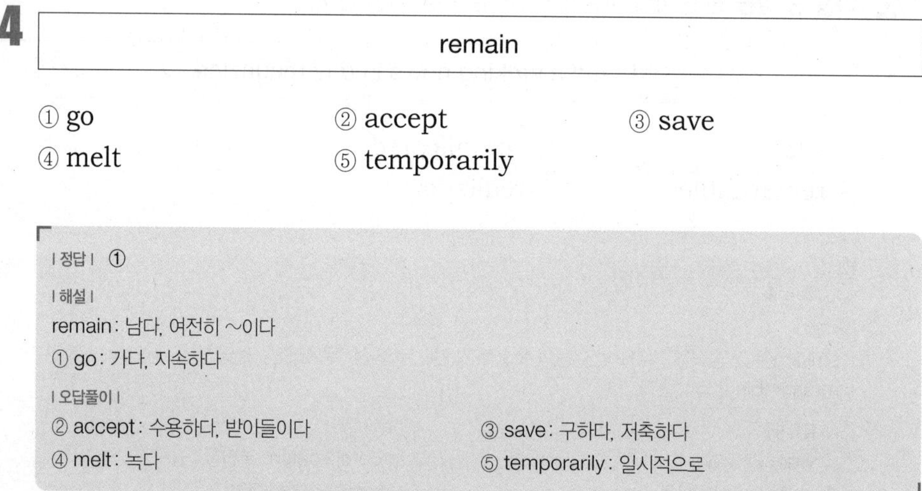

04

remain

① go　② accept　③ save
④ melt　⑤ temporarily

| 정답 | ①

| 해설 |
remain : 남다, 여전히 ~이다
① go : 가다, 지속하다

| 오답풀이 |
② accept : 수용하다, 받아들이다　③ save : 구하다, 저축하다
④ melt : 녹다　⑤ temporarily : 일시적으로

대표예제 문법

05~06 다음 중 빈칸에 들어갈 알맞은 단어를 고르시오.

05

If you like this pants, try ________ it.

① of ② out ③ up
④ on ⑤ with

| 정답 | ④

| 해설 |
try on : ~을 입어보다

| 해석 |
이 바지가 마음에 든다면, 착용해보세요.

06

He thought how the world would laugh ________ him because of his son, so strangely different from other children.

① about ② to ③ on
④ at ⑤ for

| 정답 | ④

| 해설 |
laugh at : ~을 비웃다

| 해석 |
그는 보통 아이들과 이상할 정도로 다른 아들 때문에 세상이 얼마나 자신을 비웃을까 생각했다.

유형 분석

특정 동사와 짝을 이루는 전치사 또는 부사를 찾는 문제이다.

해결 전략

1. 동사+전치사/부사를 이루는 빈출어구를 학습한다.
2. 사전을 활용하여 예문을 함께 암기하면 도움이 된다.

테마 1

출제유형문제연습

1 어휘

> 학습 TIP
>
> 어원을 활용해 영단어를 익힌다.
> - pro-, pr-, for- : 미리, 앞에
> - re : 다시
> - de : 반대의
> - ex : 밖
> - sub : 아래

01~10 다음에 제시된 단어와 비슷하거나 같은 뜻을 가진 단어를 고르시오.

01 enthusiastic

① passionate ② practical ③ particular
④ picky ⑤ handy

02 inflexible

① soft ② rigid ③ hinder
④ remove ⑤ contradictory

03 movement

① ardent ② force ③ employ
④ motion ⑤ disrespect

04 delight

① duty ② pleasure ③ fault
④ displease ⑤ conflict

05 decrease

① develop ② diminish ③ initiate
④ grow ⑤ exacerbate

06 answer

① respond ② recommend ③ repeat
④ request ⑤ reconcilable

07 various

① distinct ② discrete ③ diverse
④ divided ⑤ insecurity

정답과 해설

01 정답 ①

enthusiastic : 열렬한, 열광적인
① passionate : 열정을 느끼는, 열렬한

| 오답풀이 |
② practical : 실제적인, 타당한
③ particular : 특정한, 특별한
④ picky : 까다로운, 별스러운
⑤ handy : 가까이 있는, 편리한

02 정답 ②

inflexible : 융통성 없는
② rigid : 엄격한, 융통성 없는, 뻣뻣한

| 오답풀이 |
① soft : 부드러운
③ hinder : 방해하다, ~을 못하게 하다
④ remove : 치우다, 없애다, 해고하다
⑤ contradictory : 모순되는

03 정답 ④

movement : 움직임, 이동
④ motion : 운동, 움직임

| 오답풀이 |
① ardent : 열렬한, 열정적인
② force : 물리력, 폭력
③ employ : 고용하다
⑤ disrespect : 무례, 결례

04 정답 ②

delight : 기쁨, 즐거움
② pleasure : 기쁨, 즐거움

| 오답풀이 |
① duty : 의무, 직무
③ fault : 잘못, 책임
④ displease : 불쾌하게 만들다
⑤ conflict : 갈등, 충돌

05 정답 ②

decrease : 줄다, 감소하다
② diminish : 줄어들다, 약해지다

| 오답풀이 |
① develop : 성장하다, 발달하다
③ initiate : 개시되게 하다, 착수시키다
④ grow : 커지다, 자라다
⑤ exacerbate : 악화시키다

06 정답 ①

answer : 대답하다, 대응하다
① respond : 대답하다, 응답하다

| 오답풀이 |
② recommend : 추천하다, 권고하다
③ repeat : 반복하다
④ request : 요청하다
⑤ reconcilable : 조정할 수 있는, 조화시킬 수 있는

07 정답 ③

various : 여러 가지의, 각양각색의, 다양한
③ diverse : 다양한

| 오답풀이 |
① distinct : 뚜렷한, 분명한
② discrete : 별개의
④ divided : 분열된
⑤ insecurity : 불안정, 위험

08 collect

① assume ② suppose ③ gather
④ garbage ⑤ linger

09 happy

① sad ② delighted ③ unfortunate
④ boring ⑤ proscribe

10 ignore

① observe ② distinguish ③ attend
④ neglect ⑤ unrest

11~14 다음에 제시된 단어와 반대의 뜻을 가진 단어를 고르시오.

11 empty

① full ② dry ③ clear
④ modern ⑤ justify

12 easy

① different ② distinct ③ difficult
④ district ⑤ linger

13

terrific

① excellent ② awful ③ outstanding
④ prominent ⑤ arrogant

14

eternal

① extend ② sincere ③ stable
④ temporary ⑤ jocular

정답과 해설

08 정답 ③

collect: 모으다, 모이다, 수집하다
③ gather: 모으다, 모이다
| 오답풀이 |
① assume: 추정하다, (책임을) 맡다
② suppose: 추정하다, 가정하다
④ garbage: 쓰레기, 쓰레기장
⑤ linger: 남다, 버티다

09 정답 ②

happy: 기쁜, 행복한
② delighted: 아주 기뻐하는
| 오답풀이 |
① sad: 슬픈
③ unfortunate: 불운한, 불행한
④ boring: 지루한, 재미없는
⑤ proscribe: 금지하다

10 정답 ④

ignore: 무시하다
④ neglect: 방치하다, 도외시하다
| 오답풀이 |
① observe: 목격하다
② distinguish: 구별하다
③ attend: 참석하다
⑤ unrest: 불안, 불만

11 정답 ①

empty: 텅 빈
① full: 꽉 찬
| 오답풀이 |
② dry: 마른
③ clear: 맑은, 깨끗한
④ modern: 현대의, 현대적인
⑤ justify: 정당화하다

12 정답 ③

easy: 쉬운, 편안한
③ difficult: 어려운, 힘든
| 오답풀이 |
① different: 다른, 차이가 나는
② distinct: 뚜렷한, 분명한
④ district: 구역, 지역
⑤ linger: 남다, 버티다

13 정답 ②

terrific: 아주 좋은, 멋진, 훌륭한
② awful: 끔찍한, 지독한
| 오답풀이 |
① excellent: 훌륭한, 탁월한
③ outstanding: 뛰어난, 걸출한
④ prominent: 중요한, 유명한
⑤ arrogant: 오만한

14 정답 ④

eternal: 영원한, 끊임없는
④ temporary: 일시적인
| 오답풀이 |
① extend: 연장하다, 확대하다
② sincere: 진심의, 진정한
③ stable: 안정적인, 견실한
⑤ jocular: 익살맞은, 우스운

2 문법

15~25 다음 중 빈칸에 들어갈 알맞은 단어를 고르시오.

이것만은 꼭

- remind about/of : ~을 생각나게 하다
- complain about/of : ~에 대해 불평하다
- press for : ~을 강요하다
- be about to : 막 ~하려고 하다
- enter into : ~에 입력하다, ~에 관여하다
- take part in : ~에 참가(참여)하다

15 Please be attention ______ what I'm saying.

① to ② of ③ in
④ with ⑤ for

16 She likes not only strawberries ______ also plums.

① and ② so ③ but
④ thus ⑤ that

17 Outside ______ the house, There is a big dog.

① in ② on ③ of
④ with ⑤ to

18

Are you finished ______ your coffee? Let's go do the window display.

① for ② on ③ of
④ with ⑤ so

19

The leader emphasized the need for justice and equality ______ his people.

① among ② above ③ beside
④ between ⑤ inside

정답과 해설

15 be attention to : ~에 집중하다

정답 ①

해석
제가 하는 말에 집중해 주시기 바랍니다.

16 not only A but also B : A 뿐만 아니라 B도

정답 ③

해석
그녀는 딸기뿐 아니라 자두도 좋아한다.

17 outside of : ~의 바깥에, 외부에

정답 ③

해석
그 집의 바깥에는 커다란 개 한 마리가 있다.

18 finished with : ~을 끝내다

정답 ④

해석
커피 다 마셨니? 가서 진열장을 정리하자.

19 between은 둘 사이에 사용하고 among은 셋 이상의 사람들 사이에 사용하므로, 여기서는 among이 적절하다.

정답 ①

어휘
emphasize the need for : ~의 필요(성)를 강조하다 / justice : 공평성, 공정성

해석
지도자는 그의 사람들 사이에 공정성과 평등의 필요성을 강조했다.

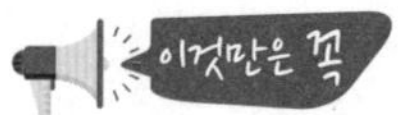

조동사
ought to
had better
would like to
be able to
have to
used to
need to
+동사원형

20 You may ______ a horse to the water, but you cannot make him drink.

① lead ② led ③ leading
④ leads ⑤ leadest

21 If I were to make an accurate drawing of this barn and put it in a show, I'm sure I ______ all kinds of criticism for my poor perspective.

① got ② get ③ will get
④ would get ⑤ need to

22 The company was ______ by an immigrant.

① found ② founding ③ find
④ finding ⑤ founded

23 Don't be late again! Don't you know that the early bird ______ the worm?

① catch ② catches ③ catched
④ to catch ⑤ be catch

24 John ______ business trip so often, doesn't he?

① go ② goes ③ gone
④ going ⑤ went

25 I couldn't find any vegetables in the refrigerator, which means my wife must have forgotten ________ some on her way home.

① buy ② buying ③ to buy
④ to have bought ⑤ to be bought

정답과 해설

20 정답 ①
조동사인 may 뒤에는 동사원형이 와야 한다.
[해석]
말을 물가로 데리고 갈 수는 있지만 물을 마시게 할 수는 없다.

21 정답 ④
현재 사실의 반대를 가정하는 가정법 과거의 형태를 묻는 것으로, 가정법 과거는 'If+주어+과거동사~, 주어+과거조동사(would/could/might/should)+동사원형'의 형태이다. 따라서 빈칸에는 would get이 들어가야 한다.
[어휘]
accurate : 정확한 / barn : 헛간 / criticism : 비판, 비난 / perspective : 관점, 시각
[해석]
내가 그 헛간을 정확하게 그려 전시회에 낸다면, 나의 형편없는 시각(원근법) 때문에 온갖 종류의 비판을 받을 것이라고 확신한다.

22 정답 ⑤
문맥상 주어인 the company는 '설립되어진' 것이므로 동사가 수동태로 되어야 한다. 따라서 빈칸에는 founded가 적합하다.
[해석]
그 회사는 이민자에 의해서 설립되었다.
[어휘]
found-founded-founded : 설립하다(=establish) / find-found-found : 발견하다

23 정답 ②
빈칸은 that절의 주어 the early bird에 맞추어 단수동사가 되는데, 격언 · 진리 · 속담 등 과거 · 현재 · 미래를 관통하는 사실에는 현재시제를 사용하므로 catches가 답이 된다.
[해석]
다시는 지각하지 마라! 너는 일찍 일어나는 새가 벌레를 잡는다는 것을 모르니?

24 정답 ②
주어가 3인칭 단수이고, 뒷부분에 현재시제를 사용하고 있으므로 빈칸에는 goes가 적절하다.
[해석]
John은 자주 출장을 간다. 그렇지 않니?

25 정답 ③
아내가 살 것을 깜빡 잊어버린 것이지, 산 것을 잊어버린 것이 아니므로 to buy를 써야 한다.
forget, recall, remember, regret 등+
- to 부정사 : 미래 지향적 의미
- ~ing : 현재 · 과거 지향적 의미

[어휘]
• refrigerator : 냉장고, 냉장 장치
• one's way home : 집으로 돌아오는 도중에, 귀가 도중에, 귀향 중에

[해석]
나는 냉장고 안에서 어떤 야채들도 찾을 수 없었는데, 이것은 나의 아내가 집으로 돌아오는 길에 좀 사와야 하는 것을 깜빡 잊어버렸음에 틀림없다는 것을 의미한다.

테마 2

독해 / 회화문

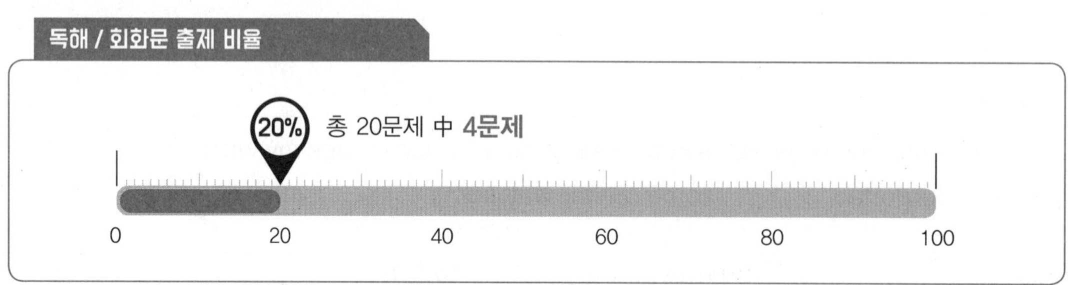

독해 / 회화문 핵심 check

- 회화문과 독해 문제는 어휘의 뜻을 정확하게 알지 못하는 경우에도 흐름을 파악하여 문맥에 어울리는 어휘나 숙어를 찾아낼 수 있어야 한다.
- 선택지나 요약문을 먼저 읽으면 글의 요지나 주장의 범위를 대략적으로 파악할 수 있어 시간을 단축할 수 있다.
- 자주 반복되는 단어는 주제와 밀접한 관련이 있는 핵심어이다.

출제키워드

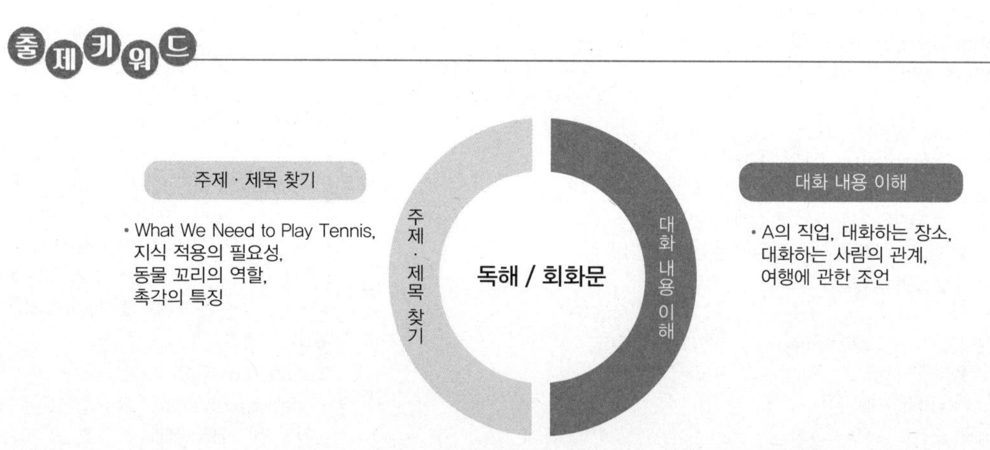

대표예제 주제 · 제목찾기

01 다음 글의 제목으로 가장 적절한 것은?

Most of our electricity comes from the use of coal and oil, but there are two major problems with using them. First, they cause a lot of pollution. Second, they are limited resources. Our coal and oil supplies may only last another 50 years. What will we do then? We should develop different energy sources that are environment-friendly and last longer.

① 에너지의 소중함 ② 친환경 에너지의 개발 ③ 전기 에너지의 발견
④ 환경오염의 예방 ⑤ 전기 에너지의 개발 방법

| 정답 | ②

| 해설 |
제시된 글의 마지막 문장인 'We should develop different energy sources that are environment-friendly and last longer'를 통해 글의 제목을 유추해 볼 수 있다.

| 해석 |
우리 전력의 대부분은 석탄과 석유로부터 얻어진다. 그러나 그것들을 사용하는 데에는 두 가지 중대한 문제점이 있다. 첫 번째로 그것들은 많은 오염을 유발한다. 두 번째로 그것들의 자원은 제한적이다. 우리의 석탄과 석유는 겨우 50년 정도만이 공급 가능하다. 그렇다면 우리는 어떻게 해야 하는가? 우리는 친환경적이고 오래가는 다른 에너지원을 개발해야 한다.

02 다음 글의 주제로 가장 적절한 것은?

Eating in space is different from eating on the Earth. Some food is carried in closed bags. It is cooked and frozen before the astronaut carries it. All the water is removed from the food. In the spaceship, the astronaut puts the water back. He shoots hot or cold water into the food bag with a special gun. He eats the food through a small hole in the bag.

① 우주와 지구의 차이점 ② 우주 비행사의 역할 ③ 우주선에서의 생활
④ 우주에서의 식사 ⑤ 우주에서의 요리

| 정답 | ④

| 해설 |
제시된 글의 주제어는 'eating in space'로, 우주에 음식을 어떻게 가져가며 어떻게 먹는지를 설명하고 있다.

| 해석 |
우주에서의 식사는 지구에서의 식사와는 다르다. 몇몇 음식은 밀봉된 봉지에 담아서 가져간다. 이것은 우주 비행사가 가져가기 전에 요리되어 냉동된다. 음식에서 모든 수분은 제거된다. 우주선에서, 우주 비행사는 물을 다시 주입한다. 그는 특수한 총을 이용하여 뜨겁거나 차가운 물을 음식 봉지에 넣는다. 그는 봉지의 작은 구멍을 통해 음식을 먹는다.

유형 분석
주제를 적절하게 표현한 제목을 찾는 문제이다.

해결 전략
글의 성격이나 종류를 파악하자. 논설문이나 설명문의 제목은 주제와 거의 같고, 기사문은 사건의 내용을 함축하거나 호기심을 끄는 것으로 표현된다.

대표예제 대화 내용 이해

03~05 다음 밑줄 친 부분에 들어갈 표현으로 가장 알맞은 것을 고르시오.

> 학습 TIP
>
> 밑줄 친 부분의 앞, 뒤 문장을 중심으로 답을 유추한다.

03

A : Hello, Can I talk to Mr. Brown?
B : He is in a meeting right now. Do you want to leave a message?
A : ______________________________

① No thanks, I'll call back later.
② What time is the meeting?
③ He sent me a message.
④ He will leave immediately.
⑤ It's nothing.

| 정답 | ①

| 해설 |
브라운 씨가 회의 중이라 통화가 불가능한 상황이기 때문에 '아니요. 제가 다시 전화를 걸겠습니다.'가 적절하다.

| 어휘 |
A : 여보세요. 브라운 씨와 통화할 수 있을까요?
B : 그는 지금 회의 중인데 메시지를 남겨드릴까요?
A : 아니요. 제가 다시 전화를 걸겠습니다.

04

A : Excuse me, but would you do me a favor?
B : Sure. Go ahead.
A : Is the bank near here?
B : I'm sorry but I don't know.
A : ______________________________

① Thanks anyway.
② I have no idea.
③ Well, it depends.
④ I don't know what you're getting at now.
⑤ You got the point

| 정답 | ①

| 어휘 |
go (right) ahead : 그렇게 하세요, 계속하세요, 말씀하세요

| 해석 |
A : 실례합니다. 부탁 하나만 드려도 될까요?
B : 네, 말씀하세요.
A : 혹시 이 근처에 은행 있습니까?
B : 죄송합니다만 잘 모르겠네요.
A : 어쨌든 고맙습니다.

05

A : Where do you have in mind for this winter vacation?
B : I'm going to Muju ski resort this coming weekend!
A : Sounds great! But I've heard there will be a heavy snowfall.
B : No matter what, ______________________
A : Come on! Think twice about it. It might risk your life.

① my mind is set.
② I want to return your favor.
③ I can't place your face.
④ give me a ballpark figure.
⑤ It does not belongs to me.

| 정답 | ①

| 해설 |
폭설이 내릴 것이니 B가 스키장에 가면 자칫 목숨마저 위험해 질 수 있다는 빈칸 앞뒤의 A의 대화내용과, 빈 칸 바로 앞의 '상관없어'라는 B의 말에 미루어 볼 때 '내 마음은 정해졌어.'라는 ①번이 가장 적절하다.

| 해석 |
A : 넌 이번 겨울 방학 때 어디로 갈 생각이야?
B : 난 이번 주말에 무주 스키장에 갈 거야!
A : 좋겠다! 하지만 폭설이 내릴 거라고 들었는데.
B : 상관없어. 내 마음은 정해졌어.
A : 어머! 다시 생각해 봐. 그건 네 생명을 위태롭게 할 수도 있어.

테마 2 출제유형문제연습

1 독해

빠른 풀이 비법

성격을 묻는 문제는 성격과 직접적으로 연관이 되는 단어에 집중한다.

01 다음 글에서 나타난 Amy의 성격으로 가장 적절한 것은?

Amy is learning Korean. Both the letters and the sounds are strange for her, but she wants to be better at speaking. She is trying to speak the language with her Korean friends. Sometimes they don't understand what she says, but she keeps trying. Although Amy knows it can take a long time to speak Korean well, she never gives up.

① 신중하다 ② 정직하다 ③ 비판적이다
④ 소극적이다 ⑤ 의지가 강하다

이것만은 꼭

선택지에 나온 속담을 알지 못해 문제를 해결할 수 있으므로 평소 영어로 된 속담이나 격언 등을 암기한다.

02 다음 글과 관련된 속담으로 가정 적절한 것은?

Have you seen geese flying in a 'V' shape? According to bird scientists, birds flying in a 'V' can fly farther than a bird alone. When the lead goose gets tired, another goose leads the group. They also cheer up each other to keep up their speed. In this way, they can get where they are going quicker and easier.

① Pie in the sky. ② Practice makes perfect.
③ No news is good news. ④ Out of sight, out of mind.
⑤ Two heads are better than one.

03 다음 문장이 암시하는 바와 가장 가까운 것은?

Susan learned how to do a very good imitation of a genuine comedian for fun.

① Susan has a comedian friend.
② Susan wants to be a comedian.
③ Susan practiced acting like a comedian.
④ Susan is a professional comedian.
⑤ Susan learned how to laugh at people.

04 다음 글의 내용과 일치하는 것은?

> The Aztecs believed that chocolate made people intelligent. Today, we do not believe this. But chocolate has a special chemical called phenylethylamine. This is the same chemical the body makes when a person is in love. Which do you prefer eating chocolate or being in love?

① 사람들은 초콜릿을 먹는 것보다 사랑하는 것을 더 좋아한다.
② 사랑에 빠진 사람의 신체에서는 화학물질이 분비된다.
③ 초콜릿을 먹으면 똑똑해진다는 연구결과가 발표되었다.
④ 아즈텍 사람들은 초콜릿이 인간에게 해롭다고 믿었다.
⑤ 사랑에 빠지면 초콜릿이 먹고 싶어진다.

정답과 해설

01 정답 ⑤

한국어를 잘하기 위해 포기하지 않고 노력하고 있으므로 정답은 ⑤이다.

[어휘]
Both A and B : A와 B 둘 다 / give up : 포기하다

[해석]
Amy는 한국어를 배우고 있다. 글자와 소리 둘 다 그녀에게 낯설지만, 그녀는 말하기를 더 잘하고 싶어 한다. 그녀는 그녀의 한국인 친구들과 한국어로 대화하려고 노력하는 중이다. 가끔 친구들은 그녀가 하는 말을 알아듣지 못하지만, 그녀는 계속해서 시도한다. Amy는 한국말을 잘하는데 오랜 시간이 걸린다는 것을 알지만, 그녀는 결코 포기하지 않는다.

02 정답 ⑤

함께 힘을 합쳐 일을 더 쉽게 할 수 있었으므로 정답은 ⑤이다.

| 오답풀이 |
① 그림의 떡
② 연습은 완벽을 만든다.
③ 무소식이 희소식이다.
④ 눈에서 멀어지면, 마음에서도 멀어진다.

[어휘]
shape : 모양, 형태 / according to : 에 따르면, 에 의하면 / goose : 거위

[해석]
V자 모양으로 날아가는 기러기들을 본 적이 있는가? 조류과학자들에 의하면, V자 모양으로 나는 새들이 혼자 나는 새보다 더 멀리날 수 있다고 한다. 선두에 있는 기러기가 지치면, 다른 기러기가 무리를 이끈다. 그들은 또한 서로를 격려하여 속도를 유지한다. 이런 방식으로, 그들은 그들이 가고자 하는 곳에 더 빨리, 더 쉽게 갈 수 있다.

03 정답 ③

수잔은 코미디언처럼 행동하는 것을 연습했다.

| 오답풀이 |
① 수잔은 코미디언 친구가 있다.
② 수잔은 코미디언이 되기를 원한다.
④ 수잔은 전문 코미디언이다.
⑤ 수잔은 사람들을 비웃는 법을 배웠다.

[어휘]
imitation : 흉내, 모방, 모조 / genuine : 실제의, 진짜의, 진실한 / for fun : 장난삼아, 재미로, 농담으로 / laugh at : ~을 비웃다

[해석]
수잔은 장난삼아 실제 코미디언의 흉내를 잘 내는 방법을 배웠다.

04 정답 ②

[해석]
아즈텍 사람들은 초콜릿이 사람을 총명하게 만든다고 믿었다. 오늘날 우리는 이것을 믿지 않는다. 하지만 초콜릿은 phenylethylamine이라 불리는 특별한 화학물질을 가지고 있다. 이것은 사람이 사랑에 빠졌을 때 신체에서 만들어내는 화학물질과 같은 것이다. 당신은 초콜릿을 먹는 것과 사랑에 빠지는 것 중 무엇을 더 선호하는가?

2 회화문

One Point Lesson

문제에서 *A*가 '할 일'이 아닌 '한 일'을 묻고 있음에 유의한다.

05 다음 대화 내용으로 볼 때, A가 한 일은?

A : What are you doing over the weekend? I booked two movie tickets by internet. Do you want to go see a movie with me?
B : Oh, I'd love to, but I have a previous engagement.

① 영화를 촬영했다. ② 영화를 봤다. ③ 영화관에 갔다.
④ 영화표를 예매했다. ⑤ 영화 예매를 취소했다.

06~08 다음 밑줄 친 부분에 들어갈 표현으로 가장 알맞은 것을 고르시오.

06

A : How ______________________
B : It will take one hour.

① are you doing? ② long does it take? ③ does it work?
④ much do I owe you? ⑤ old are you?

07

A : Wait a minute. I'll be right back.
B : ______________________ I can wait.

① Don't be late. ② Don't be long. ③ Take your time.
④ Take it easy. ⑤ Don't be afraid.

08

A : John, look. Can you believe this?
B : Oh, my! What happened to your smart-phone?
A : It's totally broken. I dropped it while I was trying to put on my coat.
B : Sorry to hear that. Did you take it to a customer service center?
A : Yes, but they said buying a new one would ____________ than getting it fixed.
B : I know what you mean. Have you decided which phone you want to buy?
A : Not yet! I don't know which one to buy. Can you help me to choose one?
B : Of course, we can go tomorrow.

① cost me less
② be less productive
③ take me more effort
④ be more harmful to the environment
⑤ be more boring

정답과 해설

05 정답 ④

해석
A : 이번 주말에 뭐해? 내가 인터넷으로 영화표 2장을 예매했는데 같이 보러 갈래?
B : 정말 그러고 싶은데, 선약이 있어.

06 정답 ②

① 어떻게 지내니?
③ 그것은 어떻게 작동하나요?
④ 얼마를 내야 하나요?
⑤ 몇 살이니?

해석
A : 얼마나 걸리니?
B : 한 시간 정도 걸려요.

07 정답 ③

밑줄 뒷부분의 기다리겠다는 내용으로 보아, ③ '천천히 하세요'가 가장 적절하다.

08 정답 ①

새로운 것을 구입하는 것(buying new one)과 수리하는 것(getting it fixed)을 비교하는 내용이 나오고, 새것을 구입해야 하는데 아직 결정하지 못했다는 내용이 나오므로, 새것을 구입하는 쪽이 오히려 비용이 적게 든다는 말이 와야 한다.

해석
A : 봐, John. 이걸 믿을 수 있니?
B : 오, 이런! 네 스마트폰이 어떻게 된거니?
A : 완전히 망가졌어. 코트에 넣으려고 하다가 떨어뜨렸어.
B : 안타깝네. 서비스센터에 가져가봤니?
A : 가져갔는데, 수리하는 것 보다 새것을 사는 게 돈이 적게 들거라고 했어.
B : 무슨 말인지 알겠어. 어떤 스마트폰을 사야하는지 결정했니?
A : 아직 안했어. 어떤 것을 사야 할지 모르겠어. 어떤 것을 사야 할지 도와줄 수 있어?
B : 물론이지, 내일 가 보자.

09 다음의 John과 Ann의 대화를 통해서 밑줄 친 부분에 들어갈 말을 예측할 때 가장 적절하지 않은 표현은?

John : Is lunch ready yet?
Ann : It'll be ready in a second.
John : ______________ I haven't eaten anything since this morning.
Ann : Why not?
John : I didn't have time to.
Ann : Now it's ready. Please come to the dining room.

① I'm starved.
② I could even eat a horse.
③ I'm very hungry.
④ I'm full of myself.
⑤ I'm dying of hunger.

10 다음의 Eric과 Bora의 대화를 통해서 밑줄 핀 부분에 들어갈 대화 내용으로 가정 적절한 것은?

Eric : What would you like to have?
Bora : I'm not sure. Everything looks great!
Eric : The steak sandwiches are good here. Would you like to try one?
Bora : No, thanks. ______________
Eric : Oh, I forgot! How about some stir-fried vegetables?
Bora : That sounds great!
Eric : Let's also order a garden salad and share.
Bora : OK. That'll be nice.

① I'm done.
② I'm bored.
③ I'm vegetarian.
④ I'm starving.
⑤ I'm ready.

11 다음 두 사람의 대화 내용 중 가장 어색한 것은?

① A : Is this seat taken?
B : No, help yourself.

② A : I'd like to invite you to a party.
B : Thanks for your invitation. I'd love to come.

③ A : Oh! Do I have to dress up?
B : Come as you are.

④ A : Could you save my place, please?
B : I appreciate your cooperation.

⑤ A : How do you usually fly?
B : I most often fly economy class. It saves me some money.

정답과 해설

09 정답 ④

글의 내용상 밑줄 친 부분에는 '배고프다'라는 의미의 표현이 들어가야 한다. ①의 'I'm starved.'는 '배가 몹시 고프다'는 뜻으로, starve는 '아사(餓死)하다'라는 뜻이기 때문에 약간 과장된 말투이다. 이 외에 흔히 'I'm very hungry, I'm dying of hunger.'라고 표현하며, 또 약간 비유적인 말로는 'I could even eat a horse(말이라도 먹을 만큼 배가 고프다).'라고도 한다.

④의 'I'm full of myself.'는 '나의 일에만 몰두하다'의 뜻이다.

해석

John : 점심 준비 됐어?
Ann : 금방 돼.
John : 배고파 죽겠어. 오늘 아침부터 아무것도 먹지 못했어.
Ann : 그건 왜?
John : 그럴 시간이 없었어.
Ann : 자, 다 됐어. 식당으로 와.

10 정답 ③

스테이크 샌드위치를 권하는 Eric의 말에 Bora가 괜찮다고 하자, A가 잊었음을 자책하며 야채볶음과 야채샐러드를 추천하고 있다.
따라서 빈칸에 들어갈 말로 가장 적절한 것은 ③ '나는 채식주의자야.'이다.

| 오답풀이 |
① 다 먹었어 ② 지루해 ④ 배고파 ⑤ 준비되었어

어휘

stir-fried vegetables : 야채볶음 / garden salad : 야채샐러드 / share : 나눠먹다, 공유하다

해석

Eric : 뭐 먹을래?
Bora : 모르겠어. 다 좋아 보이네!
Eric : 여기는 스테이크 샌드위치 괜찮아. 먹어 볼래?
Bora : 고맙지만, 아니. 나는 채식주의자야.
Eric : 아, 내가 깜박했네! 야채볶음은 어때?
Bora : 그거 좋다!
Eric : 야채샐러드도 주문하고 나눠 먹자.
Bora : 좋아. 그게 좋겠어.

11 정답 ④

④ 'Could you~?'는 '~을 해주시겠습니까?'라는 뜻으로, A가 부탁을 하고 있는 상황에서 협조에 감사하다는 B의 대답은 문맥상 부적절하다.

해석

① A : 여기 자리 있어?
B : 아니, 좋을 대로 해.
② A : 파티에 초대하고 싶습니다.
B : 초대에 감사합니다. 정말 가고 싶어요.
③ A : 아! 정장을 입어야 하나요?
B : (지금 입은) 그대로 오세요.
④ A : 제 자리 좀 봐주시겠습니까(지켜주시겠습니까)?
B : 협조해주셔서 감사드립니다.
⑤ A : 보통 비행기는 어느 좌석을 이용하나요?
B : 저는 거의 2등칸을 탑니다. 약간의 돈이 절약되거든요.

파트 1

실력다지기

▶정답과 해설 10쪽

01~04 다음에 제시된 단어와 비슷하거나 같은 뜻을 가진 단어를 고르시오.

01

terminate

① destroy ② end ③ limit
④ justify ⑤ apologize

02

sufficient

① enough ② suitable ③ evident
④ steady ⑤ urge

03

risk

① damage ② danger ③ repair
④ deny ⑤ warn

04

extend

① steep ② shallow ③ widen
④ narrow ⑤ condole

05~08 다음 중 밑줄 친 단어와 비슷하거나 같은 뜻을 가진 단어를 고르시오.

05

I'd like to <u>reserve</u> a table for two for six o'clock.

① clean ② alter ③ book
④ change ⑤ accompany

06

Would you like to leave a <u>message</u> for him?

① article ② news ③ report
④ word ⑤ issue

07

I am calling to <u>inform</u> you that my child is sick and will not be in school today.

① admire ② wander ③ sort
④ enhance ⑤ notify

08

We apologize <u>in advance</u> for any inconvenience.

① light up ② take off ③ recommend
④ beforehand ⑤ forfeit

09~14 다음에 제시된 단어와 반대의 뜻을 가진 단어를 고르시오.

09

calm

① loud ② chilly ③ gloomy
④ reserved ⑤ recommend

10

front

① surface ② position ③ under
④ reflect ⑤ rear

11

common

① population ② generation ③ public
④ personal ⑤ stricter

12

feigned

① faithful ② assumed ③ successful
④ genuine ⑤ weakness

13

separate

① exclude ② stay ③ connect
④ save ⑤ accuse

14

similar

① familiar ② common ③ different
④ same ⑤ bliss

15~16 다음에 제시된 단어들과 관련 있는 것을 고르시오.

15

Doctor, Nurse, Patient

① Fire station ② Hospital ③ Police station
④ University ⑤ Pharmacy

16

Santa Claus, Rudolph, Jingle Bells

① Christmas Day ② Thanksgiving Day
③ Mother's Day ④ Independence Day
⑤ Family Day

17~20 다음 중 밑줄 친 부분에 들어갈 알맞은 단어를 고르시오.

17

This company is famous _________ the high quality of products.

① to ② for ③ with
④ on ⑤ in

18

BTS gave a _________ concert on May 20.

① live ② lived ③ living
④ alive ⑤ funny

19

We have to choose happiness instead _________ riches.

① in ② on ③ of
④ with ⑤ to

20

You'd better keep _________ the book.

① reads ② read ③ to read
④ reading ⑤ in read

21 다음 글에 나타난 한국인의 특징은?

My father says that Koreans are one of the hardest working people in the world. And I think it's true. I live in Dallas, and I have some friends from Korea in my neighborhood. Their parents work very hard. They usually start their work early in the morning and come back home late at night. And they do their best for their children to have a better education. They know what's important in life.

① lazy ② diligent ③ honest
④ selfish ⑤ clever

22 다음 글의 주제로 가장 적절한 것은?

I have always wondered at the passion many people have to meet the celebrated. The prestige you acquire by being able to tell your friends that you know famous men proves only that you are yourself of small account. The celebrated develop a technique to deal with the persons they come across. They show the world a mask, often an impressive one, but take care to conceal their real selves. They play the part that is expected from them, and with practice learn to play it very well, but you are stupid if you think this public performance of theirs corresponds with the man within.

① You shouldn't confuse public performance of the celebrated with their real selves.
② You should have the passion to meet the celebrated.
③ You shouldn't believe in whatever the celebrated say.
④ You should realize that the celebrated take care of their real selves.
⑤ You may as well think public performance of the celebrated corresponds with their real one.

23 다음 글의 제목으로 가장 적합한 것은?

Most successful job interviews follow three basic steps. If you know the steps, you increase your chances of getting the job. Step 1 lasts about three minutes and occurs when you first introduce yourself. In these three minutes, you need to demonstrate that you are friendly and at ease with others. This is the time to shake hands firmly, make eye contact, and smile. During Step 2, you need to explain your skills and abilities. This is your chance to show an employer just how capable you are. Step 3 comes at the end of the interview. Although it lasts only a minute or two, this step is still important. When the employer says, "We'll be in touch." you need to say something like, "I'll check back with you in a few days, if you don't mind." A comment like this indicates your commitment to getting the job.

① How to Show Your Commitment to Getting the Job
② Positive Attitudes during the Job Interview
③ Three Steps in the Successful Job Interview
④ The Importance of Showing Your Ability during the Interview
⑤ How to make eye contact and smile

24 밑줄 친 곳에 들어갈 속담으로 가장 적절한 것은?

Many popular sayings are correct, even insightful, when applied to life's circumstances. But when proverbs are viewed without qualifications ; they can cancel each other out. For instance, while it's often true that "________________" there are times when "Two heads are better than one."

① Too many cooks spoil the broth.
② Blood is thicker than water.
③ A friend in need is a friend indeed.
④ More haste less speed.
⑤ No bees, no honey.

25 다음 대화 내용으로 볼 때, A가 약속장소에 타고 온 것은?

A : I'm terribly sorry, Susan!
B : Well, that's OK. But why were you so late? Did you oversleep in this morning?
A : No. Actually, I had to spend almost thirty minutes looking for a place to park.
B : Really? Maybe many people come to see this show.
A : Right. Look at there! The entrance is crowded with people.
B : We'd better hurry up and enter the auditorium, too.
A : OK. Let's go!

① car ② train ③ bus
④ airplane ⑤ bicycle

26 다음 대화에서 밑줄 친 this가 가리키는 것은?

A : How are you doing?
B : Not so good. I've never been so scared in all my life!
A : Relax. You're going to be all right!
B : I'm not sure.
A : Everyone is scared the first time.
B : Well, I've driven in car races, and I've sailed across the Atlantic, but I've never jumped out of a plane before. And now I'm no sure I want to!
A : Well, why are you taking this lessons then?

① car racing ② backpacking ③ bungee jump
④ sky diving ⑤ dancing

27 다음 대화에서 알 수 있는 B의 고민은?

A : Are you ready for the English speech contest, Min-su?
B : Well, I've been practicing a lot, but still I'd like to improve my pronunciation. Can you help me with that?
A : Maybe. I saw a TV show about how announcers practice their pronunciation.
B : Oh, really? What do they do?
A : They practice sounds in front of a mirror to see how their mouth and lips move. You should try that.
B : Thanks a lot.
A : You're welcome.

① 연습을 충분히 하지 못했다.
② 영어발음을 향상시키고 싶다.
③ 아나운서가 되는 방법을 알고 싶다.
④ 영어로 TV 쇼를 진행하고 싶다.
⑤ 목소리 크기가 작다.

28 다음 대화에서 알 수 있는 B가 안경을 사야 하는 이유는?

A : Hello. May I help you?
B : Yes, please. I'd like to buy a new pair of glasses. Yesterday I broke my glasses while playing basketball.
A : Okay. How about choosing your frames first? They're over here. Why don't you take a look?
B : All right. Hmm. I like these square frames right here. May I try them on?
A : Sure. Here you go. How do they fit?
B : They fit perfectly. I think I'll get them.
A : Okay. Now, let's check your eyes to see what lenses you need. Follow me over here.
B : All right.

① 예전 안경의 도수가 눈에 맞지 않아서
② 축구경기를 하다 안경을 잃어버려서
③ 농구경기를 하다 안경을 부러뜨려서
④ 새로운 디자인의 안경을 가지고 싶어서
⑤ 친구가 안경을 부러뜨려서

29~30 다음 밑줄 친 부분에 들어갈 표현으로 가장 알맞은 것을 고르시오.

29

A : I'm sorry I'm late. Did I miss anything?
B : There was just an announcement about the theater's rules.
A : All right. ________________
B : Well, you should not bring in any food.
A : That sounds easy enough. Is that all?
B : No. Cell phones must be turned off and animals are not allowed in the theater.
A : I see. Is it OK if I take a picture while watching the movie?
B : No way, of course not.

① You have to follow the rules.
② I am satisfied that I obey the rules.
③ Do you follow the rules?
④ What are the rules?
⑤ May I ask your phone number?

30

A : Look at that pretty house.
B : Which one? The one with a flat roof?
A : No, the roof looks like a triangle.
B : I don't see it. ________________
A : It has two windows.
B : Oh, I think I see it. Is there a tree next to it?
A : Yes, there is a tall tree beside it.
B : Ah, I see it now. Yes, it's very pretty.

① How many windows does it have?
② What do you think of the windows?
③ Where did you buy the windows?
④ When did you install bars in the windows?
⑤ You may go there.

2 수학

테마 1 기초계산

기초계산 출제 비율

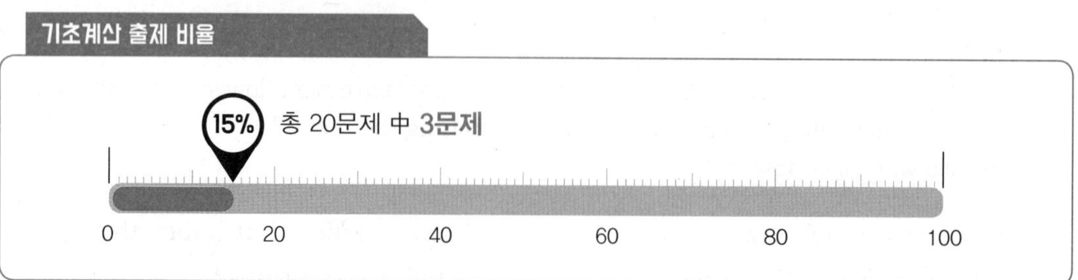

기초계산 핵심 check

- (+)(−)(×)(÷) 등의 연산기호를 사용한 계산능력을 요구하는 문제이다.
- 단시간에 얼마나 많이, 정확하게 답할 수 있는지를 알아보는 문제이다.
- 평소의 계산 숙달이 중요한 유형이다.
- 선택지의 수 사이에 큰 차이가 있다면 어림산을 통해 빠르게 답을 찾아낸다.
- 계산기에 의존하다 보면 암산능력이 낮아지므로 암산으로 푸는 연습을 한다.

출제키워드

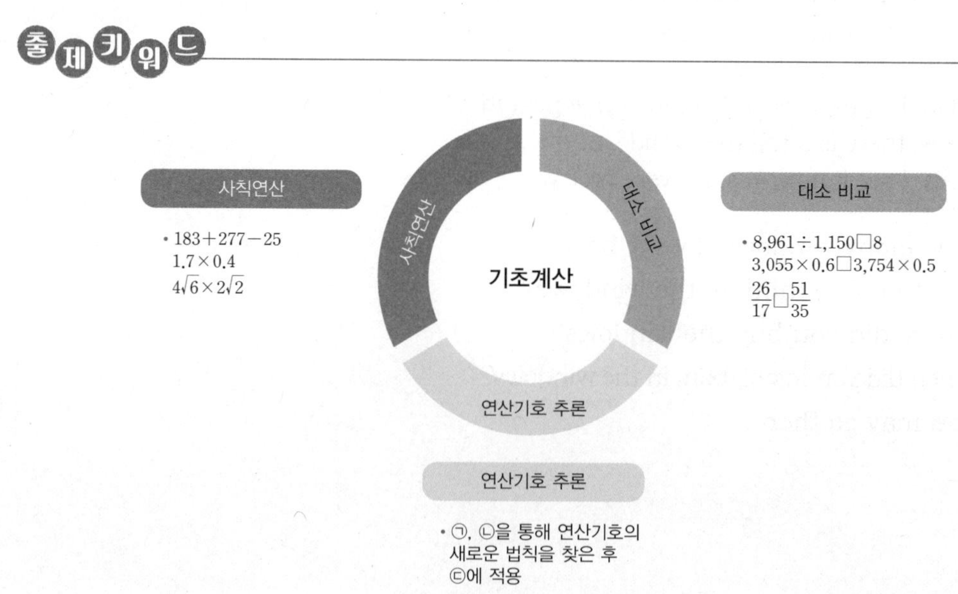

대표예제 사칙연산

01 □ 안에 들어갈 수로 알맞은 것은?

$$17-\square\times4.4=1.6$$

① 2.5 ② 2.7 ③ 3.3
④ 3.5 ⑤ 3.7

| 정답 | ④
| 해설 |
구하고자 하는 □만을 좌변에 남기고 나머지 수들은 우변으로 이항하여 정리한다.
$-\square\times4.4=1.6-17$
$\square\times4.4=17-1.6=15.4$
$\therefore\ \square=\frac{15.4}{4.4}=3.5$

유형 분석
빈칸에 들어갈 수를 추론하는 문항이다.
해결 전략
빈칸만 좌변에 남기고 나머지 수를 이항하여 정리한다.

02 수식을 계산했을 때 가장 큰 수가 나오는 것은?

① 183＋277－25 ② 235＋289－36 ③ 839－421＋53
④ 752－509＋194 ⑤ 684－361＋157

| 정답 | ②
| 해설 |
235＋289－36＝524－36＝488
| 오답풀이 |
① 183＋277－25＝460－25＝435
③ 839－421＋53＝418＋53＝471
④ 752－509＋194＝243＋194＝437
⑤ 684－361＋157＝323＋157＝480

유형 분석
제시된 여러 수식을 계산하여 가장 큰 수를 찾는 문항이다.
해결 전략
일반적으로 왼쪽부터 계산하되, 괄호를 우선하고, 곱셈과 나눗셈을 덧셈과 뺄셈보다 먼저 계산한다.

대표예제 대소 비교

이것만은 꼭

사칙연산 계산 순서
1. 괄호 안을 먼저 계산한다.
2. 지수를 다음으로 계산한다.
3. 곱셈과 나눗셈을 계산한다.
4. 덧셈과 뺄셈을 계산한다.
5. 만약 동순위 연산이 2개 이상이면 계산은 왼쪽에서 오른쪽 순서대로 한다.

03~04 다음 수식의 대소를 비교하시오.

03

$50+88\times36\ \square\ 89\times32-19$

① < ② > ③ =
④ ≤ ⑤ ≥

| 정답 | ②
| 해설 |
×부터 계산한다.
$50+88\times36\square89\times32-19$
$50+3{,}168\square2{,}848-19$
$3{,}218\square2{,}829$
따라서 □는 >이다.

04

$(6{,}745+6{,}710)\div15\ \square\ 13\times(4{,}223-4{,}154)$

① < ② > ③ =
④ ≤ ⑤ ≥

| 정답 | ③
| 해설 |
괄호 안에 있는 수식부터 계산한다.
$(6{,}745+6{,}710)\div15\square13\times(4{,}223-4{,}154)$
$13{,}455\div15\square13\times69$
$897\square897$
따라서 □는 =이다.

대표예제 연산기호 추론

05 ㉠, ㉡을 통해 연산기호의 새로운 법칙을 찾은 후 ㉢에 적용하여 '?'에 알맞은 답을 구하면?

> ㉠ $34 \div (7-3) = 13$
> ㉡ $28-(15 \div 10) = 140$
> ㉢ $(25-4) \div 75 = ?$

① 19　　② 22　　③ 25
④ 28　　⑤ 31

| 정답 | ③

| 해설 |
문제에서의 ÷, −는 연산의 등호가 성립하지 않으므로 다른 연산기호의 의미를 갖는다. ÷는 −, +, ×가, −는 ÷, ×, +가 될 수 있는데, ÷와 −가 서로 같은 연산기호를 나타내지 않을 것이므로 다음 7가지의 조합에서 찾으면 된다. 제시된 ÷를 □로, −를 ○로 바꾸어 생각하면 다음과 같다.
(□, ○) ⇨ (−, ÷), (−, ×), (−, +), (+, ÷), (+, ×), (×, ÷), (×, +)

$$\begin{cases} ㉠\ 34□(7○3)=13 \\ ㉡\ 28○(15□10)=140 \end{cases}$$

1. ㉠, ㉡ 중 비교적 수가 간단한 ㉠에서 등호가 성립하는 연산기호를 찾는다.
   먼저 ○가 ÷일 경우 □에 어떤 연산기호가 들어가더라도 13이 나오지 않기 때문에 ○은 ÷가 될 수 없다. 또한, 좌변의 34가 우변의 13보다 크므로 □는 ×나 +가 될 수 없다. 이에 따라 □는 −가 되고, ○는 ×, + 중 하나가 된다.
   (−, ×): $34-(7\times3)=34-21=13$
   (−, +): $34-(7+3)=34-10=24\neq13$
2. (−, ×)가 ㉡의 연산에서도 성립하는지 확인한다.
   ㉡ $28\times(15-10)=28\times5=140$
3. 최종적으로 ㉢을 구하면 $(25-4)\div75 \Rightarrow (25\times4)-75=100-75=25$이다.

유형 분석
주어진 식을 통해 연산기호의 새로운 법칙을 추론하는 문항이다.

해결 전략
1. 연산기호가 하나만 있는 식이 있다면 먼저 해결한 다음 다른 식에 대입한다.
2. 대입이 가능한 사칙연산의 모든 경우의 수를 차례대로 적용한다.

출제유형문제연습

1 사칙연산

01~06 다음을 계산하여 알맞은 답을 구하시오.

One Point Lesson

- 선택지를 보고 암산의 방식을 결정한다.
- 선택지의 수 사이에 큰 차이가 있다면 반올림하여 계산하고, 선택지의 일의 자리수가 모두 다를 경우 일의 자리만 계산하여 답을 고른다.

01

1,922+3,721

① 5,643 ② 573 ③ 4,983
④ 4,678 ⑤ 563

02

1,279−594

① 725 ② 685 ③ 255
④ 195 ⑤ 785

03

824×35%

① 665.4 ② 288.4 ③ 28
④ 2,864 ⑤ 456.4

04

1.7×0.4

① 6.8 ② 68 ③ 168
④ 2.8 ⑤ 0.68

05

$684 \div 20$

① 3.24 ② 342 ③ 34.2
④ 56 ⑤ 862

06

42의 $\frac{1}{8}$

① 8.3 ② 18.25 ③ 5.25
④ 16 ⑤ 24.5

정답과 해설

01 $1,922+3,721 \fallingdotseq 1,900+3,800$
$=5,700 \fallingdotseq 5,643$

정답 ①

02 $1,279-594=685$

정답 ②

03 $824 \times 35\% \fallingdotseq 800 \times 0.4$
$=80 \times 4=320 \fallingdotseq 288.4$

정답 ②

04 $1.7 \times 0.4 \fallingdotseq 2 \times 0.4$
$=0.8 \fallingdotseq 0.68$

정답 ⑤

05 $684 \div 20 \fallingdotseq 680 \div 20$
$=68 \div 2=34 \fallingdotseq 34.2$

정답 ③

06 $42 \times \frac{1}{8} \fallingdotseq 40 \times \frac{1}{8}$
$=5 \fallingdotseq 5.25$

정답 ③

07~12 다음을 계산하여 알맞은 답을 구하시오.

07

$$13.22+154.22+21.79$$

① 78.23 ② 690.53 ③ 1,925
④ 690 ⑤ 189.23

One Point Lesson

- 곱셈·나눗셈은 덧셈·뺄셈보다 먼저 계산한다.
- 곱셈, 나눗셈이 함께 있을 때는 한꺼번에 소거하여 최대한 간단한 수로 만든다.

08

$$\frac{2}{3}+\frac{3}{7}\times\left(\frac{4}{9}+\frac{2}{3}\right)\div\frac{3}{7}$$

① $\frac{7}{9}$ ② $\frac{16}{7}$ ③ $\frac{16}{3}$
④ $\frac{7}{3}$ ⑤ $\frac{16}{9}$

09

$$7^2+2(9-6)^2$$

① 67 ② 87 ③ 97
④ 107 ⑤ 117

10

40 : A=50 : 125일 때, A는?

① 70 ② 80 ③ 90
④ 100 ⑤ 110

11

$$(\sqrt{27}+4\sqrt{3})\times 2\sqrt{2}$$

① $9\sqrt{5}$ ② $6\sqrt{6}$ ③ $12\sqrt{6}$
④ $14\sqrt{5}$ ⑤ $14\sqrt{6}$

12

$$(-\sqrt{3})^3+\sqrt{24}\times\sqrt{8}\div\sqrt{3}+(\sqrt{3}+2)^2$$

① $\sqrt{3}+15$ ② $\sqrt{2}+12$ ③ $\sqrt{5}+10$
④ $\sqrt{15}+15$ ⑤ $\sqrt{6}+10$

이것만은 꼭

- $(a+b)^2=a^2+2ab+b^2$
- $(a-b)^2=a^2-2ab+b^2$
- $\sqrt{2}\times\sqrt{2}=(\sqrt{2})^2=2$
- $\sqrt{2^2}=2$
- $\sqrt{8}=\sqrt{2\times2\times2}=2\sqrt{2}$
- $(-\sqrt{2})^2=2$
- $-\sqrt{2^2}=-2$
- $\sqrt{2}+\sqrt{2}=2\sqrt{2}$
- $\sqrt{2}\times\sqrt{3}=\sqrt{6}$
- $\frac{\sqrt{2}}{\sqrt{3}}=\sqrt{\frac{2}{3}}$

정답과 해설

07 정답 ⑤

$13.22+154.22+21.79 \fallingdotseq 13+154+22$
$=189 \fallingdotseq 189.23$

08 정답 ⑤

$\frac{2}{3}+\frac{3}{7}\times\left(\frac{4}{9}+\frac{2}{3}\right)\div\frac{3}{7}$
$=\frac{2}{3}+\frac{3}{7}\times\left(\frac{4}{9}+\frac{6}{9}\right)\div\frac{3}{7}$
$=\frac{2}{3}+\frac{\cancel{3}}{\cancel{7}}\times\frac{10}{9}\div\frac{\cancel{3}}{\cancel{7}}$
$=\frac{2}{3}+\frac{10}{9}=\frac{6}{9}+\frac{10}{9}=\frac{16}{9}$

09 정답 ①

$7^2+2(9-6)^2=49+2(3)^2$
$=49+2(9)=49+18=67$

10 정답 ④

$40:A=50:125$에서 $50:125=2:5$이므로
$40:A=2:5$이다.
내항의 곱과 외항의 곱은 같으므로
$2A=200 \quad \therefore A=100$

11 정답 ⑤

$(\sqrt{27}+4\sqrt{3})\times2\sqrt{2}=(\sqrt{3^3}+4\sqrt{3})\times2\sqrt{2}$
$=(3\sqrt{3}+4\sqrt{3})\times2\sqrt{2}$
$=7\sqrt{3}\times2\sqrt{2}=14\sqrt{6}$

12 정답 ①

$(-\sqrt{3})^3+\sqrt{24}\times\sqrt{8}\div\sqrt{3}+(\sqrt{3}+2)^2$
$=-3\sqrt{3}+\sqrt{\frac{24\times8}{3}}+(\sqrt{3}+2)^2$
$=-3\sqrt{3}+8+(3+4\sqrt{3}+4)=\sqrt{3}+15$

13~16 다음을 계산하여 알맞은 답을 구하시오.

13

850의 1할 2푼 5리

① 0.1062 ② 1.062 ③ 10.62
④ 106.25 ⑤ 1,062

14

5km의 7할

① 3.5m ② 35m ③ 350m
④ 3,500m ⑤ 3,500km

이것만은 꼭

- 길이 : 1km=1,000m
  1m=100cm
  1cm=10mm
- 무게 : 1t=1,000kg
  1kg=1,000g
  1g=1,000mg
- 부피 : $1m^3$=1,000L
  1L=1,000mL
  1mL=$1cm^3$=1cc

15

4L의 8푼

① 3.2mL ② 32mL ③ 320mL
④ 3,200mL ⑤ 3,200L

16

5t의 6할 2리

① 3.01t ② 3.001t ③ 3.1t
④ 3,100kg ⑤ 30,100kg

17 다음을 계산했을 때 가장 큰 수가 나오는 것은?

① $5+8$　② $7+6$　③ $3+9$
④ $9+7$　⑤ $2+8$

18 다음을 계산했을 때 가장 작은 수가 나오는 것은?

① $14-9$　② $16-12$　③ $11-8$
④ $15-9$　⑤ $17-13$

19 다음을 계산했을 때 계산 결과가 다른 하나는?

① 4×9　② $29+7$　③ 6×6
④ $44-8$　⑤ $\sqrt{36}$

권두부록 1_기초지식 2_언어이해 3_패턴이해 4_상황판단 5_실전모의1 5_실전모의2 6_인성검사 7_면접가이드

정답과 해설

13 $850\times0.125=85\times1.25=106.25$
정답 ④

14 1km=1,000m이므로
$5{,}000(\text{m})\times0.7=500\times7=3{,}500(\text{m})$
정답 ④

15 1L=1,000mL이므로
$4{,}000(\text{mL})\times0.08=40\times8=320(\text{mL})$
정답 ③

16 1t=1,000kg이므로
$5{,}000(\text{kg})\times0.602=3{,}010(\text{kg})=3.01(\text{t})$
정답 ①

17 ④ 16
정답 ④
| 오답풀이 |
① 13　② 13　③ 12　⑤ 10

18 ③ 3
정답 ③
| 오답풀이 |
① 5　② 4　④ 6　⑤ 4

19 ⑤ 6
정답 ⑤
| 오답풀이 |
①~④는 모두 계산 결과 36이다.

2 대소 비교

20~24 다음 수식의 대소를 비교하시오.

One Point Lesson

곱셈 대소 비교
- 좌변(or 우변)의 수가 우변(or 좌변)에 비해 각각 크면 계산 결과도 크다.
  예 $3,425 \times 18.8$ □ $3,395 \times 18.6$
  → 좌변>우변
- 더 크거나 작은 수가 섞여 있는 경우에는 증감률을 비교한다.
  예 330×27 □ 363×18 (10% 증가, 약 33% 감소)
  → 증가율보다 감소율이 크므로 좌변의 값이 더 크다.

20

235×91 □ 460×45

① > ② < ③ =
④ ≥ ⑤ ≤

21

$3,055 \times 0.6$ □ $3,754 \times 0.5$

① > ② < ③ =
④ ≥ ⑤ ≤

22

$\frac{26}{17}$ □ $\frac{51}{35}$

① > ② < ③ =
④ ≥ ⑤ ≤

23

389×104 □ 42,000

① > ② < ③ =
④ ≥ ⑤ ≤

24

8,961÷1,150 □ 8

① > ② < ③ =
④ ≥ ⑤ ≤

정답과 해설

20 정답 ①
235×91 □ 460×45
$= 21,385$ > $= 20,700$

21 정답 ②
$3,055 \times 0.6$ □ $3,754 \times 0.5$
$= 1,833$ < $= 1,877$

22 정답 ①
$\frac{26}{17} = \frac{52}{34} > \frac{51}{35}$

23 정답 ②
389×104 □ $42,000$
$\fallingdotseq 389 \times 100$
$= 38,900$ < $42,000$

24 정답 ②
$8,961 \div 1,150$ □ 8 ← 양변에 $\times 1,150(\fallingdotseq \times 1,200)$
→ $9,000$ □ $8 \times 1,200$
$9,000$ < $= 9,600$

3 연산기호 추론

25~28 □ 안에 들어갈 연산기호로 알맞은 것을 고르시오.

One Point Lesson

연산기호를 찾는 문제는 주어진 수 사이의 관계(합, 차, 곱 등)를 빠르게 눈치챌 수 있는 약간의 '센스'를 필요로 한다. 연산기호의 새로운 법칙을 추론하는 문제 등 응용문제에서 당황하지 않도록 많은 기초연산 문제를 풀어보며 습득하도록 한다.

25

4□8=12

① + ② − ③ ×
④ ÷ ⑤ 없다.

26

(5□2)−2=8

① + ② − ③ ×
④ ÷ ⑤ 없다.

27

2.1□7.8−4.3=5.6

① + ② − ③ ×
④ ÷ ⑤ 없다.

28

(23−18)□(2+3)=1

① + ② − ③ ×
④ ÷ ⑤ 없다.

29~30 ㉠, ㉡을 통해 연산기호의 새로운 법칙을 찾은 후 ㉢에 적용하여 '?'에 알맞은 답을 구하시오.

29

㉠ $2-4=8$
㉡ $3\times2=5$
㉢ $5-(3\times4)=?$

① -7　② 17　③ 20
④ 35　⑤ 40

30

㉠ $5+7=35$
㉡ $4-2=6$
㉢ $4+(3-7)=?$

① 14　② 40　③ 7
④ -16　⑤ 6

정답과 해설

25 $4+8=12$
정답 ①

26 $(5\square2)-2=8$
$5\square2=10$
$\therefore\ \square=\times$
정답 ③

27 $2.1\square7.8-4.3=5.6$
$2.1\square7.8=5.6+4.3$
$2.1\square7.8=9.9$
$\therefore\ \square=+$
정답 ①

28 $(23-18)\square(2+3)=1$
$5\square5=1$
$\therefore\ \square=\div$
정답 ④

29 ㉠ $2-4=8 \Rightarrow 2\times4=8$ ➡「$-$ → $\times$」
㉡ $3\times2=5 \Rightarrow 3+2=5$ ➡「$\times$ → $+$」
$-$는 $\times$로, $\times$는 $+$로 사용되었다.
$\therefore$ ㉢ $5-(3\times4) \Rightarrow 5\times(3+4)=35$
정답 ④

30 ㉠ $5+7=35 \Rightarrow 5\times7=35$ ➡「$+$ → $\times$」
㉡ $4-2=6 \Rightarrow 4+2=6$ ➡「$-$ → $+$」
$+$는 $\times$로, $-$는 $+$로 사용되었다.
$\therefore$ ㉢ $4+(3-7) \Rightarrow 4\times(3+7)=40$
정답 ②

2 수학

테마 2 응용계산

응용계산 출제 비율

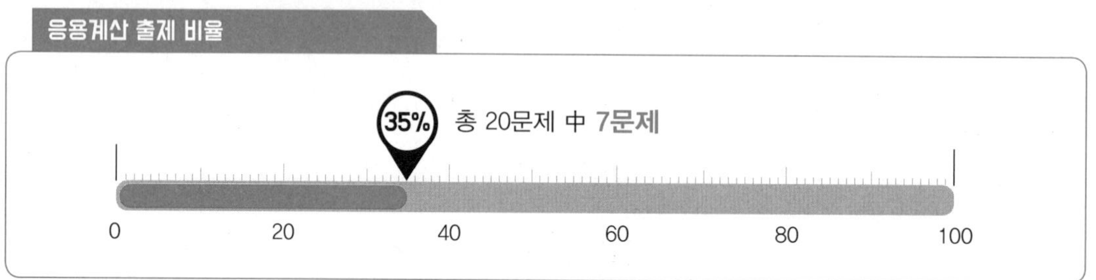

응용계산 핵심 check

- 문제의 조건을 식으로 표현하여 요구하는 것을 알맞게 계산하는 유형이다.
- 거리 · 속력 · 시간, 농도, 일률, 평균, 확률 등의 기본 공식과 방정식, 부등식의 풀이 방법을 알아두어야 한다.
- 여러 개의 조건이 함께 제시된 경우에는 하나라도 빠뜨리지 않도록 주의한다.
- 다양한 문제를 풀어보며 어느 상황에 어떤 계산식을 적용해야 하는지 익혀둔다.

출제키워드

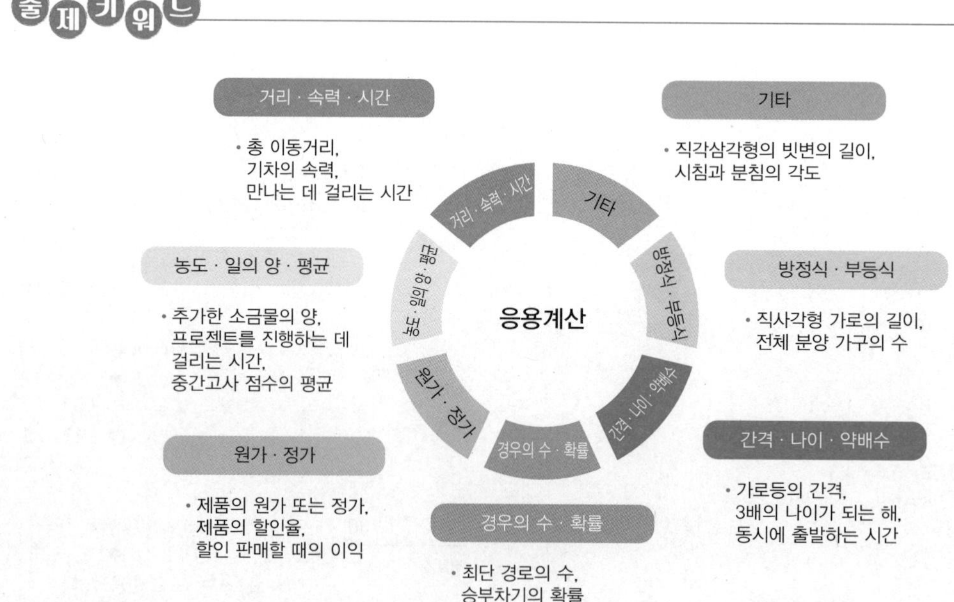

대표예제 거리 · 속력 · 시간

01 **A는 강아지와 함께 7,500m 떨어져 있는 B를 만나러 가고 있다. A는 6km/h, B는 9km/h의 속력으로 서로를 향해 가고 있고, 강아지는 10km/h의 속력으로 B를 향해 달려가다가 B를 만나면 A에게 돌아오고, 다시 B에게 가는 식으로 A와 B 사이를 왔다 갔다 하고 있다. A와 B가 만나면 강아지는 달리기를 멈춘다고 할 때, 강아지의 총 이동거리는 몇 km인가?**

① 5km ② 5.5km ③ 6km
④ 6.5km ⑤ 7km

| 정답 | ①

| 해설 |

'거리=속력×시간'이므로 강아지의 총 이동거리를 구하기 위해서는 강아지가 달린 시간을 알아야 하는데, 이것은 A와 B가 만나는 데 걸린 시간과 같다. '시간$=\frac{거리}{속력}$'이므로, A와 B가 만나는 데 걸린 시간을 (A를 기준으로) 구하기 위해 먼저 A가 이동한 거리를 구해야 한다. A가 B를 향해 이동한 거리를 $x$km라고 하면, B가 이동한 거리는 $(7.5-x)$km가 된다. A와 B가 이동한 시간이 같으므로 이를 기준으로 식을 세우면 다음과 같다.

A 7,500m B
6km/h 9km/h
10km/h
A B

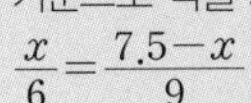

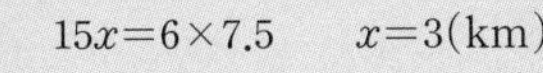

$\frac{x}{6}=\frac{7.5-x}{9}$ $\quad 9x=6(7.5-x)$ $\quad 15x=6\times7.5$ $\quad x=3(\text{km})$

A와 B가 만나는 데 걸린 시간$=\frac{3(\text{km})}{6(\text{km/h})}=\frac{1}{2}(\text{h})$ ➡ [=강아지가 달린 시간]

∴ 강아지가 이동한 거리$=10(\text{km/h})\times\frac{1}{2}(\text{h})=5(\text{km})$

유형 분석

문제에 주어진 조건을 활용하여 이동한 거리를 계산하는 문항이다.

해결 전략

1. 거리=속력×시간임을 숙지한다.
2. 문제에서 묻는 것이 무엇인지 파악한다.
3. 답을 구하기 위해 필요한 시간, 이동거리 등을 차례로 구한다.

One Point Lesson

•

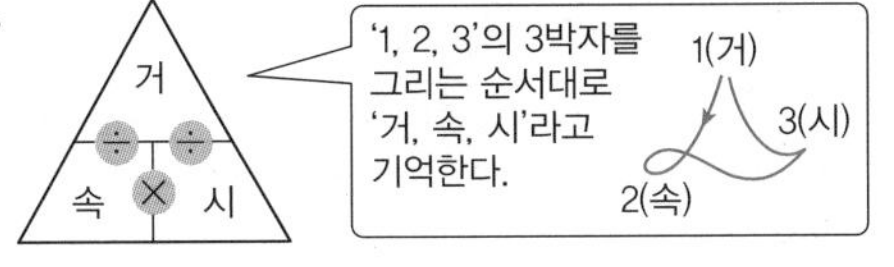
거
÷ ÷
속 × 시
'1, 2, 3'의 3박자를
그리는 순서대로
'거, 속, 시'라고
기억한다.
1(거)
2(속)
3(시)

* 거=거리
속=속력
시=시간
* 거(거리)는 반드시 '분자'에 둔다!

1. 시간=거리÷속력$=\frac{거}{속}$ 2. 속력=거리÷시간$=\frac{거}{시}$ 3. 거리=속력×시간=속×시

• km와 m, 시간과 분 · 초 단위를 정확히 계산한다.

대표예제

유형 분석

문제에 주어진 조건을 활용하여 만나는 데 걸린 시간을 계산하는 문항이다.

해결 전략

1. 시간$=\frac{거리}{속력}$임을 숙지한다.
2. 등호 관계를 성립시킬 수 있는 것을 기준으로 식을 세운다.
3. 두 객체가 같은 방향으로 이동하는지, 반대방향으로(마주 보고) 이동하는지 그 이동방향에 유의한다.

02 A와 B는 서로 마주 본 상태에서 40km 떨어져 있다. A가 B에게 프레젠테이션 자료를 전달하러 가는데, A는 버스를 타고 50km/h로 가고 B는 15분 뒤에 출발해 16km/h로 걸어간다. B가 출발한 후 두 사람이 만나는 데 걸리는 시간은?

① 21분　② 23분　③ 25분
④ 27분　⑤ 29분

| 정답 | ③

| 해설 |

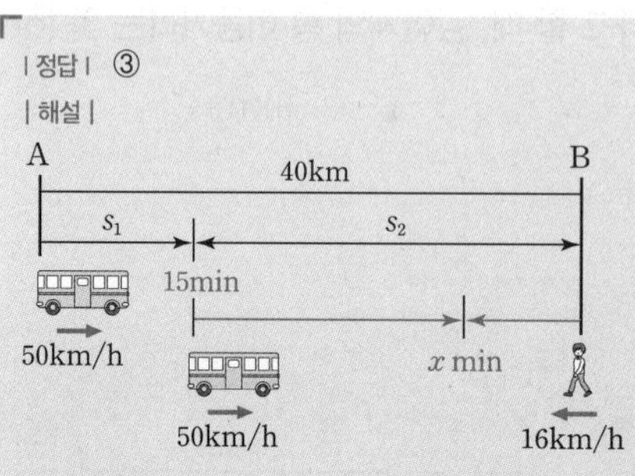

B가 출발하기 전 A가 50km/h로 15분 동안 이동한 거리는

$s_1=$속력$\times$시간$=\frac{50km}{h}\times\overset{2.5}{\cancel{15min}}\times\frac{1h}{\underset{1}{\cancel{60min}}}=12.5(km)$이다.

그러므로 B가 출발할 때 A와 B 사이의 거리는

$s_2=40-12.5=27.5(km)$이다.

이 거리를 각자의 속력으로 달리거나 걸었을 때 서로 만나는 데 걸리는 시간(x)을 구하면 된다.

두 사람이 만나기까지 이동한 거리의 합이 27.5km이므로 다음과 같은 식이 성립한다.

$50\times\frac{x}{60}+16\times\frac{x}{60}=27.5$

$(50+16)x=27.5\times60$

$\therefore\ x=\frac{27.5\times\overset{10}{\cancel{60}}}{\underset{11}{\cancel{66}}}=\frac{275}{11}=25(min)$

하나 더+

거리·속력·시간 문제는 구해야 하는 것이 무엇인지 체크하고, 문제의 조건에 따라 거리·속력·시간 중 일정한 값을 유지하여 등호(=) 관계를 성립시킬 수 있는 것을 기준으로 하여 식을 세운다.

➡ 이 문제에서는 A가 15분 동안 이동한 거리를 제외하고, A와 B가 각자의 속력으로 $x$min 동안 이동하여 만나기까지 두 사람의 이동거리 27.5km가 일정하므로 '거리'를 기준으로 등호관계가 성립하도록 식으로 세운다.

- 속력 : A－50km/h, B－16km/h
- 시간 : $x$min
- 거리 : 27.5km → 일정(기준)

03 **어떤 기차가 800m 길이의 터널로 들어가 마지막 칸까지 모두 통과하는 데 36초가 걸렸다. 기차의 총 길이가 100m라면 이 기차의 속력은?**

① 60km/h ② 70km/h ③ 80km/h
④ 90km/h ⑤ 100km/h

| 정답 | ④

| 해설 |

속력$=\frac{거리}{시간}$이므로, 우선 기차가 36초 동안 이동한 거리를 구한다. 기차의 앞부분이 터널 입구로 들어가서 마지막 칸까지 모두 통과하는 지점까지의 길이이므로 기차가 이동한 거리는 터널의 길이+기차의 길이 $=800+100=900$(m)가 된다.

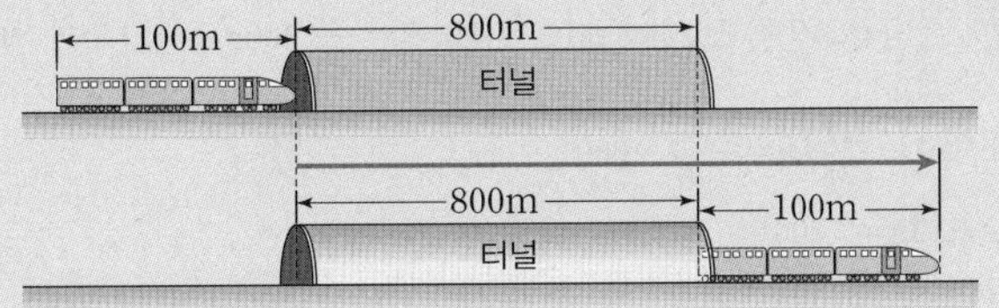

기차가 36초 동안 900m를 이동했으므로 선택지의 단위에 따라 이를 시속으로 변환한다.

$$\therefore \text{기차의 속력}=\frac{900\text{m}}{36\text{s}}\times\frac{1\text{km}}{10^3\text{m}}\times\left(\frac{60\text{s}}{1\text{min}}\times\frac{60\text{min}}{1\text{h}}\right)$$
$$=\frac{900\text{m}}{36\text{s}}\times\frac{1\text{km}}{1{,}000\text{m}}\times\frac{3{,}600\text{s}}{1\text{h}}$$
$$=90(\text{km/h})$$

유형 분석

문제에 주어진 조건을 활용하여 객체의 이동 속력을 계산하는 문항이다.

해결 전략

1. 속력$=\frac{거리}{시간}$임을 숙지한다.
2. 먼저 주어진 시간 동안 이동한 거리를 계산한다.
3. 터널을 통과하는 기차의 이동거리를 구할 때 기차의 길이를 간과하지 않도록 주의한다.

하나 더

속력 계산 시, 문제에 주어진 대로 m/s를 먼저 구하고 km/h로 단위변환하지 말고, 한번에 단위변환까지 모두 연결하여 풀면 변환 과정의 단위와 함께 숫자도 일정 부분 소거되어 좀더 빨리 풀 수 있다.

대표예제 농도

유형 분석

소금물의 농도와 양의 변화를 통해 첨가된 소금물의 양을 구하는 문항이다.

해결 전략

1. 소금물의 농도를 구하는 공식을 이용한다.
2. 구하고자 하는 값을 x로 놓는다.
3. 변하지 않는 값을 기준으로 식을 세운다.

04 8%의 소금물에 12%의 소금물을 섞은 다음, 물 200g을 더 넣었더니 7%의 소금물 600g이 되었다. 첨가된 12% 소금물의 양은?

① 150g ② 200g ③ 250g
④ 350g ⑤ 400g

| 정답 | ③

| 해설 |

첨가된 12% 소금물의 양을 xg이라 하면, 소금의 양은 물 200g을 넣기 전과 후에 변함이 없으므로 다음과 같은 식이 성립한다.

$$\frac{8}{100}(400-x)+\frac{12}{100}x=\frac{7}{100}\times600$$

$3{,}200-8x+12x=4{,}200$

$4x=1{,}000$

$\therefore\ x=250(\text{g})$

05 9%의 소금물 200g에 6%의 소금물을 넣어 8%의 소금물을 만들려고 한다. 넣어야 하는 6% 소금물의 양은?

① 80g ② 90g ③ 100g
④ 110g ⑤ 120g

| 정답 | ③

| 해설 |

넣어야 하는 6% 소금물의 양을 xg이라고 하면 다음과 같은 식이 성립한다.

$$\left(\frac{9}{100}\times200\right)+\left(\frac{6}{100}\times x\right)=\frac{8}{100}\times(200+x)$$

$1{,}800+6x=1{,}600+8x$

$2x=200$

$\therefore\ x=100(\text{g})$

대표예제 평균

06 A 그룹 30명, B 그룹 50명, C 그룹 20명이 영어시험을 봤다. 영어시험 점수의 평균이 B 그룹은 A 그룹보다 25점 높았고, C 그룹은 A 그룹의 3배로 나왔다. A 그룹의 영어시험 점수 총합이 600점일 때 세 그룹의 전체 평균은?

① 40.5점 ② 41점 ③ 41.5점
④ 42점 ⑤ 42.5점

| 정답 | ①

| 해설 |

A 그룹의 점수 총합이 600점이므로 평균은 $\frac{600}{30}=20$(점)이 된다.

그러므로 B 그룹 평균은 45점, C 그룹 평균은 60점이 된다.

∴ 세 그룹의 전체 평균은 $\frac{(20\times30)+(45\times50)+(60\times20)}{100}=40.5$(점)이다.

유형 분석

세 그룹의 평균을 제시하고 전체의 평균을 계산하는 문항이다.

해결 전략

1. 평균 구하는 법을 숙지한다.
2. 평균$=\frac{\text{시험 점수 총합}}{\text{인원 수}}$

07 A~E 다섯 명의 영어시험 평균 점수는 72점이다. A, B의 점수가 65점, C, D의 점수가 75점이라고 할 때, E의 점수는?

① 70점 ② 75점 ③ 80점
④ 85점 ⑤ 90점

| 정답 | ③

| 해설 |

E의 점수를 x로 놓고 식을 세우면 다음과 같다.

$\frac{(65\times2)+(75\times2)+x}{5}=72$ $130+150+x=360$ ∴ $x=80$(점)

대표예제 일의 양

유형 분석

일을 끝낼 때까지 걸린 총 기간과 한 사람이 하루 동안 할 수 있는 일의 양을 이용하여 개인이 일을 한 날짜를 계산하는 문항이다.

해결 전략

1. 전체 일의 양을 1로 둔다.
2. 각각의 사람이 하루 동안 할 수 있는 일의 양을 구한다.
3. 일한 날=일한 양÷하루 동안 할 수 있는 일의 양

08 유정이가 하면 A일, 세영이가 하면 B일이 걸리는 일이 있다. 유정이와 세영이가 함께 일을 시작하였으나, 중간에 세영이가 일을 그만두어 일이 모두 끝나기까지 15일이 걸렸다. 전체 일한 날 중 세영이가 일을 하지 않은 날은 며칠인가?

① $15-\frac{A(B-15)}{A}$일　② $15-\frac{B(A-15)}{A}$일　③ $15-\frac{B-15}{AB}$일

④ $15-\frac{A-15}{A}$일　⑤ $15-\frac{A-15}{AB}$일

| 정답 | ②

| 해설 |

유정이는 15일간 일을 하였으므로 유정이가 일한 양은 $\frac{1}{A}\times15=\frac{15}{A}$이며, 세영이가 일한 양은 $1-\frac{15}{A}=\frac{A-15}{A}$이다.

세영이가 일한 날은 $\frac{A-15}{A}\div\frac{1}{B}=\frac{B(A-15)}{A}$(일)이므로, 일을 하지 않은 날은 $15-\frac{B(A-15)}{A}$일이다.

09 수조에 물을 퍼 담아 가득 채우는 데 A는 3분, B는 9분이 걸린다. 또한 가득찬 물을 빼는 데 C는 6분, D는 12분이 걸린다. 물이 절반 높이까지 차 있는 상태에서 A와 B는 물을 채우고 C와 D는 물을 뺄 경우 수조에 물이 가득 차는 데까지 걸리는 시간은?

① $\frac{15}{7}$분　② $\frac{16}{7}$분　③ $\frac{17}{7}$분

④ $\frac{18}{7}$분　⑤ $\frac{19}{7}$분

| 정답 | ④

| 해설 |

조건이 모두 '분'으로 제시되었으므로 1분당 작업량을 계산해 본다. A~D의 1분당 작업량은 각각 $\frac{1}{3}$, $\frac{1}{9}$, $\frac{1}{6}$, $\frac{1}{12}$이다. 수조 전체 물의 양을 1이라 하고 수조에 물이 가득 찰 때까지 걸리는 시간을 x분이라 할 때, 이미 절반의 물이 채워져 있으므로 더 채워야 할 물의 양은 $\frac{1}{2}$이 되며 다음 식이 성립한다.

$$\left(\frac{1}{3}+\frac{1}{9}-\frac{1}{6}-\frac{1}{12}\right)\times x=\frac{1}{2}$$

$$\left(\frac{4}{9}-\frac{3}{12}\right)\times x=\frac{1}{2}\qquad \therefore x=\frac{18}{7}(\text{분})$$

따라서 수조에 물이 가득 차는 데까지 걸리는 시간은 $\frac{18}{7}$분이다.

대표예제 원가 · 정가

10 L사는 어떤 상품의 원가에 20%의 이익을 붙여 판매하고 있는데, 경쟁사에서 신제품을 출시한다는 소식을 접하고 다음 분기에는 현재 가격에서 10% 할인해 판매하기로 결정하였다. 할인된 가격이 129,600원이라면 원가는?

① 118,000원 ② 120,000원 ③ 122,000원
④ 124,000원 ⑤ 126,000원

| 정답 | ②

| 해설 |
원가를 x원이라 하면 현재 판매가는 $1.2x$원, 다음 분기의 판매가는 $1.2x \times 0.9 = 1.08x$(원)이다.
할인된 가격이 129,600원이므로 다음과 같은 식이 성립한다.
$1.08x = 129,600$
$\therefore x = 120,000$(원)

유형 분석
할인율과 할인된 가격, 이익률을 이용하여 원가를 구하는 문항이다.

해결 전략
1. 구하고자 하는 값을 x로 두고 계산한다.
2. 정가=원가×(1+이익률)임을 이용한다.

11 미란이는 인터넷 쇼핑몰에서 가습기와 서랍장을 하나씩 구매하여 총 183,520원을 지불하였다. 이때 가습기는 정가의 15%를, 서랍장은 정가의 25%를 할인받아 평균 20%의 할인을 받고 구매한 것이라면 가습기의 정가는?

① 89,500원 ② 92,100원 ③ 106,300원
④ 114,700원 ⑤ 139,500원

| 정답 | ④

| 해설 |
가습기의 정가를 x원, 서랍장의 정가를 y원이라고 하면 다음과 같은 식이 성립한다.
$0.85x + 0.75y = 183,520$ …… ㉠
$0.8(x+y) = 183,520$ …… ㉡
㉠, ㉡을 연립하여 풀면,
$0.05x = 0.05y \quad x = y$
이를 ㉠에 대입하면,
$0.85x + 0.75x = 183,520 \quad 1.6x = 183,520 \quad x = 114,700$(원)
따라서 가습기의 정가는 114,700원이다.

유형 분석
할인율과 할인된 가격을 이용하여 정가를 구하는 문항이다.

해결 전략
1. 구하고자 하는 값을 x 또는 y로 두고 계산한다.
2. 정가×(1−할인율)=할인된 가격임을 이용한다.

대표예제 경우의 수 · 확률

유형 분석

출발점에서 도착점까지 가는 최단경로의 수를 구하는 문항이다.

해결 전략

1. 조합을 사용하여 계산한다.
2. 출발 지점부터 차례로 계산한다.

12 다음 그림과 같은 길이 있다. A에서 B까지 가는 최단경로는 몇 가지인가?

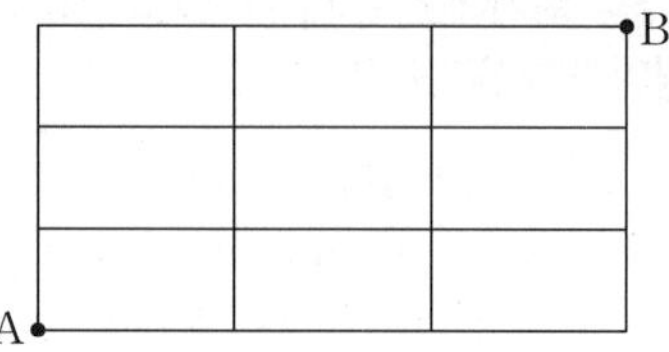

① 18가지 ② 19가지 ③ 20가지
④ 21가지 ⑤ 22가지

| 정답 | ③

| 해설 |

길 찾기 문제의 해법은 크게 두 가지가 있다.

1. 「조합」을 사용하여 계산한다.
   이 길을 최단거리로 가려면 오른쪽으로 3회, 위로 3회 총 6회의 이동을 하면 된다.
   위쪽 방향으로 이동하는 3회분을 몇 번째로 할지 결정하는 조합은
   $_6C_3=\dfrac{6\times5\times4}{3\times2\times1}=20$(가지)이다.
2. 출발지점부터 차례로 「덧셈방식」으로 계산한다.
   출발지점인 A에서 도착지점인 B를 향해서 가는 길을 차례로 계산하여 더해가며 구하는 방법이다.
   길 찾기 문제는 덧셈방식 쪽이 응용하기 좋고, 다양한 문제에 대응할 수 있다.
   (1) 먼저 〈그림 1〉과 같이 A의 위와 오른쪽 방향의 각 교차점에 숫자 1을 기입한다. 이것은 A에서 그 장소까지 가는 방법이 1개뿐이라는 것을 의미한다.
   (2) 다음으로 〈그림 2〉와 같이 대각선 상의 두 개 숫자의 합을 오른쪽 위에 적는 작업을 하면 〈그림 3〉이 완성되며, A에서 B까지 가는 데 20가지의 길이 있다는 것을 알 수 있다.

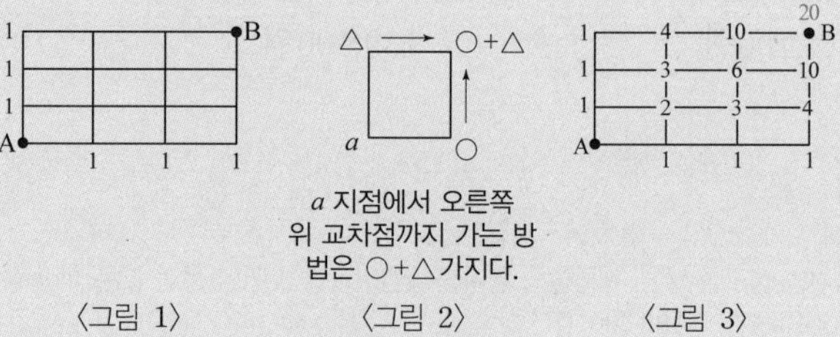

〈그림 1〉 〈그림 2〉 〈그림 3〉

13 **10원짜리 동전 3개, 50원짜리 동전 1개, 100원짜리 동전 2개, 500원짜리 동전 1개를 가지고 만들 수 있는 가격의 경우의 수는?**

① 43가지 ② 44가지 ③ 45가지
④ 46가지 ⑤ 47가지

| 정답 | ⑤

| 해설 |

	동전을 사용하지 않을 경우	동전 1개의 경우	동전 2개의 경우	동전 3개의 경우	
• 10원짜리 동전 3개로 만들 수 있는 경우의 수	0원	10원	20원	30원	→ 4가지
• 50원짜리 동전 1개로 만들 수 있는 경우의 수	0원	50원			→ 2가지
• 100원짜리 동전 2개로 만들 수 있는 경우의 수	0원	100원	200원		→ 3가지
• 500원짜리 동전 1개로 만들 수 있는 경우의 수	0원	500원			→ 2가지

가지고 있는 동전으로 만들 수 있는 가격의 경우의 수는 $(4\times2\times3\times2)$가지인데 여기에서 동전을 한 개도 사용하지 않아 그 합이 0이 되는 경우는 제외해야 하므로 $(4\times2\times3\times2)-1=47$(가지)이다.

유형 분석

주어진 조건에서 일어날 수 있는 경우의 수를 구하는 문항이다.

해결 전략

1. 표를 그려 일어날 수 있는 경우의 수를 모두 적어본다.
2. 각 동전마다 사용하지 않을 경우를 +1하여 (각 동전의 개수+1)을 모두 곱한다.
3. 동전을 하나도 사용하지 않으면 그 합이 0이 되므로 모든 경우의 수에서 이 경우를 −1한다.

14 **A 팀과 B 팀이 축구경기를 하고 있다. A 팀이 골을 넣을 확률이 70%, B 팀이 골을 넣을 확률이 40%일 때 이 두 팀이 승부차기까지 갈 확률은? (단, 골 득실차로 인해 두 골을 먼저 넣는 팀이 이기는 것으로 한다)**

① 0.45 ② 0.46 ③ 0.47
④ 0.48 ⑤ 0.49

| 정답 | ②

| 해설 |

두 팀이 승부차기를 하려면 경기가 끝났을 때 점수가 같아야 한다. 즉, 두 팀의 점수가 0 : 0이 될 확률과 1 : 1이 될 확률을 더하면 승부차기까지 갈 확률이 된다. 0 : 0이 될 확률은 두 팀 모두 골을 넣지 못할 확률이므로 (A 팀이 골을 넣지 못할 확률)×(B 팀이 골을 넣지 못할 확률)$=0.3\times0.6=0.18$이며, 1 : 1이 될 확률은 (A 팀이 골을 넣을 확률)×(B 팀이 골을 넣을 확률)$=0.7\times0.4=0.28$이 된다.
따라서 두 팀이 승부차기까지 갈 확률은 $0.18+0.28=0.46$이다.

유형 분석

어떤 일이 일어날 확률을 계산하는 문항이다.

해결 전략

1. 동시에 일어나는 경우, '그리고'로 연결되는 경우는 확률을 곱한다.
2. '또는'으로 연결되는 경우는 확률을 더한다.

대표예제 간격

15 호성이는 통학 시에 항상 자전거를 타고 16.2km/h로 전철역까지 간다. 하루는 가로등의 수를 세면서 달린 결과 25개가 있었고, 첫 번째 가로등을 통과해서 마지막 가로등까지 가는 데 5분 20초가 걸렸다. 집에서 전철역까지의 길이 직선이며 가로등의 간격이 일정할 때, 가로등은 몇 m마다 세워져 있는가?

① 45m ② 50m ③ 60m
④ 65m ⑤ 70m

유형 분석
직선의 거리와 배치된 물체의 개수를 이용하여 간격을 계산하는 문항이다.

해결 전략
1. 전체 길이가 명시되어 있지 않다면 계산을 통해 파악한다.
2. 간격의 수를 구하여 전체 길이를 나눈다.

| 정답 | ③

| 해설 |
16.2km/h=4.5m/s이고, 첫 번째 가로등부터 마지막 가로등까지 5분 20초가 걸렸으므로 이 사이의 거리는 $4.5\times320=1,440$(m)이다. 1,440m에 가로등 25개가 있으므로 가로등은 $1,440\div(25-1)=60$(m)마다 세워져 있음을 알 수 있다.

16 지름이 400m인 원형 공원의 둘레에 벚나무를 7m 간격으로 심으려고 한다. 공원 입구는 3m이고 입구 양옆부터 나무를 심는다고 할 때 몇 그루의 벚나무가 필요한가? (단, $\pi=3.14$로 계산한다)

① 178그루 ② 179그루 ③ 180그루
④ 181그루 ⑤ 182그루

| 정답 | ③

| 해설 |
원형 공원의 둘레는 $2\pi r=2\times3.14\times200=1,256$(m)이고, 나무를 심을 수 있는 거리는 여기에서 입구의 길이를 뺀 1,253m이다. 공원 입구의 양옆에서부터 나무를 심어야 하므로, 나무의 수=간격의 수+1이다.
∴ $1,253\div7+1=180$(그루)

대표예제 약배수

17 세로의 길이가 120cm, 가로의 길이가 90cm인 벽에 남는 부분 없이 정사각형 모양의 타일을 붙이려고 한다. 타일을 가장 적게 사용하려고 할 때, 붙일 수 있는 타일 한 변의 길이는?

① 10cm ② 15cm ③ 20cm
④ 25cm ⑤ 30cm

| 정답 | ⑤

| 해설 |
직사각형 벽에 남는 부분 없이 타일을 붙이면서 그 개수를 가장 적게 사용하기 위해서는 가능한 가장 큰 정사각형 모양의 타일을 사용해야 하므로 벽의 세로, 가로 길이인 120cm, 90cm의 최대공약수가 사용할 타일의 한 변의 길이가 된다.
120과 90의 최대공약수는 $2\times3\times5=30$이므로 타일의 한 변의 길이는 30cm이다.

```
5) 120  90
3)  24  18
2)   8   6
      4   3
5×3×2 = 30
```

유형 분석
최대공약수를 이용하여 가능한 가장 큰 정사각형 모양의 타일을 구하는 문항이다.

해결 전략
1. 최대공약수의 개념과 구하는 방법을 숙지한다.
2. 가장 큰, 가장 작은, 최소한, 최대한 등의 단어에 유의하여 최소공배수를 이용하는 문제와 구분한다.

18 두 대의 버스가 7시에 동시에 출발하는데 한 대의 버스는 15분, 다른 한 대의 버스는 20분마다 출발한다면 다음으로 동시에 출발하는 시간은?

① 7시 30분 ② 8시 ③ 8시 30분
④ 9시 ⑤ 9시 30분

| 정답 | ②

| 해설 |
동시에 출발해서 다시 출발이 같아지기까지의 시간을 구하는 문제이므로 최소공배수를 이용하면 된다.
두 버스가 각각 15분, 20분 간격으로 운행되므로 7시 이후에는 둘의 최소공배수인 60분, 즉 1시간마다 다시 동시에 출발하게 된다. 따라서 다음으로 동시에 출발하는 시간은 1시간 후인 8시이다.

```
5) 15  20
 × 3 × 4 = 60
```

유형 분석
최소공배수를 이용하여 두 대의 버스가 동시에 출발하는 시간을 계산하는 문항이다.

해결 전략
1. 최소공배수의 개념과 구하는 방법을 숙지한다.
2. 시간 문제이므로 단위에 유의한다.

대표예제 나이

유형 분석

연령을 제시하고, 주어진 조건을 충족하기 위해 걸리는 기간을 계산하는 문항이다.

해결 전략

1. 구하고자 하는 값인 기간을 x로 두고 방정식을 통해 해결한다.
2. 조건을 정확하게 파악하여 식을 세운다.
3. x년이 지나면 제시된 모든 사람의 나이가 x세씩 늘어나는 점에 유의한다.

19 진희에게는 47세의 남편과 2명의 아이가 있다. 현재 진희의 나이가 44세, 아이들 나이가 각각 12세, 9세일 때 부모 연령의 합계가 아이 연령 합계의 3배가 되는 것은 몇 년 후인가?

① 6년 후 ② 7년 후 ③ 8년 후
④ 9년 후 ⑤ 10년 후

| 정답 | ②

| 해설 |

x년 후의 일이라 하면, x년 후의 남편의 나이는 $(47+x)$세, 진희의 나이는 $(44+x)$세, 2명의 아이의 나이는 각각 $(12+x)$세, $(9+x)$세이다.
진희와 남편의 나이를 더한 값이 아이들 나이의 합의 세 배가 되어야 하므로 다음과 같은 식이 성립한다.
$(47+x)+(44+x)=3\{(12+x)+(9+x)\}$ $2x+91=6x+63$
$\therefore\ x=7$(년 후)

20 현재 아버지의 나이는 36세이고, 아들의 나이는 8세이다. 아버지의 나이가 아들 나이의 3배가 되는 것은 몇 년 후인가?

① 2년 후 ② 3년 후 ③ 4년 후
④ 5년 후 ⑤ 6년 후

| 정답 | ⑤

| 해설 |

x년 후 아버지의 나이가 아들 나이의 3배가 된다고 하면 다음과 같은 식이 성립한다.
$36+x=3\times(8+x)$
$\therefore\ x=6$(년 후)

대표예제 방정식

21 가로와 세로의 길이가 각각 10cm, 14cm인 직사각형이 있다. 이 직사각형의 가로와 세로를 똑같은 길이만큼 늘려 새로운 직사각형을 만들었더니 넓이가 기존보다 80% 증가하였다. 새로운 직사각형의 가로 길이는 몇 cm인가?

① 12cm ② 14cm ③ 16cm
④ 18cm ⑤ 20cm

유형 분석
길이 변화에 따른 넓이의 변화를 이용하여 변경된 길이를 구하는 문항이다.

해결 전략
1. 구하고자 하는 값을 x로 두고 식을 세운다.
2. 넓이가 80cm^2 늘어난 것이 아니라 80% 증가한 것임에 유의한다.

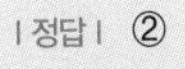
| 정답 | ②
| 해설 |
늘린 길이를 $x$cm라 하면 새로운 직사각형의 넓이가 기존보다 80% 넓으므로 다음과 같은 식이 성립한다.
$(10+x)(14+x)=10\times14\times1.8$ $140+24x+x^2=252$
$x^2+24x-112=0$ $(x-4)(x+28)=0$ $x=4\ (\because\ x>0)$
따라서 새로운 직사각형의 가로 길이는 $10+4=14$(cm)이다.

22 아파트를 3일에 걸쳐 분양한 결과, 첫째 날에는 전체 분양 가구 수의 $\frac{1}{5}$, 둘째 날에는 전체 분양 가구 수의 $\frac{1}{12}$, 셋째 날에는 전체 분양 가구 수의 $\frac{1}{4}$이 분양되어 현재 분양 가능한 아파트는 560가구이다. 준비되었던 전체 분양 가구 수는 몇 가구인가?

① 1,200가구 ② 1,600가구 ③ 1,800가구
④ 2,000가구 ⑤ 2,400가구

| 정답 | ①
| 해설 |
준비되었던 전체 분양 가구 수를 x라 하면 다음과 같은 식이 성립한다.
$x=\frac{1}{5}x+\frac{1}{12}x+\frac{1}{4}x+560$ $x-\left(\frac{1}{5}x+\frac{1}{12}x+\frac{1}{4}x\right)=560$
$60x-(12x+5x+15x)=33{,}600$ $28x=33{,}600$
$\therefore\ x=1{,}200$(가구)

대표예제 부등식

유형 분석

부등식을 이용하여 조건에 맞는 총 금액을 계산하는 문항이다.

해결 전략

1. 카드를 나누어 줄 때의 조건을 이용하여 총 직원수를 구한다.
2. 구하고자 하는 것은 총 금액이므로, 계산 마지막에 두 카드의 금액을 합산해야 하는 것에 유의한다.

23 어떤 회사에서 직원들에게 10,000원이 충전되어 있는 A 기프트 카드와 5,000원이 충전되어 있는 B 기프트 카드, 총 100장을 나누어주려고 한다. A 기프트 카드는 1명에게 2장씩 나눠주면 4장 부족하고, B 기프트 카드는 1명에게 4장씩 나눠주면 부족하며 1명에게 3장씩 나눠주면 적어도 직원의 반에게는 4장째의 B 기프트 카드를 나눠줄 수 있다. A 기프트 카드와 B 기프트 카드 총 100장의 금액은?

① 660,000원 ② 670,000원 ③ 680,000원
④ 690,000원 ⑤ 700,000원

| 정답 | ①

| 해설 |

1. 직원 수를 x, A 기프트 카드의 수를 a, B 기프트 카드의 수를 $(100-a)$라고 할 때 제시된 조건을 식으로 나타내면 다음과 같다.
   $a=2x-4$ …… ㉠
   $100-a<4x$ …… ㉡
   또한 3장씩 나누어주면 적어도 직원의 반에게 한 장씩 더 줄 수 있으므로 $\frac{x}{2}$장 이상 남아있음을 추론할 수 있다. 이를 식으로 나타내면 다음과 같다.
   $(100-a)-3x\geq\frac{x}{2}$ …… ㉢
2. ㉠을 ㉡, ㉢에 대입하여 x에 대해 정리하면,
   ㉡ $100-(2x-4)<4x$ $\quad 6x>104$ $\quad x>\frac{52}{3}$ …… ㉣
   ㉢ $100-(2x-4)-3x\geq\frac{x}{2}$ $\quad 11x\leq 208$ $\quad x\leq\frac{208}{11}$ …… ㉤
   ㉣, ㉤을 정리하면,
   $\frac{52}{3}<x\leq\frac{208}{11}$ $\quad 17.3\cdots<x\leq 18.9\cdots$
   x는 직원의 수이므로 정수여야 한다. 따라서 조건을 만족하는 x는 18명뿐이다.
3. x값을 ㉠, ㉡에 대입하면 A 기프트 카드의 수는 $2\times18-4=32$(장), B 기프트 카드의 수는 $100-32=68$(장)이다.
4. 최종적으로 합계 금액을 구하면 $10{,}000\times32+5{,}000\times68=660{,}000$(원)이다.

대표예제 기타(도형 계산 / 진로와 방향 등)

24 직각삼각형의 밑변, 높이가 각각 4cm, 2cm일 때 빗변의 길이는 몇 cm인가?

① 2cm ② $2\sqrt{3}$cm ③ $3\sqrt{3}$cm
④ $2\sqrt{5}$cm ⑤ $5\sqrt{2}$cm

| 정답 | ④

| 해설 |

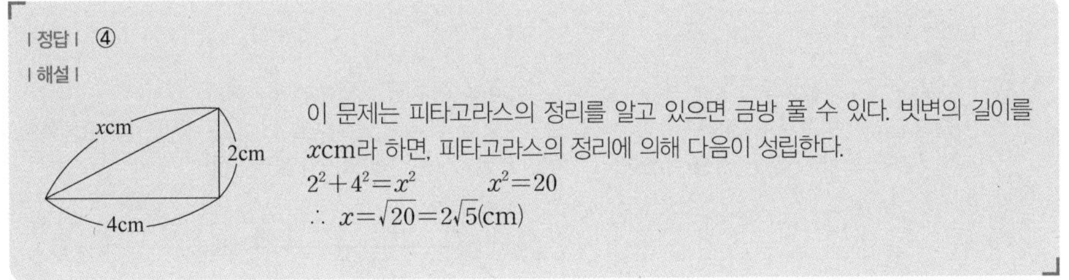

이 문제는 피타고라스의 정리를 알고 있으면 금방 풀 수 있다. 빗변의 길이를 $x$cm라 하면, 피타고라스의 정리에 의해 다음이 성립한다.

$2^2+4^2=x^2$ $x^2=20$

$\therefore\ x=\sqrt{20}=2\sqrt{5}$(cm)

이것만은 꼭

피타고라스의 정리

직각삼각형에서 직각을 끼고 있는 두 변 길이의 제곱의 합은 빗변의 길이의 제곱과 같다.

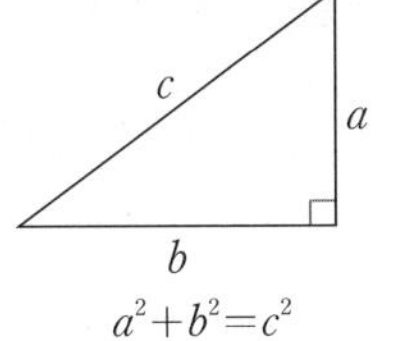

$a^2+b^2=c^2$

25 어느 마을에 반지름이 $r$km인 호수가 있고, 그 호수의 반지름과 동일한 폭의 산책로가 호수 전체를 둘러싸고 있다. 산책로 둘레의 길이는 몇 km인가?

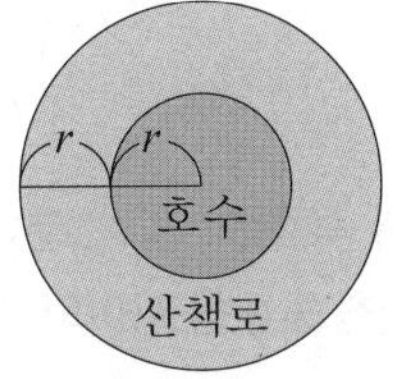

① $\frac{1}{2}\pi r$km ② $3\pi r$km ③ $5\pi r$km
④ $6\pi r$km ⑤ $7\pi r$km

| 정답 | ④

| 해설 |

산책로 둘레의 길이=바깥 산책로 둘레의 길이+호수 둘레의 길이

$=(2\times\pi\times 2r)+(2\times\pi\times r)=4\pi r+2\pi r$

$=6\pi r$(km)

유형 분석

반지름을 주고 둘레를 계산하는 비교적 간단한 도형 계산 문항이다.

해결 전략

1. 원의 둘레를 구하는 공식을 숙지한다.
2. 구하고자 하는 산책로의 둘레가 어느 곳을 말하는 것인지 주의 깊게 살핀다.

유형 분석

객체의 이동방향과 거리에 따라 변화한 방향을 찾는 문항이다.

해결 전략

1. 동 · 서 · 남 · 북을 각각 오른쪽, 왼쪽, 아래쪽, 위쪽으로 정해두고 객체의 이동경로를 따라 그림을 그린다.
2. 그림을 그릴 때 이동한 거리를 함께 써두어야 답을 찾을 때 혼동하지 않는다.

26 슬기는 할머니 집까지 심부름을 가려고 한다. 집을 나와서 동쪽으로 300보를 걸은 후, 우체통에서 오른쪽으로 꺾어서 200보를 걸었다. 거기에는 편의점이 있고, 그 곳을 기점으로 오른쪽으로 꺾어 600걸음을 걸은 곳에 있는 경찰서에서 다시 왼쪽으로 꺾었다. 그리고 100걸음 걸은 곳에 할머니의 집이 있다. 할머니 집은 슬기의 집에서 보았을 때 어느 방향이 있는가?

① 남동 ② 남서 ③ 북동
④ 북서 ⑤ 동

| 정답 | ②

| 해설 |

그림을 그려서 살펴본다. 출발지점이 슬기의 집이므로, 이곳을 중심으로 생각한다.
[슬기 집] → 동쪽으로 300보 → [우체통] 오른쪽으로 꺾는다. 남쪽으로 200보 → [편의점] 오른쪽으로 꺾는다. 서쪽으로 600보 → [경찰서] 왼쪽으로 꺾는다. 남쪽으로 100보 → [할머니 집]

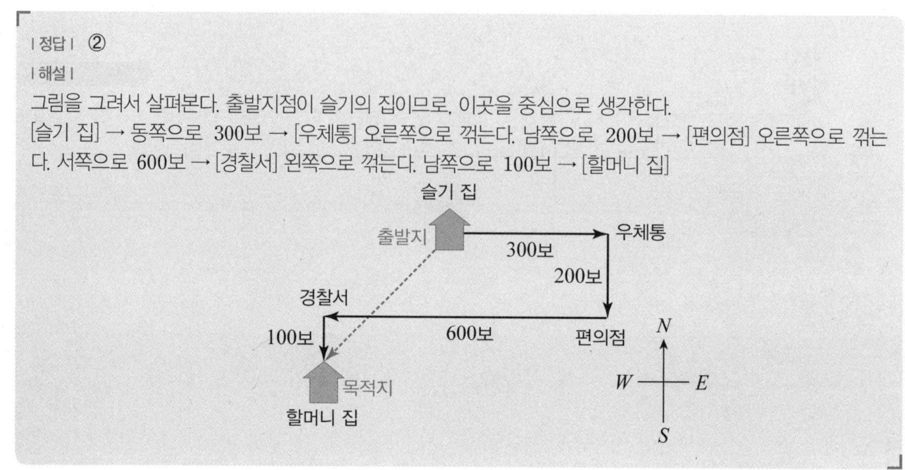

유형 분석

영화가 끝나는 시간을 계산하여 시계 바늘 사이의 각도를 구하는 문항이다.

해결 전략

1. 시간의 단위에 주의한다.
2. 시계 각도 구하는 공식을 숙지한다.

27 영화는 30분 전에 시작했고, 현재 시각은 2시 15분이다. 이 영화의 상영시간이 1시간 55분일 경우, 영화가 끝나는 시각에 시침과 분침 사이의 각도는? (단, 작은 각도를 구한다)

① 115° ② 120° ③ 125°
④ 130° ⑤ 135°

| 정답 | ④

| 해설 |

영화가 시작한 시각은 1시 45분이고, 끝나는 시각은 3시 40분이다.
시계 각도 구하는 공식에 따라 시침과 분침 사이의 각도 중 크기가 작은 각을 구해보면 다음과 같다.
$|(30°\times3+0.5°\times40)-6°\times40|=|(90°+20°)-240°|=|110°-240°|=|-130°|=130°$

28 G 회사의 직원 100명을 대상으로 설문조사를 하였더니 A를 좋아하는 사람은 55명, B를 좋아하는 사람은 54명, C를 좋아하는 사람은 58명이며, A와 B, A와 C, B와 C를 둘 다 좋아하는 사람은 각각 27명, 30명, 31명이었다. 또한 A, B, C를 모두 좋아하는 사람이 16명이었다면 A, B, C를 모두 좋아하지 않는 사람은 총 몇 명인가?

① 5명 ② 7명 ③ 9명
④ 11명 ⑤ 13명

유형 분석

벤 다이어그램을 작성하여 여 집합의 수를 구하는 문항이다.

해결 전략

1. 벤 다이어그램을 그려 넣고 구해야 할 항목이 무엇인지 체크한다.
2. 교집합의 숫자에 유의한다.

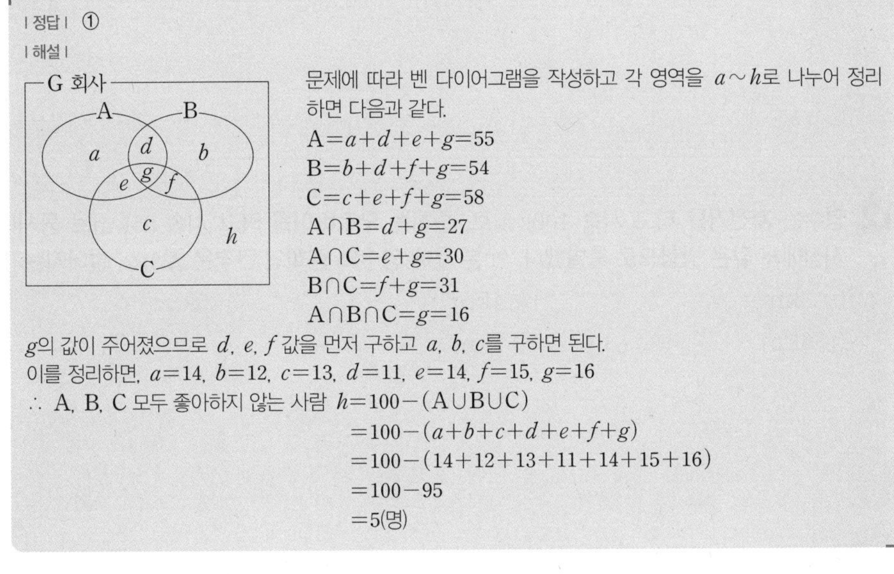

| 정답 | ①

| 해설 |

문제에 따라 벤 다이어그램을 작성하고 각 영역을 $a \sim h$로 나누어 정리하면 다음과 같다.

$A = a+d+e+g = 55$
$B = b+d+f+g = 54$
$C = c+e+f+g = 58$
$A \cap B = d+g = 27$
$A \cap C = e+g = 30$
$B \cap C = f+g = 31$
$A \cap B \cap C = g = 16$

g의 값이 주어졌으므로 d, e, f 값을 먼저 구하고 a, b, c를 구하면 된다.

이를 정리하면, $a=14$, $b=12$, $c=13$, $d=11$, $e=14$, $f=15$, $g=16$

∴ A, B, C 모두 좋아하지 않는 사람 $h = 100-(A \cup B \cup C)$

$= 100-(a+b+c+d+e+f+g)$
$= 100-(14+12+13+11+14+15+16)$
$= 100-95$
$= 5$(명)

테마 2

출제유형문제연습

1 거리 · 속력 · 시간

01 철수가 시속 6km로 운동장을 달리고 있다. 30분 동안 같은 속력으로 달리기를 했다면 철수가 이동한 거리는 몇 km인가?

① 2.8km ② 3km ③ 3.5km
④ 3.8km ⑤ 4km

02 영수는 자전거를 타고 시속 100km로, 준희는 오토바이를 타고 시속 85km로 동시에 같은 지점에서 같은 방향으로 출발했다. 20분 후에 영수와 준희의 간격은 몇 km 벌어지는가?

① 3km ② 4km ③ 5km
④ 6km ⑤ 7km

빠른 풀이 비법

일정한 속력으로 이동하는 두 객체 사이의 간격을 계산하는 문제는 '이동속력의 차이'에 주목해야 한다. 두 객체는 일정한 속력으로 이동하고 있으므로, 시간에 따라 두 객체 사이 간격도 일정하게 늘어난다. 이 경우 두 객체의 시간당 이동거리의 차이만으로도 간격 차이를 구할 수 있다.

03 열차가 어떤 다리를 건너는 데 5초 걸렸다. 이 열차가 40m 길이의 터널을 통과하는 데 10초 걸렸다면 다리의 길이는 몇 m인가? (단, 열차는 등속운동을 하며, 열차의 길이는 무시한다)

① 30m ② 20m ③ 18m
④ 15m ⑤ 13m

04 6km/h의 속력으로 가는 A를 15분 늦게 출발한 B가 한 시간 만에 따라잡았다면, B의 속력은 몇 km/h인가?

① 7.5km/h ② 8km/h ③ 9.5km/h
④ 10km/h ⑤ 10.5km/h

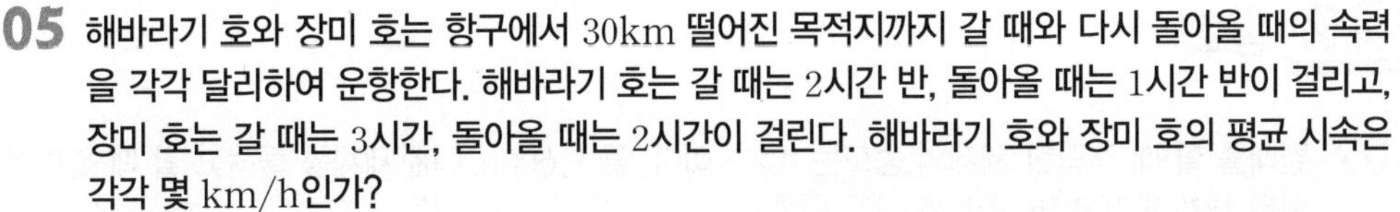

05 해바라기 호와 장미 호는 항구에서 30km 떨어진 목적지까지 갈 때와 다시 돌아올 때의 속력을 각각 달리하여 운항한다. 해바라기 호는 갈 때는 2시간 반, 돌아올 때는 1시간 반이 걸리고, 장미 호는 갈 때는 3시간, 돌아올 때는 2시간이 걸린다. 해바라기 호와 장미 호의 평균 시속은 각각 몇 km/h인가?

① 15km/h, 11km/h ② 15km/h, 12km/h ③ 17km/h, 10.5km/h
④ 17km/h, 11km/h ⑤ 17km/h, 12km/h

06 A와 B 사이의 거리는 120km이다. 고진이는 A 지점에서 오토바이를 타고 시속 36km로, 애정이는 B 지점에서 도보로 시속 4km로 각각 B, A 지점을 향해 달렸다. 두 사람은 몇 시간 후에 만나는가?

① 1시간 후 ② 1시간 30분 후 ③ 2시간 후
④ 3시간 후 ⑤ 3시간 30분 후

정답과 해설

01 정답 ② '거리=속력×시간'이므로, 철수가 시속 6km로 30분 동안 달렸을 때 이동한 거리는 $6(\text{km/h})\times 0.5(\text{h})=3(\text{km})$이다.

02 정답 ③ 두 사람 사이의 간격은 1시간에 $100-85=15(\text{km})$ 벌어진다. 20분은 $\frac{20}{60}=\frac{1}{3}$(시간)이므로 $15\times\frac{1}{3}=5(\text{km})$ 벌어진다.

03 정답 ② 열차가 40m를 이동하는 데 10초가 걸렸으므로 열차의 속력은 $40(\text{m})\div 10(\text{s})=4(\text{m/s})$이다. 열차는 등속운동을 하므로 다리의 길이(거리)는 $4(\text{m/s})\times 5(\text{s})=20(\text{m})$이다.

04 정답 ① B가 한 시간 만에 A를 따라잡았으므로 A가 75분 동안 이동한 거리와 B가 60분 동안 이동한 거리는 서로 같다. B의 속력을 x라고 하면 다음과 같은 식이 성립한다.

$6\times\frac{75}{60}=x\times 1 \quad \therefore x=7.5(\text{km/h})$

05 정답 ②
• 해바라기 호의 평균 속력 : $\frac{30\times 2}{2.5+1.5}=\frac{60}{4}=15(\text{km/h})$
• 장미 호의 평균 속력 : $\frac{30\times 2}{3+2}=\frac{60}{5}=12(\text{km/h})$

06 정답 ④ 두 사람이 이동한 거리의 합이 A, B 사이의 거리와 같으므로 두 사람이 만나기까지의 시간을 t라 하면 다음과 같은 식이 성립한다.

$36t+4t=120$
$\therefore t=3$(시간)

2 농도

One Point Lesson

단어만 세제로 바뀌었을 뿐, 소금물 문제와 해결방법은 동일하다.
- 세제의 양=소금의 양
- 세제의 농도=소금물의 농도

07 빨래를 할 때 적합한 세제의 농도는 0.2%이다. 물 8,000mL에 세제를 풀려고 할 때 넣어야 하는 세제의 양은 몇 g인가?

① 0.016g ② 0.16g ③ 1.6g
④ 16g ⑤ 160g

08 농도 4%의 소금물 300g에 물을 더 넣어서 3%가 되게 만들었다. 추가로 넣은 물의 양은 몇 g인가?

① 50g ② 80g ③ 100g
④ 150g ⑤ 180g

09 P 연구원은 실험에 사용하기 위해 서로 다른 농도의 용액 두 가지를 준비하려고 한다. 이 연구원이 준비하려고 하는 용액의 정보가 다음과 같을 때, 용액 B의 농도는?

- 서로 다른 농도의 용액 A와 B를 제조하였다.

구분	용액 A	용액 B
물의 양	65g	용액 A에 사용하고 남은 양
원액의 양	35g	용액 A에 사용하고 남은 양

- 지금 보유하고 있는 재료는 물 200g과 원액 50g이다.

① 8% ② 9% ③ 10%
④ 11% ⑤ 12%

10 15%의 소금물 200g에 10g의 소금을 더 넣고 물을 증발시켰더니 25%의 소금물이 되었다. 이때 증발된 물의 양은 몇 g인가?

① 40g ② 45g ③ 50g
④ 55g ⑤ 60g

11 8%의 설탕물 700g이 있다. 이 설탕물을 노란색 컵과 초록색 컵에 각각 300g, 400g씩 나눠서 담은 후, 노란색 컵에는 설탕을 더 넣고 초록색 컵에는 물을 증발시켜 설탕의 양을 같게 만들려고 한다. 이때 노란색 컵에 더 넣어야 할 설탕의 양은 몇 g인가?

① 6g ② 8g ③ 10g
④ 12g ⑤ 14g

정답과 해설

07 정답 ④

'세제의 농도(%)$=\dfrac{\text{세제의 양(g)}}{\text{물의 양(mL)}}\times 100$'이므로 세제의 양을 xg이라고 하면 다음과 같은 식이 성립한다.

$\dfrac{x}{8,000}\times 100=0.2$

$\therefore\ x=16(\text{g})$

08 정답 ③

농도 4%의 소금물 300g에 들어 있는 소금의 양을 구하면 $\dfrac{4}{100}\times 300=12(\text{g})$이다.

물 xg을 더 넣어서 3%의 소금물이 되었다면 다음과 같은 식이 성립한다.

$\dfrac{12}{300+x}\times 100=3$ $\dfrac{12}{300+x}=\dfrac{3}{100}$

$3(300+x)=1,200$ $\therefore\ x=100(\text{g})$

09 정답 ③

- 용액 B의 물의 양 : $200-65=135$(g)
- 용액 B의 원액의 양 : $50-35=15$(g)

따라서 용액 B의 농도는 $\dfrac{15}{135+15}\times 100=\dfrac{15}{150}\times 100=10(\%)$이다.

10 정답 ③

15%의 소금물 200g에 들어 있는 소금의 양은 $200\times\dfrac{15}{100}=30$(g)이므로 증발된 물의 양을 xg이라 하면 다음과 같은 식이 성립한다.

$\dfrac{30+10}{200+10-x}\times 100=25$

$\therefore\ x=50$(g)

11 정답 ②

우선 초록색 컵의 물을 증발시켜도 설탕의 양은 변하지 않음에 유념한다. 노란색 컵에 더 넣을 설탕의 양을 xg이라 하면 다음과 같은 식이 성립한다.

$\dfrac{8}{100}\times 300+x=\dfrac{8}{100}\times 400$

$24+x=32$

$\therefore\ x=8$(g)

3 평균

One Point Lesson

다섯 과목의 총 평균이 90점 이상 나오기 위해서는 다섯 과목 점수의 총합이 450점 이상 나와야 한다.

12 갑은 중간고사에서 4과목의 평균이 89.5점이 나왔다. 마지막 영어시험까지 합하여 다섯 과목의 총 평균이 90점 이상 나오려면, 영어는 최소한 몇 점을 받아야 하는가?

① 88점　② 90점　③ 92점　④ 93점　⑤ 95점

13 영수는 60쪽짜리 수학 문제집을 다 풀었다. 반은 하루에 6쪽씩 풀고, 나머지 반은 하루에 3쪽씩 풀었다면 하루에 평균 몇 쪽씩 푼 셈인가?

① 4쪽　② 4.1쪽　③ 4.3쪽　④ 4.5쪽　⑤ 4.7쪽

14 어떤 공원 안에 Am, Bm의 철탑 2개가 있다. Am는 Bm보다 Zm만큼 크고 둘의 평균이 Qm라면 B의 길이는 몇 m가 되는가?

① $\left(Q+\frac{Z}{2}\right)$m　② $\left(Q-\frac{Z}{2}\right)$m　③ $\frac{Q+Z}{2}$m　④ $\frac{Q-Z}{2}$m　⑤ $\frac{Q-2Z}{QZ}$m

4 일의 양

15 어떤 부서에서 자료 입력을 화요일부터 토요일까지 5일간 나누어 진행하기로 하였다. 화요일은 전체의 $\frac{1}{6}$, 수요일은 전체의 $\frac{19}{42}$의 데이터를 입력하였다. 그런데 목요일 작업 시작 전에 나머지의 $\frac{1}{8}$에 해당하는 자료가 새로 추가되었다. 추가분을 포함한 나머지를 목요일에서 토요일까지 3일간 균등히 나누고자 한다면, 토요일의 입력 자료는 화요일 것의 몇 배가 되는가?

① $\frac{5}{6}$배　② $\frac{6}{7}$배　③ $\frac{7}{6}$배
④ $\frac{6}{5}$배　⑤ $\frac{18}{7}$배

16 진영이와 성은이가 함께 만두를 빚기로 하였다. 진영이는 한 시간에 만두 20개를 빚을 수 있고, 성은이는 한 시간에 15개를 빚을 수 있다고 할 때, 만두 210개를 함께 빚는 데 걸리는 시간은?

① 2시간　② 4시간　③ 6시간
④ 8시간　⑤ 10시간

정답과 해설

12 정답 ③

4과목의 평균이 89.5점이라고 하였으므로 4과목의 총점수는 $89.5\times4=358$(점)이다. 5과목의 시험에서 총평균이 90점 이상 나오기 위해서는 총점수가 $90\times5=450$(점) 이상이 나와야 하므로 다음과 같은 식이 성립한다.

$358+x\geq450$　$x\geq92$

따라서 받아야 할 최소 점수는 92점이다.

13 정답 ①

전체가 60쪽이므로 반은 30쪽이다.
하루에 6쪽씩 푼 날은 $30\div6=5$(일),
하루에 3쪽씩 푼 날은 $30\div3=10$(일)이므로 수학 문제집 전체를 푸는 데 $5+10=15$(일)이 걸렸다. 따라서 하루에 풀은 평균 쪽수는 $60\div15=4$(쪽)이다.

14 정답 ②

두 철탑의 길이가 Am, Bm이고 $A=B+Z$이다. 이 둘의 평균이 Qm라 하였으므로 다음과 같은 식이 성립한다.

$\frac{A+B}{2}=Q$　$\frac{B+Z+B}{2}=Q$

$2B+Z=2Q$　$\therefore B=Q-\frac{Z}{2}$

15 정답 ②

1. 자료 전체를 '1'로 생각하고 화요일과 수요일에 입력한 데이터를 뺀다.

$$1-\left(\frac{1}{6}+\frac{19}{42}\right)=1-\frac{7+19}{42}=\frac{16}{42}=\frac{8}{21}$$

자료 전체=1

화 $\frac{1}{6}$	수 $\frac{19}{42}$	나머지 x

2. 추가된 자료를 더하여 3등분하면 토요일의 입력 자료가 된다.

$$\frac{8}{21}\times\left(1+\frac{1}{8}\right)\div3=\frac{8}{21}\times\frac{9}{8}\times\frac{1}{3}$$
$$=\frac{9}{21}\times\frac{1}{3}=\frac{1}{7}$$

따라서 '토요일의 입력량÷화요일의 입력량'을 구하면 $\frac{1}{7}\div\frac{1}{6}=\frac{1}{7}\times6=\frac{6}{7}$(배)이다.

16 정답 ③

1시간 동안 둘이 함께 빚을 수 있는 만두는 $20+15=35$(개)이므로 210개를 빚으려면 $210\div35=6$(시간)이 걸린다.

5 원가 · 정가

17 E 매장에서 원가가 4,000원인 화장품에 25%의 이윤을 추가한 금액을 정가로 정하여 판매하다가, 연말 이벤트로 400원의 이익만 남기고 판매하였다. 정가의 몇 %를 할인한 것인가?

① 6%　② 8%　③ 10%　④ 12%　⑤ 14%

> 학습 TIP
>
> 물건의 가격을 50% 인상하고 변화한 가격에서 다시 20%를 인하하는 것이기 때문에 문제를 '원래 가격에서 30% 인상(50−20)'과 같이 잘못 이해해서는 안 된다.

18 어떤 물건의 가격을 50% 인상하였다가, 얼마 후 다시 20% 인하하였더니 A원이 되었다. 이 물건의 원래 가격은 얼마인가?

① $\frac{3}{4}A$원　② $\frac{4}{5}A$원　③ $\frac{5}{6}A$원　④ $\frac{6}{7}A$원　⑤ $\frac{7}{8}A$원

19 원가 8만 원인 상품에 이윤을 40% 추가하여 정가를 책정하고 판매하였다. 그런데 상품이 오랫동안 팔리지 않아 정가의 20%를 할인하여 판매하고 있다면, 상품의 현재 가격은 얼마인가?

① 89,000원　② 89,600원　③ 90,000원　④ 112,000원　⑤ 124,800원

20 2,000원 하던 물건의 가격이 50% 인상되었다가, 얼마 후 50% 인하되었다. 이 물건의 가격은 처음과 비교할 때 얼마나 변하였는가?

① 500원 감소　② 750원 감소　③ 500원 증가　④ 750원 증가　⑤ 변하지 않았다.

21 원가가 10,000원인 물건에 20%의 이익을 붙여 팔다가, 세일 기간에 7%를 할인하여 판매하였다. 할인하여 팔 때의 이익은 얼마인가?

① 980원 ② 1,000원 ③ 1,100원
④ 1,160원 ⑤ 1,180원

22 입장료가 10,000원인 박물관이 있다. 이 박물관에는 단체할인이 있고, 30명을 넘는 단체에 대해서 30명을 넘긴 인원의 입장료가 1인당 20%가 할인된다. 이 박물관에 55명이 단체로 방문했다면, 입장료 총액은 얼마인가?

① 440,000원 ② 460,000원 ③ 480,000원
④ 500,000원 ⑤ 520,000원

One Point Lesson

- 단체할인은 모두에게 적용되지 않음을 주의한다.
- 다음 차례로 풀면 좋다.
  1. 할인이 있는 그룹, 없는 그룹으로 나눈다.
  2. 그룹별 합계액을 낸다.
  3. 2.의 합계를 합한 금액이 요금의 총액이다.

정답과 해설

17 정답 ④

원가가 4,000원인 화장품에 25%의 이익을 붙인 정가는 4,000×1.25=5,000(원)이다. 이때, 400원의 이익을 남기려면 할인 금액이 1,000−400=600(원)이 되어야 하므로 할인율을 x라 하면 다음과 같은 식이 성립한다.

$5{,}000\times\frac{x}{100}=600 \qquad 50x=600$

$\therefore\ x=12(\%)$

18 정답 ③

원래의 가격을 x원이라 하면 다음과 같은 식이 성립한다.

$x\times(1+0.5)\times(1-0.2)=A$

$1.2x=A$

$\therefore\ x=\frac{5}{6}A$(원)

따라서 원래의 가격은 $\frac{5}{6}A$원이다.

19 정답 ②

- 정가 : 80,000×(1+0.4)=112,000(원)
- 할인가 : 112,000×(1−0.2)=89,600(원)

20 정답 ①

2,000원에서 50% 인상된 가격은 2,000×(1+0.5)=3,000(원), 3,000원에서 50% 인하된 가격은 3,000×(1−0.5)=1,500(원)이다.
따라서 처음 가격과 비교하면 500원 감소하였다.

21 정답 ④

원가 10,000원에 20%의 이익을 붙이면 판매가는 10,000×(1+0.2)=12,000(원)이 되고, 여기에서 7%를 할인하면 12,000×(1−0.07)=11,160(원)이 된다. 따라서 할인 후 남는 이익은 11,160−10,000=1,160(원)이 된다.

22 정답 ④

표로 정리하면서 'One Point Lesson 1·2·3'의 순으로 풀어보자.

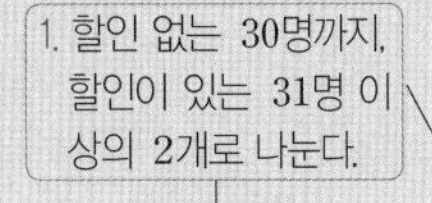
1. 할인 없는 30명까지, 할인이 있는 31명 이상의 2개로 나눈다.

구분	1~30명째의 30명	31~55명째의 25명
입장료	10,000원	8,000원 (10,000원×0.8)
금액	300,000원 (10,000원×30명)	200,000원 (8,000원×25명)

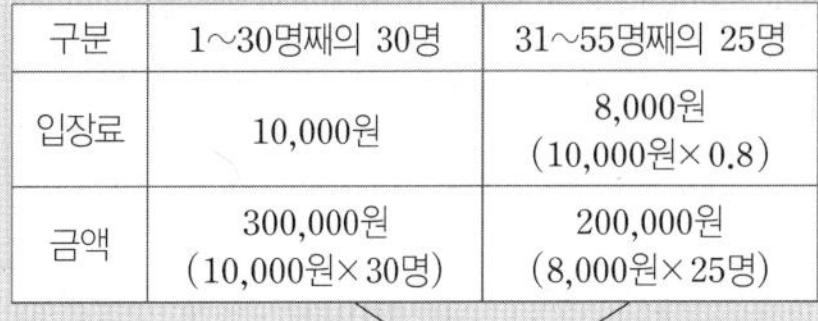
2. 그룹별로 합계액을 계산한다.
3. 총액 500,000원

6 경우의 수 · 확률

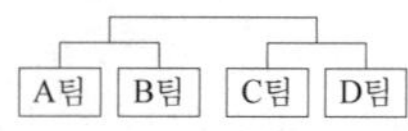

토너먼트 방식
경기마다 패자를 제외시켜 최후에 남은 둘이 우승을 결정하는 방식으로, 승자 진출전이라고도 한다.

A팀 B팀 C팀 D팀

23 27개 팀이 참가한 축구경기에서 토너먼트 방식으로 우승팀을 결정한다면 최소 몇 번 경기해야 하는가?

① 26경기 ② 27경기 ③ 35경기
④ 48경기 ⑤ 52경기

24 색으로만 구별이 가능한 흰 바둑돌 3개와 검은 바둑돌 2개가 있다. 이 바둑돌 5개를 1열로 세우는 방법은 몇 가지인가?

① 3가지 ② 10가지 ③ 12가지
④ 18가지 ⑤ 21가지

25 다음 그림과 같은 길이 있다. A에서 출발하여 B를 지나 C로 갔다가 다시 B를 거쳐서 A로 되돌아오는 최단경로는 몇 가지인가?

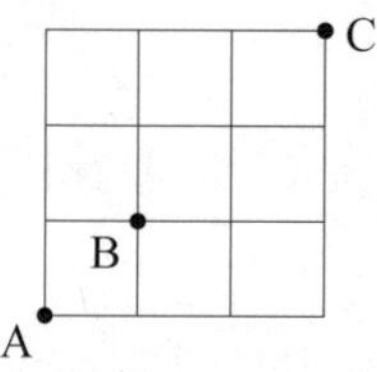

① 64가지 ② 100가지 ③ 144가지
④ 256가지 ⑤ 289가지

26 어느 슈퍼에서 개업 1주년 기념으로 하루 동안만 경품 행사를 진행하였다. 응모권을 소지한 200명 중 1등 당첨자 10명에게는 쌀 한 가마니, 2등 25명에게는 장바구니를 경품으로 지급하며, 물건을 구입하는 사람에게만 응모권을 주었다. 그날 장을 본 A가 등수에 관계없이 경품을 받을 확률은 얼마인가?

① $\frac{1}{8}$ ② $\frac{1}{20}$ ③ $\frac{4}{35}$

④ $\frac{7}{40}$ ⑤ $\frac{9}{40}$

27 양궁 선수 A와 B는 각각 $\frac{7}{8}$과 $\frac{8}{9}$의 확률로 10점 과녁을 명중시킨다고 한다. 두 선수가 동시에 화살을 날렸을 때 둘 중 아무도 10점 과녁에 명중시키지 못할 확률은 얼마인가?

① $\frac{1}{72}$ ② $\frac{56}{72}$ ③ $\frac{1}{36}$

④ $\frac{1}{9}$ ⑤ $\frac{10}{72}$

One Point Lesson

둘 중 아무도 명중시키지 못할 확률은 A, B 각자의 명중시키지 못할 확률의 곱으로 이루어진다.

권두부록 1_기초지식 2_언어이해 3_패턴이해 4_상황판단 5_실전모의1 5_실전모의2 6_인성검사 7_면접가이드

정답과 해설

23 정답 ①

토너먼트는 정해진 대진표에 따라 2팀씩 경기를 하여 진 팀은 탈락하고 승리한 팀끼리 경기를 계속하여 우승을 결정하는 방식으로, 우승팀을 가려내기 위해서는 우승팀을 제외한 모든 팀이 탈락해야 한다. 따라서 전체 참가팀의 수를 n개라고 했을 때 우승팀이 나올 때까지 탈락하는 팀은 $(n-1)$개가 되고 한 경기당 한 팀이 탈락하므로 경기 수도 $(n-1)$경기가 된다. 27개 팀이 참가했으므로 우승팀을 결정하기 위해서는 최소 $27-1=26$(경기)를 해야 한다.

24 정답 ②

구하는 방법은 두 가지가 있다.

한 가지는 ${}_5C_2=\frac{5\times4}{2\times1}=10$(가지)

즉, 다섯 군데 중 어느 두 개를 흑(黑)으로 할 것인가가 정해지면 자동적으로 남는 세 군데가 백(白)이 된다.

또 한 가지는 $\frac{5!}{3!\times2!}=\frac{5\times4\times3\times2\times1}{3\times2\times1\times2\times1}=10$(가지)

이 식에서 분자인 $5!$은 백 3개와 흑 2개가 모두 구별되는 경우의 순열이고, 분모의 $3!$은 백 3개, $2!$은 흑 2개의 순열이다.

25 정답 ③

A에서 B까지 갈 수 있는 경로의 수는 ${}_2C_1=2\times1=2$(가지)이고, B에서 C까지 갈 수 있는 경로의 수는 ${}_4C_2=\frac{4\times3}{2\times1}=6$(가지)이다. 따라서 A에서 B를 지나 C로 가는 경로의 수는 $2\times6=12$(가지)이고, 다시 B를 거쳐서 A로 되돌아오는 최단경로의 수는 $12\times12=144$(가지)이다.

26 정답 ④

응모권을 소지한 사람 200명 중 $10+25=35$(명)이 경품에 당첨되는 것이므로, A가 등수에 관계없이 경품을 받을 수 있는 확률은 $\frac{35}{200}=\frac{7}{40}$이다.

27 정답 ①

A가 10점 과녁을 명중시킬 확률이 $\frac{7}{8}$이므로 과녁에 명중시키지 못할 확률은 $\frac{1}{8}$이고, B가 10점 과녁을 명중시킬 확률이 $\frac{8}{9}$이므로 과녁에 명중시키지 못할 확률은 $\frac{1}{9}$이 된다. 따라서 A와 B 모두 10점 과녁에 명중시키지 못할 확률은 $\frac{1}{8}\times\frac{1}{9}=\frac{1}{72}$이다.

7 간격

One Point Lesson

일직선상에 심는 경우의 3개 타입(양 끝에 심는지에 따른 것)과 원형상에 심는 경우를 생각하여 확실히 정리한다.

- 원형상에 나무를 심는 경우 나무의 수=간격의 수

28 500m의 원형 연못 둘레에 25m 간격으로 벚나무를 심기로 했다. 벚나무 묘목은 몇 그루 필요한가?

① 18그루 ② 19그루 ③ 20그루
④ 21그루 ⑤ 22그루

29 길이가 160m인 길의 양 끝에 나무가 서 있다. 이 나무의 사이에 동일한 간격으로 9개의 깃발을 세울 때 간격은 몇 m가 되는가?

① 14m ② 15m ③ 16m
④ 17m ⑤ 18m

30 길이가 16cm인 끈 20개를 매듭지어 하나로 이으려 한다. 매듭으로 묶이는 부분의 길이가 2cm로 동일하다면, 총 길이는 몇 cm인가? (단, 매듭의 크기는 무시한다)

① 282cm ② 284cm ③ 320cm
④ 352cm ⑤ 358cm

8 약배수

31 어떤 문제집을 매일 7문제씩 풀면 마지막 날은 1문제를 풀게 되고, 매일 9문제씩 풀면 마지막 날에 3문제를 풀게 된다. 문제집의 문제 수는 생각할 수 있는 최소 문제 수라고 한다면, 이 문제집을 7문제씩 풀었을 때 걸리는 일수와 9문제씩 풀었을 때 걸리는 일수의 차이는 며칠인가?

① 1일　② 2일　③ 3일
④ 4일　⑤ 5일

빠른 풀이 비법

키넘버 찾기
문제 수 $=7$의 배수 $+1$
$=7$의 배수 -6
$=9$의 배수 $+3$
$=9$의 배수 -6
즉, 7과 9의 최소공배수에서 6을 뺀 값과 같다.

32 서울역 환승센터에서 A 버스는 오전 5시부터 12분 간격으로 출발하고, B 버스는 오전 5시부터 21분 간격으로 출발한다. A 버스와 B 버스가 서울역 환승센터에서 오전 10시와 11시 사이에 동시에 출발하는 시간은?

① 10시 12분　② 10시 28분　③ 10시 36분
④ 10시 42분　⑤ 10시 50분

정답과 해설

28 정답 ③
원형상에 나무를 심는 경우는 한쪽 끝에만 나무를 심지 않을 때와 같다.
나무의 수 $=$ 간격의 수
$\therefore 500 \div 25 = 20$(그루)

29 정답 ③
양 끝에 나무가 있으므로 깃발 9개를 세우면 간격의 수는 $9+1=10$(개)이다.
$\therefore 160 \div 10 = 16$(m)

30 정답 ①
20개의 끈을 하나로 연결하면 매듭은 총 19개가 생긴다. $16 \times 20 = 320$(cm)에서 매듭으로 묶이는 길이만큼 빼주어야 하므로 연결된 끈의 길이는 $320 - 2 \times 19 = 282$(cm)이다.

31 정답 ②
매일 7문제씩 풀면 마지막 날은 1문제를 풀게 되므로, 문제집의 문제 수는 7의 배수-6이 된다. 마찬가지로 9문제씩 풀면 마지막 날에 3문제를 풀게 된다는 단서를 통해 문제집의 문제 수는 9의 배수-6임을 알 수 있다. 즉, 최소 문제 수는 7과 9의 최소공배수$-6=7\times9-6=57$(문제)이다.
문제집을 7문제씩 풀면 $57\div7=8\cdots1$로, 남은 한 문제를 푸는 날도 1일로 치므로 9일이 걸린다. 문제집을 9문제씩 풀면 $57\div9=6\cdots3$이므로 7일이 걸린다. 따라서 둘 사이의 일수의 차이는 $9-7=2$(일)이다.

32 정답 ③
12분과 21분의 최소공배수를 구하면 $3\times4\times7=84$, 즉 A 버스와 B 버스는 84분 간격으로 동시에 출발한다. 두 버스는 서울역 환승센터에서 오전 5시부터 출발하므로 동시에 출발하는 시간은 05:00, 06:24, 07:48, 09:12, 10:36, 12:00, …가 된다.

$$\begin{array}{r|rr} 3 & 12 & 21 \\ \hline \times & 4 & \times\ 7 = 84 \end{array}$$

이 중 오전 10시와 11시 사이에 출발하는 시간은 10시 36분이다.

9 나이

33 2020년에 20세가 된 언니와 7세가 된 동생이 있다. 언니의 나이가 동생 나이의 2배가 되는 해는 언제인가?

① 2024년 ② 2026년 ③ 2028년
④ 2030년 ⑤ 2032년

34 아들의 나이는 11세, 아버지의 나이는 39세이다. 아버지의 나이가 아들 나이의 3배가 되는 것은 몇 년 후인가?

① 1년 후 ② 2년 후 ③ 3년 후
④ 4년 후 ⑤ 5년 후

빠른 풀이 비법

현재 두 사람의 나이 합이 18세이면, 5년 전 두 사람의 나이 합은 $18-5\times2=8$(세)이다. 이때 언니의 나이가 동생 나이의 3배이므로, 5년 전 나이는 각각 6세, 2세로 쉽게 구할 수 있다.

35 현재 언니와 동생의 나이를 합하면 18세이다. 5년 전, 언니 나이는 동생 나이의 3배였다. 동생의 나이가 언니 나이의 $\frac{5}{6}$가 되는 것은 몇 년 후인가?

① 11년 후 ② 12년 후 ③ 13년 후
④ 14년 후 ⑤ 15년 후

36 현재 아버지의 나이는 44세이고, 딸의 나이는 14세이다. 아버지의 나이가 딸 나이의 7배였을 때는 몇 년 전인가?

① 5년 전 ② 6년 전 ③ 7년 전
④ 8년 전 ⑤ 9년 전

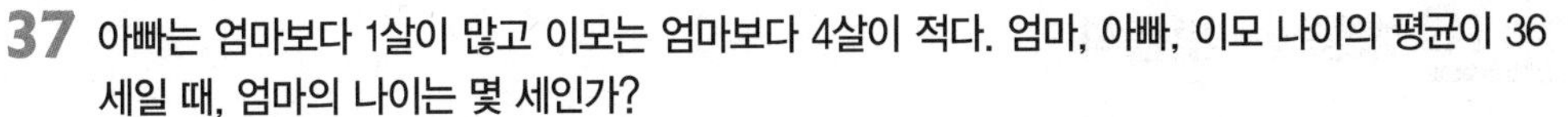

37 아빠는 엄마보다 1살이 많고 이모는 엄마보다 4살이 적다. 엄마, 아빠, 이모 나이의 평균이 36세일 때, 엄마의 나이는 몇 세인가?

① 30세 ② 31세 ③ 33세
④ 35세 ⑤ 37세

38 현재 형제의 연령비는 4 : 1인데 13년 후의 연령비는 7 : 5가 된다고 한다. 현재 형제의 연령은 각각 몇 세인가?

① 8세, 2세 ② 12세, 3세 ③ 16세, 4세
④ 20세, 5세 ⑤ 24세, 6세

정답과 해설

33 정답 ②

구하고자 하는 값을 x년 후라 하면 다음과 같은 식이 성립한다.

$20+x=2(7+x)$

$20+x=14+2x$

$x=6$(년 후)

$\therefore\ 2020+6=2026$(년)

34 정답 ③

구하고자 하는 값을 x년 후라 하면 다음과 같은 식이 성립한다.

$39+x=3(11+x)$

$39+x=33+3x$

$2x=6$

$\therefore\ x=3$(년 후)

35 정답 ③

현재 언니의 나이를 x세라 하면, 동생의 나이는 $(18-x)$세이다. 5년 전 언니의 나이가 동생 나이의 3배였다고 했으므로 다음과 같은 식이 성립한다.

$x-5=3(18-x-5)$ $\quad x-5=39-3x$

$4x=44$ $\quad x=11$(세)

즉, 현재 언니의 나이는 11세, 동생의 나이는 7세이다.

최종적으로 구하고자 하는 값을 y년 후로 두고 식을 세우면,

$7+y=\frac{5}{6}(11+y)$ $\quad 42+6y=55+5y$ $\quad y=13$(년 후)

따라서 13년 후 동생의 나이가 언니 나이의 $\frac{5}{6}$가 된다.

36 정답 ⑤

구하고자 하는 값을 x년 전으로 두고 식을 세운다.

$44-x=7(14-x)$ $\quad 44-x=98-7x$ $\quad 6x=54$

$\therefore\ x=9$(년 전)

37 정답 ⑤

아빠의 나이를 x, 엄마의 나이를 y, 이모의 나이를 z로 두면 다음과 같은 식이 성립한다.

$x=y+1$

$z=y-4$

세 사람의 나이 평균이 36세이므로

$(x+y+z)\div 3=36$

$(y+1+y+y-4)\div 3=36$

$\therefore\ y=37$(세)

38 정답 ①

형의 현재 나이를 x세, 동생의 현재 나이를 y세로 두면 다음과 같은 식이 성립한다.

$x=4y$ …… ㉠

$5(x+13)=7(y+13)$ $\quad 5x+65=7y+91$ …… ㉡

㉠을 ㉡에 대입하면

$20y+65=7y+91$

$13y=26$ $\quad y=2$(세)

$\therefore\ x=8$(세), $y=2$(세)

10 방정식 · 부등식

3인의 평균 체중이 69kg이라고 하였으므로 3인에 대한 체중의 합은 207kg이다. 방정식을 세우지 않더라도, 3인의 체중 합이 207kg인 것을 고르면 빠르게 해결할 수 있다.

39 A, B, C 3명의 평균 체중은 69kg이다. B는 C보다 2kg 가볍고, A는 B보다 5kg 가볍다고 할 때 A, B, C의 체중은 각각 몇 kg인가?

	A	B	C
①	64kg	69kg	71kg
②	65kg	70kg	72kg
③	66kg	71kg	73kg
④	67kg	72kg	74kg
⑤	68kg	73kg	75kg

40 현아는 연료통이 가득 찬 오토바이를 타고 A 지점에서 출발하여 B 지점을 거쳐 C 지점까지 가려고 한다. A 지점에서 B 지점까지 가는 데 연료통의 $\frac{1}{4}$을 소모하였고, B 지점에서 C 지점까지 가는 데 5L의 연료를 소모하였더니 남은 연료가 연료통의 $\frac{1}{4}$이었다면 처음 연료통에 들어 있던 연료의 양은 몇 L인가?

① 10L ② 15L ③ 20L
④ 25L ⑤ 30L

41 어느 공연의 R석 티켓 가격은 8만 8천 원이고, S석 티켓 가격은 5만 5천 원이다. 이 공연에 학생 할인이 적용될 때, 할인율이 몇 % 이상이어야 학생이 S석 일반 가격보다 저렴하게 R석에서 공연을 볼 수 있는가? (단, 할인율 $a\%$에서 a는 자연수이다)

① 37% ② 38% ③ 39%
④ 40% ⑤ 41%

42 현재까지 A 기업의 누적 생산량은 800개, B 기업의 누적 생산량은 600개이다. 한 달에 A 기업은 80개, B 기업은 100개의 제품을 생산한다면 B 기업이 A 기업의 누적 생산량을 추월하는 데 몇 개월이 걸리는가?

① 7개월 ② 8개월 ③ 9개월
④ 10개월 ⑤ 11개월

One Point Lesson

시간의 흐름에 따른 기업의 누적 생산량＝현재 누적 생산량＋(단위 시간당 생산량×단위 시간)

43 신입사원 진호는 첫 출근을 앞두고 집을 구하고 있다. A 집은 월세가 30만 원이고 집에서 회사까지 1,300원의 교통비가 든다. B 집은 회사까지 걸어서 갈 수 있지만 월세가 A 집보다 비싸다. 다음 중 B 집의 월세가 얼마여야 진호가 A 집을 선택할 때 이득을 볼 수 있겠는가? (단, 진호는 한 달에 20일 출근하고 교통비는 왕복으로 계산하며, 보증금은 생각하지 않는다)

① 32만 원 ② 33만 원 ③ 34만 원
④ 35만 원 ⑤ 36만 원

정답 및 해설

39 정답 ②

$(A+B+C)\div 3=69$ ······ ㉠
$C=B+2$ ······ ㉡
$A=B-5$ ······ ㉢
㉠, ㉡, ㉢을 연립하여 풀면,
$\{(B-5)+B+(B+2)\}\div 3=69$
$\therefore A=65(kg),\ B=70(kg),\ C=72(kg)$

40 정답 ①

처음 연료통에 들어 있던 연료의 양을 xL라고 하면 다음과 같은 식이 성립한다.
$x-\frac{1}{4}x-5=\frac{1}{4}x \qquad x-\frac{1}{2}x=5$
$\therefore x=10(L)$

41 정답 ②

할인율을 x%라고 하면 다음과 같은 식이 성립한다.
$88,000\times\frac{100-x}{100}<55,000$
$88(100-x)<5,500 \qquad 8(100-x)<500$
$8x>300 \qquad \therefore x>37.5(\%)$
따라서 38% 이상 할인이 되어야 한다.

42 정답 ⑤

B 기업이 A 기업의 누적 생산량을 추월하는 데 걸리는 개월 수를 x라고 하면 다음과 같은 식이 성립한다.
$600+100x>800+80x \qquad 20x>200$
$\therefore x>10$(개월)
따라서 B 기업이 A 기업의 누적 생산량을 추월하는 데는 11개월이 걸린다.

43 정답 ⑤

A 집의 월세와 교통비를 합한 값이 B 집의 월세보다 저렴하면 이득을 보게 된다.
$300,000+(1,300\times 2\times 20)<$B 집의 월세
$352,000<$B 집의 월세
선택지 중 352,000원보다 금액이 높은 것은 ⑤이다.

11 기타(도형 계산 / 진로와 방향 등)

44 지금 시각이 1시 25분이고, 영화는 15분 전 시작하였다. 2시간 20분 동안 영화가 상영된다면 종료 시각에 시침과 분침 사이의 각도는? (단, 작은 각도를 구한다)

① 45°　② 60°　③ 75°
④ 90°　⑤ 105°

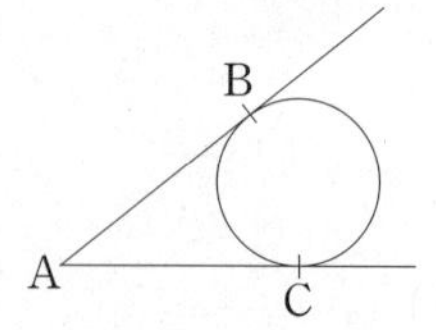

$\overline{AB}=\overline{AC}$
원 바깥의 한 점에서 원을 향해 그은 두 접선의 길이는 같다.

45 다음 그림과 같이 삼각형 ABC에 원 O가 내접해 있을 때, $x+y$의 값은 얼마인가?

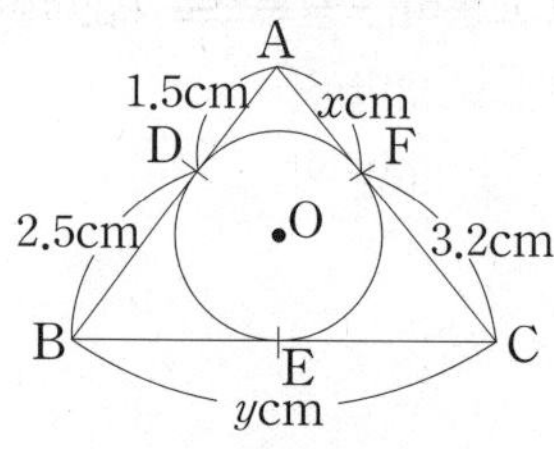

① 4.6cm　② 5.8cm　③ 6.7cm
④ 7.2cm　⑤ 7.8cm

46~48 동민이가 어떤 역에 도착하였다. 개찰구를 나와 통로를 따라 북쪽으로 20m 걸어간 후, 왼쪽으로 30m를 걸어가고, 다시 오른쪽으로 5m를 걸어간 후 왼쪽으로 15m를 걸어가, 막다른 길을 앞두고 왼쪽으로 10m 걸어가서 출구에 이르렀다. 이어지는 질문에 답하시오.

46 동민이가 출구에 도착했을 때 바라보고 있는 방향은?

① 북　② 북서　③ 북동
④ 남　⑤ 남서

47 출구는 개찰구에서 보았을 때 어느 방향에 있는가?

① 서　② 북서　③ 남서
④ 동　⑤ 북동

48 동민이가 매초 2.5m를 걸어간다면, 출구까지는 몇 초가 걸리는가?

① 19초　② 23초　③ 30초
④ 32초　⑤ 38초

정답과 해설

44 정답 ③

1시 25분에서 15분 전 영화가 시작하였으므로 영화 시작 시간은 1시 10분이고, 상영시간이 2시간 20분이므로 영화 종료 시간은 3시 30분이다.
따라서 이때의 시침과 분침 사이의 각도는 $|(30^\circ\times3+0.5^\circ\times30)-6^\circ\times30|=|105^\circ-180^\circ|=|-75^\circ|=75^\circ$이다.

45 정답 ④

원 바깥의 한 점에서 원을 향해 그은 두 접선의 길이는 같다.

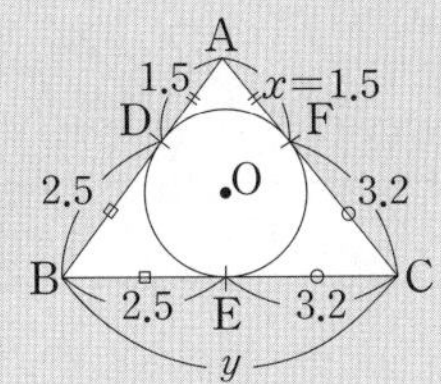

이에 따라 $\overline{AD}=\overline{AF}$, $\overline{BD}=\overline{BE}$, $\overline{CF}=\overline{CE}$이므로
$x=\overline{AF}=\overline{AD}=1.5$(cm)
$y=\overline{BE}+\overline{CE}=\overline{BD}+\overline{CF}=2.5+3.2=5.7$(cm)
$\therefore\ x+y=1.5+5.7=7.2$(cm)

46 정답 ④

위쪽이 북쪽이 되므로 문제에 따라 경로를 그려보면 다음 그림과 같다. 따라서 동민이가 출구에 도착했을 때 바라보고 있는 방향은 남쪽이 된다.

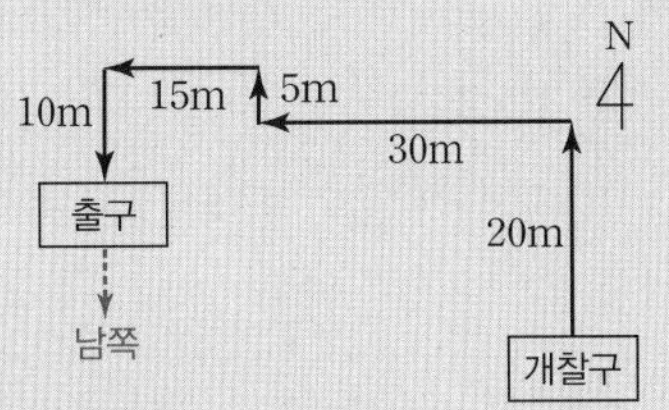

47 정답 ②

다음 그림과 같은 경로로 이동하게 되므로, 개찰구에서 바라보는 방향은 북서가 된다.

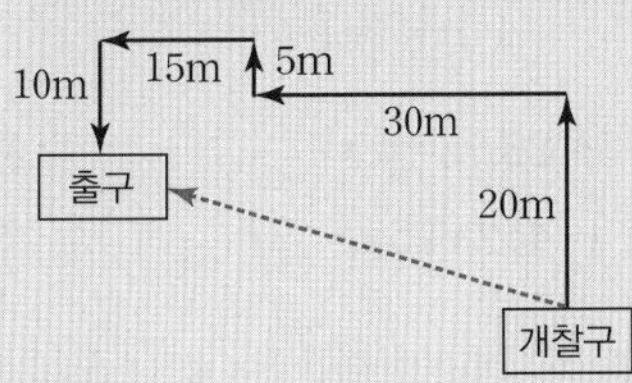

48 정답 ④

동민이가 걸은 거리는 $20+30+5+15+10=80$(m)이다. 매초 2.5m 걷는다고 하였으므로 걸린 시간은 $80\div2.5=32$(초)이다.

파트 1

실력다지기

▶정답과 해설 15쪽

01~05 다음을 계산하여 알맞은 답을 구하시오.

01

$$1,455+715+258+39$$

① 367 ② 7,467 ③ 12,257
④ 2,467 ⑤ 18,267

02

$$124\div4\times2$$

① 60 ② 62 ③ 64
④ 66 ⑤ 68

03

$$4\sqrt{6}\times2\sqrt{2}-4\sqrt{3}$$

① 4 ② $4\sqrt{3}$ ③ 12
④ $12\sqrt{3}$ ⑤ 15

04

$$3.5+3.09\times2.1\div0.24$$

① 25.75 ② 28.375 ③ 30.5375
④ 45.0625 ⑤ 55.375

05

$$\frac{2}{3} \div \left(\frac{3}{5} - \frac{2}{7}\right)$$

① $\frac{52}{33}$ ② $\frac{70}{33}$ ③ $\frac{44}{63}$

④ $\frac{52}{63}$ ⑤ $\frac{70}{63}$

06~08 □ 안에 들어갈 수로 알맞은 것을 고르시오.

06

$$\square \div 4 = 3 \times 7 \times 4$$

① 96 ② 36 ③ 21

④ 112 ⑤ 336

07

$$6 \times \square + 75 = 17 \times 9$$

① 13 ② 8 ③ 7

④ 15 ⑤ 9

08

$$7 \times (\square + 0.7) = 0.7 \times 12$$

① 0.9 ② 0.3 ③ 0.5

④ 8.4 ⑤ 1.2

09~10 □ 안에 들어갈 연산기호로 알맞은 것을 고르시오.

09

$$34+765\square17-25=54$$

① ＋　② －　③ ×
④ ÷　⑤ 없다.

10

$$\frac{5}{6}\div\frac{2}{3}\times\frac{8}{9}\square\frac{1}{3}=\frac{7}{9}$$

① ＋　② －　③ ×
④ ÷　⑤ 없다.

11 ㉠, ㉡을 통해 연산기호의 새로운 법칙을 찾은 후 ㉢에 적용할 때, '?'의 값으로 알맞은 것은?

㉠ $(105\times32)+4=292$
㉡ $89\times13=76$
㉢ $66+12\times177=?$

① 611　② 613　③ 615
④ 617　⑤ 619

12 다음 수식에서 a, b에는 한 자릿수의 정수가 들어가고, ○, △에는 +, −, ×, ÷ 중 한 연산기호가 들어간다. 이때, a와 b의 합으로 옳은 것은?

$$9\times a\bigcirc b\triangle 10=-25$$

① 10 ② 12 ③ 14
④ 16 ⑤ 18

13~14 기호를 다음과 같이 가정하여 주어진 문제를 푸시오.

A☆B=AA−B
A■B=A+B

13

(9■2)☆12

① 99 ② 109 ③ 119
④ 129 ⑤ 139

14

5☆(2■9■8)

① 6 ② 12 ③ 18
④ 24 ⑤ 30

15 동민이는 아침에 등산을 갔는데 7시에 A 코스를 택하여 시속 3km로 올라갔다가, B 코스를 택하여 시속 4km로 내려왔다. 출발점으로 돌아오니 오전 10시였고, 총 걸은 거리는 10km였다. A 코스와 B 코스의 길이는 각각 몇 km인가?

	A 코스	B 코스
①	3km	7km
②	4km	6km
③	5km	5km
④	6km	4km
⑤	7km	3km

16 홍구는 G 지점에서 출발하여, F 지점을 지나 K 지점으로 향했다. G와 K 간의 거리가 11.2km이고 출발, 도착 시간이 다음과 같을 때, 홍구의 평균 이동속력은 몇 km인가?

G 지점	출발	7:50
F 지점	도착	8:20
F 지점	출발	8:30
K 지점	도착	10:20

① 2.4km/h ② 3.2km/h ③ 4.0km/h
④ 4.8km/h ⑤ 5.6km/h

17 콩쥐와 팥쥐가 총 42km의 거리로 경주를 벌였는데, 콩쥐는 4km/h의 속력으로 달렸고, 팥쥐는 콩쥐보다 2km/h 더 빨랐다. 그런데 경기 도중 팥쥐가 피곤함을 이기지 못하고 낮잠을 자게 되어 콩쥐가 팥쥐보다 2시간이나 빨리 결승점에 도착하였다. 그렇다면 팥쥐는 경기 도중 얼마나 잠을 잔 것인가?

① 4시간 10분 ② 4시간 20분 ③ 5시간 30분
④ 5시간 40분 ⑤ 6시간 10분

18 600m 원형 경기장을 A, B 두 명이 같은 출발점에서 각자 다른 방향으로 5m/s, 7m/s의 속력으로 달렸을 때, 두 사람이 세 번째로 만나는 지점은 A를 기준으로 출발점에서 얼마나 떨어져 있는가?

① 100m ② 150m ③ 200m
④ 300m ⑤ 450m

19 농도가 다른 A, B 소금물이 각각 400g씩 있다. 두 소금물에서 각각 100g씩 덜어내어 A 소금물에서 덜어낸 것을 B 소금물에, B 소금물에서 덜어낸 것을 A 소금물에 넣었더니 A 소금물의 농도는 5%, B 소금물의 농도는 6%가 되었다. A 소금물의 처음 농도는 몇 %인가?

① 4.5% ② 5% ③ 5.5%
④ 6% ⑤ 6.5%

20 농도가 각각 16%, 26%인 설탕물 A, B가 100g씩 있다. A에서 25g을 덜어내어 B에 넣고 잘 섞은 후에 다시 B에서 25g을 덜어내어 A에 넣은 후에 섞으면 설탕물 A의 농도는 몇 %인가?

① 12% ② 16% ③ 18%
④ 20% ⑤ 22%

21 취업준비생 A는 취업 시 가산점을 받을 수 있는 국가자격증 시험을 앞두고 모의고사를 보았다. A의 모의고사 점수가 다음과 같을 때 94점을 받은 횟수는?

> •A는 모두 10번의 모의고사를 보았다.
> •모의고사 점수는 모두 89점이거나 94점이다.
> •10번의 모의고사 평균은 91점이다.

① 3회 ② 4회 ③ 5회
④ 6회 ⑤ 8회

22 어떤 물건을 만드는 데 A 혼자서 하면 3일, B 혼자서 하면 6일, C 혼자서 하면 4일이 걸린다. 이 물건을 셋이 함께 만들면 약 며칠이 걸리는가?

① 1일 ② 2일 ③ 3일
④ 4일 ⑤ 5일

23 이삿짐을 나르는 데 A 방식을 취하면 일은 힘들지만 10분이 걸리고, B 방식을 취하면 일은 수월하지만 15분이 걸린다고 한다. 처음에 A 방식으로 짐을 나르다가 도중에 B 방식으로 바꿔 짐을 모두 날랐다. B 방식으로 짐을 나른 시간이 A 방식보다 10분 더 길다면 A, B 방식으로 일한 시간은 각각 몇 분인가?

	A	B		A	B
①	1분	11분	②	2분	12분
③	3분	13분	④	4분	14분
⑤	5분	15분			

24 P 군의 노트북은 너무 오래되어서 충전이 완전히 되어 있어도 20분밖에 못쓴다고 한다. 그리고 완전히 방전된 상태의 노트북을 꺼놓은 상태에서 완전히 충전하는 데는 10분이 걸린다고 한다. P 군이 완전히 충전된 노트북을 10분 동안 쓴 뒤, 충전코드를 연결하고 계속 사용하였다면 다시 완전히 충전되는 것은 충전을 시작하고 몇 분이 지나고 나서인가? (단, 충전코드가 연결된 상태에서 노트북을 사용하면 노트북을 사용하는 데 들어가는 전기를 제외한 전기만큼 충전하는 데 사용된다)

① 8분 ② 9분 ③ 10분
④ 11분 ⑤ 12분

25 1개당 5,000원의 이익을 보도록 정가를 정한 상품이 있다. 이 상품을 정가의 10%를 할인한 가격으로 5개를 팔았을 때의 이익과 정가의 15%를 할인한 가격으로 10개를 팔았을 때의 이익 금액이 일치한다. 이 상품 1개의 정가는?

① 22,000원 ② 23,000원 ③ 24,000원
④ 25,000원 ⑤ 26,000원

26 개당 재료비가 5만 원인 상품을 50개 만들어 10%의 이윤을 남기고 판매하려고 하였으나 구입한 재료 일부가 손상되어 20개만 만들 수 있게 되었다. 50개를 만들어서 판매하였을 때의 이윤과 같은 이윤을 남기려고 한다면 20개를 팔 때 몇 %의 이윤을 남기도록 가격을 책정해야 하는가?

① 15% ② 20% ③ 25%
④ 30% ⑤ 35%

27 어느 장난감 가게에서 어린이들에게 가장 인기가 좋은 A 제품을 3일간 할인하여 판매하기로 하였다. 다음 내용을 토대로 할 때, A 제품의 할인판매 가격은 얼마인가?

- A 제품의 정가는 원가에 10%의 이익을 붙여 책정하였다.
- A 제품의 할인판매 가격은 정가보다 2,000원 저렴하다.
- 할인판매 시 제품을 1개 판매할 때마다 1,000원의 이익을 얻을 수 있다.

① 29,000원　② 30,000원　③ 31,000원
④ 32,000원　⑤ 33,000원

28 영수, 희선, 준호는 가위바위보로 한번에 승부를 내려고 한다. 이때 아무도 이기지 않을 확률은?

① $\frac{1}{9}$　② $\frac{1}{6}$　③ $\frac{2}{9}$
④ $\frac{1}{3}$　⑤ $\frac{1}{2}$

29 다음 그림과 같이 A 지점에서 B 지점으로 가는 길이 있다. B 지점에 도착하기 전에는 한 번 통과한 지점을 다시 통과해도 된다고 할 때, 같은 길을 다시 통과하지 않고 A 지점에서 B 지점으로 가는 길은 몇 가지인가?

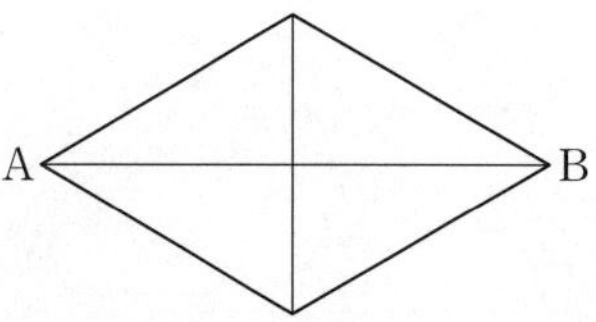

① 11가지　② 13가지　③ 15가지
④ 17가지　⑤ 19가지

30 ○○기업에서는 배드민턴 동아리와 탁구 동아리를 지원하기로 결정하고, 직원 40명을 대상으로 지원 신청을 받았다. 신청 현황이 아래와 같을 때 탁구 동아리만 신청한 직원의 수는?

> • 직원들은 신청을 안 하거나 두 동아리 모두를 신청할 수 있다.
> • 배드민턴 동아리에는 17명이 신청했고, 탁구 동아리에는 25명이 신청했다.
> • 적어도 하나의 동아리를 신청한 직원은 35명이다.

① 16명 ② 18명 ③ 20명
④ 22명 ⑤ 24명

31 길이 20cm의 테이프를 풀칠할 부분을 전부 3cm로 해서 몇 개 연결하였더니 전체의 길이가 224cm가 되었다. 연결한 테이프는 몇 개인가?

① 10개 ② 11개 ③ 12개
④ 13개 ⑤ 14개

32 어떤 상자에 100개가 넘는 구슬이 들어 있다. 이 구슬을 3명이나 4명 또는 5명에게 똑같이 나누어 주면 항상 3개가 남는다고 한다. 이 상자 속에 들어 있는 구슬은 적어도 몇 개인가?

① 120개 ② 121개 ③ 122개
④ 123개 ⑤ 124개

33 A 마을 주민들을 모두 불러 모아 4줄이나 7줄로 세우면 남거나 모자라는 사람 없이 인원수가 딱 맞는데, 13명씩으로 나눠서 세우면 12명이 남는다. 이 마을의 주민은 최소 몇 명인가?

① 86명 ② 114명 ③ 142명
④ 168명 ⑤ 196명

34 지영이와 지훈이는 160mm인 연필을 한 자루씩 가지고 있다. 얼마 후 연필의 길이를 재보니 지영이는 $\frac{7}{8}$만큼 사용하였고, 지훈이는 $\frac{5}{8}$만큼 사용하였음을 알게 되었다. 이때 남아 있는 연필의 길이를 합하면 몇 cm인가?

① 5cm ② 8cm ③ 11cm
④ 14cm ⑤ 16cm

35 어떤 용기 안에 세균을 넣으면 한 시간 동안 2마리는 죽고 나머지는 각각 3마리로 분열한다고 한다. 이 용기에 6마리의 세균을 넣고 한 시간마다 세균의 수를 측정한다고 할 때, 측정한 세균의 수가 732마리가 되는 것은 몇 시간 후인가?

① 4시간 후 ② 5시간 후 ③ 6시간 후
④ 7시간 후 ⑤ 8시간 후

36 부동산가액 5억 원인 아파트를 임대하려고 한다. 임대보증금 1억 원에 월임대료 100만 원을 받는다면 연간 임대수익률은?

$$\text{연간 임대수익률} = \frac{\text{연임대료}}{\text{부동산가액} - \text{임대보증금}} \times 100$$

① 3.0%　② 3.2%　③ 3.4%
④ 3.6%　⑤ 3.8%

37 취미로 기타를 연주하는 A는 연말에 열릴 송년음악회에 참가하기로 했다. 오늘부터 91일간 주말이나 휴일을 이용해 기타 연습에 매진하려고 한다. 오늘은 수요일이고 이번 주말부터 연습을 시작한다면 앞으로 91일간 A는 총 몇 시간을 기타 연습에 쓸 수 있는가?

- 토요일과 일요일에는 각각 3시간씩 연습을 한다.
- 공휴일에는 4시간 동안 연습을 한다.
- 91일 동안 공휴일은 모두 3일이며, 주말과 공휴일이 겹치는 경우는 없다.

① 78시간　② 84시간　③ 90시간
④ 96시간　⑤ 102시간

38 원가가 1kg에 2,000원인 딸기를 3,000원에 판매하면 하루에 100kg을 팔 수 있다. 1kg에 10원씩 내릴 때마다 판매량은 2kg씩 증가하고, 10원씩 올릴 때마다 판매량은 2kg씩 감소한다고 할 때, 하루의 이익을 최대로 하려면 1kg당 얼마에 판매해야 하는가?

① 2,700원　② 2,750원　③ 2,800원
④ 2,850원　⑤ 2,900원

39 가장 작은 숫자와 가운데 숫자, 그리고 가장 큰 숫자 사이에 동일한 간격을 가지고 있는 3개의 자연수가 있다. 이때 가운데 숫자를 제곱한 값은 가장 큰 숫자와 가장 작은 숫자를 곱한 값보다 4가 크다고 한다. 만약 가운데 숫자가 18이라면 가장 큰 숫자는 얼마인가?

① 20 ② 21 ③ 22
④ 23 ⑤ 24

40 한 회사가 6,000만 원의 운영비를 A, B, C 세 개의 부서에 나누어 배정하려고 한다. 운영비는 최소 100만 원 단위로 배정할 수 있으며, 세 부서가 받을 금액은 모두 다르다. 또한, 나머지 두 부서의 운영비 합은 최고액을 받는 부서의 금액을 초과하지 못한다. B 부서가 셋 중 가장 적은 운영비를 배정받고 C 부서가 1,900만 원을 배정받는다고 할 때, A 부서가 받을 수 있는 최고액과 최저액의 차는 얼마인가?

① 3,000만 원 ② 1,000만 원 ③ 900만 원
④ 700만 원 ⑤ 500만 원

41 한 우리에 얼룩말과 타조가 섞여 있는데, 동물들의 머리의 수는 22개, 다리의 수는 72개였다. 타조는 몇 마리인가?

① 7마리 ② 8마리 ③ 9마리
④ 14마리 ⑤ 15마리

42 16장의 종이에 큰 활자와 작은 활자를 사용하여 21,000자의 활자를 찍어야 한다. 큰 활자는 한 장에 1,200자가 들어가고, 작은 활자는 한 장에 1,500자가 들어간다. 그렇다면 1,500자의 활자를 사용한 종이는 몇 장이어야 하는가? (단, 종이 한 장당 들어가는 활자는 큰 활자 또는 작은 활자 한 종류여야만 한다)

① 2장 ② 3장 ③ 4장
④ 5장 ⑤ 6장

43 150명의 학생에게 '축구와 야구가 좋은가'에 대해 조사하였는데 축구가 좋다는 학생의 80%는 야구가 좋다고 하고, 야구가 좋다는 학생의 60%는 축구가 좋다고 답하였다. 어느 쪽도 좋아하지 않는다는 학생이 35명일 때, 축구가 좋은 학생은 몇 명인가?

① 60명 ② 68명 ③ 75명
④ 84명 ⑤ 90명

44 분침과 시침이 겹치는 시각의 5분 전에 알려주는 뻐꾸기시계가 있다. 3시와 4시 사이에서 뻐꾸기가 울었을 때 다음에 뻐꾸기가 우는 것은 얼마 후인가?

① 약 1시간 5분 7초 ② 약 1시간 5분 27초 ③ 약 1시간 5분 47초
④ 약 1시간 6분 7초 ⑤ 약 1시간 6분 27초

45 제과점에서 빵값을 A가 내면 A와 B가 가진 돈의 비는 5 : 6이 되고, B가 내면 A와 B가 가진 돈의 비는 9 : 2가 된다. A와 B가 처음에 가지고 있던 돈의 비는?

① 3 : 2 ② 4 : 3 ③ 5 : 4
④ 6 : 5 ⑤ 7 : 3

46 물품구매를 담당하고 있는 K는 흰색 A4 용지 50박스와 컬러 A4 용지 10박스를 구매하는 데 5,000원 할인 쿠폰을 사용해서 총 1,675,000원을 지출했다. 컬러 A4 용지 한 박스의 단가가 흰색 A4 용지 한 박스의 단가보다 2배 높았다면 흰색 A4 용지 한 박스의 단가는 얼마인가?

① 20,000원 ② 22,000원 ③ 24,000원
④ 26,000원 ⑤ 28,000원

47 A, B가 두 차례씩에 걸쳐서 사무용품 비용을 지불하는데 총 32,000원이 들었다. A는 두 번째 비용 지불 시 첫 번째보다 50% 감소된 금액을 냈고, B는 두 번째 비용 지불 시 첫 번째보다 50% 증가된 금액을 냈다. B가 A보다 최종적으로 5,000원 더 지불했다면 A가 첫 번째로 지불한 금액은 얼마인가?

① 7,400원 ② 9,000원 ③ 11,100원
④ 13,500원 ⑤ 16,400원

48 남준이가 x 지점을 출발하여 동쪽으로 50m, 북으로 200m, 그리고 서쪽으로 250m 이동하여 y 지점에 도착하였다. 이때 y 지점은 x 지점에서 볼 때 어느 방향에 있는가?

① 북동 ② 북서 ③ 남서
④ 남동 ⑤ 북

49 그림과 같이 A 점에서 나무의 꼭짓점을 측정한 각이 30°, A 점에서 16m 나무에 접근한 B 점에서 나무의 꼭짓점을 측정한 각이 45°였다. 이 나무의 높이는 몇 m인가?

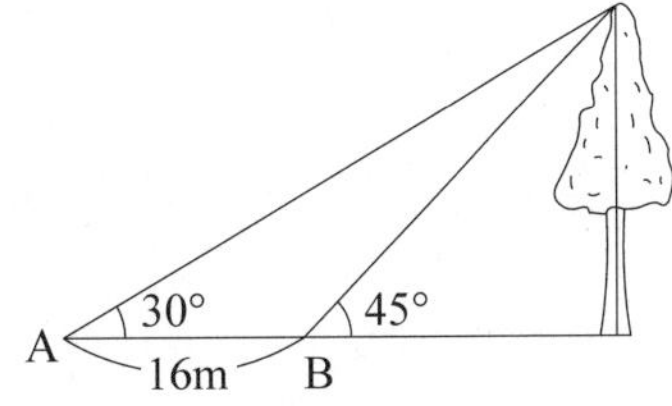

① $2(\sqrt{3}+1)$m ② $4(\sqrt{3}+1)$m ③ $6(\sqrt{3}+1)$m
④ $8(\sqrt{3}+1)$m ⑤ $10(\sqrt{3}+1)$m

50~51 D 대학 역사교육과 학생들이 학술답사를 떠났다. 그런데 유적지 공간이 협소하여 수용인원에 한계가 있어 코스를 나누어 이동하기로 하였다. 이어지는 질문에 답하시오.

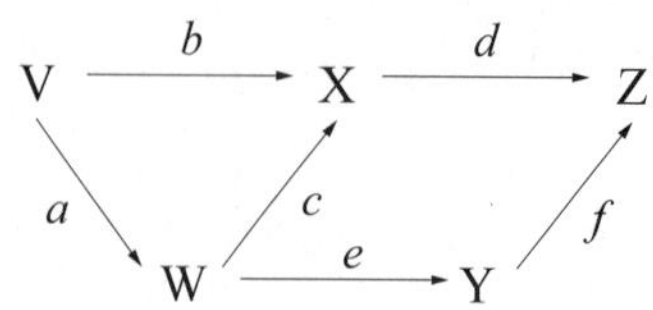

50 위 그림의 Z를 바르게 나타낸 식을 모두 고르면? (단, V ~ Z는 인원수, a ~ f는 이동 비율이다)

> (가) $Z = dX + fY$
> (나) $Z = (bd + acd + aef)V$
> (다) $Z = \{bd + ac(d + f)\}V$

① (가)　② (나)　③ (다)
④ (가), (나)　⑤ (가), (나), (다)

51 $a = 50\%$, $b = 40\%$, $c = 35\%$, $d = 60\%$, $e = 60\%$, $f = 35\%$일 때, V에서 출발한 학생 중 Z에 도착하는 비율은 몇 %인가?

① 40%　② 45%　③ 50%
④ 55%　⑤ 60%

52~53 어느 기업에서 신제품 시식 행사를 개최하려고 한다. 행사장에는 V, X, Y, Z 총 네 제품의 시식 부스가 설치되고, 체험단은 Y 부스에서 시작해 Z 부스에 도착한다. $a \sim f$를 각각의 방향으로 이동한 사람 수의 비율이라 할 때, 이어지는 질문에 답하시오.

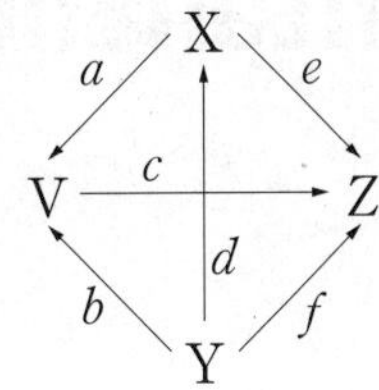

52 Z를 Y와 $a \sim f$를 이용해 바르게 나타낸 것은?

① $Z = abef Y$
② $Z = cdY + aY + bcdfY$
③ $Z = edY + fY + acdY + bcY$
④ $Z = bdY + bY + abcdY$
⑤ $Z = abcdefY$

53 Y 부스를 출발한 사람이 Z 부스에 도착했을 때, X 부스를 경유한 비율은 몇 %인가? (단, $a = 0.5$, $b = 0.2$, $c = 1.0$, $d = 0.3$, $e = 0.5$, $f = 0.5$이다)

① 10% ② 20% ③ 30%
④ 40% ⑤ 50%

고시넷

SK 하이닉스 Maintenance/Operator

최신 기출 분석

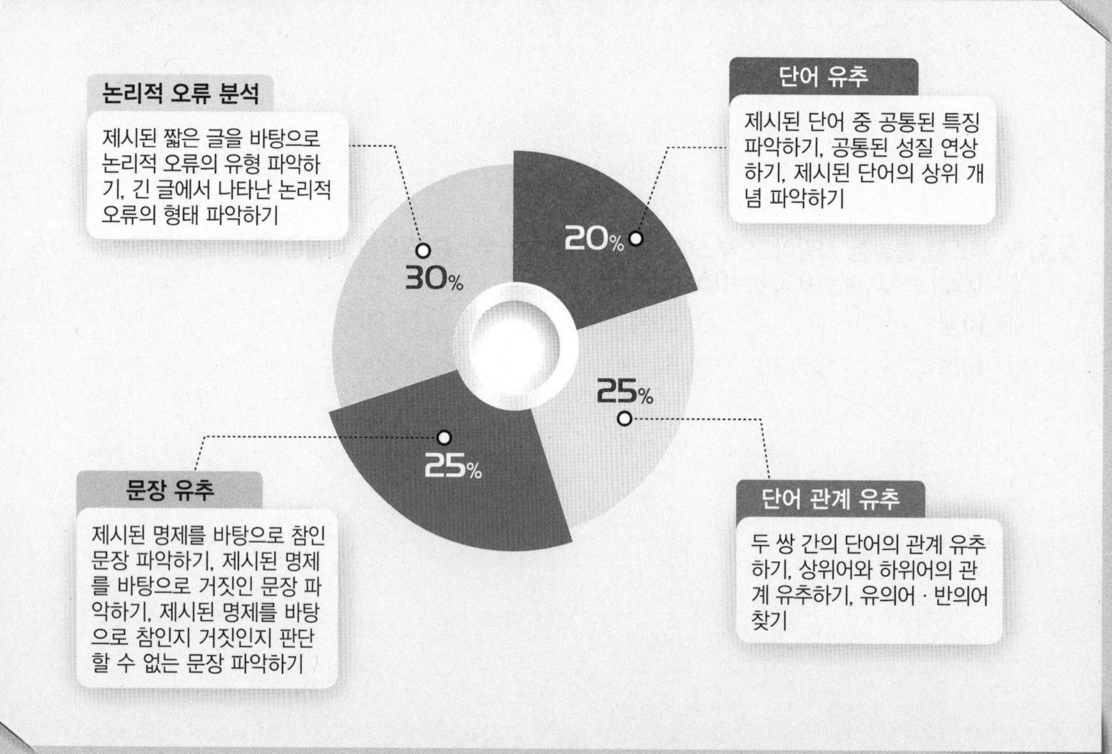

파트 2
유형 B 언어이해

테마 1 단어 유추

테마 2 단어 관계 유추

테마 3 문장 유추

테마 4 논리적 오류 분석

테마 1 단어 유추

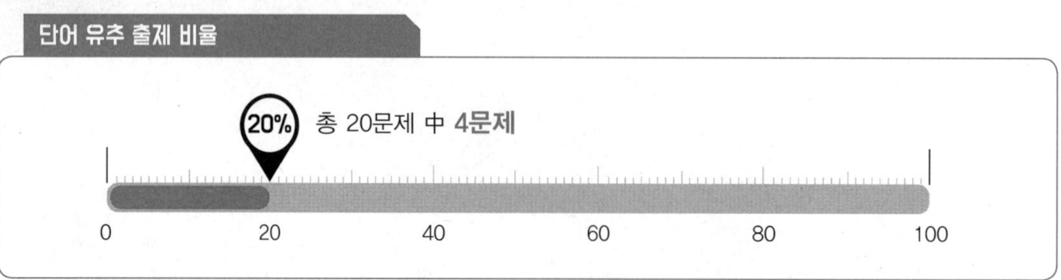

단어 유추 핵심 check

- 단어추리는 언어이해, 언어추리의 가장 기본이 되는 유형이다.
- 주어진 낱말들의 관계를 파악해 유사한 관계를 고르는 문제가 다양한 도식이나 그림으로 표현되어 출제된다.
- 순우리말, 한자어, 외래어 등 다양한 형태의 단어를 학습해야 한다.
- 문제 연습을 통해 유사한 관계의 단어를 빠르게 고르는 방법을 익히도록 한다.

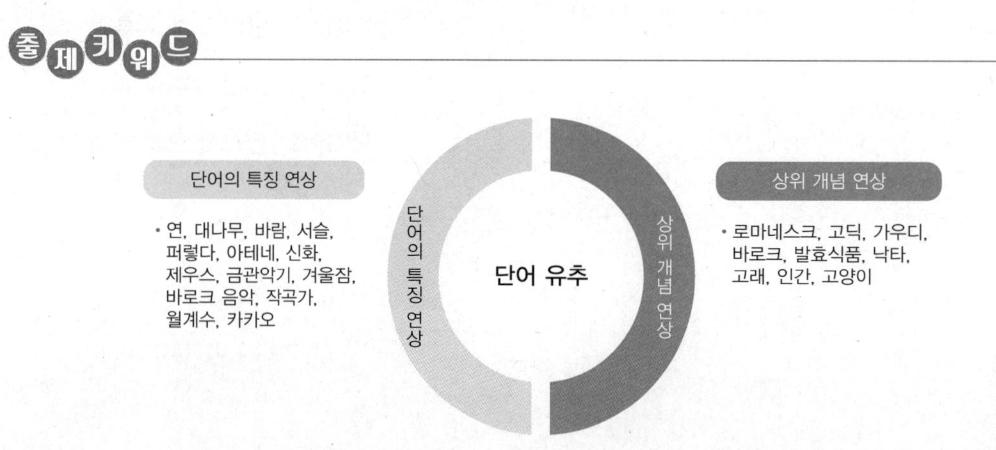

대표예제 공통되는 단어의 특징 유추

01~02 제시된 단어들 중에는 서로 관련이 있는 단어가 3개 있다. 이 세 단어들을 통해 공통적으로 적용 · 연상할 수 있는 단어를 고르시오.

01

대나무	눈동자	포유류
어수룩	고래	번개
바람	구름	방패

① 숨　② 연
③ 전쟁　④ 소나기
⑤ 초짜

| 정답 | ②

| 해설 |
- 연은 대나무로 만든 대살과 종이를 재료로 한다.
- 연을 실에 묶은 다음, 바람을 이용하여 하늘에 띄운다.
- 직사각형 모양의 방패연은 우리나라의 대표적인 연이다.

해결 전략
공통되는 단어들을 빠르게 묶어내는 것이 중요하다. 단어의 뜻만 생각하는 것이 아니라 공통적으로 연관 지을 수 있는 것들을 생각해보자.

02

손등	서슬	구멍
모래	전	색
비	멍	선

① 퍼렇다　② 누렇다
③ 부치다　④ 메우다
⑤ 섞다

| 정답 | ①

| 해설 |
'서슬이 퍼렇다'라는 관용어와 색, 멍 등을 통해 '퍼렇다'를 연상할 수 있다.

유형 분석
제시된 단어들 중 공통적인 것을 묶어 비슷한 단어를 유추하는 문항이다.

테마 1

출제유형문제연습

01~04 다음에 나열된 단어들을 모두 포괄할 수 있는 상위 개념을 고르시오.

빠른 풀이 비법

나열된 단어 중 한 두개만 먼저 선택지에 대입해보고 어울리지 않는 것부터 소거해 나간다.

01

김치, 된장, 치즈, 요구르트

① 콩 ② 전통 음식 ③ 발효 식품
④ 곰팡이 ⑤ 단백질

02

태양, 수성, 목성, 천왕성

① 항성 ② 행성 ③ 위성
④ 태양계 ⑤ 혜성

빠른 풀이 비법

낙타, 고래, 인간, 고양이는 모두 알에서 태어나지 않는다.
그러므로 ② 난생부터 소거!

03

낙타, 고래, 인간, 고양이

① 잡식 동물 ② 난생 ③ 육식 동물
④ 포유류 ⑤ 초식 동물

One Point Lesson

제시된 단어가 9~10개 정도로 많기 때문에 연관성이 전혀 없는 것부터 제외해본다.

04

바나나, 코코넛, 구아바, 감귤

① 열대 과일 ② 채소 ③ 과일
④ 나물 ⑤ 줄기

05~07 제시되는 단어를 보고 공통점이 있는 것 3개를 골라 연상되는 단어를 유추하시오.

05

마우스, 숟가락, 눈금자, 빗물, 비닐봉지, 모니터, 빨대, 침대, 도로, 키보드

① 식사　② 작곡　③ 컴퓨터
④ 실내장식　⑤ 음료수

06

보자기, 밭, 칠판, 실, 라디오, 교과서, 손톱, 운동, 선생님

① 학교　② 농사　③ 시골
④ 텔레비전　⑤ 체육복

07

생명, 선생님, 결정, 긴급, 수선, 지급, 우박, 의혹, 조난

① 날씨　② 구조　③ 지역
④ 열기　⑤ 전화

공통으로 묶이는 단어들을 ○, △, □, ▽ 등으로 묶어 기호별로 체크해보자.

정답과 해설

01 나열된 단어들은 모두 발효 식품에 해당한다. 발효 식품은 미생물의 작용으로 분해되고 새로운 성분이 합성되어 영양가와 저장성이 높아진다.
정답 ③

02 태양처럼 스스로 빛을 내는 천체를 항성이라 하고, 수성 · 목성 · 천왕성 등 궤도를 따라 태양의 주위를 운행하는 것을 행성이라 하며, 이들을 통틀어 태양계라 부른다.
정답 ④

03 모두 새끼를 낳아 젖을 먹여 기르는 포유류이다.
정답 ④

04 바나나, 코코넛, 구아바는 열대 과일이나, 감귤은 열대 과일에 해당하지 않으므로 과일이 단어 모두를 아우르는 상위 개념이 된다.
정답 ③

05
- 마우스, 키보드는 컴퓨터의 입력장치이다.
- 모니터는 컴퓨터의 출력장치이다.

정답 ③

06 칠판, 교과서, 선생님을 통해 학교를 유추할 수 있다.
정답 ①

07 생명, 긴급, 조난을 통해 구조를 유추할 수 있다.
정답 ②

08~12 제시된 단어들 중에는 서로 관련이 있는 단어가 3개 있다. 이 세 단어들을 통해 공통적으로 적용 · 연상할 수 있는 단어를 고르시오.

이것만은 꼭

어휘력을 기반으로 풀어나가는 유형이기 때문에 추리가 아닌 언어영역 시험에 출제되는 기업도 있음을 알아두자.

08

증기 기관차	카카오	소나기
이집트	건국	승차권
은하	장화	초콜릿

① 철도　② 비　③ 우산　④ 코코아　⑤ 사막

09

호랑이	동아줄	그리스
전투	목마	업적
월계수	제우스	미인

① 지진　② 신화　③ 설화　④ 콜로세움　⑤ 로마

10

금관 악기	날씨	알밤
바지	묵	겨울잠
독수리	기상	그림

① 도토리　② 일기　③ 대머리　④ 나팔　⑤ 풍경

11

허수아비	약속	잠수함
솔방울	부엉이	사랑니
적혈구	휴가	비구니

① 반지 ② 여행
③ 만화 ④ 빨래
⑤ 지혜

12

황제	파도	얼음
극장	걸음	클립
쓸개	사전	프랑스

① 오리 ② 나폴레옹
③ 소금 ④ 택배
⑤ 호두

정답과 해설

08 정답 ①

- 철도는 1814년 스티븐슨의 증기기관차 발명을 통해 동력이 기계화되면서 시작되었다.
- 철도를 타기 위해서는 승차권을 구매해야 한다.
- 일본의 만화영화인 「은하철도 999」는 우주에 철도를 깔아 여행하는 증기기관차를 소재로 삼고 있다.

09 정답 ②

- 신화 중 그리스 · 로마의 신화가 유명하다.
- 획기적이고도 대단한 업적을 신화에 비유한다.
- 제우스는 그리스 신화에 등장하는 올림포스 12신 중 한 명으로, 하늘과 기후를 관장한다.

10 정답 ④

- 금관악기를 통틀어 나팔이라 일컫는다.
- 아랫단으로 내려가면서 통이 넓어지는 바지를 그 모양이 나팔과 유사하다 하여 나팔바지라 부른다.
- 군대나 기숙사 등지에서 아침에 잠자리에서 일어나게 하기 위하여 부는 나팔을 기상나팔이라 한다.

11 정답 ⑤

- 허수아비는 오즈의 마법사에서 지혜를 갖기를 원했다.
- 부엉이는 밤에도 깨어 있는 존재로 지혜의 상징으로 여겨진다.
- 사랑니는 영어로 'wisdom tooth'이다. 이는 지혜가 생기는 나이에 사랑니가 난다고 해서 붙여진 이름이다.

12 정답 ②

- 나폴레옹은 프랑스 제국의 최대 황제로 즉위하였다.
- 나폴레옹은 "내 사전에 불가능은 없다"라는 말을 남겼다.
- 나폴레옹은 16년간 프랑스를 통치하였다.

테마 2 단어 관계 유추

단어 관계 유추 출제 비율

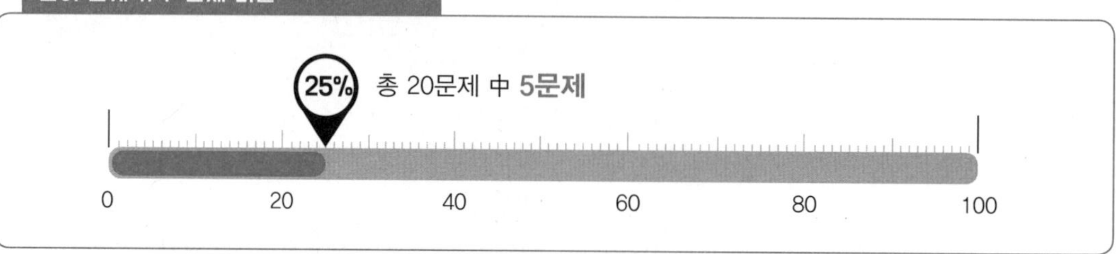

단어 관계 유추 핵심 check

- 실생활에서 종종 사용되는 어휘들로 구성되어 있다.
- 유의어, 반의어 등을 유념해야 한다.
- 선택지에 비슷한 단어를 넣는 함정에 조심한다.

출제키워드

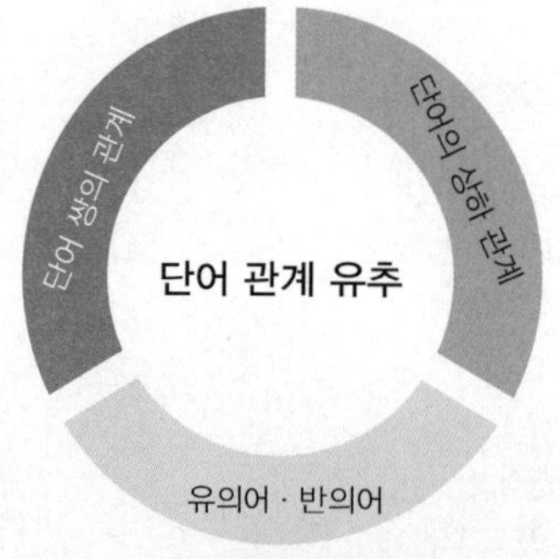

단어 쌍의 관계

- 시렁, 선반, 보퉁이, 보따리, 높새, 하늬바람, 여우

단어의 상하 관계

- 유럽, 프랑스, 스위스, 스페인, 야채, 무, 고구마, 우엉, 절기, 춘분, 처서, 동지, 우수, 단오, 설날

유의어 · 반의어

- 가멸차다, 허술하다, 오달지다, 빈곤하다, 절찬, 혹평, 가맹, 탈퇴, 용이하다, 쉽다, 공경하다, 받들다, 현실, 이상, 허위, 사실, 겨레, 민족, 납득, 수긍

대표예제 단어의 관계 파악

01 첫 번째 쌍의 낱말들의 관계와 두 번째 쌍의 낱말들의 관계가 같아지도록 (　) 안에 들어갈 가장 적당한 낱말은?

시렁 : 선반 = (　　　) : 보퉁이

① 모서리　② 쌍둥이　③ 울보
④ 가장자리　⑤ 보따리

유형 분석
어휘력을 기반으로 단어의 관계를 유추해내는 문항이다.

해결 전략
주어진 단어의 뜻과, 어떤 관계를 가지고 있는지 빠르게 파악하는 것이 중요하다.

| 정답 | ⑤

| 해설 |
- 시렁 : 물건을 올려놓을 용도로 벽에 두 개의 긴 나무를 가로질러 만든 것.
- 선반 : 물건을 얹어 두기 위하여 까치발을 받쳐서 벽에 달아 놓은 긴 널빤지.

시렁과 선반은 유의어 관계임을 알 수 있다.
'보퉁이'는 물건을 보에 싸서 꾸려 놓은 것을 뜻하는 말로 '보따리'와 유의어 관계를 이룬다.
- 보퉁이 : 물건을 보에 싸서 꾸려 놓은 것.
- 보따리 : 보자기에 물건을 싸서 꾸린 뭉치.

02 다음에 제시된 단어의 관계를 파악하여 빈칸에 가장 적당한 단어는?

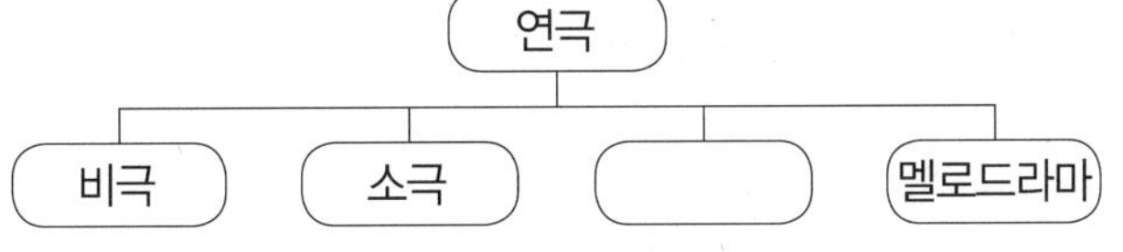

① 뮤지컬　② 희극　③ 팬터마임
④ 현대극　⑤ 마이미스트

유형 분석
주어진 단어들이 어떤 관계로 나열되어 있는지 찾아내는 문항이다.

해결 전략
주어진 단어들이 어떤 관계를 가지고 있는지 빠르게 파악하는 것이 중요하다.

| 정답 | ②

| 해설 |
하위 항목들은 연극을 형태에 따라 분류한 것이다. 연극은 형태에 따라 희극, 비극, 희비극, 소극, 멜로드라마 등으로 분류한다. 따라서 희극이 정답이다.

테마 2

출제유형문제연습

01~07 제시된 단어의 관계가 서로 같은 관계가 되도록 (   )에 들어갈 가장 적절한 것을 고르시오.

One Point Lesson

하나의 단어가 가진 다양한 의미를 예문과 함께 학습해 두도록 하자.

01

싹 : 열매 = 샘 : (   )

① 바다 ② 비 ③ 구름
④ 이끼 ⑤ 하늘

빠른 풀이 비법

1. 제시된 단어 관계를 파악한다.
   - 반의 관계이면 반 또는 ↔, 유의 관계이면 유 또는 ≒ 등으로 간단히 표시한다.
2. 선택지 내에서 유사한 관계를 찾는다.
3. 제시된 단어에 을/를, ~이 ~하다, ~은 ~이다 등을 써서 문장을 만들어 보고 선택지에서 공통된 부분을 찾는다.

02

높새 : 하늬 = 여우 : (   )

① 골짜기 ② 서리 ③ 이슬
④ 어린왕자 ⑤ 황소

03

겨레 : 민족 = (   ) : 수긍

① 절제 ② 유감 ③ 납득
④ 미소 ⑤ 거절

04

용이하다 : 쉽다 = (   ) : 받들다

① 붙잡다 ② 공경하다 ③ 건네다
④ 무시하다 ⑤ 맞들다

05 현실 : 이상 = (　　　) : 사실

① 현존(現存)　② 진리(眞理)　③ 인정(認定)
④ 허위(虛僞)　⑤ 평화(平和)

06 절찬(絶讚) : 혹평(酷評) = 가맹(加盟) : (　　　)

① 퇴회(退會)　② 탈출(脫出)　③ 퇴각(退却)
④ 탈퇴(脫退)　⑤ 투자(投資)

07 허술하다 : 오달지다 = (　　　) : 빈곤하다

① 가멸차다　② 빈약하다　③ 황망하다
④ 헤프다　⑤ 청하다

미니 유의어 Lesson

- 갈등≒알력
- 고갱이≒핵심
- 된바람≒높바람
- 돈독하다≒두텁다
- 대가≒장인
- 두둔≒비호
- 문외한≒아마추어
- 빌미≒도화선
- 서거≒타계
- 얼개≒짜임새
- 초석≒주춧돌
- 차치하다≒덮어두다
- 허다하다≒수두룩하다
- 화두≒말머리

권두부록 / 1_기초지식 / 2_언어이해 / 3_패턴이해 / 4_상황판단 / 5_실전모의1 / 5_실전모의2 / 6_인성검사 / 7_면접가이드

정답과 해설

01 정답 ① 싹은 식물에서 돋아나는 눈이나 어린잎 · 줄기 따위를 말하는데, 이것이 자라 꽃이 피고 최종적으로 번식을 위해 열매를 맺게 된다. 샘은 땅에서 물이 솟아 나오는 곳으로 용출 형태에 따라 여러 종류의 천으로 구분되는데 이들이 지표로 흘러 형성된 지류가 강으로 유입되고 최종적으로 바다로 흘러간다.

02 정답 ③ 높새와 하늬는 옆에 '바람'을 붙여 각각 높새바람, 하늬바람이라는 바람과 관련된 순우리말을 만들 수 있다. 이와 마찬가지로 여우와 이슬은 옆에 '비'를 붙여 각각 여우비, 이슬비라는 비와 관련된 순우리말을 만들 수 있다.

03 정답 ③ 겨레는 같은 핏줄을 이어받은 민족을 뜻하므로 민족과는 유의어 관계이다. 수긍은 다른 사람의 주장이나 언행을 옳다고 인정하는 것이고, 납득은 다른 사람의 말이나 행동을 잘 알아차려 긍정하고 이해하는 것이다.

04 정답 ② 용이하다는 어렵지 않고 아주 쉬움을 뜻하는 말로 쉽다와 유의어 관계이다. 받들다는 공경하여 높이 모시거나 소중히 여김, 가르침 · 뜻 등을 귀중히 여기며 따름을 뜻하는 말로 공경하다와 유의어 관계를 이룬다.

05 정답 ④ 현실과 이상은 서로 반의어 관계를 이루고 있다. 사실과 반대의 의미를 지니고 있는 단어는 허위이다.

06 정답 ④ 절찬(絶讚)은 지극히 칭찬함, 혹평(酷評)은 가혹하게 비평하는 것으로 반의어 관계이다.
가맹(加盟)은 동맹이나 연맹에 가입함을 뜻하므로 탈퇴(脫退)가 반의어이다.

| 오답풀이 |
① 퇴회(退會)의 반의어는 입회(入會)이다.

07 정답 ① 오달지다는 허술한 데 없이 야무지다는 뜻을 지니므로 주어진 관계는 반의어 관계이다. 따라서 빈곤하다의 반의어로는 돈과 값나가는 물건이 매우 많고 살림이 풍족하다는 뜻의 가멸차다가 적당하다.

미니 반의어 Lesson

- 가결 ↔ 부결
- 간헐 ↔ 지속
- 경감 ↔ 가중
- 곰살궂다 ↔ 무뚝뚝하다
- 노련 ↔ 미숙
- 둔탁 ↔ 예리
- 무르다 ↔ 단단하다
- 미덥다 ↔ 의심스럽다
- 밀집 ↔ 산재
- 명석 ↔ 우둔
- 보수 ↔ 혁신
- 비애 ↔ 환희
- 소득 ↔ 손실
- 유보 ↔ 결정
- 임대 ↔ 임차
- 참신 ↔ 진부
- 출하 ↔ 입하
- 쾌보 ↔ 비보
- 퇴화 ↔ 진화
- 태연 ↔ 당황
- 폄하 ↔ 칭찬
- 해임 ↔ 임용
- 호전 ↔ 악화
- 합병 ↔ 분할

08 [　　　]에 들어갈 가장 적절한 단어로 고른 것은?

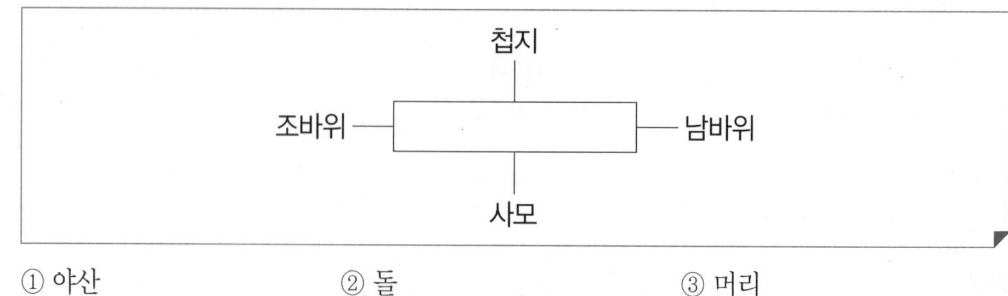

① 야산　② 돌　③ 머리
④ 발　⑤ 칼

09 A와 B에 들어갈 말로 짝 지어진 것은?

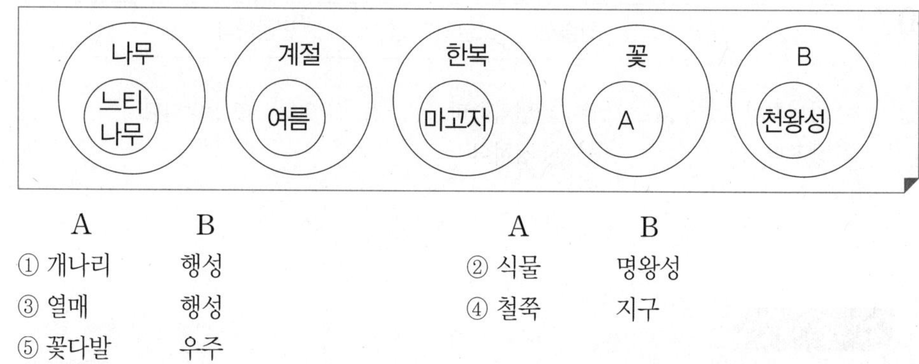

	A	B		A	B
①	개나리	행성	②	식물	명왕성
③	열매	행성	④	철쭉	지구
⑤	꽃다발	우주			

10~12 다음에 제시된 단어의 관계를 파악하여 빈칸에 알맞은 단어를 고르시오.

10

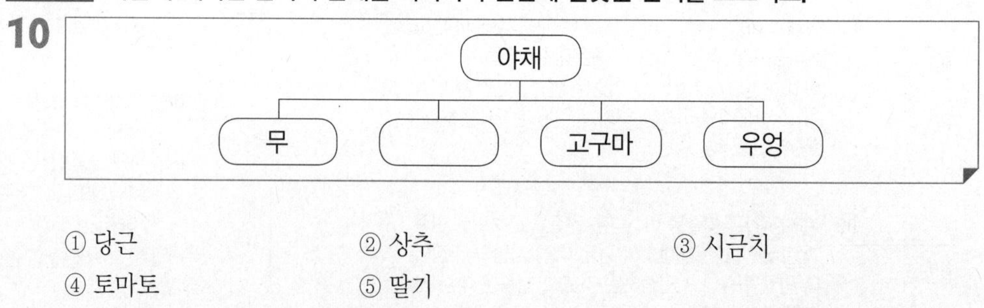

① 당근　② 상추　③ 시금치
④ 토마토　⑤ 딸기

11

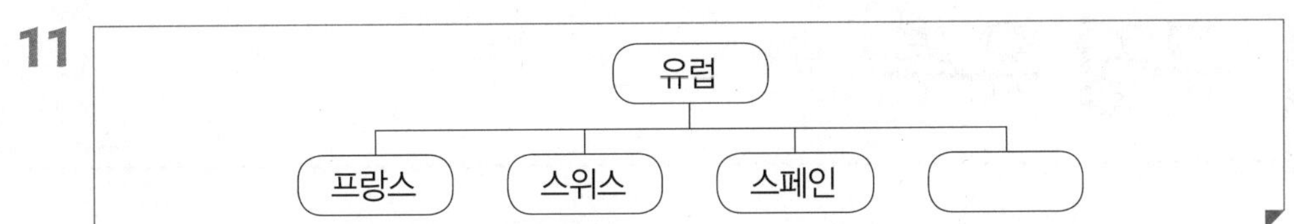

① 호주 ② 아르헨티나 ③ 멕시코
④ 그리스 ⑤ 라이베리아

12

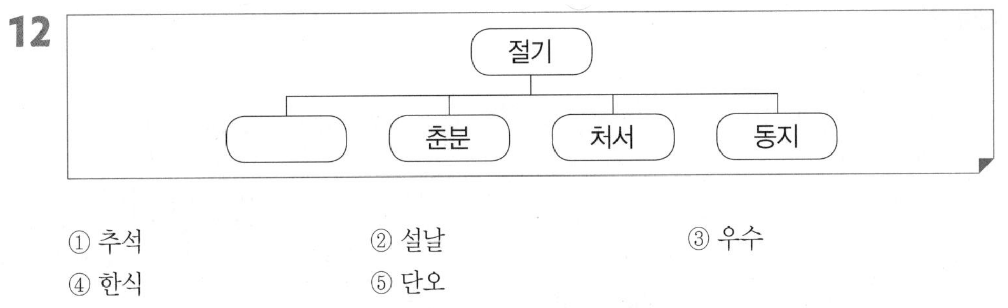

① 추석 ② 설날 ③ 우수
④ 한식 ⑤ 단오

정답과 해설

08 정답 ③

제시된 단어의 뜻을 이해하고 공통점을 찾아낸다.

- 첩지 : 조선 시대에 부녀자들이 머리 위에 꾸미던 장식품.
- 조바위 : 여자들이 쓰던 방한모의 한 가지.
- 사모 : 관복을 입을 때에 쓰던 검은 사(紗)로 만든 모자.
- 남바위 : 추위를 막기 위해 머리에 쓰는 쓰개의 한 가지.

네 단어 모두 '머리'라는 공통점을 가지고 있다.

09 정답 ①

큰 원의 단어가 작은 원의 단어를 포함하고 있는 상하 관계의 단어들로 짝 지어져 있다.
그러므로 A에는 꽃의 하위 개념인 개나리가, B에는 천왕성의 상위 개념인 행성이 들어가야 한다.

10 정답 ①

하위 항목들은 야채 중에서 뿌리나 줄기를 식용하는 근채류이다. 선택지 중 근채류에 해당하는 것은 당근이며, 상추와 시금치는 잎을 식용하는 엽채류, 토마토와 딸기는 과실과 씨를 식용하는 과채류이다.

11 정답 ④

하위 항목들은 모두 유럽 대륙에 있는 국가들이다. 선택지 중 유럽국가에 해당하는 것은 그리스이다.

12 정답 ③

하위 항목은 모두 24절기 중 하나이다. 선택지 중 24절기에 해당하는 것은 우수이다.
추석과 설날, 한식, 단오는 명절이다.

테마 3 문장 유추

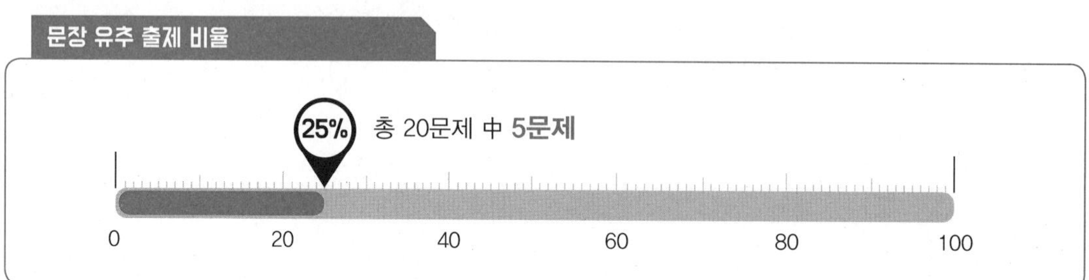

문장 유추 핵심 check

1. 표나 그림을 활용하자.
   조건추리나 자리배치와 같은 유형의 문제는 주어진 조건을 표나 그림을 활용하여 시각적으로 나타내면 훨씬 파악하기가 쉬워진다.
2. 역 · 이 · 대우의 개념에 익숙해지자.
   명제가 참이라면 대우는 반드시 참이지만, 역과 이는 명제가 참이더라도 참일 수도, 거짓일 수도 있음에 유의한다.

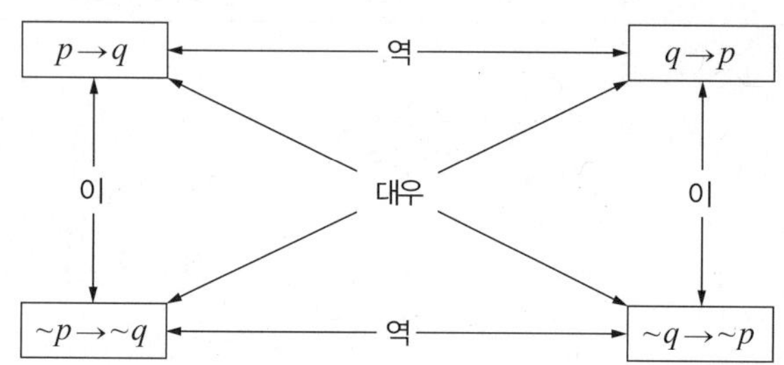

출제키워드

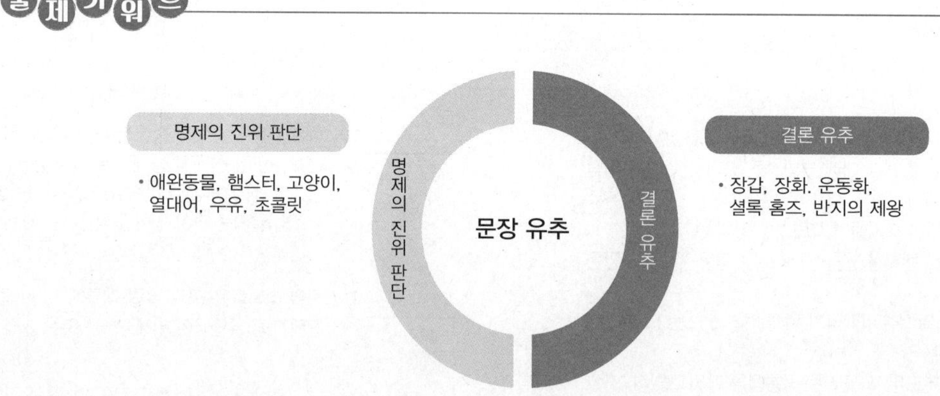

대표예제 **명제**

01~02 **다음 예문을 읽고, 예문의 내용에 비추어 각 제시된 명제의 참, 거짓, 알 수 없음을 판단하시오.**

| 예문 |

- A, B, C, D는 모두 한 종류 이상의 애완동물을 키우고 있으며, 애완동물의 종류는 햄스터 · 고양이 · 새 · 토끼 · 고슴도치 · 열대어로 같은 종류를 키우는 사람은 없다.
- 햄스터를 키우는 사람은 고양이를 키우지 않는다.
- 고양이를 키우지 않는 사람은 새를 키우지 않는다.
- 토끼를 키우는 사람은 고슴도치를 키운다.
- 열대어를 키우는 사람은 토끼를 키우지 않는다.
- C는 새를 키우고, B는 햄스터를 키운다.

유형 분석

예문의 명제를 통해 새로운 명제의 진위 여부를 판단하는 문항이다.

해결 전략

예문의 명제가 참이면 그 명제의 대우 명제도 참이므로 대우 명제를 적극 활용한다.

01 두 종류의 애완동물을 키우고 있는 사람은 2명이다.

① 참 ② 거짓 ③ 알 수 없음.

| 정답 | ①

| 해설 |

첫 번째 예문에서 A, B, C, D는 중복 없이 모두 한 종류 이상의 애완동물을 키운다고 하였는데, 세 번째 예문의 대우인 '새를 키우는 사람은 고양이를 키운다.'는 참이므로, 새와 고양이를 함께 키우는 사람이 있음을 알 수 있고, 네 번째 예문인 '토끼를 키우는 사람은 고슴도치를 키운다.'를 통해 토끼와 고슴도치를 같이 키우는 사람이 있음을 알 수 있다. 이를 제외하면 남은 애완동물은 햄스터와 열대어인데, 4명은 각각 한 종류 이상의 애완동물을 키워야 하므로 한 종류의 애완동물을 키우는 사람 2명, 두 종류의 애완동물을 키우고 있는 사람 2명이 된다.

02 A는 두 종류의 애완동물을 키운다.

① 참 ② 거짓 ③ 알 수 없음.

| 정답 | ③

| 해설 |

01번 해설을 통해 두 종류의 애완동물을 키우는 사람은 새와 고양이를 키우는 사람과 토끼와 고슴도치를 키우는 사람임을 알 수 있는데, 여섯 번째 예문에서 C는 새를 키운다고 하였으므로, C가 새와 고양이를 키우는 사람, B가 햄스터를 키우는 사람임을 알 수 있다. 그러나 A와 D 중 어떤 사람이 토끼와 고슴도치를 키우고, 열대어를 키우는지 주어진 예문만으로는 알 수 없다.

03~04 주어진 명제를 읽고 〈결론〉에 대한 설명으로 옳은 것을 고르시오.

보충 플러스+

삼단논법

삼단논법은 두 개의 명제(전제)에서 세 번째의 명제(결론)를 도출하는 연역 논증 방법이다.

예

장갑○ → 운동화×

운동화× → 양말×

∴ 장갑○→ 양말× (장갑○ → 운동화×→ 양말×)

03

- 장갑을 낀 사람은 운동화를 신지 않는다.
- 양말을 신은 사람은 운동화를 신는다.
- 운동화를 신은 사람은 모자를 쓴다.
- 장갑을 끼지 않은 사람은 목도리를 하지 않는다.
- 수민이는 목도리를 하고 있다.

결론

(가) 장갑을 낀 사람은 양말을 신지 않는다.

(나) 수민이는 운동화를 신고 있다.

(다) 양말을 신은 사람은 목도리를 하지 않는다.

① (가)만 항상 옳다.

② (나)만 항상 옳다.

③ (다)만 항상 옳다.

④ (나), (다) 모두 항상 옳다.

⑤ (가), (다) 모두 항상 옳다.

| 정답 | ⑤

| 해설 |

주어진 사실과 각각의 대우 명제를 정리하면 다음과 같다.

명제		대우
장갑 ○ → 운동화 ×	대우 ⇔	운동화 ○ → 장갑 ×
양말 ○ → 운동화 ○		운동화 × → 양말 ×
운동화 ○ → 모자 ○		모자 × → 운동화 ×
장갑 × → 목도리 ×		목도리 ○ → 장갑 ○

(가) 첫 번째 명제에서 장갑을 낀 사람은 운동화를 신지 않고, 두 번째 명제의 대우에서 운동화를 신지 않은 사람은 양말을 신지 않는다고 하였으므로 '장갑을 낀 사람은 양말을 신지 않는다.'는 참이 된다.

(다) 두 번째 명제에서 양말을 신은 사람은 운동화를 신었고, 첫 번째 명제의 대우에서 운동화를 신은 사람은 장갑을 끼지 않았으며, 네 번째 명제에서 장갑을 끼지 않은 사람은 목도리를 하지 않았다고 하였으므로, '양말을 신은 사람은 목도리를 하지 않는다.'는 참이 된다.

| 오답풀이 |

(나) 마지막 명제에서 수민이는 목도리를 하고 있고, 네 번째 명제의 대우에서 목도리를 한 사람은 장갑을 꼈으며, 첫 번째 명제에서 장갑을 낀 사람은 운동화를 신지 않는다고 하였으므로 '수민이는 운동화를 신고 있다.'는 거짓이 된다.

04

• 드라마 셜록 홈즈를 좋아하는 사람은 영화 반지의 제왕을 좋아하지 않는다.
• 영화 반지의 제왕을 좋아하지 않는 사람은 영화 해리포터 시리즈를 좋아하지 않는다.
• 영화 반지의 제왕을 좋아하는 사람은 영화 스타트랙을 좋아한다.
• 지연이는 영화 해리포터 시리즈를 좋아한다.

| 결론 |

(가) 지연이는 영화 스타트랙을 좋아한다.
(나) 지연이는 드라마 셜록 홈즈를 좋아하지 않는다.
(다) 영화 스타트랙을 좋아하는 사람은 드라마 셜록 홈즈를 좋아하지 않는다.

① (가)만 항상 옳다.
② (나)만 항상 옳다.
③ (다)만 항상 옳다.
④ (가), (나) 모두 항상 옳다.
⑤ (나), (다) 모두 항상 옳다.

| 정답 | ④

| 해설 |
주어진 명제와 각각의 대우를 정리하면 다음과 같다.

•셜록 홈즈○ → 반지의 제왕× •반지의 제왕 × → 해리포터× •반지의 제왕 ○ → 스타트랙○	대우 ⇔	•반지의 제왕 ○ → 셜록 홈즈× •해리포터 ○ → 반지의 제왕○ •스타트랙 × → 반지의 제왕×

(가) 지연이는 해리포터를 좋아하고, 해리포터를 좋아하는 사람은 반지의 제왕을 좋아하며, 반지의 제왕을 좋아하는 사람은 스타트랙을 좋아하므로 지연이는 스타트랙을 좋아한다.
(나) 지연이는 해리포터를 좋아하고, 해리포터를 좋아하는 사람은 반지의 제왕을 좋아하고, 반지의 제왕을 좋아하는 사람은 셜록 홈즈를 좋아하지 않으므로 지연이는 셜록홈즈를 좋아하지 않는다.

| 오답풀이 |
(다) 이 결론이 참이 되기 위해서는 '스타트랙을 좋아하는 사람은 반지의 제왕을 좋아한다.'가 참이 되어야 한다. 이는 세 번째 명제의 역에 해당하는데 참인 명제의 역과 이는 참일 수도 있고 거짓일 수도 있으므로 참 · 거짓을 알 수 없다.

테마 3

출제유형문제연습

01~03 다음 예문을 읽고, 예문의 내용에 비추어 각 제시된 명제의 참, 거짓, 알 수 없음을 판단하시오.

예문

- 아메리카노를 먹는 사람은 사탕을 먹는다.
- 초콜릿을 먹는 사람은 우유를 먹지 않는다.
- 과일주스를 먹는 사람은 아메리카노를 먹지 않는다.
- 초콜릿을 먹지 않는 사람은 사탕을 먹지 않는다.
- 과일주스를 먹는 사람은 우유를 먹는다.

01 우유를 먹는 사람은 아메리카노를 먹지 않는다.

① 참 ② 거짓 ③ 알 수 없음.

02 초콜릿을 먹지 않는 사람은 과일주스를 먹는다.

① 참 ② 거짓 ③ 알 수 없음.

03 아메리카노를 먹는 사람은 초콜릿과 과일주스를 먹는다.

① 참 ② 거짓 ③ 알 수 없음.

04~05 다음 예문을 읽고, 예문의 내용에 비추어 각 제시된 명제의 참, 거짓, 알 수 없음을 판단하시오.

예문

- 배추를 기르는 농가는 당근을 기르지 않는다.
- 상추를 기르지 않는 농가는 당근을 기르지 않는다.
- 당근을 기르지 않는 농가는 감자를 기르지 않는다.
- 상추 또는 오이를 기르는 농가는 호박을 기른다.

04 당근을 기르는 농가는 상추와 감자를 기른다.

① 참 ② 거짓 ③ 알 수 없음.

05 호박을 기르지 않는 농가는 당근을 기르지 않는다.

① 참 ② 거짓 ③ 알 수 없음.

정답과 해설

01 정답 ①

두 번째 예문의 대우는 '우유를 먹는 사람은 초콜릿을 먹지 않는다.'이고, 네 번째 예문에서 '초콜릿을 먹지 않는 사람은 사탕을 먹지 않는다.'고 하였다. 또한 첫 번째 예문의 대우는 '사탕을 먹지 않는 사람은 아메리카노를 먹지 않는다.'이므로, '우유를 먹는 사람은 아메리카노를 먹지 않는다.'는 참이다.

02 정답 ③

네 번째 예문에서 '초콜릿을 먹지 않는 사람은 사탕을 먹지 않는다.'고 하였고, 첫 번째 예문의 대우는 '사탕을 먹지 않는 사람은 아메리카노를 먹지 않는다.'이다. 이에 따라 아메리카노와 관련된 예문을 통해 과일주스와 연결되는 세 번째 예문을 찾을 수 있는데, 제시된 문장이 참이 되려면 '아메리카노를 먹지 않는 사람은 과일주스를 먹는다.'는 세 번째 예문의 역이 성립되어야만 한다. 그런데 예문이 참이라고 하더라도 역은 항상 성립한다고 할 수 없으므로, 문장의 참 · 거짓은 알 수 없다.

03 정답 ②

우선 첫 번째 예문과 네 번째 예문의 대우를 통해 '아메리카노를 먹는 사람은 사탕을 먹고, 사탕을 먹는 사람은 초콜릿을 먹는다.'는 것을 알 수 있으나, 세 번째 예문의 대우는 '아메리카노를 먹는 사람은 과일주스를 먹지 않는다.'이므로 문제의 '아메리카노를 먹는 사람은 초콜릿과 과일주스를 먹는다.'는 거짓이 된다.

04 정답 ③

당근과 관련된 예문 중에서 두 번째 예문의 대우인 '당근을 기르는 농가는 상추를 기른다.'를 통해 당근을 기르는 농가에서 상추를 기른다는 것은 참임을 알 수 있다. 그런데 '당근을 기르는 농가는 감자를 기른다.'는 것은 세 번째 예문의 '이'에 해당하는 것이다. 어떤 명제의 '이'는 그 명제가 참이라 하여 반드시 참일 수 없으므로 참 · 거짓 여부를 알 수 없다.

05 정답 ①

네 번째 예문의 대우인 '호박을 기르지 않는 농가는 상추와 오이를 기르지 않는다.'와 두 번째 예문 '상추를 기르지 않는 농가는 당근을 기르지 않는다.'를 통해 '호박을 기르지 않는 농가는 당근을 기르지 않는다.'는 것을 알 수 있다.

06~08 주어진 명제를 읽고 〈결론〉에 대한 설명으로 옳은 것을 고르시오.

06

- 커피를 좋아하는 사람은 일찍 일어난다.
- 일찍 일어나는 사람은 여행을 싫어한다.
- 커피를 좋아하는 사람은 여행을 싫어한다.

| 결론 |

(가) 여행을 좋아하는 사람은 커피를 싫어한다.
(나) 여행을 싫어하는 사람은 일찍 일어난다.

① (가)만 항상 옳다.
② (나)만 항상 옳다.
③ (가), (나) 모두 항상 옳다.
④ (가), (나) 모두 항상 옳지 않다.
⑤ (가)는 항상 옳지 않고, (나)는 항상 옳다.

07

- 복지가 좋은 회사는 직원들의 불만이 적다.
- 연봉이 높지 않은 회사는 직원들의 불만이 많다.
- 복지가 좋은 회사는 직원들의 여가생활을 존중한다.

| 결론 |

(가) 복지가 좋은 회사가 연봉이 높은 것은 아니다.
(나) 직원들의 여가생활을 존중하지 않는 회사는 복지가 좋지 않다.

① (가)만 항상 옳다.
② (나)만 항상 옳다.
③ (가), (나) 모두 항상 옳다.
④ (가), (나) 모두 항상 옳지 않다.
⑤ (가)는 항상 옳고, (나)는 항상 옳지 않다.

08

• 스포츠에 관심이 없는 사람은 음악을 좋아한다.
• 성격이 예민한 사람은 동물을 좋아하지 않는다.
• 영화를 좋아하는 사람은 스포츠에 관심이 없다.
• 자가용이 있는 사람은 영화를 좋아한다.
• 성격이 예민하지 않은 사람은 자가용이 있다.

결론

(가) 자가용이 없는 사람은 동물을 좋아한다.
(나) 스포츠에 관심이 없는 사람은 성격이 예민하다.
(다) 성격이 예민하지 않은 사람은 음악을 좋아한다.

① (가)만 항상 옳다.
② (나)만 항상 옳다.
③ (다)만 항상 옳다.
④ (나), (다) 모두 항상 옳다.
⑤ (가), (다) 모두 항상 옳다.

정답과 해설

06 주어진 사실과 명제를 정리하면 다음과 같다.

정답 ①

커피o → 일찍 일어남.o 일찍 일어남.o → 여행× 커피o → 여행×	대우 ⇔	일찍 일어남.× → 커피× 여행o → 일찍 일어남× 여행o → 커피×

따라서 세 번째 명제의 대우 "여행을 좋아하면 커피를 싫어한다."는 항상 옳다.

07 세 번째 사실의 대우는 '직원들의 여가생활을 존중하지 않는 회사는 복지가 좋지 않다'이므로 〈결론〉 (나)와 같은 문장이다. 두 번째 사실의 대우는 '직원들의 불만이 적은 회사는 연봉이 높다'이고 첫 번째 사실은 '복지가 좋은 회사는 직원들의 불만이 적다'이므로 '복지가 좋은 회사는 연봉이 높다'가 성립한다.

정답 ②

08 주어진 사실과 대우 명제를 정리하면 다음과 같다.

정답 ③

스포츠× → 음악o 성격 예민o → 동물× 영화o → 스포츠× 자가용o → 영화o 성격 예민× → 자가용o	대우 ⇔	음악× → 스포츠o 동물o → 성격 예민× 스포츠o → 영화× 영화× → 자가용× 자가용× → 성격 예민o

(다) 다섯 번째 명제에서 성격이 예민하지 않은 사람은 자가용이 있고, 네 번째 명제에서 자가용이 있으면 영화를 좋아한다고 했다. 세 번째 명제에서 영화를 좋아하는 사람은 스포츠에 관심이 없다고 했고, 첫 번째 명제에서 스포츠에 관심이 없으면 음악을 좋아한다고 했으므로 '성격이 예민하지 않은 사람은 음악을 좋아한다.'는 참이 된다.

테마 4

논리적 오류 분석

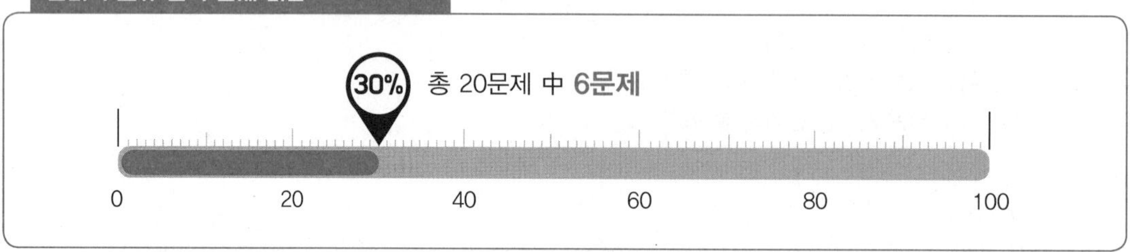

논리적 오류 분석 핵심 check

- 논리적 사고력, 비판적 사고력을 파악하는 문제 유형이다.
- 오류의 유형을 묻거나, 주어진 예문과 가장 유사한 오류를 고르는 문제, 또는 주어진 글이 지닌 논리적 결함과 가장 유사한 결함을 지닌 문장을 고르는 문제 등이 출제된다.
- 오류는 비논리적 사고의 결과이기 때문에 논증의 구조와 방식을 파악하는 연습으로 정복한다.

출제키워드

심리적 오류 분석

- 공포에 호소하는 오류, 대중에 호소하는 오류, 동정에 호소하는 오류, 부적합한 권위에 호소하는 오류, 원천 봉쇄의 오류, 인신공격의 오류

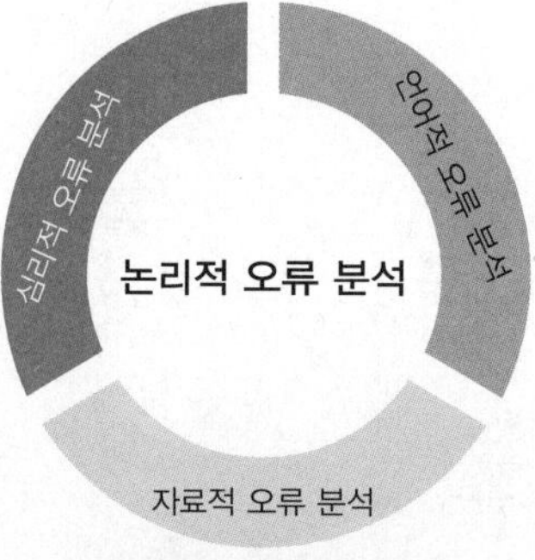

언어적 오류 분석

- 강조의 오류, 애매어의 오류, 애매문의 오류, 은밀한 재정의의 오류, 범주의 오류

자료적 오류 분석

- 무지에 호소하는 오류, 성급한 일반화의 오류, 의도 확대의 오류, 분할 및 합성의 오류, 흑백 논리의 오류, 논점 일탈의 오류

대표예제 논리적 오류의 판단

01~02 다음 예문을 읽고 해당되는 오류를 선택하시오.

01

최근 청소년들의 일탈이 사회적 문제가 되고 있는 가운데, 여론 조사 전문 기관이 성인들을 대상으로 청소년들의 길거리 흡연을 보았을 때 어떻게 행동하였는지를 조사하였다. 조사 결과 '봉변을 당할 수 있으므로 제지하지 못했다'는 의견이 56%로 나타나 사회적 충격을 주고 있다. 이를 볼 때 우리나라 성인들은 도덕심이 결여되어 있음을 알 수 있다.

① 흑백논리의 오류
② 감정에 호소하는 오류
③ 원천 봉쇄의 오류
④ 성급한 일반화의 오류
⑤ 애매어의 오류

| 정답 | ④

| 해설 |
성인들의 56%가 청소년들의 길거리 흡연을 제지하지 못했다는 단 하나의 사실만을 가지고 성인들의 도덕심이 결여되어 있다고 생각하는 것은 성급한 일반화의 오류라고 할 수 있다.

02

선생님 : 우리는 우리의 친구들에 대하여 험담해서는 안 된다.
학생 : 그래요? 그러면 선생님에 대한 험담은 상관없겠네요.

① 강조의 오류
② 은밀한 재정의 오류
③ 범주의 오류
④ 애매문의 오류
⑤ 복합질문의 오류

| 정답 | ①

| 해설 |
선생님은 친구를 험담하지 말라는 것을 학생에게 말하지만 학생은 문장에서 친구라는 부분을 강조하여 친구만 험담하지 않아도 된다고 생각한다. 이것은 문장의 어느 한 부분을 강조하여 발생하는 강조의 오류이다.

유형 분석
주어진 지문을 읽고 어떤 오류를 범하고 있는지 고르는 문항이다.

해결 전략
대표적인 논리적 오류의 종류를 암기하고 있는 것이 좋다.

보충 플러스+

전건 부정의 오류
전건을 부정하여 후건을 부정하는 오류
예 바람이 부는 곳에는(전건) 잎이 있다(후건)
그 숲에서는 바람이 불지 않았다
(전건 부정)
그러므로 그 숲에는 잎이 없다
후건 부정의 결론 ⇨ 오류

후건 긍정의 오류
후건을 긍정하여 전건을 긍정하는 오류
예 눈이 오면(전건)
신발이 젖는다(후건)
신발이 젖었다(후건 긍정)
그러므로 눈이 왔다
전건 긍정의 결론 ⇨ 오류

대표예제

유형 분석

제시된 오류와 같은 형태의 오류를 골라내는 문항이다.

해결 전략

추리 과정에서 논리적 규칙을 범하여 생기는 오류이면 형식적 오류로 범위가 좁혀진다.

오류란?

그릇되어 이치에 어긋나는 인식을 말한다.

우리가 일상적으로 생각하고 말하는 가운데 많은 오류가 발생하는데, 이런 오류들은 언뜻 보기에는 그럴듯하면서도 논리적으로는 타당하지 못한 경우가 많다.

03 **다음 글에 나타나는 오류와 같은 형태의 오류를 범하고 있는 것을 ㉠~㉤에서 모두 고른 것은?**

> 신은 무엇이든 할 수 있는 전지전능한 존재이다. 따라서 그는 자신도 깨뜨리거나 녹일 수 없을 정도로 단단한 빙하를 만들어 낼 수 있다.

㉠ 우리 언어에는 아직 한자어가 많이 남아 있으므로, 신문에 국한문을 혼용하여 글을 모르는 사람도 새로운 소식을 많이 접할 수 있도록 해야 한다.
㉡ 세계적으로 유명한 한 성악가는 무대에 오르기 전에 긴장을 풀기 위해 항상 우유를 한 컵씩 마신다고 한다. 따라서 우유는 긴장을 완화시키는 데 효과적이다.
㉢ 예술표현의 자유는 온전히 허용되어야 한다. 그러나 지나치게 외설적인 작품들은 표현의 자유에서 제외되어야 한다.
㉣ 마 부장은 올해 영업부에 대한 보조금이 삭감되었으므로 회식 횟수를 줄이자는 김 과장의 의견에 대해 부서원의 친목 도모를 막는 방안이라며 반대하였다.
㉤ 중국에도 이(李)씨가 있고 한국에서도 이(李)씨가 있다. 따라서 중국과 한국의 이(李)씨의 조상은 본래 한 사람이었을 것이다.

① ㉠, ㉡　　② ㉠, ㉢　　③ ㉡, ㉣
④ ㉢, ㉤　　⑤ ㉣, ㉤

| 정답 | ②

| 해설 |
앞뒤의 주장이나 전제와 결론 사이에 모순이 발생하여 일관된 논점을 갖지 못하는 자가당착의 오류이다.

| 오답풀이 |
㉡ 부적합한 권위에 호소하는 오류, ㉣ 허수아비 공격의 오류, ㉤ 잘못된 유추의 오류

04 다음 글을 읽고 아래와 같이 추론하였다고 하자. 이와 같은 오류가 나타나 있는 것은?

| 보기 |

자연의 이용이 도리어 재앙을 가져온 예들은 인류 역사의 초기부터 있어 왔다. 에페소스는 로마가 거대한 제국을 건설했던 시기에 번성했던 유명한 해양 도시였다. 그러나 지금은 거대한 원형 경기장을 비롯해서 대리석 기둥, 훌륭한 조각품의 잔재들만이 폐허로 변해 버린 도시 전체에 흩어져 있을 뿐이다. 이렇게 에페소스 문명이 갑자기 몰락하게 된 원인은 무엇일까? 그 이유는 생태계의 변화 때문이었을 것으로 추측된다. 그 당시 번성했던 식물상의 조사를 통해 생태계의 변화상을 추리해 볼 때, 에페소스의 환경이 산림 지대에서 목초 지대를 거쳐 농경지대로 변했다는 것을 알 수 있다.

숲은 물의 순환 과정에서 매우 중요한 역할을 한다. 그런데 에페소스에서는 문명이 번창하면서 이러한 숲이 줄어들게 되었고 그에 따라 물의 순환이 제대로 이루어지지 못하여 강우량이 줄어들었다. 기후가 건조해지면서 땅이 점점 메마르게 되자 에페소스에는 흉년이 거듭되었고, 게다가 헐벗은 산의 표층토가 빗물에 씻겨 내려 서서히 바다가 메워지면서 해양 도시로서의 기능도 상실하고 말았다. 결국 사람들이 떠난 도시는 폐허로 남게 되었다.

에페소스 사람들은 참으로 어리석었다고 하지 않을 수 없다. 자신들의 문명 기반을 파괴하려고 일부러 그런 일들을 하다니!

① 그는 열심히 책을 산다. 책이 많이 팔리면 출판사가 돈을 번다. 그러므로 그는 출판사의 이익에 상당한 관심을 가지고 있음에 틀림없다.

② 아무리 말해도 네 생각이 옳단 말이지? 지나가는 사람 붙잡고 한번 물어 봐라. 열이면 열 모두 네가 틀렸다고 할 테니.

③ 이번 경기는 꼭 이겨야 되거든. 그러니 너는 중계방송 봐선 안 돼. 네가 중계방송을 보면 꼭 지더라.

④ 그는 시립 도서관 옆에 산다. 그러니 그는 책과 가까이 지내는 사람이다. 그러므로 그는 매우 학식이 풍부한 사람일 것이다.

⑤ 타자기는 컴퓨터와 마찬가지로 자판도 있고 글자고 찍어낼 수 있다. 그러므로 타자기를 가지고 화상 게임을 할 수도 있다.

| 정답 | ①

| 해설 |
이 글을 읽고 에페소스 사람들이 에페소스 문명의 몰락을 의도한 것이 아님에도 불구하고 그들이 의도한 것이라고 추론한 것은 '의도 확대의 오류'를 범하고 있는 것이다. 같은 오류를 범하고 있는 것은 책을 열심히 사는 행동이 출판사에 이익을 주려는 의도를 가지고 있다고 생각하는 것이다.

| 오답풀이 |
② 대중에 호소하는 오류
③ 인과 혼동의 오류
④ 애매어의 오류
⑤ 잘못된 유추의 오류

테마 4

출제유형문제연습

이것만은 꼭

- 언어적 오류
  - 모호한 문장의 오류
    예 나는 엄마보다 목욕탕 가는 것을 더 좋아한다.
  - 애매어 사용의 오류
    예 선영이는 손이 크다.
  - 은밀한 재정의의 오류
    예 정신이 나가지 않고서야 시험 전날 공부를 안 하고 놀기만 할 수 없어. 그 아이는 정신병원에 보내야 해.
  - 강조의 오류
    예 밤에 교수님께 전화 거는 것이 실례라면, 밤에 선배에게 전화 거는 건 괜찮겠지?
  - 범주의 오류
    예 운동장이랑 교실은 다 둘러봤는데, 그럼 학교는 어디에 있습니까?

01~07 제시된 글을 읽고 이에 해당되는 오류를 선택하시오.

01

○○화장품은 전 세계 여성들이 애용하고 있습니다. 아름다운 여성의 필수품 ○○화장품. 이제 당신도 ○○화장품의 주인공이 되어보세요.

① 성급한 일반화의 오류
② 감정에 호소하는 오류
③ 애매어의 오류
④ 대중에 호소하는 오류
⑤ 강조의 오류

02

철수는 어제 영희에게 욕을 했어. 보통 나쁜 사람들이나 남에게 욕을 하고 다니지. 철수는 나쁜 사람인 게 분명해.

① 강조의 오류
② 원천 봉쇄의 오류
③ 성급한 일반화의 오류
④ 감정에 호소하는 오류
⑤ 애매어의 오류

03

그는 담배를 피우고 싶어 한다. 그런데 담배는 심각한 질병을 유발한다. 그러므로 그는 병에 걸리고 싶어 하는 것이 틀림없다.

① 인신공격의 오류
② 감정에 호소하는 오류
③ 강조의 오류
④ 애매어의 오류
⑤ 의도 확대의 오류

04

사람들은 모차르트가 천재적인 작곡가이며 그의 음악은 사람의 마음을 움직이는 힘이 있다고 말한다. 그러나 나는 그 말을 믿을 수 없다. 모차르트는 향락에 빠져 돈을 흥청망청 썼고 결국 도박으로 빚을 져 그의 가족들을 불행하게 만들었기 때문이다.

① 인신공격의 오류
② 역공격의 오류
③ 순환 논증의 오류
④ 대중에 호소하는 오류
⑤ 강조의 오류

05 어제 우연히 만난 희진이에게 같은 과 김 선배의 첫인상을 물었더니 나쁘지 않다고 대답했어. 그러니까 희진이는 김 선배를 좋아하는 것이 틀림없어.

① 흑백논리의 오류
② 의도 확대의 오류
③ 감정에 호소하는 오류
④ 성급한 일반화의 오류
⑤ 논점 일탈의 오류

06 이번 사건에 대하여 몇몇 신문들이 사설을 통해 북 공격설을 제기했다. 어떤 사설은 전시 태세를 갖추어야 한다며 '전쟁을 무서워하는 국민은 매국노'라고 못 박았다.

① 원천 봉쇄의 오류
② 의도 확대의 오류
③ 인신공격의 오류
④ 역공격의 오류
⑤ 애매어의 오류

07 앞도 못 보는 주제에 사람의 앞일을 맞춘다고? 그 점쟁이 나가라고 해!

① 권위에 호소하는 오류
② 애매어의 오류
③ 인신공격의 오류
④ 감정에 호소하는 오류
⑤ 범주의 오류

이것만은 꼭

• 자료적 오류
- 성급한 일반화의 오류
예 신호등에 파란불이 켜지기도 전에 출발하는 사람들이 많은 것을 보니 한국 사람들은 모두 성질이 급하다.
- 무지에 호소하는 오류
예 신이 없다는 것을 증명한 사람이 아무도 없기 때문에, 신은 존재한다.
- 복합 질문의 오류
예 너 이제는 나쁜 짓 안하니?
- 논점 일탈의 오류
예 이 살인 사건의 범인은 피의자의 형임에 틀림없다. 왜냐하면 그 스스로가 이 살인 사건은 극악무도한 짓이라는 것에 동의했기 때문이다.
- 흑백 논리의 오류
예 짜장면을 싫어하니 짬뽕을 좋아하는구나?
- 잘못된 유추의 오류
예 포도주가 오래될수록 맛이 깊어지는 것처럼 인간 관계도 오래될수록 깊어진다.

정답과 해설

01 정답 ④ 전 세계 여성들이 애용한다고 말함으로써 군중심리를 자극하여 논지를 받아들이게 하는 대중에 호소하는 오류이다.

02 정답 ③ 대표성이 부족한 사례, 불충분한 자료로 성급하게 일반화하는 성급한 일반화에 대한 오류이다.

03 정답 ⑤ 의도하려고 했던 것이 아님에도 본래 의도가 있었다고 판단하고 있으므로 의도 확대의 오류이다.

04 정답 ① 주장하는 사람의 인품이나 성격, 직업, 과거의 정황 등을 비난함으로써 그 사람의 주장이 잘못되었다고 비판하는 인신공격의 오류이다.

05 정답 ① 어떤 주장에 대해 중간항이 허용됨에도 불구하고 선택 가능성이 두 가지밖에 없다고 생각함으로써 발생하는 흑백논리의 오류이다.

06 정답 ① 전쟁을 무서워하는 국민은 매국노라는 표현을 통해 반론이 일어날 수 있는 여지를 봉쇄하는 원천봉쇄의 오류로 자신의 논지를 옹호하고 있다.

07 정답 ③ 주장하는 사람의 신체나 인품, 성격 등을 비난함으로써 그 사람의 주장이 잘못되었다고 비판하고 있으므로 인신공격의 오류이다.

• 심리적 오류
- 공포에 호소하는 오류
예 네가 이 요구를 거절하면, 우리 조직이 널 가만두지 않을 거야.
- 대중에 호소하는 오류
예 대다수가 이 의견에 찬성하므로, 이 의견은 옳은 주장이다.
- 원천 봉쇄의 오류
예 당신이 제정신이라면 내 의견에 반대하지 않을 것이다.
- 인신공격의 오류
예 넌 내 의견에 반박만 하고 있는데, 넌 이만한 의견이라도 낼 실력이 되니?
- 정황에 호소하는 오류
예 정부 정책에 대한 김 의원의 비판은 들어 보나 마나다. 그는 야당 의원 아닌가?
- 피장파장의 오류
예 나한테 과소비한다고 지적하는 너는 평소에 얼마나 검소했다고?

08~10 다음 글에서 범한 것과 같은 오류에 해당하는 것을 고르시오.

08

북한을 돕자고 하는 것을 보니 너는 빨갱이구나?

① 외계인이 있다는 증거가 없으니 외계인은 없어.
② 저는 아이들이 6명이나 있습니다. 이 가족을 부양하려면 어쩔 수 없었습니다.
③ 하버드 대학교를 나온 그가 맞다고 했으니 정확한 거야.
④ 그 사람은 믿을 수가 없어. 그는 거짓말쟁이니까. 왜냐하면 그 사람 말은 믿을 수가 없기 때문이야.
⑤ 저 사람은 일본 애니메이션을 좋아하니 독도도 일본 땅이라고 할 거야.

09

경쟁사회에서 살아남으려면 남이 나를 쓰러뜨리기 전에 내가 먼저 남을 쓰러뜨려야 해.

① 빨리 가서 자야지. 늦게 자는 어린이는 착한 어린이가 아니야.
② 은영이는 어제 백화점에서 신발을 샀어. 은영이는 낭비벽이 심한 아이임에 틀림없어.
③ 판사님, 저는 부양해야 할 병든 노모가 있습니다. 선처 부탁드립니다.
④ 선생님께 거짓말하지 않아야 한다고 말씀하셨다. 그러면 부모님께는 거짓말을 해도 괜찮다.
⑤ 너는 나를 싫어하지 않는다고 했으니, 나를 좋아하는구나!

10

네가 내게 한 약속을 지키지 않은 것은 곧 나를 존경하지 않는다는 증거야.

① 항상 보면 신입생이 문제야.
② 내 부탁을 거절하는 것을 보니, 넌 나를 싫어하는 구나.
③ 저 사람은 진실만을 말하는 사람이야, 그는 거짓말을 하지 않는 사람이기 때문이지.
④ 거짓말을 하는 것은 죄를 짓는 것이나 다름이 없어. 산타클로스가 있다고 믿는 아이에게 거짓말을 하는 부모는 죄를 짓는 거지.
⑤ 이 식당의 음식을 꼭 먹어야해. 만나는 사람마다 이 집 이야기를 하는 걸 보니 맛이 괜찮은가 봐.

11 다음 글을 읽고 아래와 같이 추론하였다고 하자. 이와 같은 오류가 나타나 있는 것은?

옛날에는 오히려 사회생활의 비중을 정신적인 것이 더 많이 차지해 왔다. 종교, 학문, 이상 등이 존중되었고, 그 정신적 가치가 더 인정받았다. 그러나 현대에는 모든 것이 물질 만능주의로 기울어지고 있다. 이는 세계적인 현상이며, 우리나라도 예외는 아니다. 이러한 현상의 중요한 원인이 된 것은 현대 산업 사회의 비대성이다. 산업 사회는 기계와 기술을 계발했고 공업에 의한 대량 생산과 소비를 가능케 했다. 사람들은 물질적 부를 즐기는 방향으로 쏠렸는가 하면, 사회의 가치 평가가 생산과 부를 표준으로 삼기에 이르렀다.

그 결과로 나타난 것이 문화 경시의 현실이며, 그것이 심화되어 인간 소외의 사회를 만들게 되었다. 정신적 가치는 더 이상 설 곳을 잃었고 물질적인 것이 모든 것을 지배하기에 이르렀다. 이렇게 물질과 부가 모든 것을 지배하게 되면, 우리는 문화를 잃게 되며, 삶의 주체인 인격의 균형을 상실하게 된다. 그 뒤를 따르는 불행은 더 말할 필요가 없다.

물질주의로 기울어진 현대는 인간이 소외되는 불행한 시대인데, 옛날에는 물질을 무시했을 테니까 모두 행복했을 거야.

① 그가 그림을 잘 그릴리는 만무해. 그가 벽촌 출신이란 걸 너도 잘 알잖아.
② 철수는 상냥하고 농구도 잘해서 친구들이 좋아하는데, 너도 그러니까 내 친구들이 너를 좋아하겠구나.
③ TV 화장품 광고에 영화배우가 나오더라. 그 사람이 그 광고를 하는 거라면 그 화장품은 최고급이겠지.
④ 그 친구 말로만 오겠다고 하고선 모임에 나오지 않는 걸 보면 우리를 싫어하는 게 분명해.
⑤ 하루 종일 게임만 하는 아이들을 보니, 우리나라의 미래가 암담하군.

정답과 해설

08 제시문은 사람에 대한 호소의 오류이다.

정답 ⑤

| 오답풀이 |
① 무지에 대한 호소의 오류, ② 감정에 대한 호소의 오류, ③ 권위에 대한 호소의 오류, ④ 순환 논증의 오류

09 제시문은 흑백논리의 오류이다.

정답 ⑤

| 오답풀이 |
① 원천 봉쇄의 오류, ② 성급한 일반화의 오류, ③ 감정에 호소하는 오류, ④ 강조의 오류

10 제시문은 흑백논리의 오류이다.

정답 ②

| 오답풀이 |
① 성급한 일반화의 오류, ③ 순환논증의 오류, ④ 원칙혼동의 오류, ⑤ 군중에의 오류

11 제시문에서는 이분법적 사고를 통해 잘못된 판단을 내리고 있다. 같은 오류를 범하고 있는 것은 모임에 오지 않았다고 자신들을 싫어한다는 말하는 ④이다.

정답 ④

| 오답풀이 |
① 인신공격의 오류, ② 잘못된 유추의 오류, ③ 권위에의 호소의 오류, ⑤ 성급한 일반화의 오류

파트 2

실력다지기

▶정답과 해설 23쪽

01~12 제시된 단어들 중에는 서로 관련이 있는 단어가 3개 있다. 이 세 단어들을 공통적으로 적용 · 연상할 수 있는 단어를 고르시오.

01

단군	식물	도시락
우유	바늘	지붕
햇빛	투명	물고기

① 폭탄 ② 수술
③ 낚시 ④ 채소
⑤ 인간

02

장미	정글	빙하
여우	수요일	메뚜기
보아뱀	계산기	인어

① 안데르센 ② 꼬리
③ 모글리 ④ 코끼리
⑤ 생텍쥐페리

03

요정	포도주	탈모
권선징악	방화범	내면
유리구두	면도	조랑말

① 판례 ② 동화
③ 화재 ④ 정신병
⑤ 모자

04

플루트	원고지	이젤
위조	허구	학교
사진	인세	바이올린

① 악기 ② 콘서트
③ 소설 ④ 범죄
⑤ 졸업

05

만년필	최영	사다리
나비	행복	비율
이슬	피로	미다스

① 동전 ② 친구
③ 황금 ④ 계절
⑤ 돈

06

우표	손톱	드라큘라
초상화	늦가을	동굴
장미	오르간	초음파

① 영웅 ② 세균
③ 여름 ④ 박쥐
⑤ 피

07

비행기	커피	바나나
아기돼지	밤	도토리
딸기	금연	백설공주

① 동화 ② 카페
③ 자매 ④ 형제
⑤ 휴지

08

이명	주사위	지휘자
달팽이	풀잎	빗방울
여름	고흐	무지개

① 눈 ② 얼굴
③ 귀 ④ 머리카락
⑤ 이슬

09

소문	콩	팥
달걀	진심	마늘
소복	기도	간장

① 망토 ② 귀신
③ 풍선 ④ 김치
⑤ 무덤

10

변신	바람	눈(雪)
원숭이	개미	영국
로마	개	골목

① 카멜레온 ② 여왕
③ 신하 ④ 조롱
⑤ 그림자

11

입술	눈썹	빨판
와인 창고	축	책
서점	연체 동물	산

① 갈매기 ② 안경
③ 오징어 ④ 포도주
⑤ 도서관

12

여우	버터	향기
젖소	향수	경부선
텀블러	연어	드레싱

① 우유 ② 샐러드
③ 냄새 ④ 고향
⑤ 여행

13~24 첫 번째 쌍의 낱말들의 관계와 두 번째 쌍의 낱말들의 관계가 같아지도록 ( ) 안에 들어갈 가장 적당한 낱말을 고르시오.

13

어림 : 짐작=( ) : 목적

① 수단 ② 계획 ③ 의도
④ 수습 ⑤ 선도

14

컴퓨터 : 노트북 = 빵 : ( )

① 떡 ② 밀가루 ③ 음식
④ 바게트 ⑤ 술

15

침착하다 : 차분하다 = 비난하다 : ( )

① 힐난하다 ② 칭찬하다 ③ 장난치다
④ 자랑하다 ⑤ 섬기다

16

입문 : 초보 = 슬기 : ( )

① 그리움 ② 유식 ③ 무능
④ 재미 ⑤ 지혜

17 젤리 : (　　　) = 초콜릿 : 카카오

① 도라지 ② 젤라틴 ③ 고무
④ 휘발유 ⑤ 모래

18 팀장 : 사원 = 선배 : (　　　)

① 선생 ② 학생 ③ 상급자
④ 후배 ⑤ 친구

19 일주일 : 한 달 = 영토 : (　　　)

① 국가 ② 영해 ③ 군인
④ 국토 ⑤ 주권

20 추리 : 유추 = (　　　) : 노여움

① 희열 ② 환희 ③ 분노
④ 희노애락 ⑤ 슬픔

21

고유어 : 외래어 = (　　　) : (　　　)

① 막다 : 저지하다　② 답답하다 : 따분하다　③ 정복하다 : 차지하다
④ 폭로하다 : 밝히다　⑤ 가파르다 : 완만하다

22

조심조심 : 살금살금 = (　　　) : (　　　)

① 점잖다 : 경망스럽다　② 느릿느릿 : 빠릿빠릿
③ 우물쭈물 : 머뭇머뭇　④ 달보드레하다 : 씁쓰름하다
⑤ 경건하다 : 산만하다

23

호랑이 : (　　　) = (　　　) : 잔나비

① 고양이, 나비　② 토끼, 말　③ 범, 원숭이
④ 호랑나비, 망아지　⑤ 송아지, 고슴도치

24

참신 : 진부 = (　　　) : (　　　)

① 진화, 퇴화　② 진화, 발전　③ 수수, 퇴화
④ 도태, 퇴화　⑤ 성장, 발전

25~27 다음에 제시된 단어의 관계를 파악하여 빈칸의 알맞은 단어를 고르시오.

25

다리

마포 성산 동호 ( )

① 청담 ② 진도 ③ 영도
④ 광안 ⑤ 동백

26

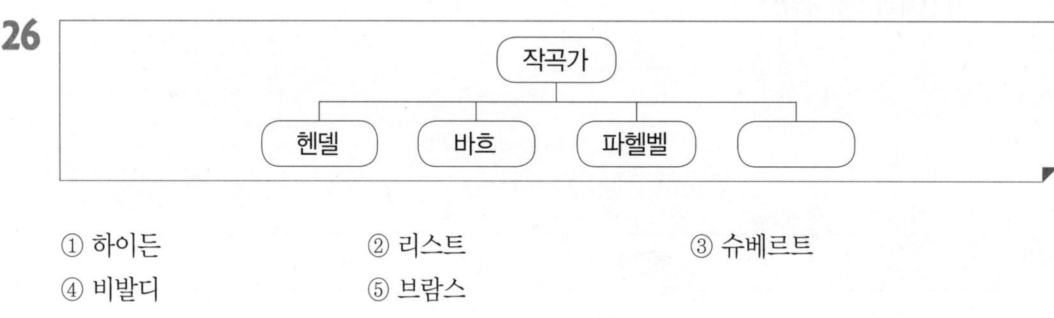

① 하이든 ② 리스트 ③ 슈베르트
④ 비발디 ⑤ 브람스

27

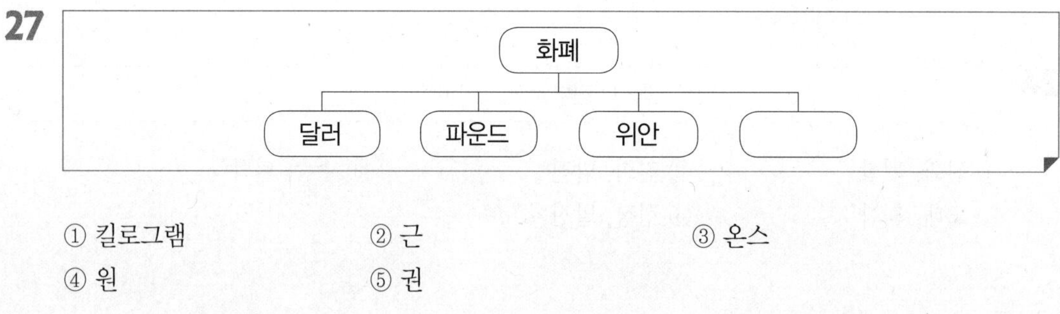

① 킬로그램 ② 근 ③ 온스
④ 원 ⑤ 권

28~31 다음 문장을 읽고 밑줄 친 부분에 들어갈 알맞은 것을 고르시오.

28

- 진달래를 좋아하는 사람은 감성적이다.
- 백합을 좋아하는 사람은 보라색을 좋아하지 않는다.
- 감성적인 사람은 보라색을 좋아한다.
- 그러므로 ____________________

① 감성적인 사람은 백합을 좋아한다.
② 백합을 좋아하는 사람은 감성적이다.
③ 진달래를 좋아하는 사람은 보라색을 좋아한다.
④ 보라색을 좋아하는 사람은 감성적이다.
⑤ 보라색을 좋아하는 사람은 백합을 좋아한다.

29

- 비행기 티켓을 예매하면 여행가방을 경품으로 받을 것이다.
- 태국으로 여행을 가면 연예인을 만날 수 있을 것이다.
- ____________________
- 그러므로 연예인을 만날 수 없다면 비행기 티켓을 예매하지 않을 것이다.

① 비행기 티켓을 예매하면 태국으로 여행을 가지 않을 것이다.
② 연예인을 만나면 여행가방을 경품으로 받지 않을 것이다.
③ 태국으로 여행을 가지 않는다면 여행가방을 경품으로 받지 않을 것이다.
④ 비행기 티켓을 예매하지 않으면 연예인을 만날 것이다.
⑤ 연예인을 만날 수 없으면 태국으로 가지 않을 것이다.

30

- 초밥을 좋아하는 사람은 외식을 자주 한다.
- 자신의 직업에 만족하는 사람은 돈을 많이 번다.
- 돈을 많이 버는 사람은 외식을 자주하지 않는다.
- 그러므로 ______________

① 돈을 많이 버는 사람은 초밥을 좋아한다.
② 초밥을 좋아하는 사람은 자신의 직업에 만족하지 않는다.
③ 외식을 자주하는 사람은 자신의 직업에 만족한다.
④ 돈을 많이 버는 사람은 자신의 직업에 만족한다.
⑤ 초밥을 좋아하는 사람은 돈을 많이 번다.

31

- 편식을 하면 손톱이 갈라진다.
- 두부를 좋아하면 힘이 세다.
- 손톱이 갈라지면 힘이 세지 않다.
- 그러므로 ______________

① 힘이 세지 않으면 편식을 한다.
② 손톱이 갈라지면 두부를 좋아한다.
③ 두부를 좋아하면 편식을 하지 않는다.
④ 힘이 세면 두부를 좋아한다.
⑤ 두부를 좋아하면 건강하다.

32~37 다음 예문을 읽고, 예문의 내용에 비추어 각 제시된 명제의 참, 거짓, 알 수 없음을 판단하시오.

32

| 예문 |

- A, B, C, D, E는 서로 키를 쟀다.
- A는 B보다 키가 컸다.
- A와 D는 C보다 키가 크지 않았다.
- E보다 키가 작은 사람은 없었다.

D는 B보다 키가 크다.

① 참 ② 거짓 ③ 알 수 없음.

33

| 예문 |

- A, B, C, D는 4인용 국산 승용차에 함께 타고 있다.
- D는 B의 바로 앞 좌석에 앉아 있다.
- A와 B는 대각선 방향으로 앉아 있다.
- C는 B의 왼쪽 좌석에 앉아 있다.

운전을 하는 사람은 D이다.

① 참 ② 거짓 ③ 알 수 없음.

34

| 예문 |

- A는 비가 오면 신촌에 간다.
- B는 기분이 좋으면 이태원에 간다.
- B는 비가 오지 않으면 기분이 좋다.

A가 기분이 나쁘면 B는 이태원에 간다.

① 참 ② 거짓 ③ 알 수 없음.

35

| 예문 |

- A가 가진 모든 옷의 색깔은 파란색이거나 보라색이다.
- A는 B에게 가끔 자기의 옷을 빌려준다.
- B는 보라색 옷을 즐겨 입는다.
- A는 C에게만 가끔 옷을 빌려 입는다.
- C가 가진 옷 중에 파란색이나 보라색은 없다.

A와 B가 입은 옷의 색깔은 항상 파란색이거나 보라색이다.

① 참 ② 거짓 ③ 알 수 없음.

36

| 예문 |

- 제주도에 가 본 적이 있는 사람은 부산에 가 본 적이 없다.
- 전주에 가 본 적이 있는 사람은 경주에 가 본 적이 없다.
- 경주에 가 본 적이 없는 사람은 제주도에 가 본 적이 있다.

부산에 가 본 적이 있는 사람은 전주에 가 본 적이 없다.

① 참 ② 거짓 ③ 알 수 없음.

37

| 예문 |

- A~F는 원형 테이블에 앉아 식사를 한다.
- A는 B의 오른쪽 옆자리에 앉는다.
- C는 D와 마주 보고 앉는다.
- E는 D의 옆자리에 앉지 않는다.

A의 오른쪽 옆자리에 앉는 사람은 F이다.

① 참 ② 거짓 ③ 알 수 없음.

38~40 다음 예문을 읽고 예문의 내용에 비추어 각 제시된 명제의 참, 거짓, 알 수 없음을 판단하시오.

| 예문 |

- 인기가 많지 않은 직원은 인사성이 좋지 않다.
- 창의력이 좋은 직원은 인기가 많지 않다.
- 기획부 직원이 아닌 직원은 창의력이 좋다.
- 순발력이 좋지 않은 직원은 인사성이 좋다.
- 순발력이 좋은 직원은 판단력이 좋다.

38 인사성이 좋은 직원은 창의력이 좋지 않다.

① 참　　② 거짓　　③ 알 수 없음.

39 인기가 많은 직원은 기획부 직원이 아니다.

① 참　　② 거짓　　③ 알 수 없음.

40 창의력이 좋은 직원은 판단력이 좋다.

① 참　　② 거짓　　③ 알 수 없음.

41~43 다음 예문을 읽고 예문의 내용에 비추어 각 제시된 명제의 참, 거짓, 알 수 없음을 판단하시오.

| 예문 |

- A~E는 미술시간에 필요한 재료를 각자 하나씩 준비해 오기로 하였다.
- 미술시간에 필요한 재료는 색종이, 한지, 철사, 찰흙, 물감이다.
- D는 물감을 가지고 오기로 했다.
- C는 찰흙을 가져 오기로 하지 않았다.
- A와 B 가운데 한 명은 반드시 색종이를 가지고 오기로 했다.

41 E는 한지를 가지고 오지 않는다.

① 참　　② 거짓　　③ 알 수 없음.

42 C가 한지를, E가 철사를 가지고 오기로 했다면 B가 가져올 것은 색종이다.

① 참　　② 거짓　　③ 알 수 없음.

43 A가 철사를 가지고 오기로 했다면 C의 준비물은 찰흙이 된다.

① 참　　② 거짓　　③ 알 수 없음.

44~46 다음 예문을 읽고 예문의 내용에 비추어 각 제시된 명제의 참, 거짓, 알 수 없음을 판단하시오.

| 예문 |

- A, B, C, D, E는 상의와 하의의 색깔을 다르게 입고 있으며, 상 · 하의를 같은 색깔로 입은 사람은 없다.
- 4명 중 절반씩은 각각 파란색 상의와 노란색 상의를, 나머지 1명은 빨간색 상의를 입고 있다.
- 파란색 하의를 입고 있는 사람은 2명, 빨간색 하의를 입고 있는 사람은 2명, 노란색 하의를 입고 있는 사람은 1명이다.
- A는 노란색을 싫어하여 입지 않으며, 파란색 상의를 입고 있지 않다.
- 노란색 하의를 입고 있는 사람은 B이다.
- C와 D는 같은 색의 상의를 입고 있다.

44 C가 입은 상의의 색깔은 노란색이다.

① 참 ② 거짓 ③ 알 수 없음.

45 E가 입은 하의의 색깔은 빨간색이다.

① 참 ② 거짓 ③ 알 수 없음.

46 D는 파란색 하의를 입고 있다.

① 참 ② 거짓 ③ 알 수 없음.

47~49 **다음 예문을 읽고 예문의 내용에 비추어 각 제시된 명제의 참, 거짓, 알 수 없음을 판단하시오.**

| 예문 |

- 매일 아침 이를 닦는 사람은 청결한 것을 좋아한다.
- 담배를 피우는 사람은 술을 좋아하고 매일 아침 이를 닦는다.
- 청결한 것을 좋아하는 사람은 매일 세탁을 한다.
- 매일 아침 이를 닦지 않는 사람은 술을 좋아하지 않는다.

47 술을 좋아하는 사람은 청결한 것을 좋아한다.

① 참 ② 거짓 ③ 알 수 없음.

48 담배를 피우는 사람은 매일 세탁을 한다.

① 참 ② 거짓 ③ 알 수 없음.

49 청결한 것을 좋아하는 사람은 담배를 피우지 않는다.

① 참 ② 거짓 ③ 알 수 없음.

50~52 다음 예문을 읽고 예문의 내용에 비추어 각 제시된 명제의 참, 거짓, 알 수 없음을 판단하시오.

| 예문 |

- F고등학교 출신인 A~D 4명은 동창회장에 도착하는 순서에 따라 자리를 배정하였는데, 어느 누구도 동시에 도착하지 않았다.
- A~D는 변호사, 의사, 시인, 교사 중 한 사람이고, 서로 다른 직업을 가졌다.
- A는 교사이고, D는 변호사이다.
- A는 시인보다 빨리 도착하였으나, 1등으로 도착한 것은 아니다.
- 변호사는 시인과 의사 사이에 도착하였다.
- B가 가장 늦게 도착하였다.

50 C는 의사이다.

① 참　　② 거짓　　③ 알 수 없음.

51 변호사는 3등으로 도착하였다.

① 참　　② 거짓　　③ 알 수 없음.

52 1등으로 도착한 사람을 알 수 없다.

① 참　　② 거짓　　③ 알 수 없음.

53~55 **다음 예문을 읽고 예문의 내용에 비추어 각 제시된 명제의 참, 거짓, 알 수 없음을 판단하시오.**

| 예문 |

- 어떤 바나나는 노란색이다.
- 모든 딸기는 빨간색이다.
- 노란색인 과일은 잘 익은 과일이다.
- 어머니가 사온 과일은 노란색이다.

53 어떤 바나나는 잘 익었다.

① 참 ② 거짓 ③ 알 수 없음.

54 빨간색이 아닌 과일은 딸기가 아니다.

① 참 ② 거짓 ③ 알 수 없음.

55 어머니가 사온 과일은 바나나이다.

① 참 ② 거짓 ③ 알 수 없음.

56~58 다음 예문을 읽고 예문의 내용에 비추어 각 제시된 명제의 참, 거짓, 알 수 없음을 판단하시오.

| 예문 |

- A~F는 현재 운동장, 집, 도서관에 있다.
- A는 운동장에 있고, B는 집에 있다.
- C는 D와 함께 있다.
- 집에 있는 사람은 2명이다.
- 도서관에 있는 사람은 1명뿐이다.

56 D는 도서관에 있다.

① 참　② 거짓　③ 알 수 없음.

57 E가 도서관에 있다면 F는 집에 있다.

① 참　② 거짓　③ 알 수 없음.

58 운동장에 있는 사람은 A, C, D이다.

① 참　② 거짓　③ 알 수 없음.

59~61 다음 글이 범하고 있는 오류를 고르시오.

59

다해는 무단 횡단을 하였는데, 지나가던 차가 다해를 피하기 위해 방향을 틀다가 사람을 치어 두 명 죽게 했다. 고로 다해는 살인자이다.

① 의도확대의 오류 ② 논점 일탈의 오류 ③ 애매문의 오류
④ 순환 논증의 오류 ⑤ 흑백논리의 오류

60

김 사원 : 아! 오늘 진상고객 정말 많다.
박 사원 : 나도 봤어. 번호표 한참 지났는데 먼저 업무 처리 해달라고 소리치던 고객이지?
김 사원 : 맞아. 지금 생각해 보니 올 때마다 진상을 부린 것 같다.
박 사원 : 그 사람은 어디서든 진상을 부릴 것이 틀림없어.

① 성급한 일반화의 오류 ② 해석의 오류 ③ 과대 해석의 오류
④ 무지에의 호소 ⑤ 인신공격의 오류

61

희주 : 태식이는 참 정직한 녀석이야. 자기가 직접 그렇게 말했어. 그 정직한 애가 거짓말할 리가 없지 않겠니?

① 순환논증의 오류 ② 논점 일탈의 오류 ③ 동정심에 호소하는 오류
④ 복합질문의 오류 ⑤ 발생학적 오류

62~63 다음 글과 같은 논리적 오류를 범하고 있는 것을 고르시오.

62

> 미미는 좋은 사람이다. 왜냐하면 많은 사람들이 미미를 좋아하기 때문이다.

① 세상에서 이 TV가 가장 성능이 좋을 거야. 왜냐하면 이 TV는 최고 성능의 부품들로 만들어졌거든.
② 영민이의 아버지가 축구 국가 대표 출신이래. 분명 영민이도 축구를 잘할 거야.
③ 국민 5명당 1명이 이 영화를 보았대. 따라서 이 영화가 올해 최고의 영화라고 할 수 있지.
④ 미선이는 일류 대학에 들어갈 수 있어. 작년에 그녀의 학교가 일류 대학에 가장 많은 합격자를 배출했으니까.
⑤ 컴퓨터와 사람은 유사한 점이 많아. 그러니 컴퓨터도 사람처럼 감정을 느낄 거야.

63

> 아침에 안경 쓴 남자를 보면 그 날은 영락없이 재수가 없더라. 오늘 아침에도 안경 쓴 남자를 보았으니 재수가 없는 하루가 될 거야.

① 내가 아무리 잘못했다손 치더라도 넌 내 친구니까 내 편이어야 한다.
② 너는 좋아하는 운동이 하나도 없어? 어쩌면 그럴 수가 있어. 너처럼 운동을 싫어하는 사람은 아마 없을 거야.
③ 소풍 갈 때마다 비가 왔다. 그러므로 올해도 소풍 갈 때 비가 올 것이다.
④ 친구를 뒤에서 흉보면 안 된다. 그러므로 친구 아닌 다른 사람은 뒤에서 흉보아도 된다.
⑤ 그를 이번에 합격시켜요. 그에게는 연로하신 부모가 있어요.

64~65 다음 글의 밑줄과 같은 형태의 오류를 범하고 있는 것을 고르시오.

64

신라의 옛 기록에 의하면, 가야국의 가실왕이 당나라의 악기를 보고 가야금을 만들었다. 왕이 "여러 나라의 방언이 서로 다른데 어찌 음악이 같을 수 있겠는가?"하며 악사 우륵(于勒)에게 명하여 열두 곡을 만들게 하였다.

나중에 그 나라가 혼란에 빠지자 우륵은 악기를 들고 신라 진흥왕에게 투항하였다. 왕은 우륵을 맞아들이고, 계고, 법지, 만덕 세 사람으로 하여금 우륵의 음악을 전수받게 하였다. 세 사람이 그 음악을 다 배운 후 서로 의논하기를 "이 음악은 번거롭고 거칠어 아정(雅正)하지 못하다." 하고, 이를 줄여 다섯 곡으로 만들었다.

우륵이 이를 듣고 크게 화를 내었으나, 다섯 곡의 음악을 다 듣고 나서는 감탄의 눈물을 흘리며, "재미있으되 저속하지 않고, 슬프되 비통하지 않으니 가히 올바른 음악이다. 그러니 왕께 나아가 연주하여라."라고 하였다. 왕이 음악을 듣고 크게 기뻐하자 "가야는 망한 나라인데 그 나라의 음악을 취하는 것은 온당치 못한 일입니다."라고 신하들이 간언하였다. 그러자 왕은 "왕이 나라를 잘못 다스려 망한 것이지 음악이 무슨 죄인가?"하며 이 음악을 취하여 신라의 궁중 음악으로 삼았다.

① 내가 어제 갈비를 먹다가 이가 부러질 뻔 했어. 그러니 너희들은 절대로 갈비를 먹어서는 안 돼. 잘못하면 이가 부러진다.

② 구름은 수증기의 응결체라고 한다. 그런데 원래 수증기의 입자는 너무 작아서 눈에 보이지 않는다, 그러므로 구름은 눈에 보이지 않는다.

③ 그가 발표한 새로운 이론을 믿을 수가 없어요. 그는 이름도 알려지지 않은 후진국에서 온 학자인데 그런 사람이 제대로 된 이론이 뭔지 알기나 하겠습니까?

④ 이 과목의 낙제점을 받으면 저는 졸업을 할 수 없습니다. 그러면 제 어머니께서 얼마나 낙담하시겠습니까? 그러니 선생님, 낙제만은 면하게 해 주세요.

⑤ 신은 존재한다. 왜냐하면 성경에 그렇게 기록되어 있으니까. 그리고 성경의 기록은 모두 진리이다. 그것은 신의 계시이므로.

65

조상으로부터 물려받은 유산이 영광스러운 것인가 수치스러운 것인가 하는 것은 그 유산 자체의 특성이 아니라 그것을 물려받은 자손의 태도일 것이다. 그 유산이 도자기나 뚝배기와 같은 가시적인 물건인 경우에는 이 말이 잘 들어맞지 않는다고 생각할 사람이 있을지 모른다. 도자기나 뚝배기의 경우에는 먼저 그것을 물려받고 난 다음에 그 물건이 영광스러운 것이지 아니면 수치스러운 것인지를 판단하게 될 것이기 때문이다. 도자기는 영광스러운 유산이요, 뚝배기는 수치스러운 유산이라는 식의 생각은 인지상정이 아닌가? 그러나 조금만 깊이 생각해 보면 사정은 그렇지 않다. 여기에서 영광이나 수치는 과연 무엇에 근거를 두고 있는가? 그것은 심미적 가치인가, 아니면 골동품 시장에서의 상품 가치인가? 어느 쪽이든 유산으로서의 도자기나 뚝배기는 단순한 물건이 아니라 그것을 만들었거나 사용한 조상의 정신을 대표하고 있다는 것은 달라지지 않는다.

혼백에 보는 눈이 있어서 만약 조상의 그 유산을 오직 심미적인 가치나 시장 상품 가치로 판단하는 것을 보게 된다면 그 조상은 자손을 잘못 두었다고, 아니 차라리 자손을 잘못 가르쳤다고 스스로 한탄할 것이다.

① 그분은 해외에 오래 살았기 때문에 국내 사정에는 어두울 수밖에 없을 거야.

② 비행기는 기차보다 위험해. 왜냐하면 비행기는 공중에 떠서 움직이기 때문이지.

③ 정부의 모든 기관이 중앙인 서울에 집중되어 있는 한, 지방의 발전은 기대하기 어려워.

④ 제가 이 분야에서 20여 년을 종사했기 때문에 자신 있게 말씀드릴 수 있는 겁니다.

⑤ 그가 그 사업에서 성공하지 못한 것을 보니 결국 그는 사업에 실패하고 말았군.

고시넷

SK 하이닉스 Maintenance/Operator

최신 기출 분석

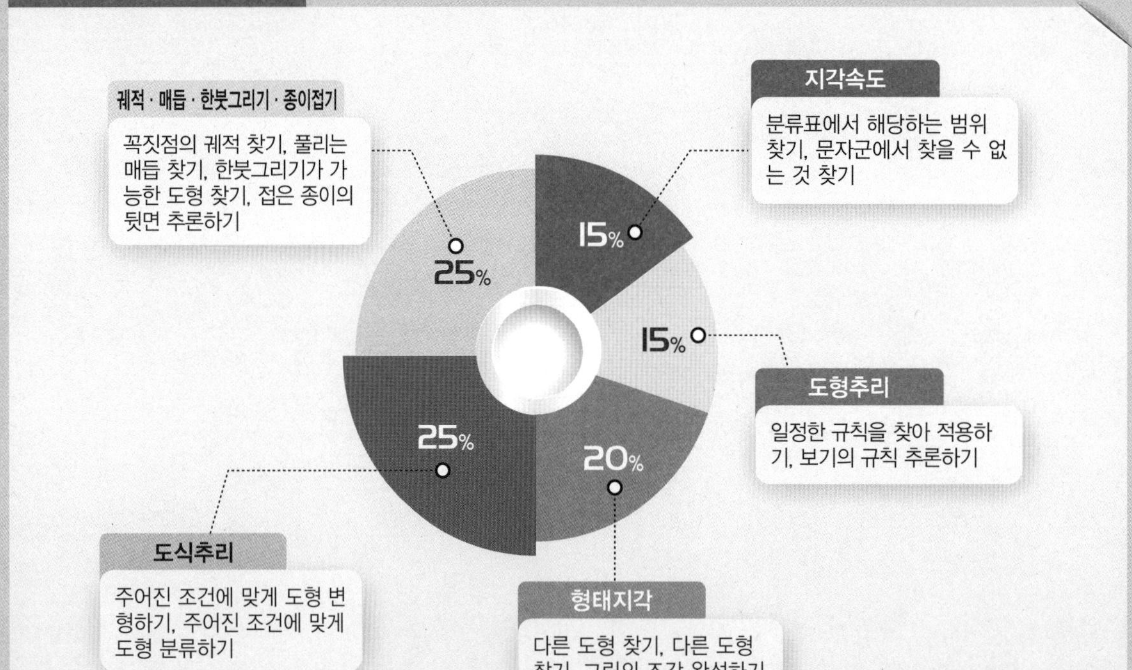

파트 3
유형 C 패턴이해

테마 1 지각속도

테마 2 도형추리

테마 3 형태지각

테마 4 도식추리

테마 5 궤적 · 매듭 · 한붓그리기 · 종이접기

테마 1 지각속도

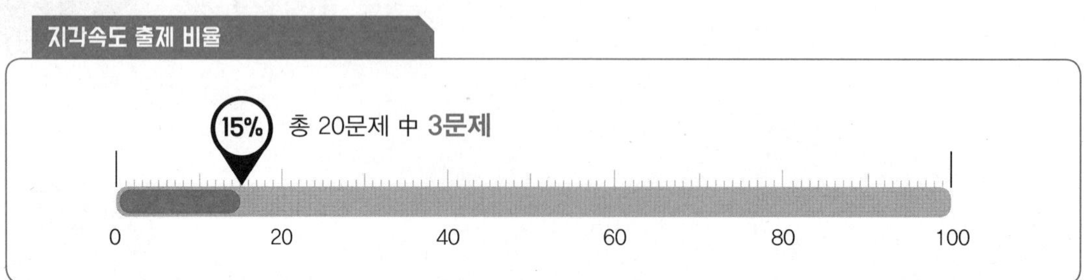

지각속도 핵심 check

- 제시된 자료에서 주어진 조건에 맞는 것을 파악하여 빠르게 답을 찾는 유형이다.
- 말 그대로 지각의 속도 테스트이기 때문에 빠르게 문제를 푸는 연습을 해야 한다.
- 숫자 · 기호 · 문자를 다양하게 활용할 수 있는 실무 처리 능력을 평가한다.
- 비슷한 값의 숫자를 주어 헷갈리게 하는 문제들이 많다. 문제를 정확히 풀기 위해서는 집중력, 인내력, 직독력, 주의력이 필요하다.

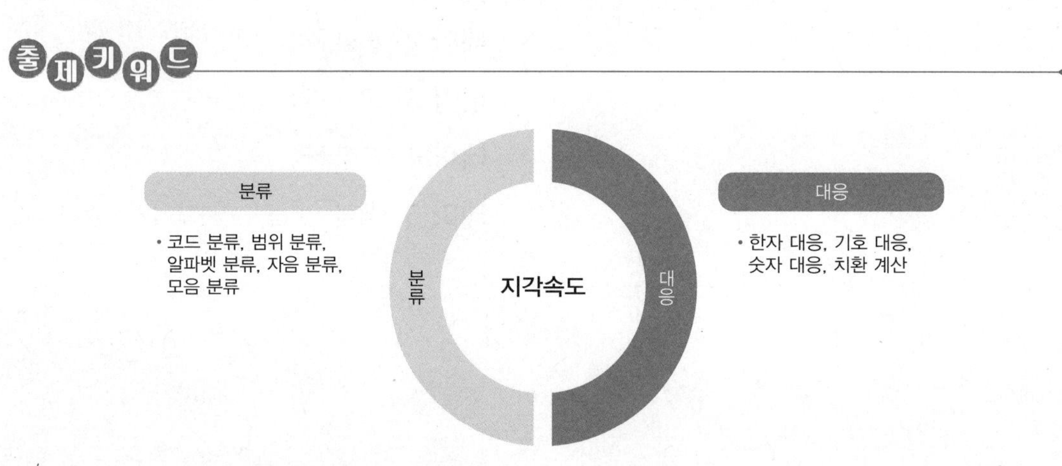

대표예제 분류 · 대응

01 다음의 각 숫자가 제시된 분류표에서 해당되는 범위를 고르시오.

	①	②	③	④	⑤
A	3283	3823	3328	3882	3912
B	4229	4299	4429	4929	4988
C	5883	5838	5833	5888	5972

(01) A3823 **(02)** B4929 **(03)** C5833

| 정답 | (01) ② (02) ④ (03) ③

| 해설 |
알파벳의 위치를 먼저 확인한 후 숫자의 위치를 찾는다.

02 다음의 숫자가 [보기]의 분류표에서 해당되는 범위를 고르시오.

| 보기 |

①	②	③	④	⑤
2000~2817	2818~2899	2900~3001	3002~3342	3343~3677

(01) 2871 **(02)** 3000 **(03)** 3334

| 정답 | (01) ② (02) ③ (03) ④

| 해설 |
왼쪽부터 앞 두 자리씩을 먼저 확인한다.

유형 분석
제시된 숫자가 분류표의 어느 그룹에 해당되는가를 찾는 문항이다.

해결 전략
1. 분류표 A, B, C의 천 단위 수는 같으므로 우선 백 단위를 비교한다.
2. 백 단위가 다르면 그 다음 그룹으로 넘어간다.
3. 백 단위도 같다면 다음으로 십 단위를 비교한다.

03 다음 〈보기〉의 기호, 문자의 대응을 참고하여 좌우의 대응이 같으면 ①을, 틀리면 ②를 고르시오.

| 보기 |

朋=▤ 竹=⊠ 花=◲ 雪=▥ 草=▨
道=▧ 親=◫ 勤=▦ 我=▣ 書=◱

(01) ◫ ▨ ▤ ◱ ⊠ − 親 草 朋 書 竹

① 맞음. ② 틀림.

(02) ▥ ▧ ▦ ◲ ▣ − 雪 道 勤 花 我

① 맞음. ② 틀림.

(03) ◱ ▤ ▥ ▦ ▧ ◲ − 書 朋 雪 竹 道 花

① 맞음. ② 틀림.

| 정답 | (01) ① (02) ① (03) ②

| 해설 |

(03) ◱ ▤ ▥ ▦ ▧ ◲ − 書 朋 雪 勤 道 花

04 다음의 문자군, 문장, 숫자 중에서 왼쪽에 제시된 기호, 문자, 숫자의 개수를 고르시오.

(01) ㎎

㎍㎫㎉㎯㎯ ㎗ ㎎ ㎩ ㎆ ㎮ ㎞ ㎱ ㎎ ㎊ ㎨ ㎳ ㎍ ㎛ ㎂ ㎫ ㎺ ㎮ ㎞
㎛ ㎨ ㎎ ㎎ ㎃ ㎀ ㎚ ㎪ ㎝ ㎠ ㎌ ㎪ ㎪ ㎮ ㎗ ㎎ ㎲ ㎞ ㎫ ㎫ ㎂ ㎰ ㎎
㎉ ㎧

① 4개　② 5개　③ 6개
④ 7개　⑤ 8개

(02) ㅁ

영혼은 아주 미세한 입자들로 구성되어 있기 때문에, 몸의 나머지 구조들과 더 잘 조화를 이룰 수 있다

① 3개　② 4개　③ 5개
④ 6개　⑤ 7개

(03) ⓔ

ⓒⓗⓔⓥⓑⓨⓛⓒⓡⓠⓞⓜⓟⓙⓩⓗⓖⓔⓑⓐⓠⓒⓝⓕⓖⓘ
ⓙⓧⓥⓣⓔⓜⓙⓒⓢⓔⓦⓘⓧⓗⓒⓑⓘⓜⓟⓡⓕⓠⓜⓛⓚ

① 3개　② 4개　③ 5개
④ 6개　⑤ 7개

| 정답 | (01) ③　(02) ③　(03) ②

| 해설 |

(01) ㎍㎫㎉㎯㎯ ㎗ ㎎ ㎩ ㎆ ㎮ ㎞ ㎱ ㎎ ㎊ ㎨ ㎳ ㎍ ㎛ ㎂ ㎫ ㎺ ㎮ ㎞ ㎛ ㎨ ㎎ ㎎ ㎃ ㎀ ㎚ ㎪ ㎝ ㎠ ㎌ ㎪ ㎪ ㎮ ㎗ ㎎ ㎲ ㎞ ㎫ ㎫ ㎂ ㎰ ㎎ ㎉ ㎧

(02) 영혼은 아주 미세한 입자들로 구성되어 있기 때문에, 몸의 나머지 구조들과 더 잘 조화를 이룰 수 있다

(03) ⓒⓗⓔⓥⓑⓨⓛⓒⓡⓠⓞⓜⓟⓙⓩⓗⓖⓔⓑⓐⓠⓒⓝⓕⓖⓘⓙⓧⓥⓣⓔⓜⓙⓒⓢⓔⓦⓘⓧⓗⓒⓑⓘⓜⓟⓡⓕⓠⓜⓛⓚ

테마 1

출제유형문제연습

빠른 풀이 비법

- 일련의 기호, 문자 등을 주어진 조건이나 규칙대로 빠르고 정확하게 분류하는 문항이다.
- 각 문제의 숫자별로 왼쪽부터 앞 두 자리씩을 먼저 비교하면 빨리 답을 찾을 수 있다.

01~03 다음 숫자가 〈보기〉의 분류표에서 해당되는 범위를 고르시오.

01

보기

①	②	③	④	⑤
3154～4239	4240～5873	5874～6329	6330～7850	7851～8310

(01) 5899 **(02)** 4830 **(03)** 4000

(04) 6238 **(05)** 7050 **(06)** 7433

(07) 7948 **(08)** 4200 **(09)** 4139

02

보기

①	②	③	④	⑤
4100～5234	5235～6138	6139～7010	7011～8050	8051～9098

(01) 7863 **(02)** 9011 **(03)** 6150

(04) 6999 **(05)** 5483 **(06)** 8243

(07) 5134 **(08)** 7009 **(09)** 8040

03

보기

	①	②	③	④	⑤
A	4586	4865	4558	4685	4789
B	8118	8181	8811	1881	1890
C	9669	9696	9966	9996	9999
D	1778	1871	1787	1887	1897

(01) B1881 **(02)** C9966 **(03)** A4558

(04) D1897 **(05)** D1871 **(06)** A4685

(07) D1887 **(08)** A4586 **(09)** C9999

04 다음의 〈분류표〉를 참고하여 〈보기〉 중 문자와 숫자의 대응이 바른 것의 개수는?

분류표		
行 - 5	星 - 7	道 - 2
来 - 3	得 - 6	雨 - 8
風 - 1	目 - 4	無 - 9

〈보기〉

ㄱ. 行得星風目－56391

ㄴ. 無行得目星－71685

ㄷ. 風得雨来星－16837

ㄹ. 得雨行無星－28591

ㅁ. 道行雨得風－23178

ㅂ. 風目雨道行－16825

ㅅ. 道風雨無行－21895

ㅇ. 目風道行無－42159

ㅈ. 無風星目来－31849

ㅊ. 星行無来道－75632

① 1 ② 2 ③ 3 ④ 4 ⑤ 5

정답과 해설

01

정답 (01) ③ (02) ② (03) ① (04) ③ (05) ④ (06) ④ (07) ⑤ (08) ① (09) ①

02

정답 (01) ④ (02) ⑤ (03) ③ (04) ③ (05) ② (06) ⑤ (07) ① (08) ③ (09) ④

03

정답 (01) ④ (02) ③ (03) ③ (04) ⑤ (05) ② (06) ④ (07) ④ (08) ① (09) ⑤

04 문자와 숫자의 대응이 바른 것은 'ㄷ'과 'ㅅ'이다.

정답 ②

05 다음 〈분류표〉를 참고할 때, 〈보기〉에서 좌우 대응이 잘못된 것은 모두 몇 개인가?

| 분류표 |

냐	뇨	뉴	녀	냥	뇽	늉	녕	냔	뇬	뉸	냠
△	⊕	×	※	◎	○	―	☆	+	◇	=	≒

| 보기 |

ㄱ. 뇽녕뇨뇬－○☆⊕◇

ㄴ. 녀뉸냔뉴－×≒+⊕

ㄷ. 뇬냐늉녕－◇△－☆

ㄹ. 냥뇨냔늉－◎⊕+－

ㅁ. 뉴냥냐뇽－×◎△○

ㅂ. 늉뉸냥녀－－=○△

ㅅ. 뇨뇬냔뉸－⊕☆+=

ㅇ. 냠녀냐뇬－≒※△◇

ㅈ. 녀뉴늉냥－※×－◎

ㅊ. 녕냥냔뇨－○+⊕×

① 1 ② 2 ③ 3 ④ 4 ⑤ 5

빠른 풀이 비법

가로로 확인하다 길이가 길어 미처 못 보고 지나칠 것 같으면, 길이가 짧은 세로 방향으로 확인하는 것도 빨리 풀 수 있는 방법 중 하나이다.

06 다음 숫자와 문자의 배열에서 왼쪽에 제시된 숫자, 문자의 개수를 고르시오.

(01) L

N	B	Z	A	Q	W	D	R	U	O	E	F	L	F	I	R	B	K	U	N	O
L	G	V	H	J	I	C	W	G	C	Y	H	A	C	E	P	J	Z	C	E	P
I	T	Y	C	Q	K	M	S	X	M	V	D	S	B	M	U	W	N	V	M	S

① 1개 ② 2개 ③ 3개
④ 4개 ⑤ 5개

(02) 217

211	231	212	210	275	276	257	297	291	217	227
214	247	279	216	211	217	231	271	251	237	291
277	237	255	218	274	267	211	217	285	216	271

① 1개 ② 2개 ③ 3개
④ 4개 ⑤ 5개

07 다음 중 좌우가 서로 같은 쌍은 몇 개인지 고르시오.

(01)

㉠ OARVNH－OAPVNH	㉡ 동백꽃－동맥꽃
㉢ 963518197－963518197	㉣ 12131141－12131411
㉤ 교퍄휴져문챠－교파휴져문챠	

① 1 ② 2 ③ 3
④ 4 ⑤ 5

(02)

㉠ TZSWKBOYI－TZCWKBOYI	㉡ 2605842－2065842
㉢ 9789543－9798543	㉣ 가라하타나가파－가라하타나가파
㉤ BFGAWQM－BFGAWQM	

① 1 ② 2 ③ 3
④ 4 ⑤ 5

(03)

㉠ ABHUU－ABHVU	㉡ 훈민정음－훈민정음
㉢ 1928811－1928811	㉣ 교리마스트로－교리마스투로
㉤ QWOASC－QWOASD	

① 1 ② 2 ③ 3
④ 4 ⑤ 5

정답과 해설

05 좌우 대응이 잘못된 것은 (ㄴ), (ㅂ), (ㅅ), (ㅊ)이다.

정답 ④

06

정답 (01) ② (02) ③

07

정답 (01) ① (02) ② (03) ②

08~09 다음의 식의 문자를 〈분류표1〉에서 찾아 〈분류표2〉의 대응하는 수로 치환하여 계산한 값의 마지막 숫자를 고르시오(단, 사칙연산의 규칙에 따른다).

08

| 보기 |

O	Z	C	K
F	A	S	N
Y	P	E	B
D	H	G	U

〈분류표1〉

2	8	13	1
10	0	4	12
5	11	9	6
7	15	3	14

〈분류표2〉

① 1 ② 2 ③ 3 ④ 4 ⑤ 5

(01) S+G+O+B **(02)** Y+E+K+D **(03)** U+Z−P+A

(04) C+S+B+P **(05)** H−N+K+E **(06)** E−S+Y+K

(07) D+H−K+C **(08)** P+E+Z−C **(09)** A+O+H+U

09

| 보기 |

H	Z	U	N
F	V	D	B
A	P	E	S
X	T	C	K

〈분류표1〉

7	14	10	2
15	9	1	4
3	12	6	13
5	8	11	0

〈분류표2〉

① 1 ② 2 ③ 3 ④ 4 ⑤ 5

- 숙지하기 쉬운 몇몇의 알파벳-숫자 쌍을 외우고, 나머지 문자에 대응하는 수를 빨리 찾는다.
- K=0이므로 연산 문자에 K가 있을 경우 소거(무시)한다.
- +, −, ×, ÷ 중 ×, ÷를 우선하여 암산한다.

(01) A+B+K+T **(02)** Z−X+D+S **(03)** E+V−H+B

(04) C−H+F+N **(05)** S−U+T+A **(06)** N+E−X−K

(07) V+C−F−B **(08)** P−D+H+Z **(09)** E+A+U−X

10~11 다음 식을 계산한 값이 〈보기〉의 분류표에서 해당되는 범위를 고르시오(단, 사칙연산의 규칙에 따른다).

10

보기				
①	②	③	④	⑤
15～17	10～14	6～9	3～5	0～2
31～34	28～30	26～27	22～25	18～21

(01) $4+5\times2+9$　　**(02)** $16\div4+8-3$　　**(03)** $11-6+21\div7$

(04) $12+3\times4-5$　　**(05)** $8\times2-5+6$　　**(06)** $9\div3+13-5$

11

보기				
①	②	③	④	⑤
0～3	4～5	6～9	10～12	13～16
17～21	22～26	27～28	29～31	32～34

(01) $6+20\div4-3$　　**(02)** $36\div9-3+14$　　**(03)** $2+11+14\div7$

(04) $13-28\div4+11$　　**(05)** $20+3\times6-8$　　**(06)** $9+4+5\times2$

빠른 풀이 비법

- ×, ÷ 부분을 먼저 계산하여 그 값을 적은 후 나머지 +, − 부분을 암산한다.
- 결과값이 속한 범위의 선택지 그룹을 찾는다.

정답과 해설

08

정답 (01) ⑤ (02) ② (03) ① (04) ④ (05) ③ (06) ① (07) ④ (08) ⑤ (09) ①

09

정답 (01) ⑤ (02) ③ (03) ② (04) ① (05) ④ (06) ③ (07) ① (08) ② (09) ④

10

정답 (01) ④ (02) ③ (03) ③ (04) ⑤ (05) ① (06) ②

11

정답 (01) ③ (02) ⑤ (03) ⑤ (04) ① (05) ④ (06) ②

테마 2 도형추리

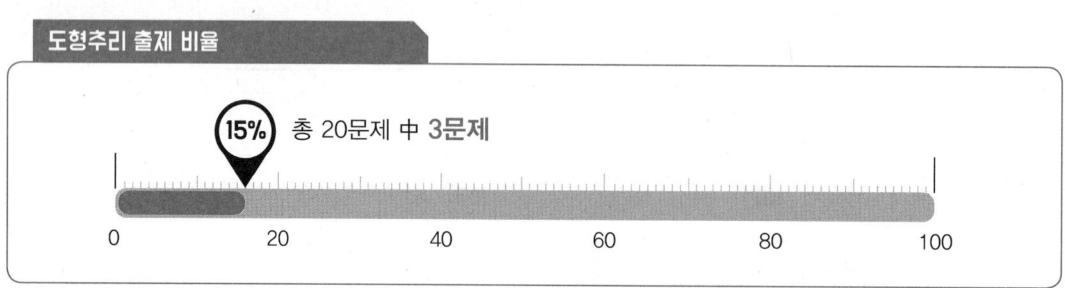

도형추리 핵심 check

- 도형이 변하는 규칙을 추론해 주어진 칸에 들어갈 도형을 찾는 문제가 주로 출제된다.
- 수나 문자, 기호가 아닌 도형 형태로 된 문제에서도 규칙을 추리하고 적용할 수 있어야 한다.
- 어떤 유형이 출제되어도 빠르게 규칙을 파악하는 연습이 필요하다.

출제키워드

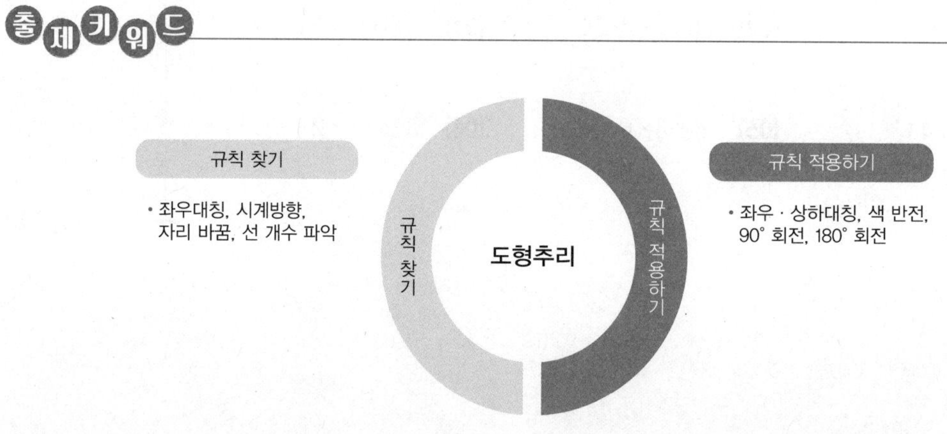

대표예제 도형의 변환

01 다음 규칙을 통해 ?에 들어갈 도형으로 가장 적절한 것은?

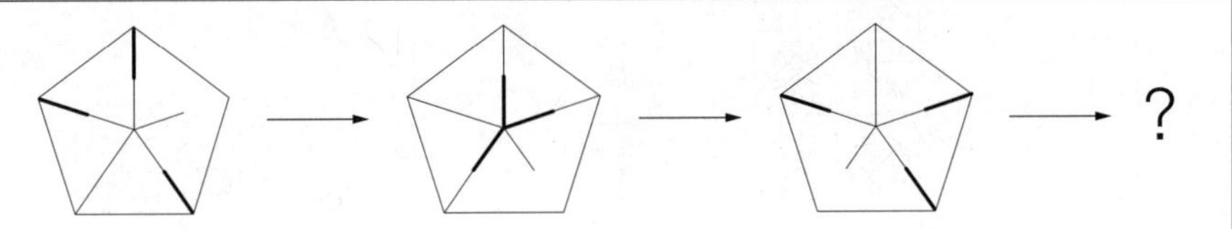

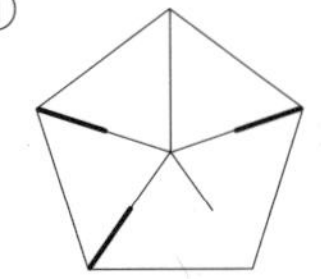

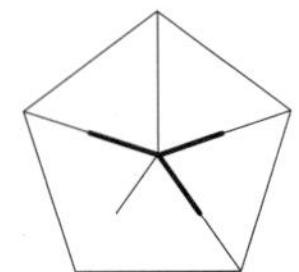

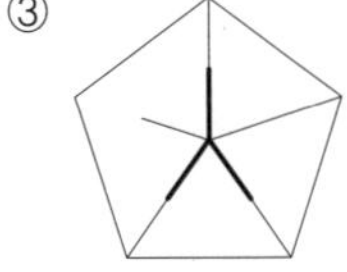

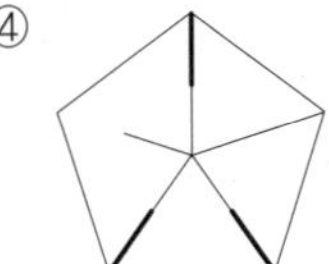

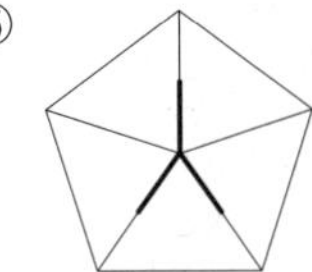

| 정답 | ③

| 해설 |
오각형의 각 꼭짓점과 중점을 이은 4줄의 선이 있고, 짧은 선은 시계방향으로 한 줄씩 돌아가며 나타난다. 또한 세 개의 굵은 선은 시계방향으로 한 줄씩 이동하고 있으며, 꼭짓점으로부터 뻗은 선 → 중점으로부터 뻗은 선 → 꼭짓점으로부터 뻗은 선으로 번갈아 바뀐다. 따라서 ?는 바로 전 도형에서 굵은 선 3줄, 짧은 선 1줄의 위치가 각각 시계방향으로 한 줄씩 이동하고, 굵은 선이 중점으로부터 뻗어 나간 도형이 와야 한다.

유형 분석

해당 도형의 대칭 · 회전 · 색반전 · 선의 이동 등이 이루어지고 규칙에 따라 빈칸에 들어갈 도형을 유추하는 문항이다.

해결 전략

도형이 변화하는 과정뿐만 아니라 도형의 관계를 파악하는 연습도 필요하다.

대표예제

유형 분석

도형의 일정한 변환 규칙을 추론하고 이를 주어진 문제에 적용하여 답을 도출해 내는 문항이다.

해결 전략

1. 규칙이 적용된 방향을 파악한다.
2. 적용된 규칙을 찾아 문제에 대입하여 푼다.

02 다음 [그룹 1~3]의 도형들은 상하좌우로 이동할 때마다 각 방향에 따른 규칙이 적용된다. [그룹 2]의 A, B에 들어갈 알맞은 도형으로 짝지어진 것은?

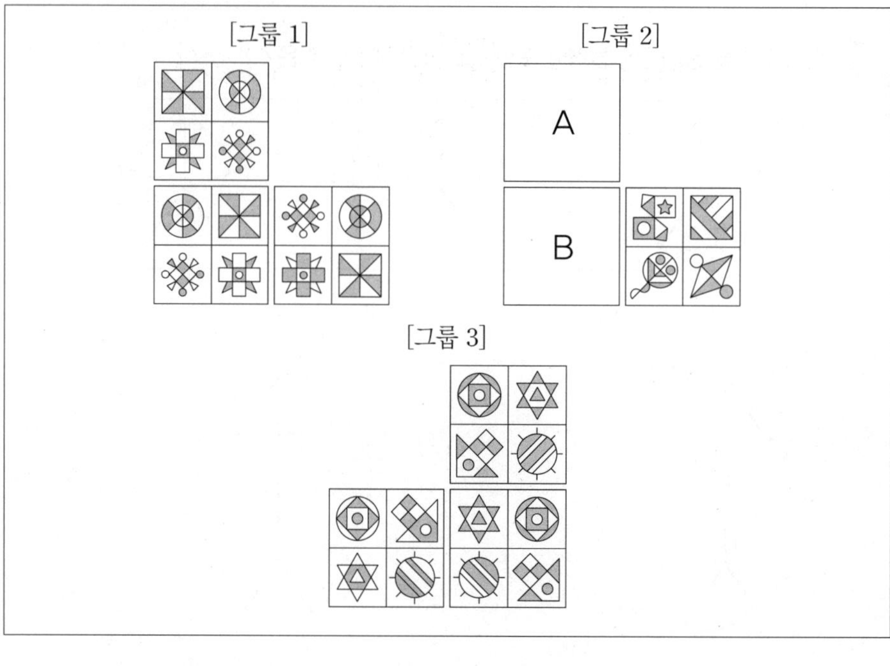

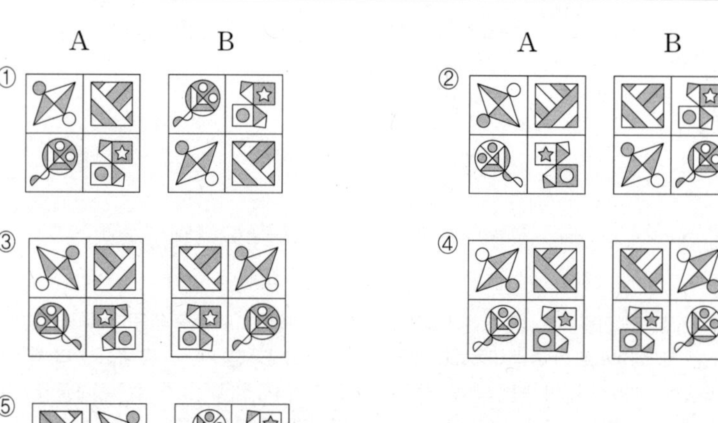

| 정답 | ③

| 해설 |

[그룹 1]과 [그룹 3]의 위에서 아래 방향(⬇)으로의 변화 규칙을 살펴보면 2×2 사각형 전체가 세로축(Y축)을 중심으로 좌우대칭(or 좌우 열간 자리바꿈 ⊞ +각 도형의 좌우대칭) 되었음을 알 수 있다.

[그룹 1] [그룹 3]

또한 왼쪽에서 오른쪽(⇨)으로의 변화 규칙을 살펴보면 2×2 사각형 내에서 각 도형이 시계방향으로 90° 위치 이동(시계방향 1칸 이동)과 함께 색 반전이 이루어졌음을 알 수 있다.

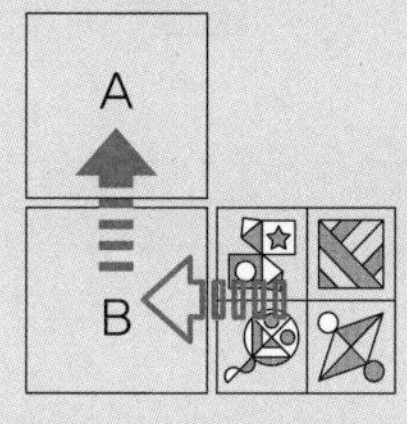

- **상하 규칙**(위 → 아래): 사각형 전체의 좌우대칭(or 좌우칸 자리바꿈+각 도형 좌우대칭)
- **좌우 규칙**(좌 → 우): 각 도형의 위치 시계방향 90° 회전(시계방향 1칸 이동)+색 반전

이러한 규칙을 [그룹2]에 동일하게 적용해 보면 그림에서처럼 B는 가로 규칙의 역방향이고, A는 세로 규칙의 역방향이 된다.

- ⊞ → B(우 → 좌)

:각 도형의 위치 반시계방향 90° 회전+색 반전
(반시계방향 1칸 이동)

- B → A(아래 → 위)

:사각형 전체의 좌우대칭
(or 좌우칸 자리바꿈+각 도형 좌우대칭)

따라서 역방향의 규칙을 [그룹2]에 적용하면 다음과 같다.

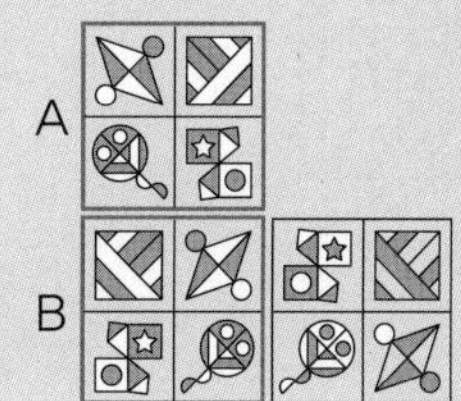

03 다음 규칙에 따라 ?에 들어갈 도형으로 적절한 것은?

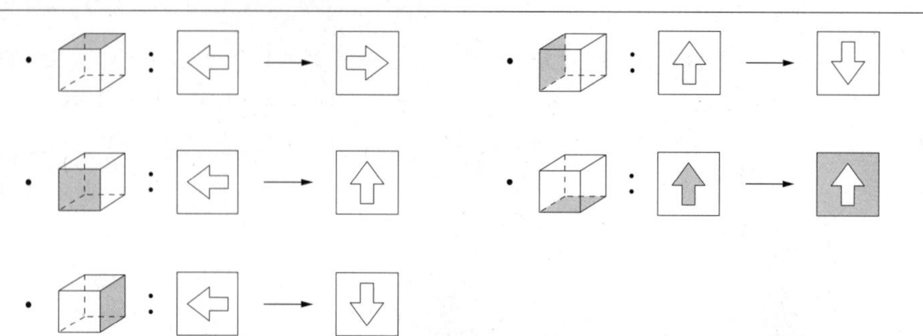

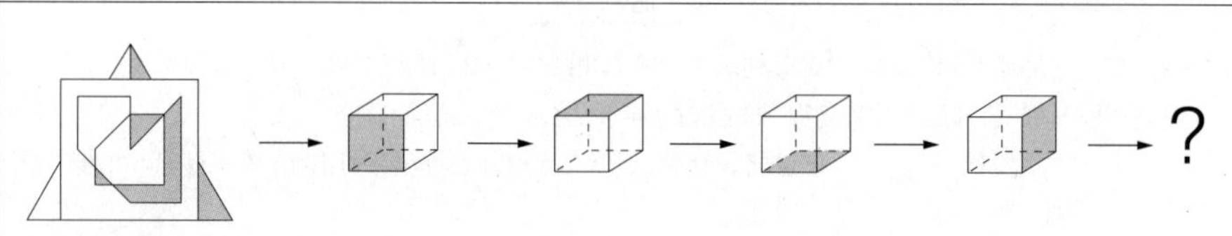

①

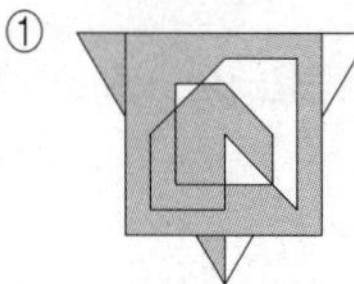

②

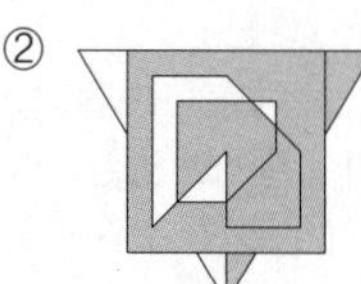

③

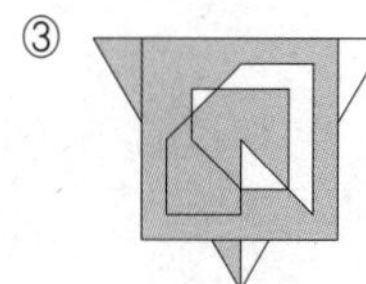

④

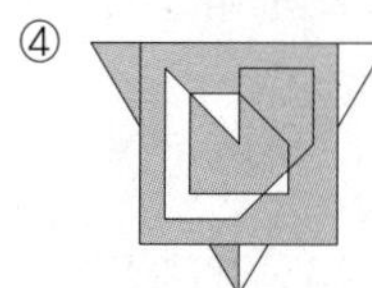

⑤

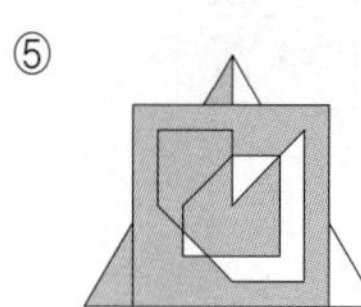

| 정답 | ③

| 해설 |

정육면체의 색이 칠해진 면에 따라 다음과 같은 각각의 규칙이 적용되어 주어진 도형이 변화한다.

- : 좌우대칭
- : 상하대칭
- : 시계방향 90° 회전(90°)
- : 색 반전
- : 반시계방향 90° 회전(−90°)

이를 문제의 도형에 차례로 적용하면 다음과 같다.

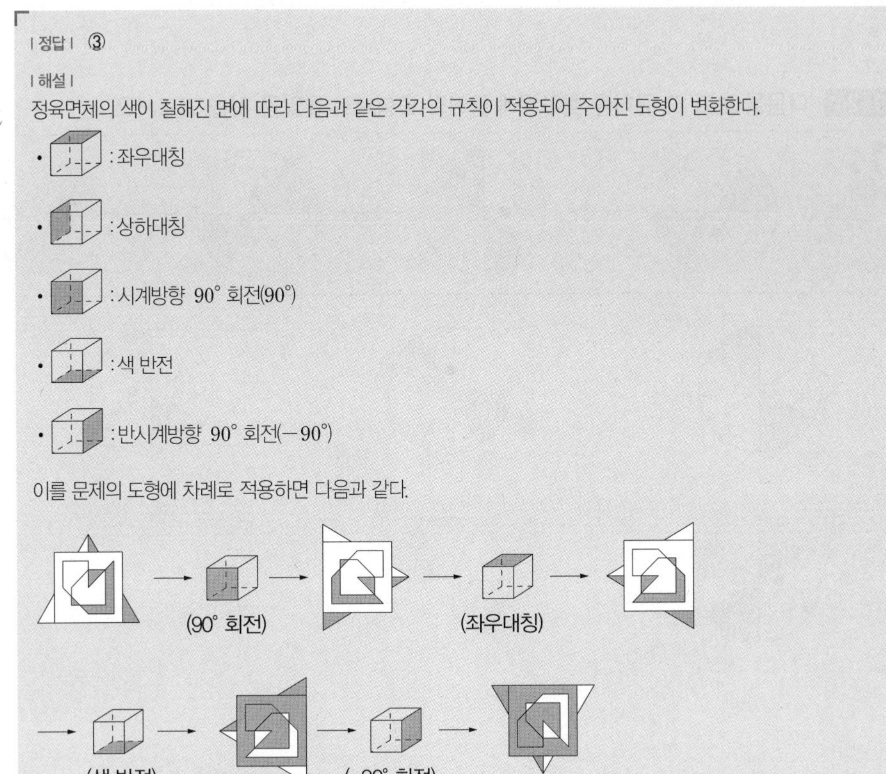

테마 2 출제유형문제연습

여러 형태의 모양을 지닌 도형의 변환 규칙을 제시한 후, 해당 규칙에 따라 최종 도형을 도출해 내는 유형이 출제된다.

01~24 다음을 보고 그 규칙을 찾아 ?에 들어갈 도형으로 알맞은 것을 고르시오.

01

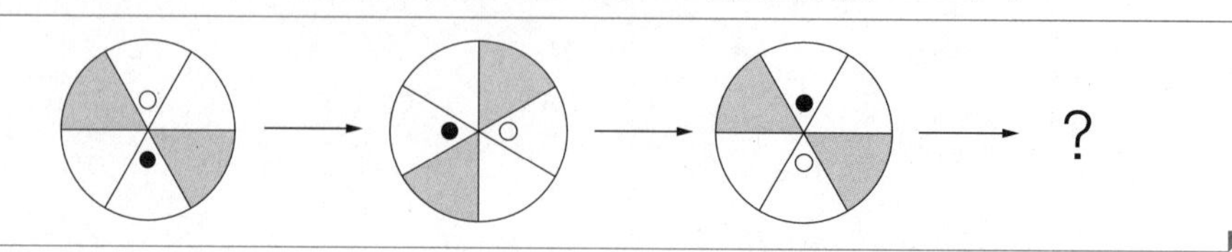

①

② 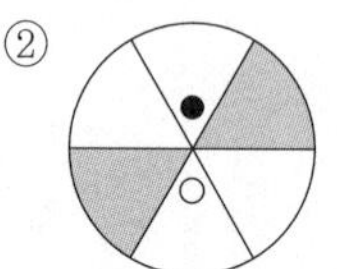

③ 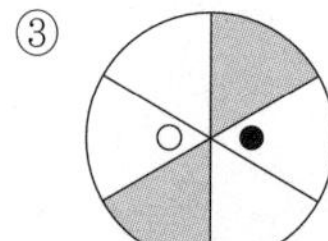

④ 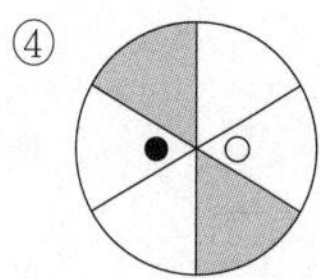

⑤ 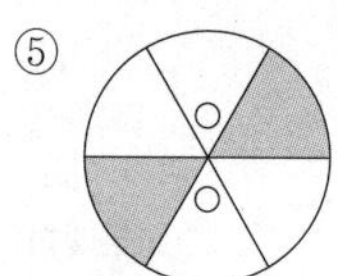

02

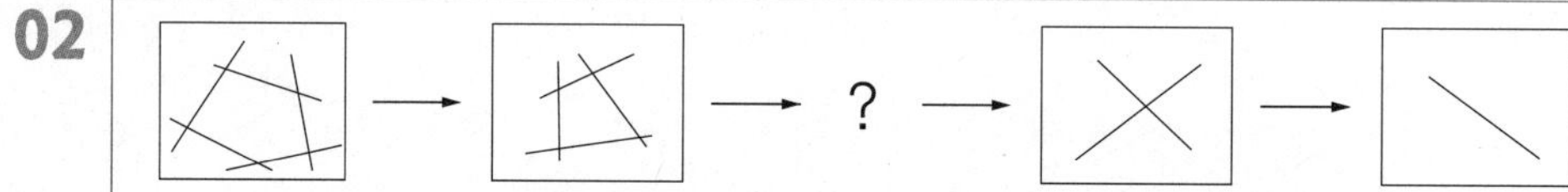

① 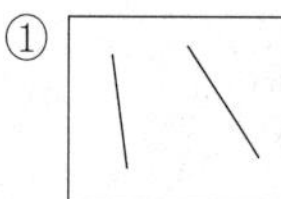

② 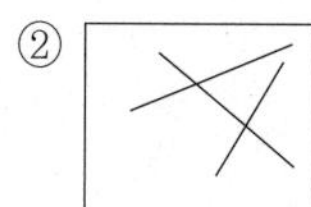

③ 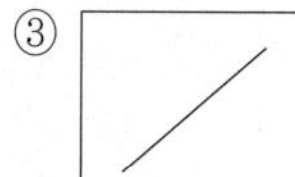

④ 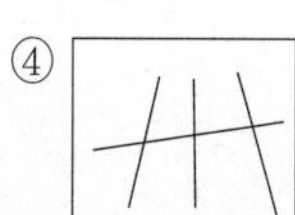

⑤ 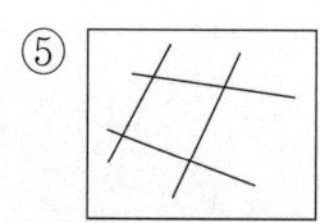

03

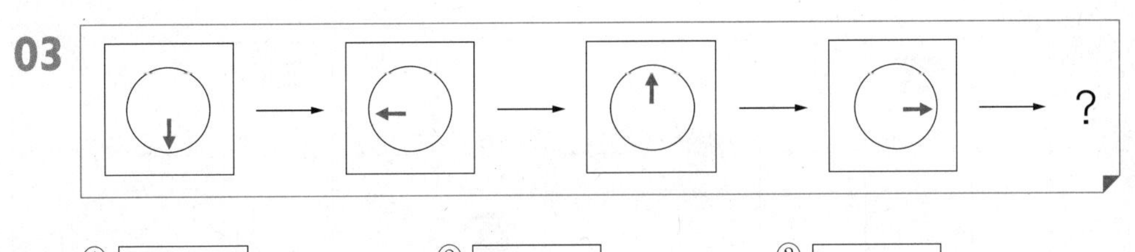

① 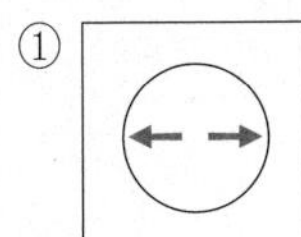
② 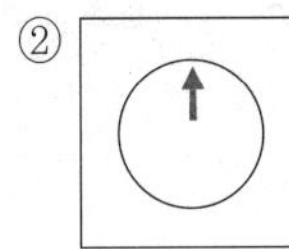
③ 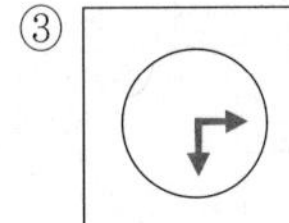

④ 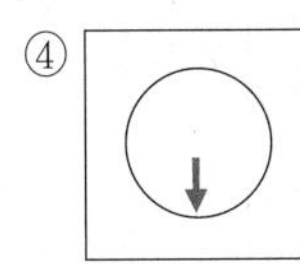
⑤ 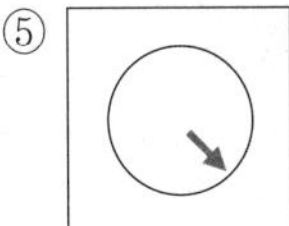

정답과 해설

01 도형 전체가 시계방향으로 90°씩 회전하고 있으므로, ?는 첫 번째 도형에서 시계방향으로 270° 회전한 도형이 와야 한다.

정답 ③

02 네모 안 선의 개수가 5개 → 4개 → ? → 2개 → 1개로 줄어들고 있다.

정답 ②

03 화살표가 시계방향으로 90°씩 회전하고 있다.

정답 ④

빠른 풀이 비법

찾은 규칙을 도형 전체에 적용하기보다는 도형의 특정 부분에만 적용하면 빠르게 풀 수 있다.

04

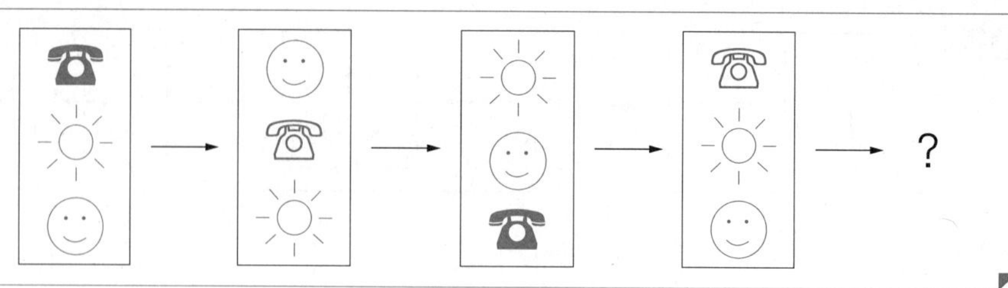

① 

② 

③ 

④ 

⑤ 

05

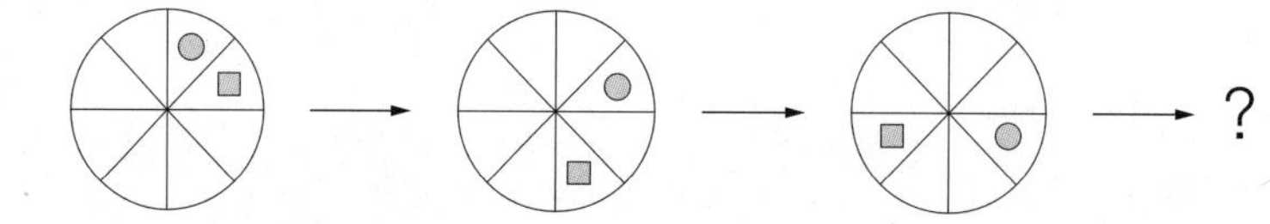

① 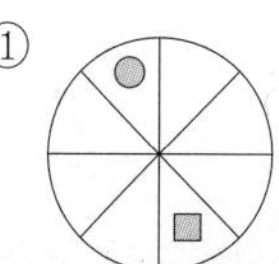

② 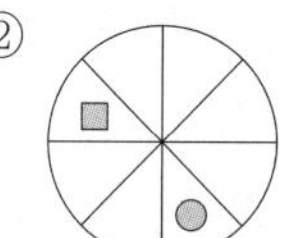

③ 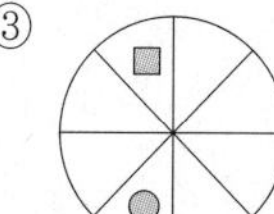

④ 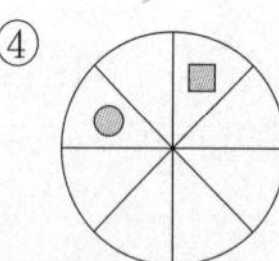

⑤

06

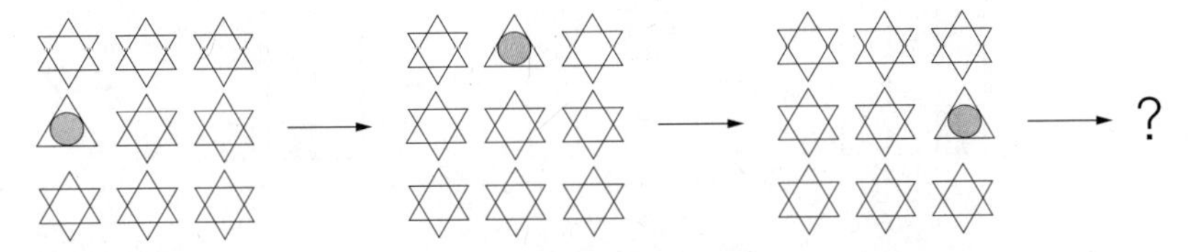

①

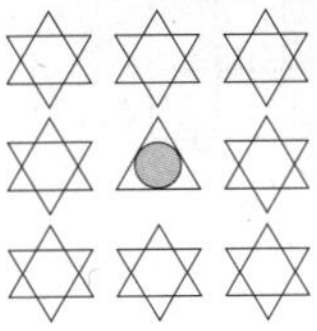

②

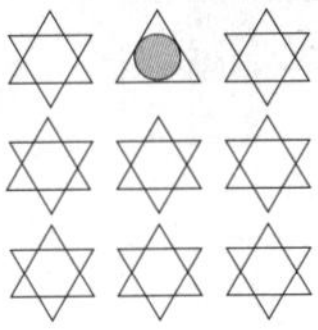

③

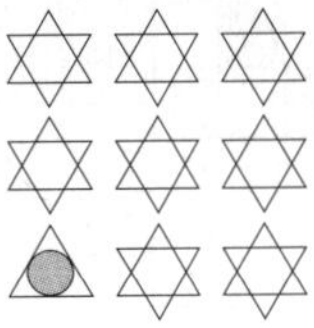

④

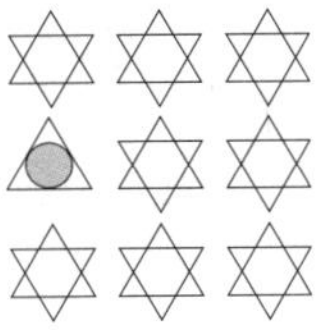

⑤

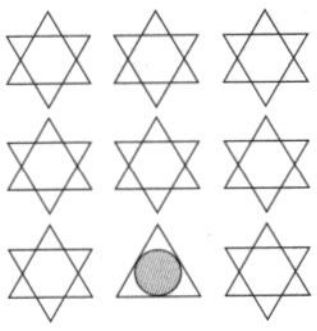

정답과 해설

04 네모 안의 그림들이 각각 한 자리씩 아래로 이동하고, 맨 아래 그림은 맨 위로 올라간다. 이때 전화기 그림은 자리를 이동할 때마다 '흑 → 백 → 흑'으로 색깔 변화를 반복한다.

정답 ①

05 도형 안의 동그라미와 사각형은 모두 시계방향으로 동그라미는 한 칸씩, 사각형은 두 칸씩 움직이고 있다.

정답 ⑤

06 모양이 시계방향으로 두 칸씩 이동하고 있다.

정답 ⑤

07

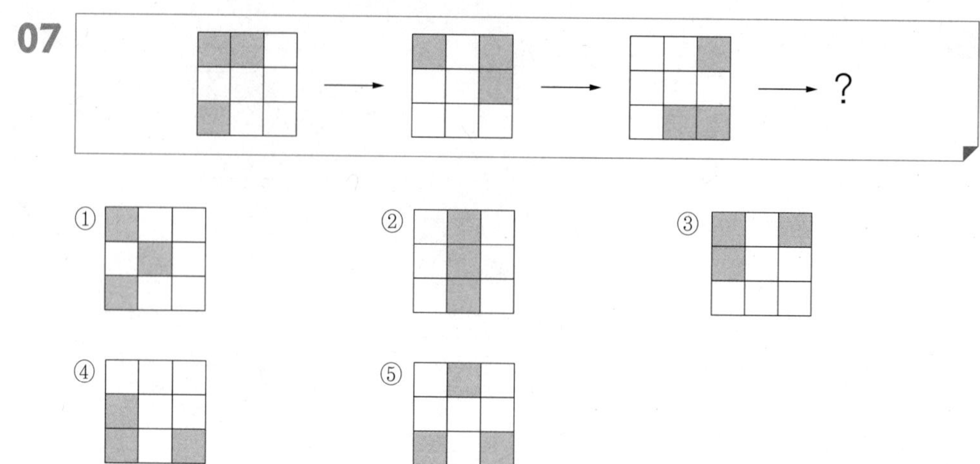

08

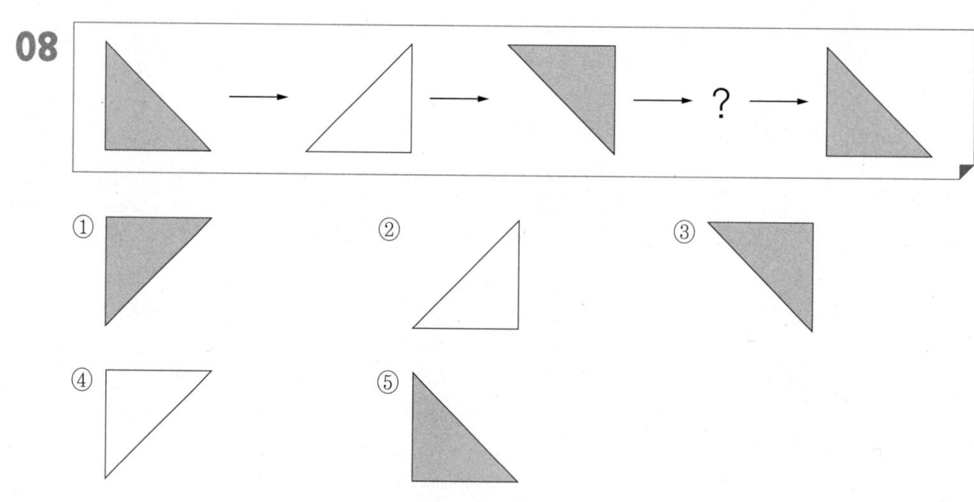

09

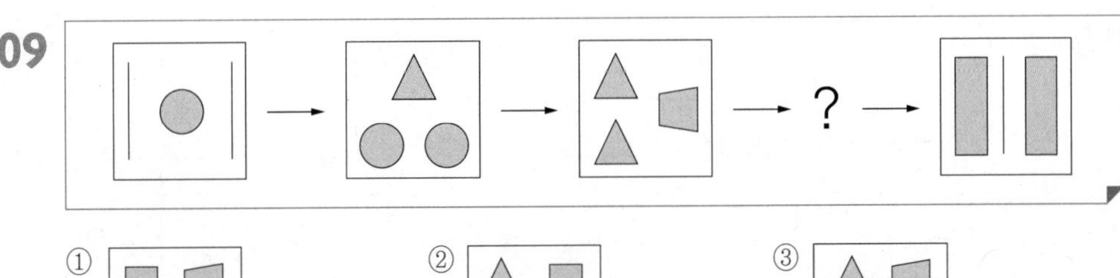

① 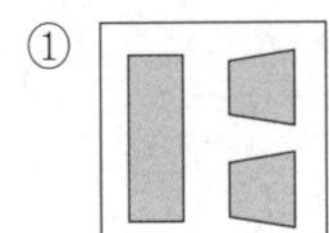 ②  ③ 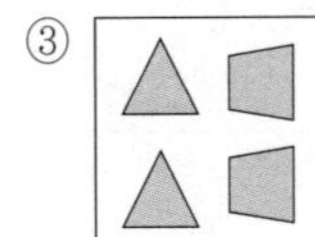

④ 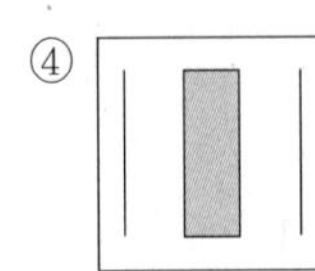 ⑤ 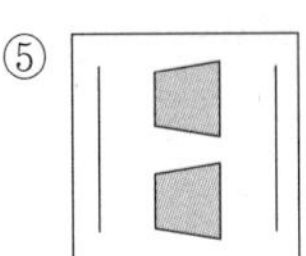

정답과 해설

07 색칠된 부분이 시계방향으로 2칸씩 이동하고 있다.

정답 ④

08 직각이등변삼각형의 직각 부분이 반시계방향으로 이동하고 있다. 또한 색의 변화를 보면 검은색과 흰색이 번갈아 바뀌고 있다. 따라서 ?에 들어갈 직각이등변삼각형의 직각 부분은 왼쪽 위이며 색은 흰색이다.

정답 ④

09 첫 번째 박스에서 하나뿐인 형태가 두 번째 박스에서는 2개가 되며 새로운 형태가 하나 나타난다. 따라서 ?는 사다리꼴이 두 개이고 직사각형이 한 개인 도형이다.

정답 ①

10

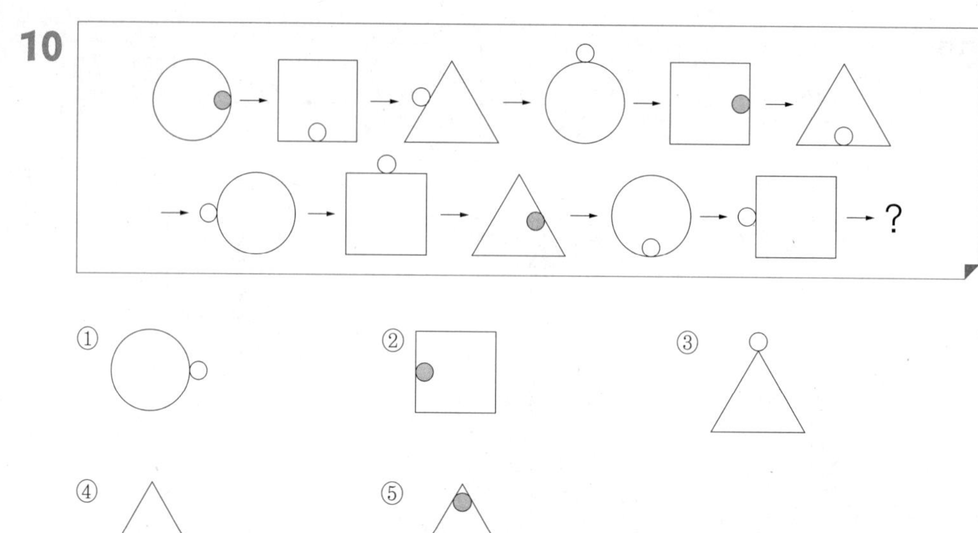

11

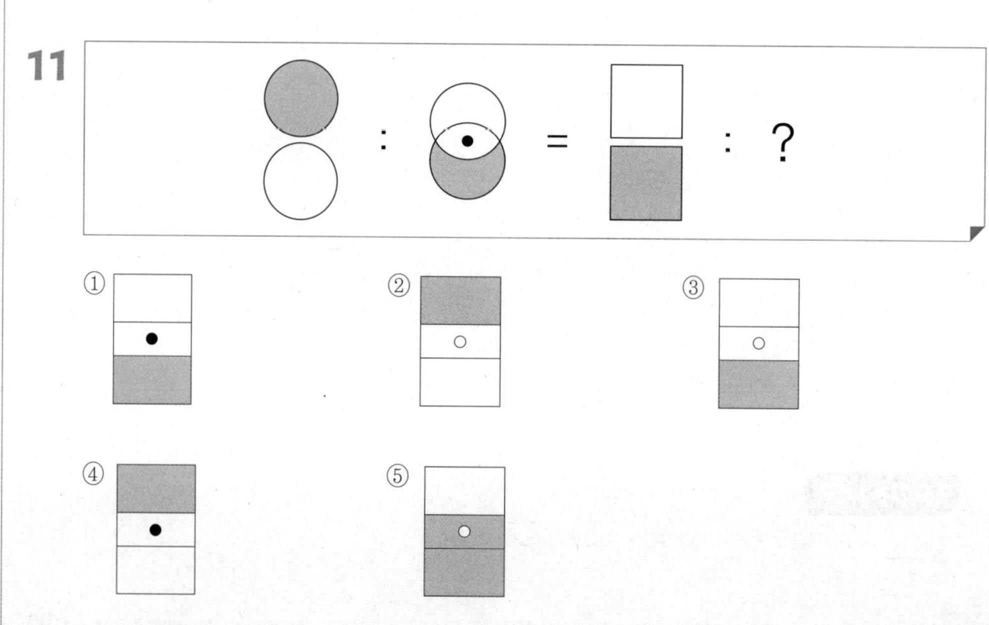

12

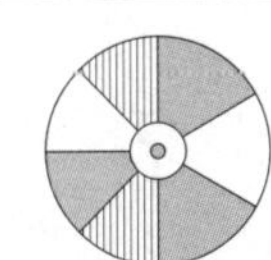 : 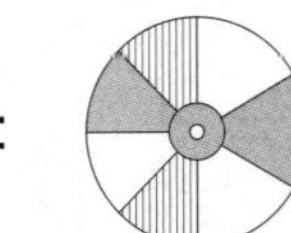 = 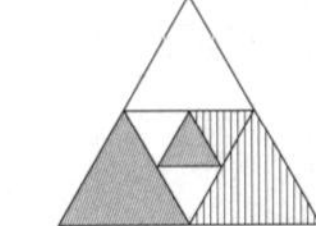 : ?

①
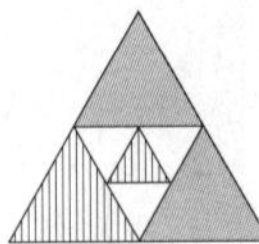

②
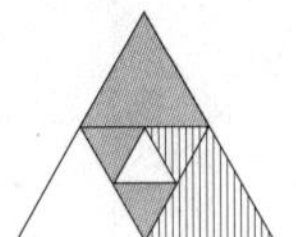

③
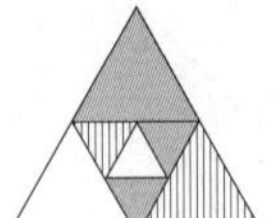

④
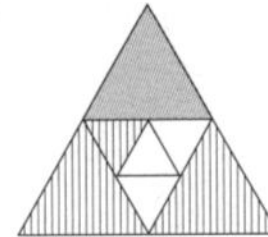

⑤
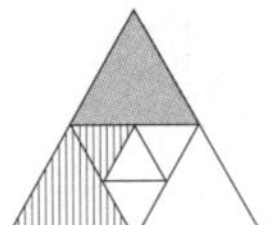

정답과 해설

10 ○ → □ → △ 순서대로 도형이 전개되어 가고 있고 크기가 작은 ○는 시계방향으로 회전하면서 두 번은 도형의 안쪽에 위치하고, 두 번은 바깥쪽에 위치한다. 또한 네 번을 주기로 작은 동그라미의 색깔이 변한다.

정답 ③

11 두 개의 원이 포개지면서 겹치는 부분을 제외한 나머지 부분에서 색 반전이 일어난다. 겹치는 부분에는 흰 바탕에 ●가 생긴다.

정답 ④

12 빗금인 부분은 그대로 있고, 나머지는 색 반전이 되어 있는 것을 찾으면 된다.

정답 ②

13

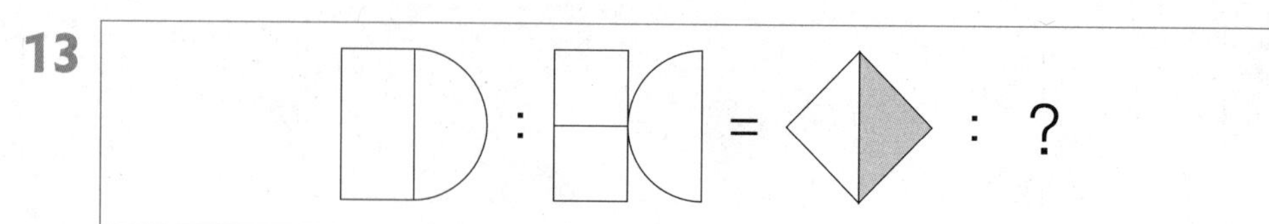

① 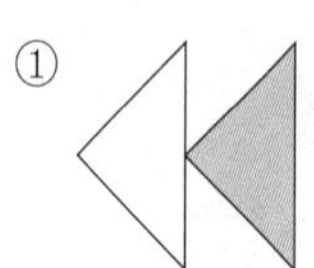

② 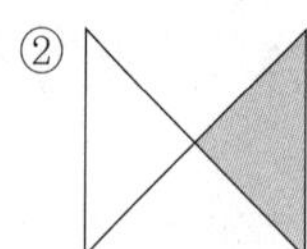

③ 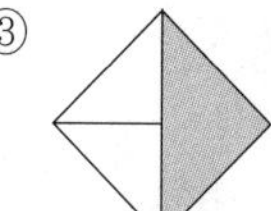

④ 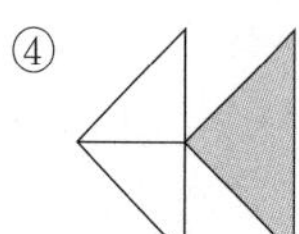

⑤ 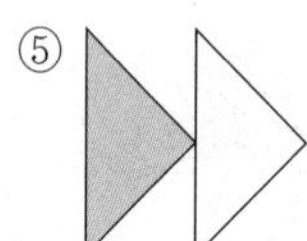

14

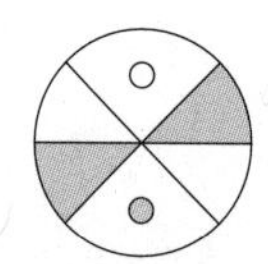 : 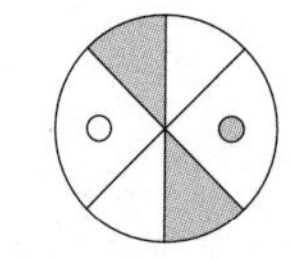 = 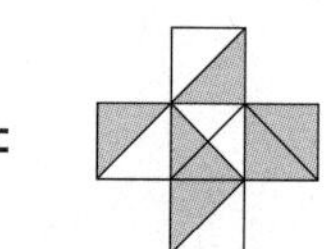 : ?

① 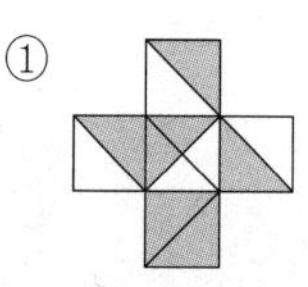

② 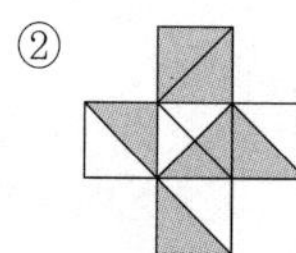

③ 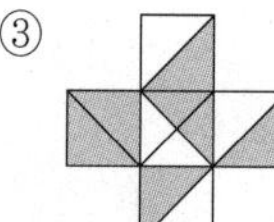

④ 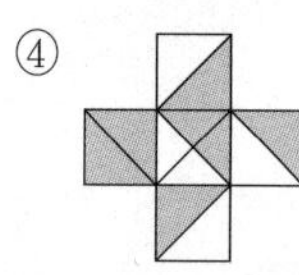

⑤ 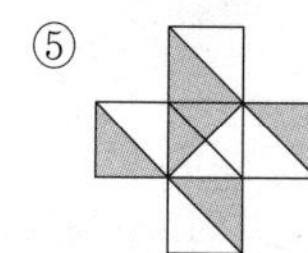

15

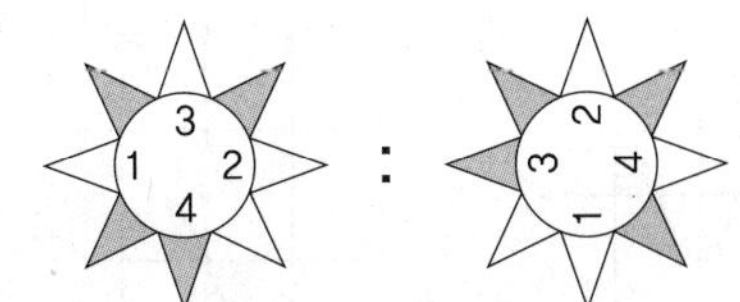
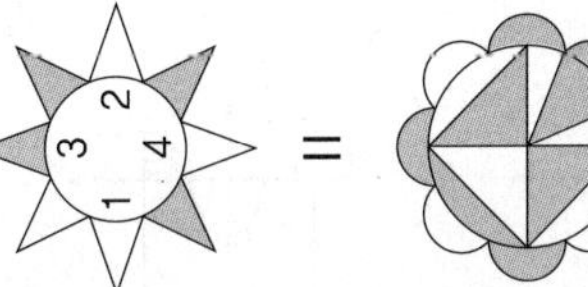
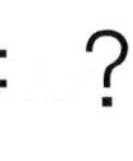

①
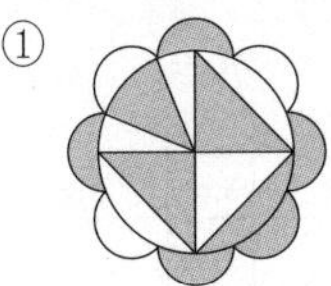
②
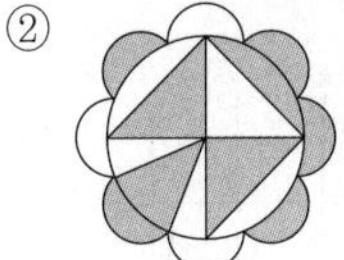
③
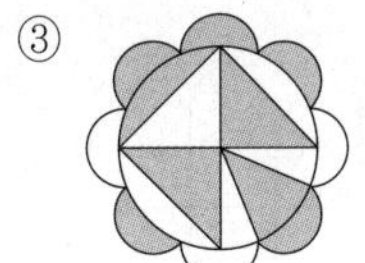
④
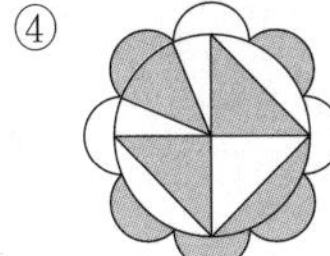
⑤
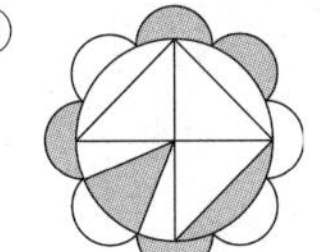

권두부록 / 1_기초지식 / 2_언어이해 / 3_패턴이해 / 4_상황판단 / 5_실전모의1 / 5_실전모의2 / 6_인성검사 / 7_면접가이드

정답과 해설

13 왼쪽의 직사각형은 가로로 이등분되고 오른쪽의 반원은 좌우대칭이 되었으므로, 왼쪽의 세모는 가로로 이등분되고 오른쪽 세모는 좌우대칭된 모양을 찾으면 된다.

정답 ④

14 도형을 반시계방향으로 90° 회전한다.

정답 ②

15 바깥쪽의 색칠된 도형은 시계방향으로 두 칸씩 이동하며, 가운데의 원은 반시계방향으로 90° 회전한다.

정답 ①

16

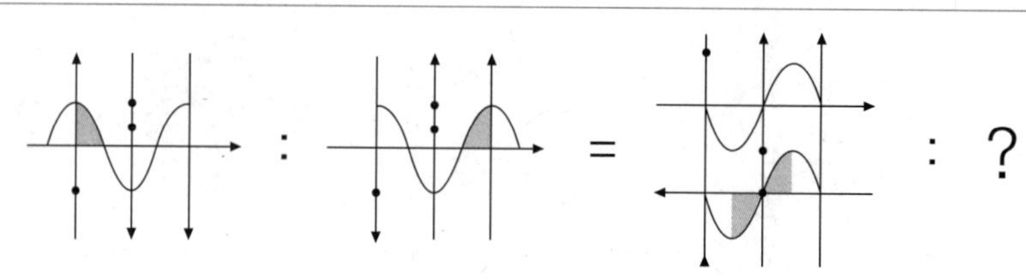

① 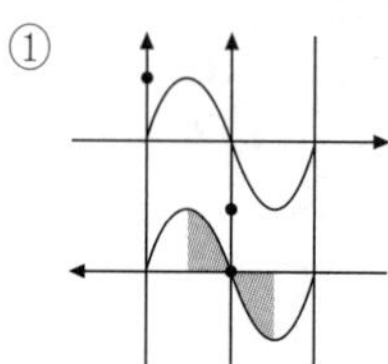

② 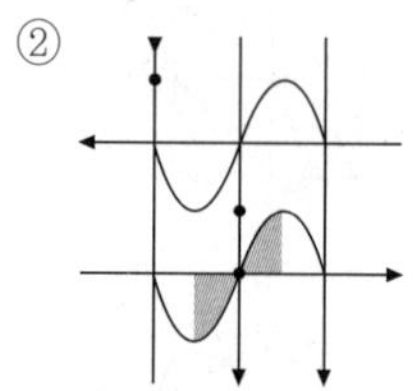

③ 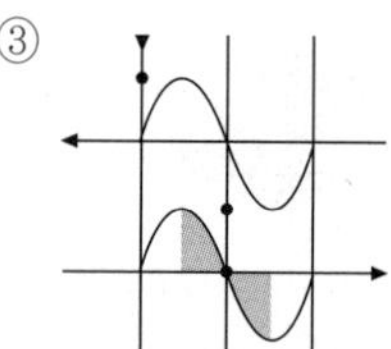

④ 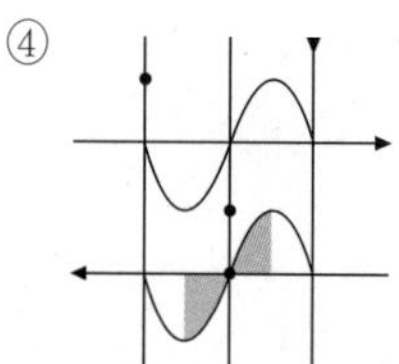

⑤ 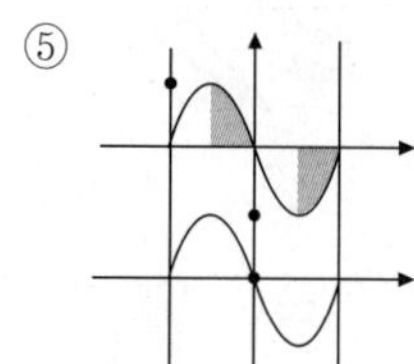

17

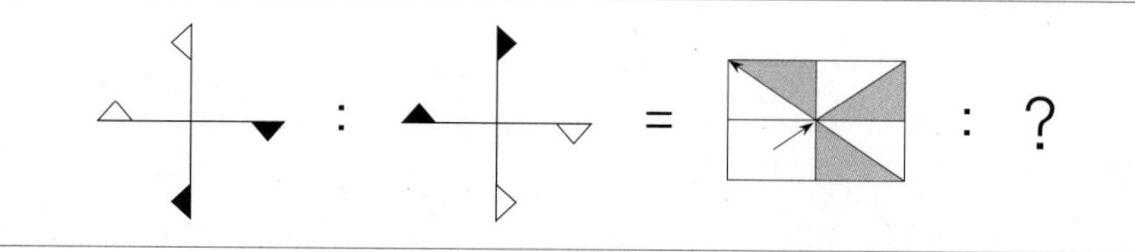

① 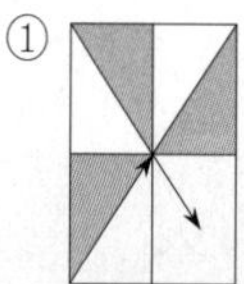

② 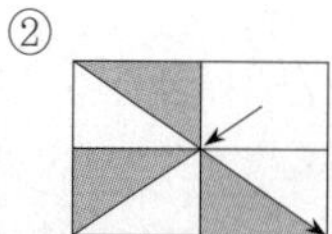

③ 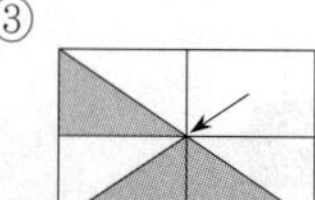

④ 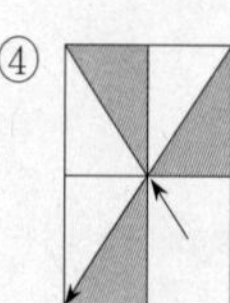

⑤ 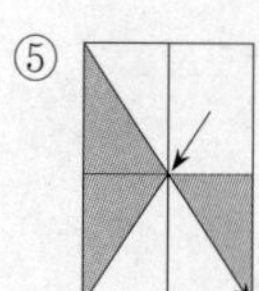

18

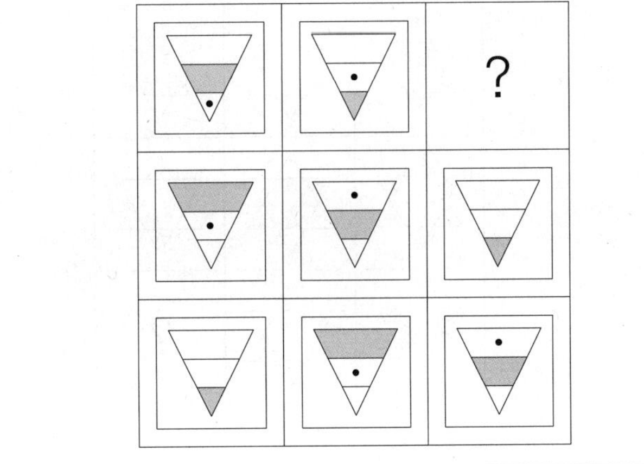

① 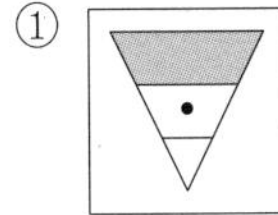

② 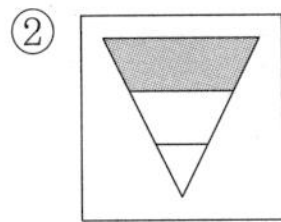

③ 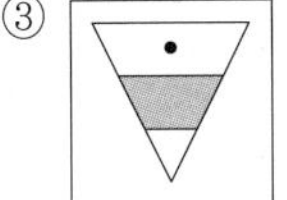

④ 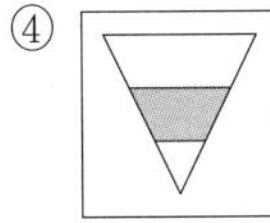

⑤ 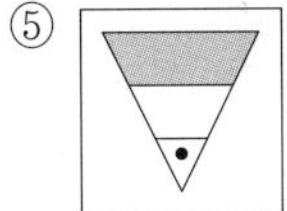

정답과 해설

16 곡선과 색은 좌우대칭이 되었고 점은 그대로이며, 나머지는 모두 상하반전이 되었다.

정답 ③

17 도형 전체가 180° 회전한다.

정답 ②

18 가로줄을 기준으로 색칠된 부분은 아래로 한 칸씩, 점은 위로 한 칸씩 이동한다. 색칠된 부분과 점이 겹칠 경우 점은 나타나지 않는다.

정답 ②

적용된 규칙이 여러 가지일 경우, 쉽게 확인할 수 있는 규칙을 먼저 적용하여 틀린 답부터 소거한다.

19

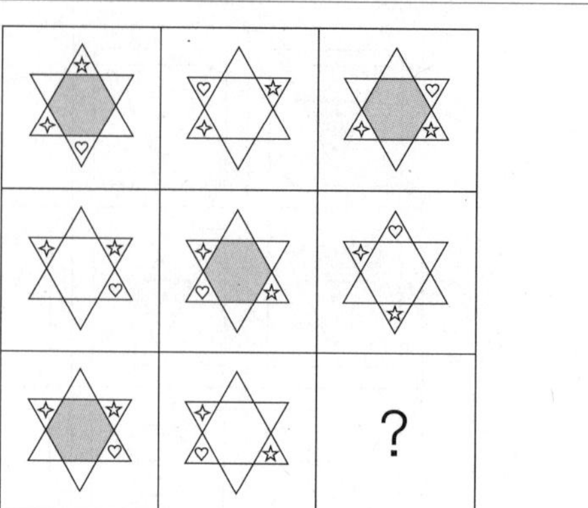

① 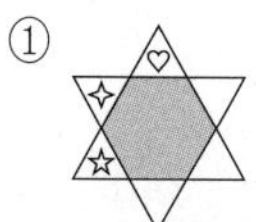

② 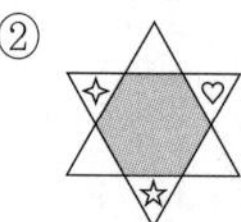

③ 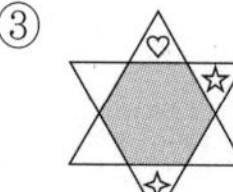

④ 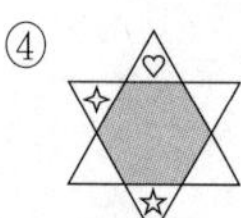

⑤ 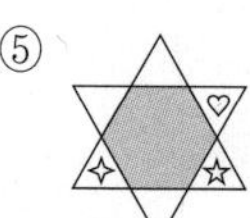

20

?

①

②

③

④

⑤

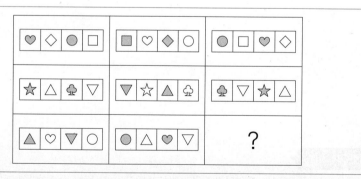

21

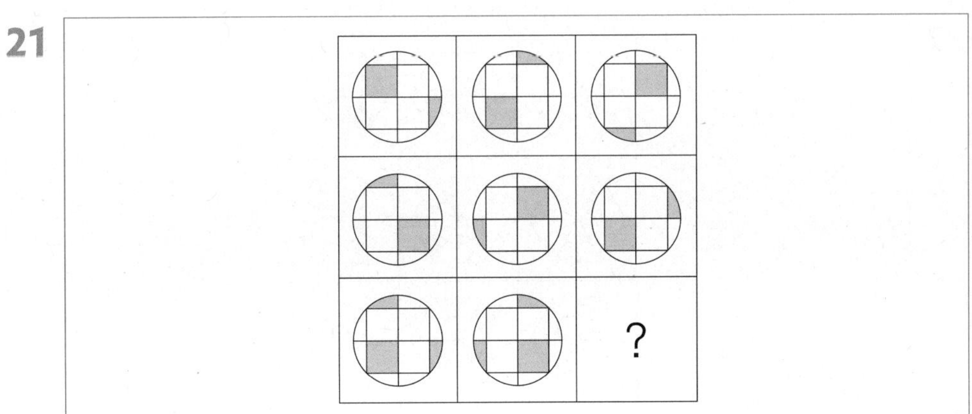

① 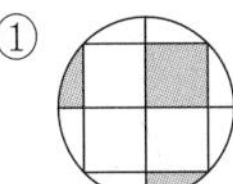

② 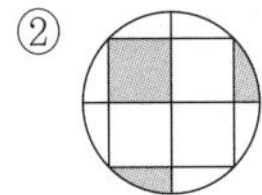

③ 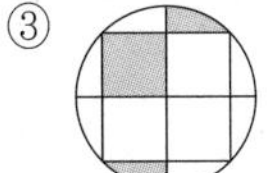

④ 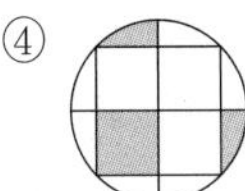

⑤ 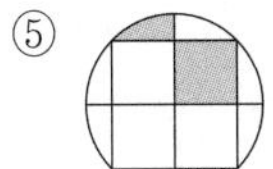

정답과 해설

19 가로줄을 기준으로 ☆는 시계방향으로 한 칸씩 이동, ♡는 시계방향으로 두 칸씩 이동, ✧은 같은 칸 고정이며, 가운데 칸은 하늘색과 흰색이 번갈아 나타난다.

정답 ④

20 가로줄을 살펴보면 도형이 오른쪽으로 한 칸씩 이동하고 맨 오른쪽에 있는 도형은 맨 왼쪽으로 이동한다. 또한 각 도형은 옆으로 이동하면서 색이 서로 바뀌고 있다.

정답 ③

21 가로줄을 살펴보면 도형이 반시계방향으로 90° 회전한 다음 180° 회전하고 있다.

정답 ②

22

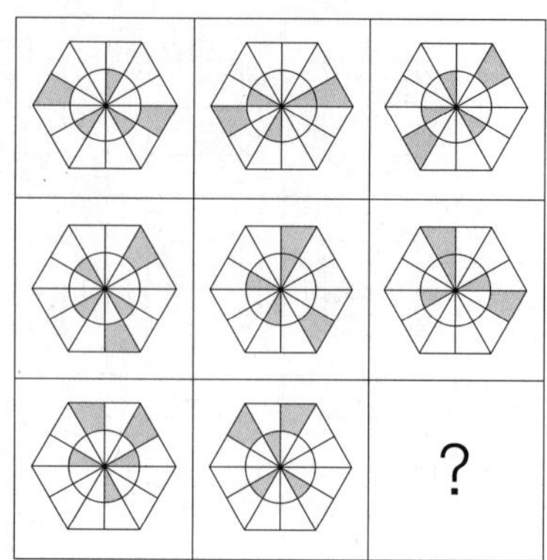

① 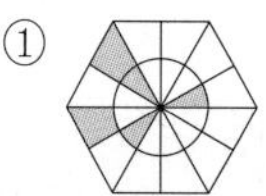 ② 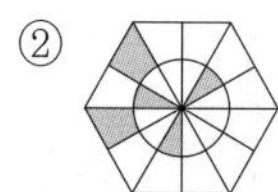 ③ 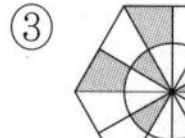

④ ⑤

23

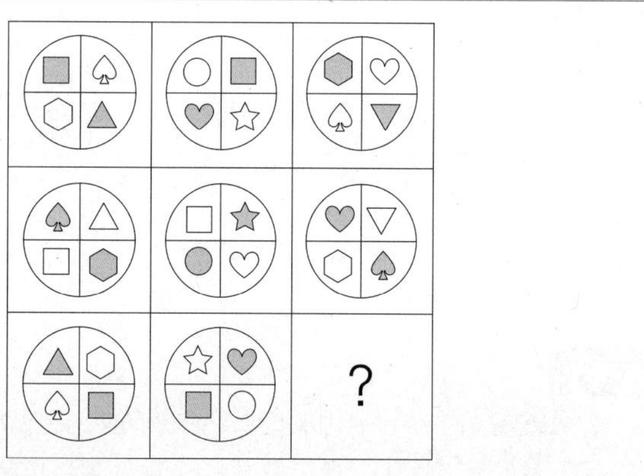

① 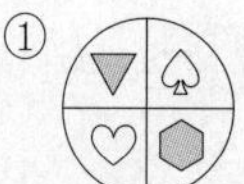 ② ③ 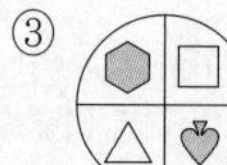

④ ⑤

24

?

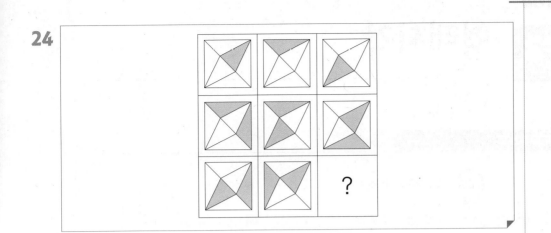

① 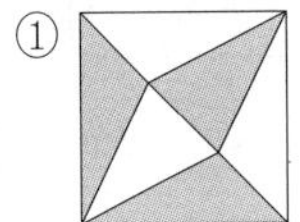

② 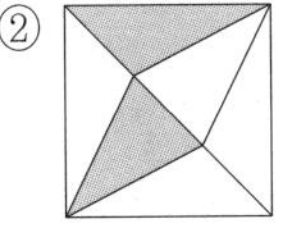

③ 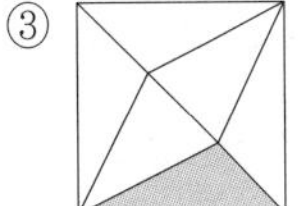

④ 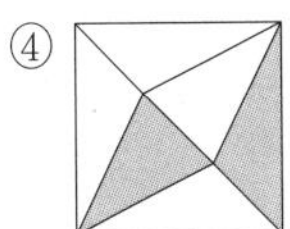

⑤ 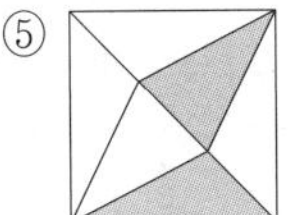

정답과 해설

22 가로줄을 살펴보면 색칠된 부분이 안쪽에서는 시계방향으로 두 칸씩, 바깥쪽에서는 반시계방향으로 한 칸씩 이동하고 있다.

정답 ④

23 세로줄을 기준으로 보면 원 안의 도형들이 흰색과 검은색으로 번갈아 바뀌며 반시계방향으로 한 칸씩 이동하고 있다.

정답 ①

24 가로줄을 기준으로 왼쪽에서 첫 번째 칸의 색칠된 공간(아래 그림의 1번)이 반시계방향으로 한 칸, 두 칸씩 이동하고 있다. 두 번째 줄을 보면, 아래 그림 2번과 6번의 색칠된 공간이 각각 두 칸 이동했다가 또 세 칸을 이동하고 있다. 즉, 맨 아래 줄은 세 칸, 네 칸을 건너 색칠됨을 유추할 수 있다. 따라서 ?는 바로 전 도형을 기준으로 아래 그림 1번의 색칠된 칸에서 네 칸 건너(아래 그림의 5번)와 3번의 색칠된 칸에서 네 칸 건너(아래 그림의 1번)에 회색이 칠해진 도형이 와야 한다.

정답 ⑤

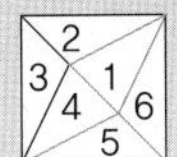

테마 3

형태지각

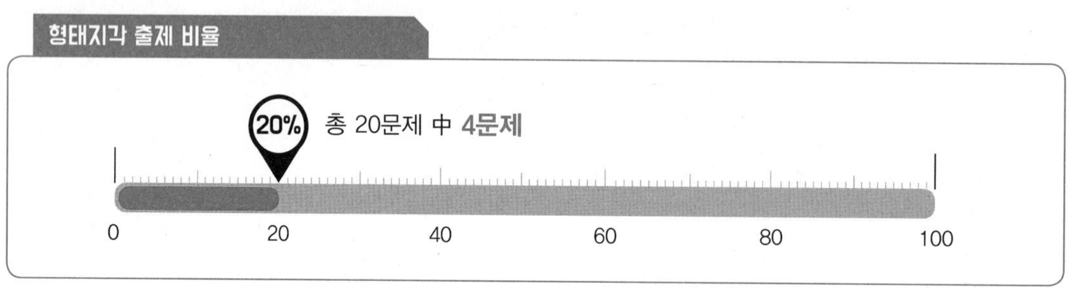

형태지각 핵심 check

- 그림 · 도형을 완전한 형태로 조합하거나, 회전했을 때 달라지는 모양을 찾는 문제이다.
- 특징적인 한 부분을 기준으로 삼아서 회전 시 바뀌는 모양을 확실하게 파악한다.

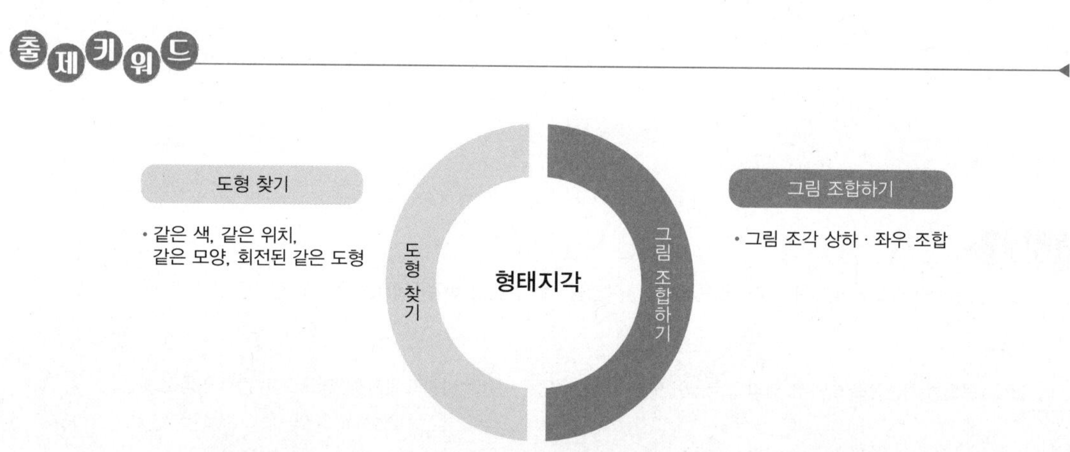

대표예제 도형찾기

01 다음 도형과 다른 것은?

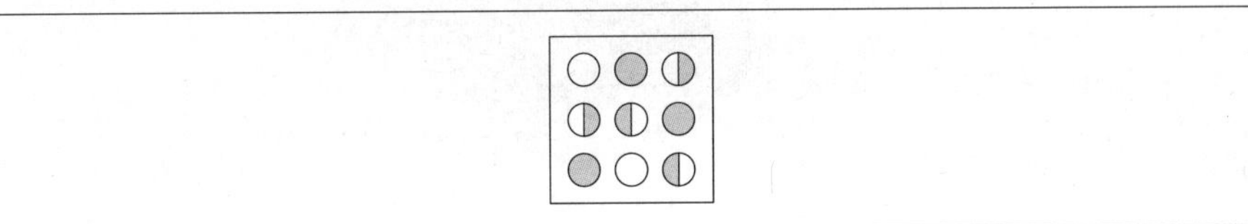

① ② ③ ④ ⑤

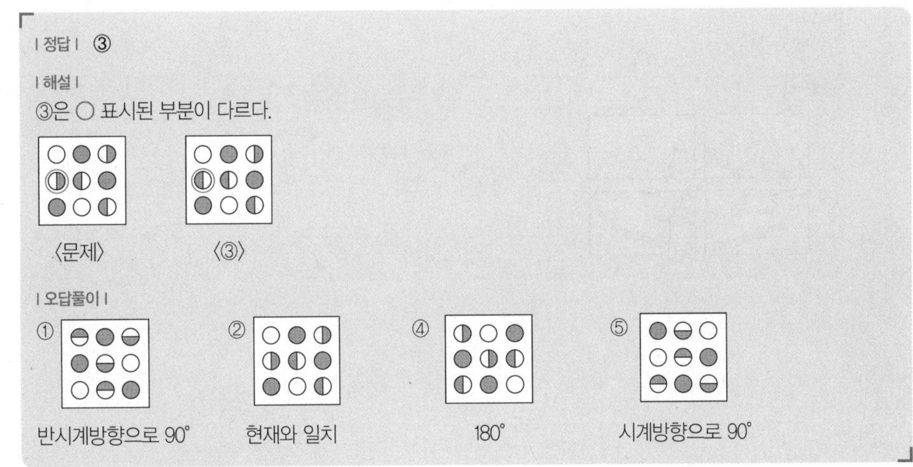

| 정답 | ③
| 해설 |
③은 ○ 표시된 부분이 다르다.
〈문제〉
〈③〉
| 오답풀이 |
①
②
④
⑤
반시계방향으로 90°
현재와 일치
180°
시계방향으로 90°

유형 분석

제시된 도형과 다른 것을 고르는 문항이다.

해결 전략

1. 한 부분을 기준으로 삼아 회전할 때 변하는 지점을 정확히 파악한다.
2. 색칠된 위치를 잘 살핀다.

대표예제

02~03 〈보기〉의 그림과 같은 모양이 되도록 다음의 그림 조각을 순서대로 조합한 것은? (단, 순서는 왼쪽 위, 오른쪽 위, 왼쪽 아래, 오른쪽 아래 순으로 한다)

- 왼쪽 상단부터 차례로 찾아본다.
- 특징적인 부분을 먼저 찾는 것도 한 방법이다.

02

| 보기 |

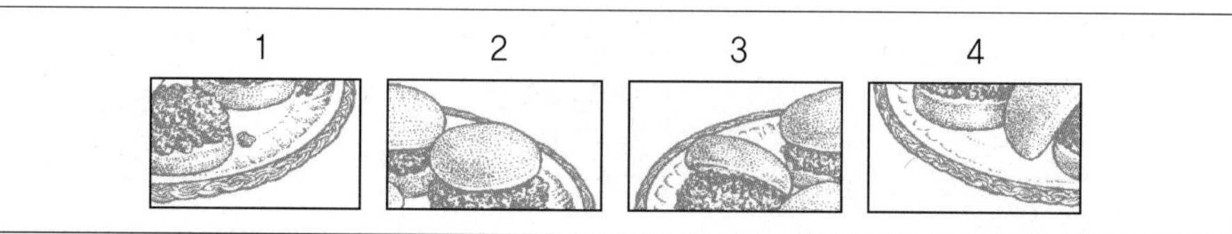

① 2 3 4 1 ② 2 3 1 4 ③ 3 2 4 1
④ 4 1 3 2 ⑤ 1 3 2 4

| 정답 | ③

| 해설 |

03

| 보기 |

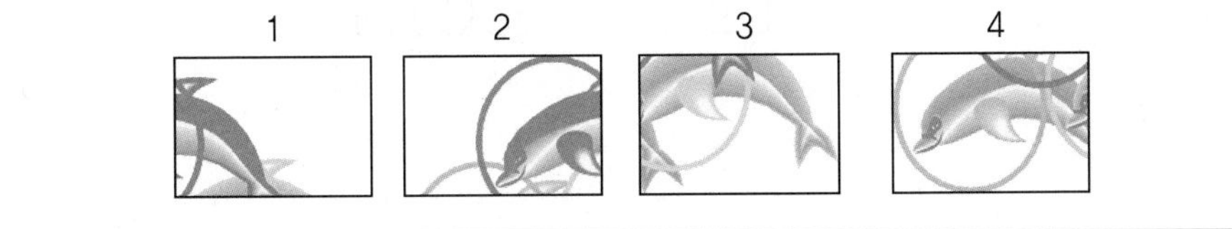

① 1 2 3 4　　② 1 2 4 3　　③ 2 1 4 3
④ 3 4 1 2　　⑤ 4 2 1 3

| 정답 | ③

| 해설 |

출제유형문제연습

01 왼쪽에 제시된 도형과 일치하는 것을 고르시오.

(01) 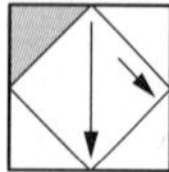

①  ② ③  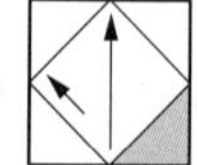

④ ⑤

(02) 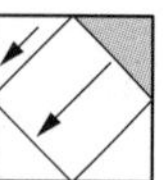

① ②  ③  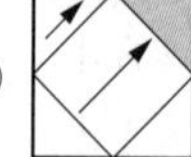

④ ⑤ 

(03) 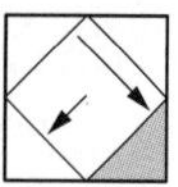

①  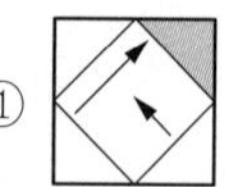 ②  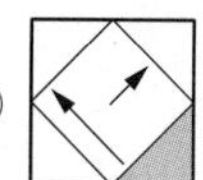 ③  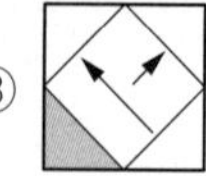

④ ⑤

(04) 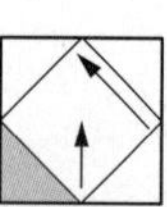

① ② 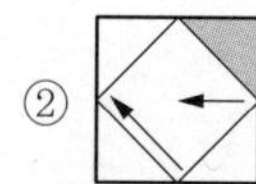 ③ 

④  ⑤ 

(05) 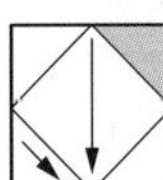

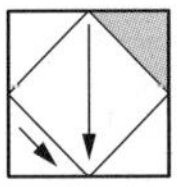

① 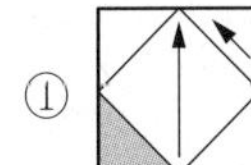

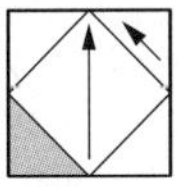

② 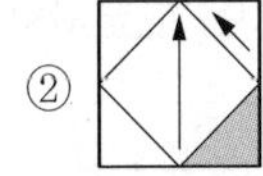

③ 

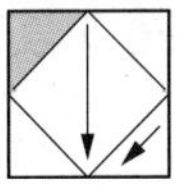

④  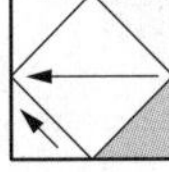

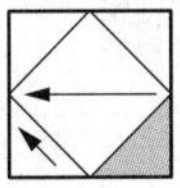

⑤  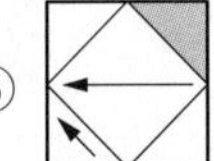

02 다음 도형과 모양이 일치하지 않는 것은?

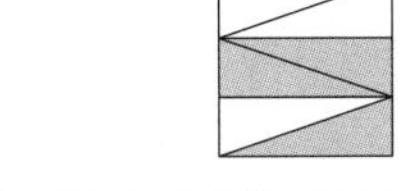

① 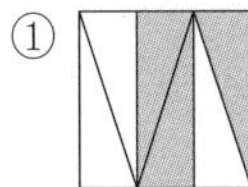

② 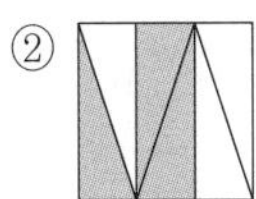

③ 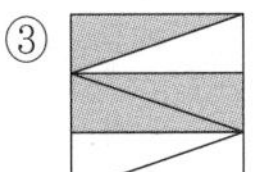

④ 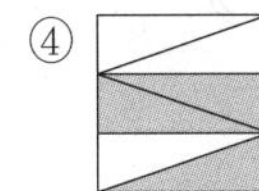

⑤ 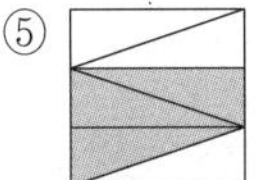

정답과 해설

01

정답 (01) ③ (02) ② (03) ⑤ (04) ① (05) ①

02 ⑤는 표시된 부분이 다르다.

정답 ⑤

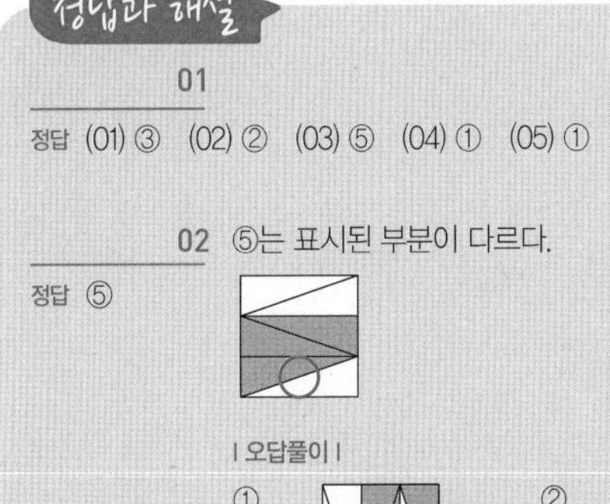

| 오답풀이 |

① 

반시계방향으로 90°

② 

시계방향으로 90°

③ 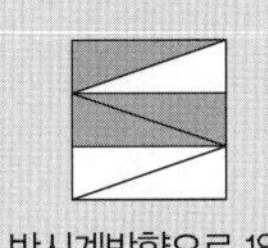

반시계방향으로 180°

④ 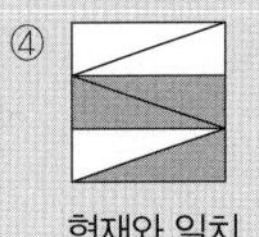

현재와 일치

03~07 다음 도형과 일치하는 것을 고르시오.

03

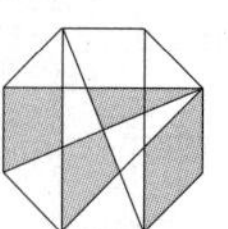

①

② 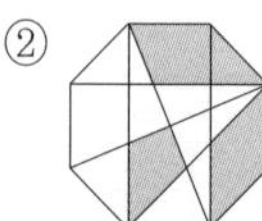

③

④

⑤ 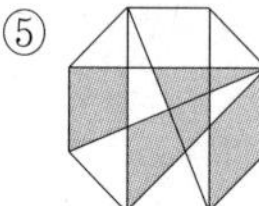

04

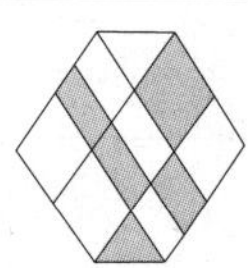

① 

② 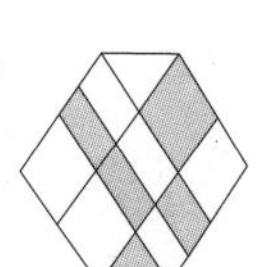

③ 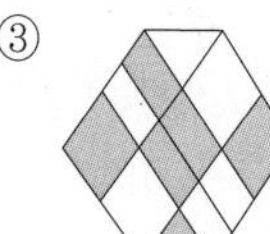

④ 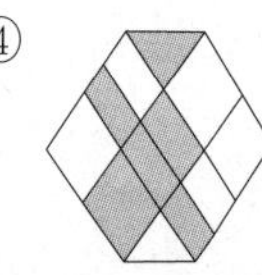

⑤ 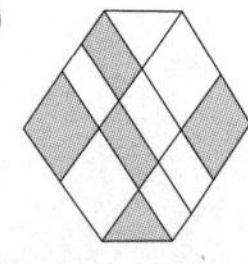

05

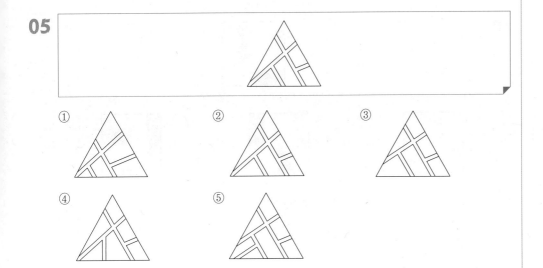

①　②　③

④　⑤

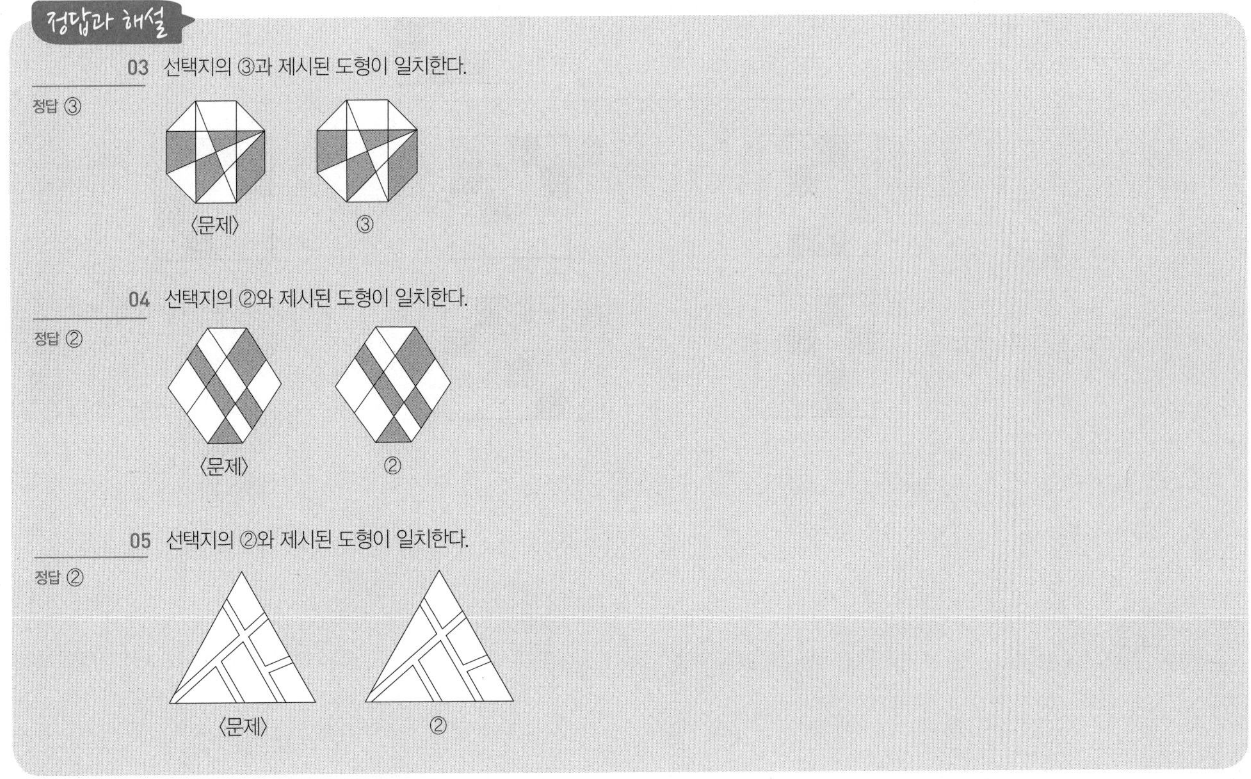

정답과 해설

03 선택지의 ③과 제시된 도형이 일치한다.

정답 ③

〈문제〉　③

04 선택지의 ②와 제시된 도형이 일치한다.

정답 ②

〈문제〉　②

05 선택지의 ②와 제시된 도형이 일치한다.

정답 ②

〈문제〉　②

06

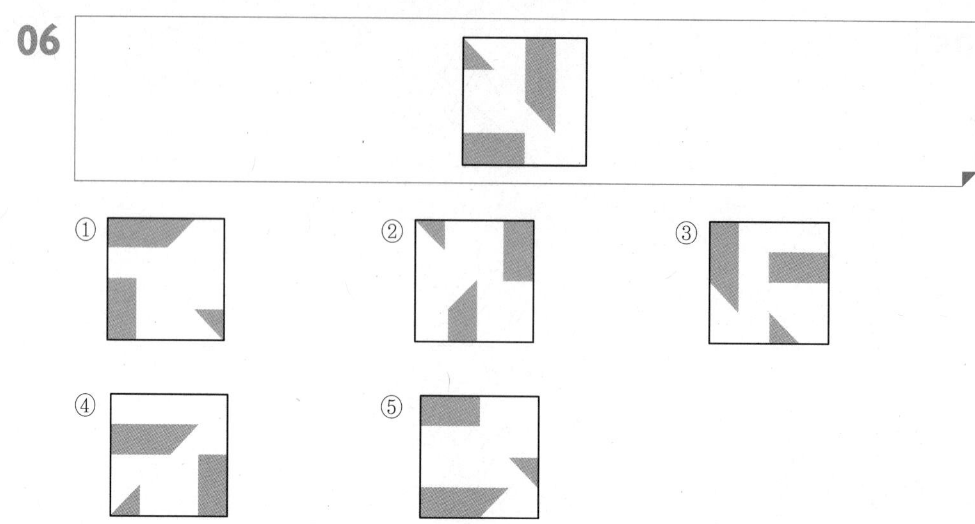

07

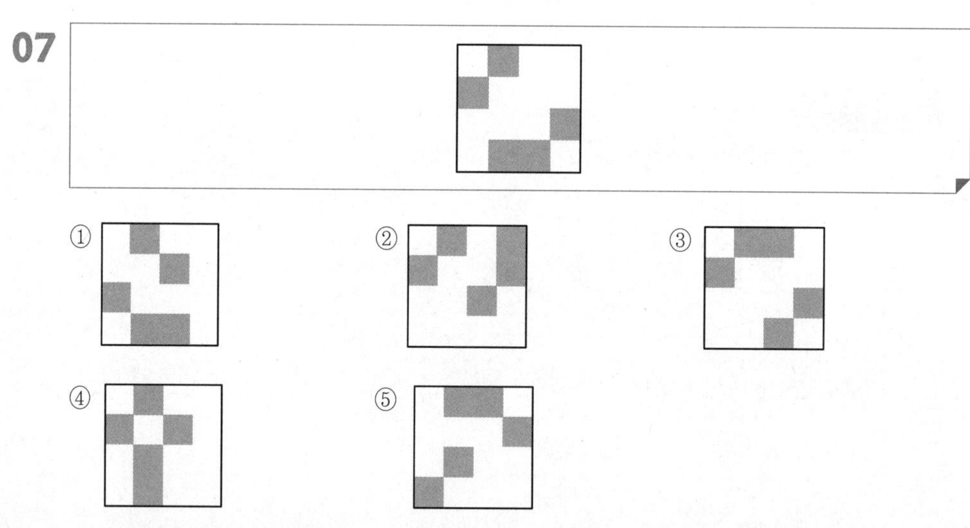

08 다음 중 모양이 나머지와 다른 하나는?

① 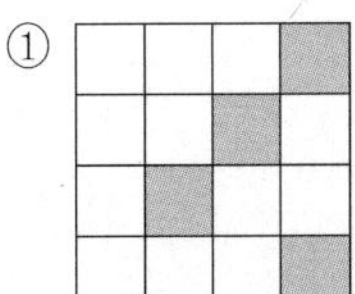

② 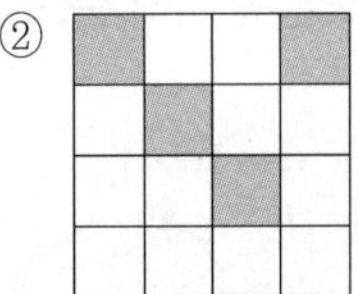

③ 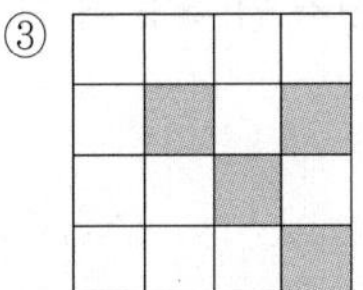

④ 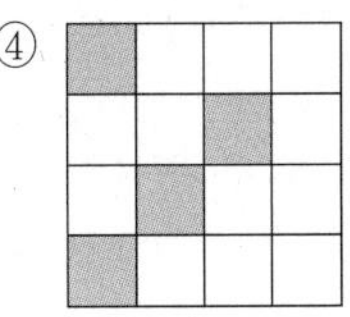

⑤ 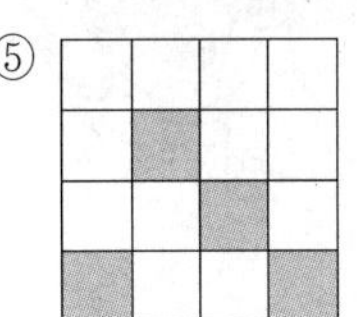

정답과 해설

06 제시된 도형을 반시계방향으로 90° 회전한다.

정답 ④

07 제시된 도형을 180° 회전한다.

정답 ③

08 하나를 기준으로 잡고 회전시켜 확인한다.

①을 기준으로 했을 때, ②는 반시계방향으로 90°, ④는 180°, ⑤는 시계방향으로 90° 회전한 것임을 알 수 있다.

정답 ③

09~10 〈보기〉의 그림과 같은 모양이 되도록 다음의 그림 조각을 순서대로 조합한 것을 고르시오 (단, 순서는 왼쪽 위, 오른쪽 위, 왼쪽 아래, 오른쪽 아래 순으로 한다).

09

| 보기 |

1 2 3 4

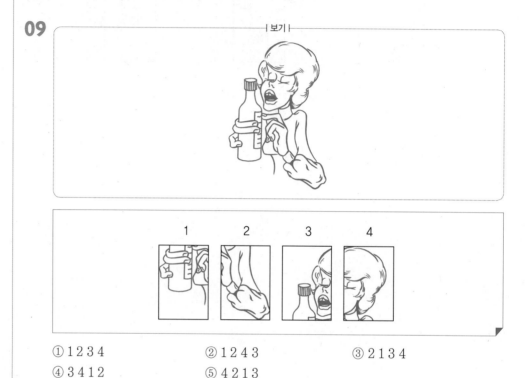

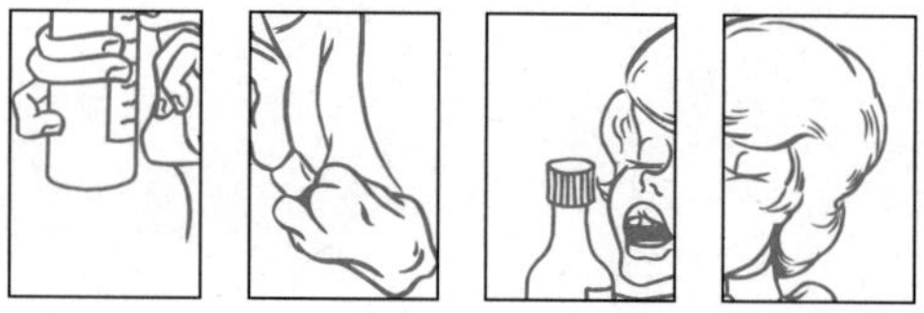

① 1 2 3 4　② 1 2 4 3　③ 2 1 3 4
④ 3 4 1 2　⑤ 4 2 1 3

10

| 보기 |

1	2	3	4
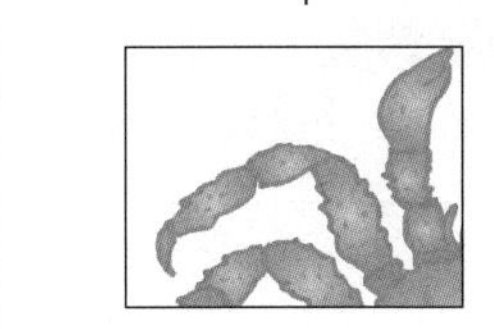	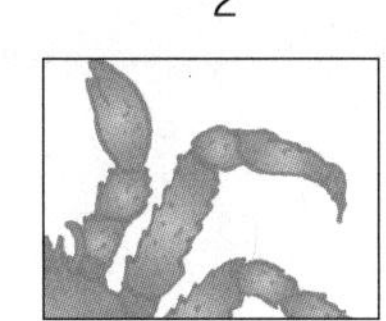	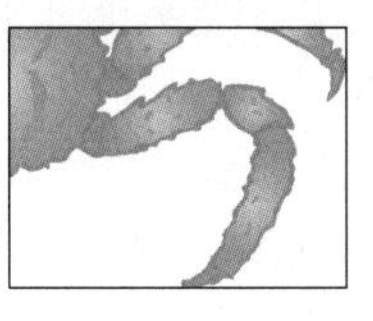	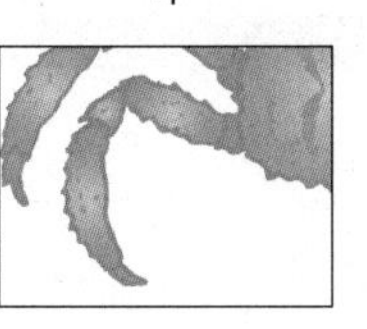

① 1 2 3 4 ② 1 2 4 3 ③ 2 1 3 4
④ 3 4 1 2 ⑤ 4 2 1 3

정답과 해설

09 다음과 같은 순서로 맞추어야 보기의 그림이 된다.

정답 ④

10 다음과 같은 순서로 맞추어야 보기의 그림이 된다.

정답 ②

3 패턴이해

테마 4 도식추리

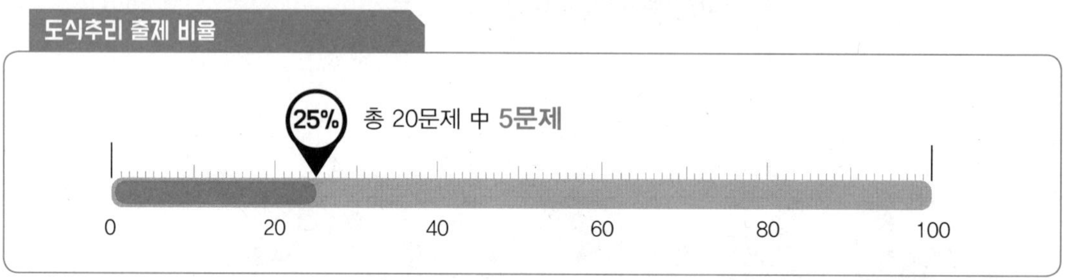

도식추리 핵심 check

- 주어진 조건에 따라 도형이 어떻게 바뀌는지를 파악하여 중간 과정이나 최종 모양을 고르는 문제가 출제된다.
- 제시된 조건과 예시를 제대로 파악해야 문제에 접근하기 용이하다.
- 조건의 변화 규칙을 빠르게 파악하기 위해 꾸준한 연습이 필요하다.

출제키워드

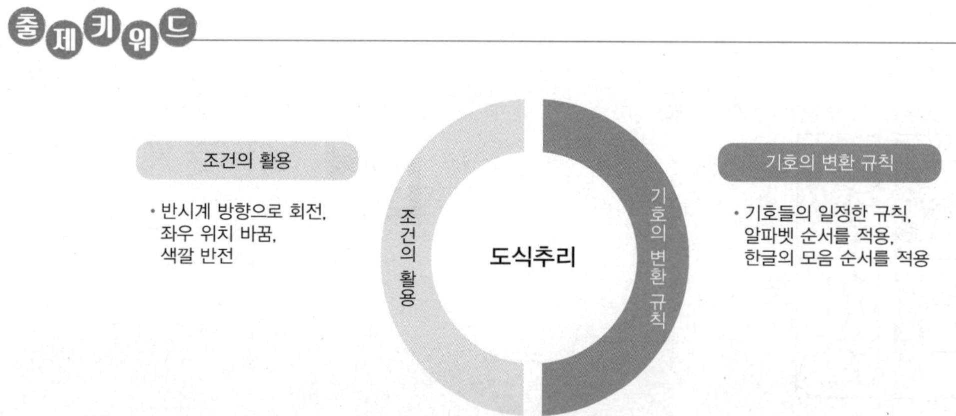

대표예제 조건의 활용

01~02 다음의 규칙을 적용할 때 마지막에 도출되는 도형은? (단, 조건에 의해 비교할 대상은 각 문제의 처음에 제시된 도형이다)

01

규칙				
Ⅰ	Ⅱ	Ⅲ	Ⅳ	Ⅴ
반시계방향 90° 회전	상하대칭	좌·우 위치 바꿈	색깔 반전	해당 칸 모양 비교

보기

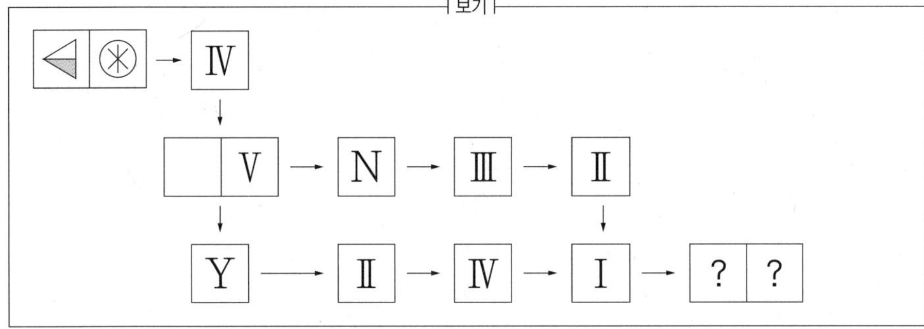

① 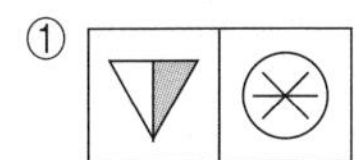

② 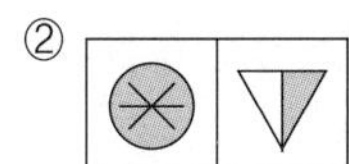

③ 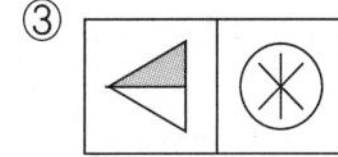

④ 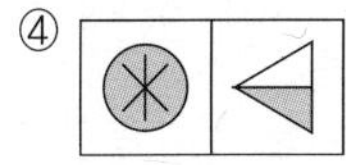

⑤ 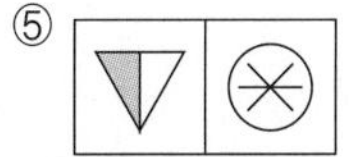

| 정답 | ⑤

| 해설 |

처음에 제시된 도형에 순서도의 규칙을 적용하여 변환·비교하면 다음과 같다.

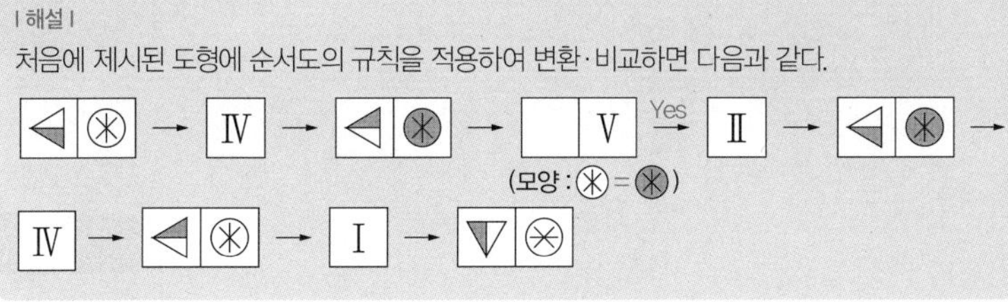

유형 분석

주어진 조건으로 도형이 어떻게 변화하는지 유추하는 문항이다.

해결 전략

시험지를 돌리지 않아도 주어진 도형이 회전하면서 어떻게 변하는지 알 수 있도록, 회전 후 모양을 파악하는 연습을 해두어야 한다.

02

규칙					
♩	♪	♬	𝄞	♮	𝄢
좌우대칭	시계방향으로 90° 회전	해당 칸 모양 비교	색 반전	좌·우 위치 바꿈	해당 칸 색깔 비교

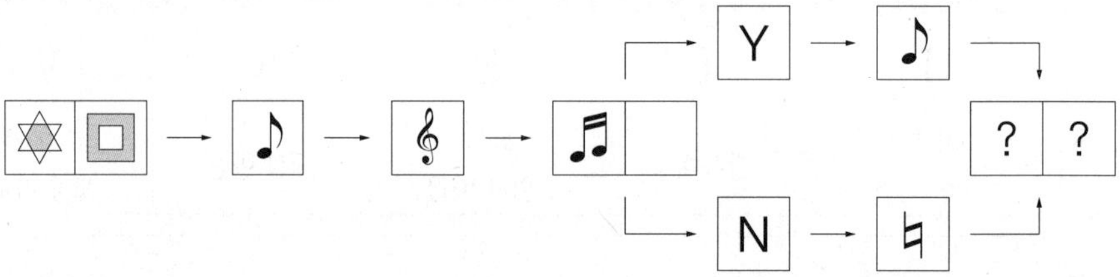

Y
N
? ?

①

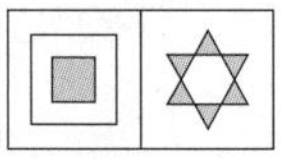

②

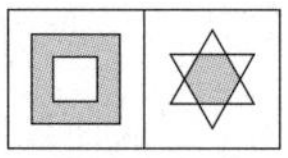

③

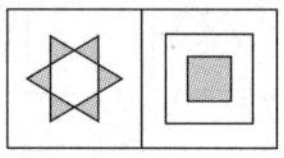

④

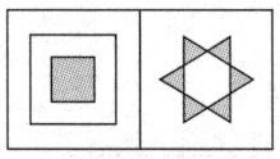

⑤

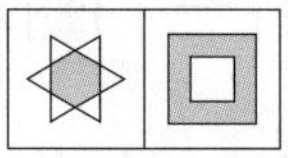

| 정답 | ④

| 해설 |

처음에 제시된 도형에 순서도의 규칙을 적용하여 변환 · 비교하면 다음과 같다.

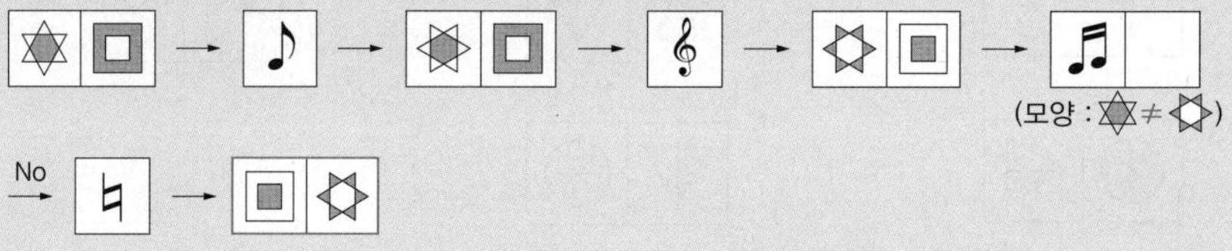

(모양 : ≠)

No

대표예제 기호의 변환 규칙

03 다음 흐름도에서 각각의 기호들은 일정한 규칙에 따라 문자를 변화시킨다. 기호의 규칙을 찾아 ?에 들어갈 알맞은 문자는?

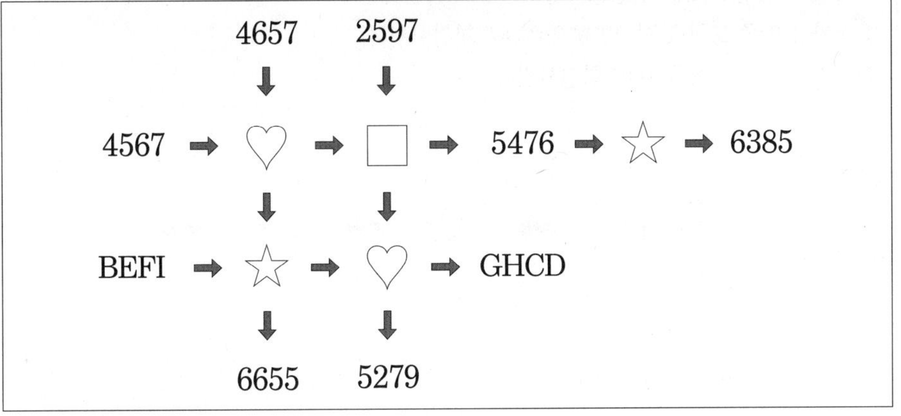

3895 → □ → ☆ → ?

① 6982　② 6892　③ 9268

④ 6829　⑤ 6298

| 정답 | ②

| 해설 |

우선 흐름도의 첫 번째 가로줄 마지막에 있는 5476 → ☆ → 6385를 통해 ☆이 +1, −1, +1, −1 규칙임을 알 수 있다. 이 규칙을 두 번째 가로줄에 적용해 보면, BEFI를 알파벳 순서에 맞게 2569로 변환해 +1, −1, +1, −1 규칙을 거치면 3478이 되고 이를 다시 알파벳으로 변환하면 CDGH가 된다. 이 CDGH가 ♡를 거치면서 GHCD가 되었으므로 ♡는 4개의 문자군(또는 숫자군)을 두 개씩 나누어 앞뒤를 바꾸는 규칙임을 알 수 있다. 여기서 파악한 ☆과 ♡의 규칙을 첫 번째 세로줄에 적용해 보면, 4657 → ♡ → 5746 → ☆ → 6655가 되므로 위에서 유추한 규칙이 맞는 규칙임이 확인된다.

마지막으로 첫 번째 가로줄은 4567 → ♡ → 6745 → □ → 5476이 되므로, □는 4개의 숫자군(또는 문자군)을 역순으로 나열하는 규칙임을 알 수 있다.

이를 종합하여 규칙을 정리하면 다음과 같다.

- ♡ : 문자군 또는 숫자군을 두 개씩 묶어 앞뒤 바꾸기
- ☆ : 각 자릿수 각각 +1, −1, +1, −1
- □ : 배열된 순서를 역순으로 바꾸기

따라서 □에 따라 역순으로 바꾸면 5983이 되고, ☆에 따라 +1, −1, +1, −1를 적용하면 6892가 된다.

유형 분석

문자의 변화된 모습을 보고, 각각의 기호가 가지고 있는 규칙을 파악해 풀어나가는 문항이다.

해결 전략

규칙의 종류가 다양하게 출제되므로 양쪽 방향의 흐름을 차례로 살펴보아야 한다.

이것만은 꼭

알파벳 순서(순환 패턴) 익혀두기

A	B	C	D	E	F	G
1	2	3	4	5	6	7
H	I	J	K	L	M	N
8	9	10	11	12	13	14
O	P	Q	R	S	T	U
15	16	17	18	19	20	21
V	W	X	Y	Z		
22	23	24	25	26		

테마 4 출제유형문제연습

01~03 다음 제시된 규칙에 따라 ?에 들어갈 도형을 고르시오.

| 규칙 |

∞ : 가장 안쪽 도형의 모양으로 테두리를 그린다.
★ : 가장 바깥 도형을 반시계방향으로 90° 회전시킨다.
♂ : 가장 안쪽 도형을 시계방향으로 90° 회전시킨다.
◆ : 가장 안쪽 도형을 180° 회전시킨다.

빠른 풀이 비법

규칙을 유추하지 않아도 되는 유형은 바로 문제에 적용하여 푼다.

01

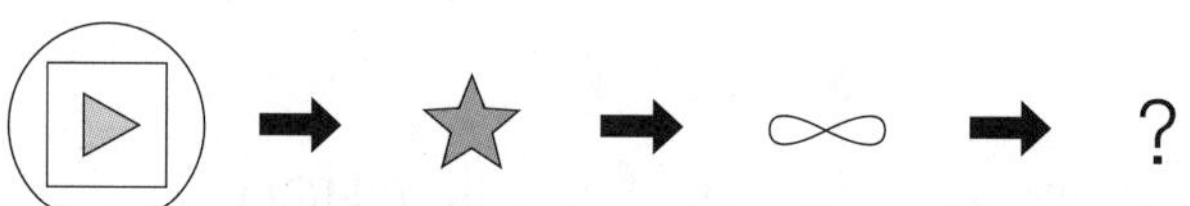

① 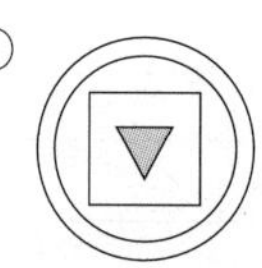

② 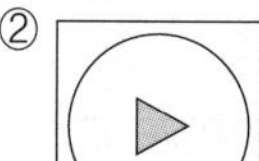 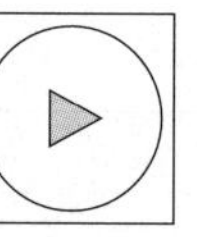

③ 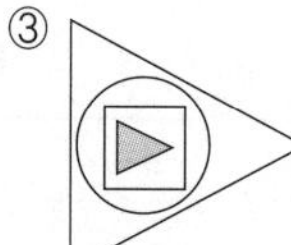

④ 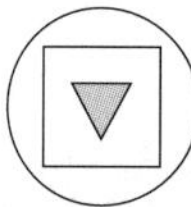

⑤  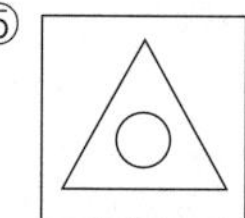

One Point Lesson

제시된 규칙을 문제를 풀기 쉽게 분류하거나 기억하기 쉬운 형태로 변형하면 풀이 시간을 단축할 수 있다.

02

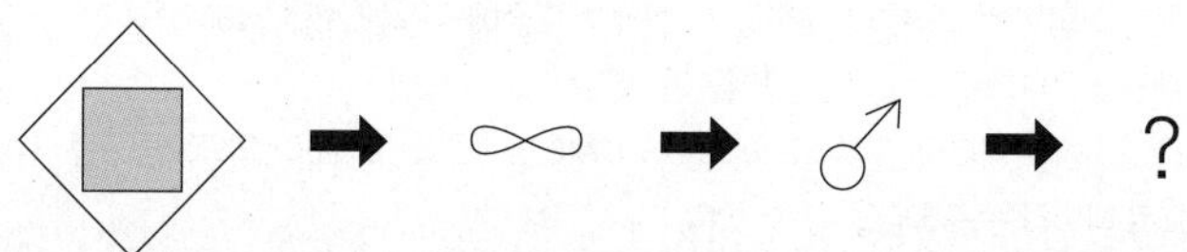

① 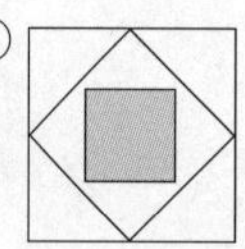

② 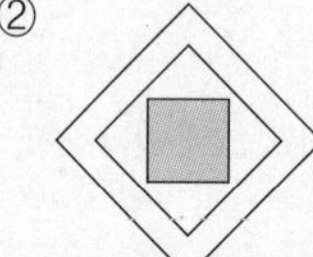

③ 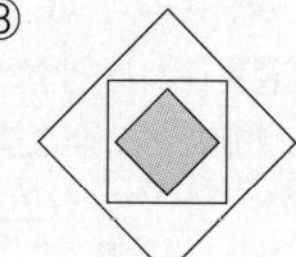

④ 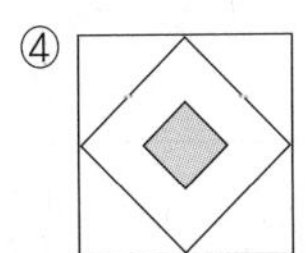

⑤ 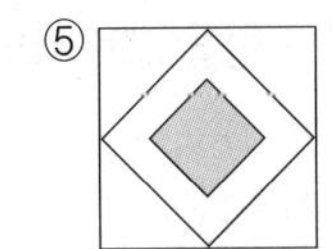

03

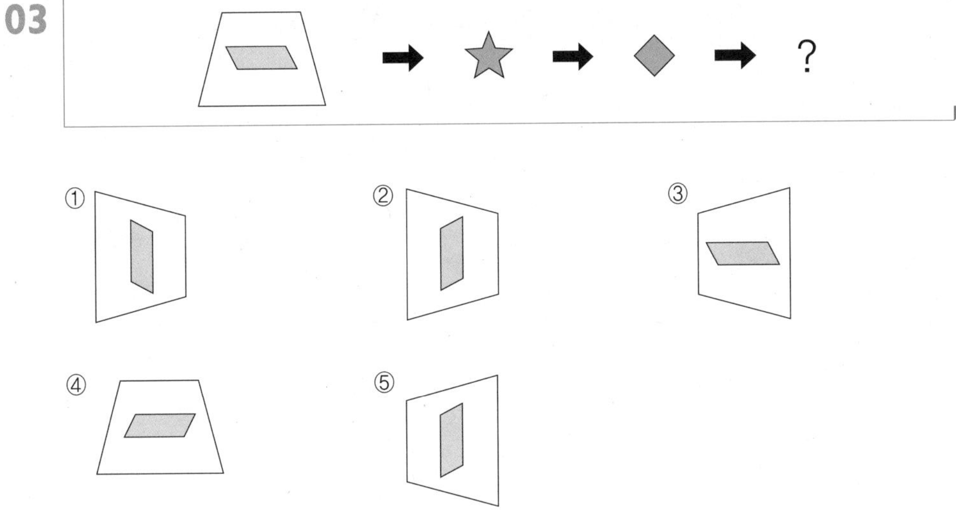

좌우대칭+180° 회전
=상하 대칭
180° 회전, 좌우 대칭
=상하 대칭
상하 대칭+180° 회전
=좌우 대칭
180° 회전+상하 대칭
=좌우 대칭

정답과 해설

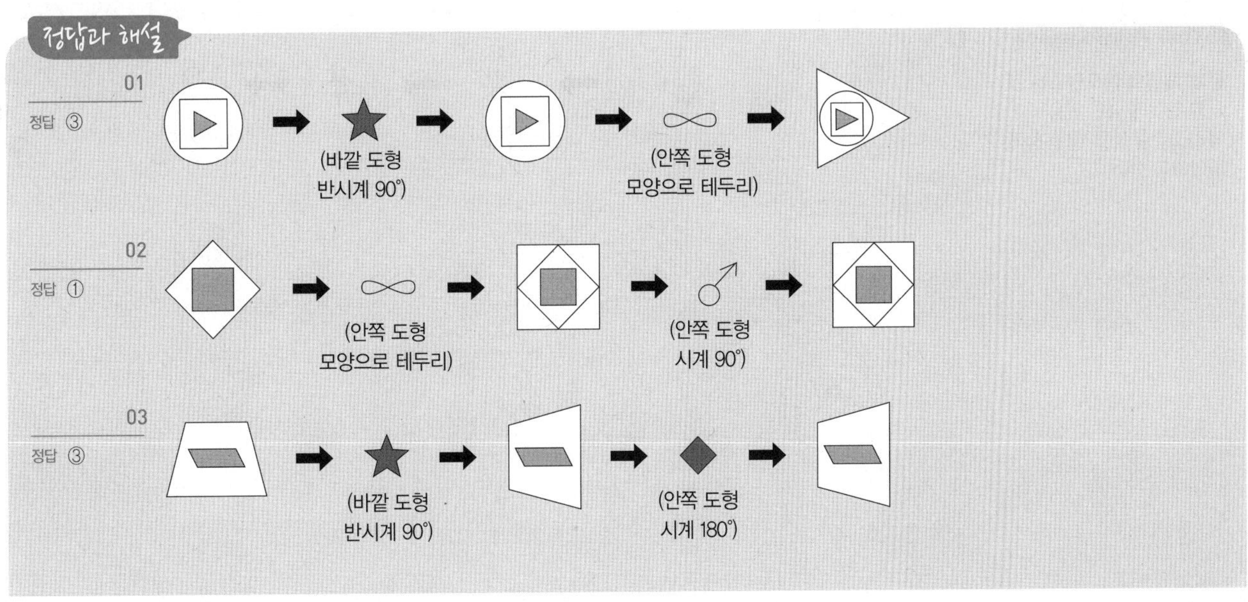

04~06 다음 제시된 규칙에 따라 ?에 들어갈 도형을 고르시오.

| 규칙 |

$: 가장 바깥 도형을 시계방향으로 90° 회전시킨다.
: 전체 도형을 180° 회전시킨다.
※ : 가장 안쪽 도형의 모양으로 테두리를 그린다.
& : 가장 안쪽 도형을 반시계방향으로 90° 회전시킨다(단, 가장 안쪽의 도형은 제일 안에 위치한 1개의 도형을 말한다).

이것만은 꼭

시간에 쫓기는 상황에서도 실수 없이 정확하게 규칙을 파악하고 적용하는 것이 중요하다.

04

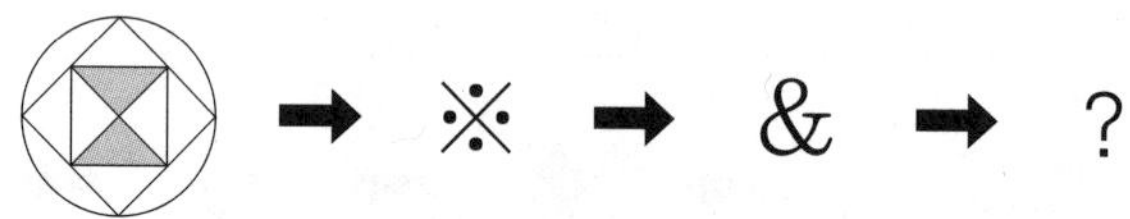

①

② 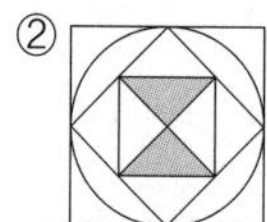

③ 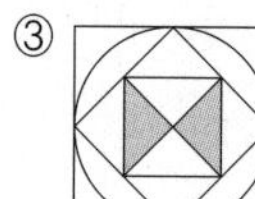

④

⑤ 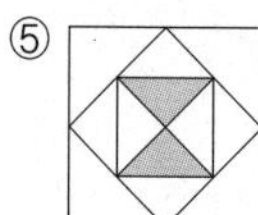

One Point Lesson

문제 해결의 키포인트는 제시된 규칙에 나와 있음을 기억하고, 규칙을 꼼꼼하게 파악해야 한다.

05

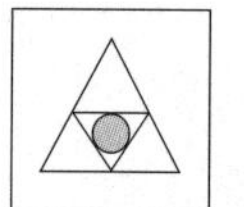 

① 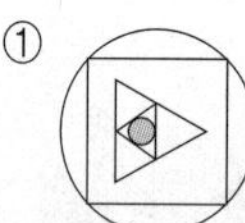

② 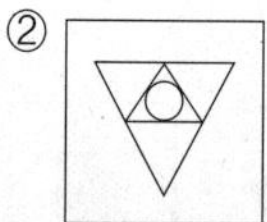

③ 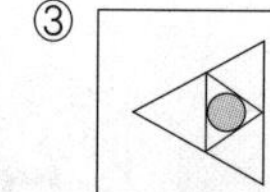

④ 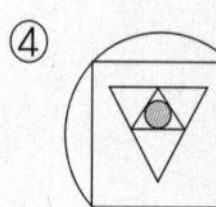

⑤ 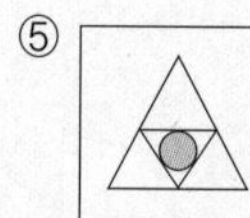

06

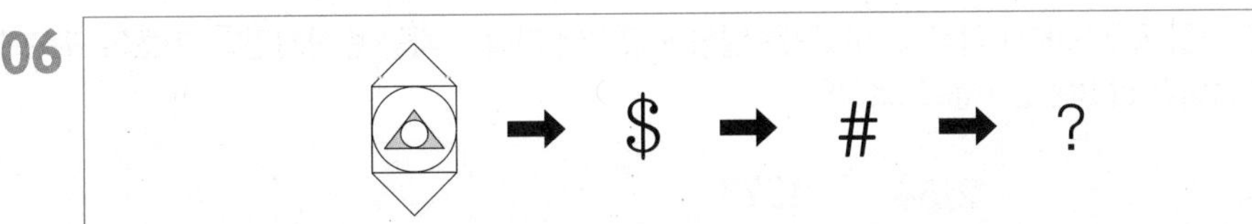
$
#
?

①
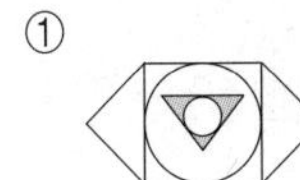
②
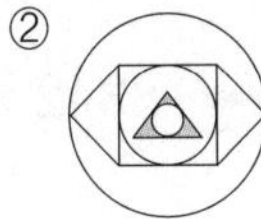
③
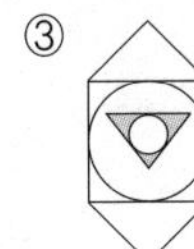

④
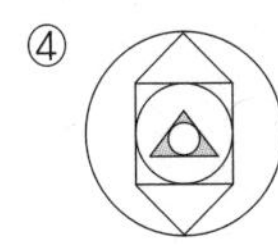
⑤
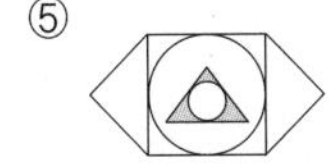

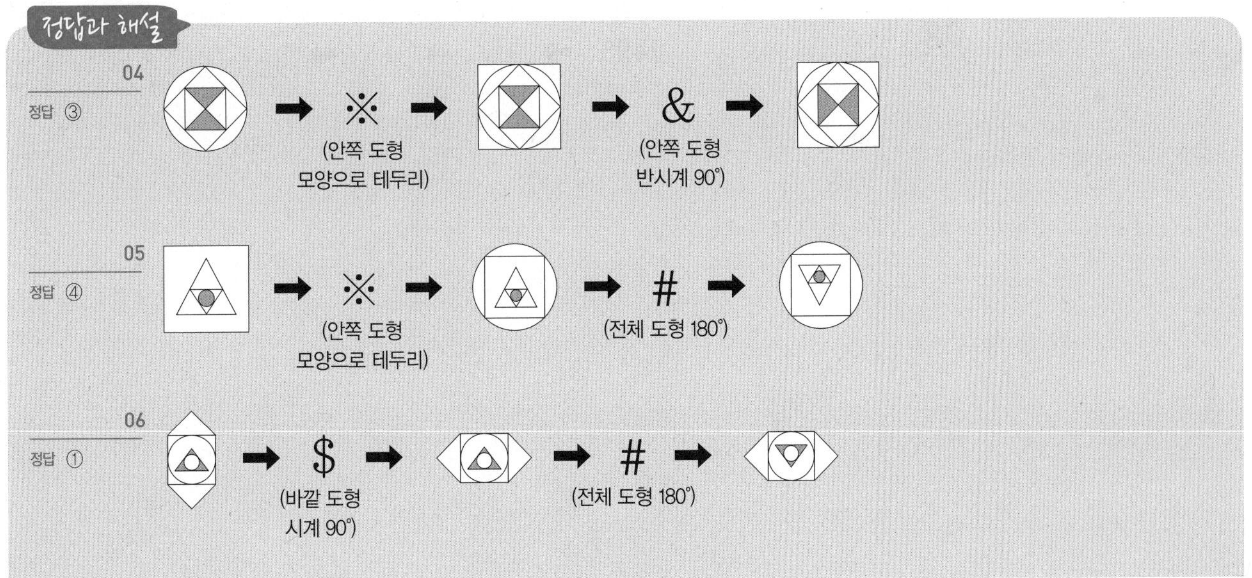
정답과 해설
04
정답 ③
※
(안쪽 도형 모양으로 테두리)
&
(안쪽 도형 반시계 90°)
05
정답 ④
※
(안쪽 도형 모양으로 테두리)
#
(전체 도형 180°)
06
정답 ①
$
(바깥 도형 시계 90°)
#
(전체 도형 180°)

07~09 다음 흐름도에서 각각의 기호들은 일정한 규칙에 따라 문자를 변화시킨다. 기호의 규칙에 따라 ?에 들어갈 알맞은 문자를 고르시오.

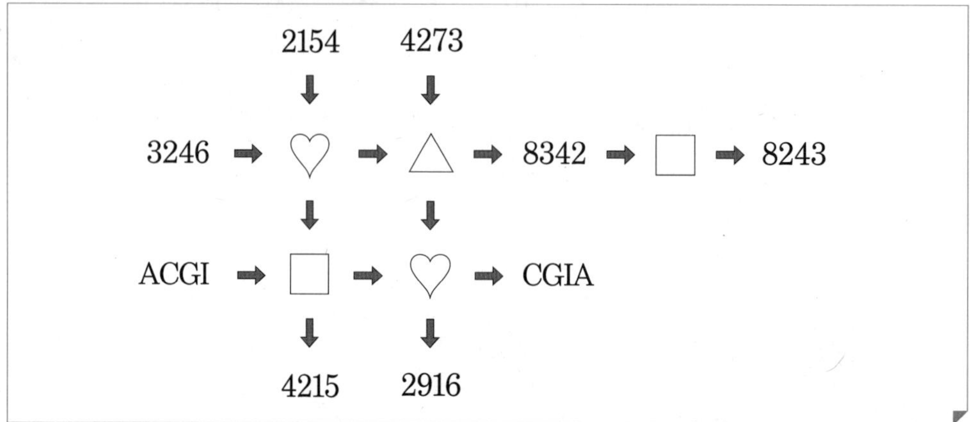

빠른 풀이 비법

적용된 규칙이 문자 변환인지, 위치 변환인지를 파악한 후 구체적인 규칙의 내용을 알아내는 것이 좋다.

07

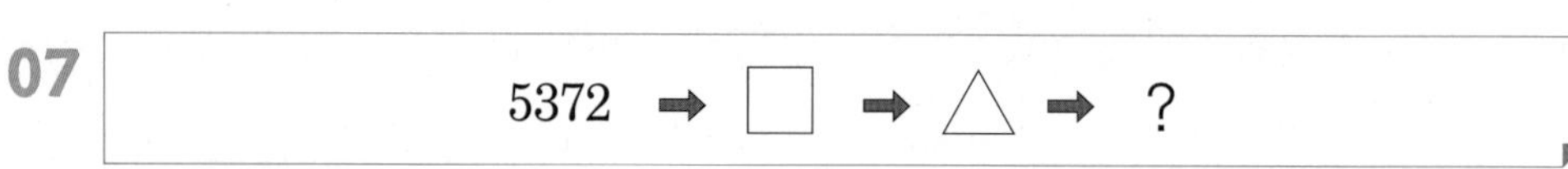

① 7219 ② 2791 ③ 7192
④ 2917 ⑤ 9172

08

① 5947 ② 7594 ③ 7866
④ 7668 ⑤ 8667

09

BJKM ➡ □ ➡ ♡ ➡ ?

① JBMK ② JKMB ③ MKJB
④ KMBJ ⑤ BKJM

One Point Lesson

문자도식추리는 문자나 숫자의 유형은 변환·증감, 자리 변환 등으로 한정되어 있으므로 많은 문제를 풀어 보면서 적용된 변환 규칙을 빠르게 파악하는 연습을 해야 한다.

정답과 해설

07 정답 ③

우선 흐름도의 첫 번째 가로줄 마지막에 있는 8342 → □ → 8243을 통해 □가 두 번째 자리와 네 번째 자리에 있는 숫자 또는 문자의 위치를 서로 바꾸는 규칙임을 알 수 있다. 이 규칙을 두 번째 가로줄에 적용해 보면, ACGI에서 두 번째와 네 번째 자리의 알파벳이 서로 바뀌어 AIGC가 된다. 이 AIGC가 ♡를 거치면서 CGIA가 되었으므로 ♡는 배열된 순서를 역순으로 바꾸는 규칙임을 알 수 있다. 지금까지 파악한 □와 ♡의 규칙을 첫 번째 세로줄에 적용해 보면, 2154 → ♡ → 4512 → □ → 4215가 되므로 위에서 유추한 규칙이 맞는 규칙임이 확인된다.

마지막으로 첫 번째 가로줄은 3246 → ♡ → 6423 → △ → 8342가 되므로, △는 각 자리의 수에 각 +2, −1, +2, −1을 하는 규칙임을 알 수 있다.

이를 종합하여 규칙을 정리하면 다음과 같다.

- ♡ : 배열된 순서를 역순으로 바꾸기
- □ : 두 번째와 네 번째 자리의 숫자 서로 위치 바꾸기
- △ : 각 자릿수에 각각 +2, −1, +2, −1 하기

따라서 □를 적용하면 52730이 되고, △를 적용하면 7192가 된다.

08 정답 ④

규칙 해설 07 참고

7495 → ♡ → 5947 → △ → 7866 → □ → 7668

09 정답 ②

규칙 해설 07 참고

BJKM → □ → BMKJ → ♡ → JKMB

궤적 · 매듭 · 한붓그리기 · 종이접기

궤적 · 매듭 · 한붓그리기 · 종이접기 출제 비율

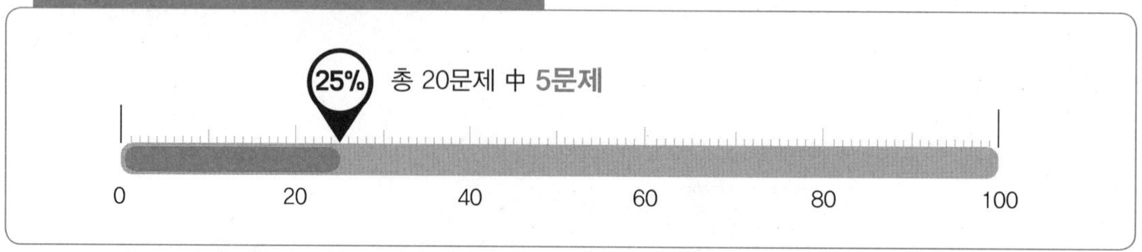

궤적 · 매듭 · 한붓그리기 · 종이접기 핵심 check

- 도형이 회전하면서 그리는 궤적을 찾거나 궤적을 보고 도형을 찾는 유형이 출제된다.
- 도형이 회전하는 구획을 나눠 해당하는 점의 회전 각도를 생각하면서 이동 궤적을 그린다.
- 풀리지 않는 매듭은 고리부분을 지나면서 위 → 아래 → 위 → 아래를 반복하며 교차한다.
- 한붓그리기가 가능한 혹은 불가능한 것을 찾는 유형이 출제된다.
- 한붓그리기는 홀수점의 수가 0개 또는 2개일 때만 가능하다.
- 종이를 접은 후의 모양을 찾는 유형이 출제된다.
- 종이를 접은 후 구멍을 뚫거나 자른 후의 모양을 찾는 문제가 출제된다.
- 역순으로 펼치며 확인하는 것이 풀이의 핵심이다. 앞뒷면의 모양을 빠르게 생각해 내야 한다.

출제키워드

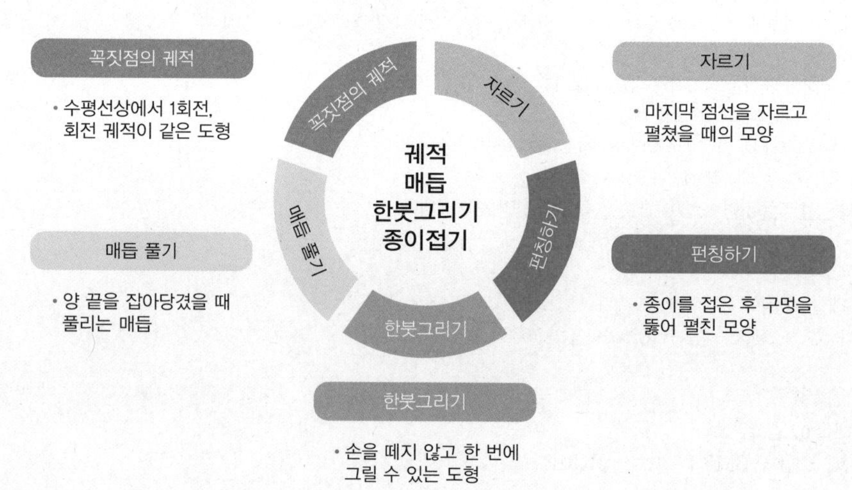

대표예제 꼭짓점의 궤적

01 어느 도형을 수평선상으로 미끄러지지 않게 1회전시켰더니 꼭짓점 A가 다음과 같은 궤적을 그렸다. 회전시킨 도형은?

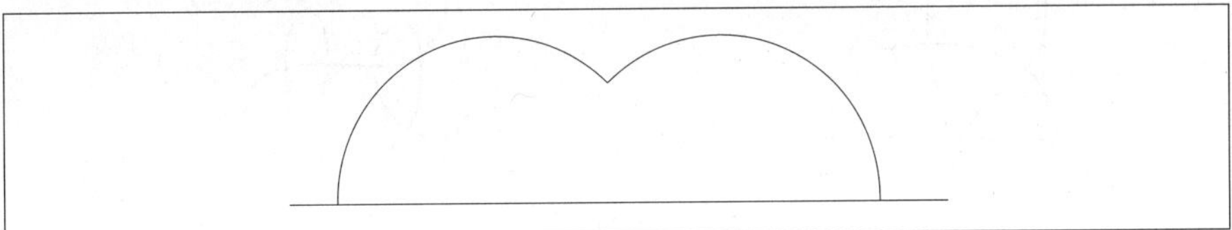

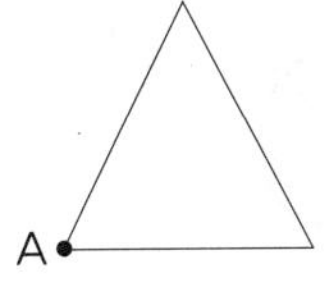

② 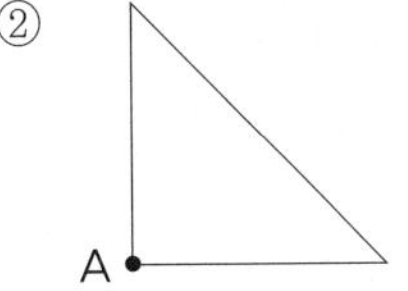

③ 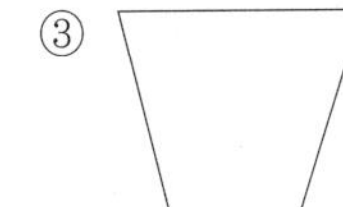

④ 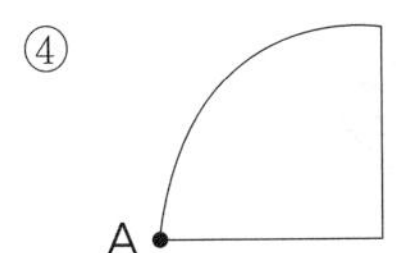

⑤ 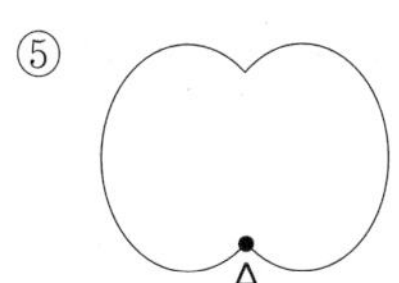

| 정답 ②

| 해설 |

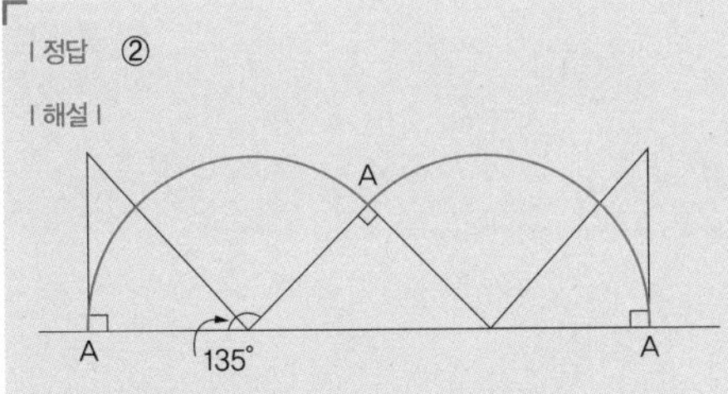

궤적이 2개의 호를 그리고 있으므로 꼭짓점이 3개인 삼각형이 회전한 것이다. 또한, 첫 번째 호의 중심각이 135° 이므로 회전각이 135°인 삼각형을 고르면 된다. 따라서 ②가 적절하다.

유형 분석

궤적을 보고 그것에 맞는 도형을 찾는 문제이다.

해결 전략

도형이 회전하는 각도에 유의해야 한다.

1. 선택지의 궤적을 생각해 본다.
2. 호를 그리고 있는 궤적의 반경(회전 중심)이 몇 개인지 파악한다.
3. 회전 각도를 체크한다.

대표예제 매듭 풀기

유형 분석

그림을 보고 실의 양 끝을 잡아당겼을 때 풀리는 매듭을 찾는 문항이다.

해결 전략

매듭이 풀리지 않으려면 고리 부분을 지나면서 두 실이 서로 교차하여야 하며, 한쪽 끝에서 살펴볼 때 교차지점에서 위 → 아래 → 위 → 아래를 반복하여야 한다.

02 다음 중 실의 양 끝을 잡아당겼을 때 풀리는 매듭은?

① 

② 

③ 

④ 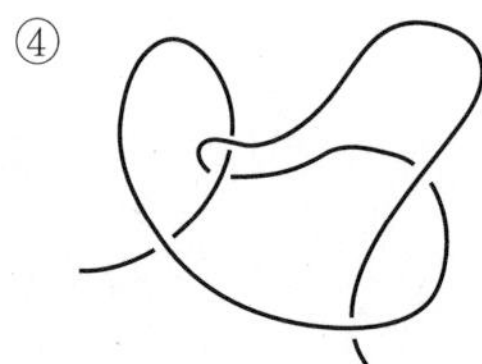

⑤ 

| 정답 | ④

| 해설 |

○ 친 부분의 실의 교차상태가 위 → 아래에서 아래 → 위로 바뀌면 매듭이 지어질 수 있다.

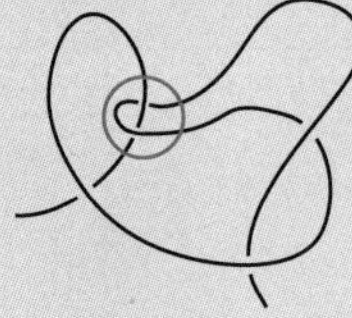

대표예제 한붓그리기

03 다음 중 한붓그리기가 가능한 도형을 모두 고른 것은?

① 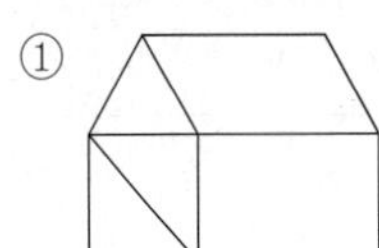

② 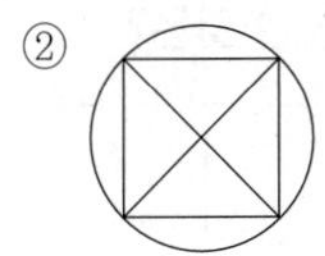

③ 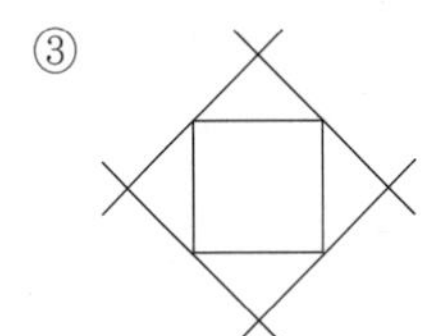

④ 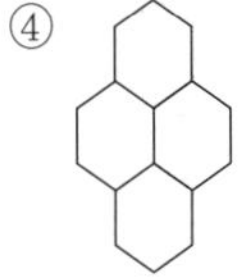

⑤ 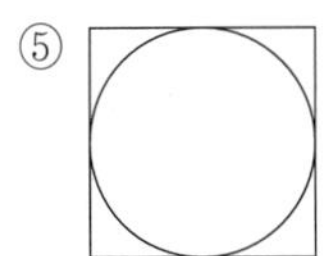

유형 분석

한 번에 그릴 수 있는 도형을 찾는 문항이다.

해결 전략

1. 한 점에 모이는 선의 수를 세어, 홀수점을 체크한다.
2. 홀수점이 없거나 2개이면 한붓그리기가 가능한 도형이다.

One Point Lesson

선분이 만나거나 교차하는 부분에 한 점을 찍는다고 가정할 때, 그 점에 모인 선의 개수가 짝수 개이면 짝수점, 홀수 개이면 홀수점이라 한다.

| 정답 | ①, ⑤

| 해설 |

직선, 곡선에 관계없이, 선의 교차에 주의하여 '홀수점'의 수를 센다. 홀수점이 0개이거나 2개일 경우에만 한붓그리기가 가능하다.

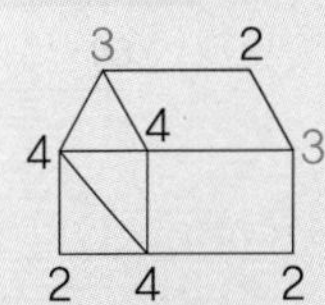

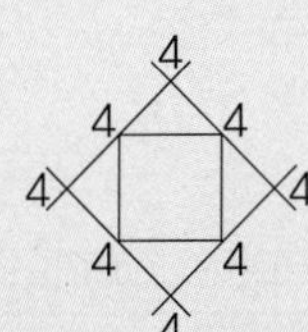

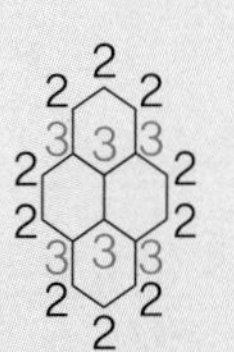

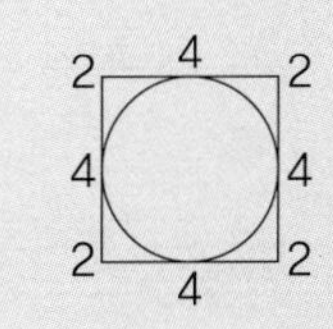

③은 홀수점이 0개이나 도형의 선이 끊어져 있어 한붓그리기가 불가능하다.

대표예제 펀칭하기

유형 분석

종이를 접어 구멍을 뚫고 펼쳤을 때의 모양을 찾는 문항이다.

해결 전략

펀칭 문제는 보기에서 제시된 그림을 역순으로 그려 보면서 구멍이 어디에 뚫려있는지를 생각해 본다.

04 다음과 같이 화살표 방향으로 종이를 접은 후, 마지막 그림과 같이 펀치로 구멍을 뚫고 다시 펼쳤을 때의 모양으로 옳은 것은?

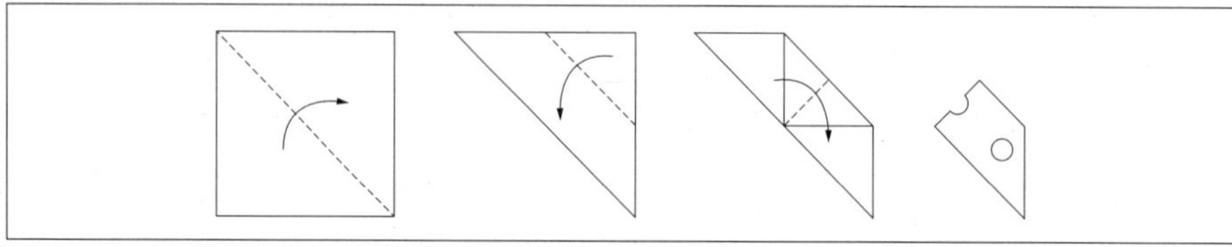

① 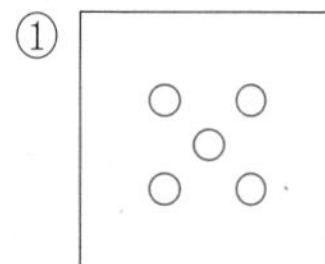

② 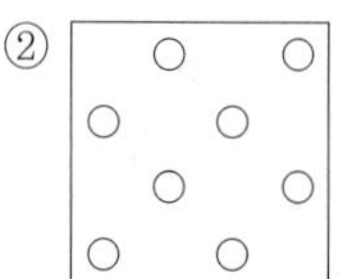

③ 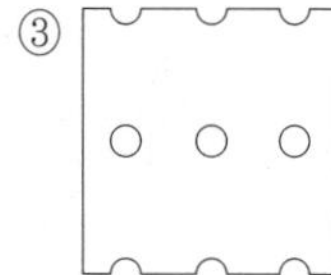

④ 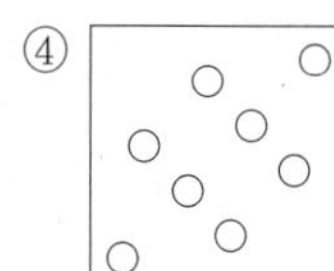

⑤ 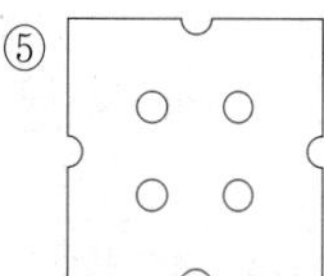

| 정답 | ②

| 해설 |

접힌 종이를 역순으로 펼치면서 구멍의 위치를 확인한다. 이때 펼칠 때마다 접혔던 부분을 점선으로 표시하면 구멍의 위치를 확인하기 쉽다.

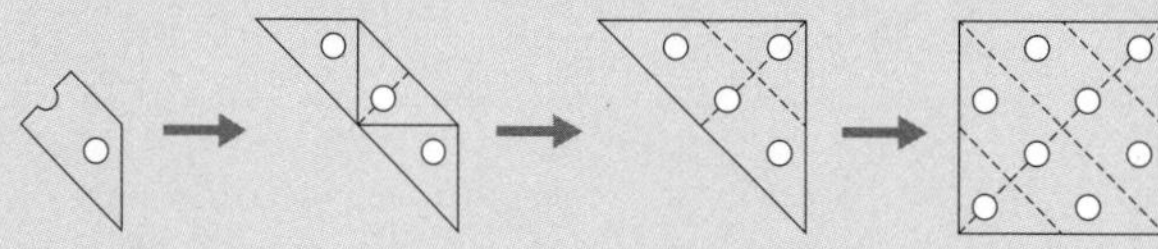

대표예제 자르기

05 다음 그림과 같이 화살표 방향으로 종이를 접은 후, 마지막 그림의 점선을 자르고 다시 펼쳤을 때의 모양으로 옳은 것은?

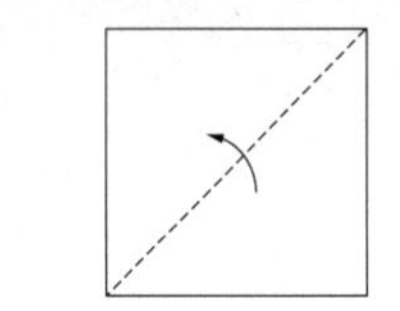 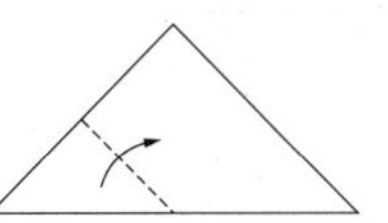 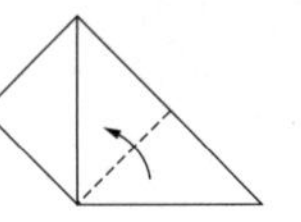 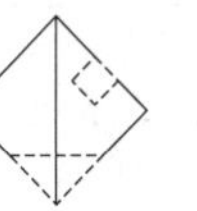

①

②
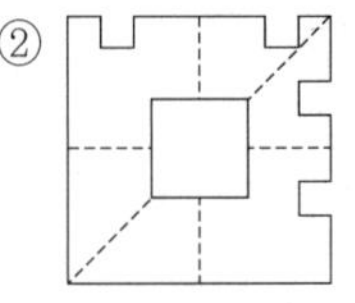

③
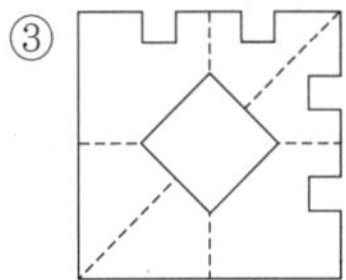

④
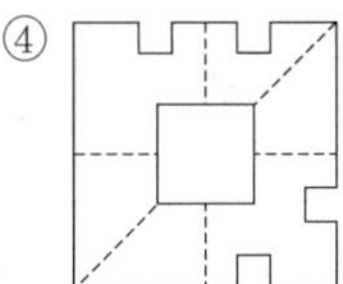

⑤
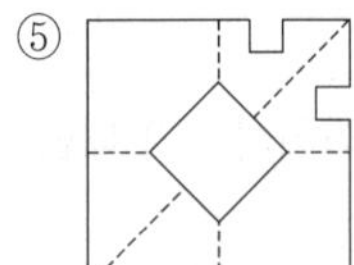

| 정답 | ③

| 해설 |

종이를 접은 역순으로 다시 펼치면 다음과 같다.

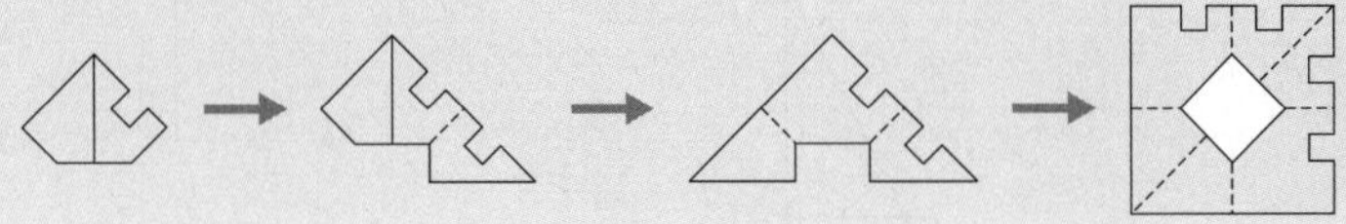

유형 분석

종이를 접어 자른 후 펼쳤을 때의 모양을 찾는 문항이다.

해결 전략

펀칭 문제처럼 역순으로 생각한다. 펼치는 순서만 차근차근 따라 하면 쉽게 풀 수 있다.

테마 5 출제유형문제연습

One Point Lesson

- 회전하는 방향에 따라 나타나는 궤적의 형태를 생각한다.
- 점 A는 회전 중심에 따라 호를 그리며 이동한다.
- 호 부분을 지날 때는 회전 반경이 같다는 것에 유의한다.

01 다음 부채꼴이 수평선상을 미끄러지지 않고 1회전할 때 점 A가 그리는 궤적은?

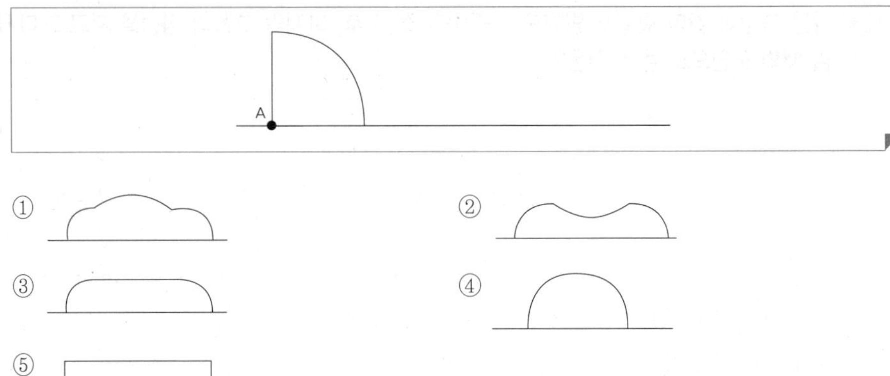

빠른 풀이 비법

- 호의 궤적 반경의 수와 회전 중심이 되는 꼭짓점의 수가 같으므로, 호를 그리고 있는 반경이 다른 궤적의 개수를 파악한다.
- 첫 번째 호의 궤적 반경과 그 중심각을 확인하여 해당하는 도형을 찾는다.

02 어느 도형을 수평선상으로 미끄러지지 않게 1회전시켰더니 도형의 꼭짓점 A가 다음과 같은 궤적을 그렸다. 회전시킨 도형은?

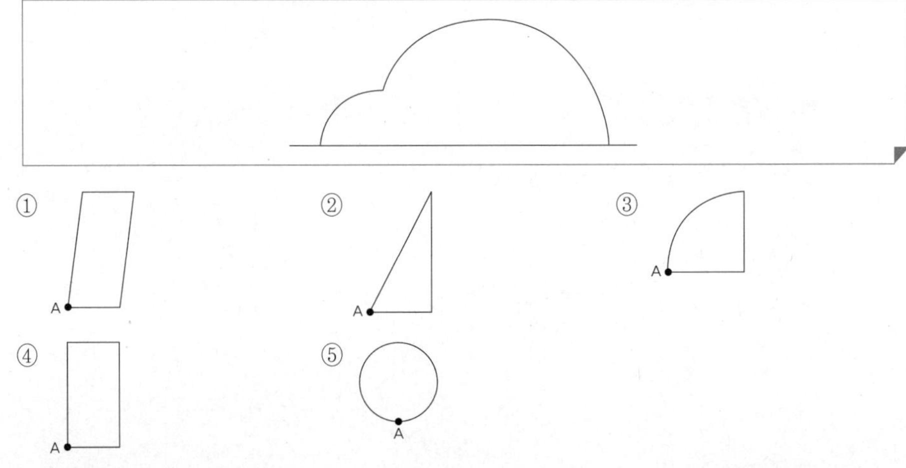

03 어느 도형을 직선 l 위로 미끄러지는 일 없이 1회전시켰을 때, 도형상의 점 P가 다음 그림과 같은 궤적을 그렸다. 회전시킨 도형은?

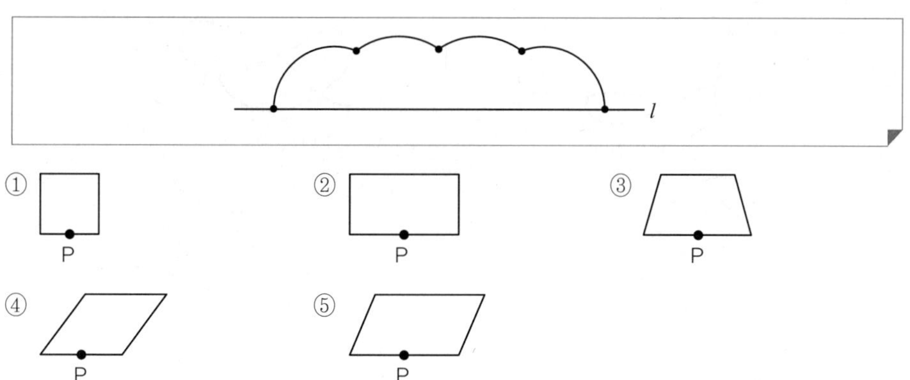

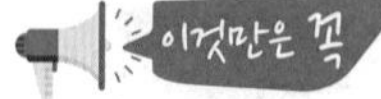

점 P의 위치가 꼭짓점이 아닌 것에 유의한다.

정답과 해설

01 부채꼴은 중심에서 호에 이르는 길이가 모두 같으므로 호 OB 부분이 수평선상을 지날 때는 일직선을 그리게 된다.

정답 ③

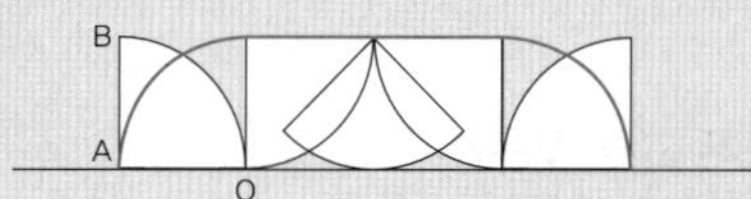

02 2개의 호를 그리고 있으므로 꼭짓점이 3개인 도형이며, 첫 번째 호의 중심각이 90°이므로 회전각이 90°인 것을 찾으면 된다.

정답 ②

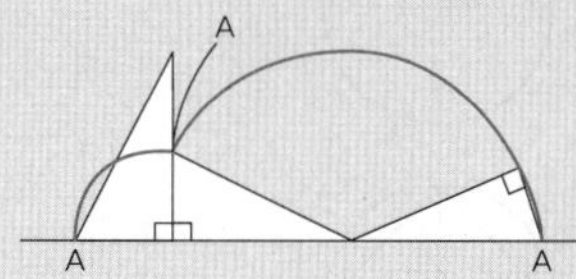

03 회전 각도에 착안하여 푼다. 궤적의 회전 각도를 확인해 보면,

정답 ③

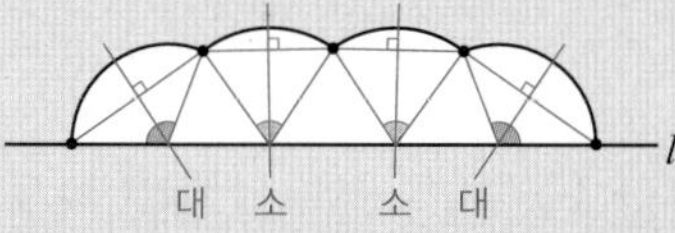

회전각(부채 모양의 중심각)의 크기가 대 → 소 → 소 → 대로 변화하며, 좌우대칭형임을 알 수 있다. 처음에 각도가 대 → 소로 변화하므로 정사각형, 직사각형은 아니며, 좌우대칭의 변화로 볼 때 평행사변형도 생각할 수 없다.

선택지에서 대 → 소 → 소 → 대로 변화하는 도형을 찾아 확인해 보면 다음과 같다.

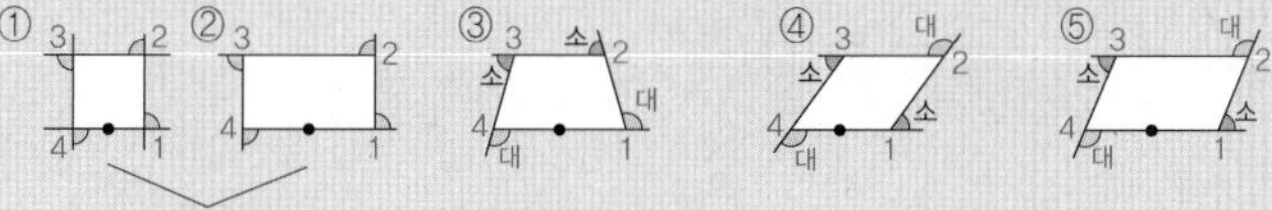

따라서 정사각형, 직사각형, 평행사변형이 아니며 대 → 소 → 소 → 대로 변화하는 것은 ③뿐이다.

이것만은 꼭

그림에서 실이 교차하는 부분에 유의해야 한다. 고리부분을 통과하면서 위 → 아래 → 위 → 아래가 반복되어야 매듭이 지어지므로, 어느 선이 위로 올라와 있는지 잘 파악해야 정확하게 답을 찾을 수 있다.

04 다음 중 실의 양 끝을 잡아당겼을 때 풀리는 매듭은?

①

②
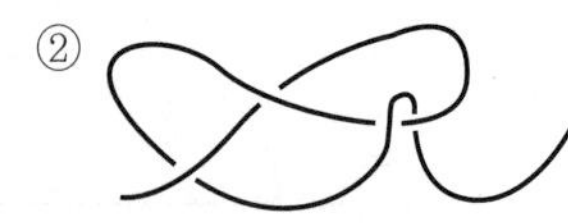

③

④
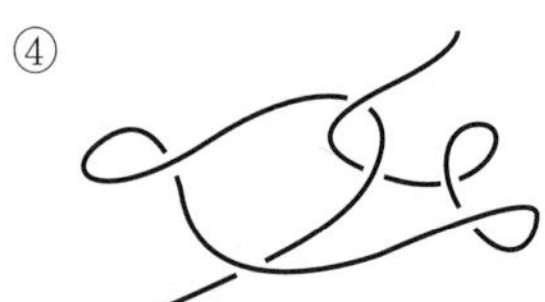

⑤

빠른 풀이 비법

- 한붓그리기가 가능한 도형의 조건을 생각한다.
- 한붓그리기가 가능한 것은 '홀수점'이 없거나, 두 군데에 있는 도형이다.
- 홀수점의 수가 세 군데 이상이면 더 이상 세는 것을 멈춘다.
- 교차점의 선 수를 세어 조건에 적합한 도형을 찾는다.

05 다음 중 한붓그리기가 가능한 도형을 모두 고른 것은?

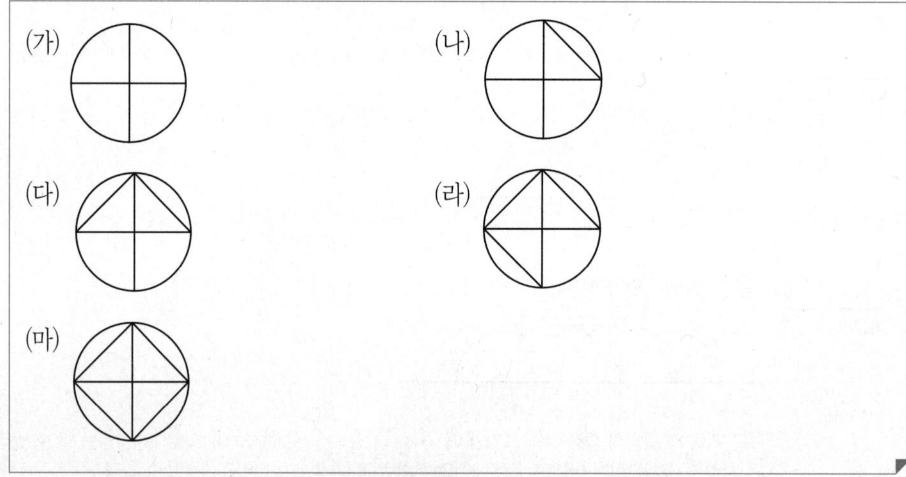

① (가), (라)　② (나), (라)　③ (가), (다), (마)
④ (나), (다), (라)　⑤ (다)

06 다음 중 한붓그리기가 가능하지 않은 도형은?

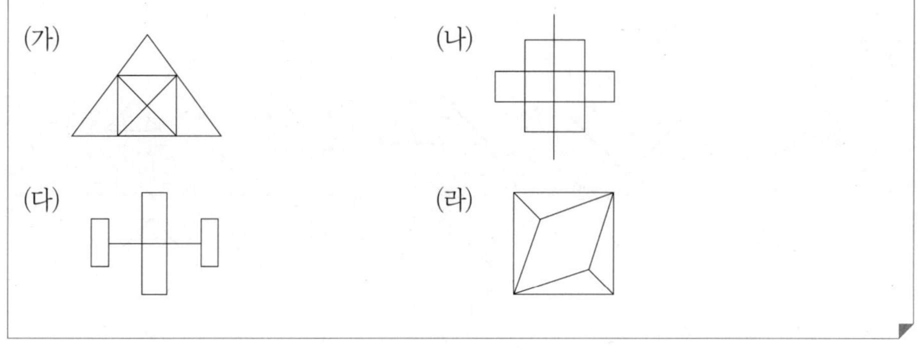

① (가) ② (가), (나) ③ (다)
④ (라) ⑤ (다), (라)

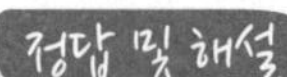

04 실의 교차상태에 유의한다. 위 → 아래 → 위 → 아래가 반복되어야 매듭이 지어진다.

정답 ①

05 한붓그리기가 가능한 도형의 조건 : 홀수점이 없거나, 두 군데에 있는 도형
문제의 (가)~(마)를 확인해 보면 다음 그림과 같다(숫자는 한 점에 모이는 선의 수를 나타낸다).

정답 ④

(가)
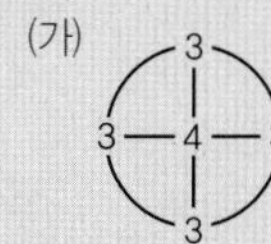

(나)
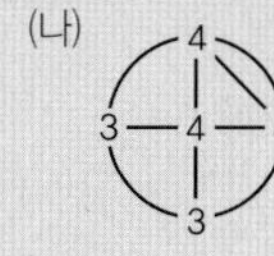

(다)
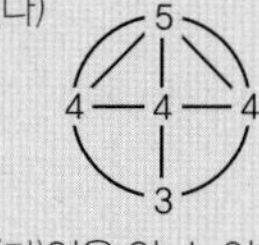

(라)
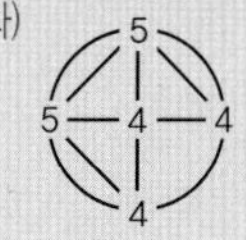

(마)
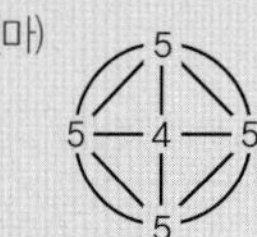

따라서 한붓그리기가 가능한 것은 (나), (다), (라)임을 알 수 있다.

06 홀수점을 체크하면 다음과 같다.

정답 ④

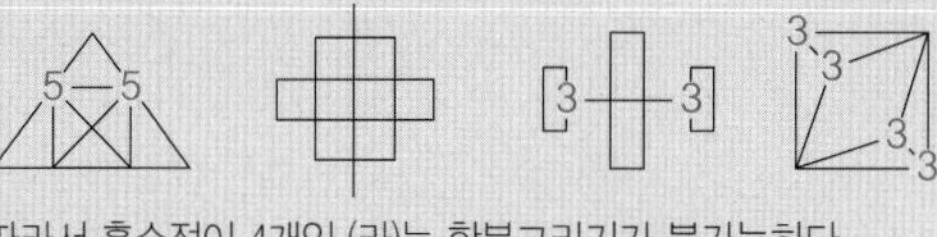

따라서 홀수점이 4개인 (라)는 한붓그리기가 불가능하다.

07~09 다음과 같이 화살표 방향으로 종이를 접은 후, 마지막 그림과 같이 펀치로 구멍을 뚫고 다시 펼쳤을 때의 모양으로 옳은 것을 고르시오.

One Point Lesson

이러한 문제는 접은 자국이 대칭의 축이 되는 선대칭 도형을 생각하며 그림을 그리면서 푼다.

07

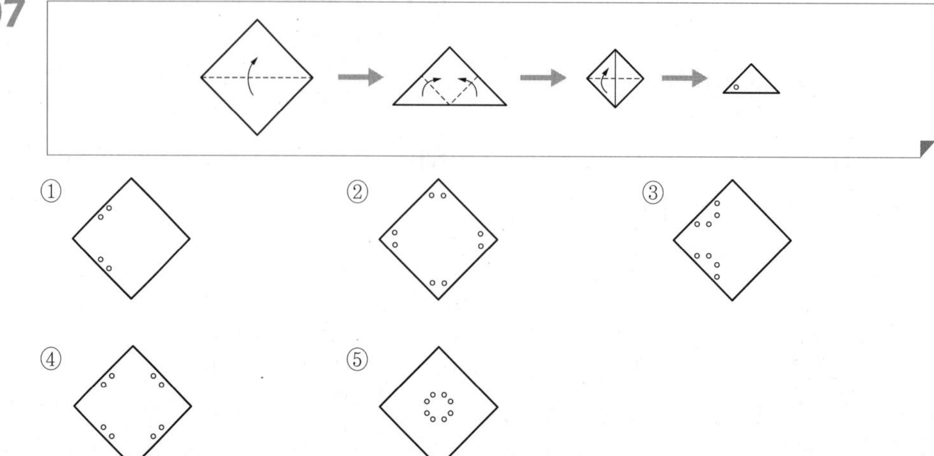

①　②　③

④　⑤

빠른 풀이 비법

구멍이 뚫리는 위치가 모서리인지 꼭짓점인지 파악한다. 그것만으로도 선택지의 일부를 소거할 수 있다.

08

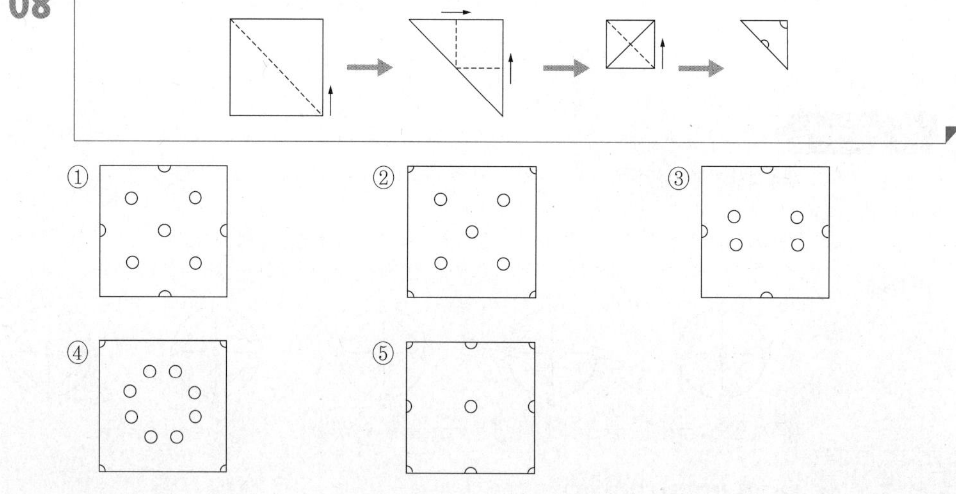

①　②　③

④　⑤

09

① ② ③ ④ ⑤

이것만은 꼭

- 접히는 부분이 일부분일 때 그 대칭되는 면에 주의한다.
- 반만 잘린 부분이 펼쳐질 때 하나의 원형 구멍이 되는 부분, $\frac{1}{4}$원이 $\frac{1}{2}$원으로 펼쳐지는 부분에 유의하며 살핀다.
- 펼칠 때도 $\frac{1}{4}$원이나 $\frac{1}{2}$원의 모양은 그대로 유지된다.

정답 및 해설

07 접는 선에 선대칭이 되도록 하고 구멍을 그려 넣은 후 펼쳐 본다.

정답 ③

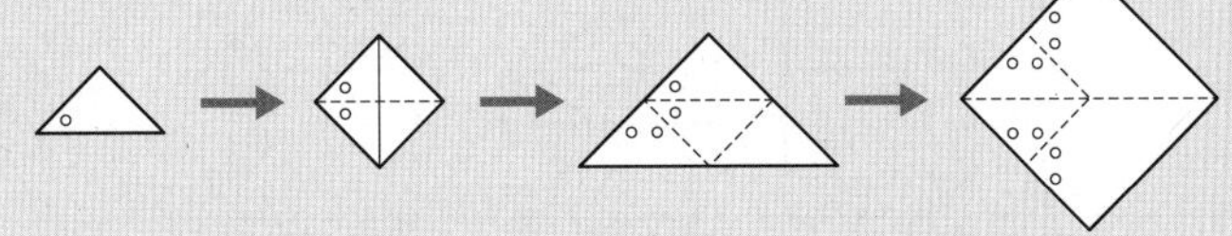

08 접은 종이를 역순으로 펼치면서 구멍의 위치를 확인하고, 펼칠 때마다 접혔던 부분을 점선으로 표시하면 다음과 같다.

정답 ②

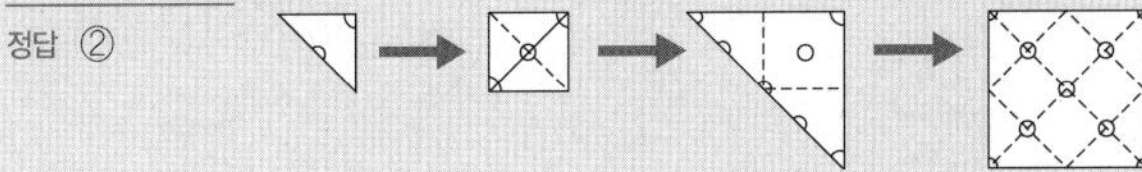

09 접은 종이를 역순으로 펼치면서 구멍의 위치를 확인하고, 펼칠 때마다 접혔던 부분을 점선으로 표시하면 다음과 같다.

정답 ④

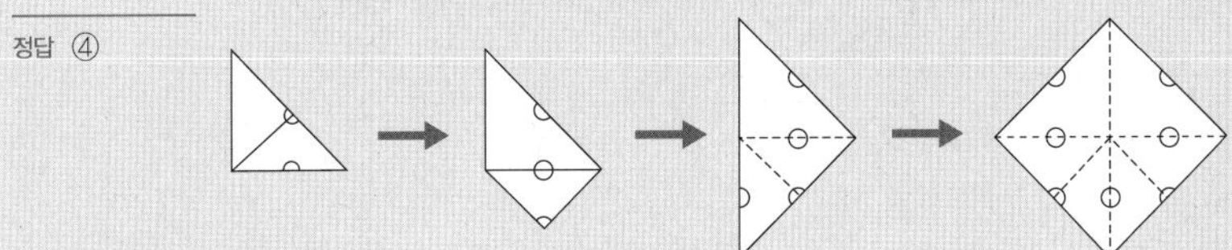

One Point Lesson

종이 접기 문제의 대부분은 접은 순서를 역으로 되돌리며 푼다. 이때, 접은 자국이 대칭의 축이 되는 선대칭 도형을 정확히 그려야 한다.

10~11 다음 그림과 같이 종이를 접은 후, 마지막 점선 부분을 자르고 다시 펼쳤을 때의 모양으로 옳은 것을 고르시오.

10

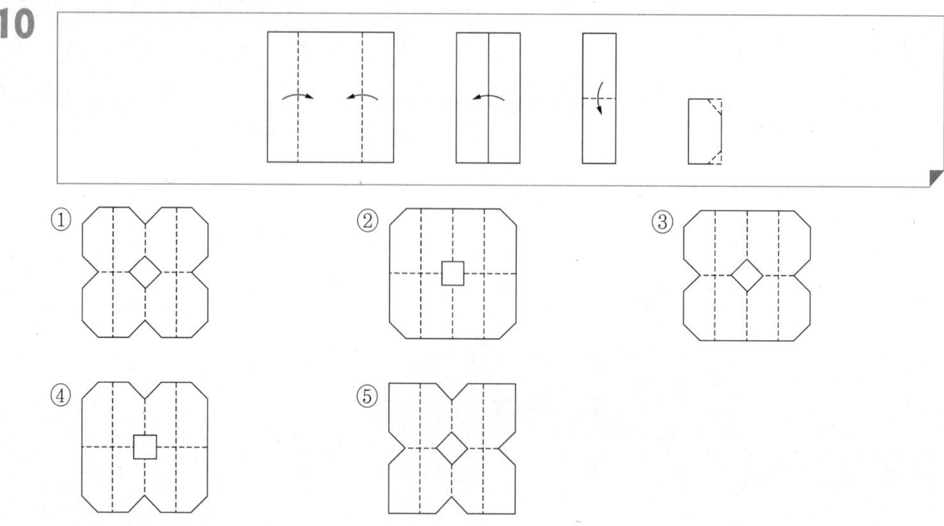

11

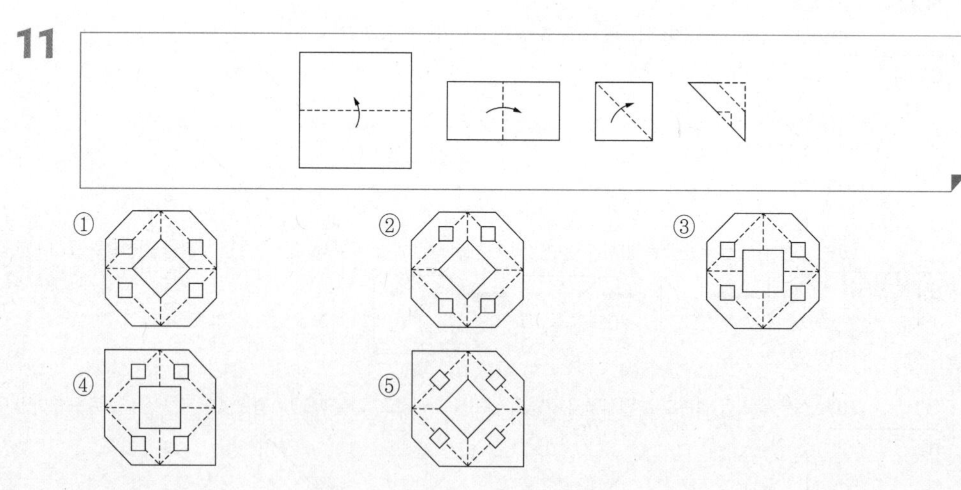

12~13 종이를 화살표 방향으로 접은 후 가위로 색칠된 부분을 자르고 다시 펼쳤을 때의 모양으로 알맞은 것을 고르시오.

12

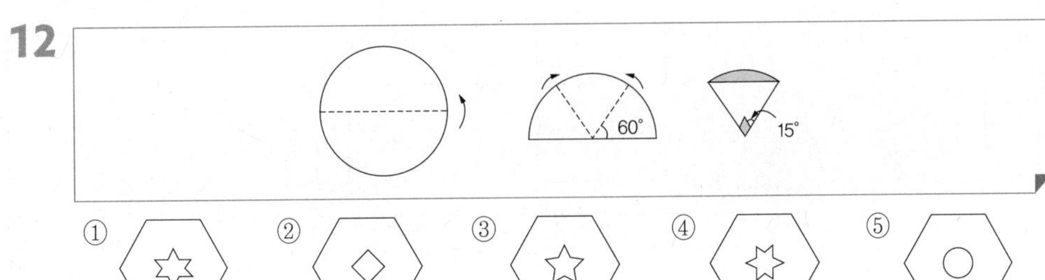

① ② ③ ④ ⑤

13

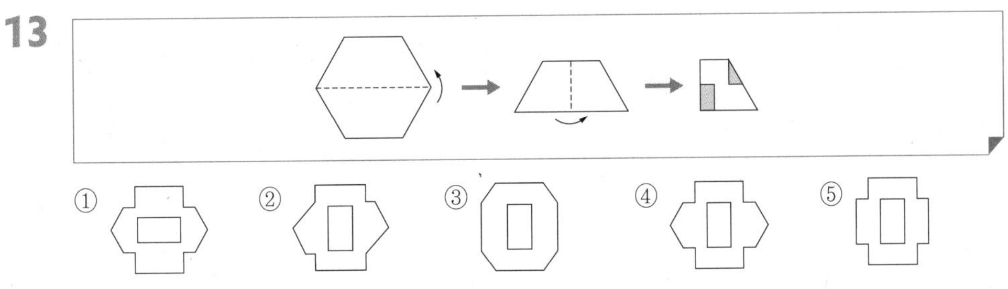

① ② ③ ④ ⑤

정답 및 해설

10 접은 종이를 역순으로 펼치면서 그림의 모양을 확인한다. 이때, 펼칠 때마다 접혔던 부분을 점선으로 표시하면 자른 모양을 확인하기 쉽다.

정답 ①

11

정답 ①

12

정답 ①

13

정답 ④

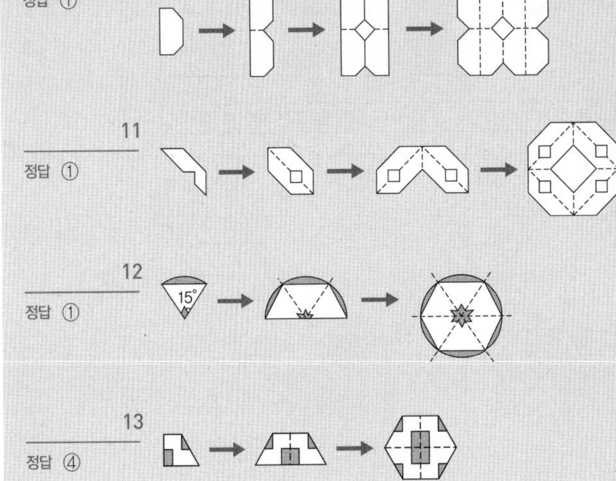

One Point Lesson

앞면의 모양과 뒷면의 모양을 접는 순서에 따라 유추해 낼 수 있어야 한다.

14 다음과 같이 종이를 접은 후 앞에나 뒤에서 볼 수 있는 모양이 아닌 것은?

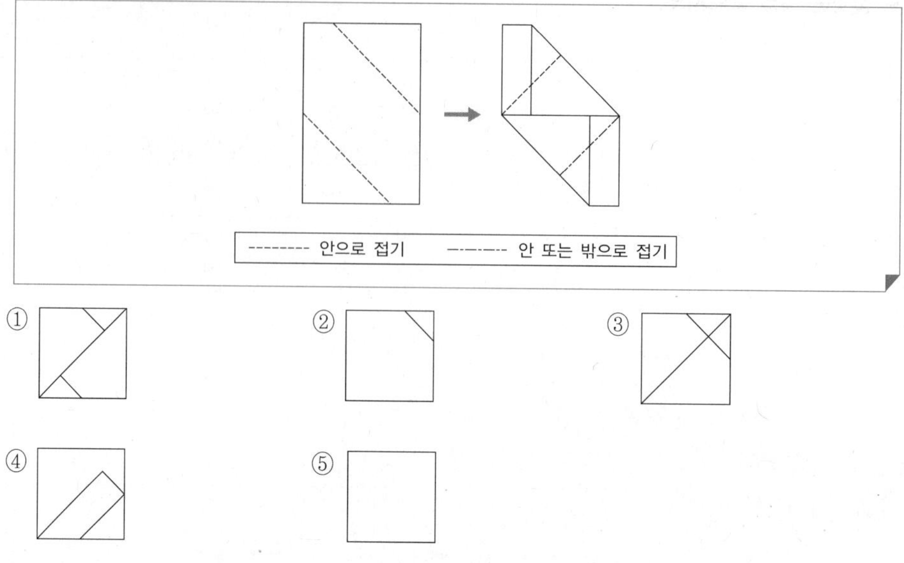

①

②

③

④

⑤

15 다음과 같이 종이를 접은 후 앞이나 뒤에서 볼 수 있는 모양으로 알맞은 것은? (단, 회전하지 않는다)

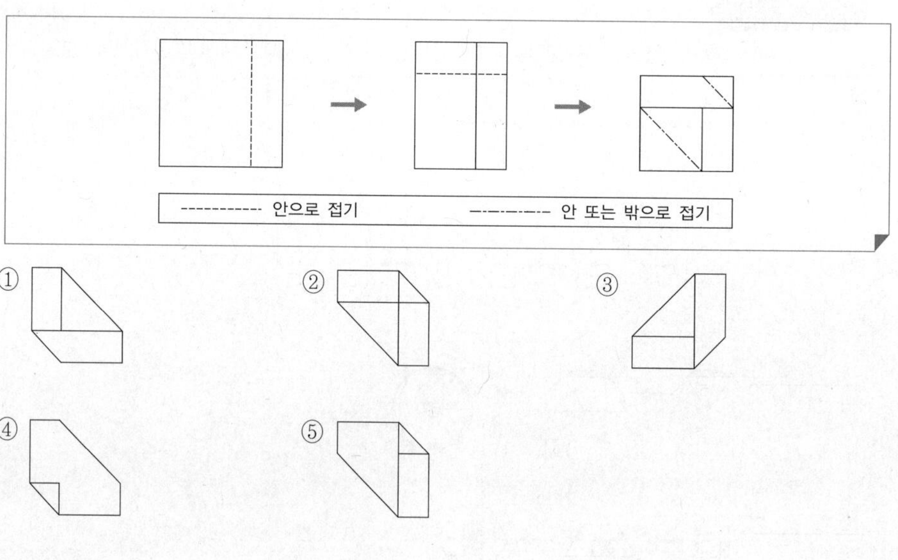

①

②

③

④

⑤

16 마름모의 종이를 a 부분에서 접은 다음 겹쳐진 부분도 함께 b 부분을 따라 접었다. 이것을 좌우 대칭이 되는 선으로 접었을 때 볼 수 있는 도형은?

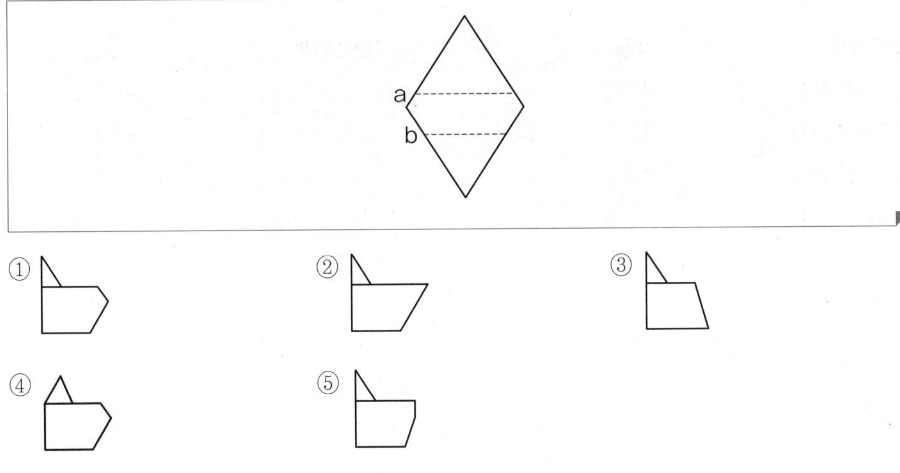

마름모를 접었을 때 밑단의 오른쪽에 튀어나오는 부분과 위로 튀어나온 삼각형의 모양을 생각하여 찾는다.

정답 및 해설

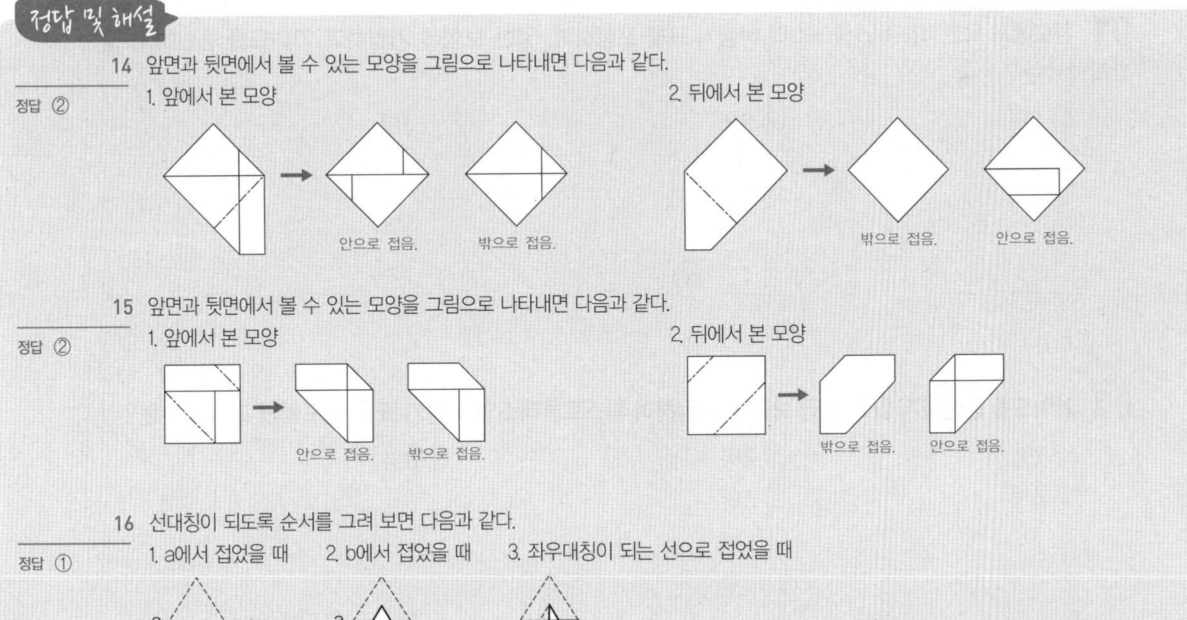

14 앞면과 뒷면에서 볼 수 있는 모양을 그림으로 나타내면 다음과 같다.

정답 ②

1. 앞에서 본 모양
2. 뒤에서 본 모양

15 앞면과 뒷면에서 볼 수 있는 모양을 그림으로 나타내면 다음과 같다.

정답 ②

1. 앞에서 본 모양
2. 뒤에서 본 모양

16 선대칭이 되도록 순서를 그려 보면 다음과 같다.

정답 ①

1. a에서 접었을 때
2. b에서 접었을 때
3. 좌우대칭이 되는 선으로 접었을 때

실력다지기

▶정답과 해설 30쪽

01~02 다음은 어느 여행사의 고객 목록이다. 고객마다 부여된 코드의 각 숫자가 의미하는 것은 각주와 같다. 이어지는 질문에 답하시오.

	코드 번호	이름		코드 번호	이름
1	0112543772142	김보경	10	0112553873441	이신자
2	5322543873441	고은주	11	5322553973441	정동학
3	5322553973441	박상철	12	5322543873441	구현민
4	5322543873442	최소희	13	5322543872141	박은혜
5	6952553973441	민철수	14	6952553973442	안철규
6	0112553772141	주희숙	15	0112543873441	독고민석
7	0112543872142	사현진	16	5322543873442	김남철
8	6952553772141	박동규	17	5322543873441	이혜자
9	5322543873441	한홍주	18	0112543772142	한지수

*코드 번호는 총 ㄱㄴㄷ－ㄹㅁㅂ－ㅅㅇ－ㅈㅊㅋ－ㅌㅍ 13자리의 숫자로 이루어지며, 각 숫자들이 의미하는 바는 다음과 같다.

ㄱㄴㄷ		ㄹㅁㅂ		ㅅㅇ		ㅈㅊㅋ		ㅌㅍ	
숙소 종류		비행기 표 포함 여부		비행기 좌석		여행자 보험		가이드 동반 여부	
호텔	011	포함	254	퍼스트	37	고급	721	동반	42
콘도	532	미포함	255	비즈니스	38	일반	734	미동반	41
펜션	695			이코노미	39				

01 콘도에서 묵고 비즈니스클래스의 비행기 표를 포함하며, 일반 보험에 가입하고 가이드를 동반하지 않는 고객의 수는?

① 2명 ② 3명 ③ 4명
④ 5명 ⑤ 6명

02 가이드를 동반하지 않고 고급 보험에 가입하며 퍼스트클래스의 비행기 표를 미포함한 고객의 수는?

① 1명 ② 2명 ③ 3명
④ 4명 ⑤ 5명

03 〈보기〉의 그림과 같은 모양이 되도록 그림 조각을 순서대로 조합한 것은? (단, 순서는 왼쪽 위, 오른쪽 위, 왼쪽 아래, 오른쪽 아래 순으로 한다)

보기

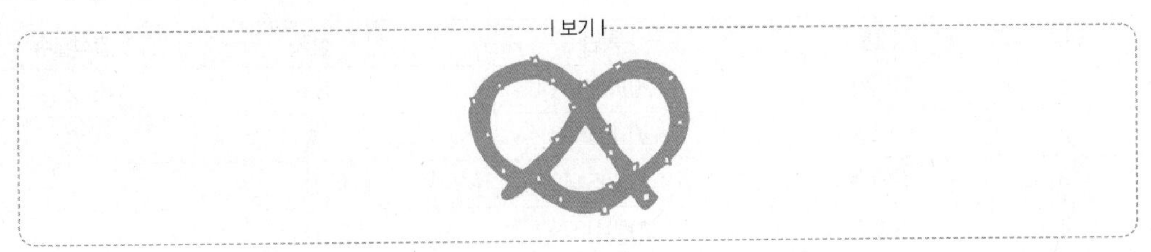

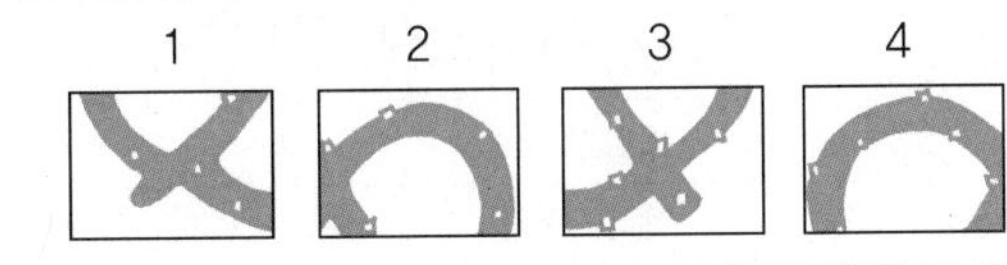

① 1 2 3 4　② 1 2 4 3　③ 2 1 3 4
④ 3 4 1 2　⑤ 4 2 1 3

04 다음은 어느 택배회사의 운송장 정보이다. 〈보기〉의 내용과 비교하여 서로 다른 것은?

운송장 번호	5684159723		
상품명	고급 칫솔 살균기 YD4198Z	수량	1
보낸 사람	하하 시스템	주소	서울시 마포구 마포동
받는 사람	강지효	주소	대구광역시 달서구 호림동

보기

날짜	상태	배송처	연락처
2019－10－08 18:07	마포구 지점에서 물품을 접수함.	마포구 지점	－
2019－10－09 01:49	수도권 터미널에서 물품이 출발함.	소분류 센터	1566－9998
2019－10－09 06:45	대구 센터에서 출발함.	대구 센터	1566－9999

① 보낸 사람 : 하하 시스템　② 운송장 번호 : 5684159723
③ 대구 센터 연락처 : 1566－9999　④ 받는 사람 주소 : 서울시 마포구 마포동
⑤ 상품명 : 고급 칫솔 살균기 YD4198Z

05~06 다음은 어느 대학교의 회계원리 수업의 수강생 목록이다. 목록과 문항별 표를 비교하여 일치하지 않는 셀(칸)의 개수를 고르시오.

번호	이름	학번	성적	결석일수
1	김민지	201005134	B+	2
2	이아름	201124562	A	0
3	진해수	201015442	B	1
4	이종민	200941579	D	4
5	송두원	201134335	B+	3
6	임재영	201321574	A+	0
7	강민희	201222458	A	0
8	우희진	201131952	B	1
9	강인호	201052367	C	2
10	장윤수	201215362	B+	0
11	이소리	201165374	B	1
12	박현빈	201315492	C+	3
13	강민주	201042316	C+	1
14	전진서	201375118	B	2
15	서예주	201264291	C	1
16	권샘	201047325	B	0

05

번호	이름	학번	성적	결석일수
1	김민지	201005134	B+	2
2	이아름	201214562	A	0
3	진해수	201015442	B	1
4	이종민	200941579	D	4
5	송우원	201134335	B+	3

① 1개 ② 2개 ③ 3개 ④ 4개 ⑤ 5개

06

번호	이름	학번	성적	결석일수
6	임재영	201321574	A+	0
7	강민희	201222458	A	0
8	우희진	201131952	B	1
9	강인호	201052367	C	2
10	장윤수	201215862	B+	0

① 1개 ② 2개 ③ 3개 ④ 4개 ⑤ 5개

07~08 다음의 각 문자가 〈보기〉의 분류표에서 해당되는 범위를 고르시오

07

| 보기 |

①	②	③	④	⑤
SPNM	NOCK	LIGK	EMFC	DBXU
FJZK	OLTV	WXHK	IJPQ	EBAS
TWYL	HGCF	QURX	LBDZ	YCSN
ELOP	FQVW	FRTA	GOUV	ZHFL

(01) WXHK **(02)** HGCF **(03)** LBDZ **(04)** DBXU

(05) ELOP **(06)** NOCK **(07)** YCSN **(08)** FJZK

(09) LIGK **(10)** GOUV **(11)** FRTA **(12)** EMFC

(13) ZHFL **(14)** SPNM **(15)** OLTV **(16)** IJPQ

08

| 보기 |

①	②	③	④	⑤
ZYXW	GFED	VWYZ	VXAF	NMLK
LKJI	STNM	GHIJ	HGFE	PONM
ABCD	XAGH	DCBA	DGJK	BARQ
IHKL	RQPO	UTSR	OPQR	VUTS

(01) HGFE **(02)** XAGH **(03)** IHKL **(04)** VUTS

(05) VXAF **(06)** UTSR **(07)** NMLK **(08)** RQPO

(09) LKJI **(10)** DCBA **(11)** OPQR **(12)** GFED

(13) PONM **(14)** DGJK **(15)** GHIJ **(16)** ZYXW

09~11 다음의 각 기호가 〈보기〉의 분류표에서 해당되는 범위를 고르시오.

09

| 보기 |

①	②	③	④	⑤
○▽◎×	▽△◎□	△▽×○	◎△○□	□○△◎
×○▲○	◎△□▲	○□▲×	□×△○	○□◎△
◎△□○	○▲◎△	×○◎△	○▲◎×	◎□△○
△×□△	□▽××	▽○▲△	△▽○□	△◎□×
▲×◎▽	××◎○	□○□◎	□×▲▽	×▲○□

(01) ○▲◎× **(02)** △×□△ **(03)** ×○◎△ **(04)** ◎△○□

(05) ▽△◎□ **(06)** □○□◎ **(07)** ×○▲○ **(08)** □▽××

(09) ○□▲× **(10)** ○□◎△ **(11)** □×△○ **(12)** △▽○□

(13) ◎△□○ **(14)** △◎□× **(15)** ◎△□▲ **(16)** ▽○▲△

(17) ○▲◎△ **(18)** ××◎○ **(19)** △▽×○ **(20)** ×▲○□

10

| 보기 |

①	②	③	④	⑤
+++−	×−÷−	−×÷+	+÷÷−	+×÷−
×÷−+	++−−	×÷×+	÷×−+	×÷÷+
−+−+	××+×	÷÷÷−	−++−	+××−
×××−	−÷+÷	×++−	+÷÷×	−++÷
÷×−×	−+−×	+−−×	÷−×+	+÷××
×÷+−	×−×+	+÷+−	−−+÷	××÷+

(01) −×÷+ **(02)** ×÷+− **(03)** ×−×+ **(04)** +÷÷−

(05) ÷×−+ **(06)** ÷÷÷− **(07)** −+−+ **(08)** ××÷+

(09) −++− **(10)** +÷÷× **(11)** ×÷×+ **(12)** −÷+÷

(13) −+−× **(14)** ×++− **(15)** +++− **(16)** ××+×

(17) ++−− **(18)** ÷−×+ **(19)** +−−× **(20)** −++÷

11

| 보기 |

①	②	③	④	⑤
♡♡◇♤	♤♤♧♡	◇♧◇♤	♤◇◇♡	♡◇◇♤
◇♤♡◇	♡♧♡◇	♡◇♤♡	♡♡♧♤	◇◇♡◇
♧♤◇♡	♡◇♤♤	♤♡♧◇	♧♧♡♧	♧♤◇◇
◇♤◇♡	♧◇♡♧	♤♡♧♤	◇♡◇♤	◇♤◇♤
◇♧♡♤	♤♡♤◇	◇♤♡♡	♡♡♤♤	◇♧♡◇

(01) ♤◇◇♡ **(02)** ♡◇♤♡ **(03)** ◇♤♡♡ **(04)** ♧♧♡♧

(05) ♤♤♧♡ **(06)** ◇♧◇♤ **(07)** ◇♧♡◇ **(08)** ♧♤◇◇

(09) ♤♡♧◇ **(10)** ◇♡◇♤ **(11)** ♡♡♧♤ **(12)** ♧◇♡♧

(13) ◇♤♡◇ **(14)** ♡♡♤♤ **(15)** ♡♧♡◇ **(16)** ♤♡♧♤

(17) ♡◇♤♤ **(18)** ♤♡♤◇ **(19)** ♧♤◇♡ **(20)** ◇♧♡♤

12 다음의 각 숫자가 〈보기〉의 분류표에서 해당되는 범위를 고르시오.

| 보기 |

①	②	③	④	⑤
1001~1503	1504~2212	2213~2456	2457~3089	3090~3891
3892~4244	4245~4984	4985~5614	5615~6021	6022~6999
7000~7365	7366~7984	7985~8045	8046~8238	8239~8427
8428~8612	8613~8966	8967~9333	9334~9656	9657~9999

(01) 2587 **(02)** 8014 **(03)** 3543 **(04)** 8076

(05) 6006 **(06)** 1318 **(07)** 6753 **(08)** 7598

(09) 7251 **(10)** 5235 **(11)** 8717 **(12)** 8040

(13) 6877 **(14)** 4513 **(15)** 1856 **(16)** 7994

(17) 3962 **(18)** 9567 **(19)** 9873 **(20)** 8171

13~16 각 기호의 의미가 〈보기〉와 같을 때 다음 기호들을 가장 잘 해독한 것을 고르시오.

13

| 보기 |

◐=국어 □=영어 ◎=수학 ☆=과학
◇=사회 ◈=음악 ▽=미술 ▤=체육

◈ ▤ ◐ ◎ □

① 국어, 영어, 수학, 과학, 사회
② 영어, 수학, 과학, 사회, 국어
③ 영어, 음악, 체육, 국어, 수학
④ 음악, 체육, 국어, 수학, 영어
⑤ 사회, 음악, 영어, 국어, 수학

14

| 보기 |

A=정지 B=우회전 C=좌회전 D=통과

B → A → C

① 정지했다가 좌회전하여 통과하기
② 우회전해서 정지했다가 통과하기
③ 우회전해서 정지했다가 좌회전하기
④ 정지했다가 우회전하여 통과하기
⑤ 좌회전했다가 우회전하여 정지하기

15

| 보기 |

○=우체국 ▽=도서관 ◇=공원
☆=문구점 △=학교 ♡=집

△ → ◇ → ♡

① 학교에 갔다가 공원에 들러 집으로 갔다.
② 도서관에 갔다가 공원에 들러 집으로 갔다.
③ 학교에 갔다가 도서관에 들러 집으로 갔다.
④ 도서관에 갔다가 집에 들러 공원으로 갔다.
⑤ 문구점에 갔다가 집에 들러 공원으로 갔다.

16

| 보기 |

□=학교 △=나무 ○=연못 ◇=집 ☆=꽃

△ ◇ ○

① 연못 왼쪽에 학교가 있고 오른쪽에 나무가 있다.
② 집 왼쪽에 나무가 있고 오른쪽에 꽃이 있다.
③ 학교 왼쪽에 나무가 있고 오른쪽에 연못이 있다.
④ 집 왼쪽에 나무가 있고 오른쪽에 연못이 있다.
⑤ 학교 왼쪽에 연못이 있고 오른쪽에 나무가 있다.

17 다음과 같이 한글의 자모를 영문 알파벳으로 나타낸다고 할 때, 단어의 연결이 잘못된 것은?

• ㄱ=A ㄲ=B ㄴ=C ㄷ=D ㄸ=E ㄹ=F ㅁ=G ㅂ=H ㅃ=I ㅅ=J ㅆ=K ㅇ=L ㅈ=M ㅉ=N ㅊ=O ㅋ=P ㅌ=Q ㅍ=R ㅎ=S
• ㅏ=a ㅐ=b ㅑ=c ㅒ=d ㅓ=e ㅔ=f ㅕ=g ㅖ=h ㅗ=i ㅘ=j ㅙ=k ㅚ=l ㅛ=m ㅜ=n ㅝ=o ㅞ=p ㅟ=q ㅠ=r ㅡ=s ㅢ=t ㅣ=u

① 대한민국 : DbSaCGuCAnA, 몽골 : GiLAiF
② 베트남 : HfQsCaG, 브루나이 : HsFnCaLu
③ 스리랑카 : JsFuFaLCa, 싱가포르 : JuLAaRiQs
④ 파키스탄 : RaPuJsQaC, 필리핀 : RuFFuRuC
⑤ 대만 : DbGaC, 홍콩 : SiLPiL

18 〈보기〉와 같은 도형과 단어의 관계를 참고해 다음의 도형을 바르게 전환한 것은?

| 보기 |

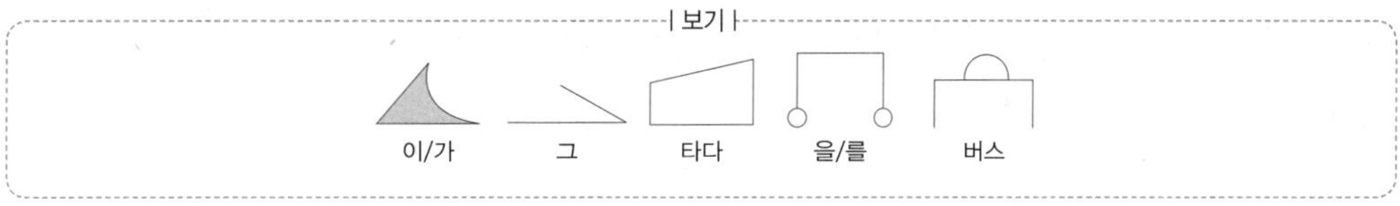

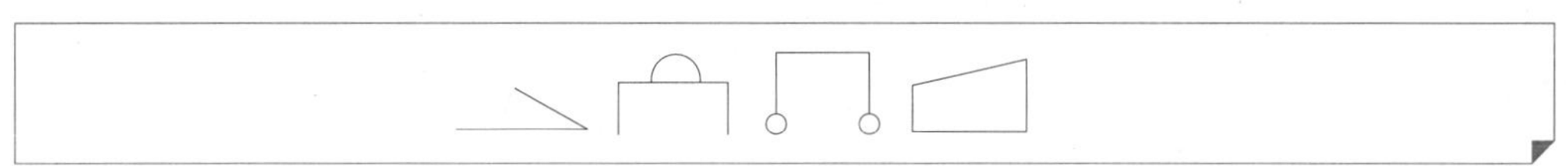

① 버스를 타다.
② 그가 버스를 타다.
③ 그 버스를 타다.
④ 버스가 타다.
⑤ 그가 타다.

19~20 다음 왼쪽에 제시된 문자와 〈보기〉의 분류표에 대응했을 때 틀린 것의 개수를 고르시오.

19

| 보기 |

A	B	C	D	E
ㅏㅗㅓ	ㅏㅜㅑ	ㅏㅕㅡ	ㅏㅛㅕ	ㅏㅠㅣ

① 1개 ② 2개 ③ 3개 ④ 4개 ⑤ 없음

(01) BACD ㅏㅛㅕ ㅏㅗㅓ ㅏㅠㅣ ㅏㅛㅕ

(02) AEBB ㅏㅛㅕ ㅏㅠㅣ ㅏㅜㅑ ㅏㅕㅡ

(03) CDAE ㅏㅕㅡ ㅏㅛㅕ ㅏㅗㅓ ㅏㅜㅑ

(04) CCBD ㅏㅕㅡ ㅏㅜㅑ ㅏㅕㅡ ㅏㅛㅕ

(05) DEBA ㅏㅠㅑ ㅏㅛㅕ ㅏㅗㅓ ㅏㅕㅡ

(06) EDCB ㅏㅗㅓ ㅏㅕㅡ ㅏㅛㅕ ㅏㅜㅑ

(07) BCDE ㅏㅠㅣ ㅏㅜㅑ ㅏㅗㅓ ㅏㅕㅡ

(08) AEDB ㅏㅗㅕ ㅏㅠㅣ ㅏㅛㅕ ㅏㅜㅑ

(09) EBAC ㅏㅕㅡ ㅏㅜㅑ ㅏㅗㅓ ㅏㅗㅓ

(10) CEAB ㅏㅗㅓ ㅏㅛㅕ ㅏㅗㅓ ㅏㅛㅕ

20

| 보기 |

T	R	S	U	V
5 25 7	5 17 27	5 37 17	5 25 17	5 7 15

① 1개 ② 2개 ③ 3개 ④ 4개 ⑤ 없음

(01) SURT 5 25 17 5 25 17 5 17 27 5 25 7

(02) UVTR 5 25 7 5 37 17 5 25 7 5 17 27

(03) TSVU 5 37 17 5 25 17 5 7 15 5 25 17

(04) RSTU 5 17 27 5 37 17 5 25 7 5 25 7

(05) UVSR 5 25 17 5 25 7 5 25 17 5 7 15

(06) TRSU 5 7 15 5 37 17 5 17 27 5 25 7

(07) SUTV 5 25 17 5 25 17 5 25 7 5 17 27

(08) RTUV 5 25 17 5 17 27 5 37 17 5 7 15

(09) STRU 5 7 15 5 25 7 5 17 27 5 25 17

(10) VUSR 5 7 15 5 25 17 5 37 17 5 7 27

21~26 다음에 제시된 좌우의 문자를 비교했을 때 내용이 서로 다른 것을 고르시오.

21 ① 大韓民國 - 大韓民國　② 秋分春分 - 秋分春汾
③ 九曲肝腸 - 九曲肝腸　④ 輾轉反側 - 輾轉反側
⑤ 三水甲山 - 三水甲山

22 ① 比翼鳥 - 比翼鳥　② 落花流水 - 落花流水
③ 管鮑之交 - 管鮑之交　④ 寤寐不忘 - 寤寐不汒
⑤ 錦繡江山 - 錦繡江山

23 ① 伯牙絕絃 - 伯芽絕絃　② 金蘭之交 - 金蘭之交
③ 莫逆之友 - 莫逆之友　④ 肝膽相照 - 肝膽相照
⑤ 水魚之交 - 水魚之交

24 ① 登龍門 - 登龍門　② 大器晚成 - 大器晚成
③ 錦衣還鄉 - 錦衣還鄉　④ 立身揚名 - 立身揚洺
⑤ 結草報恩 - 結草報恩

25 ① 昏定晨省 - 昏定晨省　② 望雲之情 - 望雲之情
③ 磨斧爲針 - 磨斧爲枕　④ 刮目相對 - 刮目相對
⑤ 見物生心 - 見物生心

26 ① 多岐亡羊 - 多岐亡羊　② 刻鵠類鶩 - 刻鵠紐鶩
③ 曲學阿世 - 曲學阿世　④ 螢雪之功 - 螢雪之功
⑤ 烏飛梨落 - 烏飛梨落

27~28 다음 중 좌우를 비교했을 때 내용이 서로 다른 것을 고르시오.

27 ① 89KG001A5902 – 89KG001A5902
② 46PV53300GVX – 46PV53300GVX
③ 72YKB5ER4233 – 72YKB5ER4233
④ HSCV361JR798 – HSCV861JR793
⑤ 23DFX234VS18 – 23DFX234VS18

28 ① http://www.president.go.kr/ – http://www.president.go.kr/
② http://www.korcham.net/ – http://www.korcham.net/
③ http://www.whitehouse.gov/ – http;//www.whitehouse.gov/
④ http://www.gscaltex.com/index.aspx – http://www.gscaltex.com/index.aspx
⑤ http://www.knoc.co.kr/ – http://www.knoc.co.kr/

29~30 다음의 A와 B를 비교하여 서로 일치하는 것의 개수를 고르시오.

29

A

bmi	sze	gil
cns	wio	vjk
tuy	vxq	rll

B

prz	tuy	bni
cns	vxq	qil
sze	vno	ril

① 1개 ② 2개 ③ 3개
④ 4개 ⑤ 5개

30

A			B		
해안	해미	해서	해서	해치	해진
해파	해물	해지	해복	해녀	해실
해주	해설	해동	해탈	해파	해피

① 1개　② 2개　③ 3개
④ 4개　⑤ 5개

31~32 다음 제시된 문자군, 기호군에서 찾을 수 없는 문자, 기호를 고르시오.

31

伽 儺 多 喇 摩 乍 亞 仔 且 他 坡 下
佳 娜 茶 懶 瑪 事 俄 刺 侘 咤 婆 何
假 懦 癩 痲 些 兒 咨 借 唾 巴 厦 亞
仔 且 他 瑪 事 俄 娜 茶 懶 瑪 些 兒

① 伽　② 侘　③ 假
④ 價　⑤ 咨

32

Γ7a Δ8h Θ9s Λ7z Ξ8m Π9f Σ2d Φ3q Ψ4h Ω6p Ω7j
Θ8e Δ9a Γ0k Σ1s Π3d Λ5a Θ6k Ψ1d Φ5d Σ1l Γ7f
Ω2c Ψ3g Φ1v Σ3h Γ4d Π7e Ξ6e Λ2p Θ3k Δ5i Ψ0z

① Λ5b　② Θ3k　③ Γ7f
④ Δ8h　⑤ Γ4d

33 다음 각 문항에서 색칠된 바둑판을 〈보기〉의 분류표에 따라 숫자로 변환한 후 검게 칠한 부분의 숫자는 모두 더하고, 컬러로 칠한 부분은 가장 큰 수와 가장 작은 수의 차를 구한다. 이를 대입하여 각각의 주어진 식에 대입해 사칙연산에 따라 계산한 값의 마지막 숫자를 고르시오.

| 보기 |

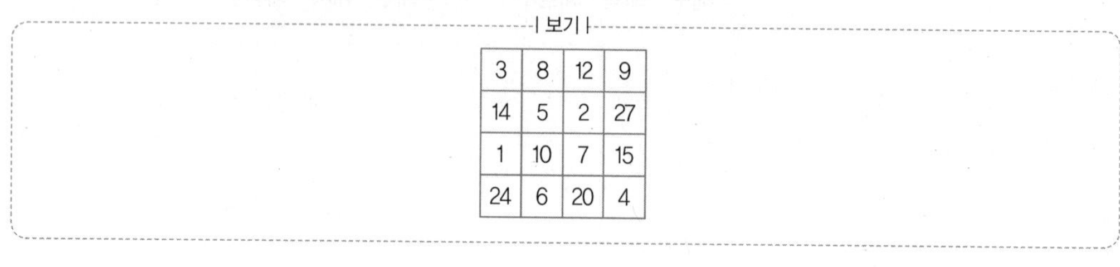

3	8	12	9
14	5	2	27
1	10	7	15
24	6	20	4

① 1　　② 2　　③ 3　　④ 4　　⑤ 5

(01)

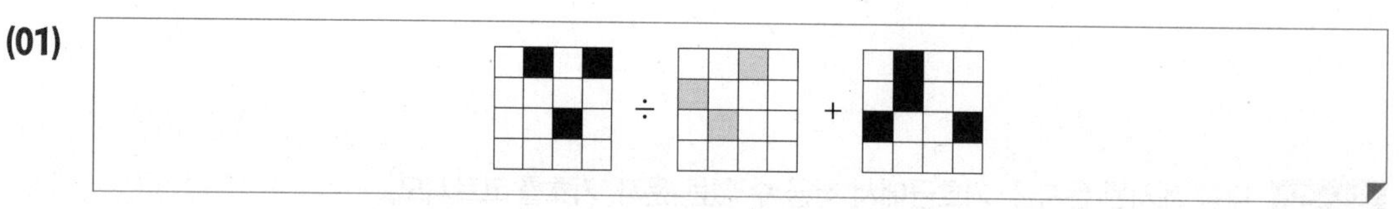

(02)

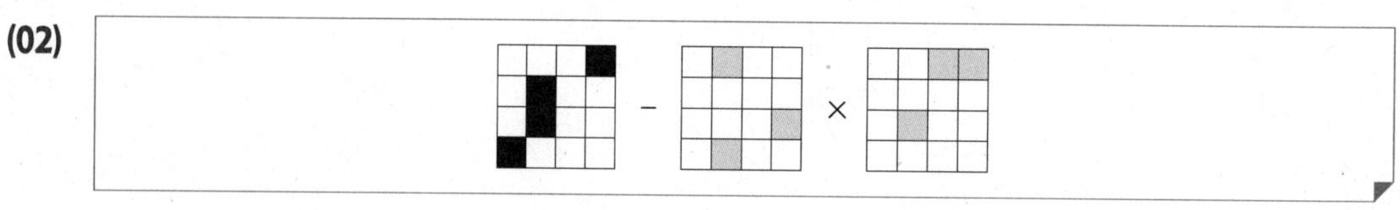

(03)

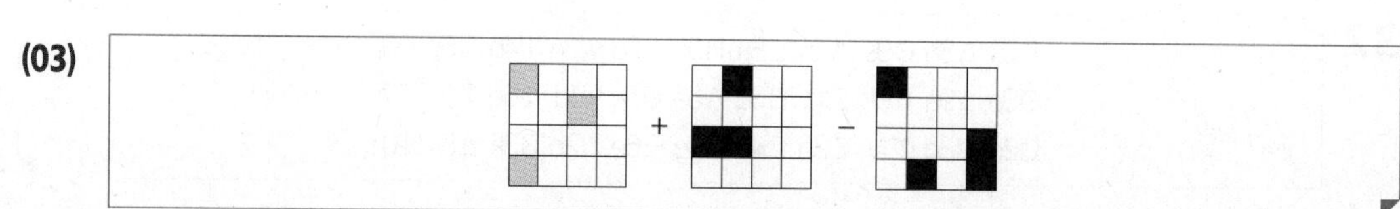

(04)

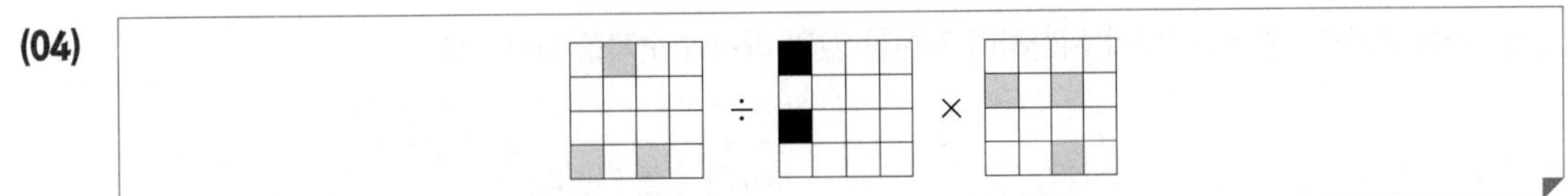

(05)

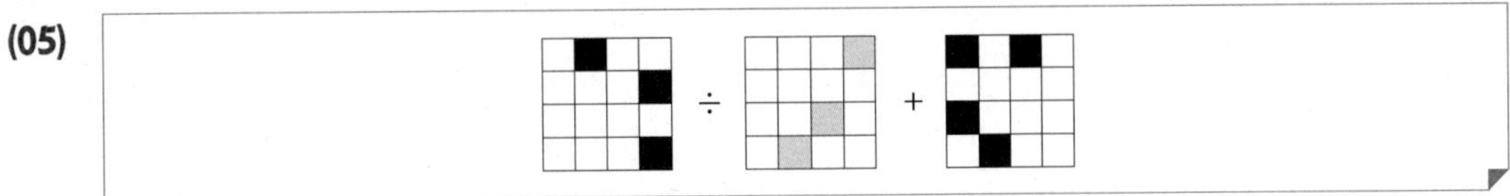

(06)

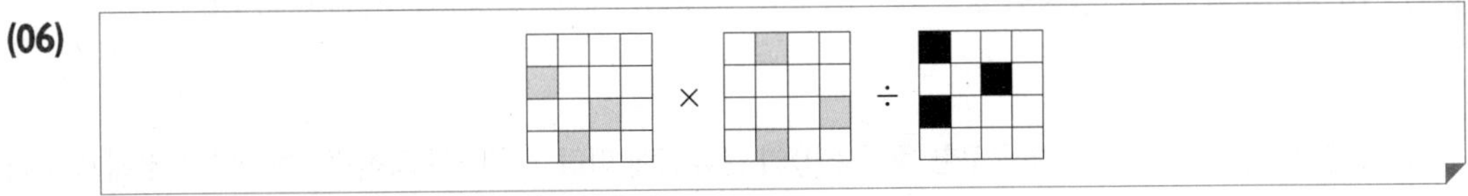

(07)

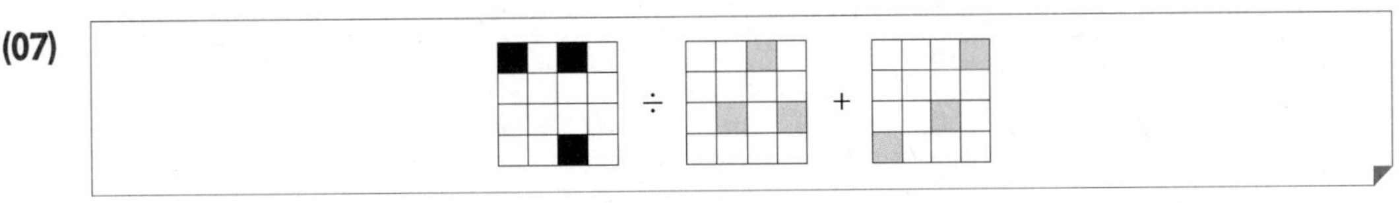

(08)

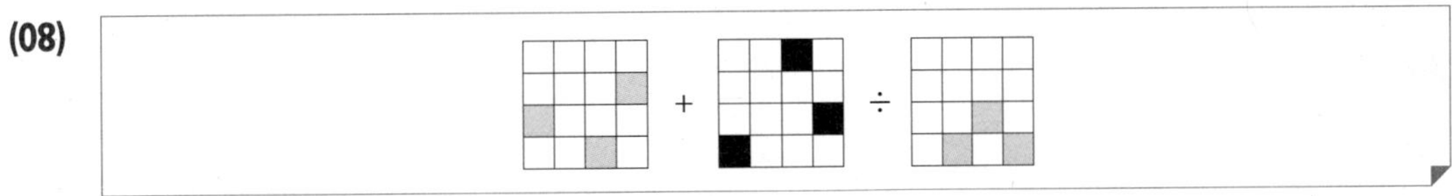

34 다음 기호를 〈보기〉에 따라 치환하여 계산한 값의 마지막 숫자를 고르시오.

| 보기 |

◇	2개의 수를 더한다.
♧	2개의 수를 뺀다.
♡	2개의 수 중 큰 수
♤	2개의 수 중 작은 수

① 1 ② 2 ③ 3 ④ 4 ⑤ 5

(01) (48♡59)−(13◇1)÷(24♧22)

(02) (9◇6)×(5♤7)+(23♤19)

(03) (84♡78)÷(45♧41)−(8◇9)

(04) (33♧27)×(24♤18)÷(9♡7)

(05) (34◇41)÷(3♡2)+(46♤55)

(06) (22◇27)+(11♡14)×(45♧42)

(07) (37♧18)×(2♤6)+(12◇15)

(08) (28◇42)÷(12♧7)×(6♤3)

35 다음 A, B, C 식의 값을 각각 구한 후 〈보기〉의 분류표에 따라 치환하여 사칙연산을 앞에서부터 순서대로 계산한 값의 마지막 숫자를 고르시오.

| 보기 |

가	4C − 3A + 6B
나	A × 4B − 2C
다	2C − A ÷ 3B
라	7A ÷ B − 4C
마	B + 6C ÷ 2A

① 1 ② 2 ③ 3 ④ 4 ⑤ 5

	A	B	C	분류표
(01)	18 ÷ 3	10 − 7	3 + 1	나
(02)	10 + 14	6 ÷ 3	2 × 9	다
(03)	17 − 8	1 × 1	21 − 7	가
(04)	3 × 3	2 + 1	8 ÷ 4	라
(05)	30 ÷ 6	23 − 21	19 − 16	마

36 다음 주어진 문자를 맞닿은 문자들의 숫자 합으로 치환하고 이를 계산한 값의 마지막 숫자를 고르시오(예 M과 맞닿은 문자는 G, D, S, V이므로 5+2+4+9인 20으로 치환된다).

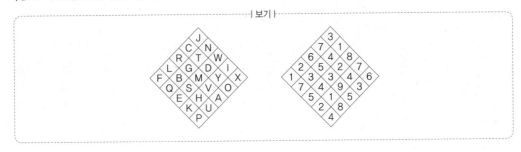

| 보기 |

J
C N
R T W
L G D I
F B M Y X
Q S V O
E H A
K U
P

3
7 1
6 4 8
2 5 2 7
1 3 3 4 6
7 4 9 3
5 1 5
2 8
4

① 1 ② 2 ③ 3 ④ 4 ⑤ 5

(01) M − O + K **(02)** G + T − P **(03)** S − L + W

(04) D + H − U **(05)** B − J + E **(06)** I + C + V

(07) W − Q + Y **(08)** A + M − N **(09)** R − F + P

37 다음의 각 왼쪽 문자와 오른쪽 문자를 대응시켜 〈보기〉의 분류표에 대응하는 숫자를 고르시오(예를 들어, hf−BEA는 h−BEA가 선택지의 상단에 위치한 숫자이고 f−BEA가 선택지 하단에 위치한 숫자이다).

| 보기 |

	A	B	C	D	E
f	0	0	1	0	1
g	1	1	0	0	0
h	1	0	1	1	1
i	0	1	0	1	0
j	1	1	1	0	1

		①	②	③	④	⑤
(01)	i f − E B C	010 110	110 011	001 100	010 101	101 010
(02)	hg − A C D	111 110	101 100	011 010	111 100	110 011
(03)	j i − D A B	011 101	111 010	011 110	110 101	010 011
(04)	gi − C E A	101 111	001 110	100 111	010 011	001 000
(05)	f h − B D E	001 011	011 101	001 010	101 111	001 110

38~39 다음 제시된 문자를 〈보기〉의 〈분류표 1〉에 맞게 치환하여 계산한 값이 〈분류표 2〉의 어느 범위에 해당하는지 고르시오.

38

| 보기 |

	a	b	c	d
Ⅰ	6	9	2	16
Ⅱ	15	4	13	10
Ⅲ	1	7	11	3
Ⅳ	8	12	5	14

〈분류표 1〉

①	②	③	④	⑤
23	20	39	22	38
36	11	15	18	21
17	32	26	35	12

〈분류표 2〉

(01) Ⅰd − (Ⅱa ÷ Ⅲd) + Ⅲb

(02) Ⅱc + Ⅳb − (Ⅱd ÷ Ⅳc)

(03) Ⅲc + (Ⅰc × Ⅳa) − Ⅰa

(04) (Ⅲb × Ⅰb ÷ Ⅲd) + Ⅳc

(05) Ⅳd − Ⅲa + (Ⅰd ÷ Ⅱb)

(06) (Ⅱc × Ⅳc) − (Ⅲc × Ⅲd)

39

| 보기 |

	e	f	g	h
Ⅰ	10	5	12	7
Ⅱ	3	8	1	16
Ⅲ	14	13	4	6
Ⅳ	9	2	15	11

〈분류표 1〉

①	②	③	④	⑤
28	9	26	7	12
34	36	10	19	23
16	18	32	27	30

〈분류표 2〉

(01) (Ⅰe × Ⅲh ÷ Ⅱe) + Ⅰh

(02) (Ⅲh × Ⅱf) − (Ⅳe × Ⅲg)

(03) Ⅳg + (Ⅱh ÷ Ⅳf) − Ⅰh

(04) (Ⅱe × Ⅲf) − (Ⅲe ÷ Ⅳf)

(05) Ⅱg + (Ⅰe ÷ Ⅰf × Ⅳe)

(06) Ⅲg × Ⅱe × Ⅲh ÷ Ⅱf

40~41 다음 제시된 문자나 숫자를 〈보기〉의 〈분류표 1〉에 따라 가, 나, 다로 변환하여 그 조합이 〈분류표 2〉의 어느 범위에 해당하는지 고르시오.

40

| 보기 |

	1	2	3	4
가	Q~Z	14~37	114~137	3284~3340
나	A~H	66~91	215~342	3216~3283
다	I~P	38~65	151~189	3341~3397

〈분류표 1〉

	1	2	3	4	1	2	3	4
①	다	나	가	다	나	다	다	다
②	나	다	다	가	다	가	다	나
③	가	가	나	나	가	다	나	가
④	나	나	가	가	가	다	가	나
⑤	답이 없는 경우							

〈분류표 2〉

	1	2	3	4
(01)	R	54	312	3295
(02)	J	71	127	3361
(03)	V	23	174	3274
(04)	L	42	278	3388
(05)	F	84	119	3312
(06)	N	19	168	3256

41

| 보기 |

	1	2	3	4
가	111~157	46~73	A~J	4155~4236
나	181~215	74~98	S~Z	4108~4154
다	164~180	12~45	K~R	4237~4291

〈분류표 1〉

	1	2	3	4	1	2	3	4
①	가	다	나	나	나	다	가	나
②	가	나	나	다	가	나	다	가
③	나	다	다	다	나	다	가	다
④	다	나	가	나	다	가	나	가
⑤	답이 없는 경우							

〈분류표 2〉

	1	2	3	4
(01)	131	83	T	4285
(02)	205	28	D	4129
(03)	172	59	W	4186
(04)	214	17	P	4243
(05)	141	69	X	4207
(06)	166	92	E	4134

42 다음 그림은 정사각형 3개를 세로로 놓은 직사각형을 직선 l상에 둔 것이다. 이 직사각형이 직선 l상을 미끄러지는 일 없이 오른쪽 방향으로 1회전했을때, 정사각형의 한 변인 AB를 2배 늘린 점 C의 궤적으로 옳은 것은?

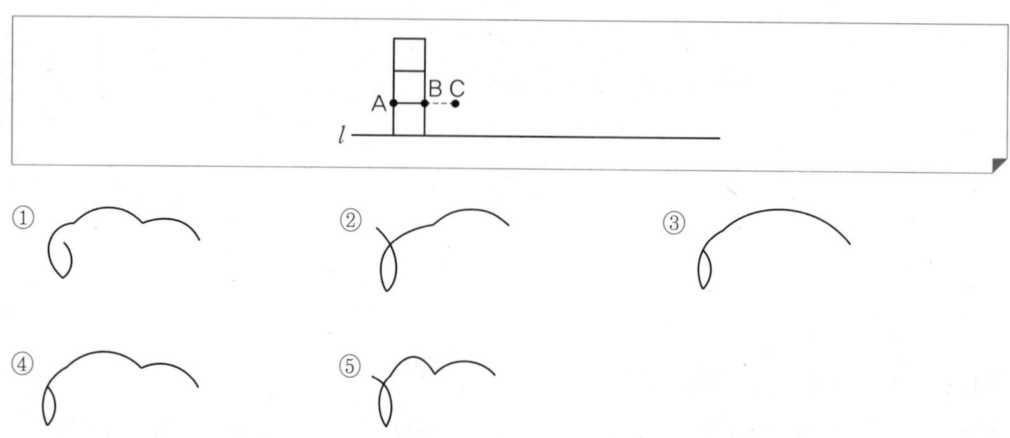

43 다음과 같은 도형이 화살표 방향으로 수평선상을 미끄러지지 않고 1회전할 때 점 A가 그리는 궤적으로 옳은 것은?

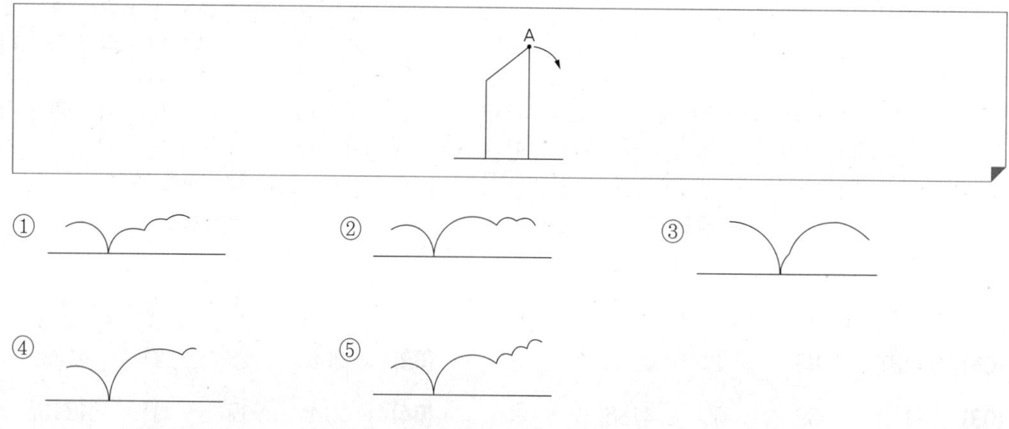

44 다음 그림과 같이 한 변의 길이가 3a인 정사각형의 안쪽을 한 변의 길이가 a인 정사각형이 화살표 방향으로 미끄러지는 일 없이 매초 1회전할 때, 그림의 위치에서 회전을 시작하여 5초에서 6초 사이에 점 P가 그리는 궤적은 어느 것인가?

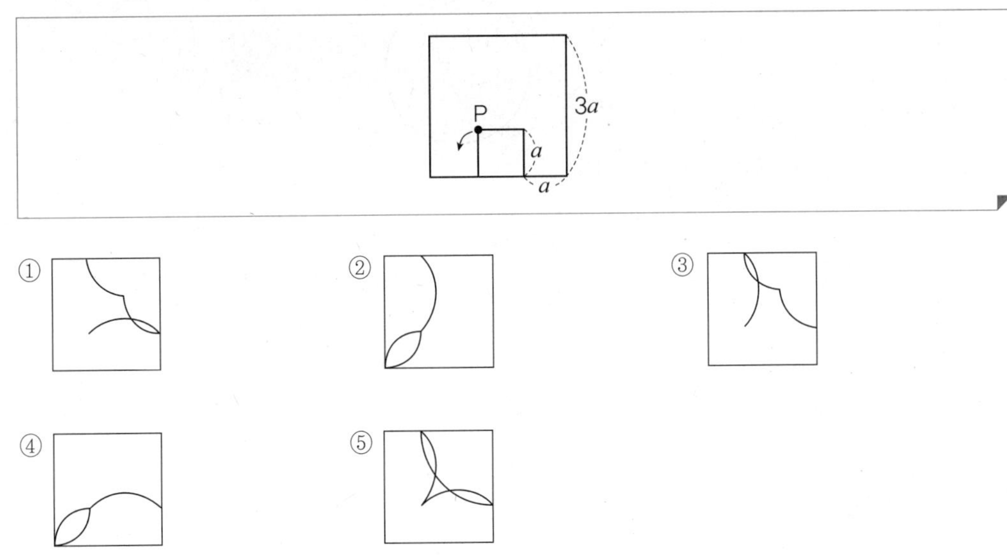

45 다음 그림과 같이 정사각형의 꼭짓점에 점 P와 점 Q가 있다. 이 두 점이 그림 속의 화살표 방향으로 동시에 움직이며, 정사각형의 변 위를 이동하는 점 P의 속력이 점 Q의 2배이다. 점 Q가 정사각형을 한 바퀴 돌 때, 선분 PQ를 2 : 1로 내분하는 점 T가 그리는 궤적은 어느 것인가?

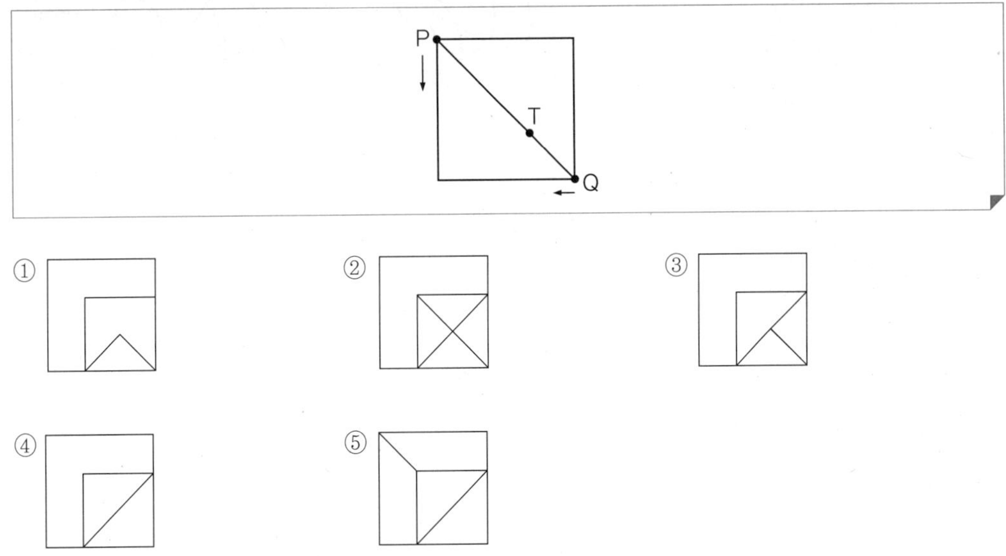

46 그림과 같이 정삼각형이 원의 안쪽에서 미끄러지지 않고 움직일 때, 정삼각형 1개의 꼭짓점 P가 그리는 궤적은 어느 것인가? (단, 정삼각형 한 변을 가지고 원주를 12등분할 수 있다고 한다)

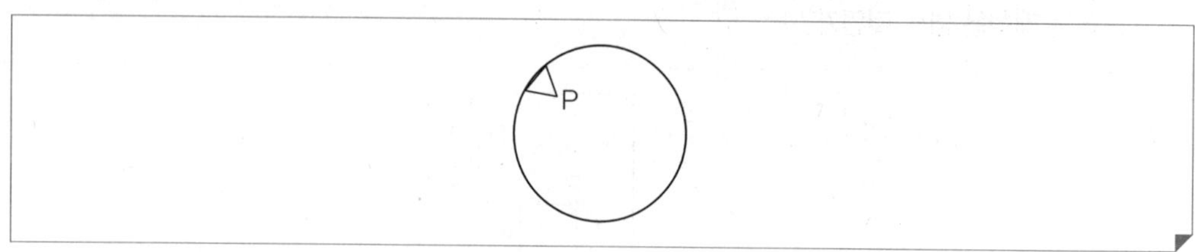

① 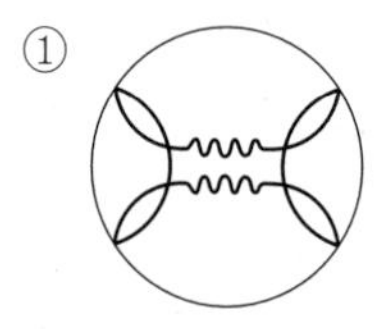

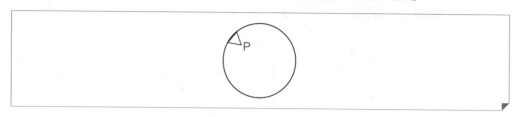

② 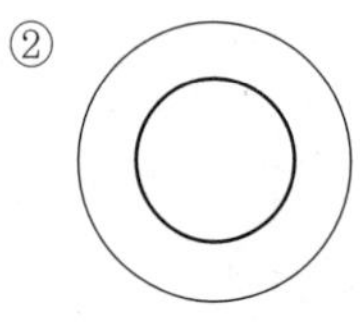

③ 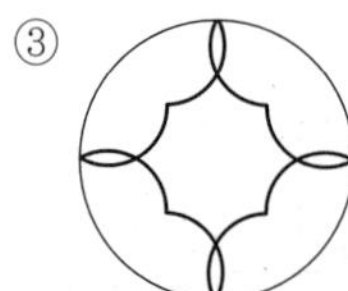

④ 

⑤ 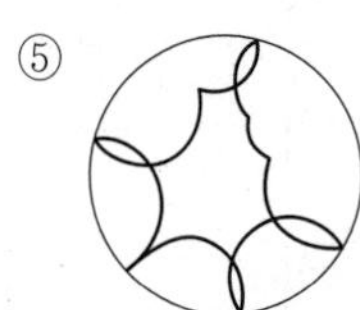

47 다음 중 양 끝을 잡아당겼을 때 풀리지 않는 매듭은?

① 

② 

③ 

④ 

⑤ 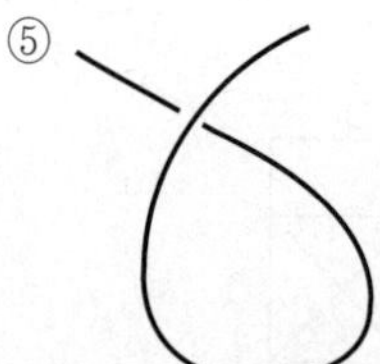

48 다음 중 한붓그리기가 불가능한 것은?

① 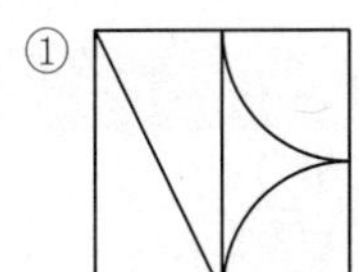
② 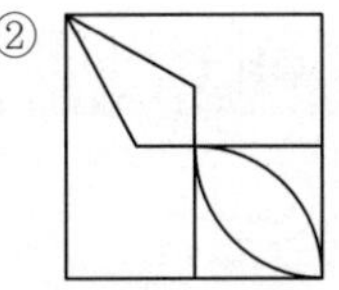
③ 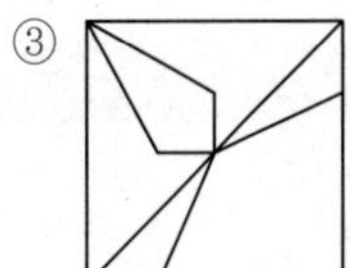

④ 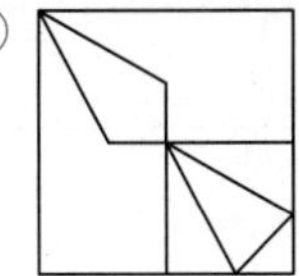
⑤ 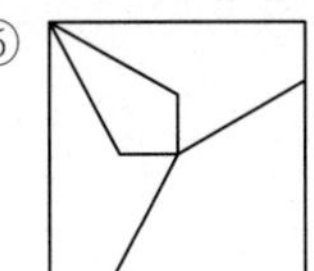

49 다음 도면의 굵은 선의 일부분을 지워 한붓그리기가 되는 도형을 그리고자 할 때, 최소 몇 cm를 지워야 한붓그리기가 가능하게 되는가? (단, 점선의 1눈금은 1cm로 한다)

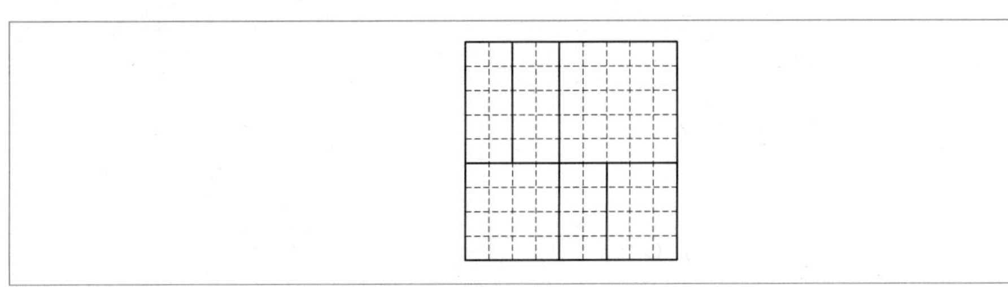

① 5cm ② 6cm ③ 7cm
④ 8cm ⑤ 9cm

50~57 다음에 제시되는 도형의 규칙을 적용하여 마지막에 도출되어야 하는 도형을 고르시오(단, 조건에 의해 비교할 대상은 각 문제의 처음에 제시된 도형이다).

규칙		
♠	◎	☆
해당 칸 색깔 비교	색깔 반전	시계방향으로 90° 회전

50

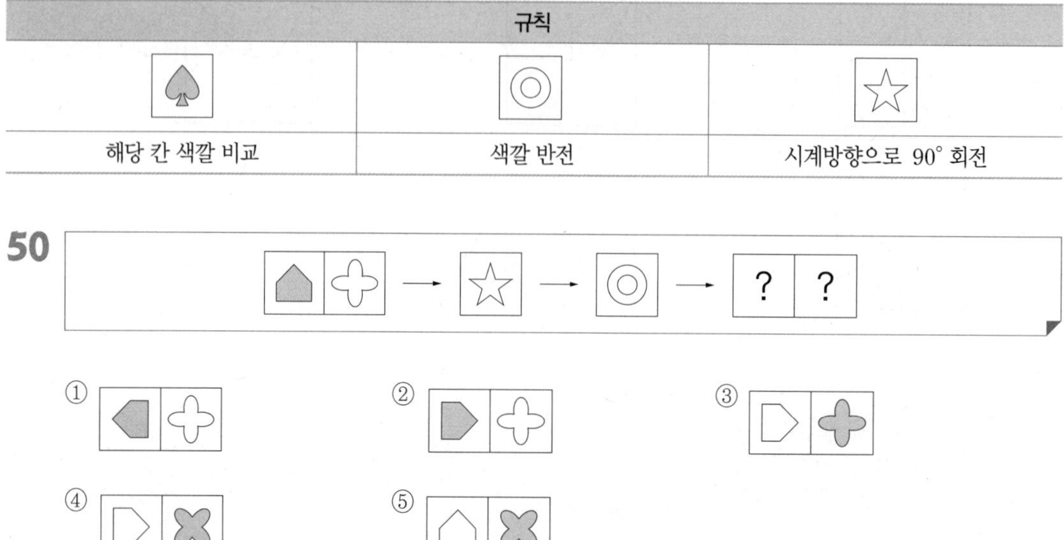

51

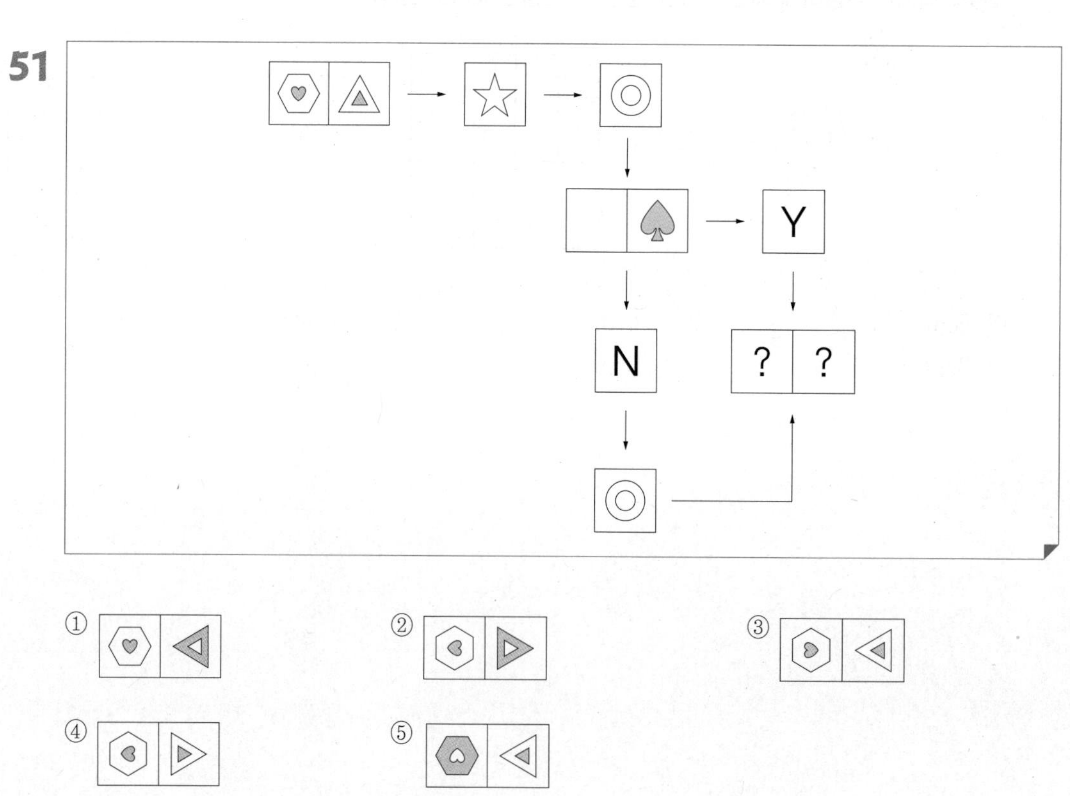

규칙				
₵	£	¥	∠	⊥
상하대칭	좌우대칭	색깔 반전	시계방향으로 90° 회전	해당 칸 모양 비교

52

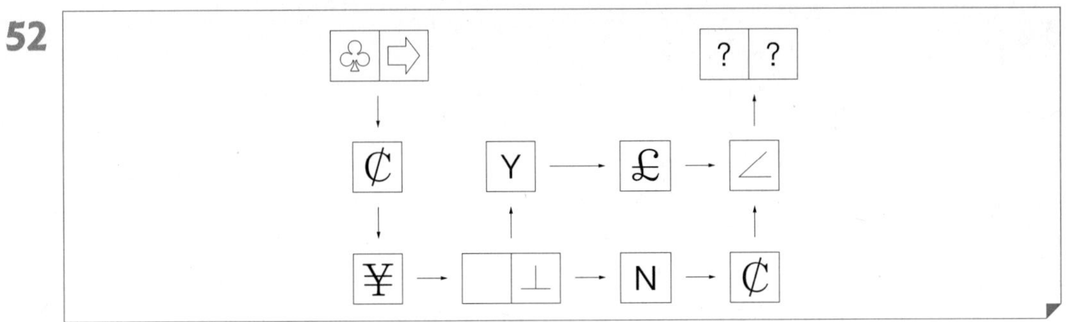

① 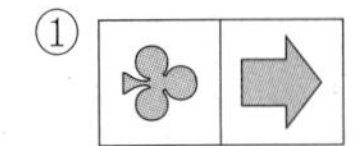
② 
③ 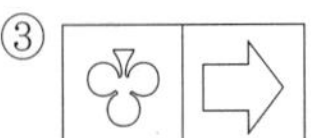
④ 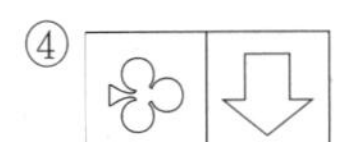
⑤ 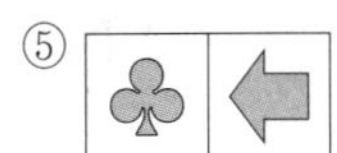

53

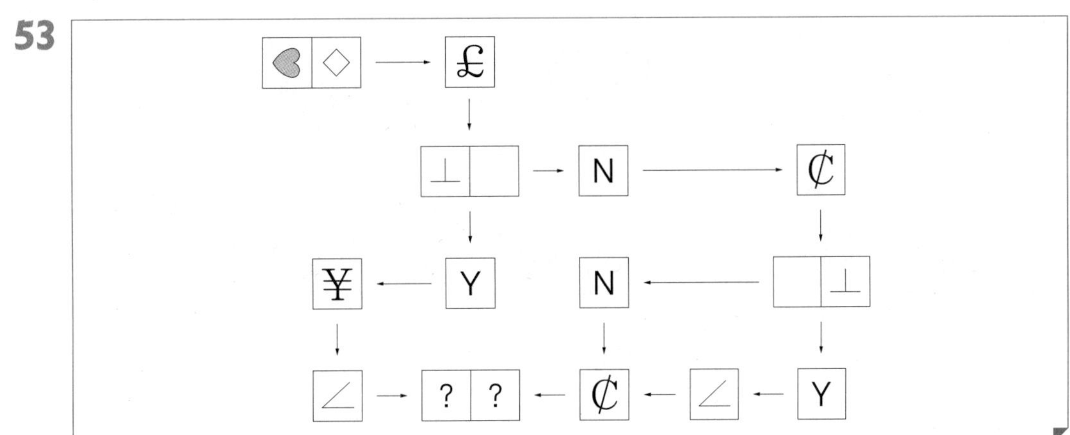

① 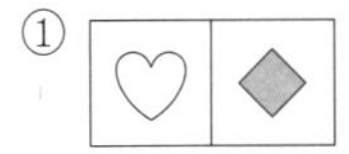
② 
③ 
④ 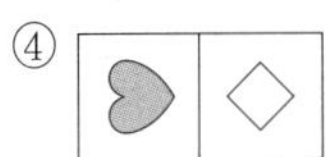
⑤ 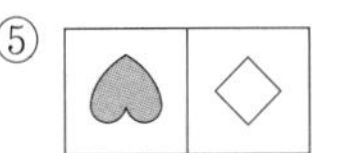

규칙				
180° 회전	좌우대칭	해당 칸 모양 비교	색깔 반전	해당 칸 색깔 비교

54

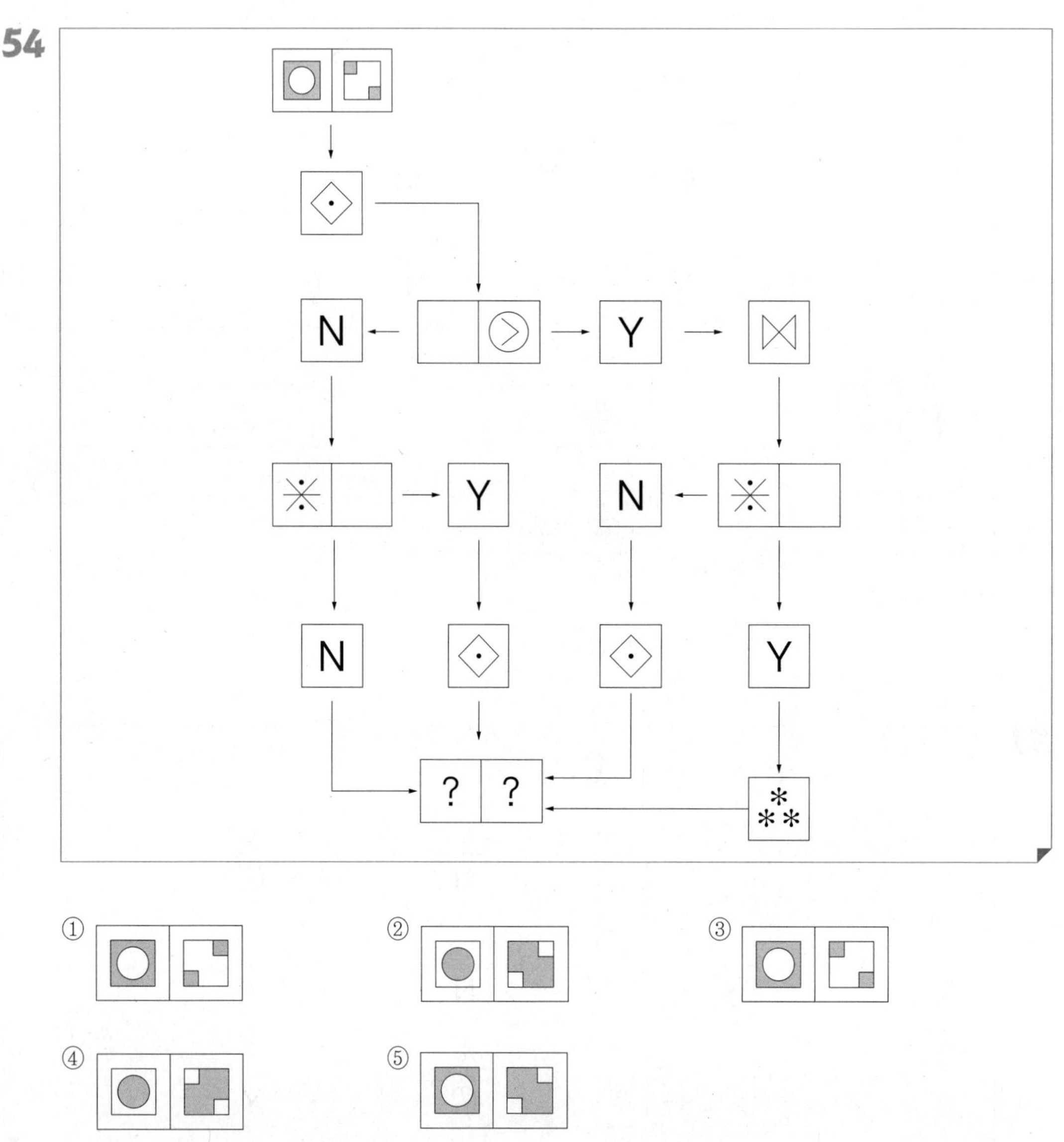

55

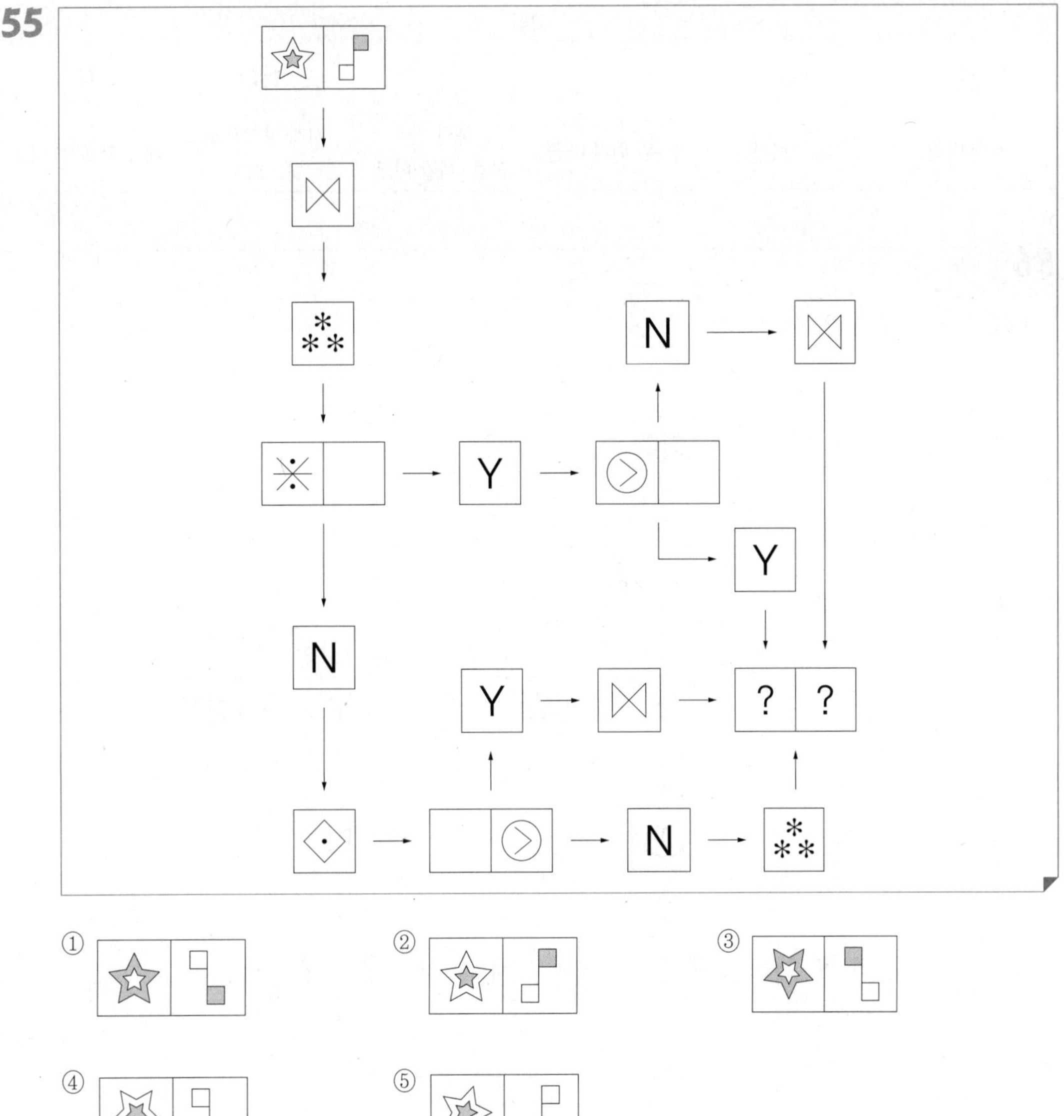

①

②

③

④

⑤

규칙					
♨	∞	♡	⛵	✻	#
색깔 반전	180° 회전	좌·우 위치 바꿈	해당 칸 모양·색깔 비교	시계 방향으로 90° 회전	해당 칸 모양 비교

56

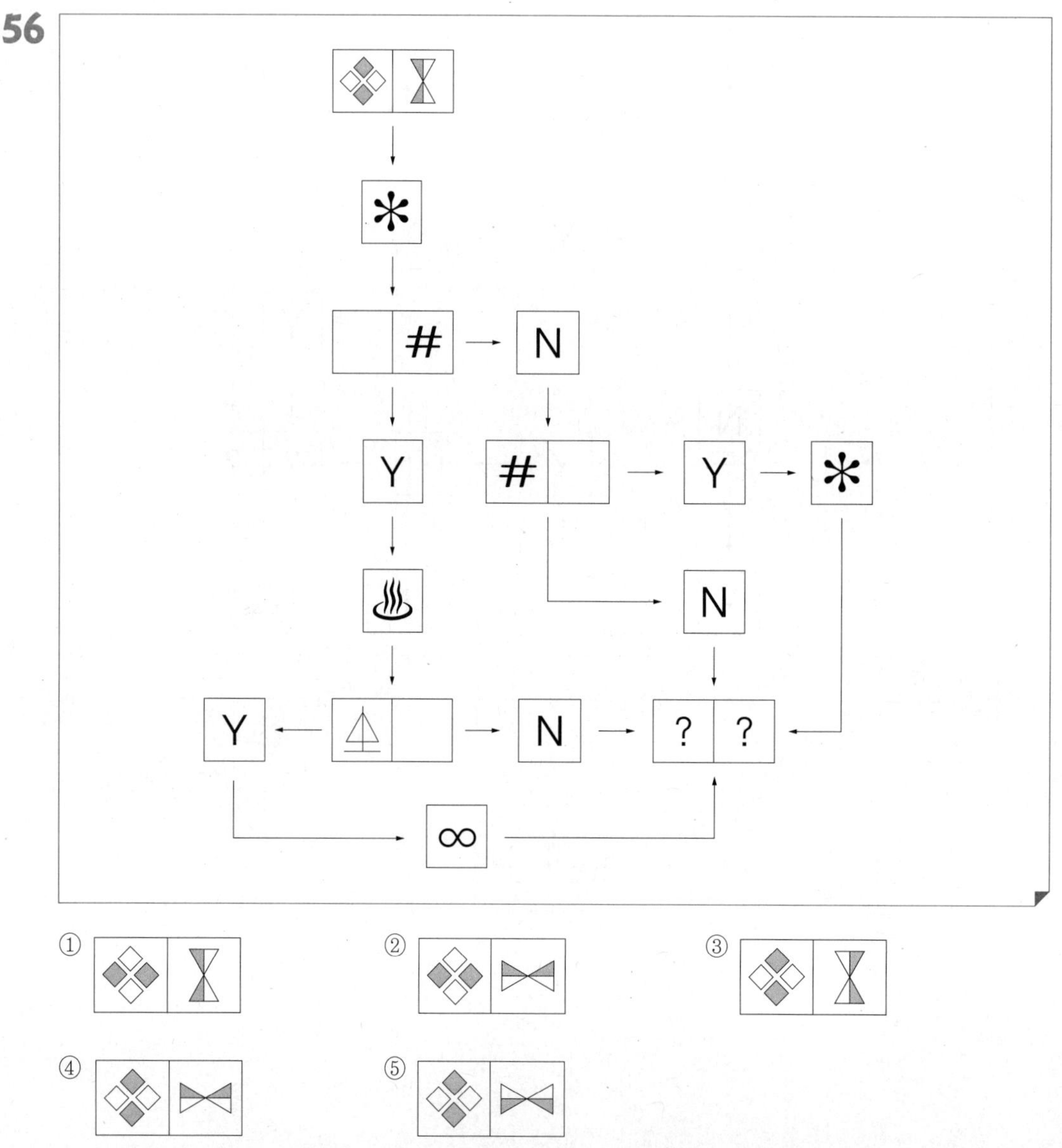

57

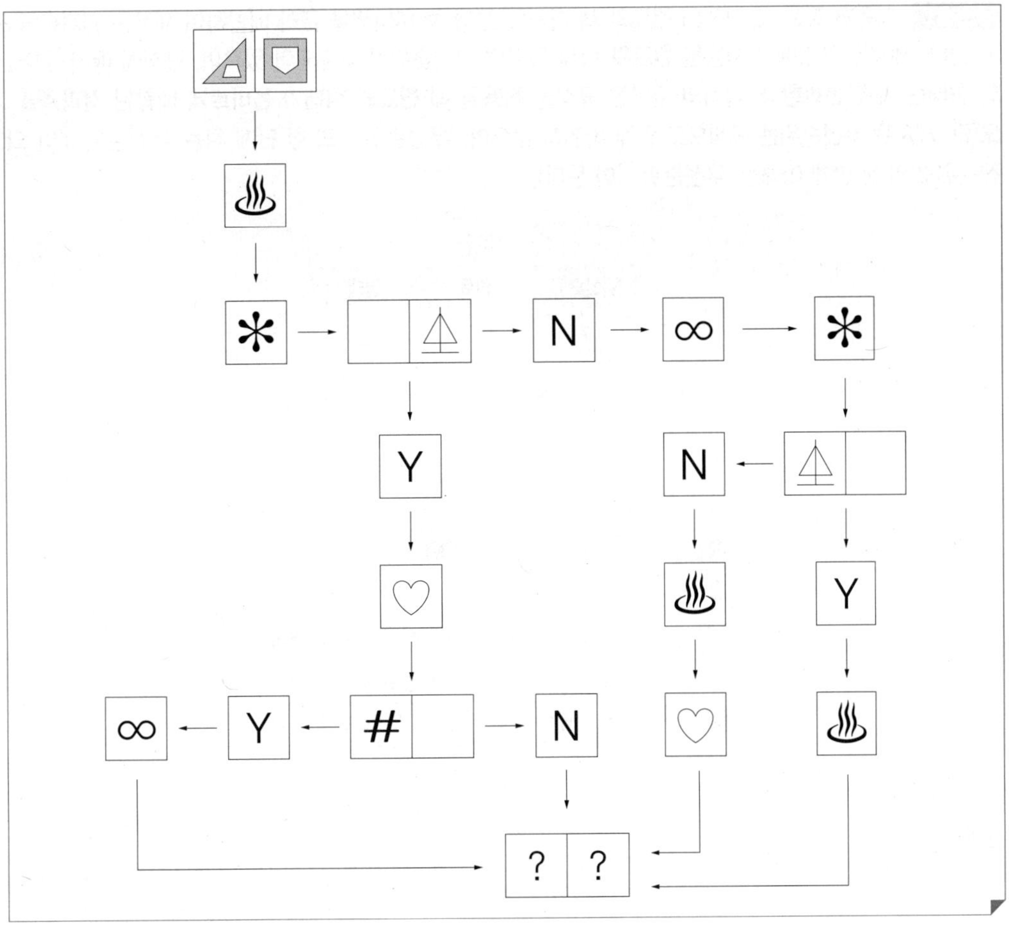

? ?

① 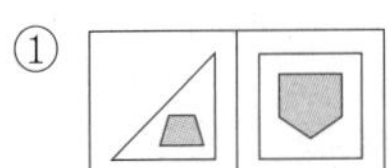

② 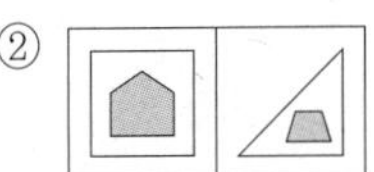

③ 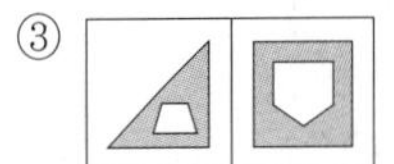

④ 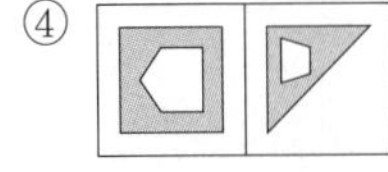

⑤ 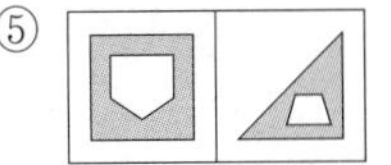

58~61 다음과 같은 세 가지의 원료와 세 가지의 형태 중 하나씩을 골라 배합하여 새로운 결과물을 만들고자 한다. 제시된 조건에는 사용될 원료와 형태 각각의 우선순위가 나열되어 있으며, 규칙에 따라 주어진 원료와 형태는 계속 변화한다. 각각의 주어진 규칙을 적용할 때 원료와 형태가 올바르게 배합된 결과물을 고르시오(단, 제시된 우선순위는 규칙으로 인해 바뀌지 않으며, '우선순위 1'의 한 단계 위는 '우선순위 3'이 되고, '우선순위 3'의 한 단계 아래는 '우선순위 1'이 된다).

〈조건〉

우선순위	원료	형태
1	Z	⬠
2	K	△
3	J	○

〈규칙〉

구분	내용
♤	우선순위 최하위의 형태로 변화
◎	우선순위보다 한 단계 낮은 원료로 변화
▣	우선순위보다 한 단계 높은 원료로 변화
▨	원료와 형태의 우선순위가 모두 한 단계 낮게 변화

58

K(△) → ♤ → ▣ → ?

① Z(⬠) ② Z(△) ③ Z(○)
④ K(⬠) ⑤ K(△)

59

Z(⬠) → ▨ → ◎ → ?

① Z(⬠) ② Z(△) ③ Z(○)
④ K(⬠) ⑤ J(△)

〈조건〉

우선순위	원료	형태
1	S	□
2	C	⬡
3	E	△

〈규칙〉

구분	내용
▽	원료가 바로 이전 과정의 우선순위로 변화
■	우선순위보다 한 단계 낮은 형태로 변화
⧈	우선순위 최상위의 원료로 변화
♧	형태가 원료와 동일한 우선순위로 변화
♩	원료와 형태의 우선순위가 모두 한 단계 높게 변화
☆	두 개의 원료와 형태를 배합하여 하나로 결합(서로 같은 원료나 형태끼리 배합될 때는 같은 [원료 / 형태]를 그대로 유지하고, 서로 다른 원료나 형태끼리 배합될 때에는 배합하는 두 가지의 원료나 형태를 제외한 제 3의 [원료 / 형태]로 변화)

60

① S　② S　③ S

④ C　⑤ E

61

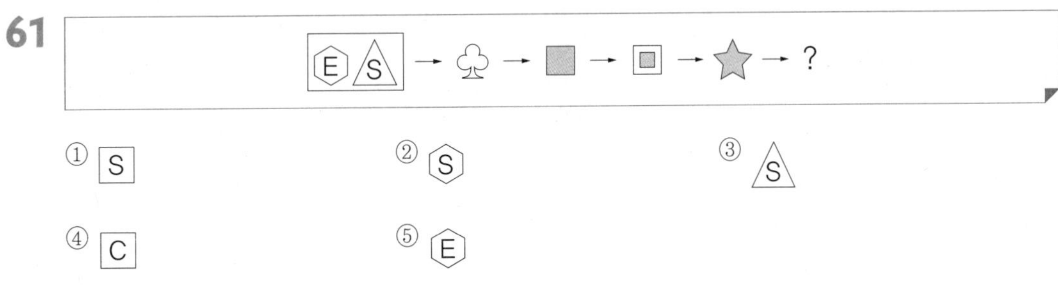

① S　② S　③ S

④ C　⑤ E

62~63 다음은 각 기호가 의미하는 변환 조건을 나타낸 것이다. 제시된 도형이 몇 개의 기호를 거쳐 화살표 후 도형으로 바뀌었다면 어떤 과정을 거쳐야 하는지 고르시오.

기호	변환 조건
□	1번과 2번 도형을 시계방향으로 90° 회전함.
■	1번과 4번 도형을 시계방향으로 90° 회전함.
◇	2번과 3번 도형을 시계방향으로 90° 회전함.
◆	2번과 4번 도형을 시계방향으로 90° 회전함.
○	3번과 4번 도형을 시계방향으로 90° 회전함.

62

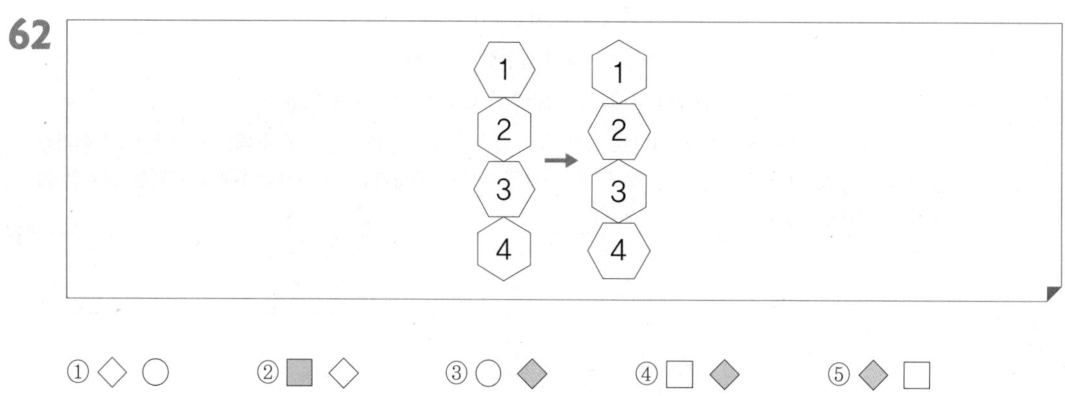

① ◇ ○ ② ■ ◇ ③ ○ ◆ ④ □ ◆ ⑤ ◆ □

63

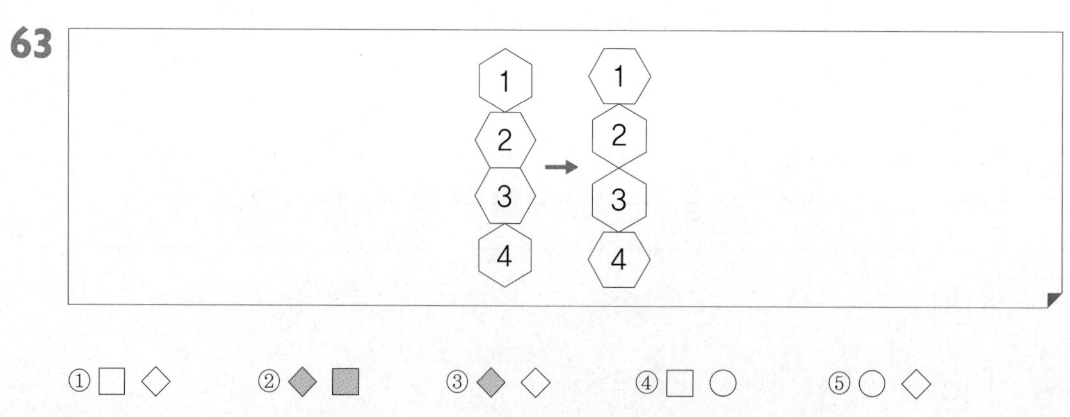

① □ ◇ ② ◆ ■ ③ ◆ ◇ ④ □ ○ ⑤ ○ ◇

64~65 아래에 제시된 도형들의 규칙을 찾아 ?에 들어갈 알맞은 것을 고르시오.

64

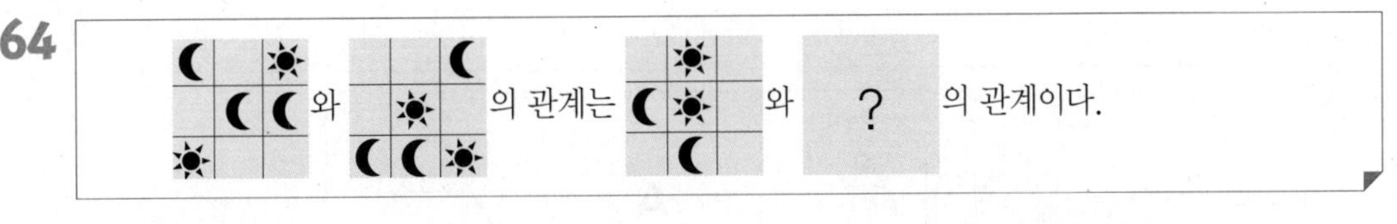

① 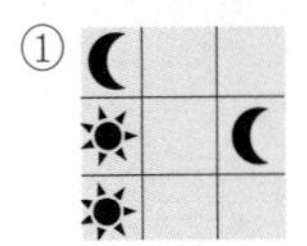

② 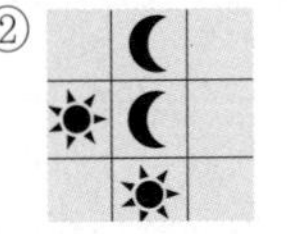

③ 

④ 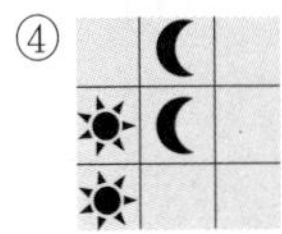

⑤ 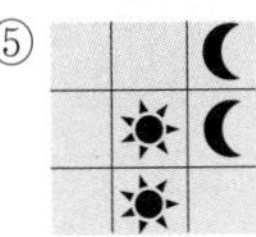

65

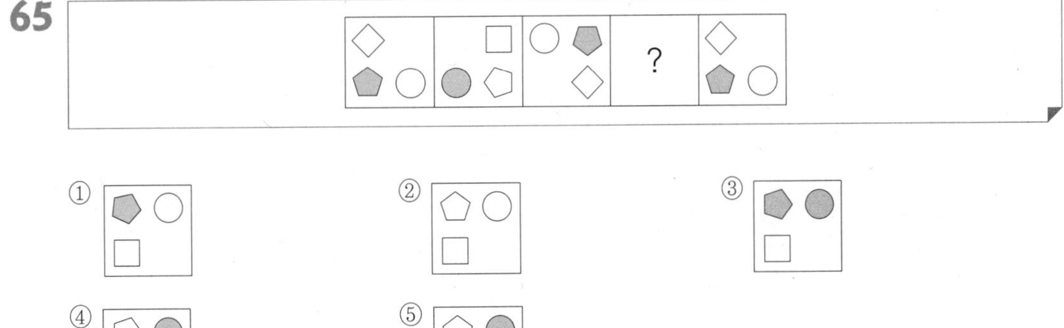

① ② ③ ④ ⑤

66~67 다음은 위쪽의 가로줄과 세 개의 세로줄이 각각 왼쪽에서 오른쪽, 위쪽에서 아래쪽 방향으로 서로 다른 일정한 규칙을 갖고 있다. 규칙을 찾아 A와 B에 들어갈 알맞은 도형을 고르시오.

66

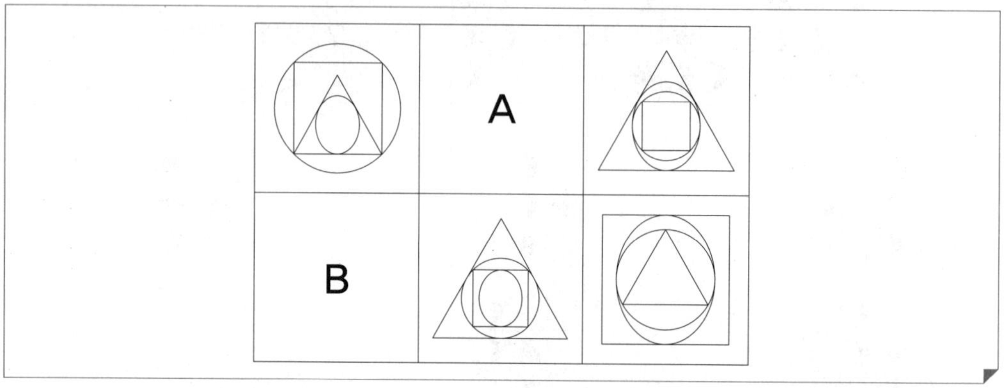

A

B

A B A B

① 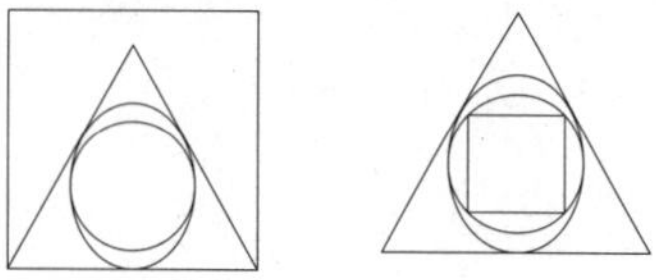 ②

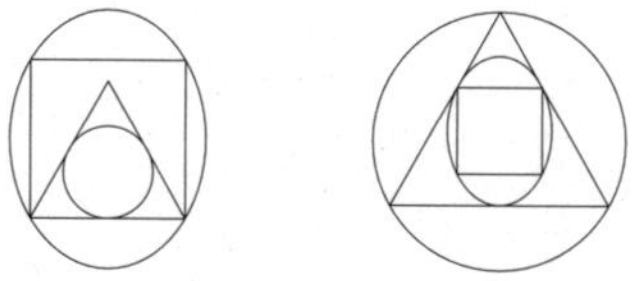

③ 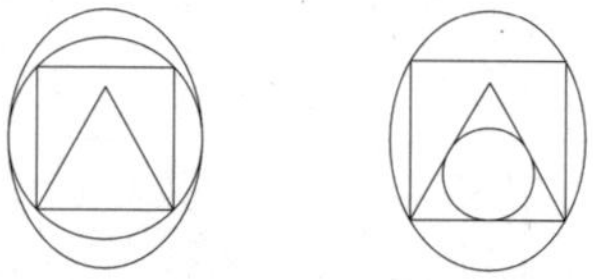 ④

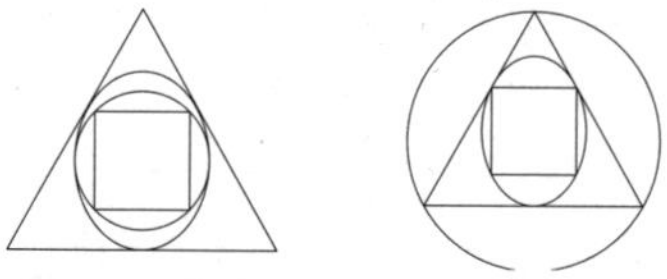

⑤

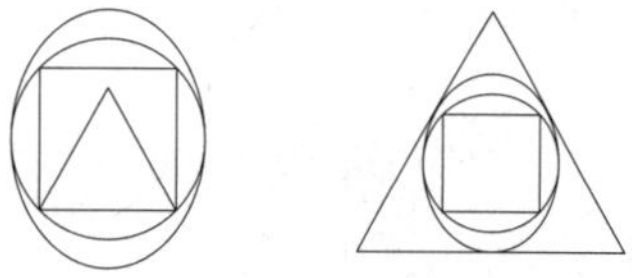

67

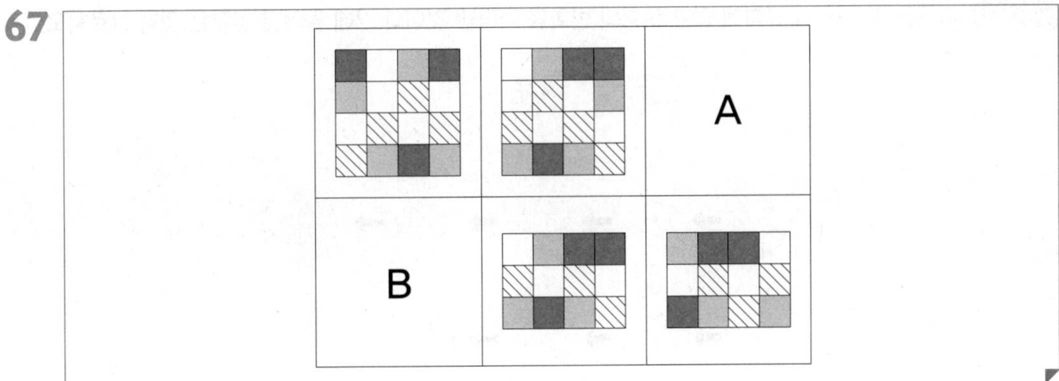

A　　B

① 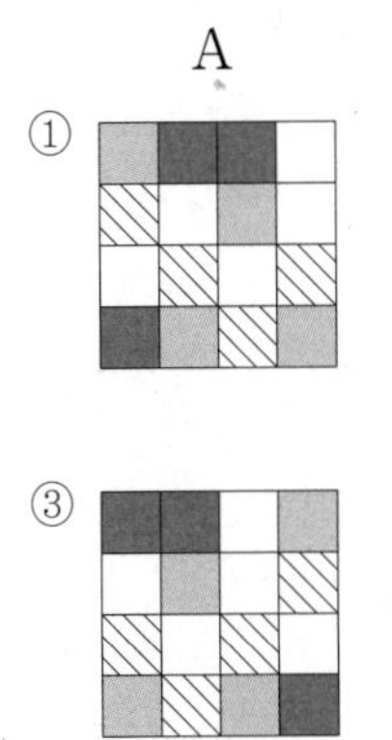 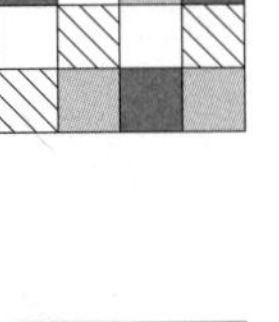

A　　B

② 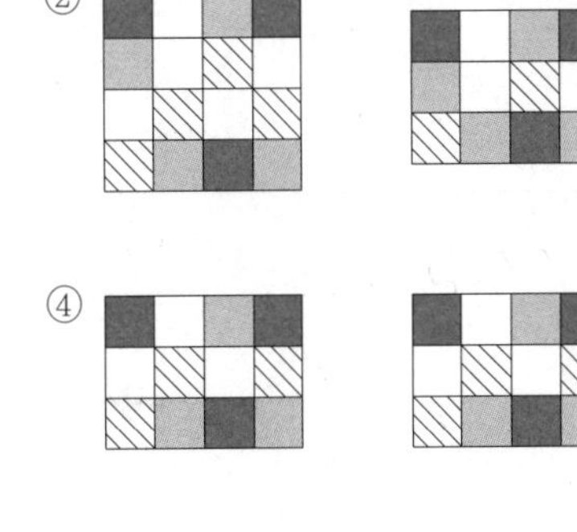

③

④

⑤ 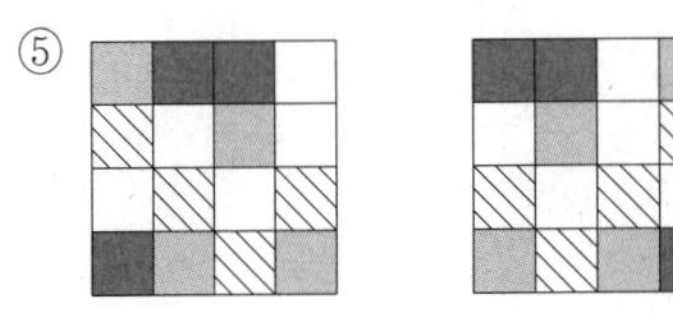

68~73 다음은 각 기호의 규칙에 의한 도형의 변화를 나타낸 것이다. ?에 들어갈 알맞은 것을 고르시오.

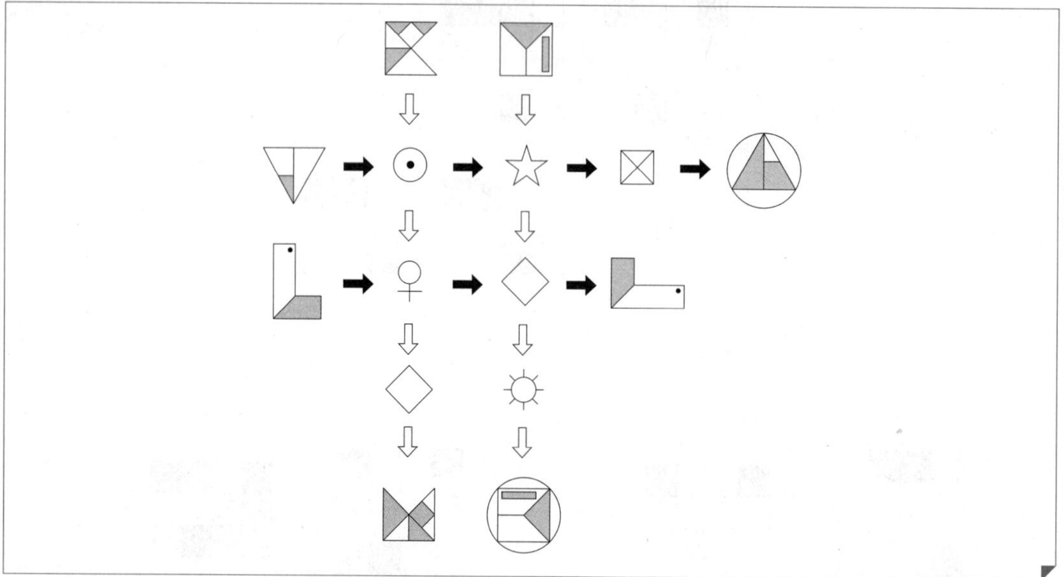

68

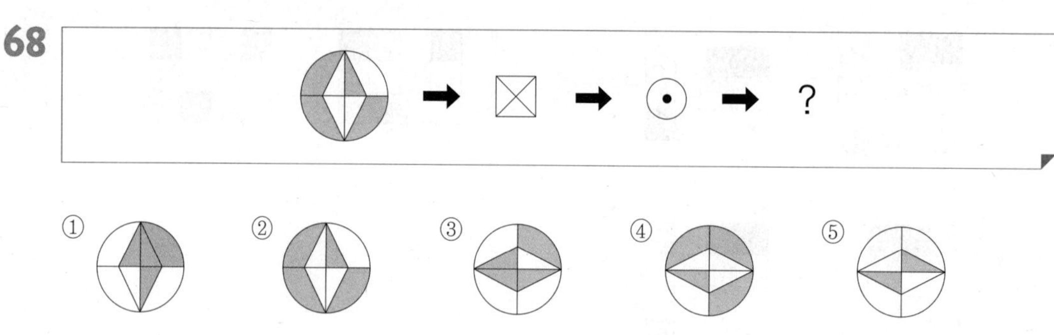

①　②　③　④　⑤

69

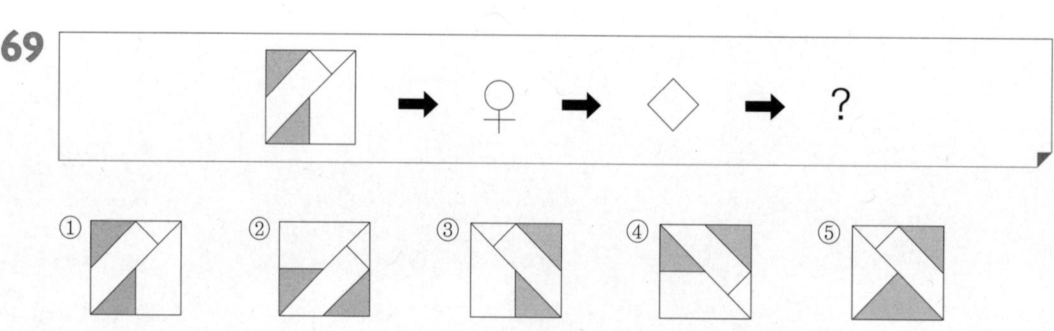

①　②　③　④　⑤

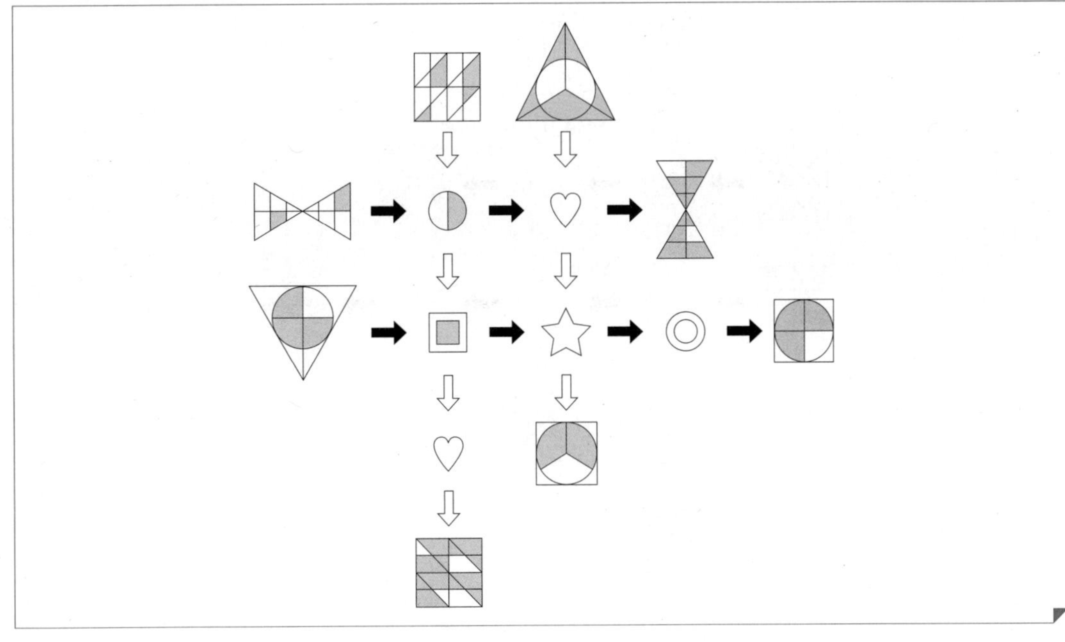

70

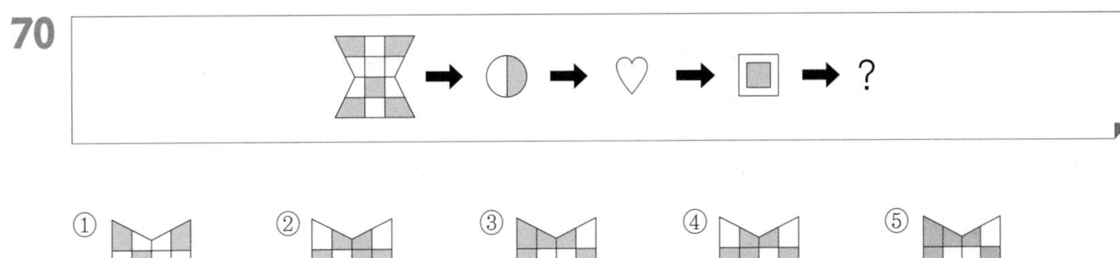

①　②　③　④　⑤

71

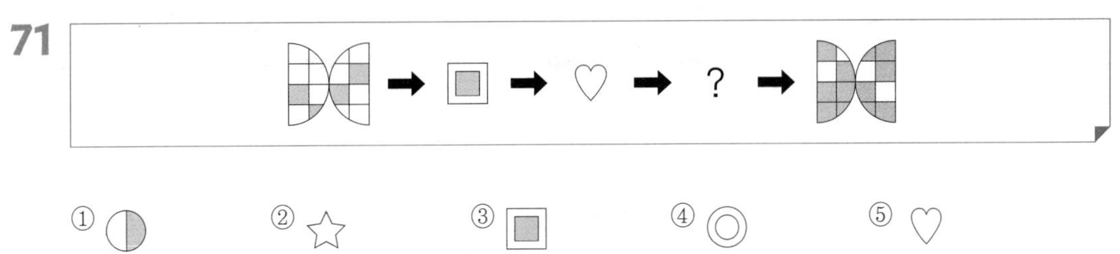

①　②　③　④　⑤

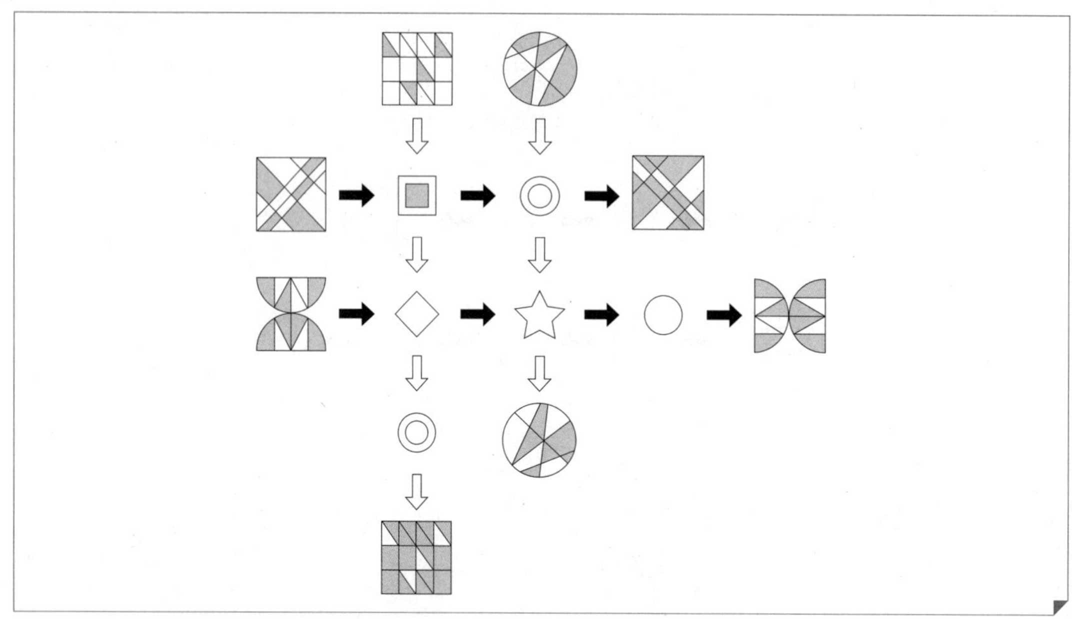

72

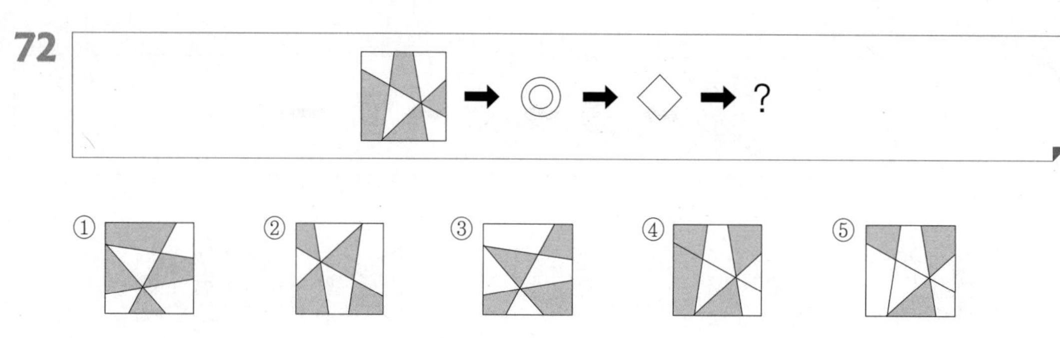

73

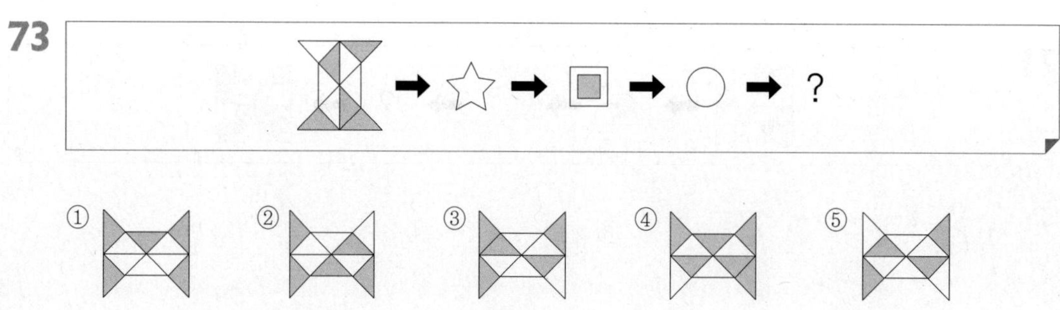

74~79 다음과 같이 화살표 방향으로 종이를 접은 후 마지막 그림과 같이 펀치로 구멍을 뚫고 다시 펼쳤을 때의 모양으로 옳은 것을 고르시오.

74

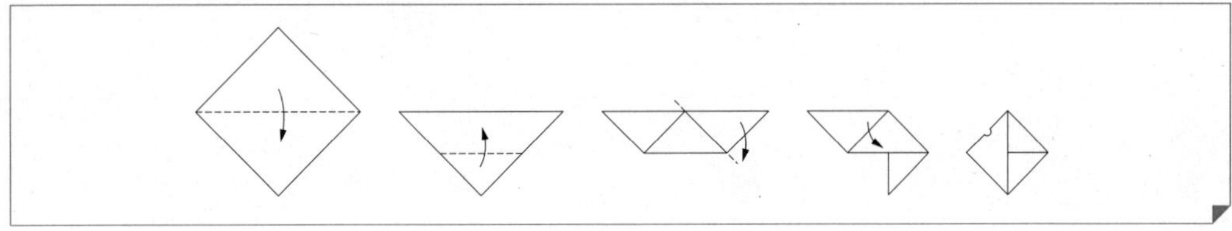

① 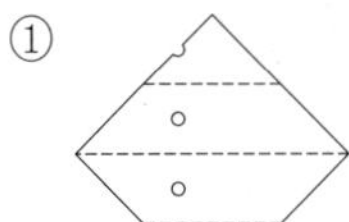

② 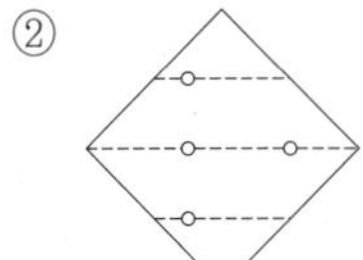

③ 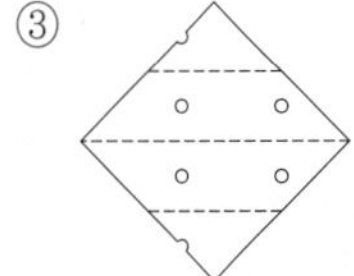

④ 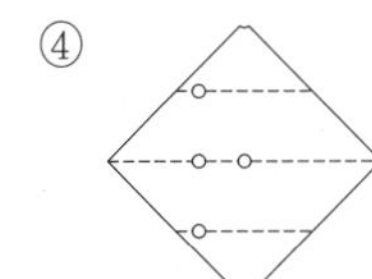

⑤ 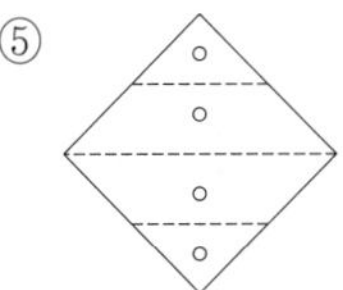

75

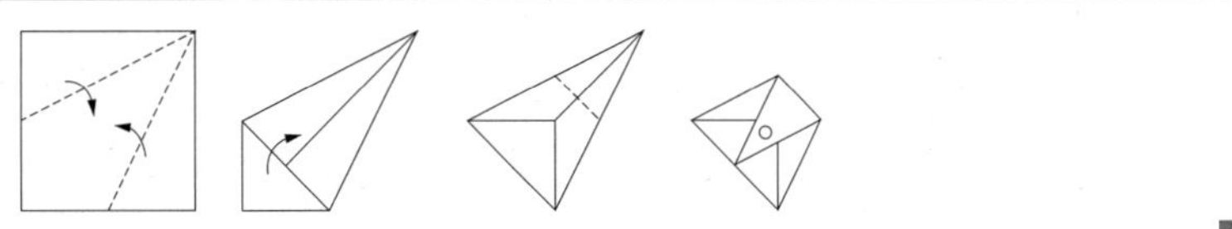

① 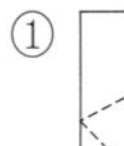 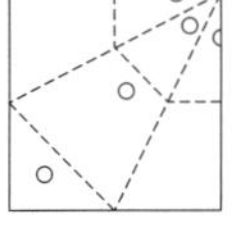

② 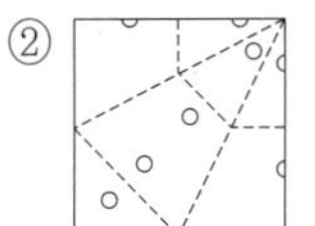

③ 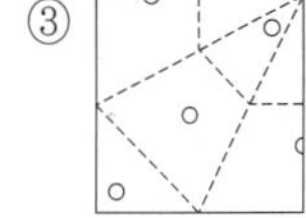

④ 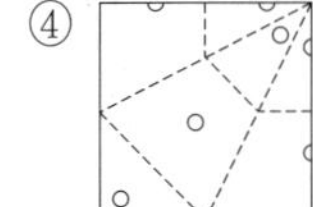

⑤ 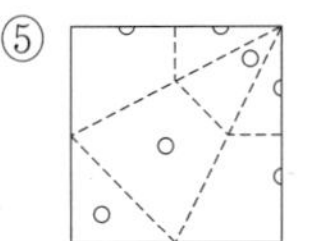

76

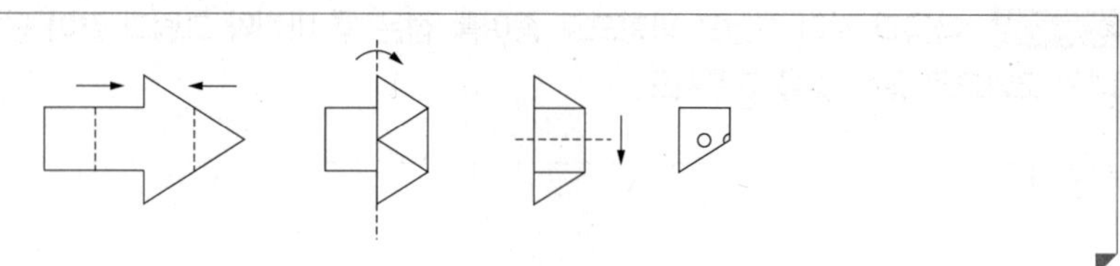

① 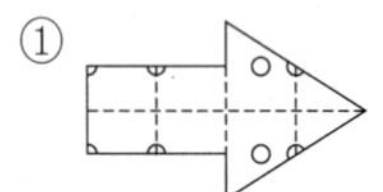

② 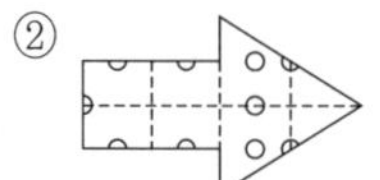

③ 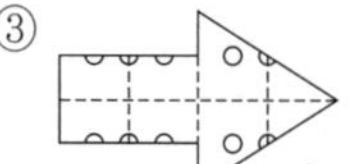

④ 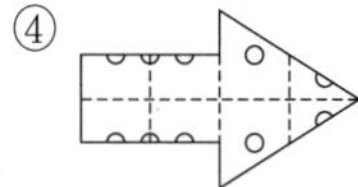

⑤ 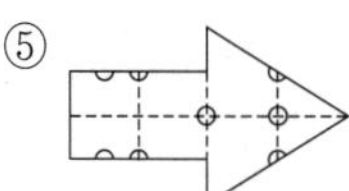

77

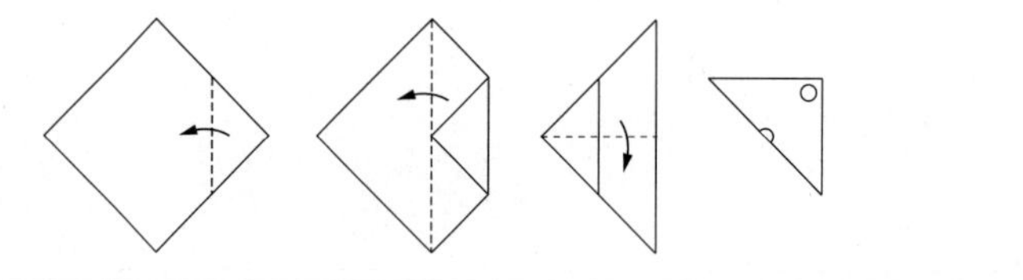

① 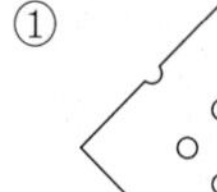

② 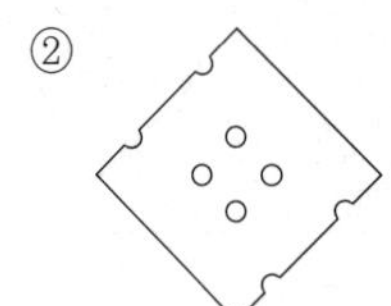

③  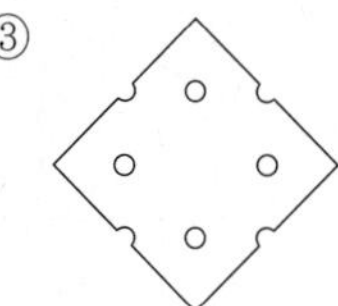

④ ⑤ 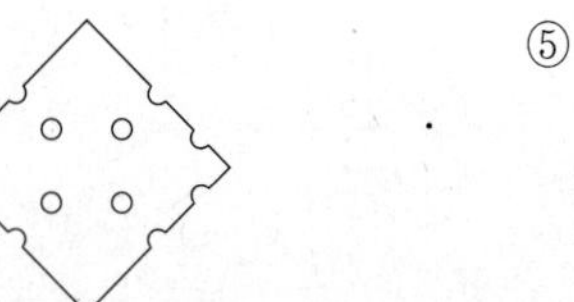

78

① 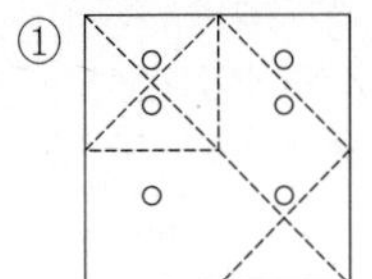

② 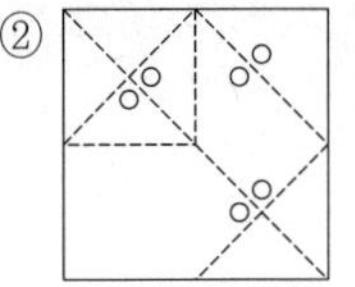

③ 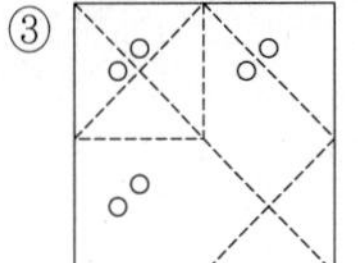

④ 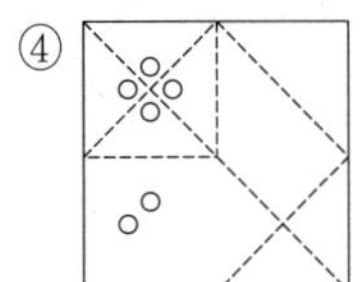

⑤ 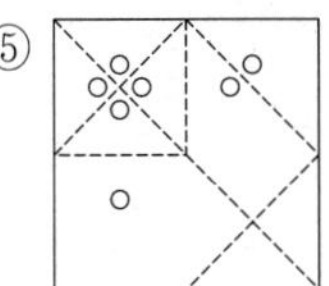

79

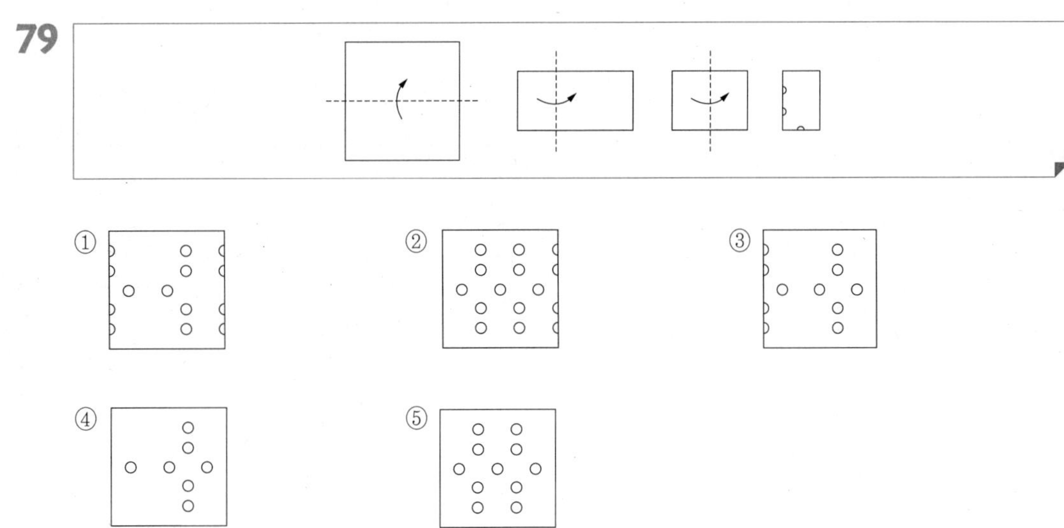

80~83 다음 그림과 같이 화살표 방향으로 종이를 접은 후 마지막 점선 부분을 자르고 다시 펼쳤을 때의 모양으로 옳은 것을 고르시오.

80

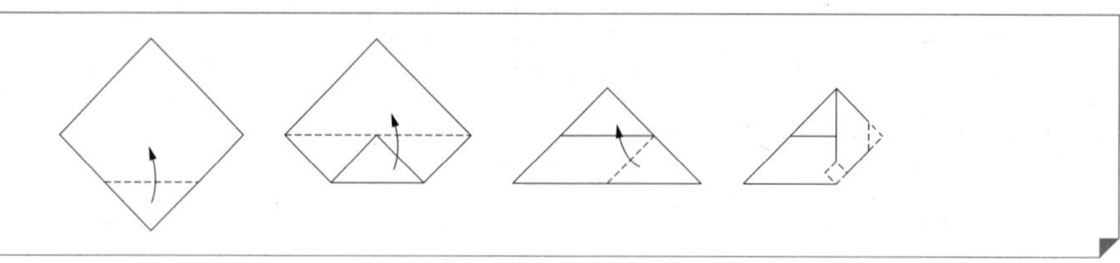

① 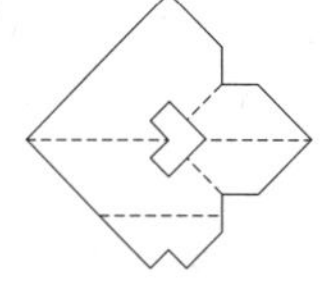

② 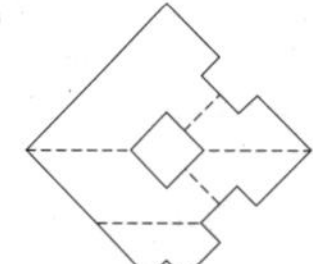

③ 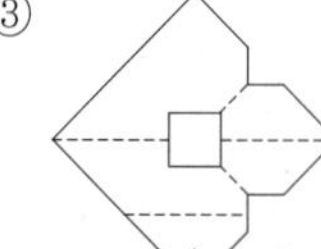

④ 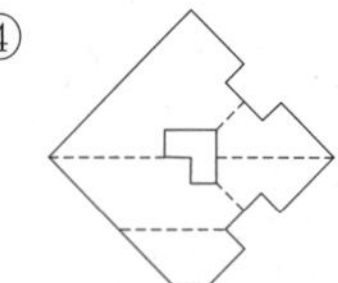

⑤ 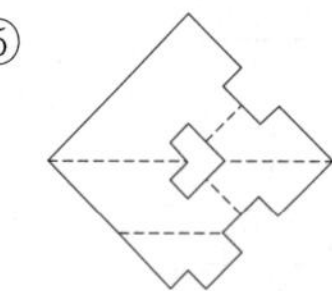

81

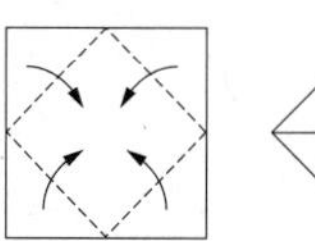 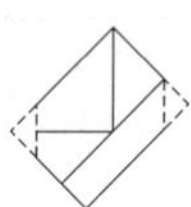

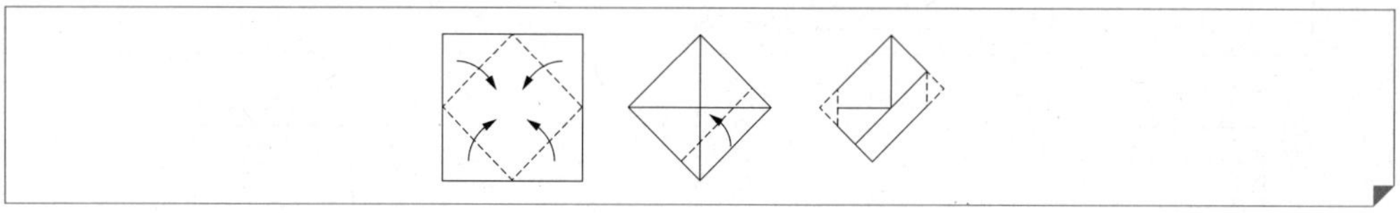

① 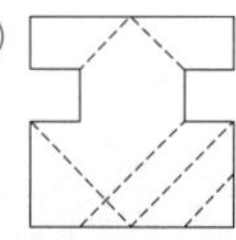

② 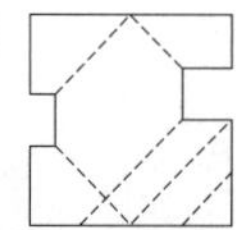

③ 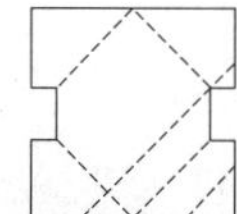

④ 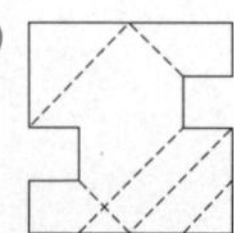

⑤

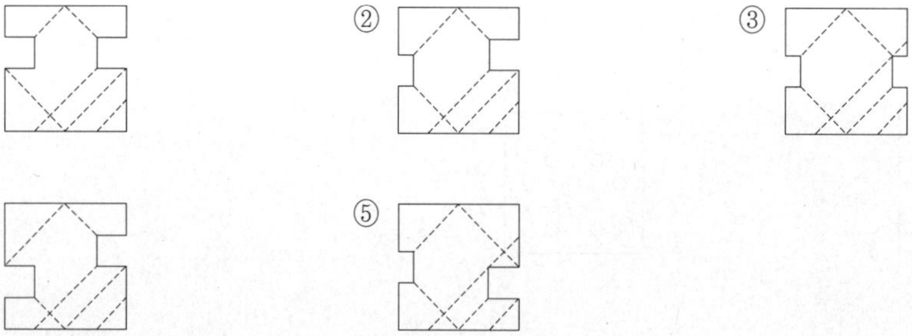

82

①
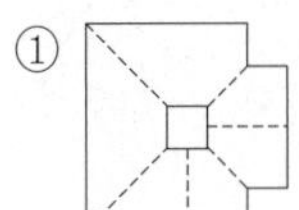
②
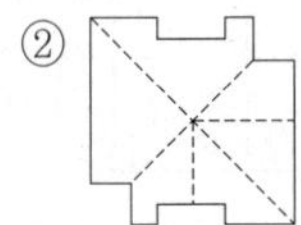
③
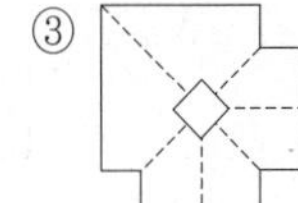
④
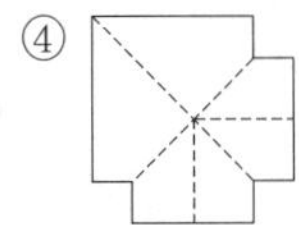
⑤
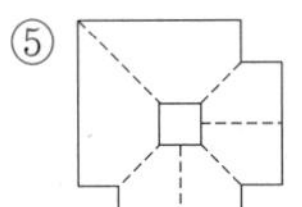

83

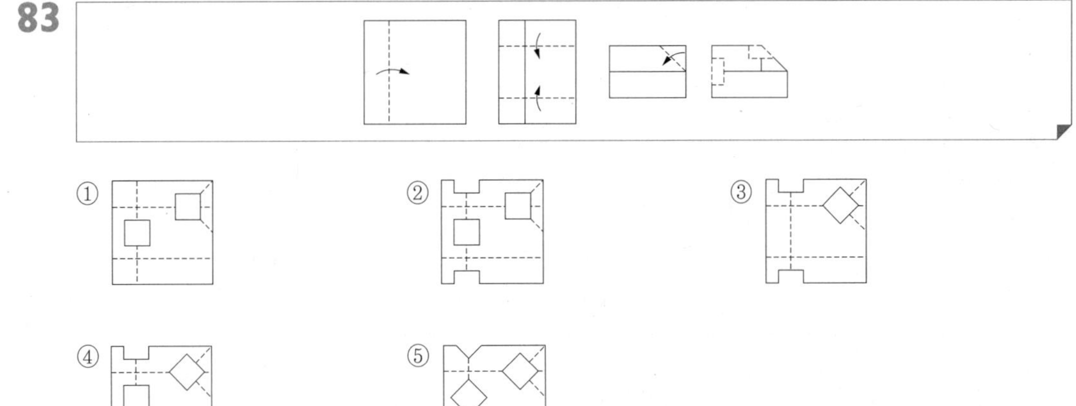
① ② ③ ④ ⑤

84~89 다음과 같이 종이를 접은 후 앞이나 뒤에서 볼 수 있는 모양으로 옳지 않은 것을 고르시오.

84

-------- 안으로 접기　—·—·—·· 안 또는 밖으로 접기

① ② ③

④ ⑤

85

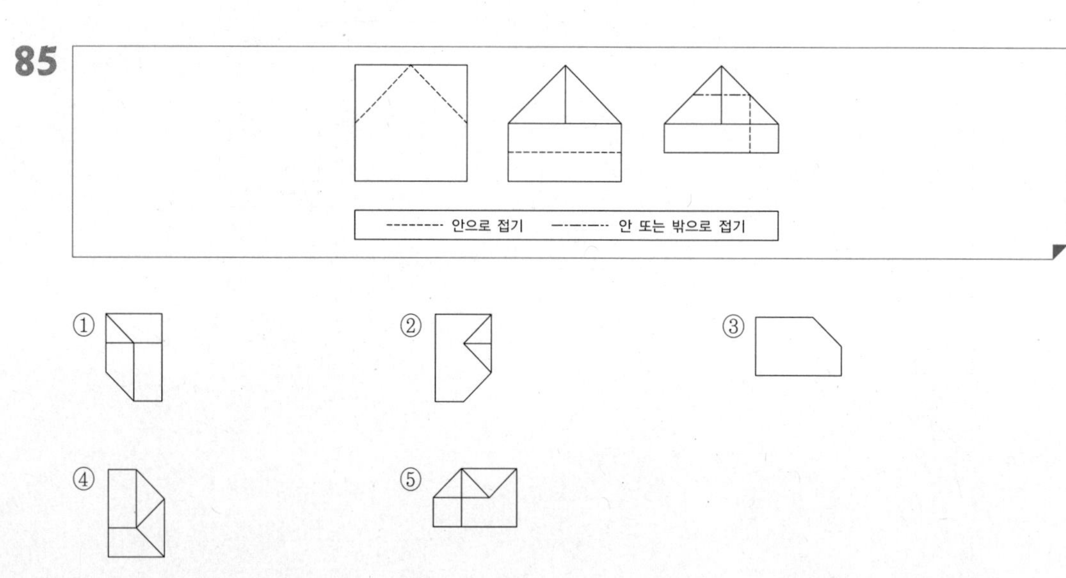

86

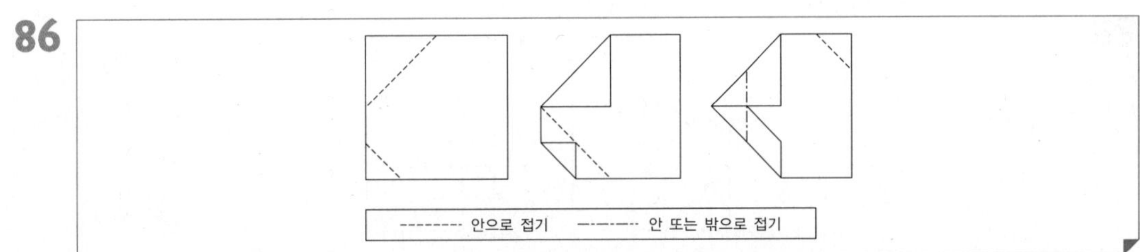

① 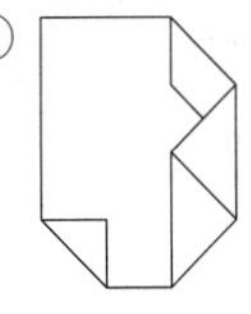

② 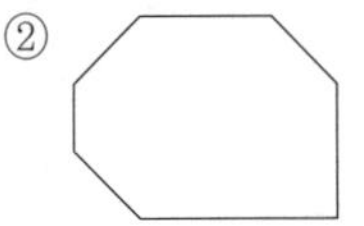

③ 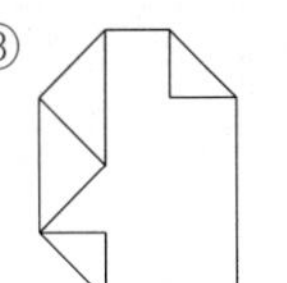

④ 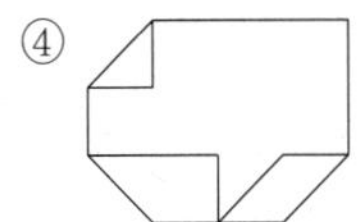

⑤ 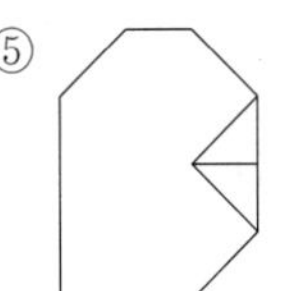

87

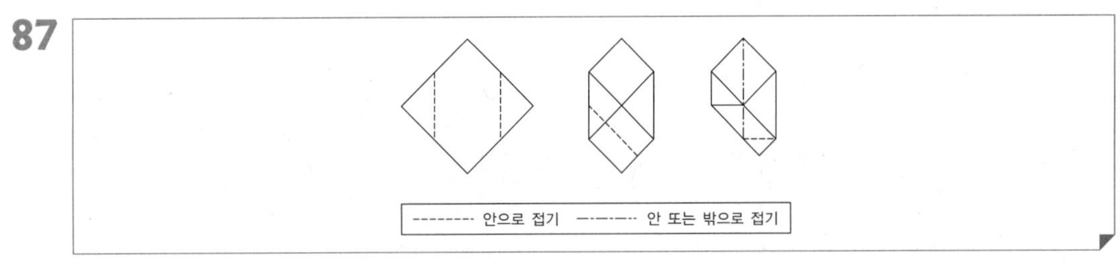

① 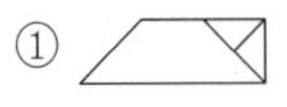

② 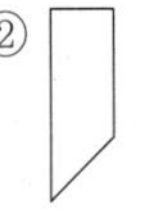

③ 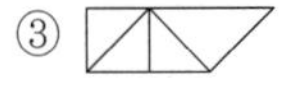

④ 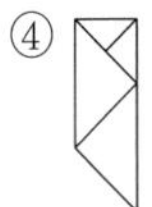

⑤ 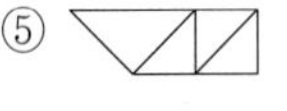

88

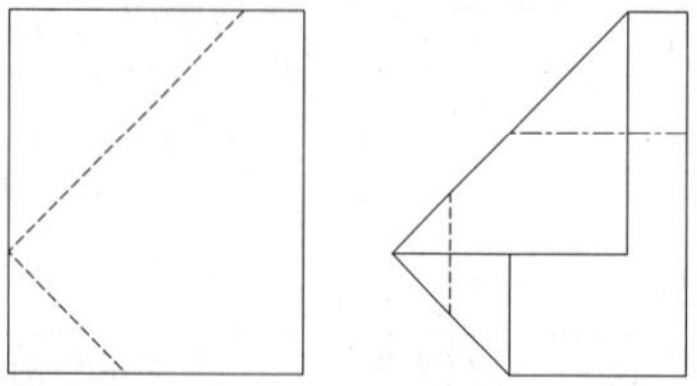

-------- 안으로 접기 —·—·— 안 또는 밖으로 접기

①

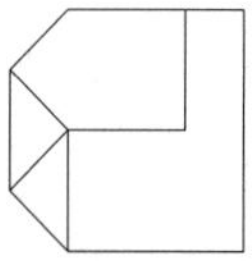

②

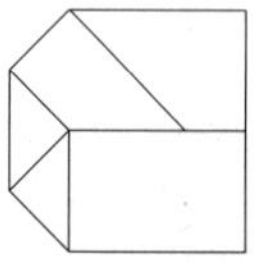

③

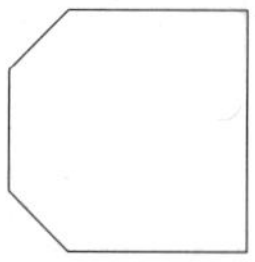

④

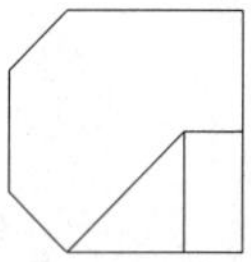

⑤

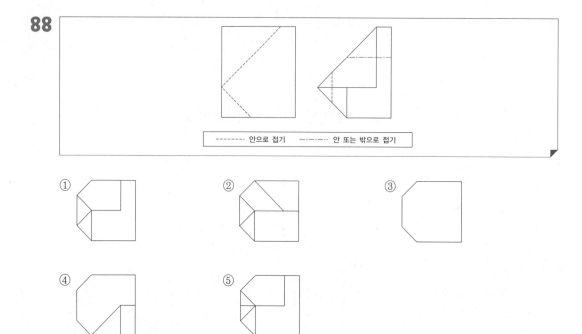

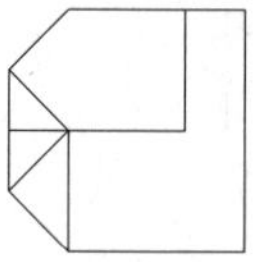

89

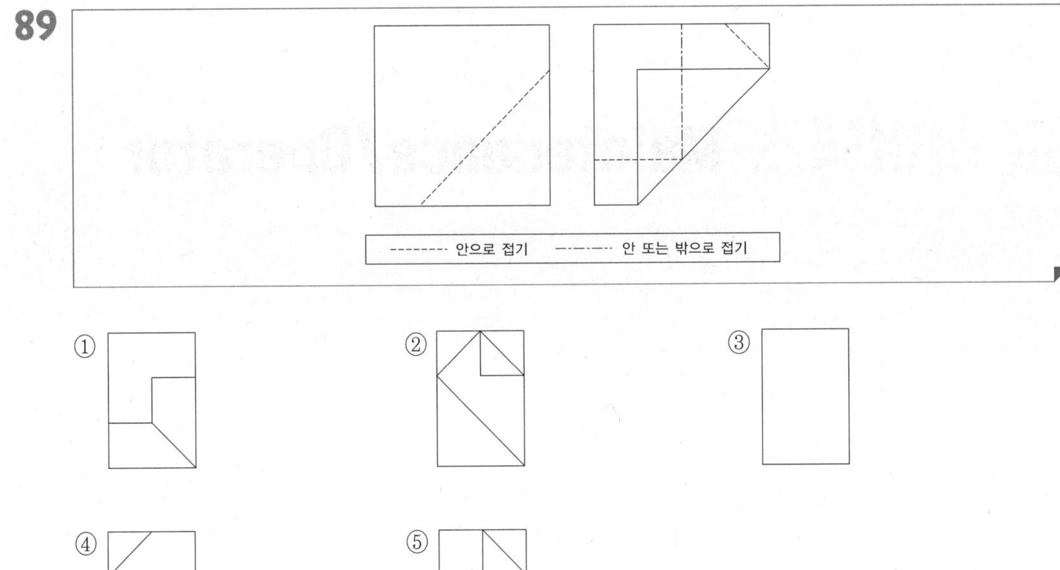

①

②

③

④

⑤

SK 하이닉스 Maintenance/Operator

최신 기출 분석

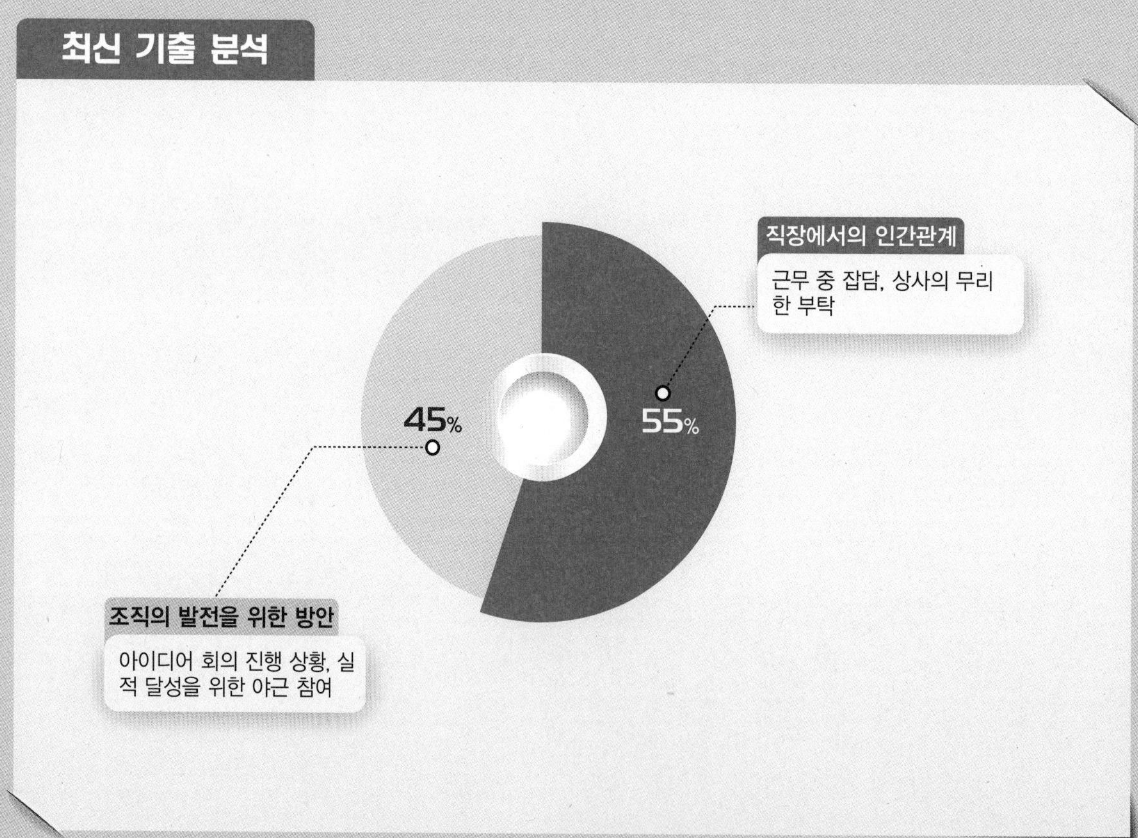

파트 4
유형 D 상황판단

테마 1 상황판단

상황판단 출제 비율

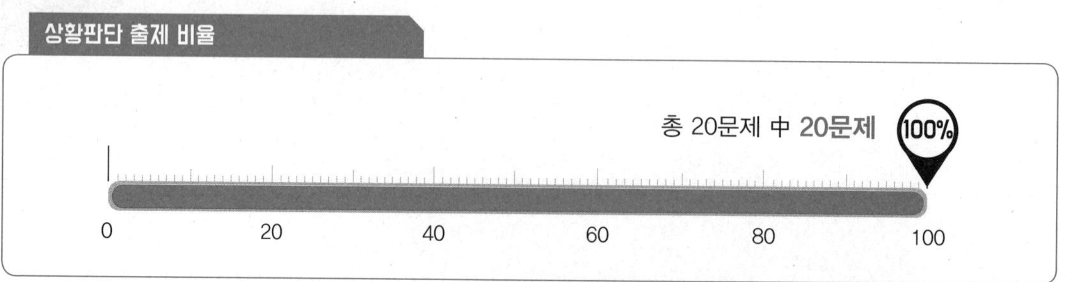

상황판단 핵심 check

- 정해진 답은 없으나 최대한 일관적인 관점으로 답해야 한다.
- 직장 생활에서 발생한 문제에 대한 창의적, 논리적, 비판적인 사고력이 필요하다.
- 문제 상황의 특성을 빠르게 파악하고, 적절한 대안을 선택 · 적용할 수 있어야 한다.
- 실제 업무에서 문제를 인식하고 해결 방법을 모색하는 능력을 평가하므로 비판적, 논리적, 창조적 사고력과 관련된 문제가 출제된다. 공과 사가 충돌할 경우에는 회사 또는 개인 중 한쪽으로 지나치게 편중된 행동을 고르지 않도록 유의한다.

대표예제 조직의 발전을 위한 방안

01 **팀장인 R은 팀원들을 모아 신제품 마케팅을 위한 아이디어 회의를 하는데 부하직원인 B가 모호한 말과 표현으로 일관한다. 조직의 발전을 위해 당신이 R이라면 어떻게 하겠는가?**

① 회의 도중 B를 나무란다.

② 구체적인 아이디어를 주제로 전환한다.

③ B에게 구체적으로 전개하라고 명령한다.

④ 회의가 끝난 후에 B를 개인적으로 불러 그의 의견을 듣는다.

⑤ B를 가르친 직원을 혼낸다.

대표예제 직장에서의 인간관계

02 **사원 A는 요즘 업무 과중으로 벅찰 만큼 많은 일을 소화하고 있는데, 직속 상사 C는 계속 새로운 일을 주어 스트레스가 가중되고 있는 상황이다. 그런데 급하게 업무를 마친 후 보고서를 건네기 위해 직속 상사 C의 자리에 갔더니, C는 잠시 자리를 비운 상태였고 책상 컴퓨터에는 인터넷 쇼핑몰 화면이 떠 있었다. 인간관계를 고려할 때 당신이 A라면 어떻게 하겠는가?**

① 보고서를 놓고 자리에 돌아와 동료들에게 메신저로 이에 대해 험담한다.

② 화가 나고 기분은 나쁘지만 업무 중 다른 일을 할 수도 있다고 생각하며 그냥 넘긴다.

③ 보고서를 놓고 업무가 너무 많으니 업무 배분을 조정해 달라는 메모를 C의 책상에 붙여 두고 온다.

④ 이후 팀 회식 자리에서 그때 어떤 물건을 쇼핑했냐고 공개적으로 묻는다.

⑤ 자리로 돌아와 다른 업무에 들어가기 전 인터넷 쇼핑을 한다.

유형 분석

직장 생활에서 발생한 문제를 인간관계를 고려했을 때 어떻게 해결할 것인지 묻는 문항이다.

해결 전략

기업의 조직 문화, 추구하는 인재상을 바탕으로 가장 적절한 대안을 선택한다.

03 **신입사원 A는 신입사원 연수원에서 배운 교육 내용과 업무 지침에 따라 주어진 업무를 처리하고 있었다. 그런데 상사인 B 대리가 A에게 그런 식으로 업무를 처리하면 안 된다고 하면서 잘못된 업무 지시를 내렸다. A는 처음에 B에게 알겠다고 대답은 했지만 생각할수록 잘못된 지시인 것 같았다. A가 일단 업무는 직속 상사인 B가 검토하도록 되어 있는 상황에서 인간관계를 고려할 때, 당신이 A라면 어떻게 하겠는가?**

① 팀장에게 사실을 보고한 후 지시를 기다린다.

② B의 지시를 무시하고 자신이 처음에 생각한 대로 처리한다.

③ 잘못된 지시라는 것은 알지만 상사인 B의 지시대로 처리한다.

④ B에게 자신이 배운 교육 내용과 업무 지침을 정리하여 보여 주고 새로운 업무 지시를 기다린다.

⑤ 입사 동기를 찾아가 의견을 물어본다.

유형 분석

업무 처리와 인간관계에서의 갈등을 어떻게 해결할 것인지를 묻는 문항이다.

해결 전략

1. 올바른 업무 처리
2. 상사의 잘못된 지시 사항 바로잡기

두 개의 전제 조건을 만족하는 답을 고른다.

출제유형문제연습

01~42 다음은 당신이 사회생활을 하면서 겪을 수 있는 여러 가지 문제 또는 상황들이다. 각 문제를 읽고 해당 문제 및 상황에 대한 원인 · 대안 등을 생각하여 가장 바람직하다고 생각하는 것을 고르시오(단, 상황판단 영역은 정답과 해설이 제공되지 않습니다).

문제해결능력
창조적, 논리적, 비판적 사고를 통해 직장 생활 및 업무 수행 중에 발생하는 여러 가지 문제를 올바르게 인식하고 적절히 해결할 수 있는 능력

01 M은 상사인 P와 2인 1조가 되어 프로젝트 진행을 맡았다. 프로젝트의 마감기한이 코앞인 지금 상사와의 팀워크가 가장 중요한 상황이다. 그런데 상사가 집안에 일이 생겨서 며칠 간 휴가를 쓴다고 하였다. 당신이 M라면 어떻게 하겠는가?

① 그동안 같이 해온 게 있으니 휴가 동안 혼자 맡아서 하고 있겠다고 한다.
② 팀장에게 새로운 팀원을 붙여 달라고 한다.
③ 나중에 잘못되면 상사에게 모든 것을 책임지라고 한다.
④ 프로젝트의 마감 기한을 늦춰 달라고 팀장에게 말한다.
⑤ 휴가 중인 상사에게 계속 연락하여 프로젝트를 대충 마무리한다.

02 K 회사에서 새로운 프로젝트를 위해 팀을 구성했는데, 그 팀에 N이 선발되었다. 그런데 N이 그 팀에서 업무를 진행하던 도중 팀장의 업무처리 스타일에 불만을 갖게 되었다. 당신이 N이라면 어떻게 하겠는가?

① 자기를 팀에서 제외시켜 줄 것을 요청한다.
② 팀장에게 직접적으로 불만사항을 이야기한다.
③ 팀장보다 더 높은 상관에게 보고한다.
④ 신경 쓰지 않고 자신의 업무에만 열중한다.
⑤ 다른 팀원들의 생각을 모아 팀장에게 알려 준다.

03 A는 퇴근 후 같은 팀 상사인 B와 함께 거래처 직원인 C와 술자리를 가졌다. 처음에는 좋은 분위기로 대화가 이어지다가 술기운이 오른 B가 C에게 기분이 나빠질 만한 농담을 했고, C는 참다가 결국 화를 내며 자리를 박차고 나갔다. 당신이 A라면 어떻게 하겠는가?

① C를 따라 나가 대신 사과한다.
② B에게 빨리 사과하라고 한다.
③ 다음 날 팀장에게 사실대로 보고한다.
④ 다른 상사에게 도움을 요청한다.
⑤ 모르는 척하고 평상시대로 지낸다.

04 A 사원은 B 대리와 함께 팀 프로젝트를 진행하고 있다. 그런데 B 대리는 팀 프로젝트에 관심도 갖지 않고 성의 없이 대충 진행하려는 태도를 보이고 있다. 하지만 이번 프로젝트로 직무 평가를 받아야 하는 A에게는 매우 중요한 프로젝트이다. 당신이 A라면 어떻게 하겠는가?

① B 대리와 사적으로 만나 허심탄회하게 자신의 입장을 이야기한다.
② B 대리의 몫까지 본인이 알아서 진행한다.
③ 더 높은 직급의 상사에게 고민을 이야기한다.
④ 다른 팀원에게 B 대리에 대한 불만을 이야기한다.
⑤ 신경 쓰지 않고 내 할 일만 열심히 한다.

사고력이란 이치에 맞게 생각하고 판단하는 힘을 말한다. 직장 생활에서 발생한 문제를 해결하기 위해서는 창조적, 논리적, 비판적으로 사고하는 능력이 필요하다.

05 S사의 올해 하반기 목표는 영업실적 1위를 되찾는 것이다. 영업실적 1위를 되찾기 위해 새로운 프로젝트를 진행할 팀이 꾸려졌다. 그런데 팀장을 맡은 P는 팀 구성원 목록에서 새로운 프로젝트를 맡을 자질이 부적합한 Q를 발견하였다. Q는 지난 프로젝트에서도 같은 실수를 반복해서 저질렀음에도 반성의 기미를 보이지 않고 남 탓을 하곤 했다. 이번 프로젝트는 영업실적 부진에서 벗어나기 위한 매우 중요한 프로젝트이며, 결과가 P의 임원 승진 여부와도 결부된다. 당신이 P라면 어떻게 하겠는가?

① Q를 구성원에서 제외시킨다.
② Q의 실수를 수습해 줄 수 있는 다른 사원을 투입한다.
③ Q를 믿고 그대로 진행한다.
④ 팀장 자리를 다른 사람에게 넘긴다.
⑤ Q만 따로 불러 면담한다.

06 A는 평소에 이기적인 동료 B를 좋아하지 않는다. B는 자신의 업무만 중요하게 생각하고 다른 누군가가 도움을 요청하면 바쁘다고 무시하기 때문이다. 그런데 B가 새로 맡은 일을 처리하던 중에 모르는 점이 생겨 A에게 도움을 요청했다. 당신이 A라면 어떻게 하겠는가?

① B가 평소 했던 대로 무시한다.
② 바쁘다고 말하고 다른 사람에게 물어보라고 한다.
③ 나도 잘 모르는 일이라고 한다.
④ 가르쳐 주고 다음부턴 다른 사람들도 도와주라고 말한다.
⑤ 무조건 도와준다.

문제처리능력이 필요한 경우
- 업무 수행 중 발생하는 문제를 해결해야 하는 경우
- 변화하는 주변 환경과 현장 상황을 파악해서 업무의 핵심에 도달해야 하는 경우
- 주어진 업무를 처리하는 서류를 다루는 경우
- 문제 해결을 위한 사례를 분석, 개발, 적용해야 하는 경우
- 공정 개선 및 인원의 효율적인 운영이 필요한 경우

07 **B는 출근 시간 사내 엘리베이터에서 직원들이 많아 실수로 여직원 P의 허벅지를 만지게 되었다. P는 당황한 B에게 소리를 지르고, 다른 직원들은 B를 흘끔흘끔 쳐다보며 수군거린다. 당신이 B라면 어떻게 하겠는가?**

① P에게 실수였음을 이야기하고 바로 사과한다.
② 다른 직원들에게 자신은 그런 사람이 아니라고 이야기한다.
③ 사람이 많은데 어떻게 하냐고 P에게 화를 낸다.
④ 그냥 다음 층에서 내린다.
⑤ P에게 당신한테 관심 없다고 이야기한다.

08 **입사한 지 3년이 넘은 P에게는 요즘 고민이 생겼다. 새로 들어온 신입사원 J가 P보다 나이도 많고 좋은 학교를 나왔다는 이유에서인지, P에게 존댓말도 아니고 반말도 아닌 말투를 쓰기 때문이다. 처음에는 그냥 참고 넘겼지만 회사생활은 사회라는 생각에 점점 더 화가 난다. 당신이 P라면 어떻게 하겠는가?**

① J를 따로 불러 사회생활에 대해 가르친다.
② 먼저 J에게 극존칭을 사용하여 무안하게 한다.
③ 원만한 회사생활을 위해 그냥 참고 넘어간다.
④ 신입사원들만 따로 불러 예절에 대해 가르친다.
⑤ 다른 직원들 앞에서 망신을 준다.

09 **U 부서의 사원들은 다 같이 나가서 점심식사를 하는데, 어느 날 사원 B가 놓고 온 것이 있다며 식당으로 가는 도중 사무실에 다시 다녀왔다. 그런데 그날 오후 업무를 시작할 무렵 K는 며칠간 공들여 작업한 프로젝트 기획안이 없어진 사실을 알게 되었다. 당신이 K라면 어떻게 하겠는가?**

① B를 따로 불러 기획안을 가져가지 않았느냐고 물어본다.
② 모든 직원들에게 점심시간에 보고서가 없어졌다고 알린다.
③ B에게 의심하는 것이 아니라고 말한 뒤, 기획안을 못 봤냐고 물어본다.
④ 분실 사실을 이야기하면 사무실 분위기가 흐려질 수도 있으니 우선 조용히 찾아본다.
⑤ 상사에게 B가 의심스럽다고 이야기한다.

10 영업직 사원인 M은 대리점 고객으로부터 구매한 제품의 부품에 대한 상세한 정보를 요청받았다. M은 회사에서 받은 정보를 모아서 고객에게 보내 주었지만 고객은 내용을 이해하기 어렵다고 불만을 표시하였다. 하지만 M은 판매를 위한 교육만 받았고 부품에 대해 전문가가 아니라 어렵긴 마찬가지였다. 연구소 쪽에서는 바빠서 더 이상의 도움을 주기는 어렵다는 답변을 주었다. 당신이 M이라면 어떻게 하겠는가?

① 선배에게 상황을 설명하고 어떻게 해야 하는지 조언을 구한다.
② 다시 연구소에 자료를 요청해서 스스로 공부한 후 핵심만 정리해서 고객에게 전달한다.
③ 연구소에 연락해 고객이 어려워하는 부분만이라도 설명을 해 달라고 간곡하게 요청한다.
④ 고객에게 최선을 다했으며 더 이상의 방법은 없다고 최대한 친절하게 설명한다.
⑤ 혼자 스스로 관련 자료를 찾아서 공부한 후 고객에게 설명해 준다.

11 A는 제약회사의 영업사원이다. 업무상 D 병원의 의사와 친해져야 하는데 의사가 너무 바빠 친해질 기회가 생기지 않는다. 당신이 A라면 어떻게 하겠는가?

① 의사가 시간이 될 때까지 병원에서 하루 종일 기다린다.
② 의사에게 직접적으로 시간 약속을 잡고 만나자고 얘기한다.
③ 상사에게 도움이 될 만한 방법을 조언받는다.
④ 주위의 인맥을 이용하여 의사에게 개인적으로 접근한다.
⑤ 포기하고 다른 병원의 한가한 의사를 찾아본다.

사고력이 사용되는 경우
- 업무를 수행함에 있어서 창의적으로 생각해야 하는 경우
- 업무의 전후 관계를 논리적으로 생각해야 하는 경우
- 업무 내용이나 상사의 지시를 무조건 수용하지 않고 비판적으로 생각해야 하는 경우
- 업무와 관련해서 자신의 의사를 합리적으로 결정해야 하는 경우
- 업무와 관련된 새로운 프로세스를 개발해야 하는 경우
- 업무와 관련해서 문제가 발생하였을 때 합리적으로 해결해야 하는 경우

12 마케팅 부서 팀장인 C는 중요한 팀 프로젝트를 진행하고 있는데, 팀원 중 P와 Q가 만나기만 하면 싸우는 것을 알게 되었다. 심지어 팀원들도 P와 Q 중 한쪽의 편을 들며 두 편으로 나뉘는 상황에까지 이르게 되었다. 당신이 C라면 어떻게 하겠는가?

① P와 Q를 팀에서 배제시킨다.
② P와 Q에게 이야기를 들어보고 잘못한 사람만 팀에서 배제시킨다.
③ 회의 시간에 팀원들에게 P와 Q에 대해 묻고 공개적으로 잘잘못을 가린다.
④ P나 Q 중 자신을 더 잘 따르는 사람에게 참으라고 부탁한다.
⑤ 팀 프로젝트가 끝날 때까지 참고 그냥 둔다.

13 C 회사의 직원인 J는 회사에서 집이 멀어 늘 집에 늦게 도착한다. 그런데 상사가 다음 날부터 중요한 프로젝트를 맡아 더 늦게까지 야근해야 할 것 같다고 말한다. 당신이 J라면 어떻게 하겠는가?

① 사정을 이야기하고 더 늦게까지 야근은 힘들 것 같다고 말한다.
② 상사의 말이므로 어쩔 수 없이 알았다고 한다.
③ 부서를 바꾸겠다고 말한다.
④ 야근은 힘들다고 말하고 대신 더 일찍 출근하겠다고 한다.
⑤ 퇴사를 고려해 본다.

14 K는 공동 업무와 개인 업무를 동시에 진행하고 있다. 두 업무 모두에 지장이 생기지 않도록 신경 쓰고 있는데 동료인 L은 공동 업무를 모두 K에게 맡기고 본인의 개인 업무만 한다. 당신이 K라면 어떻게 하겠는가?

① 어쩔 수 없다고 생각하고 공동 업무를 혼자 처리한다.
② 공동 업무에도 신경 써 달라고 L에게 이야기한다.
③ 상사에게 불만을 토로한다.
④ 나 역시 개인 업무에만 치중한다.
⑤ 공동업무 비중을 공평하게 나눠 L에게 부여한다.

15 C 대리는 어제 T 팀장과 둘이 식사를 하게 되었다. T 팀장은 C 대리에게 요즘 우리 팀원들이 예전에 비해 각자 맡은 업무만 빨리 마치려 하고, 그 외의 다른 역량을 향상시키기 위한 자기 계발은 하지 않는 것 같다고 불만을 토로하였다. 조직의 능력을 향상시키기 위해서 사원 개개인의 자기 계발 함양도 꼭 필요하다고 하면서, C 대리에게 팀원들의 자기 계발을 독려할 수 있는 방안이 있으면 생각해 보라고 하였다. 당신이 C라면 어떻게 하겠는가?

① 현재 시중에 소개되어 있는 다양한 자기 계발 프로그램을 조사하여 우리 팀에 적용할 만한 것을 선택해 보겠다고 이야기한다.
② 평소 틈틈이 자기 계발을 위해 힘쓰자고 팀원들에게 사내 메신저와 메일 등을 통해 수시로 메시지를 전달한다.
③ 회사 차원에서 자기 계발 관련 도서를 사원에게 제공해 주거나, 자기 계발 관련 학습 비용을 지원하는 방안을 마련해 줄 것을 건의해 본다.
④ 회의 시간에 팀원끼리 자기 계발 관련 스터디 모임을 만들어 보자고 제안한다.
⑤ 우선 팀장님과 함께 솔선수범하여 자기 계발에 힘쓰는 모습을 보이자고 이야기한다.

16 오늘은 사원인 A의 결혼기념일이다. 아내를 위해서 한 달 전부터 이벤트도 준비하였고 저녁식사를 위한 레스토랑 예약도 해 놓았다. 그런데 점심식사를 마치고 오후 업무를 보던 중 고객의 중요한 요청사항이 들어왔고 상사는 오늘까지 꼭 해결해야 된다고 신신당부를 하였다. 당신이 A라면 어떻게 하겠는가?

① 아내에게 전화하여 상황을 설명하고 기념일을 내일로 미루자고 한다.
② 상사에게 오늘이 결혼기념일이라고 말하고 양해를 구한다.
③ 고객에게 직접 전화해서 오늘 안에 해결하기 어렵다고 양해를 구한다.
④ 어떻게 해서든지 퇴근 시간 전까지 마무리하기 위해 노력한다.
⑤ 동료에게 대신 일을 처리해 달라고 부탁한다.

17 C 회사의 직원인 A는 평소 비위가 약하여 못 먹는 음식이 많다. 어느 날 상사가 몸보신도 할 겸 다같이 보양식을 먹으러 가자고 한다. 사람들은 모두 동의를 했지만 보양식은 A가 평소에 먹지 못하는 음식이다. 당신이 A라면 어떻게 하겠는가?

① 못 먹는 음식임을 밝히고 따로 먹겠다고 한다.
② 식당으로 함께 가지만 다른 메뉴를 시킨다.
③ 다른 메뉴를 상사에게 추천한다.
④ 오늘은 다른 약속이 있다고 말하고 빠져나온다.
⑤ 분위기를 망칠 수 없으므로 먹도록 노력해 본다.

18 S 회사의 직원인 G는 새로운 프로젝트의 팀장을 맡았다. 그런데 다른 동료들은 일을 도와주지 않고 게으름만 피웠고 사실상 G 혼자 일을 거의 다 했다. 상사가 프로젝트를 잘 수행했다며 팀장인 G에게 보너스를 주었고 팀원들은 이 사실을 모른다. 당신이 G라면 어떻게 하겠는가?

① 팀 전체에게 준 것이므로 똑같이 나눠 준다.
② 다른 동료들은 일을 거의 하지 않았으므로 그냥 혼자 갖는다.
③ 팀 동료들과 회식하는 데 쓰고 그동안 서운했던 점을 이야기한다.
④ 프로젝트에 참여한 비율을 따져 나눠 준다.
⑤ 반은 혼자 갖고 나머지 반을 팀원들에게 똑같이 나눠 준다.

문제에 주어진 전제 조건을 모두 만족시킬 수 있는 답을 골라야 한다.

19 외국어에 소질이 없는 구매팀 사원 A는 외국인 바이어 B와의 협상을 앞두고 안절부절못하고 있다. 협상시간이 다가오고 있는데 외국어에 능통한 동료 C가 아직 도착하지 않았기 때문이다. 그런데 C에게 연락해 보니 길을 잃어 1시간 정도 늦게 도착할 것 같다고 한다. 당신이 A라면 어떻게 하겠는가?

① 구매팀 팀장에게 연락하여 C가 늦을 것이라고 이야기한 후 지시를 기다린다.
② B에게 협상시간을 조금만 미뤄 달라고 사정한다.
③ 시간을 지키지 못한 것은 C의 잘못이므로 C가 책임지도록 한다.
④ 우선 B를 만나 협상을 진행하는 척하면서 C가 도착할 때까지 시간을 끈다.
⑤ C와 연락이 가능한 휴대전화 등의 장비를 이용하여 협상을 진행할 수 있도록 한다.

20 S 대리는 점심식사 후 사무실 부근에서 K 팀장과 차를 마시게 되었다. K 팀장은 S 대리에게 최근 팀원들이 바쁜 업무 때문인지 각자 맡은 일만 하고, 서로 간의 대화나 교류는 점점 줄고 있는 것 같다며 어떻게 해야 팀 분위기를 전환시킬 수 있을지 고민이라고 하였다. 장기적으로 업무능력을 향상시키기 위해서라도 팀 내 분위기 쇄신은 꼭 필요하다고 역설하면서 S 대리에게 좋은 방법이나 아이디어가 있으면 생각해 보라고 하였다. 당신이 S라면 어떻게 하겠는가?

① 돌아오는 주말에 1박 2일로 팀 워크숍을 가자고 제안한다.
② 우선 팀원들을 따로 만나 각자 생각하고 있는 것들을 물어본 후 의견을 이야기한다.
③ 회의 시간을 빌려 각자 팀 내 분위기 쇄신을 위해 힘써 보자고 이야기한다.
④ 마니토 활동이나 봉사활동 등 업무 외 결연활동 프로그램을 마련해 보겠다고 한다.
⑤ 회식 자리를 마련하여 각자의 생각을 허심탄회하게 털어놓을 수 있는 시간을 마련하는 게 좋겠다고 이야기한다.

21 A는 창의적인 기획안을 제출했으나, 상사는 기존의 방식대로 일을 처리하자고 한다. 당신이 A라면 어떻게 하겠는가?

① 상사의 지시대로 한다.
② 더 높은 상사에게 기획안을 제출한다.
③ 동료들과 상의하여 기획안을 접수시킨다.
④ 창의적인 기획안을 실행했을 때의 장단점을 제출한다.
⑤ 기존의 방식대로 하되 기획안을 조금이라도 적용하려고 한다.

22 C 회사에 다니는 L은 최근 개인비품이 자꾸 없어지거나 줄어들어 이상하게 여겼다. 그러던 어느 날 우연히 동료 P가 L의 책상에서 아무렇지 않게 물건을 가져다 쓰는 것을 목격했다. 당신이 L이라면 어떻게 하겠는가?

① 왜 남의 물건을 함부로 쓰느냐고 따진다.
② 그냥 참는다.
③ 동료에게 지금까지 자신의 물품을 썼는지 묻고 앞으로는 허락을 받고 써 달라고 말한다.
④ 서랍에 자물쇠를 채워 둔다.
⑤ 앞으로 P의 물건을 마음대로 쓴다.

23 O 회사에 다니는 R은 몇 년간 휴가도 쓰지 않고 회사를 위해 열심히 일했다. 올해는 R의 아버지께서 정년 퇴임을 하시는 해라 처음으로 가족들과 휴가를 보내기로 했다. 회사에도 미리 이야기를 해 뒀고 비행기표와 숙소 역시 예약해 놓았다. 내일이면 휴가를 떠나는 날인데 갑자기 상사가 회사에 급한 일이 터졌으니 휴가를 취소할 수 없느냐고 물었다. 당신이 R이라면 어떻게 하겠는가?

① 절대 취소할 수 없다고 하고 예정대로 휴가를 떠난다.
② 가족들에게 양해를 구하고 가족들만 휴가를 보낸다.
③ 예약을 취소할 수 있는지를 알아보고 취소할 수 있다면 휴가를 가지 않는다.
④ 상사에게 말한 후 상사의 지시대로 한다.
⑤ 사정을 말하고 자신이 할 수 있는 일을 최대한 끝마친 후 휴가를 떠난다.

'회사'와 '가정문제' 둘 다 간과해서는 안되는 부분으로 양쪽 모두를 만족시킬 수 있는 답을 선택해야 한다.

24 P 회사에 다니는 N은 중요한 자료 정리를 맡았다. 며칠 동안 야근까지 하며 어느 정도 일을 마무리해 놨는데 동료의 실수로 파일이 지워져 버렸다. 상사는 정리된 자료를 빨리 가져오라고 한다. 당신이 N이라면 어떻게 하겠는가?

① 동료한테 상사에게 가서 사정을 말하라고 한다.
② 상사에게 직접 사정을 이야기하고 다시 시간을 달라고 한다.
③ 아무 변명도 하지 않고 상사에게 일을 다 끝내지 못했으니 시간을 조금만 더 달라고 한다.
④ 상사에게 사정을 말한 후 동료에게 자료 정리를 맡긴다.
⑤ 동료에게 이 일에 대해 어떻게 책임질 것인지 묻는다.

25 **H와 연애 중인 A는 교제 사실을 회사 사람들이 알게 되면 이런저런 말들이 많아질 것이 부담스러워 비밀로 하고 있다. 어느 날, A는 H와 몰래 데이트를 하던 중 회사에서 O 대리에게 들켜 버렸고, O 대리는 회사에 알리겠다고 한다. 당신이 A라면 어떻게 하겠는가?**

① O 대리에게 비밀로 해 달라고 정중히 부탁한다.
② O 대리에게 H와는 사귀는 사이가 아니라고 거짓말한다.
③ O 대리가 말한다면 그냥 두고, 회사에 교제 사실을 먼저 알린다.
④ O 대리가 회사에 말하면 헤어진 척한다.
⑤ O 대리의 약점을 들춰내어, 교제 사실을 말할 경우 폭로하겠다고 이야기한다.

26 **H 회사는 직원들의 단합을 위해 주말에 야유회나 체육대회 등을 자주 하는 편이다. 그런데 신입사원인 P는 이런 행사에 참여하는 것보다 휴식을 취하는 것이 더 좋다고 생각한다. 당신이 P라면 어떻게 하겠는가?**

① 신입사원일 때만 열심히 참여하는 척하고 시간이 지나면 눈치를 보면서 빠진다.
② 다른 중요한 볼일이 있다고 핑계를 대며 빠진다.
③ 아무 말 없이 모든 행사에 참여한다.
④ 지나치게 잦은 행사가 부담스럽다고 상사에게 건의한다.
⑤ 행사에 참여하되 불성실한 모습을 보여 행사를 싫어하는 티를 낸다.

27 **얼마 전 스마트폰을 새로 장만한 Q는 직속상사 A가 시도 때도 없이 스마트폰 메신저로 말을 걸어 곤란하다. 심지어 주말에 혼자 쉬고 싶을 때에도 메신저로 연락을 해 업무에 대해 묻는다. 차단기능을 이용해 차단하고 싶어도 직속상사이기 때문에 그러지도 못하는 상황이다. 당신이 Q라면 어떻게 하겠는가?**

① 상사에게 중요한 일이 아니면 밤이나 주말에는 연락을 줄여 달라고 정중하게 부탁한다.
② 아예 스마트폰 메신저 애플리케이션을 삭제한다.
③ 거꾸로 상사가 질릴 때까지 연락을 해 다시는 그렇게 하지 않도록 한다.
④ 직속상사이므로 참고 견딘다.
⑤ 다른 직원들은 어떻게 대처하고 있는지 물어본다.

28 중요한 업무보고서를 맡아 작성한 사원 K는 과장, 부장, 이사의 순으로 결재를 받아야 한다. 오늘 내로 해결해야 하는데 과장이 결근을 하였다. 당신이 K라면 어떻게 하겠는가?

① 과장의 서명을 대충 위조한 후 부장에게 결재를 받으러 간다.
② 부장을 찾아가서 과장이 결근했음을 말한 후 결재를 요청한다.
③ 다른 부서의 과장에게 사정을 말한 후 결재를 받아 부장에게 간다.
④ 같은 부서의 선배에게 어떻게 하면 좋을지 물어본 후 그가 시키는 대로 한다.
⑤ 과장이 출근하는 날 결재받는다.

29 A보다 늦게 입사했지만 나이가 많은 B는 자주 자리를 비우고 제대로 일을 하지 않아 A의 업무에도 지장이 생기고 있다. 당신이 A라면 어떻게 하겠는가?

① 조용히 불러내서 주의를 준다.
② 직원들과 단합하여 상사에게 B에 대한 불만을 토로한다.
③ 자신의 업무에만 신경 쓴다.
④ 직속상사에게 B의 행실에 대한 메일을 보낸다.
⑤ B에게 이직을 권유한다.

30 K 제약회사의 연구팀원인 N은 매번 자신의 연구실적을 팀장이 가로채는 것에 대해 불만을 가지고 있는데, 동료 연구원들은 그것이 관행이라며 참으라는 말만 한다. 그러나 N은 자신의 능력에 대한 정당한 보상을 받고 싶다. 당신이 N이라면 어떻게 하겠는가?

① 팀장에게 개인적으로 자신의 연구실적을 가로채지 말라고 정중히 요청한다.
② 동료 연구원들에게 팀장의 부당함에 대해 따지자고 설득한다.
③ 회사 내 팀장보다 더 높은 상관에게 호소한다.
④ 연구실적을 팀장에게 보고하지 않고 개인적으로 발표한다.
⑤ 사원만 사용할 수 있는 사내 게시판에 팀장의 행위를 예로 들어 나쁜 관행을 없애자는 여론을 형성한다.

31 D 회사에 다니는 H는 진급을 위해서 반드시 해외 근무를 2년 이상 해야 한다. 그러나 H는 결혼한 지 얼마 안 되었고, H의 아내는 반드시 국내에서 일해야 한다. 당신이 H라면 어떻게 하겠는가?

① 아내의 일을 그만두게 하고 함께 해외로 간다.
② 아내를 남겨 두고 혼자 해외로 간다.
③ 해외 근무 대신 할 수 있는 업무가 있는지 회사에 문의한다.
④ 회사를 그만둔다.
⑤ 해외 근무 연수를 줄일 수 있는 방법은 없는지 물어본다.

32 U 회사에 다니는 J는 회사 동료들과 함께 밥을 먹는 도중 회사 동료들이 상사의 험담을 하는 것을 들었고 J는 분위기상 맞장구를 쳐 줬다. 그런데 며칠 뒤 그 상사가 왜 동료들 사이에서 자신의 험담을 주도하냐며 J에게 따졌다. 당신이 J라면 어떻게 하겠는가?

① 자신은 분위기상 맞장구만 쳤을 뿐이라고 이야기한다.
② 죄송하다고 말한 후, 자신을 험담 주도자라고 한 사람을 찾아낸다.
③ 험담을 주도한 동료들의 이름을 대며 자신이 아니라고 말한다.
④ 동조를 한 것은 사실이므로 일단 죄송하다고 사과한다.
⑤ 기회라고 생각하고 그동안 동료들과 자신이 가지고 있었던 불만을 모두 이야기한다.

33 Q의 직장동료 R은 업무시간에 회사 일보다 개인적인 대학원 공부에 더 몰두한다. 처음에는 크게 신경 쓰지 않았으나 최근에는 Q의 업무에까지 지장이 생기고 있다. 당신이 Q라면 어떻게 하겠는가?

① 어쩔 수 없다고 생각하고 R의 몫까지 일한다.
② 상사에게 사실을 말하고 조치해 달라고 한다.
③ R을 따로 불러 업무에 지장이 생기고 있음을 이야기하고 시정해 줄 것을 부탁한다.
④ 그때그때 업무에 지장을 줄 때만 이야기한다.
⑤ 직장동료를 따라 개인 업무만 충실히 한다.

34 T 사원은 성격이 밝고 적극적인 E 사원 옆자리에서 근무한다. E 사원의 활발한 성격 때문에 주변에 친구들이 많고 근무 시간 중에도 사적인 통화를 자주한다. 또한 옆 동료와도 사적인 대화가 많아 업무 중에 방해될 때가 있다. 처음에는 본인이 알아서 하겠지 하고 가볍게 넘겼지만 오히려 더 당당하게 통화를 하고 사적인 대화의 빈도가 잦아 졌다. 당신이 T라면 어떻게 하겠는가?

① E에게 직접적으로 업무에 방해된다고 말한다.
② 상사에게 E의 행동에 대해 보고하여 대책을 강구한다.
③ E가 근무할 때 근무에 방해가 되게끔 똑같은 행동을 한다.
④ E가 눈치 챌 수 있도록 다른 사람에게 E가 말을 걸면 못 들은 척해 달라고 부탁한다.
⑤ 기분이 상하지 않는 범위에서 조용히 따로 불러 이야기한다.

35 사내에서 성실하고 친절하다는 평가를 받고 있는 R은 요즘 잦은 야근으로 많이 피곤한 상태이다. 어느 날 야근이 없어 일찍 퇴근하려는데 신입사원 U가 R에게 회계보고서 작성을 도와달라고 한다. 이 회계보고서는 아직 기한이 한참이나 남아 있어 당장 급한 것은 아니지만 U는 빨리 보고서를 완성하고 싶다고 한다. 당신이 R이라면 어떻게 하겠는가?

① 너무 힘들어서 도와줄 수 없다고 솔직하게 말한다.
② 아직 기간이 많이 남았으니 다음에 도와주겠다고 한다.
③ 신입사원의 부탁이니 도와준다.
④ 할 수 있는 부분까지만 도와준다.
⑤ 그런 일은 혼자서 해야 한다고 따끔하게 충고를 한 뒤 퇴근한다.

36 S 사원의 상사인 T는 덤벙거리는 성격 탓에 물건을 자주 잃어버린다. 그러고는 아무렇지 않게 필요한 물건이 있을 때마다 S의 책상에서 꺼내어 쓰고 돌려주지 않는 경우가 많다. 당신이 S라면 어떻게 하겠는가?

① 상사이기 때문에 참는다.
② 책상 서랍을 잠가 놓는다.
③ 따로 자리를 마련하여 T에게 이야기 한다.
④ 빌려갈 때마다 언제 돌려줄 것인지 계속 묻는다.
⑤ T에게 물건을 빌려 돌려주지 않는다.

37 C 대리는 상사 G가 시키는 대로 업무를 수행했다. 이를 보고하기 위해 G에게 가져갔더니 C에게 누가 일을 이렇게 하냐고 다그치면서 화를 냈다. 당신이 C라면 어떻게 하겠는가?

① 어떻게 수정하면 될지 물어본다.
② 잘못을 인정하고 다시 해 오겠다고 한다.
③ 시킨 대로 한 것뿐이라고 말한다.
④ 한 귀로 듣고 다른 한 귀로 흘려듣는다.
⑤ G가 시킨 대로 업무를 처리했다고 정확하게 말한다.

38 신입사원 A는 친하던 동기 B와 사소한 말다툼으로 인해 사이가 멀어졌다. 그런데 같은 동기인 C가 둘 사이를 중재해 주어 서로 화해를 하게 되었다. A는 모든 앙금이 다 사라졌다고 믿고 B를 이전처럼 친근하게 대했다. 그러던 어느 날 A는 B가 직속상사인 D에게 자신의 험담을 하는 것을 목격했다. 당신이 A라면 어떻게 하겠는가?

① C에게 B의 행동에 대해 말하고 조언을 구한다.
② 속으로 삭히고 아무런 행동도 하지 않는다.
③ 그 자리에서 B에게 왜 남의 험담을 하냐고 따진다.
④ B를 따로 불러 자신의 험담을 한 것에 대해 사과하고 D에게 해명할 것을 요구한다.
⑤ 사내 게시판에 B의 행동에 대한 글을 익명으로 올린다.

39 Z 회사의 직원인 P는 평소처럼 상사 R의 재미없는 농담에 불만이 많다. 점심시간에 식사를 하는 도중 R은 또 아무렇지 않게 재미없는 농담을 했고 P는 이것을 그냥 흘려들었다. 그런데 R이 P를 꼭 찍어 왜 웃지 않냐고 물었다. 당신이 P라면 어떻게 하겠는가?

① 일단 큰 소리로 웃는다.
② 재미없다는 생각이 드러나지 않게 다른 핑계를 댄다.
③ 웃음까지 강요하는 것은 부당하지 않냐고 되묻는다.
④ 더 재미있는 농담을 하며 넘어간다.
⑤ 잘 못 들었다고 다시 한번 말해 달라고 한다.

40 S 회사의 V 과장은 업무상 해외출장을 가게 되었다. 4박 5일 일정에 대한 회사 출장 경비로 4백만 원을 지급 받았는데, 마침 출장 중인 곳에 이민 간 동생이 살고 있었다. 동생의 권유로 4박 5일 동안 동생의 집에서 숙박을 하였고 출장을 마치고 돌아오니 숙박비가 절약되어 경비의 절반이 남았다. 당신이 V라면 어떻게 하겠는가?

① 선물을 구입하여 직장동료와 가족들에게 나누어 준다.
② 회사에 반납한다.
③ 아무도 모르니까 비상금으로 쓴다.
④ 직속상사에게 절반을 주고 나머지는 본인이 쓴다.
⑤ 회사 이름으로 기부한다.

41 M 회사의 L은 업무 중 본의 아닌 실수로 인해 회사에 작은 문제를 일으켰다. 이 때문에 직속상사인 Z에게 심한 꾸지람과 인격적인 모욕을 당했다. 당신이 L이라면 어떻게 하겠는가?

① 그냥 아무 말 없이 자리로 돌아가 일을 계속한다.
② 동료직원에게 섭섭함을 토로한다.
③ 모욕을 준 상사보다 직급이 높은 상사에게 말한다.
④ 그 자리에서 부당한 인격 모욕에 대해 항의한다.
⑤ 국가인권위원회에 정식으로 진정을 접수한다.

42 기획부 H 대리는 옆자리에 앉은 W 대리가 업무시간에 게임과 인터넷 쇼핑에 열중하는 모습을 자주 목격한다. 그러나 W 대리의 자리는 구석진 곳이어서 H 사원이 말하지 않으면 어느 누구도 W의 이런 모습을 볼 수 없다. 당신이 H라면 어떻게 하겠는가?

① 기획부 부장에게 W의 행동에 대해 이야기 한다.
② 모르는 것이 있다고 하면서 W에게 물어본다.
③ W의 행동을 못 본 척한다.
④ 회의 시간에 모든 직원들에게 업무에 집중하자고 이야기한다.
⑤ 시간을 따로 내어 W에게 업무에 집중하라고 충고한다.

고시넷

SK 하이닉스 Maintenance/Operator

파트 5
실전모의고사

실전모의고사 1회

▶정답과 해설 52쪽

유형A 기초지식

01~02 다음 빈칸에 들어갈 단어로 알맞은 것을 고르시오.

01

FIRST – SECOND – (　　) – FOURTH

① THREE　② THIRD　③ THIRTH
④ FIFTH　⑤ SIXTH

02

Monday – Tuesday – Wednesday – (　　)

① Thursday　② Friday　③ Saturday
④ Sunday　⑤ Holiday

03~04 다음 제시된 단어들과 관련 있는 단어를 고르시오.

03

shampoo　soap　dentifrice　toothbrush

① living room　② bedroom　③ kitchen
④ shower room　⑤ baby room

04

professor major credit

① bank ② hospital ③ mall
④ university ⑤ elementary school

05 다음 중 밑줄 친 부분과 바꾸어 쓸 수 있는 단어는?

> Some animals <u>get long and deep sleep</u> in winter to survive. While an animal is in this state all of its bodily functions nearly stop.

① die ② hibernate ③ leave
④ coma ⑤ pain

06~10 다음 대화에서 밑줄 친 부분에 들어갈 내용으로 적절한 것을 고르시오.

06

> A : I purchased this pants yesterday, but when I got home I realized it's a bit too big for me. Do you have it in a size 9?
> B : Wait a second… Sorry, but I can't see any size 9 in blue. We do have black, though.
> A : Well, I want a blue pants to match this ivory sweater.
> B : ______________________

① The pants looks good on you.
② OK. I'll try contacting our other branches.
③ Sorry. but sweaters are sold out now.
④ This sweater is cheaper than the pants.
⑤ Thank you for calling me.

07

A : You don't look good. Is something bothering you?
B : Actually, I'm worried about my son. He spend all his time surfing the internet in his room.
A : Well, It's a serious problem. There are a lot of harmful websites on the internet.
B : You're right. ______________________
A : You'd better place the computer in the living room so that you can keep an eye on him.

① What are you going to do?

② What should I do?

③ Do you think I can get better soon?

④ Where can I find it?

⑤ May I use the phone?

08

A : I want to order a Christmas cake for my children.
B : Great! Which design do you want, a circle or a square?
A : Let me see. I want a circle.
B : Which decorations would you like? We have Santa, trees, or flowers.
A : I would like Santa.
B : Yes, ma'am. ______________________
A : I also want a message written on the cake. For example, I Love You.
B : Oh, that's a good idea.

① We wish you a merry Christmas.

② The cake was very tasty.

③ Do you want anything else?

④ Do you believe in the Santa Claus?

⑤ I'll do my best for you.

09

A : Daniel, how did you like your stay in Korea?
B : Excellent! I enjoyed every moment of my stay here.
A : Good! Are you ready for your trip back home?
B : Almost, but I still have to get a gift for my sister.
A : Your younger or older one?
B : Just my younger sister. ________________
A : I'd love to. Let's go shopping together!
B : Sounds good.

① Can you help me pick something out?

② I'm looking for the shopping center.

③ She is so cute and chubby.

④ Have you seen my sister?

⑤ Thank you very much.

10

Rafael : Hello?
Alex : Hi, Rafael. This is Alex.
Rafael : Oh, hi. Did you get home all right?
Alex : Yeah, thanks, but I want to apologize for last night. It was so dumb of me to put my coffee on the floor.
Rafael : Forget about it.
Alex : But it must have made a really ugly stain. I want to pay for the cleaning.
Rafael : Listen, __________________ Accidents happen at parties especially.
Alex : Well, if you say so, but I really am sorry.
Rafael : OK. See you on Monday. Bye now.

① it's no big deal.

② it's up to you.

③ you can't miss it.

④ it couldn't be better.

⑤ With great pleasure.

11 다음 빈칸에 들어갈 연산기호를 순서대로 나열한 것은?

64□8□5□3=6

① ÷, −, × ② ÷, −, + ③ ÷, −, −
④ ×, +, − ⑤ +, ÷, ×

12 △에 들어갈 수 없는 연산기호는? (단, □, ○, △는 모두 다른 연산기호이다)

0=6□6○6△6

① + ② − ③ ×
④ ÷ ⑤ 정답 없음.

13 ㉠, ㉡을 통해 연산기호의 새로운 법칙을 찾은 후 ㉢에 적용하여 '?'에 알맞은 답을 구하면?

㉠ 95÷(2−13)=69
㉡ 37−(7÷4)=111
㉢ (22÷3)−3=?

① 41 ② 48 ③ 53
④ 57 ⑤ 59

14 1,680m/min로 숙대입구 방면에서 달려오는 열차 A와 32m/s로 회현 방면에서 달려오는 열차 B가 엇갈려 지나가는 시간을 재보니 8초였다. 열차 A의 길이가 230m라면 열차 B의 길이는?

① 200m ② 210m ③ 230m
④ 250m ⑤ 270m

15 A, B, C 3명이 연못의 주변에서 마라톤을 하고 있다. A와 B는 서로 반대 방향으로 같은 속력으로 달리고 있고, A와 C는 같은 방향으로 달리고 있다. A는 C를 12분 만에 앞질렀고, B와 C는 8분 만에 만났을 때, A가 연못을 1바퀴 도는 데 걸리는 시간은? (단, A, B, C는 일정한 속력으로 달리고 있다)

① 9분 24초 ② 9분 36초 ③ 9분 48초
④ 10분 36초 ⑤ 10분 48초

16 다음 그림과 같은 삼각형 ABC가 있다. $\overline{AB}$의 중점 M에서 $\overline{BC}$와 평행한 직선을 그었을 때 $\overline{AC}$와 만나는 점이 N이고, 사각형 BCNM의 넓이가 삼각형 ABC 넓이의 $\frac{3}{4}$이라고 할 때, MN의 길이는?

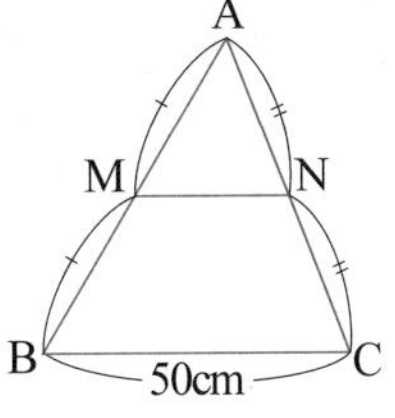

① 20cm ② 22cm ③ 25cm
④ 27cm ⑤ 29cm

17 H 기업 입사시험에서 A, B, C가 합격할 확률은 각각 $\frac{1}{2}$, $\frac{1}{3}$, $\frac{3}{4}$이다. A와 B만 시험에 합격할 확률은?

① $\frac{1}{6}$ ② $\frac{1}{2}$ ③ $\frac{1}{12}$
④ $\frac{1}{24}$ ⑤ $\frac{1}{36}$

18 3형제가 퀴즈쇼에서 받은 상금 1억 4천만 원을 나이에 비례해서 나눴더니 첫째가 6천만 원을 가지게 되었다. 10년 후 다시 퀴즈쇼에 나가 상금 1억 4천만 원을 받고 나이에 비례해서 상금을 나눈 후 첫째와 셋째가 금액을 바꾼다면 셋째가 5,600만 원을 받게 된다고 한다. 현재 첫째의 나이는?

① 30세 ② 31세 ③ 32세
④ 33세 ⑤ 34세

19 50명이 소속된 교육기관에서 A, B 2종류의 시험을 실시했다. 이 시험에서 A만 합격한 사람은 18명, 모두 합격한 사람은 8명, B만 합격한 사람은 모두 불합격한 사람의 3배일 때, 모두 불합격한 사람은 몇 명인가?

① 3명 ② 4명 ③ 5명
④ 6명 ⑤ 7명

20 A 톱니바퀴와 B 톱니바퀴에 연결된 가장 큰 톱니바퀴의 톱니는 모두 90개이다. 가장 큰 톱니바퀴가 8번 회전하는 동안 A와 B 톱니바퀴는 각각 15회와 18회 회전하였다면 A와 B 톱니바퀴의 톱니 수의 합은?

① 80개 ② 82개 ③ 84개
④ 86개 ⑤ 88개

유형 B 언어이해

01 다음에 나열된 단어들을 모두 아우를 수 있는 상위 개념은?

고드름, 썰매, 빙하, 팥빙수

① 칼　　② 유람선　　③ 한강
④ 얼음　　⑤ 쇄빙선

02 제시된 단어들 중에는 서로 관련이 있는 단어가 3개 있다. 이 세 단어들을 통해 공통적으로 적용·연상할 수 있는 단어는?

힌두교	거울	바람개비
풍차	상하이	토요일
카레	형광펜	뉴델리

① 색종이　　② 인도　　③ 수도
④ 피카소　　⑤ 초등학생

03~12 제시된 단어 쌍과 같은 관계를 이루도록 빈칸에 들어갈 알맞은 단어를 고르시오.

03

연필심 : 흑연=(　　) : 우유

① 피자　　② 치즈　　③ 젖소
④ 딸기　　⑤ 초콜릿

04

병아리 : 닭=노가리 : (　　)

① 가자미　　② 참치　　③ 고등어
④ 명태　　⑤ 동태

05

축구 : 11=농구 : (　)

① 5　② 6　③ 7
④ 8　⑤ 9

06

하늘 : 항공기=바다 : (　)

① 버스　② 선박　③ 구름
④ 오징어　⑤ 파도

07

보리 : 맥주=(　) : 와인

① 바나나　② 참외　③ 토마토
④ 포도　⑤ 사과

08

옷 : 정답=(　) : (　)

① 맞추다 : 맏추다　② 맞추다 : 맞히다　③ 맏추다 : 맞히다
④ 맞히다 : 맞추다　⑤ 맞히다 : 맏추다

09

책 : 가방=손 : ( )

① 어깨 ② 수레 ③ 연필
④ 발 ⑤ 필통

10

나긋나긋하다 : 말투=( ) : 반죽

① 밀가루 ② 빵 ③ 섞다
④ 되다 ⑤ 바꾸다

11

자동차 : 천연가스=냉장고 : ( )

① 물 ② 석유 ③ 바람
④ 전기 ⑤ 음식

12

감기 : 병원=( ) : 교도소

① 내란 ② 거짓말 ③ 법원
④ 판사 ⑤ 교도관

13~15 다음은 상위 항목을 일정한 기준에 따라 하위 항목으로 나열한 것이다. 빈칸에 들어갈 단어를 고르시오.

13

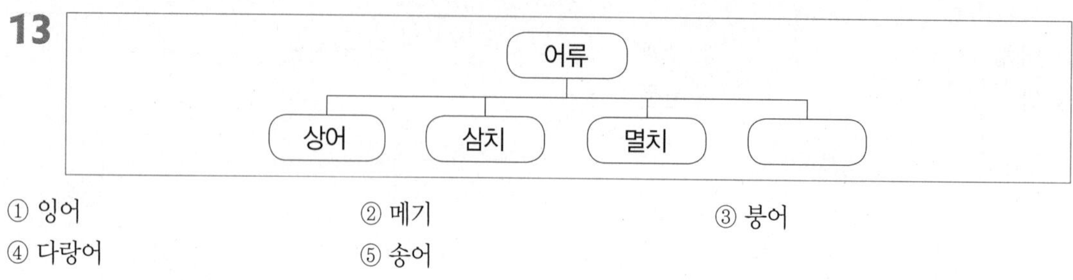

① 잉어　② 메기　③ 붕어
④ 다랑어　⑤ 송어

14

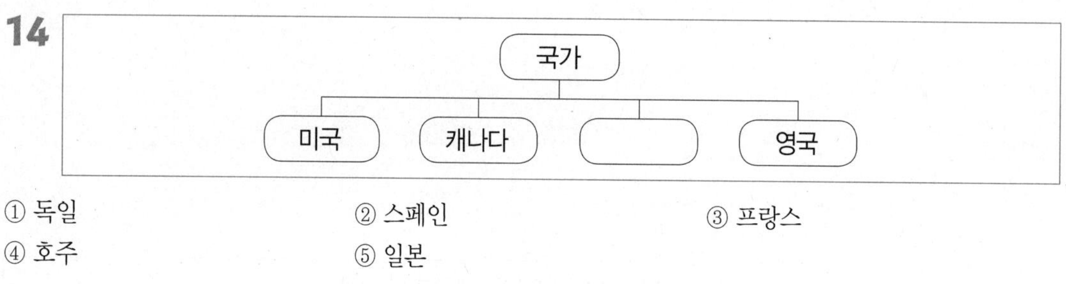

① 독일　② 스페인　③ 프랑스
④ 호주　⑤ 일본

15

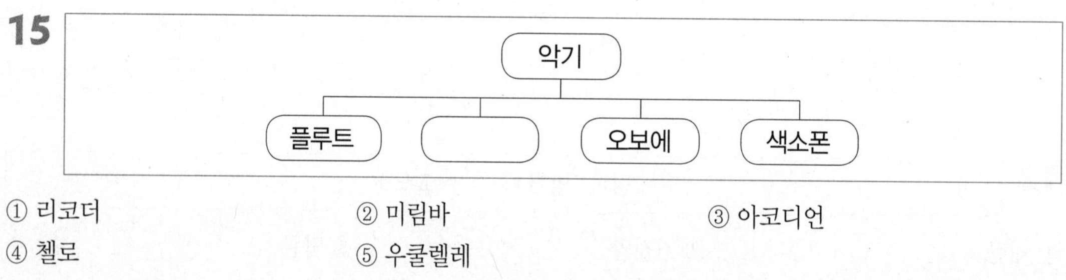

① 리코더　② 미림바　③ 아코디언
④ 첼로　⑤ 우쿨렐레

16~17 주어진 문장이 예문에 비추어 참이면 ①, 거짓이면 ②, 참·거짓을 알 수 없으면 ③을 고르시오.

16

| 예문 |

- 달리기를 잘하면 탁구를 잘한다.
- 농구를 잘하면 배구를 잘한다.
- 농구를 못하면 탁구를 못한다.
- 달리기를 잘하면 테니스를 잘한다.

배구를 못하면 테니스를 못한다.

① 참 ② 거짓 ③ 알 수 없음.

17

| 예문 |

- 줄넘기를 잘하는 사람은 반드시 등산을 잘한다.
- 등산을 잘하는 사람은 반드시 농부이다.
- 나는 줄넘기를 잘한다.

나는 농부가 아니다.

① 참 ② 거짓 ③ 알 수 없음.

18~20 **주어진 문장이 예문에 비추어 참이면 ①, 거짓이면 ②, 참·거짓을 알 수 없으면 ③을 고르시오.**

| 예문 |

- 전기세가 줄어들면 생산성이 떨어진다.
- 생산성이 떨어지면 야근수당이 줄어든다.
- 직원들의 불만이 많아지면 생산성이 떨어진다.
- 휴가가 늘어나면 직원들의 불만이 줄어든다.

18 직원들의 불만이 많아지면 휴가를 보내주어야 한다.

① 참 ② 거짓 ③ 알 수 없음.

19 전기세를 줄이면 야근수당이 줄어든다.

① 참 ② 거짓 ③ 알 수 없음.

20 야근수당이 많아지면 직원들의 불만이 많아진다.

① 참 ② 거짓 ③ 알 수 없음.

유형C 패턴이해

01~02 다음과 같이 화살표 방향으로 종이를 접은 후, 마지막 그림과 같이 펀치로 구멍을 뚫고 다시 펼쳤을 때의 모양으로 옳은 것을 고르시오.

01

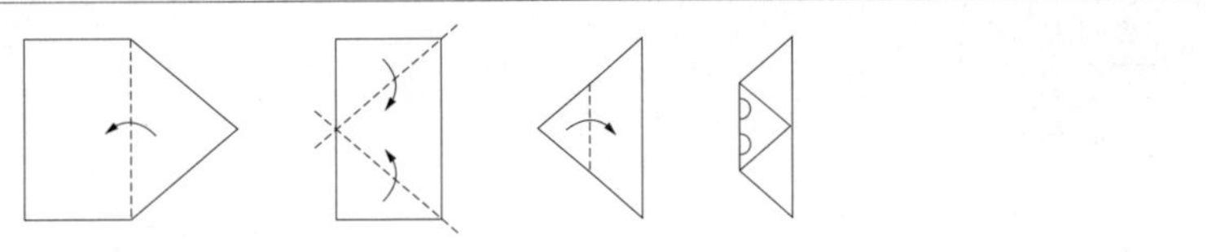

①
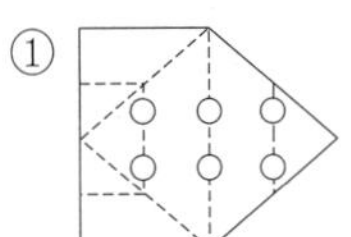

②
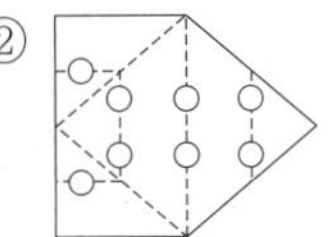

③
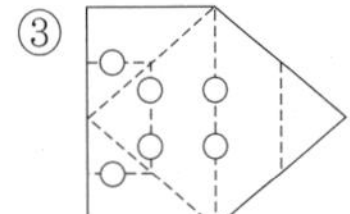

④
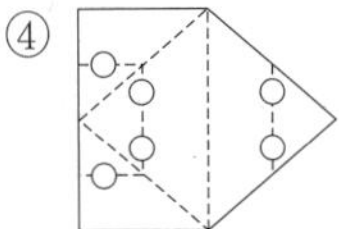

⑤
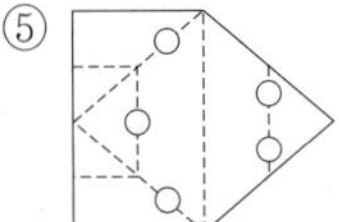

02

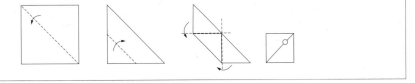

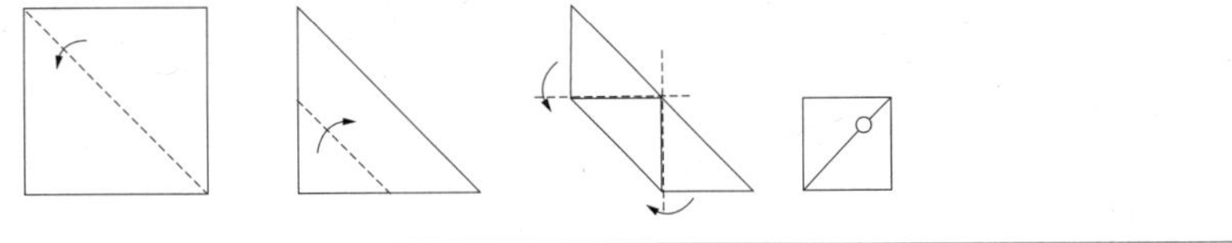

①
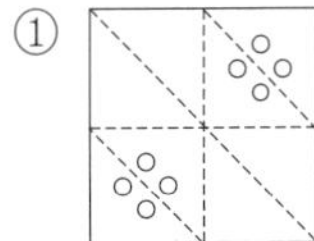

②
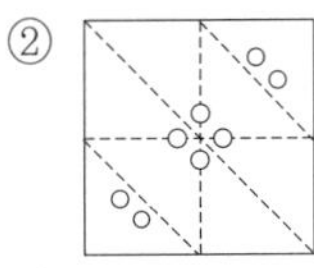

③
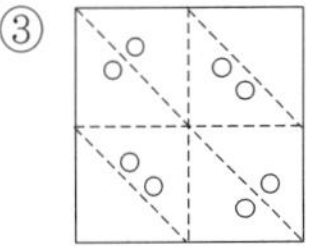

④
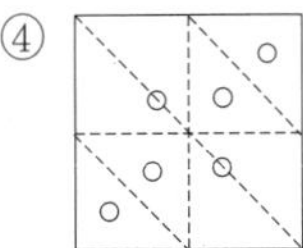

⑤
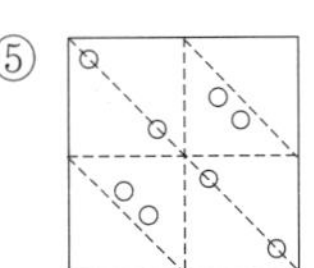

03~04 다음과 같은 도형의 종이를 선을 따라 접은 채로 수직으로 한 번 구멍을 내고 다시 펼쳤을 때 나올 수 있는 모양을 고르시오.

03

①
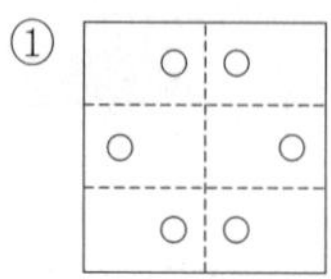

②

③
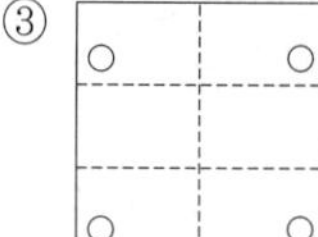

④
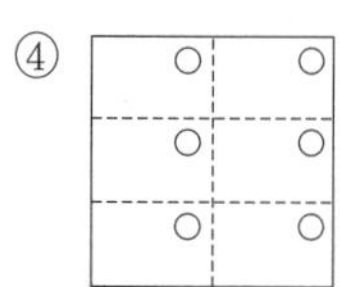

⑤
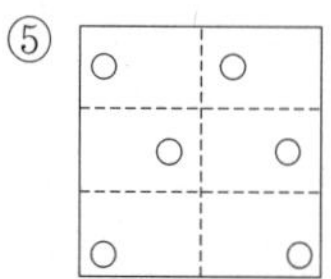

04

①
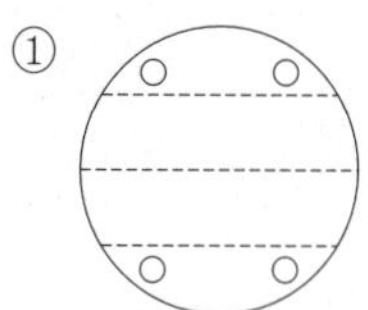

②

③
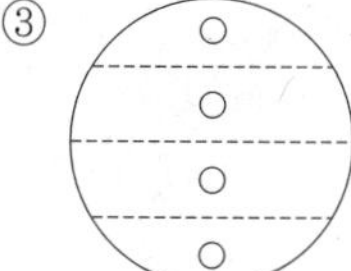

④
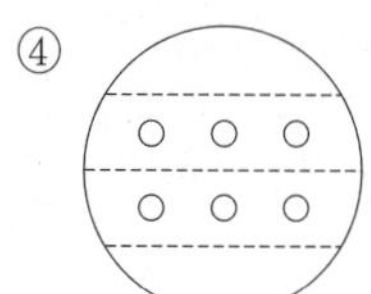

⑤
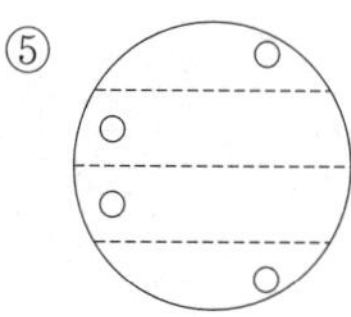

05~06 다음 종이를 점선을 따라 접은 후, 색칠된 부분을 잘랐을 때 펼친 모양을 고르시오.

05

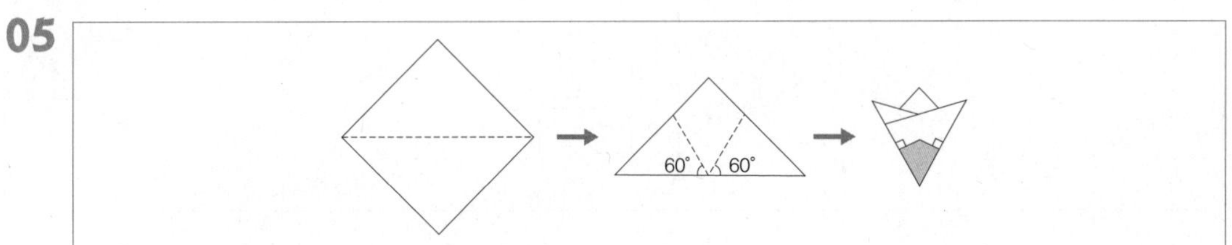

①
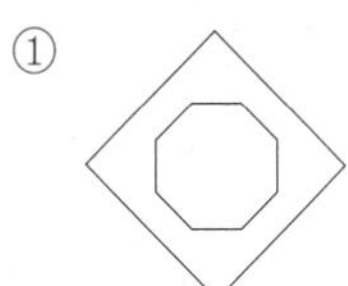

②
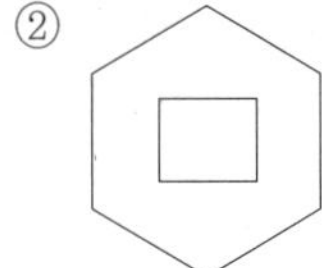

③
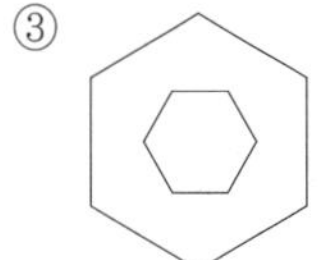

④
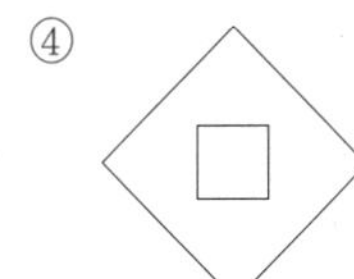

⑤
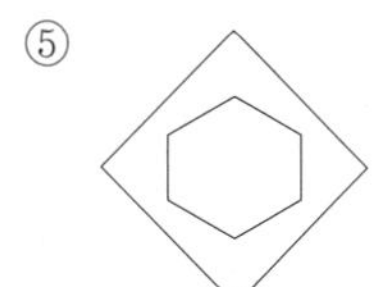

06

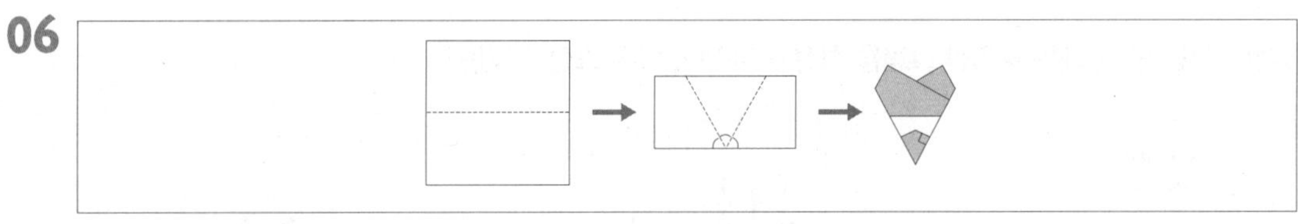

①
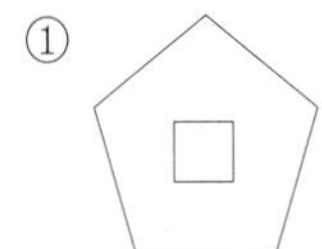

②
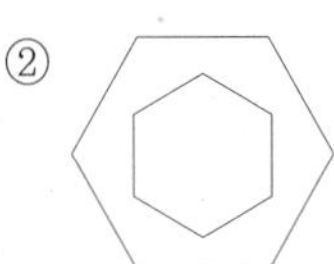

③
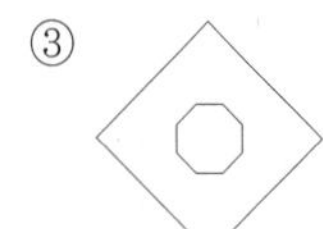

④
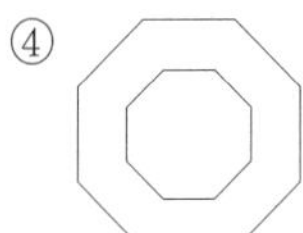

⑤
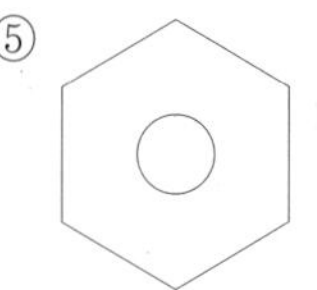

07 다음 도형을 점 A를 중심으로 시계 반대방향으로 45° 회전시킨 후 왼쪽으로 뒤집은 것은?

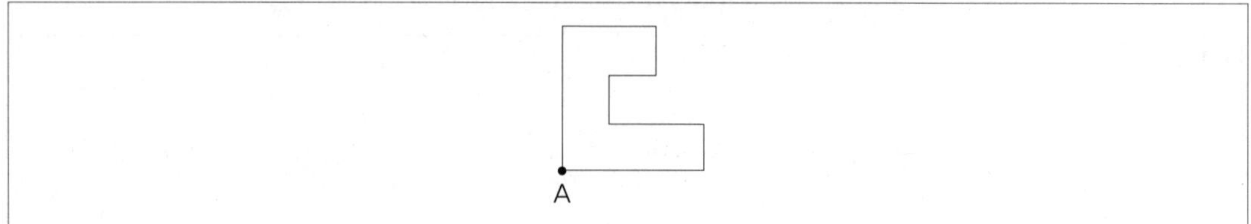

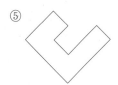

① ② ③

④ ⑤

08 다음 중 네 개는 동일한 그림을 회전한 것이다. 다른 그림 하나는?

① 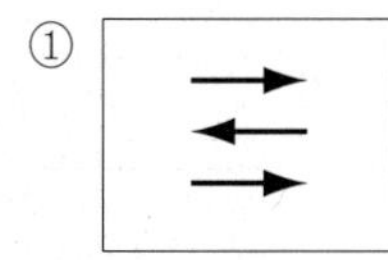

② 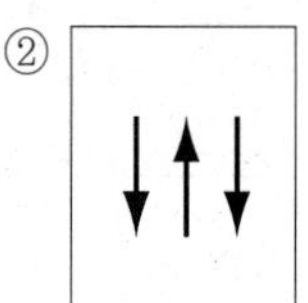

③ 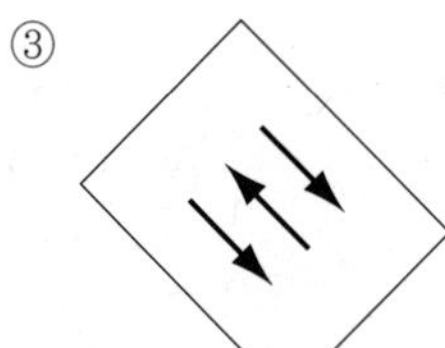

④ 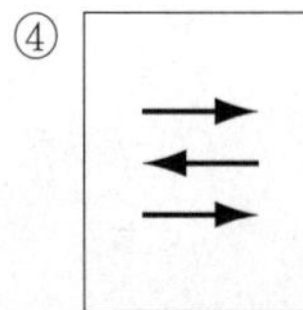

⑤ 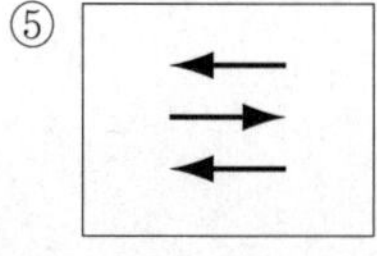

09~10 다음 사슬은 검은 고리, 흰 고리, 반은 검고 반은 흰 고리들로 이루어졌다. 전, 후, 좌, 우 네 방향에서 이 사슬을 바라볼 때 나올 수 없는 모양을 고르시오.

09

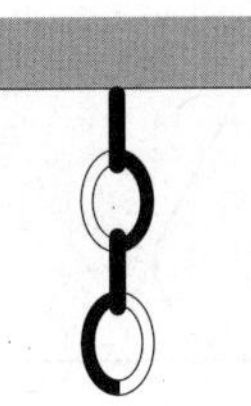

① 

② 

③ 

④ 

⑤ 

10

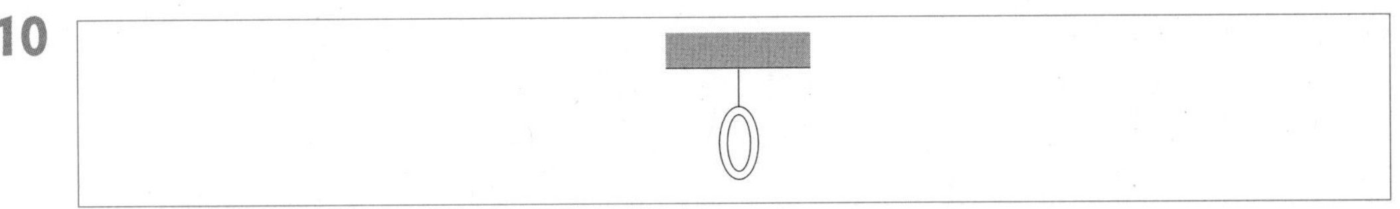

① 

② 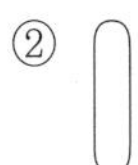

③ 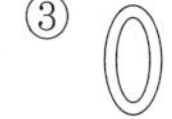

④ 

⑤ 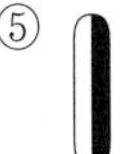

11 다음과 같은 도형이 직선 l 위를 접하면서 미끄러지는 일 없이 회전할 때, 점 B, C의 중점 P가 그리는 궤적으로 옳은 것은?

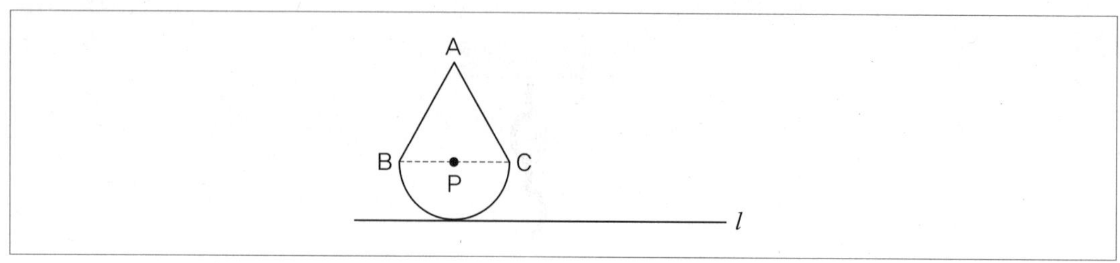

①　　②

③　　④

⑤

12 1개의 끈으로 만든 그림과 같은 매듭이 있다. 이 매듭을 자르는 것 없이 팽팽히 피거나, 오므리거나, 잡아당기고 비틀었을 때 변형되는 모양으로 옳은 것은?

① 

② 

③ 

④ 

⑤

13 다음 중 한붓그리기가 가능한 도형은?

① 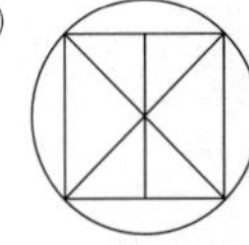
② 
③ 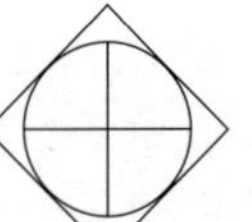

④ 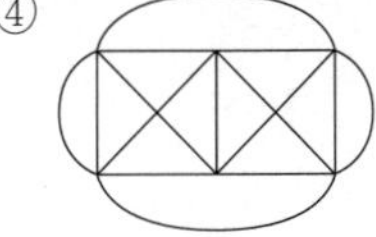

⑤ 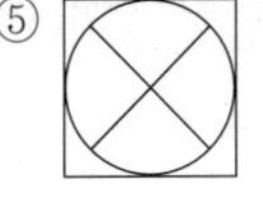

14 다음 중에서 한붓그리기가 가능한 것은?

(가) 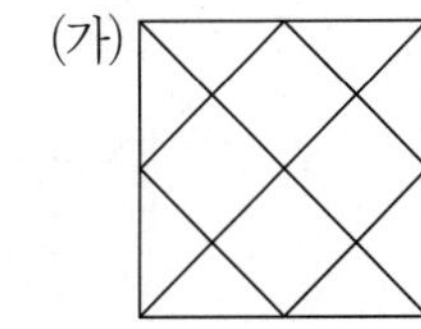
(나) 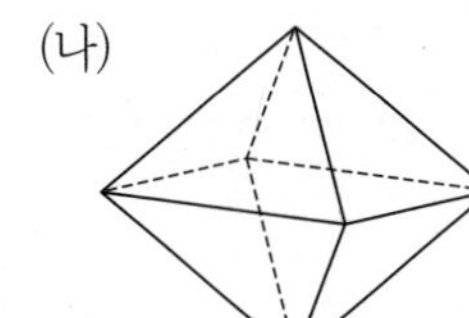

① 둘 다 가능하다.　　② (가)　　③ (나)
④ 둘 다 불가능하다.　　⑤ 판단할 수 없다.

15~16 다음 각 기호의 규칙에 의한 도형의 변화를 보고 '?'에 들어갈 기호나 도형을 고르시오.

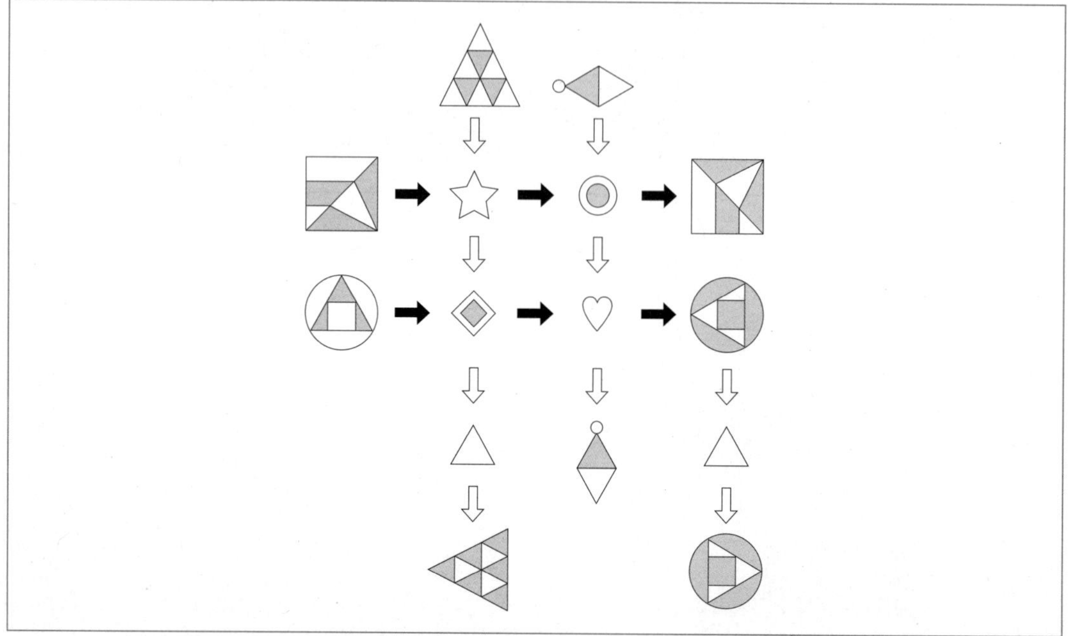

15

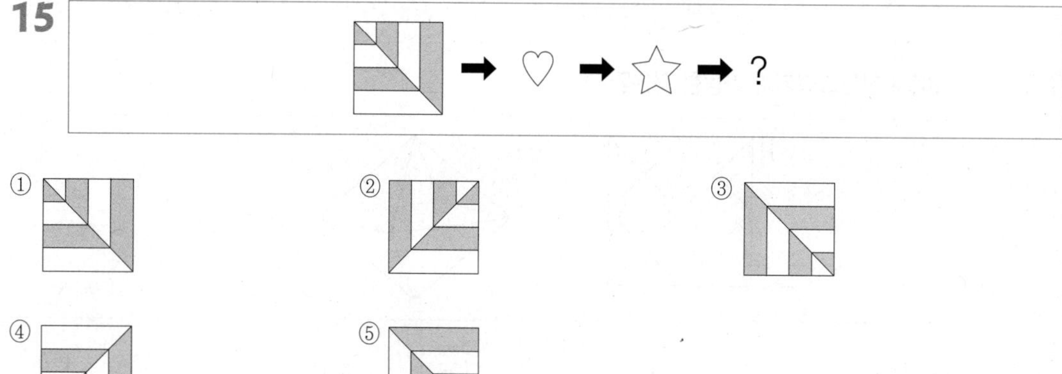

① ② ③

④ ⑤

16

→ → → ? →

① 

② 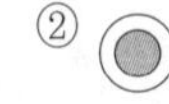

③ 

④ 

⑤ 

17 다음은 가로와 세로가 각각 왼쪽에서 오른쪽, 위에서 아래로 서로 다른 일정한 규칙을 갖고 있다. 그룹 1과 3을 비교하여 그룹 2의 A, B에 들어갈 알맞은 도형을 고른 것은?

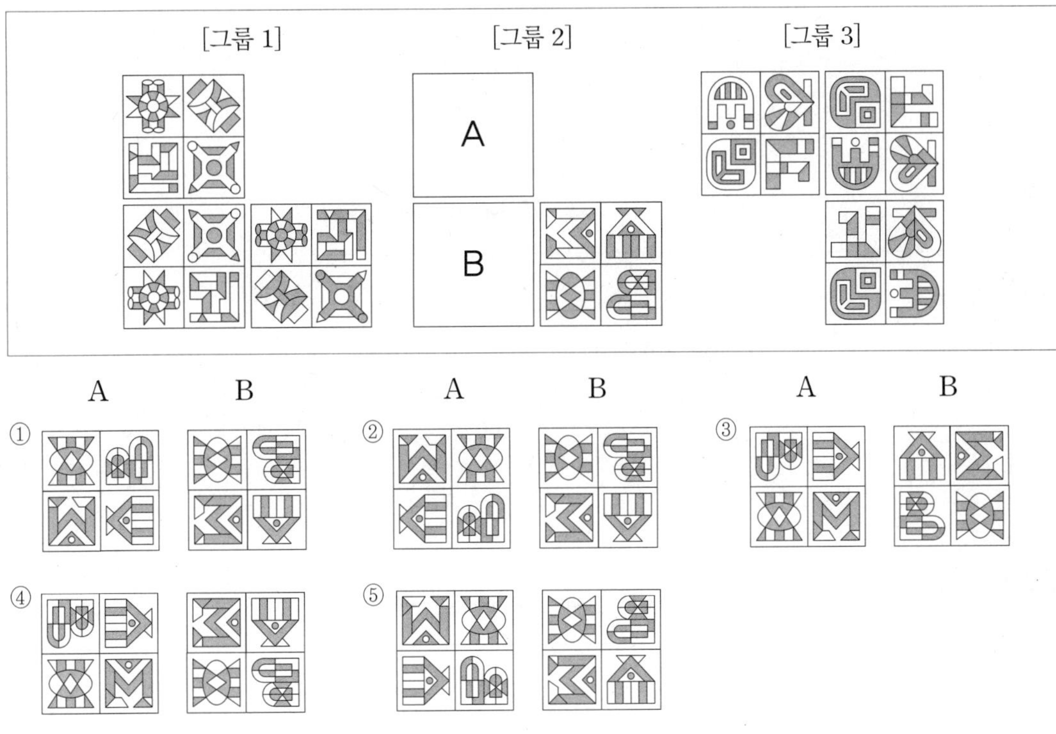

18~20 다음 흐름도에서 각각의 도형들은 정해진 규칙에 따라 문자를 변환시키는 암호를 나타낸 것이다. 이를 참고하여 '?'에 들어갈 문자나 도형을 고르시오.

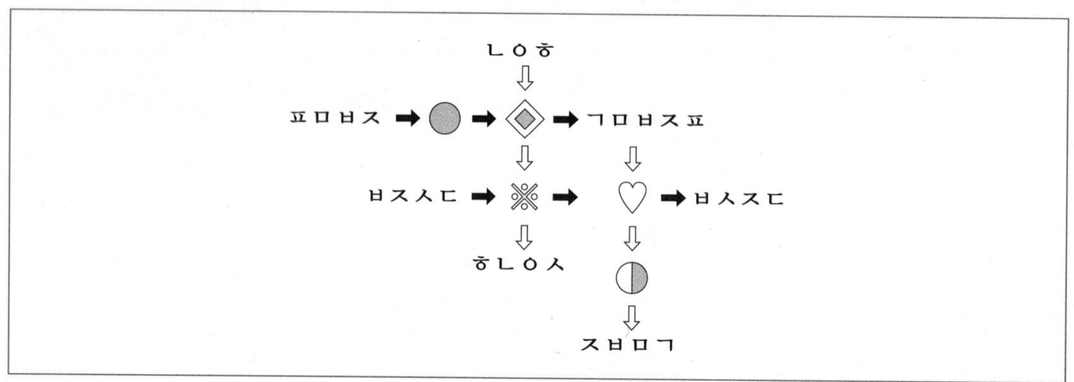

18

ㄹㅋㅌㅅ → ● → ♡ → ?

① ㅅㅌㅋ ② ㄹㅌㅋ ③ ㄹㅅㅌㅋ
④ ㅅㅌㅋㄹ ⑤ ㅋㅌㅅㄹ

19

ㅊㄱㅅㅂㅎ → ※ → ◐ → ◈ → ?

① ㅇㄱㅅㅂㅊ ② ㄱㅅㅂㅊㅌ ③ ㄱㅅㅂㅎ
④ ㅇㄱㅅㄷ ⑤ ㅅㅎㅊㅇ

20

ㄱㅅㅊㄹ → ? → ◈ → ※ → ㄱㅅㅊㄹㄷ

① ♡ ② ● ③ ◈
④ ◐ ⑤ ※

유형 D 상황판단

01~20 다음은 당신이 조직생활에서 겪을 수 있는 상황들과 그러한 상황들에서 당신이 취할 수 있는 행동이 제시되어 있다. 각각의 상황을 읽고, 당신이 행동할 가장 가까운 것을 고르시오.

01 신입사원 L은 당직근무일을 바꿔달라는 회사 선배 N의 부탁을 몇 번 들어주었는데, N이 날짜를 수시로 바꾸는 바람에 개인적인 일정에 차질이 생기는 경우가 많아 불만이 쌓이고 있다. 그런데 오늘 N이 또 L을 찾아와 당직근무일을 바꿔달라고 부탁하였고, L은 그날 다른 일정이 없는 상태이다. 당신이 L이라면 어떻게 하겠는가?

① 우선 당직을 바꿔준 뒤, 주변 동료들에게 이러한 고충에 대해 이야기한다.
② N에게 알았다고 한 후, 앞으로는 당직근무일을 바꾸지 말 것을 정중하게 부탁한다.
③ 그날 일정이 있으니 다른 사람과 일정을 바꾸라고 말한다.
④ 아직 신입사원이므로 불만이 있어도 N의 부탁을 들어준다.
⑤ 소속된 팀의 팀장에게 털어놓고, 도움을 요청한다.

02 이제 막 S반도체의 오퍼레이터로 입사한 K는 같은 조로 근무하는 선임 M이 자기 일을 자꾸만 K에게 미루는 탓에 다른 동기들에 비해 훨씬 많은 일을 처리하고 있다. 당신이 K라면 어떻게 하겠는가?

① 사내 게시판에 글을 올려 M에게 망신을 준다.
② 선배인 M이 시키는 것이므로 힘들어도 묵묵히 참는다.
③ M과 사적으로 만나 자신에게 자꾸 일을 미루는 이유가 뭐냐고 항의한다.
④ 윗선에 이야기해서 M이 없는 다른 조로 발령을 내달라고 한다.
⑤ M이 시킨일을 허술하게 처리하여 상사에게 혼나게 만든다.

03 S의 기숙사 룸메이트인 D는 잠을 잘 때 고약하게 코를 고는 버릇이 있다. 그래서 S는 밤마다 잠을 설치는 것은 물론이고, 피로로 인해 업무에도 집중할 수가 없다. 당신이 S라면 어떻게 하겠는가?

① 기숙사 측에 사정을 이야기하고 방을 바꿔달라고 한다.
② D가 상처받을 것을 생각해서 참는다.
③ D에게 병원에 가서 치료를 받아보지 않겠느냐고 진지하게 제안한다.
④ 회사 근처에 원룸을 얻어 기숙사를 나간다.
⑤ D에게 사정을 이야기하고 방을 바꾼다.

04 **메인터넌스 O는 A구역의 장비에 이상이 생겨 한창 바쁘게 일에 몰두하고 있었는데, 갑자기 B구역에서도 문제가 생겼다며 지금 당장 와 달라고 호출이 왔다. 당신이 O라면 어떻게 하겠는가?**

① 바빠서 호출을 받지 못한 척하고 A구역에 머무른다.
② B구역 쪽에 사정을 이야기하고 A구역의 일을 모두 마친 후 이동한다.
③ B구역에 다른 동료를 대신 보내고 A구역에서의 정비를 마무리한다.
④ A구역의 일을 다른 동료에게 맡기고 B구역으로 이동한다.
⑤ 상사에게 보고하고, 어느 곳에 남을지를 결정해 달라고 한다.

05 **X의 선임인 Y는 평소 다른 사람들에게는 친절하고 예의 바르기로 소문나 있다. 그러나 유독 X와 일을 할 때는 차갑고 까칠한 사람으로 돌변하여, X가 작은 실수 하나라도 하게 되면 인격적인 모독도 서슴지 않는다. 당신이 X라면 어떻게 하겠는가?**

① Y의 인격 모독적인 발언들을 몰래 녹음해뒀다가 상사에게 가져가 들려준다.
② 여러 사람이 함께 모였을 때 Y에게 공개적으로 항의한다.
③ Y와 개인적으로 만나 서로에게 바라는 점을 진솔하게 털어놓고 이야기해 본다.
④ 동료들에게 고민을 털어놓고 조언을 듣는다.
⑤ 그동안의 인간관계를 반추해보고 자기 성찰의 시간을 가져본다.

06 **직원 D는 X 상사가 시키는 대로 일을 수행하여 가져갔다. 그런데 X 상사는 누가 시킨 것이냐고 다그치면서 화를 낸다. 이때 당신이 D라면 어떻게 하겠는가?**

① 어떻게 수정하냐고 물어본다.
② 잘못을 인정하고 새로 해오겠다고 한다.
③ 조용히 가만있는다.
④ 시킨 대로 한 것뿐이라고 말한다.
⑤ X 상사의 상사에게 보고한다.

07 P와 Q는 같은 부서에 근무하는 동료이다. P는 스스로 Q보다 능력이 뛰어나다고 생각하던 중 승진심사에서 Q만 승진하고 P는 탈락하였다. 만약 당신이 P라면 어떻게 하겠는가?

① 승진심사의 문제점을 지적한다.
② 상사에게 항의한다.
③ 인내하며 근무한다.
④ 공식적인 재심사를 요청한다.
⑤ 승진심사의 심사기준을 다시 한번 체크한다.

08 회사에서 공동으로 사용하는 냉장고에서 자꾸 간식이 없어진다. 그런데 어떤 사원이 다른 사람의 간식을 먹는 것을 보았다면 어떻게 할 것인가?

① 그 자리에서 그러지 말라고 이야기한다.
② 간식의 주인에게 말한 후 둘이 이야기하도록 한다.
③ 그 사람이 놀라지 않도록 장난스럽게 농담을 하며 넘어간다.
④ 일단 못 본 척하고 간식에 자기 것만 먹자는 메모를 붙여 놓는다.
⑤ 그냥 못 본 척 넘어간다.

09 V회사에 근무하는 직원 J는 같은 사무실에서 일하는 상사가 자신에게 종종 건네는 외모에 관한 놀림 때문에 불만을 가지고 있다. 웃으며 가벼운 장난으로 하는 말이지만 시간이 갈수록 마음에 쌓이고 견디기가 힘들다. 당신이 J라면 어떻게 하겠는가?

① 다른 직원들에게 상사의 험담을 하는 것으로 스트레스를 푼다.
② 상사에게 개인적인 면담을 요청하고 솔직하게 서운함을 털어놓는다.
③ 사원에게 모욕적 발언을 일삼는 상사를 징계해 달라고 회사에 탄원서를 제출한다.
④ 농담을 건네는 상황에서 공개적으로 불쾌하다는 의사표시를 한다.
⑤ 상사에게도 똑같이 외모에 관한 농담을 하여 같은 기분을 느껴보게 한다.

10 T의 상사인 O는 공적인 자리에서는 T에게 잘 대해 주지만, 사적인 자리에서는 인간적으로 무시한다. 당신이 T라면 어떻게 하겠는가?

① 공적인 자리에서 O에게 따진다.
② O보다 더 높은 상사에게 이야기한다.
③ O와 개인적인 만남을 갖고 불만을 이야기한다.
④ 공론화를 시켜 직장동료들과 O의 언행에 대해 토론하여 협의한다.
⑤ O와 똑같이 인간적으로 무시해 준다.

11 신입사원 면접을 보러간 K는 면접관 S로부터 질문을 받았다. 어떤 의도인지 몰라서 바로 대답하지 못하고 머뭇거리고 있으니 면접관 S가 농담이었는데 몰랐냐며 되묻는다. 이때 당신이 K라면 어떻게 반응하겠는가?

① 일단 큰 소리로 웃는다.
② 농담인지 몰랐다고 솔직하게 말한다.
③ 알아들은 척하면서 자연스럽게 넘어간다.
④ 잘 모르겠으니 자세히 설명해 달라고 말한다.
⑤ 농담을 재미가 없다고 맞받아친다.

12 S기업의 공장은 지방에 있다. 이 지방 공장에 근무하는 생산직 사원인 B는 몇 가지 생산라인의 문제점을 보완하면 생산성 향상과 원가절감을 가져오리라고 생각하고 있다. 그러나 B가 이 문제점에 대하여 주위의 동료들에게 말을 했지만 아무도 관심을 가져주지 않는다. 또한 이 회사에는 절차상 제안제도 같은 것도 없다. 이때 당신이 B라면 어떻게 하겠는가?

① 공장장에게 직접 찾아가 건의한다.
② 본사의 경영진에게 서신을 보내 건의한다.
③ 그냥 그대로 덮어두고 넘어간다.
④ 동료와 상사에게 꾸준히 자신의 의견을 관철하며 주장한다.
⑤ 동료직원들과 함께 이를 어필할 수 있는 방법을 연구한다.

13 A는 퇴근 후 학원을 다니는데 오늘은 학원에서 중요한 교육이 있는 날이다. 그런데 갑자기 내일까지 납품을 해야 하니 모두들 남아 야근을 하라고 한다. 만약 당신이 A라면 어떻게 하겠는가?

① 학원에 가는 것을 포기하고 일을 한다.
② 학원에 다녀와서 처리하지 못한 일을 끝낸다.
③ 동료들에게 양해를 구하고 학원에 간다.
④ 일하는 척하다가 적당히 눈치를 봐서 학원에 간다.
⑤ 상사에게 사정을 설명하고 학원에 간다.

14 S의 선배인 A는 덤벙거리는 성격 탓에 물건을 자주 잃어버린다. 그리고는 필요한 물건이 있을 때마다 S의 사물함에서 아무렇지 않게 꺼내 쓰며, 심지어 돌려주지 않을 때도 많다. 당신이 S라면 어떻게 하겠는가?

① 선배이기 때문에 참는다.
② 물건을 숨겨 둔다.
③ 따로 자리를 마련해 A에게 이야기한다.
④ 빌려갈 때마다 언제 돌려줄 것인지 묻는다.
⑤ 빌려주지 않는다.

15 E가 다니는 회사의 정식 퇴근 시간은 오후 6시이다. 그런데 상사를 비롯한 직원들은 항상 정시 퇴근을 하지 않고 늦게까지 일을 한다. 당신이 E라면 어떻게 하는가?

① 모두들 퇴근할 때까지 기다렸다가 함께 퇴근한다.
② 눈치를 보며 적당한 시간에 퇴근한다.
③ 오늘의 업무량은 마쳤으므로 당당하게 정시에 퇴근한다.
④ 상사에게 정시 퇴근을 요구한다.
⑤ 업무일지를 쓰고 정시에 퇴근한다.

16 B회사에 근무하는 M은 업무 중 본의 아닌 실수로 인해 회사에 작은 문제를 일으켰다. 그로 인해 상사에게 불려가 자신의 실수에 비하여 상당히 심한 꾸지람을 들었고, 게다가 인격적 모욕까지 들었다. 이때 당신이 M이라면 어떻게 하겠는가?

① 그냥 아무 말 없이 자리로 돌아가 일을 계속 한다.
② 부당한 인격적인 모욕에 항의한다.
③ 동료 직원들에게 섭섭함을 토로한다.
④ 모욕을 준 상사보다 직급이 더 높은 상사를 찾아가 이야기한다.
⑤ 사표를 낸다.

17 어느 날 B회사의 Y상사가 작은 상자를 하나 가져와서는 건의함이라고 하면서 신입사원인 Q를 비롯한 다른 직원들에게 자신에게 말하고 싶은 것이 있으면 기탄없이 적어서 넣으라고 한다. 당신이 신입사원 Q라면 어떻게 하겠는가?

① 평소 갖고 있었던 불만을 다 적어 건의함에 넣는다.
② 내 능력을 보여줄 수 있는 기획안을 만들어서 넣는다.
③ 익명성이 보장될 수 없으므로 건의함을 이용하지 않는다.
④ 건의함을 설치한 상사의 의도를 파악할 때까지 가만히 있는다.
⑤ 다른 직원들과 상의한 후, 함께 결정한 내용만 적어낸다.

18 D는 어렵게 담배를 끊은 지 한 달이 되었다. 그런데 회식 자리에서 상사인 R이 자꾸만 담배를 권한다. 금연 중임을 알렸지만 R은 막무가내다. 당신이 D라면 어떻게 하겠는가?

① 상사의 권유이므로 담배를 피운다.
② 받아서 피우는 척하다가 몰래 버린다.
③ 금연의 장점을 이야기하고, R에게도 금연을 권유한다.
④ 거절하는데도 자꾸만 담배를 권하는 R에게 화를 낸다.
⑤ 흡연을 하는 다른 사원을 소개시켜 준다.

19 J회사에 근무하는 K는 점심시간 직후 유난히 낮잠이 쏟아져 업무에 집중을 할 수가 없었다. 곤혹을 견디다 못해 엎드려 잠깐 낮잠을 자고 있는데, 상사가 들어와 잠을 깨우면서 게으름을 피운다는 핀잔을 주었다. 이때 당신이 K라면 어떻게 하겠는가?

① 다른 직원들도 틈틈이 낮잠을 많이 자고 있다고 항의한다.
② 업무능력 향상을 위해 낮잠 시간이 필요하다며 정중하게 건의한다.
③ 낮잠을 자긴 했어도 게으름을 피운다는 말은 억울하다며 호소한다.
④ 잘못을 시인하고 더 열심히 업무에 정진하겠다고 말씀드린다.
⑤ 일단 잘못을 시인하고, 다음 기회에 억울함을 꼭 호소한다.

20 H회사에 이제 막 취직하여 첫 출근한 신입사원 B가 있다. B는 사무실의 분위기와 환경의 변화에 커다란 중압감을 느끼고 무척 힘들어했다. 그러나 B는 이 직장에 어렵게 입사하였고, 또한 중요한 일자리라는 생각에 더욱 부담이 되었다. 당신이 신입사원 B라면 어떻게 하겠는가?

① 그냥 조용히 자리에 앉아 있는다.
② 자신이 할 일이 무엇인지 찾아본다.
③ 상사에게 애로사항을 건의하고 조언을 구한다.
④ 동료들과 친분을 쌓으며 적응해본다.
⑤ 회사에 적응할 때까지 스트레스를 해결할 취미를 찾아본다.

실전모의고사 2회

▶정답과 해설 61쪽

유형A 기초지식

01~03 다음 중 괄호 안에 들어갈 단어로 가장 알맞은 것을 고르시오.

01

A : It's quite unreasonable to work in holiday.
B : I agree (　　　) you.

① to　② of　③ with　④ on　⑤ at

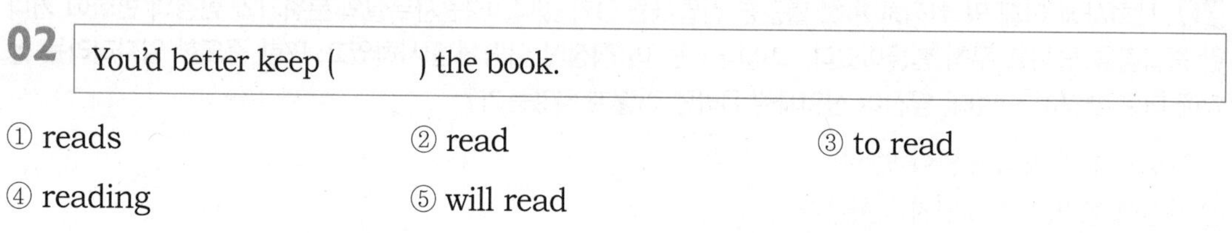

02

You'd better keep (　　　) the book.

① reads　② read　③ to read　④ reading　⑤ will read

03

A : Who won the baseball game?
B : No one. It rained last night. They had to call (　　　) the game as the ground was too wet to play on.

① on　② off　③ for　④ in　⑤ up

04~05 밑줄 친 부분에 들어갈 내용으로 가장 알맞은 것을 고르시오.

04

A : Do you enjoy listening to classic music?
B : Not very often, but sometimes I listen to. ______________
A : So do I. I like Schubert.

① Who is your favorite musician?
② What is the title of the music?
③ How about you?
④ What can I do for you?
⑤ Why is classic music famous?

05

A : Do you have the time?
B : ________________

① Not today.
② I'm sorry, I'm busy.
③ Yes, I'm free this evening.
④ I'm sorry, I don't have a watch.
⑤ I have to do my homework.

06 밑줄 친 부분에 들어갈 내용으로 가장 적절하지 않은 내용은?

A : Thanks so much for dinner. I should be going home now. Oops! Oh, I'm so sorry. I didn't see that vase there. I should have been more careful.
B : ________________
A : The vase looks pretty expensive.
B : Don't worry, it's not that expensive.

① Oh, that's all right. Don't worry about it.
② I appreciate your concern.
③ Oh, never mind. It doesn't really matter.
④ I don't care at all.
⑤ It's not major.

07 다음 중 대화의 내용이 어색한 것은?

① A : I'm sorry, I'm late.
B : That's all right.

② A : Where is it?
B : It is 15km north of Busan.

③ A : What do larks live on?
B : They live on the tree.

④ A : What did you write about?
B : About my trip to London.

⑤ A : Can I have a refund?
B : Can I see your receipt first?

08~09 주어진 대화와 관련 있는 장소로 알맞은 것을 고르시오.

08

A : How many pills do I have to take a day?
B : Take it three times a day, thirty minutes after eating.

① city hall ② pharmacy ③ firehouse
④ convenience store ⑤ parking lot

09

A : Could I have two tickets?
B : I'm sorry, we've sold out. But there are some for next Friday's performance.

① restaurant ② station ③ theater
④ airport ⑤ hospital

10 다음 문장의 밑줄 친 부분과 의미가 같은 것은?

Can you give me a hand with this?

① pass me ② help me ③ connect me
④ hold me ⑤ hit me

11~12 □ 안에 들어갈 연산기호로 알맞은 것을 고르시오.

11

24□3+17=25

① + ② − ③ ×
④ ÷ ⑤ 없음.

12

13□4=9

① + ② − ③ ×
④ ÷ ⑤ 없음.

13 어느 박물관의 성인 입장료는 8,000원, 어린이 입장료는 성인 입장료에서 20% 할인된 금액이다. 성인과 어린이로 구성된 50명이 박물관을 방문하여 입장료로 총 371,200원을 지불했을 때, 성인은 어린이보다 몇 명이 더 많은가?

① 14명 ② 20명 ③ 26명
④ 32명 ⑤ 35명

14 총 200km 거리를 운전하여 가는데, 처음에는 60km/h로 가다가 중간에 속도를 바꾸어 50km/h로 갔더니 총 3시간 30분이 걸렸다. 60km/h로 달린 시간은 얼마인가?

① 30분 ② 1시간 ③ 1시간 30분
④ 2시간 ⑤ 2시간 30분

15 하나에 500원짜리 스티커와 1,000원짜리 수첩을 섞어서 총 40개를 사고 30,000원을 지불한 후 1,500원을 거슬러 받았다. 구입한 스티커의 개수는?

① 17개 ② 21개 ③ 23개
④ 27개 ⑤ 30개

16 K 백화점에서는 원가 16만 원짜리 가방에 50%의 이윤을 더한 금액을 정가로 하여 판매하고 있었다. 어제부터 정가에서 15%를 할인하여 판매하기 시작했다면, 현재 가방의 가격은?

① 202,000원 ② 204,000원 ③ 206,000원
④ 208,000원 ⑤ 209,000원

17 톱니의 수가 각각 6, 10, 15개인 톱니바퀴 A, B, C가 서로 맞물려 있다. 세 톱니바퀴가 회전하기 시작하여 다시 처음 위치로 돌아오는 것은 톱니바퀴 B가 적어도 몇 바퀴를 회전한 후가 되겠는가?

① 3바퀴 ② 4바퀴 ③ 5바퀴
④ 6바퀴 ⑤ 7바퀴

18 구슬을 전부 꿰는 데 A 혼자서는 5시간, B 혼자서는 7시간이 걸린다. 둘이 함께 구슬을 꿰면 전부를 꿰기 위해 걸리는 최소 시간은?

① 1시간 ② 1시간 55분 ③ 2시간
④ 2시간 30분 ⑤ 2시간 55분

19 250m 길이의 보도에 은행나무를 5m 간격으로 심으려고 한다. 보도의 처음과 끝에도 심는다고 할 때 몇 그루의 은행나무가 필요한가?

① 49그루 ② 50그루 ③ 51그루
④ 52그루 ⑤ 53그루

20 물 225g에 소금 75g을 넣고 완전히 녹인다면 이 소금물의 농도는 몇 %인가?

① 5% ② 15% ③ 25%
④ 35% ⑤ 40%

유형 B 언어이해

01~03 다음에 나열된 단어들을 모두 아우르는 상위 개념을 고르시오.

01

벽, 손목, 뻐꾸기, 전자

① 가을 ② 손잡이 ③ 난로
④ 성장 ⑤ 시계

02

코다리, 노가리, 황태, 북어

① 명태 ② 고등어 ③ 가오리
④ 꽁치 ⑤ 삼치

03

한글, 알파벳, 히라가나, 한자

① 문자 ② 그림 ③ 글씨
④ 전달 ⑤ 의미

04~08 다음 단어들 중에서 서로 관련이 있는 세 단어들을 통해 공통적으로 적용 · 연상할 수 있는 단어를 고르시오.

04

대나무	벼루	난초
사과	사슴	매화
한강	북한산	홍시

① 국화　② 한양
③ 과일　④ 휴지
⑤ 인공호흡

05

은행나무	편의점	월요일
자판기	삭망	부적
영어	작두	태음력

① 공무원　② 콩
③ 동물농장　④ 동전
⑤ 달

06

심청이	그물	실
시계	사물놀이	지붕
반지	주사	처방전

① 놀부　② 결혼
③ 바늘　④ 제비
⑤ 치과

07

비타민	재봉사	가로등
근로기준법	곤돌라	엘리베이터
보리차	샌드백	분신

① 상추 ② 유산균
③ 전태일 ④ 여름
⑤ 얼음

08

골무	카메라	나팔꽃
파도	알람	청바지
약속	반지	트럼펫

① 손가락 ② 아침
③ 모델 ④ 만파식적
⑤ 터미널

09~12 다음 단어의 관계가 서로 같아지도록 빈칸에 들어갈 단어로 가장 적절한 것을 고르시오.

09

소방관 : 소방서 = 교사 : (   )

① 공무원 ② 학생 ③ 교육자
④ 학교 ⑤ 시험

10

물고기 : 지렁이 = ( ) : ( )

① 불, 나무 ② 잉크, 종이 ③ 연체동물, 환형동물
④ 아가미, 근육 ⑤ 물, 흙

11

멍석 : 짚 = 도기 : ( )

① 자기 ② 점토 ③ 골동품
④ 도예품 ⑤ 그릇

12

대한민국 : 서울 = 중국 : ( )

① 광저우 ② 베이징 ③ 톈진
④ 상하이 ⑤ 홍콩

13~15 다음 지문의 내용에 비추어 각 제시된 명제의 참, 거짓, 알 수 없음을 판단하시오.

- 선희는 S 기업의 사원이다.
- 선희는 A 프로젝트에 참여하고 있다.
- A 프로젝트에 참여 중인 인원의 대부분은 2년차 사원이다.

13 선희는 S 기업의 2년차 사원이다.

① 참 ② 거짓 ③ 알 수 없음.

14 선희는 S 기업에서 1개 이상의 프로젝트에 참여하고 있다.

① 참 ② 거짓 ③ 알 수 없음.

15 모든 2년차 직원들은 A 프로젝트에 참여하고 있다.

① 참 ② 거짓 ③ 알 수 없음.

16~18 **다음 지문의 내용에 비추어 각 제시된 명제의 참, 거짓, 알 수 없음을 판단하시오.**

초파리는 물리적 자극에 의해 위로 올라가는 성질이 있다. 그런데 파킨슨씨병에 걸린 초파리는 운동성이 결여되어 물리적인 자극을 주어도 위로 올라가지 않는다. 파킨슨씨병과 관련이 있다고 추정되는 유전자 A가 돌연변이 된 초파리를 준비하여 각각 약물 B가 들어 있는 배양기와 들어 있지 않은 배양기에 일정 시간 동안 두었다. 이후 물리적 자극을 주어 이들의 운동성을 테스트한 결과, 약물 B가 들어 있는 배양기의 정상 초파리와 약물 B가 들어 있지 않은 배양기의 정상 초파리 모두 위로 올라가는 성질을 보였다. 반면, 유전자 A가 돌연변이 된 초파리는 약물 B를 넣은 배양기에서 위로 올라가지 못하고, 약물 B를 넣지 않은 배양기에서는 위로 올라가는 것을 관찰할 수 있었다.

16 유전자 A가 돌연변이 된 초파리가 약물 B를 섭취하면 파킨슨씨병에 걸린다.

① 참 ② 거짓 ③ 알 수 없음.

17 약물 B를 섭취한 초파리의 유전자 A는 돌연변이가 된다.

① 참 ② 거짓 ③ 알 수 없음.

18 물리적 자극에 대한 운동성이 비정상인 초파리가 약물 B를 섭취하면 파킨슨씨병에 걸린다.

① 참 ② 거짓 ③ 알 수 없음.

19 다음 글에서 나타난 논리적 오류와 가장 유사한 것은?

> 신은 존재한다. 왜냐하면 성경에 그렇게 기록되어 있으니까. 그리고 성경의 기록은 모두 진리이다. 그것은 신의 계시이므로.

① 현지는 영어를 잘하거나 수학을 잘한다. 현지는 수학을 잘한다. 따라서 현지는 영어를 잘하지 못한다.
② 이번에 발생한 경제 문제를 해결하기 위해 우리는 아인슈타인의 의견을 받아들여야 한다. 왜냐하면 그는 노벨상 수상자이기 때문이다.
③ 된장이 오래될수록 맛이 깊어지는 것처럼 인간관계도 오래될수록 깊어진다.
④ 최근 무분별한 소비문화가 만연해 있기 때문에 자식 교육을 더 엄하게 해야 한다.
⑤ 선생님은 거짓말을 하지 않기 때문에 선생님의 말은 모두 사실이다.

20 다음 글에서 나타난 논리적 오류는?

> 훌륭한 예술가들은 왼손잡이이다. 나는 왼손잡이이다. 따라서 나는 훌륭한 예술가이다.

① 매개념 부주연의 오류 ② 사개명사의 오류 ③ 선언지 긍정의 오류
④ 선결문제의 오류 ⑤ 잘못된 유추의 오류

유형C 패턴이해

01~04 다음은 컴퓨터에 저장되어 있는 파일명들이다. 이를 오름차순으로 바르게 정렬한 것을 고르시오.

01

5120 5341 5274 5973 5744 5314

① 5120－5274－5314－5341－5744－5973
② 5973－5744－5341－5314－5274－5120
③ 5120－5314－5744－5274－5341－5973
④ 5973－5341－5274－5744－5314－5120
⑤ 5120－5274－5744－5314－5341－5973

02

에스파냐 미얀마 캐나다 인도네시아 페루 뉴질랜드

① 캐나다－뉴질랜드－미얀마－인도네시아－에스파냐－페루
② 뉴질랜드－미얀마－인도네시아－에스파냐－페루－캐나다
③ 캐나다－뉴질랜드－미얀마－에스파냐－인도네시아－페루
④ 뉴질랜드－미얀마－에스파냐－인도네시아－캐나다－페루
⑤ 뉴질랜드－미얀마－에스파냐－캐나다－인도네시아－페루

03

dress music cake dance party champagne

① cake－champagne－dress－dance－party－music
② cake－champagne－dance－dress－music－party
③ champagne－cake－dress－dance－party－music
④ champagne－cake－dance－dress－music－party
⑤ champagne－cake－dance－dress－party－music

04

냄비 도마 프라이팬 국자 수도꼭지 행주

① 국자－냄비－도마－수도꼭지－프라이팬－행주
② 국자－냄비－수도꼭지－도마－행주－프라이팬
③ 냄비－국자－도마－프라이팬－수도꼭지－행주
④ 냄비－국자－도마－수도꼭지－행주－프라이팬
⑤ 도마－국자－냄비－수도꼭지－행주－프라이팬

05~06 〈보기〉에 제시된 두 그림의 관계를 각 문제에 제시된 그림에 적용한 것을 고르시오.

05

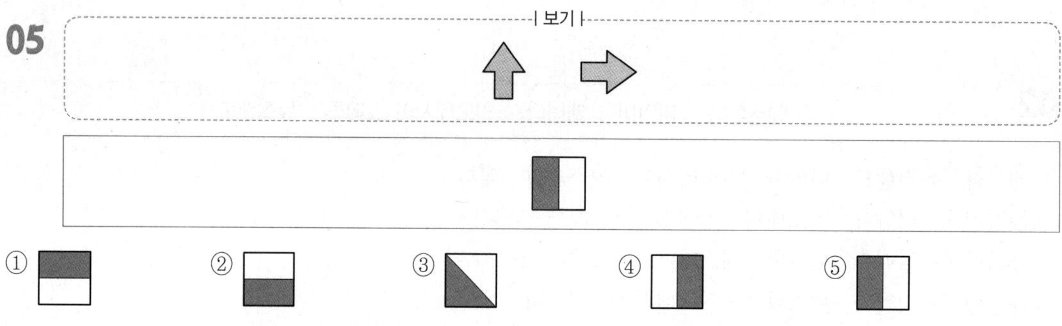

06

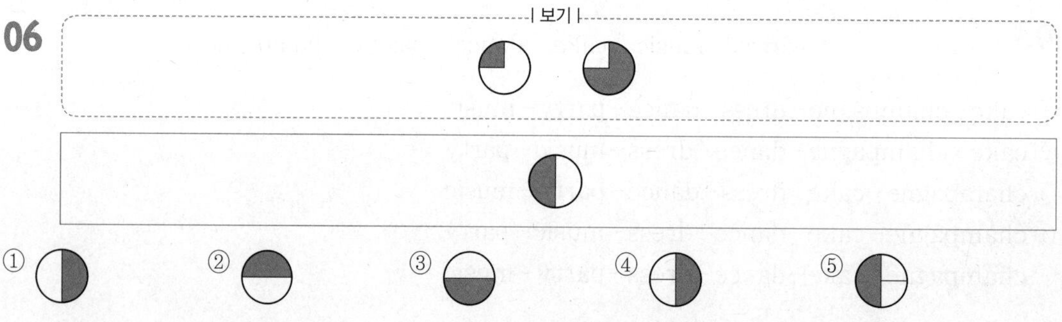

07~08 다음 제시된 도형을 재배치한 도형으로 알맞은 것을 고르시오.

07

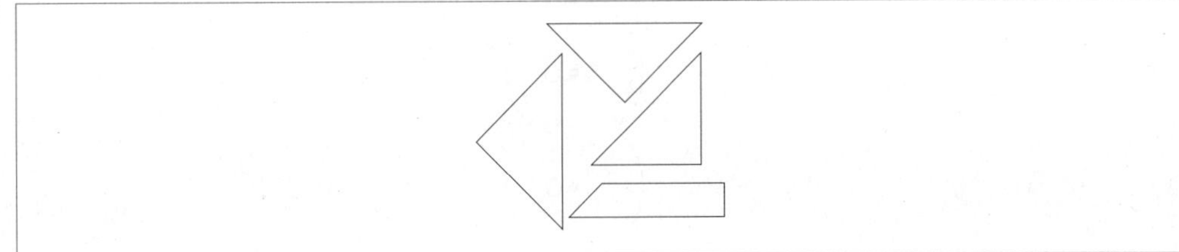

① 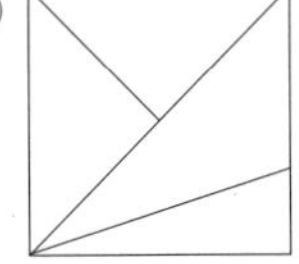

② 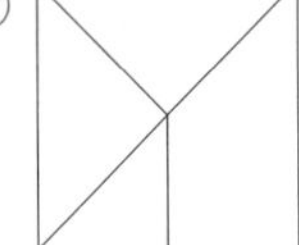

③ 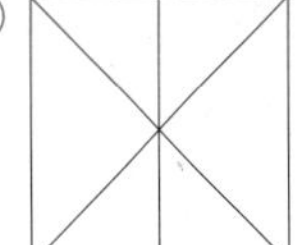

④ 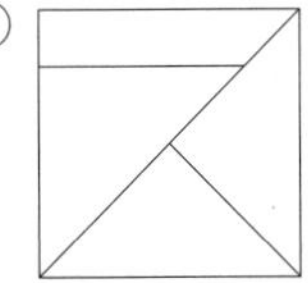

⑤ 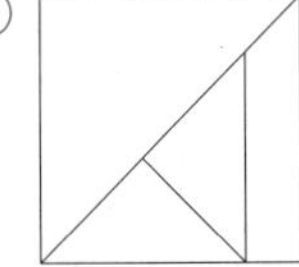

08

① 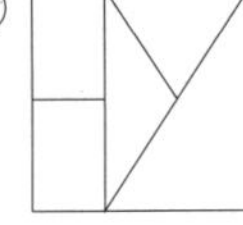

② 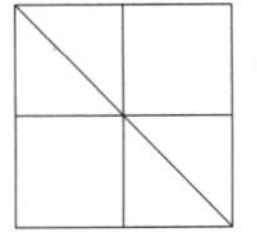

③ 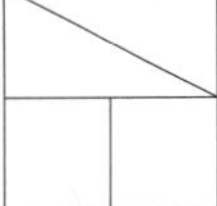

④ 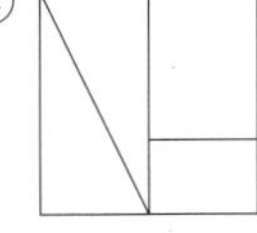

⑤ 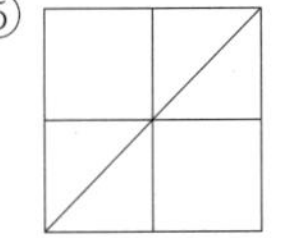

09 다음 도형을 화살표 방향으로 한 바퀴 회전시켰을 때, 점 O_1, O_2가 그리는 궤적으로 옳은 것은?

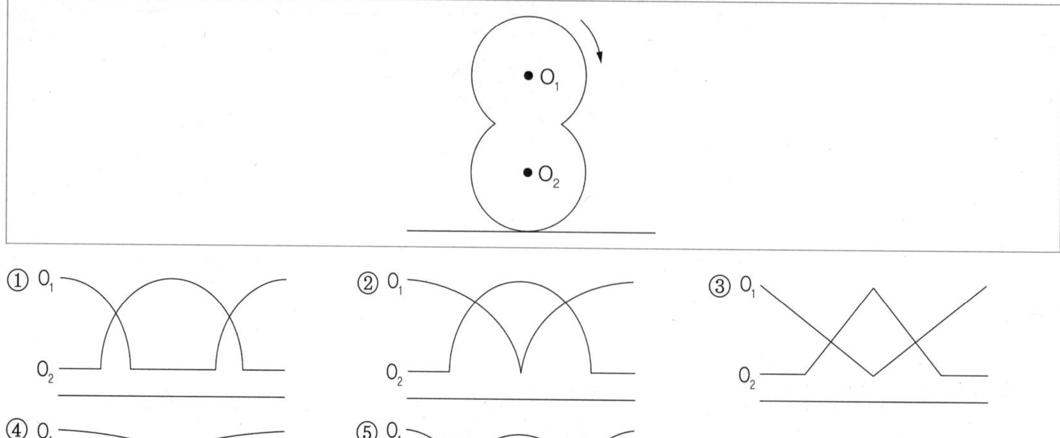

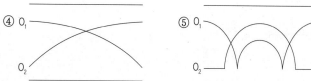

10 1개의 끈으로 만든 다음과 같은 매듭을 자르지 않고 변형할 수 있는 모양으로 옳은 것은?

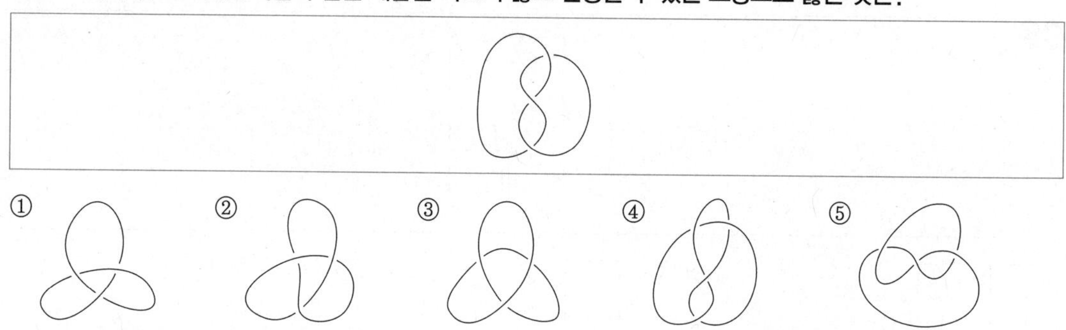

11~13 다음 흐름도에서 각각의 도형들은 정해진 규칙에 따라 문자를 변환시키는 암호의 약속이다. 이에 따라 ?에 들어갈 적당한 문자나 도형을 고르시오.

ㅕㅛㅞ ⇩ (◈)

ㅔㅒㅣㅜㅖ → ▨ → ◈ → ㅜㅣㅒㅖ

(◈ ⇩ ◇), (ㅜㅣㅒㅖ ⇩ ▷)

ㅙㅗㅑㅐ → ◈ → ◇ → ▷ → ㅐㅑㅗㅙㅔ

(◇ ⇩ ▨), (▷ ⇩ ◎)

ㅟㅗㅏㅝ → ▨ → ◎ → ㅝㅏㅗ

▨ ⇩ ㅞㅛ

◎ ⇩ ㅛㅖㅒㅣㅜ

11

ㅢㅒㅏㅛㅖ → ▨ → ◈ → ?

① ㅏㅒㅛㅢ ② ㅖㅏㅒㅛ ③ ㅛㅏㅒㅖ
④ ㅒㅖㅛㅏ ⑤ ㅑㅒㅗㅞ

12

ㅝㅔㅑㅠ → ◇ → ◎ → ◈ → ?

① ㅑㅔㅝㅠ ② ㅝㅔㅑㅠ ③ ㅝㅠㅑㅔㅜ
④ ㅠㅝㅔㅑㅛ ⑤ ㅔㅝㅠㅏ

13

ㅖㅡㅑㅒㅜ → ◇ → ? → ◎
→ ㅞㅑㅡㅖㅜㅒ

① 
② 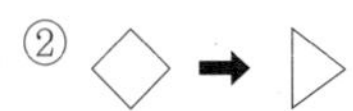
③ 
④
⑤

14~16 다음 흐름도에서 각각의 도형들은 정해진 규칙에 따라 문자를 변환시키는 암호의 약속이다. 이에 따라 ?에 들어갈 적당한 문자나 도형을 고르시오.

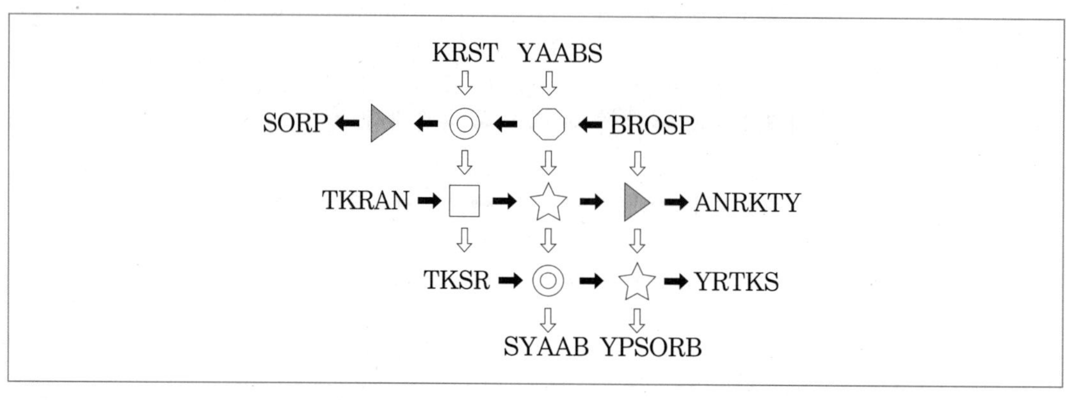

14

HAPPY → ☆ → □ → ⬡ → ?

① YHAPP ② HAPPY ③ HAPYP
④ YYPPAH ⑤ HHPAY

15

HOST → ▶ → ☆ → ◎ → ?

① YTSOH ② TSOHY ③ STOH
④ HYTSO ⑤ STTOH

16

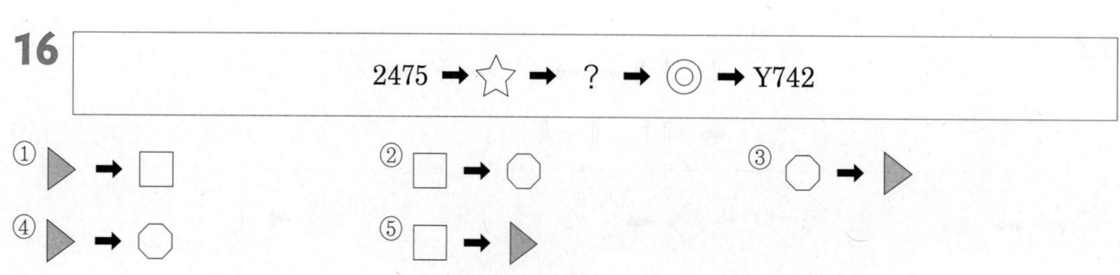

17~18 다음 〈조건 1〉과 〈조건 2〉의 규칙을 문제에 적용할 때 최종적으로 도출되는 도형을 고르시오.

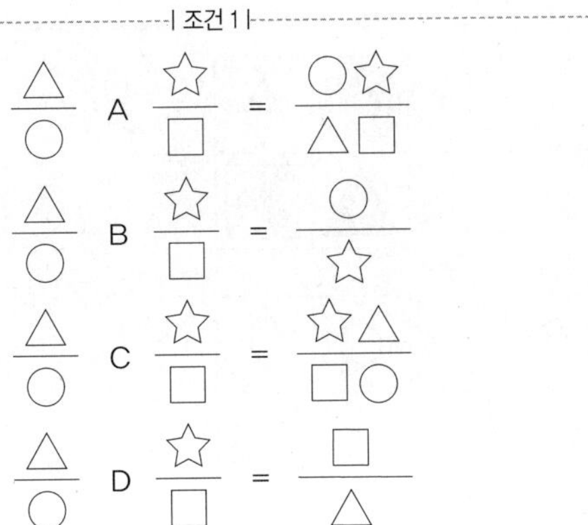

17

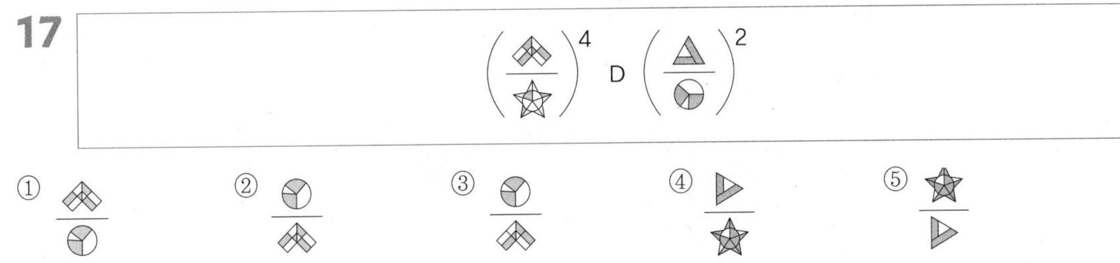

18

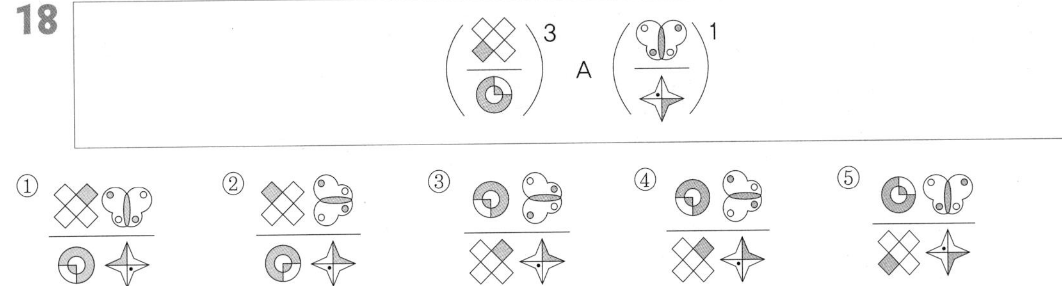

19~20 다음 각 기호의 규칙에 따른 도형의 변화를 보고 ?에 들어갈 도형으로 알맞은 것을 고르시오.

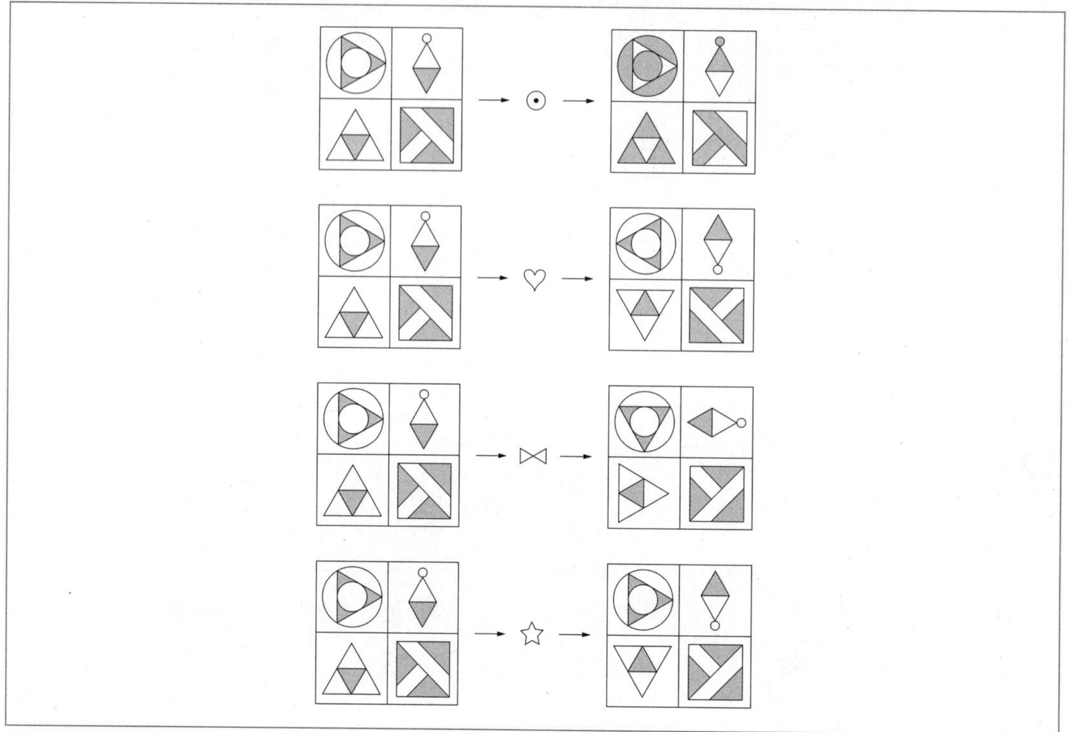

19

→ ♡ → ⊙ → ?

①
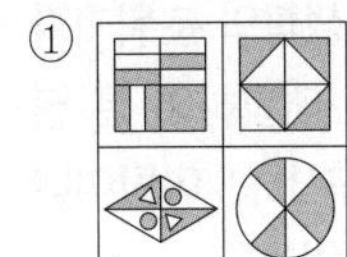

②
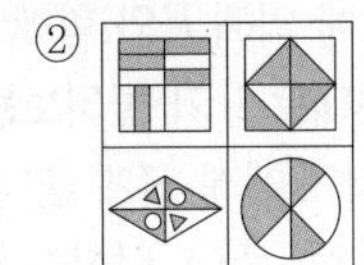

③
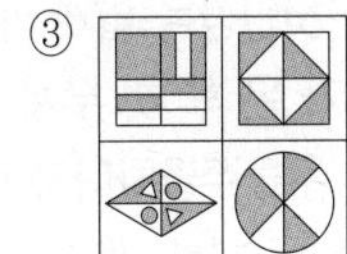

④
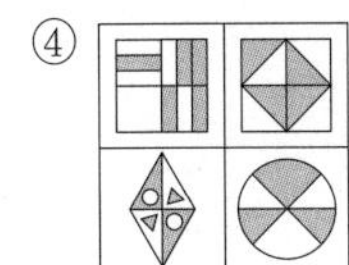

⑤
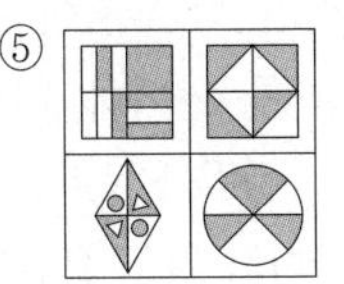

20

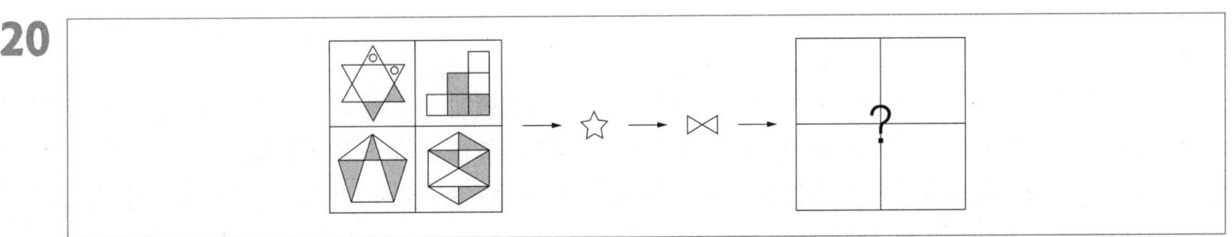

①
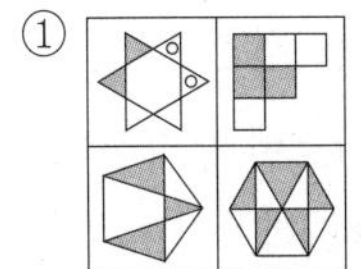

②
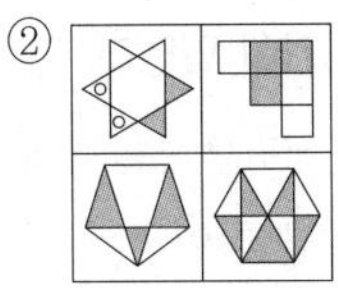

③
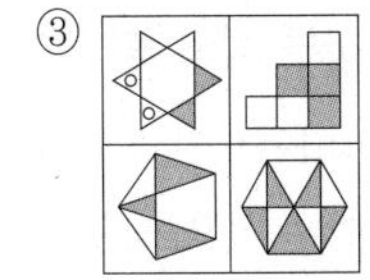

④
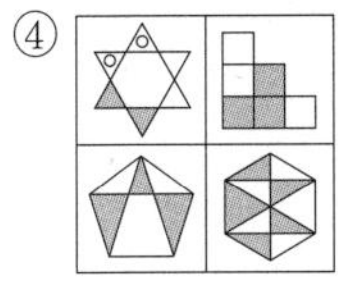

⑤
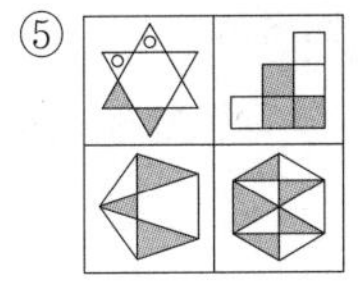

유형 D 상황판단

01 대리 J의 부서에 팀장 E가 새로 발령받아 오게 되었다. J는 며칠 전 사내 공고에서 E가 자신의 상사가 될 수 있다는 것을 알고, E와 함께 일한 경험이 있는 동료들을 통해 그가 어떤 성향인지 파악할 수 있었다. 동료들에 따르면 E는 보고를 받거나 자신의 묻는 말에 부하 직원이 대답을 할 때 확신이 없는 표현을 하는 것을 싫어한다고 한다. 또 첫인상을 쉽게 바꾸지 않아 첫 대답에 의해 E와 함께 하는 동안의 회사 생활의 분위기가 결정된다고 한다. E가 온 후 첫 부서 회의에서 J는 조언대로 E가 물어보는 질문에 명쾌하게 대답하여 잘 넘어갔지만, 과장 P는 우물쭈물하다가 다른 직원들 앞에서 E에게 크게 혼나게 되었다. 그 이후 E는 미팅이나 보고 때마다 P에게 유독 화를 내고 다른 팀원 앞에서 무안을 준다. 당신이 J라면 어떻게 할 것인가?

① 이미 E에게 P의 이미지가 고정되었으므로 P에게 이직이나 부서이동을 권유한다.
② P에게 E가 어떤 성격인지 말해 주어 다음 보고나 회의를 완벽히 준비할 수 있도록 조언한다.
③ 자신이 P보다 더 어눌한 모습을 보이면서 E의 질책 대상을 P로부터 자신으로 돌린다.
④ 사석에서 E에게 P가 원래는 우유부단한 스타일이 아니고 일도 잘한다고 칭찬한다.
⑤ 괜히 E와 P 사이에서 간섭하다가 오히려 E에게 미움을 살 수도 있으므로 이 일에 대해 간섭하지 않는다.

02 사원 K는 입사 4년차로 대리 승진을 눈앞에 두고 있다. 이번에 특별히 차장 H가 K에게 연구개발센터 시공식 준비를 지시하면서, 행사 당일 사회자 발표까지 완벽히 하면 고과에 참고하겠다고 귀띔을 하였다. K는 밤을 새워서 열심히 시공식 준비를 진행했고, 당일에 있을 사회 진행을 위해 대본을 작성하여 일에 차질이 없도록 준비하였다. 그러나 K는 행사 전날 식중독에 걸려 병원에 입원하게 되었다. 병원 진찰 결과 절대적으로 안정이 필요하므로 하루 정도 휴식을 취하라는 의사의 소견이 있었다. 당신이 K라면 어떻게 할 것인가?

① 대본은 이미 준비되었으므로 행사 진행을 보조하되 같은 부서의 다른 직원에게 사회자 발표만 부탁한다.
② 승진 기회를 놓칠 수 없으므로 약을 먹고 컨디션 조절을 하여 본인이 행사를 끝까지 진행한다.
③ 자신이 그대로 행사를 진행하되 같이 진행하는 다른 직원들에게 양해를 구하여 만약의 상황에 대비한다.
④ 차장에게 자신의 몸 상태를 보고하고 병가를 내어 입원한다.
⑤ 행사를 실수 없이 진행하는 것이 가장 중요하므로 다른 직원에게 행사 담당을 넘긴다.

03 입사 동기인 A와 B는 같은 부서에 발령받았다. A는 성격이 쾌활하고 붙임성이 좋아 부서에 쉽게 적응하였다. 반면 B는 약간 내성적인 면이 있어 A에 비해 눈에 띄지 않는 편이었다. 이러한 특성 때문에 부서의 상사들이 두 신입사원에게 업무를 분배할 때, A에게는 주요 업무를 맡기고 B에게는 A의 업무를 지원하도록 하였다. 하지만 실제로 보면 차분하고 꼼꼼한 B가 A보다 업무 능력이 뛰어나다. 그러나 매 실적 평가마다 B가 A에 가려져 업무 능력 평가에서 낮은 점수를 받고 있다. 당신이 B라면 어떻게 할 것인가?

① A에게 배울 만한 점이 있는지 관찰하고 장점을 닮을 수 있도록 노력한다.
② A의 지원 업무를 열심히 하여 그 점을 인정받아서 다음 기회에 주요 업무를 분배받도록 노력한다.
③ 업무를 분배하는 상사에게 본인도 주요 업무를 맡아 보고 싶다고 직접적으로 건의한다.
④ 지원 업무는 주요 업무에 비해 상대적으로 책임을 덜 지므로 열심히 하기보다는 적당히 일한다.
⑤ A가 맡은 업무에 대한 지원에 협조하지 않고, 혼자 주요 업무를 하여 자신의 능력을 상사들에게 보여 준다.

04 사원 F는 입사한 지 2년이 지난 상태이다. F의 회사 시스템은 한 부서에서 2년을 근무한 직원들을 다른 부서로 이동시켜 업무 이해의 다양성을 숙지하도록 하고 있다. 이 때문에 F가 속한 부서의 팀장 Y는 이번 인사발령 시즌에 F를 타 부서로 보내기 전에 F와 1:1 면담을 진행하였다. 면담 도중 Y는 F에게 지금 부서의 문제점에 대해 이야기해 보라고 하였다. 당신이 F라면 어떻게 할 것인가?

① 어차피 다른 부서로 이동하므로 평소 생각했던 부서 내의 문제점을 솔직히 털어놓는다.
② 어떻게 팀장님 앞에서 말할 수 있냐며 질문을 회피한다.
③ 지금 부서는 문제점이 없다고 말한다.
④ 팀 내 갈등이 생기지 않을 정도의 소소한 문제점만 말한다.
⑤ 앞으로의 관계를 고려하여 문제점을 말하지 않고 적당히 둘러댄다.

05 S 대리는 회사 직원들과 거래처 O사 직원들이 속해 있는 주말 등산모임에 들어갔다. 사내 직원들 그리고 거래처 직원들과 같이 등산을 하면서 친분을 쌓고 업무에 필요한 정보를 알 수 있을 것 같아서였다. 하지만 등산은 생각보다 많은 시간이 걸리고 평소 무릎이 불편한 S 대리에게는 무리였다. 당신이 S라면 어떻게 할 것인가?

① 시작한 지 얼마 안 돼서 그만두면 다른 회원들과의 신뢰를 쌓을 수 없으므로 참고 계속 등산을 한다.
② 등산이 자신에게 신체적으로 불리한 운동이라고 솔직히 고백하고 모임에서 나온다.
③ 등산모임의 참여 횟수를 줄인다.
④ 주말마다 등산모임에 빠질 수밖에 없는 이유를 만들어서 그만둔다.
⑤ 회사 내의 상사에게 등산모임을 계속해야 하는지 조언을 구한다.

06 사원 Q가 근무하는 부서의 팀장은 A이다. 연말이 되어 실무자 인사이동 발표가 났는데, A 대신 T가 Q의 새로운 팀장으로 발령을 받았다. T는 이전 팀장의 업무 방식과 회의 구성을 전면적으로 바꾸어 업무의 효율성을 높이고자 한다. Q의 입장에서는 다소 자유로운 의견 개진이 쉬운 T의 업무 방식이 좋다. 하지만 T가 업무 도중에 계획을 자주 바꾸는 탓에 효율 면에서는 A와 별다른 차이가 없어 보인다. 당신이 Q라면 어떻게 할 것인가?

① 팀장에게 이전의 팀장과 결과 면에서 별 차이가 없다고 솔직하게 보고하고 다른 효율적인 업무 방식 찾기를 건의한다.
② 팀장이 시키는 것이니 그대로 받아들이고 새로운 업무 방식에 적응한다.
③ 나만의 획기적인 업무 방식을 개발하여 팀장에게 추천한다.
④ A에게 요새 새로운 업무 방식에 맞춰서 일하기 힘들다고 어려움을 토로한다.
⑤ 효율적인 면에서 별 차이가 없음을 팀장보다 높은 직급의 상사에게 보고한다.

07 홍보팀에서 근무하는 신입사원 J는 최근 늘어난 업무량으로 인해 야근이 많았다. J는 이런 상황에서도 최선을 다해서 기획안을 완성하여 주어진 시간에 제출하였지만 상사에게 많은 지적을 당하여 의기소침해 있다. 당신이 J라면 어떻게 할 것인가?

① 능력을 부족하다는 것을 인정하고 스스로 반성하는 시간을 갖는다.
② 속상한 마음을 달래 줄 동료를 찾아 기분 전환을 한다.
③ 도움을 될 만한 선배를 찾아보고 조언을 구한다.
④ 상사에게 찾아가 시간이 부족했다는 것과 자신의 현재 상황을 말한다.
⑤ 어쩔 수 없다고 생각하며 훌훌 털고 다시 업무에 집중한다.

08 대리 D는 분기별 마감 회의에 보고할 '분기별 매출현황' 보고서를 밤을 새워 가며 준비하였다. 마감 회의 당일, 임원급 상사들 앞에서 보고서를 브리핑 하던 중 상사인 과장 E가 보고서 안의 매출 수치가 사실과 다르다면서 이의를 제기하고, 보고서의 내용이 허술하다면서 다른 상사들 앞에서 D를 질책하였다. 하지만 D가 보고서를 작성할 당시 매출 수치를 조사했을 때에는 그 내용은 틀린 것이 아니었다. 계속해서 E가 D의 보고서 의문을 제기하고 있다고 할 때, 당신이 D라면 어떻게 할 것인가?

① 상사의 문제 제기가 사실일 수 있으므로 브리핑을 중단한다.
② 일단 E의 말에 잘못을 시인하고 보고를 마친 뒤 사석에서 E에게 이의를 제기한 점에 대해 논한다.
③ 자기의 보고서 내의 수치에 오류가 없음을 구체적인 근거를 들어 회의 시간 내에 알린다.
④ 누구의 말이 옳은지 프레젠테이션을 듣고 있는 다른 직원들에게 물어본다.
⑤ 그 자리에서 E의 말이 옳다고 인정하고 그 내용으로 바꾸어 발표를 진행한다.

09 신입사원 A는 팀의 아이디어 회의 때마다 새로운 아이디어를 다양하게 제시하면서 굉장히 열정적으로 참여한다. 하지만 아무래도 신입사원이 제시한 아이디어라는 점에서 다소 실현성이 떨어지기에 잘 받아들여지지 않고, 다른 선임 직원들의 아이디어나 의견을 중심으로 회의 내용이 진행된다. B 대리가 보기에는 회의에서 긍정적인 반응을 얻지 못하자 A가 점점 주눅이 들고 이전처럼 회의에 적극적으로 참여하지 않는 것 같다. 당신이 B라면 어떻게 할 것인가?

① 신입으로 당연한 경험이므로 주눅들지 말라고 위로한다.
② 따로 A를 불러 A의 의견에 구체적인 피드백을 주면서 격려한다.
③ 회의에서 자신의 의견을 제시한 후 A의 의견이나 생각을 물어본다.
④ 아직 신입사원이라 그렇지 앞으로 기회가 많을 것이라고 격려한다.
⑤ A에게 자신의 아이디어가 어떤 점에서 미흡한지 스스로 고민해 보라고 한다.

10 새로운 부서로 이동한 A는 팀장 B로부터 인수인계를 받던 중, B의 갑작스러운 해외 출장 계획으로 7일 이내에 인수인계를 완료하고 바로 업무를 처리하라는 지시를 받았다. 그러나 A는 해당 직무에 대한 전문지식이 부족하여 B가 설명해 준 내용이 잘 이해되지 않는 상황이다. 당신이 A라면 어떻게 행동할 것인가?

① 혼자 힘으로 최선을 다해 이해하려고 노력한다.
② 다른 팀원들에게 양해를 구하고 업무를 분담해 달라고 요청한다.
③ 이전 팀의 상사에게 조언을 구하거나 도움을 요청하여 해결한다.
④ 팀장 B에게 따로 시간을 내서 인수인계 내용을 같이 정리하자고 한다.
⑤ 계획에 없던 일정이므로 업무 시작을 B의 해외 출장 이후로 미룰 것을 건의한다.

11 A는 오랫동안 입사를 준비해 왔던 회사에 최종 합격하여 신입사원 연수를 받은 후 부서 배치를 받았다. 그런데 배치된 부서에 신입사원은 A 한 명뿐이고 부서 자체에서 담당하는 업무도 A에게 맞지 않았다. 당신이 A라면 어떻게 행동할 것인가?

① 자신이 겪는 상황에 대해 진지하게 생각해 보고 현 상황에서 타협점을 찾는다.
② 개인은 물론 팀에게도 이득이 될 것이 없으므로 부서 재배치를 요청한다.
③ 팀장과 면담을 통해 자신의 현 상황을 이야기 하고 업무 조정을 제안한다.
④ 신입사원 부서 발령을 담당하는 인사팀으로 가서 자신의 고민과 어려움을 털어놓는다.
⑤ 처음에는 누구나 그런 것이라고 스스로 위로하면서 적응이 될 때까지 열심히 해 본다.

12 Y는 어느 날부터 회사 공용 냉장고에 둔 자신의 간식이 조금씩 없어지는 것을 느끼고 있었다. 어느 날, Y는 같은 팀 동료 L이 자신의 도시락을 꺼내 뚜껑을 열어 보고 있는 것을 보았다. 당신이 Y라면 어떻게 행동할 것인가?

① 자신의 음식에 손대지 말라는 메모를 적어 L의 책상 위에 둔다.
② 도시락을 먹다가 들킨 것이 아니므로 일단 아무 말 없이 넘어간다.
③ 혹시 이전에도 자신의 간식을 먹었는지 그 자리에서 물어본다.
④ 팀원들이 모두 모인 자리에서 자꾸 간식이 없어진다는 말을 넌지시 해 본다.
⑤ 냉장고 앞에 다른 사람의 음식물을 건드리지 말자는 내용의 메모를 붙인다.

13 **K는 얼마 전부터 입사 동기인 M이 동료들에게 자기의 험담을 하고 다닌다는 것을 알게 되었다. 매우 불쾌했지만 굳이 대응할 필요가 있을까 싶어 모르는 척하고 지냈는데, 갈수록 험담의 정도가 심해진다는 것을 알게 되었다. 그 내용 또한 너무 허무맹랑한 내용이었으나 가만히 두면 동료들로부터 오해를 살 수도 있겠다는 생각이 들었다. 당신이 K라면 어떻게 행동할 것인가?**

① M을 따로 불러 왜 자신의 험담을 하는지 따져 묻는다.
② M에게 명예훼손으로 고소하겠다고 말하고 법적인 절차에 들어간다.
③ 동료들에게 그동안 M이 자신에 대해 한 이야기들은 모두 사실이 아니라고 말한다.
④ 자신이 바르게만 행동하면 오해 살 일은 없을 것이라고 생각하고 M의 행동에 신경 쓰지 않는다.
⑤ M을 잘 아는 다른 입사 동기에게 M이 이러한 행동을 하는 이유와 그 대처 방안을 함께 생각해 봐 줄 것을 부탁한다.

14 **사원 H는 한 달 전 C 차장에게 현금 15만 원을 빌려주었다. C 차장이 아내 생일날 집에 지갑을 두고 오는 바람에 선물을 사 갈 돈이 없다고 말하면서 돈을 빌려 달라고 부탁하기에 그날 수중에 있던 현금을 모두 빌려준 것이다. 그런데 한 달이 지나도록 C 차장은 돈을 갚지 않고, 빌려간 돈에 대해 언급도 하지 않고 있다. 당신이 H라면 어떻게 행동할 것인가?**

① C 차장에게 따로 뵙자고 말씀드린 후에 빌려간 돈을 갚아 달라고 당당하게 요구한다.
② C 차장이 자신에게 돈을 갚지 않는다고 부장님이나 인사팀에 살짝 이야기한다.
③ C 차장에게 급하게 현금이 필요하다고 말하면서 그가 빌려간 돈만큼 빌려 달라고 한다.
④ 동료나 다른 선배들에게 어떻게 대응할지를 상의한다.
⑤ 돈을 받지 못하는 것이 아깝고 약이 오르기는 하지만 그냥 없었던 일로 치고 잊으려고 한다.

15 겨울철 사무실에 환기가 잘 되지 않는 탓에 머리가 아프고 업무 집중력도 떨어지는 것을 느낀 T는 잠시 바람을 쏘이고 오면 두통도 나아지고 집중력도 다시 생길 것 같다는 생각에 회사 밖을 나가 한 바퀴 산책을 하였다. 산책을 끝내고 돌아오는 길에 외근을 마치고 돌아오는 부장님을 만났다. 부장님은 근무 시간 중에 사무실 밖을 돌아다니는 T를 말없이 쳐다보았다. 당신이 T라면 어떻게 행동할 것인가?

① 거리가 가까워지기 전에 가벼운 목례만 하고 급히 사무실로 들어간다.

② 외근을 다녀오는 중이라고 둘러대며 부장님께 먼저 다가가 인사를 한다.

③ 사실대로 상황을 말씀드리고 다음부터는 이런 일이 없도록 하겠다고 말씀드린다.

④ 부장님을 못 본 척하고 서둘러 계단을 통해 사무실로 복귀한다.

⑤ 외근을 다녀오시는 중이신가 보다고 인사를 드린 후 화제를 돌려 함께 사무실로 들어온다.

16 V 회사 홍보팀에 근무하는 I는 주주총회의 진행을 맡고 있다. 주주총회가 시작되자마자 한 남자가 들어와 이 회사의 제품을 사용하다가 다쳤고, 제품에 문제가 많다고 소리를 지르면서 문제를 제기했다. 당신이 I라면 어떻게 행동할 것인가?

① 우리 회사의 제품에는 문제가 없다는 것을 밝히고 강제로 그 남자를 내보낸다.

② 남자에게 발언권을 주고 주주들과 함께 들어본다.

③ 남자를 밖으로 내보낸 뒤 불만사항을 듣고, 향후 문제점을 분석하여 연락을 드리겠다고 한다.

④ 그 남자를 무시하고 계속 주주총회를 진행한다.

⑤ 소정의 금액을 주고 내보낸다.

17 얼마 전 갑자기 부서를 이동하게 된 A는 동료들과 빨리 친해지기 위해 노력 중이다. 그러나 새롭게 배정된 부서는 중요한 프로젝트를 마무리하고 있어 다들 정신없이 바쁘다. 그나마 점심시간에 여유가 있는데, E와 F는 점심을 먹는 대신 개인적으로 운동을 하고, G는 구내식당에서 식사를 하며 H는 도시락을 준비해 온다. 당신이 A라면 어떻게 행동할 것인가?

① 새로운 프로젝트를 위해서 다 함께 점심식사를 해 보는 것은 어떨까 하고 제안을 해 본다.
② 부서에는 기존의 문화가 있을 것이므로 금방 친해지는 것은 포기한다.
③ 집에서 정성스럽게 요리를 준비해서 팀원들에게 함께 먹자고 한다.
④ E나 F에게 같이 운동을 해도 되겠냐고 한다.
⑤ G와 함께 구내식당을 이용한다.

18 사원 C는 종교가 없는 무신론자이다. C의 상사 D는 모태 신앙으로 휴일이면 항상 교회에 갈 만큼 독실하다. 어느 날 점심시간에 상사 D가 사원 C에게 이번 주에 교회에 같이 갈 것을 적극 권유하고 있다. 종교가 없는 C는 교회에 못 갈 이유도 없지만 딱히 갈 이유도 없다. 당신이 사원 C라면 어떻게 행동할 것인가?

① 상사가 직접 말하는 것이므로 못 이기는 척하고 교회에 같이 간다.
② 주말에 약속이 있다고 하면서 에둘러 거절한다.
③ 이참에 교회에 가서 종교를 갖는 것도 나쁘지 않다고 생각하면서 교회에 간다.
④ 상사가 특정 종교를 권유하고 있다는 사실을 회사 측에 밝힌다.
⑤ 다른 종교가 있다고 거짓말을 한다.

19 M이 속한 부서는 다른 부서들과 달리 야근이 잦다. 그렇다고 업무량이 많거나 실적이 우수한 것도 아니다. M뿐만 아니라 같은 부서원들도 상사 F의 우유부단한 성격이 지금의 상황을 만든 것이라고 생각한다. F와 가장 오래 근무한 M은 F의 이런 성격에 대해 항상 불만이었다. 당신이 M이라면 어떻게 행동할 것인가?

① F에게 불만이 많은 동료에게 F의 불만을 직접 말하도록 종용한다.
② F와 퇴근 후 따로 만나 조용히 이야기해 본다.
③ F의 성격이 원래 그렇다고 여기고 참고 지나간다.
④ 아무도 모르게 인사팀에 자신의 인사이동을 건의한다.
⑤ 모든 부서원들과 함께 회의 자리에서 F의 우유부단함을 조목조목 따진다.

20 H는 부서에서 사무비품 관리를 담당한다. 부서원들도 사무비품을 낭비하지 않고 깨끗하게 사용한다. 하지만 지난달에 H의 부서로 인사발령을 받은 W는 사무비품을 낭비하고 사용 후 제자리에 두지 않아 부서원들이 불편해 한다. H는 자신보다 나이는 어리지만 직급이 높은 W와 평소 대화가 많지 않았다. 당신이 H라면 어떻게 행동할 것인가?

① 회사 메신저로 W에게 사무비품에 대해 말한다.
② 사무비품 보관함에 '사무비품을 아껴 쓰자'는 문구를 붙여 간접적으로 알게 한다.
③ W에게 회식이나 티타임 때 가볍게 말한다.
④ 사무비품이 내 것은 아니니 크게 관심을 갖지 않는다.
⑤ 자신보다 직급이 높은 상사에게 W가 사무비품을 함부로 사용한다고 말한다.

고시넷

SK 하이닉스 Maintenance/Operator

파트 6 인성검사

1 인성검사의 이해

1 인성검사, 왜 필요한가?

채용기업은 지원자가 '직무적합성'을 지닌 사람인지를 인성검사와 필기평가를 통해 판단한다. 인성검사에서 말하는 인성(人性)이란 그 사람의 성품, 즉 각 개인이 가지고 있는 사고와 태도 및 행동 특성을 의미한다. 인성은 사람의 생김새처럼 사람마다 다르기 때문에, 몇 가지 유형으로 분류하고 이에 맞추어 판단한다는 것 자체가 억지스럽고 어불성설일지 모른다. 그럼에도 불구하고 기업들의 입장에서는 입사를 희망하는 사람이 어떤 성품을 가졌는지에 대한 정보가 필요하다. 그래야 해당 기업의 인재상과 부합하고 담당할 업무에 적격한 인재를 채용할 수 있기 때문이다.

지원자의 성격이 외향적인지 아니면 내향적인지, 어떤 직무와 어울리는지, 조직에서 다른 사람과 원만하게 생활할 수 있는지, 업무 수행 중 문제가 생겼을 때 어떻게 대처하고 해결할 수 있는지에 대한 전반적인 개성은 자기소개서나 면접을 통해서도 어느 정도 파악할 수 있다. 그러나 이것들만으로 인성을 충분히 파악할 수 없기 때문에, 객관화되고 정형화된 인성검사로 지원자의 성격을 판단하고 있다.

2 인성검사의 특징

우리나라 대다수의 채용기업은 인재개발 및 인적자원을 연구하는 한국행동과학연구소(KIRBS), 에스에이치알(SHR), 한국사회적성개발원(KSAD), 한국인재개발진흥원(KPDI), ORP연구소 등 전문기관에 인성검사를 의뢰하고 있다.

이 기관들의 인성검사 개발 목적은 비슷하지만 기관마다 검사 유형이나 평가 척도에는 약간의 차이가 있다. 또 지원하는 기업이 어느 기관에서 개발한 검사지로 인성검사를 시행하는지에 대해 사전에 알 수 없다. 그렇지만 공통으로 적용하는 기준과 척도에 따라 구성된 여러 형태의 인성검사지로 사전 테스트를 해 보고 자신의 인성이 어떻게 평가되는가를 미리 알아보는 것은 가능하다.

인성검사의 문항은 100문항 내외에서부터 최대 500문항까지 다양하고, 인성검사에 주어지는 시간은 문항 수에 비례하여 30~100분 정도가 된다.

문항 자체는 단순한 질문으로 어려울 것은 없지만, 제시된 상황에서 본인의 행동을 결정하는 것이 쉽지만은 않다. 문항 수가 많을 경우 이에 비례하여 시간도 길게 주어지지만, 단순하고 유사하며 반복되는 질문에 방심하여 집중하지 못하고 실수하는 경우가 있으므로 컨디션 관리와 집중력 유지에 노력하여야 한다. 특히 같거나 유사한 물음에 다른 답을 하는 경우가 가장 위험하다.

3 인성검사 척도 및 구성

❶ 미네소타 다면적 인성검사(MMPI)

MMPI(Minnesota Multiphasic Personality Inventory)는 1943년 미국 미네소타 대학교수인 해서웨이와 매킨리가 개발한 대표적인 자기 보고형 성향 검사로서 오늘날 가장 대표적으로 사용되는 객관적 심리검사 중 하나이다. MMPI는 약 550여 개의 문항으로 구성되며 각 문항을 읽고 '예(YES)' 또는 '아니오(NO)'로 대답하게 되어 있다.

MMPI는 4개의 타당도 척도와 10개의 임상척도로 구분된다. 500개가 넘는 문항들 중 중복되는 문항들이 포함되어 있는데 내용이 똑같은 문항도 10문항 이상 포함되어 있다. 이 반복 문항들은 응시자가 얼마나 일관성 있게 검사에 임했는지를 판단하는 지표로 사용된다.

구분	척도명	약자	주요 내용
타당도 척도 (바른 태도로 임했는지, 신뢰할 수 있는 결론인지 등을 판단)	무응답 척도 (Can not say)	?	응답하지 않은 문항과 복수로 답한 문항들의 총합으로 빠진 문항을 최소한으로 줄이는 것이 중요하다.
	허구 척도 (Lie)	L	자신을 좋은 사람으로 보이게 하려고 고의적으로 꾸민 정직하지 못한 답을 판단하는 척도이다. 허구 척도가 높으면 장점까지 인정받지 못하는 결과가 발생한다.
	신뢰 척도 (Frequency)	F	검사 문항에 빗나간 답을 한 경향을 평가하는 척도로 정상적인 집단의 10% 이하 응답을 기준으로 일반적인 경향과 다른 정도를 측정한다.
	교정 척도 (Defensiveness)	K	정신적 장애가 있음에도 다른 척도에서 정상적인 면을 보이는 사람을 구별하는 척도로 허구 척도보다 고차원적인 척도로 거짓 응답을 하는 경향이 나타난다.
임상척도 (정상적 행동과 그렇지 않은 행동의 종류를 구분하는 척도로, 척도마다 다른 기준으로 점수가 매겨짐)	건강염려증 (Hypochondriasis)	Hs	신체에 대한 지나친 집착이나 신경질적 혹은 병적 불안을 측정하는 척도로 이러한 건강염려증이 타인에게 어떤 영향을 미치는지도 측정한다.
	우울증 (Depression)	D	슬픔·비관 정도를 측정하는 척도로 타인과의 관계 또는 본인 상태에 대한 주관적 감정을 나타낸다.
	히스테리 (Hysteria)	Hy	갈등을 부정하는 정도를 측정하는 척도로 신체 증상을 호소하는 경우와 적대감을 부인하며 우회적인 방식으로 드러내는 경우 등이 있다.
	반사회성 (Psychopathic Deviate)	Pd	가정 및 사회에 대한 불신과 불만을 측정하는 척도로 비도덕적 혹은 반사회적 성향 등을 판단한다.
	남성-여성특성 (Masculinity-Feminity)	Mf	남녀가 보이는 흥미와 취향, 적극성과 수동성 등을 측정하는 척도로 성에 따른 유연한 사고와 융통성 등을 평가한다.

편집증 (Paranoia)	Pa	과대 망상, 피해 망상, 의심 등 편집증에 대한 정도를 측정하는 척도로 열등감, 비사교적 행동, 타인에 대한 불만과 같은 내용을 질문한다.
강박증 (Psychasthenia)	Pt	과대 근심, 강박관념, 죄책감, 공포, 불안감, 정리정돈 등을 측정하는 척도로 만성 불안 등을 나타낸다.
정신분열증 (Schizophrenia)	Sc	정신적 혼란을 측정하는 척도로 자폐적 성향이나 타인과의 감정 교류, 충동 억제불능, 성적 관심, 사회적 고립 등을 평가한다.
경조증 (Hypomania)	Ma	정신적 에너지를 측정하는 척도로 생각의 다양성 및 과장성, 행동의 불안정성, 흥분성 등을 나타낸다.
사회적 내향성 (Social introversion)	Si	대인관계 기피, 사회적 접촉 회피, 비사회성 등의 요인을 측정하는 척도로 외향성 및 내향성을 구분한다.

❷ 캘리포니아 성격검사(CPI)

CPI(California Psychological Inventory)는 캘리포니아 대학의 연구팀이 개발한 성격검사로 MMPI와 함께 세계에서 가장 널리 사용되고 있는 인성검사 툴이다. CPI는 다양한 인성 요인을 통해 지원자가 답변한 응답 왜곡 가능성, 조직 역량 등을 측정한다. MMPI가 주로 정서적 측면을 진단하는 특징을 보인다면, CPI는 정상적인 사람의 심리적 특성을 주로 진단한다.

CPI는 약 480개 문항으로 구성되어 있으며 다음과 같은 18개의 척도로 구분된다.

구분	척도명	주요 내용
제1군 척도 (대인관계적절성 측정)	지배성(Do)	리더십, 통솔력, 대인관계에서의 주도권을 측정한다.
	지위능력성(Cs)	내부에 잠재되어 있는 내적 포부, 자기 확신 등을 측정한다.
	사교성(Sy)	참여 기질이 활달한 사람과 그렇지 않은 사람을 구분한다.
	사회적 자발성(Sp)	사회 안에서의 안정감, 자발성, 사교성 등을 측정한다.
	자기 수용성(Sa)	개인적 가치관, 자기 확신, 자기 수용력 등을 측정한다.
	행복감(Wb)	생활의 만족감, 행복감을 측정하며 긍정적인 사람으로 보이고자 거짓 응답하는 사람을 구분하는 용도로도 사용된다.
제2군 척도 (성격과 사회화, 책임감 측정)	책임감(Re)	법과 질서에 대한 양심, 책임감, 신뢰성 등을 측정한다.
	사회성(So)	가치 내면화 정도, 사회 이탈 행동 가능성 등을 측정한다.
	자기 통제성(Sc)	자기조절, 자기통제의 적절성, 충동 억제력 등을 측정한다.
	관용성(To)	사회적 신념, 편견과 고정관념 등에 대한 태도를 측정한다.

	호감성(Gi)	타인이 자신을 어떻게 보는지에 대한 민감도를 측정하며, 좋은 사람으로 보이고자 거짓 응답하는 사람을 구분한다.
	임의성(Cm)	사회에 보수적 태도를 보이고 생각 없이 적당히 응답한 사람을 판단하는 척도로 사용된다.
제3군 척도 (인지적, 학업적 특성 측정)	순응적 성취(Ac)	성취동기, 내면의 인식, 조직 내 성취 욕구 등을 측정한다.
	독립적 성취(Ai)	독립적 사고, 창의성, 자기실현을 위한 능력 등을 측정한다.
	지적 효율성(Le)	지적 능률, 지능과 연관이 있는 성격 특성 등을 측정한다.
제4군 척도 (제1~3군과 무관한 척도의 혼합)	심리적 예민성(Py)	타인의 감정 및 경험에 대해 공감하는 정도를 측정한다.
	융통성(Fx)	개인적 사고와 사회적 행동에 대한 유연성을 측정한다.
	여향성(Fe)	남녀 비교에 따른 흥미의 남향성 및 여향성을 측정한다.

❸ SHL 직업성격검사(OPQ)

OPQ(Occupational Personality Questionnaire)는 세계적으로 많은 외국 기업에서 널리 사용하는 CEB 사의 SHL 직무능력검사에 포함된 직업성격검사이다. 4개의 질문이 한 세트로 되어 있고 총 68세트 정도 출제되고 있다. 4개의 질문 안에서 '자기에게 가장 잘 맞는 것'과 '자기에게 가장 맞지 않는 것'을 1개씩 골라 '예', '아니오'로 체크하는 방식이다. 단순하게 모든 척도가 높다고 좋은 것은 아니며, 척도가 낮은 것이 좋은 경우도 있다.

기업에 따라 척도의 평가 기준은 다르다. 희망하는 기업의 특성을 연구하고, 채용 기준을 예측하는 것이 중요하다.

척도	내용	주요 내용
설득력	사람을 설득하는 것을 좋아하는 경향	–새로운 것을 사람에게 권하는 것을 잘한다. –교섭하는 것에 걱정이 없다. –기획하고 판매하는 것에 자신이 있다.
지도력	사람을 지도하는 것을 좋아하는 경향	–사람을 다루는 것을 잘한다. –팀을 아우르는 것을 잘한다. –사람에게 지시하는 것을 잘한다.
독자성	다른 사람의 영향을 받지 않고, 스스로 생각해서 행동하는 것을 좋아하는 경향	–모든 것을 자신의 생각대로 하는 편이다. –주변의 평가는 신경 쓰지 않는다. –유혹에 강한 편이다.
외향성	외향적이고 사교적인 경향	–다른 사람의 주목을 끄는 것을 좋아한다. –사람들이 모인 곳에서 중심이 되는 편이다. –담소를 나눌 때 주변을 즐겁게 해 준다.

우호성	친구가 많고, 대세의 사람이 되는 것을 좋아하는 경향	–친구와 함께 있는 것을 좋아한다. –무엇이라도 얘기할 수 있는 친구가 많다. –친구와 함께 무언가를 하는 것이 많다.
사회성	세상 물정에 밝고 사람 앞에서도 낯을 가리지 않는 성격	–자신감이 있고 유쾌하게 발표할 수 있다. –공적인 곳에서 인사하는 것을 잘한다. –사람들 앞에서 발표하는 것이 어렵지 않다.
겸손성	사람에 대해서 겸손하게 행동하고 누구라도 똑같이 사귀는 경향	–자신의 성과를 그다지 내세우지 않는다. –절제를 잘하는 편이다. –사회적인 지위에 무관심하다.
협의성	사람들에게 의견을 물으면서 일을 진행하는 경향	–사람들의 의견을 구하며 일하는 편이다. –타인의 의견을 묻고 일을 진행시킨다. –친구와 상담해서 계획을 세운다.
돌봄	측은해 하는 마음이 있고, 사람을 돌봐주는 것을 좋아하는 경향	–개인적인 상담에 친절하게 답해 준다. –다른 사람의 상담을 진행하는 경우가 많다. –후배의 어려움을 돌보는 것을 좋아한다.
구체적인 사물에 대한 관심	물건을 고치거나 만드는 것을 좋아하는 경향	–고장 난 물건을 수리하는 것이 재미있다. –상태가 안 좋은 기계도 잘 사용한다. –말하기보다는 행동하기를 좋아한다.
데이터에 대한 관심	데이터를 정리해서 생각하는 것을 좋아하는 경향	–통계 등의 데이터를 분석하는 것을 좋아한다. –표를 만들거나 정리하는 것을 좋아한다. –숫자를 다루는 것을 좋아한다.
미적가치에 대한 관심	미적인 것이나 예술적인 것을 좋아하는 경향	–디자인에 관심이 있다. –미술이나 음악을 좋아한다. –미적인 감각에 자신이 있다.
인간에 대한 관심	사람의 행동에 동기나 배경을 분석하는 것을 좋아하는 경향	–다른 사람을 분석하는 편이다. –타인의 행동을 보면 동기를 알 수 있다. –다른 사람의 행동을 잘 관찰한다.
정통성	이미 있는 가치관을 소중히 여기고, 익숙한 방법으로 사물을 대하는 것을 좋아하는 경향	–실적이 보장되는 확실한 방법을 취한다. –낡은 가치관을 존중하는 편이다. –보수적인 편이다.
변화 지향	변화를 추구하고, 변화를 받아들이는 것을 좋아하는 경향	–새로운 것을 하는 것을 좋아한다. –해외여행을 좋아한다. –경험이 없더라도 시도해 보는 것을 좋아한다.
개념성	지식에 대한 욕구가 있고, 논리적으로 생각하는 것을 좋아하는 경향	–개념적인 사고가 가능하다. –분석적인 사고를 좋아한다. –순서를 만들고 단계에 따라 생각한다.
창조성	새로운 분야에 대한 공부를 하는 것을 좋아하는 경향	–새로운 것을 추구한다. –독창성이 있다. –신선한 아이디어를 낸다.

계획성	앞을 생각해서 사물을 예상하고, 계획적으로 실행하는 것을 좋아하는 경향	–과거를 돌이켜보며 계획을 세운다. –앞날을 예상하며 행동한다. –실수를 돌아보며 대책을 강구하는 편이다.
치밀함	정확한 순서를 세워 진행하는 것을 좋아하는 경향	–사소한 실수는 거의 하지 않는다. –정확하게 요구되는 것을 좋아한다. –사소한 것에도 주의하는 편이다.
꼼꼼함	어떤 일이든 마지막까지 꼼꼼하게 마무리 짓는 경향	–맡은 일을 마지막까지 해결한다. –마감 시한은 반드시 지킨다. –시작한 일은 중간에 그만두지 않는다.
여유	평소에 릴랙스하고, 스트레스에 잘 대처하는 경향	–감정의 회복이 빠르다. –분별없이 함부로 행동하지 않는다. –스트레스에 잘 대처한다.
근심·걱정	어떤 일이 잘 진행되지 않으면 불안을 느끼고, 중요한 일을 앞두면 긴장하는 경향	–예정대로 잘되지 않으면 근심·걱정이 많다. –신경 쓰이는 일이 있으면 불안하다. –중요한 만남 전에는 기분이 편하지 않다.
호방함	사람들이 자신을 어떻게 생각하는지를 신경 쓰지 않는 경향	–사람들이 자신을 어떻게 생각하는지 그다지 신경 쓰지 않는다. –상처받아도 동요하지 않고 아무렇지 않은 태도를 취한다. –사람들의 비판에 크게 영향받지 않는다.
억제력	감정을 표현하지 않는 경향	–쉽게 감정적으로 되지 않는다. –분노를 억누른다. –격분하지 않는다.
낙관적	사물을 낙관적으로 보는 경향	–낙관적으로 생각하고 일을 진행시킨다. –문제가 일어나도 낙관적으로 생각한다.
비판적	비판적으로 사물을 생각하고, 이론·문장 등의 오류에 신경 쓰는 경향	–이론의 모순을 찾아낸다. –계획이 갖춰지지 않은 것이 신경 쓰인다. –누구도 신경 쓰지 않는 오류를 찾아낸다.
행동력	운동을 좋아하고, 민첩하게 행동하는 경향	–동작이 날렵하다. –여가를 활동적으로 보낸다. –몸을 움직이는 것을 좋아한다.
경쟁성	지는 것을 싫어하는 경향	–승부를 겨루게 되면 지는 것을 싫어한다. –상대를 이기는 것을 좋아한다. –싸워 보지 않고 포기하는 것을 싫어한다.
출세 지향	출세하는 것을 중요하게 생각하고, 야심적인 목표를 향해 노력하는 경향	–출세 지향적인 성격이다. –곤란한 목표도 달성할 수 있다. –실력으로 평가받는 사회가 좋다.
결단력	빠르게 판단하는 경향	–답을 빠르게 찾아낸다. –문제에 대한 빠른 상황 파악이 가능하다. –위험을 감수하고도 결단을 내리는 편이다.

4 인성검사 합격전략

❶ 포장하지 않은 솔직한 답변

"다른 사람을 험담한 적이 한 번도 없다.", "물건을 훔치고 싶다고 생각해 본 적이 없다."

이 질문에 당신은 '그렇다', '아니다' 중 무엇을 선택할 것인가? 채용기업이 인성검사를 실시하는 가장 큰 이유는 '이 사람이 어떤 성향을 가진 사람인가'를 효율적으로 파악하기 위해서이다.

인성검사는 도덕적 가치가 빼어나게 높은 사람을 판별하려는 것도 아니고, 성인군자를 가려내기 위함도 아니다. 인간의 보편적 성향과 상식적 사고를 고려할 때, 도덕적 질문에 지나치게 겸손한 답변을 체크하면 오히려 솔직하지 못한 것으로 간주되거나 인성을 제대로 판단하지 못해 무효 처리가 되기도 한다. 자신의 성격을 포장하여 작위적인 답변을 하지 않도록 솔직하게 임하는 것이 예기치 않은 결과를 피하는 첫 번째 전략이 된다.

❷ 필터링 함정을 피하고 일관성 유지

앞서 강조한 솔직함은 일관성과 연결된다. 인성검사를 구성하는 많은 척도는 여러 형태의 문장 속에 동일한 요소를 적용해 반복되기도 한다. 예컨대 '나는 매우 활동적인 사람이다'와 '나는 운동을 매우 좋아한다'라는 질문에 '그렇다'고 체크한 사람이 '휴일에는 집에서 조용히 쉬며 독서하는 것이 좋다'에도 '그렇다'고 체크한다면 일관성이 없다고 평가될 수 있다.

그러나 일관성 있는 답변에만 매달리면 '이 사람이 같은 답변만 체크하기 위해 이 부분만 신경 썼구나'하는 필터링 함정에 빠질 수도 있다. 비슷하게 보이는 문장을 무조건 같은 내용이라고 판단하여 똑같이 답하는 것도 주의해야 한다. 일관성보다 중요한 것은 솔직함이다. 솔직함이 전제되지 않은 일관성은 허위 척도 필터링에서 드러나게 되어 있다. 유사한 질문에 대한 응답이 터무니없이 다르거나 양극단에 치우치지 않는 정도라면 약간의 차이는 크게 문제되지 않는다. 중요한 것은 솔직함과 일관성이 하나의 연장선에 있다는 점을 명심하자.

❸ 지원한 직무와 연관성을 고려

다양한 분야의 많은 계열사와 큰 조직을 통솔하는 대기업은 여러 사람이 조직적으로 움직이는 만큼 각 직무에 걸맞은 능력을 갖춘 인재가 필요하다. 그래서 기업은 매년 신규채용으로 입사한 신입사원들의 젊은 패기와 참신한 능력을 성장 동력으로 활용한다.

기업은 사교성 있고 활달한 사람만을 원하지 않는다. 해당 직군과 직무에 따라 필요로 하는 사원의 능력과 개성이 다르기 때문에, 지원자가 희망하는 계열사나 부서의 직무가 무엇인지 제대로 파악하여 자신의 성향과 맞는지에 대한 고민은 반드시 필요하다. 같은 질문이라도 기업이 원하는 인재상이나 부서의 직무에 따라 판단 척도가 달라질 수 있다.

❹ 평상심 유지와 컨디션 관리

역시 솔직함과 연결된 내용이다. 한 질문에 대해 오래 고민하고 신경 쓰면 불필요한 생각이 개입될 소지가 크다. 이는 직관을 떠나 이성적 판단에 따라 포장할 위험이 높아진다는 뜻이기도 하다. 오래 생각하지 말고 자신의 평상시 생각과 감정대로 답하는 것이 중요하며, 가능한 한 건너뛰지 말고 모든 질문에 답하도록 한다. 300~400개 정도 문항을 출제하는 기업이 많기 때문에 끝까지 집중하여 임하는 것이 중요하다. 특히 적성검사와 같은 날 실시하는 경우, 적성검사를 마친 후 연이어 보기 때문에 신체적, 정신적으로 피로한 상태에서 자세가 흐트러질 수도 있다. 따라서 컨디션을 유지하면서 문항당 7~10초 이상 쓰지 않도록 하고, 문항 수가 많을 때는 답안지에 바로 바로 표기하도록 한다.

2 인성검사 유형 연습

인성검사 출제유형

채용기업은 인성검사를 통해 자사에서 추구하는 인재상에 부합하는 인재를 찾기 위한 가치관과 태도를 측정한다. 기업마다 실시하는 인성검사 유형은 다르지만 대체로 유형은 다음의 두 가지 타입이다.

TYPE A

세 가지 유형의 문항이 함께 출제된다.

❶ '가장 가깝다(M)' 또는 '가장 멀다(L)' 선택형 + 개별 항목 체크형

4개 내외의 문항 군으로 구성된 검사지에 자신이 동의하는 정도에 따라 '전혀 그렇지 않다 ~ 매우 그렇다' 중 해당하는 것을 표시한 후, 체크한 문항 중 자신과 가장 가까운 것과 가장 먼 것 하나를 선택하는 유형이다.

❷ 문항군 개별 항목 체크형

구성된 검사지에 자신이 동의하는 정도에 따라 '① 매우 그렇지 않다 ~ ⑤ 매우 그렇다' 중 해당되는 것을 표시한다. 문항 수가 많으면 일관된 답변이 어려울 수도 있으므로 최대한 꾸밈없이 자신의 가치관과 신념을 바탕으로 솔직하게 답하도록 노력한다.

❸ 가까운 항목 선택형

각 문항에 제시된 A, B 두 개의 문장을 읽고 자신에게 해당된다고 생각하는 것을 골라 기입하는 형태이다.

TYPE B

'예' 또는 '아니오' 선택형

구성된 검사지에 해당한다고 생각하면 '예', 해당하지 않는다면 '아니오'를 골라 기입하는 유형이다. 같은 문항이 반복되는 경향이 있으므로 일관성 유지에 유의해야 한다. 대표 출제 기업으로는 국민건강보험공단, 한국전력공사 등이 있다.

TYPE A

유형 1 '가장 가깝다(M)' 또는 '가장 멀다(L)' 선택형 + 개별 항목 체크형

| 01~25 | 다음의 4문항 중 자신의 모습과 가장 멀다(L)고 생각되는 문항과 가장 가깝다(M)고 생각되는 문항을 각각 1개씩 표시하여 주십시오. 또한 각각의 문항에 대해서 자신과 가까운 정도를 1점에서 5점으로 표시하여 주십시오.

01

1.1 내 분야에서 전문성에 관한 한 동급 최강이라고 생각한다.
1.2 규칙적으로 운동을 하는 편이다.
1.3 나는 사람들을 연결시켜 주거나 연결해 달라는 부탁을 주변에서 많이 받는 편이다.
1.4 다른 사람들이 생각하기에 관련 없어 보이는 것을 통합하여 새로운 아이디어를 낸다.

L 가장 멀다 / M 가장 가깝다
1 (매우 그렇지 않다) / 5 (매우 그렇다)

	L	M	1	2	3	4	5
1.1	○	○	○	○	○	○	○
1.2	○	○	○	○	○	○	○
1.3	○	○	○	○	○	○	○
1.4	○	○	○	○	○	○	○

02

2.1 모임을 주선하게 되는 경우가 자주 있다.
2.2 나는 학창시절부터 리더역할을 많이 해 왔다.
2.3 새로운 아이디어를 낸다.
2.4 변화를 즐기는 편이다.

L 가장 멀다 / M 가장 가깝다
1 (매우 그렇지 않다) / 5 (매우 그렇다)

	L	M	1	2	3	4	5
2.1	○	○	○	○	○	○	○
2.2	○	○	○	○	○	○	○
2.3	○	○	○	○	○	○	○
2.4	○	○	○	○	○	○	○

03

3.1 혼자서 생활해도 밥은 잘 챙겨먹고 생활리듬이 많이 깨지지 않는 편이다.
3.2 다른 나라의 음식을 시도해 보는 것이 즐겁다.
3.3 나 스스로에 대해서 높은 기준을 제시하는 편이다.
3.4 "왜?"라는 질문을 자주 한다.

L 가장 멀다 / M 가장 가깝다
1 (매우 그렇지 않다) / 5 (매우 그렇다)

	L	M	1	2	3	4	5
3.1	○	○	○	○	○	○	○
3.2	○	○	○	○	○	○	○
3.3	○	○	○	○	○	○	○
3.4	○	○	○	○	○	○	○

04

4.1 대화를 주도한다.
4.2 하루에 1~2시간 이상 자기 계발을 위해 시간을 투자한다.
4.3 나 스스로에 대해서 높은 기준을 세우고 시도해보는 것을 즐긴다.
4.4 나와 다른 분야에 종사하는 사람들을 만나도 쉽게 공통점을 찾을 수 있다.

L 가장 멀다 / M 가장 가깝다
1 (매우 그렇지 않다) / 5 (매우 그렇다)

	L	M	1	2	3	4	5
4.1	○	○	○	○	○	○	○
4.2	○	○	○	○	○	○	○
4.3	○	○	○	○	○	○	○
4.4	○	○	○	○	○	○	○

05

5.1 자신감 넘친다는 평가를 주변으로부터 듣는다.
5.2 다른 사람들의 눈에는 상관없어 보일지라도 내가 보기에 관련이 있으면 활용해서 할 수 있는 일에 대해서 생각해 본다.
5.3 다른 문화권 중 내가 잘 적응할 수 있다고 생각하는 곳이 있다.
5.4 한 달 동안 사용한 돈이 얼마인지 파악할 수 있다.

L 가장 멀다 / M 가장 가깝다
1 (매우 그렇지 않다) / 5 (매우 그렇다)

	L	M	1	2	3	4	5
5.1	○	○	○	○	○	○	○
5.2	○	○	○	○	○	○	○
5.3	○	○	○	○	○	○	○
5.4	○	○	○	○	○	○	○

06

6.1 내 분야의 최신 동향 혹은 이론을 알고 있으며, 항상 업데이트하려고 노력한다.
6.2 나는 설득을 잘하는 사람이다.
6.3 현상에 대한 새로운 해석을 알게 되는 것이 즐겁다.
6.4 새로운 기회를 만들기 위해서 다방면으로 노력을 기울인다.

L 가장 멀다 / M 가장 가깝다
1 (매우 그렇지 않다) / 5 (매우 그렇다)

	L	M	1	2	3	4	5
6.1	○	○	○	○	○	○	○
6.2	○	○	○	○	○	○	○
6.3	○	○	○	○	○	○	○
6.4	○	○	○	○	○	○	○

07

7.1 한 달 동안 필요한 돈이 얼마인지 파악하고 있다.
7.2 업무나 전공 공부에 꼭 필요한 분야가 아니더라도 호기심이 생기면 일정 정도의 시간을 투자하여 탐색해 본다.
7.3 어디가서든 친구들 중에서 내가 제일 적응을 잘하는 편이다.
7.4 대개 어떤 모임이든 나가다 보면 중심 멤버가 되어 있는 경우가 많다.

L 가장 멀다 / M 가장 가깝다
1 (매우 그렇지 않다) / 5 (매우 그렇다)

	L	M	1	2	3	4	5
7.1	○	○	○	○	○	○	○
7.2	○	○	○	○	○	○	○
7.3	○	○	○	○	○	○	○
7.4	○	○	○	○	○	○	○

08

8.1 어떤 모임에 가서도 관심사가 맞는 사람들을 금방 찾아낼 수 있다.
8.2 잘 모르는 것이 있으면 전문서적을 뒤져서라도 알아내야 직성이 풀린다.
8.3 나와 함께 일하는 사람들을 적재적소에서 잘 이용한다.
8.4 상대방의 욕구를 중요하게 생각하며 그에 맞추어 주려고 한다.

L 가장 멀다 / M 가장 가깝다
1 (매우 그렇지 않다) / 5 (매우 그렇다)

	L	M	1	2	3	4	5
8.1	○	○	○	○	○	○	○
8.2	○	○	○	○	○	○	○
8.3	○	○	○	○	○	○	○
8.4	○	○	○	○	○	○	○

09

9.1 극복하지 못할 장애물은 없다고 생각한다.

9.2 생활패턴이 규칙적인 편이다.

9.3 어디에 떨어트려 놓아도 죽진 않을 것 같다는 소리를 자주 듣는다.

9.4 내 분야의 전문가가 되기 위한 구체적인 계획을 가지고 있다.

L 가장 멀다 / M 가장 가깝다
1 (매우 그렇지 않다) / 5 (매우 그렇다)

	L	M	1	2	3	4	5
9.1	○	○	○	○	○	○	○
9.2	○	○	○	○	○	○	○
9.3	○	○	○	○	○	○	○
9.4	○	○	○	○	○	○	○

10

10.1 누구보다 앞장서서 일하는 편이다.

10.2 처져 있을 때 내가 무엇을 하면 기분이 전환되는지 잘 알고 있다.

10.3 일어날 일에 대해서 미리 예상하고 준비하는 편이다.

10.4 동문회에 나가는 것이 즐겁다.

L 가장 멀다 / M 가장 가깝다
1 (매우 그렇지 않다) / 5 (매우 그렇다)

	L	M	1	2	3	4	5
10.1	○	○	○	○	○	○	○
10.2	○	○	○	○	○	○	○
10.3	○	○	○	○	○	○	○
10.4	○	○	○	○	○	○	○

11

11.1 알고 싶은 것이 생기면 다양한 방법을 동원해서 궁금증을 풀어 보려 노력한다.

11.2 같은 과 친구들을 만나면 행동만으로도 기분을 눈치챌 수 있다.

11.3 혼자서 일하는 것보다 팀을 이루어서 일하는 것이 더 좋다.

11.4 예상 외의 일이 생겨도 상황에 적응하고 즐기는 편이다.

L 가장 멀다 / M 가장 가깝다
1 (매우 그렇지 않다) / 5 (매우 그렇다)

	L	M	1	2	3	4	5
11.1	○	○	○	○	○	○	○
11.2	○	○	○	○	○	○	○
11.3	○	○	○	○	○	○	○
11.4	○	○	○	○	○	○	○

12

12.1 내 분야에 관한 한 전문가가 되기 위해 따로 시간투자를 한다.

12.2 일단 마음먹은 일은 맘껏 해 봐야 직성이 풀리는 편이다.

12.3 상대방의 기분을 세심하게 살핀다.

12.4 위기는 기회라는 말에 동의한다.

L 가장 멀다 / M 가장 가깝다
1 (매우 그렇지 않다) / 5 (매우 그렇다)

	L	M	1	2	3	4	5
12.1	○	○	○	○	○	○	○
12.2	○	○	○	○	○	○	○
12.3	○	○	○	○	○	○	○
12.4	○	○	○	○	○	○	○

13

13.1 팀 내에서 업무적인 대화만큼 개인적인 고민에 대한 대화 역시 필요하다.
13.2 컨디션이 좋지 않아도 계획한 일은 예정대로 하는 편이다.
13.3 내 몸의 컨디션에 대해서 잘 파악하는 편이다.
13.4 내가 주선하는 모임에는 사람들의 출석률이 높은 편이다.

L 가장 멀다 / M 가장 가깝다
1 (매우 그렇지 않다) / 5 (매우 그렇다)

	L	M	1	2	3	4	5
13.1	○	○	○	○	○	○	○
13.2	○	○	○	○	○	○	○
13.3	○	○	○	○	○	○	○
13.4	○	○	○	○	○	○	○

14

14.1 나는 계획을 세울 때면 그것을 잘 실행할 수 있을 것이라는 확신이 넘친다.
14.2 교통질서를 잘 지킨다.
14.3 내가 무엇을 하면 즐거워지는지 정확하게 알고 있다.
14.4 다른 나라의 문화에 대해서 알게 되는 것은 즐거운 일이다.

L 가장 멀다 / M 가장 가깝다
1 (매우 그렇지 않다) / 5 (매우 그렇다)

	L	M	1	2	3	4	5
14.1	○	○	○	○	○	○	○
14.2	○	○	○	○	○	○	○
14.3	○	○	○	○	○	○	○
14.4	○	○	○	○	○	○	○

15

15.1 모임에서 갈등 상황이 생기면 나서서 해결하거나 중재하는 역할을 하는 편이다.
15.2 과제를 수행하기 위해서 미리 준비하는 편이다.
15.3 하고 싶은 일이 생기면 남들보다 몰입하는 편이다.
15.4 불편함을 감수하고서라도 규칙은 지키는 편이다.

L 가장 멀다 / M 가장 가깝다
1 (매우 그렇지 않다) / 5 (매우 그렇다)

	L	M	1	2	3	4	5
15.1	○	○	○	○	○	○	○
15.2	○	○	○	○	○	○	○
15.3	○	○	○	○	○	○	○
15.4	○	○	○	○	○	○	○

16

16.1 자기개발에 도움이 되는 것들을 꾸준히 찾아서 한다.
16.2 어떠한 결론을 내리느냐만큼 어떠한 과정을 거쳤는지도 중요하다고 생각한다.
16.3 모임에서 새로운 사람들과 잘 어울린다.
16.4 친구의 고민 상담을 잘 해 주는 편이다.

L 가장 멀다 / M 가장 가깝다
1 (매우 그렇지 않다) / 5 (매우 그렇다)

	L	M	1	2	3	4	5
16.1	○	○	○	○	○	○	○
16.2	○	○	○	○	○	○	○
16.3	○	○	○	○	○	○	○
16.4	○	○	○	○	○	○	○

17

17.1 처음 경험하는 일이라도 빠르게 파악하고 적응하는 편이다.

17.2 새로운 모임에 가도 잘 적응하는 편이다.

17.3 예상치 않는 일이 생겨도 일 전체를 포기하기보다 계획을 현실적으로 조정하여 마무리 짓는다.

17.4 새로운 정보나 지식을 팀원들과 공유한다.

L 가장 멀다 / M 가장 가깝다
1 (매우 그렇지 않다) / 5 (매우 그렇다)

	L	M	1	2	3	4	5
17.1	○	○	○	○	○	○	○
17.2	○	○	○	○	○	○	○
17.3	○	○	○	○	○	○	○
17.4	○	○	○	○	○	○	○

18

18.1 나는 항상 활기차게 일하는 사람이다.

18.2 목표를 이루기 위해서는 포기해야 하는 부분이 있다고 생각한다.

18.3 내가 부탁을 하면 주변 사람들은 거의 부탁을 들어주는 편이다.

18.4 어떤 상황이든 정직하게 행동하는 것을 우선적으로 선택해왔다.

L 가장 멀다 / M 가장 가깝다
1 (매우 그렇지 않다) / 5 (매우 그렇다)

	L	M	1	2	3	4	5
18.1	○	○	○	○	○	○	○
18.2	○	○	○	○	○	○	○
18.3	○	○	○	○	○	○	○
18.4	○	○	○	○	○	○	○

19

19.1 다양한 문화를 인정하는 것은 중요하다.

19.2 부지런하다는 평가를 많이 듣는다.

19.3 혼자 일하는 것보다 팀으로 일하면서 배우는 것이 더 많다고 생각한다.

19.4 나는 장점이 많은 사람이라고 생각한다.

L 가장 멀다 / M 가장 가깝다
1 (매우 그렇지 않다) / 5 (매우 그렇다)

	L	M	1	2	3	4	5
19.1	○	○	○	○	○	○	○
19.2	○	○	○	○	○	○	○
19.3	○	○	○	○	○	○	○
19.4	○	○	○	○	○	○	○

20

20.1 친구를 사귀는 것은 어렵지 않다.

20.2 나는 좀 어려운 과제도 내가 할 수 있다는 긍정적인 생각을 많이 한다.

20.3 내 성격을 잘 알고 있다.

20.4 적응을 잘하는 편이다.

L 가장 멀다 / M 가장 가깝다
1 (매우 그렇지 않다) / 5 (매우 그렇다)

	L	M	1	2	3	4	5
20.1	○	○	○	○	○	○	○
20.2	○	○	○	○	○	○	○
20.3	○	○	○	○	○	○	○
20.4	○	○	○	○	○	○	○

21

21.1 팀을 이루어 성취한 후 느끼는 쾌감이 크다.
21.2 내 성과로 직결되지 않는 일이라도 조직에 필요한 일은 묵묵히 하는 편이다.
21.3 나는 내 자신에 대해 긍정적인 태도를 갖고 있다.
21.4 우리 회사(학교, 동아리) 사람들은 나를 좋아한다.

L 가장 멀다 / M 가장 가깝다
1 (매우 그렇지 않다) / 5 (매우 그렇다)

	L	M	1	2	3	4	5
21.1	○	○	○	○	○	○	○
21.2	○	○	○	○	○	○	○
21.3	○	○	○	○	○	○	○
21.4	○	○	○	○	○	○	○

22

22.1 내가 공금을 맡으면 사람들이 안심하고 맡기는 편이다.
22.2 친절하다는 말을 많이 듣는다.
22.3 미래의 성공을 위하여 지금의 어려움은 견뎌낼 수 있다.
22.4 사람들과 어울리는 것이 좋다.

L 가장 멀다 / M 가장 가깝다
1 (매우 그렇지 않다) / 5 (매우 그렇다)

	L	M	1	2	3	4	5
22.1	○	○	○	○	○	○	○
22.2	○	○	○	○	○	○	○
22.3	○	○	○	○	○	○	○
22.4	○	○	○	○	○	○	○

23

23.1 팀원들과의 관계는 늘 좋았던 편이다.
23.2 나는 실패를 극복할 만한 의지를 가진 사람이라고 생각한다.
23.3 다양한 가치를 존중받을 수 있는 사회가 바람직하다고 생각한다.
23.4 어떤 장소에 가더라도 그곳에서 요구하는 규칙을 잘 지키는 편이다.

L 가장 멀다 / M 가장 가깝다
1 (매우 그렇지 않다) / 5 (매우 그렇다)

	L	M	1	2	3	4	5
23.1	○	○	○	○	○	○	○
23.2	○	○	○	○	○	○	○
23.3	○	○	○	○	○	○	○
23.4	○	○	○	○	○	○	○

24

24.1 회의를 할 때 독특한 아이디어를 많이 내놓는 편이다.
24.2 어느 집단에 소속되면 주로 리더의 역할을 맡는다.
24.3 주변 사람들에게 분위기 메이커라는 소리를 듣는다.
24.4 나는 돈 관리를 잘하는 편이어서 적자가 나는 법이 없다.

L 가장 멀다 / M 가장 가깝다
1 (매우 그렇지 않다) / 5 (매우 그렇다)

	L	M	1	2	3	4	5
24.1	○	○	○	○	○	○	○
24.2	○	○	○	○	○	○	○
24.3	○	○	○	○	○	○	○
24.4	○	○	○	○	○	○	○

25

25.1 휴가를 가게 되면 새로운 장소에서 재미있는 놀잇감을 금방 찾아내곤 했다.
25.2 학창시절 반장이나 동아리 회장 등을 하곤 했다.
25.3 무언가를 새롭게 창조하는 것을 좋아한다.
25.4 어떤 환경에서 집중이 잘되는지 알고 있으며 되도록 그 시간대는 공부를 위해서 비워 놓으려고 노력한다.

L 가장 멀다 / M 가장 가깝다
1 (매우 그렇지 않다) / 5 (매우 그렇다)

	L	M	1	2	3	4	5
25.1	○	○	○	○	○	○	○
25.2	○	○	○	○	○	○	○
25.3	○	○	○	○	○	○	○
25.4	○	○	○	○	○	○	○

26

26.1 목표를 세우면 거기에 모든 것을 거는 편이다.
26.2 상황에 대한 내 감정을 잘 설명한다.
26.3 주변사람들은 나를 개방적이라고 평가한다.
26.4 같이 해 온 일이 흐지부지될 거 같아 나서서 비전을 제시하고 팀원들의 사기를 북돋아 추진한 적이 여러 번 있다.

L 가장 멀다 / M 가장 가깝다
1 (매우 그렇지 않다) / 5 (매우 그렇다)

	L	M	1	2	3	4	5
26.1	○	○	○	○	○	○	○
26.2	○	○	○	○	○	○	○
26.3	○	○	○	○	○	○	○
26.4	○	○	○	○	○	○	○

27

27.1 갑작스럽게 일이 생겨도 해결할 수 있도록 미리 준비하는 편이다.
27.2 궁금한 것이 있으면 답을 알기 위해서 백방으로 노력한다.
27.3 내가 하고자 하는 일이 있으면 잠을 못 잘 정도로 몰두한다.
27.4 상대방의 표정이나 몸짓(비언어적 요소들)만으로 상대방 마음을 잘 알아차린다.

L 가장 멀다 / M 가장 가깝다
1 (매우 그렇지 않다) / 5 (매우 그렇다)

	L	M	1	2	3	4	5
27.1	○	○	○	○	○	○	○
27.2	○	○	○	○	○	○	○
27.3	○	○	○	○	○	○	○
27.4	○	○	○	○	○	○	○

28

28.1 어떻게 하면 내 화가 풀리는지 알고 있다.
28.2 일을 성취하기 위해서 공식적인 활동 이외의 노력도 기울인다.
28.3 나는 목표를 달성하기 위해 방식을 현실적으로 조정해 가면서 일을 한다.
28.4 주변 사람들로부터 준비성이 많다는 평가를 받는 편이다.

L 가장 멀다 / M 가장 가깝다
1 (매우 그렇지 않다) / 5 (매우 그렇다)

	L	M	1	2	3	4	5
28.1	○	○	○	○	○	○	○
28.2	○	○	○	○	○	○	○
28.3	○	○	○	○	○	○	○
28.4	○	○	○	○	○	○	○

29

29.1 나는 호기심이 풍부한 사람이다.
29.2 팀으로 일하는 것이 좋다.
29.3 하나의 사안에 대해서 다양한 관점이 있다는 것을 흥미롭게 생각한다.
29.4 일을 마치기 위해 즐거움을 잠시 미루는 것이 어렵지 않다.

L 가장 멀다 / M 가장 가깝다
1 (매우 그렇지 않다) / 5 (매우 그렇다)

	L	M	1	2	3	4	5
29.1	○	○	○	○	○	○	○
29.2	○	○	○	○	○	○	○
29.3	○	○	○	○	○	○	○
29.4	○	○	○	○	○	○	○

30

30.1 아이디어가 풍부하다.
30.2 내 감정이나 행동의 근본적인 이유를 찾기 위해서 노력한다.
30.3 한 가지에 빠지면 주변의 악조건에는 상관없이 몰두하는 편이다.
30.4 외국인 친구와 교류하면서 외국문화를 알게 되는 것이 즐겁다.

L 가장 멀다 / M 가장 가깝다
1 (매우 그렇지 않다) / 5 (매우 그렇다)

	L	M	1	2	3	4	5
30.1	○	○	○	○	○	○	○
30.2	○	○	○	○	○	○	○
30.3	○	○	○	○	○	○	○
30.4	○	○	○	○	○	○	○

유형 2 문항군 개별 항목 체크형

| 01~30 | 다음 내용을 잘 읽고 본인에게 해당되는 부분에 표시해 주십시오.
① 매우 그렇지 않다 ② 그렇지 않다 ③ 보통이다 ④ 그렇다 ⑤ 매우 그렇다

1. 나는 항상 사람들에게 정직하고 솔직하다.	①	②	③	④	⑤
2. 창피를 당할까 봐 사람들 앞에 나서는 것이 두렵다.	①	②	③	④	⑤
3. 여러 사람들이 어울리는 장소에서 매우 불편하다.	①	②	③	④	⑤
4. 쉽게 기분이 나쁘다.	①	②	③	④	⑤
5. 이유 없이 몸이 아플 때가 많다.	①	②	③	④	⑤
6. 기분이 좋지 않으면 소화가 잘 되지 않거나 토하기도 한다.	①	②	③	④	⑤
7. 이런저런 이유로 몸이 자주 아프다.	①	②	③	④	⑤
8. 무책임한 사람을 보았을 때 짜증이 난다.	①	②	③	④	⑤
9. 나 스스로에 대한 통제를 잃을까 두렵다.	①	②	③	④	⑤
10. 숨이 막혀서 죽을 것 같은 느낌을 종종 경험한다.	①	②	③	④	⑤
11. 종종 지각을 하거나 약속을 지킬 수 없게 만드는 습관을 가지고 있다.	①	②	③	④	⑤
12. 나 스스로에 대해서 자신이 없다.	①	②	③	④	⑤
13. 다른 사람들이 비난하거나 나를 거부할 것이 두렵다.	①	②	③	④	⑤
14. 최근 2주 동안 우울한 기분이 대부분이었다.	①	②	③	④	⑤

15. 대부분의 사람들은 그들이 실제로 그러는 것보다 좀 더 다른 사람들을 걱정하는 척하는 면이 있다.	①	②	③	④	⑤
16. 자주 죽고 싶다는 생각이 난다.	①	②	③	④	⑤
17. 감정을 느낄 수 없다.	①	②	③	④	⑤
18. 잠이 너무 많이 와서 주체할 수가 없다.	①	②	③	④	⑤
19. 나 스스로를 별로 좋아하지 않는다.	①	②	③	④	⑤
20. 나 자신을 보잘것없는 사람이라고 생각한 적은 거의 없다.	①	②	③	④	⑤
21. 의욕이 없다.	①	②	③	④	⑤
22. 요즘에는 무슨 일이든지 결정을 잘 내리지 못하겠다.	①	②	③	④	⑤
23. 기분이 좋지 않으면 폭식을 하는 편이다.	①	②	③	④	⑤
24. 누군가가 나를 조종하고 있는 것 같다.	①	②	③	④	⑤
25. 나는 가끔 사람들이 나와 다른 의견을 강요할 때도 전혀 불쾌하지 않다.	①	②	③	④	⑤
26. 다른 사람들은 듣지 못하는 소리를 들을 수 있다.	①	②	③	④	⑤
27. 나의 생각이 다른 사람들에게 텔레파시로 전해진다.	①	②	③	④	⑤
28. 다른 사람들이 내 이야기를 하고 있는 것을 느낀다.	①	②	③	④	⑤
29. 헛것이 가끔 보인다.	①	②	③	④	⑤
30. 나는 매우 긴장을 하거나 침착성을 잃는 일이 가끔 있다.	①	②	③	④	⑤

| 31~38 | 본인에게 다음 항목을 성취하는 것이 얼마나 중요합니까?
① 중요하지 않다 ② 약간 중요하다 ③ 중요하다 ④ 상당히 중요하다 ⑤ 매우 중요하다

31. 안정적인 직장 및 경제적 안정	①	②	③	④	⑤
32. 자기 분야에서의 실질적인 공헌 및 성취	①	②	③	④	⑤
33. 사회적 성공	①	②	③	④	⑤
34. 자율적이고 독립적으로 일하는 것	①	②	③	④	⑤
35. 봉사 및 지역사회 공헌	①	②	③	④	⑤
36. 주변 사람들의 인정을 받는 것	①	②	③	④	⑤
37. 좋은 부모가 되는 것	①	②	③	④	⑤
38. 즐길 수 있는 삶	①	②	③	④	⑤

| 39~47 | 다음 요인들이 회사를 선택하는 데 얼마나 중요했습니까?
① 중요하지 않다 ② 약간 중요하다 ③ 중요하다 ④ 상당히 중요하다 ⑤ 매우 중요하다

39. 회사의 지명도 ① ② ③ ④ ⑤

40. 업무의 성격(본인 관심 분야) ① ② ③ ④ ⑤

41. 경제적 보상 ① ② ③ ④ ⑤

42. 회사의 복지정책 ① ② ③ ④ ⑤

43. 회사의 조직문화 ① ② ③ ④ ⑤

44. 업무의 전망 ① ② ③ ④ ⑤

45. 기업의 사회적 공헌 및 윤리성 ① ② ③ ④ ⑤

46. 즐기면서 일할 수 있는 환경 ① ② ③ ④ ⑤

47. 가정생활을 존중해 주는 기업문화 ① ② ③ ④ ⑤

유형 3 가까운 항목 선택형

| 48~55 | 당신은 어떠한 분위기를 가지는 조직을 선호합니까?
두 가지의 물음 중 가까운 문항을 선택하시기 바랍니다.

48. ① ②
① 의사결정 및 정보교류가 소수의 사람 중심으로 이루어지는 조직
② 의사결정 및 빈번한 정보교류가 다수의 사람 중심으로 이루어지는 조직

49. ① ②
① 다른 조직과의 교류가 활발하고 외부 환경을 많이 고려하는 조직
② 내부 응집력이 강하고 내부 환경을 많이 고려하는 조직

50. ① ②
① 규정을 준수하고 신뢰감 있게 행동하는 것을 더 강조하는 조직
② 창의적이고 창조적으로 행동하는 것을 더 강조하는 조직

51. ① ②
① 경험과 현재의 현실에 근거한 단계적인 변화를 선호하는 조직
② 통찰력과 미래 전망에 근거한 혁신적인 변화를 선호하는 조직

52. ① ②
① 합리적이고 이성적인 것을 더 강조하는 조직
② 인간적이고 감성적인 것을 더 강조하는 조직

53. ① ②
① 상호작용이 주로 업무를 통한 정보 교환을 중심으로 이루어지는 조직
② 상호작용이 주로 개인적 인간관계를 통해 이루어지는 조직

54. ① ②
① 혼란을 막기 위해 매사를 분명히 결정하는 조직
② 차후에 더 나은 결정을 내리기 위해 최종 결정을 유보하는 조직

55. ① ②
① 세부일정까지 구체적으로 짜 놓은 계획에 따라 움직이는 조직
② 상황에 따라 변할 수 있도록 융통성 있게 일정을 짜고 움직이는 조직

| 56~63 | 다음을 잘 읽고 본인이 상대적으로 더 해당된다고 생각되는 쪽에 표시해 주십시오.

56.

①	②

① 외향적인 성격이라는 말을 듣는다.
② 내성적인 편이라는 말을 듣는다.

57.

①	②

① 의견을 자주 표현하는 편이다.
② 주로 남의 의견을 듣는 편이다.

58.

①	②

① 정해진 틀이 있는 환경에서 주어진 과제를 수행하는 일을 하고 싶다.
② 새로운 아이디어를 활용하여 변화를 추구하는 일을 하고 싶다.

59.

①	②

① 실제적인 정보를 수집하고 이를 체계적으로 적용하는 일을 하고 싶다.
② 새로운 아이디어를 활용하여 변화를 추구하는 일을 하고 싶다.

60.

①	②

① 냉철한 사고력이 요구되는 일이 편하다.
② 섬세한 감성이 요구되는 일이 편하다

61.

①	②

① 사람들은 나에 대해 합리적이고 이성적인 사람이라고 말한다.
② 사람들은 나에 대해 감정이 풍부하고 정에 약한 사람이라고 말한다.

62.

①	②

① 나는 의사결정을 신속하고 분명히 하는 것을 선호한다.
② 나는 시간이 걸려도 여러 가지 면을 고려해 좋은 의사결정을 하는 것을 선호하는 편이다.

63.

①	②

① 계획을 세울 때 세부일정까지 구체적으로 짜는 편이다.
② 계획을 세울 때 상황에 맞게 대처할 수 있는 여지를 두고 짜는 편이다.

TYPE B 　'예' 또는 '아니오' 선택형

| 01~50 | 질문에 해당된다고 생각하면 Yes, 해당되지 않는다면 No를 골라 기입(마크)해 주십시오. 건너뛰지 말고 모두 응답해 주십시오.

번호	질문	예 / 아니오	
		Yes	No
01	교통 법규를 위반했을 때 눈감아 줄 만한 사람은 사귀어 둘 만하다.	Ⓨ	Ⓝ
02	지루할 때면 스릴 있는 일을 일으키고 싶어진다.	Ⓨ	Ⓝ
03	남의 물건을 함부로 다루는 사람에게는 내 물건을 빌려주고 싶지 않다.	Ⓨ	Ⓝ
04	나는 항상 진실만을 말하지는 않는다.	Ⓨ	Ⓝ
05	이따금 천박한 농담을 듣고 웃는다.	Ⓨ	Ⓝ
06	다른 사람들로부터 주목받기를 좋아한다.	Ⓨ	Ⓝ
07	많은 사람들 앞에서 이야기하는 것을 싫어한다.	Ⓨ	Ⓝ
08	어떤 사람들은 동정을 얻기 위하여 그들의 고통을 과장한다.	Ⓨ	Ⓝ
09	정직한 사람이 성공하기란 불가능하다.	Ⓨ	Ⓝ
10	나의 말이나 행동에 누군가 상처를 받는다면, 그건 상대방이 여린 탓이다.	Ⓨ	Ⓝ
11	화가 나서 물건을 파손한 적이 있다.	Ⓨ	Ⓝ
12	기회만 주어진다면, 나는 훌륭한 지도자가 될 것이다.	Ⓨ	Ⓝ
13	나는 예민하다는 말을 자주 듣는다.	Ⓨ	Ⓝ
14	한 가지 일에 정신을 집중하기가 힘들다.	Ⓨ	Ⓝ
15	모임에서 취할 때까지 술을 마시는 것을 못마땅하게 여긴다.	Ⓨ	Ⓝ
16	아무도 나를 이해하지 못하는 것 같다.	Ⓨ	Ⓝ
17	돈 내기를 하면 경기나 게임이 더 즐겁다.	Ⓨ	Ⓝ
18	나는 사람들을 강화시키는 재능을 타고났다.	Ⓨ	Ⓝ
19	수단과 방법을 가리지 않고 목표를 달성하고 싶다.	Ⓨ	Ⓝ
20	낯선 사람들을 만나면 무슨 이야기를 해야 할지 몰라 어려움을 겪는다.	Ⓨ	Ⓝ
21	곤경을 모면하기 위해 꾀병을 부린 적이 있다.	Ⓨ	Ⓝ
22	학교 선생님들은 대개 나를 공정하고 솔직하게 대해 주었다.	Ⓨ	Ⓝ

23	자동차 정비사의 일을 좋아할 것 같다.	Ⓨ	Ⓝ
24	무인감시카메라는 운전자의 눈에 잘 띄도록 표시해야 한다.	Ⓨ	Ⓝ
25	합창부에 가입하고 싶다.	Ⓨ	Ⓝ
26	사람들은 대개 성 문제를 지나치게 걱정한다.	Ⓨ	Ⓝ
27	다른 사람의 슬픔에 대해 공감하는 척할 때가 많다.	Ⓨ	Ⓝ
28	결정을 내리기 전에 다양한 관점에서 신중하게 생각한다.	Ⓨ	Ⓝ
29	체면 차릴 만큼은 일한다.	Ⓨ	Ⓝ
30	남녀가 함께 있으면 남자는 대개 그 여자의 섹스에 관련된 것을 생각한다.	Ⓨ	Ⓝ
31	주인이 없어 보이는 물건은 가져도 된다.	Ⓨ	Ⓝ
32	스릴을 느끼기 위해 위험한 일을 한 적이 있다.	Ⓨ	Ⓝ
33	현재 직면한 국제 문제에 대한 해결 방법을 알고 있다.	Ⓨ	Ⓝ
34	나는 기분이 쉽게 변한다.	Ⓨ	Ⓝ
35	현기증이 난 적이 전혀 없다.	Ⓨ	Ⓝ
36	내 피부 감각은 유난히 예민하다.	Ⓨ	Ⓝ
37	엄격한 규율과 규칙에 따라 일하기가 어렵다.	Ⓨ	Ⓝ
38	남이 나에게 친절을 베풀면 대개 숨겨진 이유가 무엇인지를 생각해 본다.	Ⓨ	Ⓝ
39	학교에서 무엇을 배울 때 느린 편이었다.	Ⓨ	Ⓝ
40	우리 가족은 항상 가깝게 지낸다.	Ⓨ	Ⓝ
41	나는 자주 무력감을 느낀다.	Ⓨ	Ⓝ
42	영화에서 사람을 죽이는 장면을 보면 짜릿하다.	Ⓨ	Ⓝ
43	불을 보면 매혹된다.	Ⓨ	Ⓝ
44	소변을 보거나 참는 데 별 어려움을 겪은 적이 없다.	Ⓨ	Ⓝ
45	인생 목표 중 하나는 어머니가 자랑스러워할 무엇인가를 해내는 것이다.	Ⓨ	Ⓝ
46	과연 행복한 사람이 있을지 의문이다.	Ⓨ	Ⓝ
47	때때로 나의 업적을 자랑하고 싶어진다.	Ⓨ	Ⓝ
48	일단 화가 나면 냉정을 잃는다.	Ⓨ	Ⓝ
49	거액의 사기를 칠 수 있을 정도로 똑똑한 사람이라면, 그 돈을 가져도 좋다.	Ⓨ	Ⓝ
50	선거 때 잘 알지 못하는 사람에게 투표한 적이 있다.	Ⓨ	Ⓝ

고시넷

SK 하이닉스 Maintenance/Operator

파트 7 면접가이드

1 면접의 이해

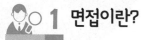

1 면접이란?

일을 하는 데 필요한 능력(직무역량, 직무지식, 인재상 등)을 지원자가 보유하고 있는지 다양한 면접기법을 활용하여 확인하는 절차이다. 자신의 환경, 성취, 관심사, 경험 등에 대해 이야기하여 본인이 적합하다는 것을 보여 줄 기회를 제공하고, 면접관은 평가에 필요한 정보를 수집하고 평가하는 것이다.

- 지원자의 태도, 적성, 능력에 대한 정보를 심층적으로 파악하기 위한 선발 방법
- 선발의 최종 의사결정에 주로 사용되는 선발 방법
- 전세계적으로 선발에서 가장 많이 사용되는 핵심적이고 중요한 방법

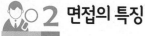

2 면접의 특징

서류전형이나 인적성검사에서 드러나지 않는 것들을 볼 수 있는 기회를 제공한다.

- 직무수행과 관련된 다양한 지원자 행동에 대한 관찰이 가능하다.
- 면접관이 알고자 하는 정보를 심층적으로 파악할 수 있다.
- 서류상의 미비한 사항과 의심스러운 부분을 확인할 수 있다.
- 커뮤니케이션, 대인관계행동 등 행동·언어적 정보도 얻을 수 있다.

3 면접의 평가요소

❶ 인재적합도

해당 기관이나 기업별 인재상에 대한 인성 평가

❷ 조직적합도

조직에 대한 이해와 관련 상황에 대한 평가

❸ 직무적합도

직무에 대한 지식과 기술, 태도에 대한 평가

4 면접의 유형

구조화 정도에 따른 분류

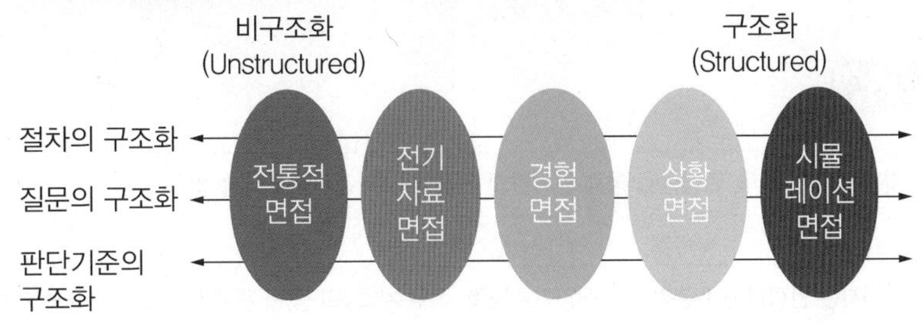

❶ 구조화 면접(Structured Interview)

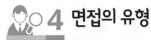

사전에 계획을 세워 질문의 내용과 방법, 지원자의 답변 유형에 따른 추가 질문과 그에 대한 평가 역량이 정해져 있는 면접 방식(표준화 면접)

- 표준화된 질문이나 평가요소가 면접 전 확정되며, 지원자는 편성된 조나 면접관에 영향을 받지 않고 동일한 질문과 시간을 부여받을 수 있음.
- 조직 또는 직무별로 주요하게 도출된 역량을 기반으로 평가요소가 구성되어, 조직 또는 직무에서 필요한 역량을 가진 지원자를 선발할 수 있음.
- 표준화된 형식을 사용하는 특성 때문에 비구조화 면접에 비해 신뢰성과 타당성, 객관성이 높음.

❷ 비구조화 면접(Unstructured Interview)

면접 계획을 세울 때 면접 목적만 명시하고 내용이나 방법은 면접관에게 전적으로 일임하는 방식(비표준화 면접)

- 표준화된 질문이나 평가요소 없이 면접이 진행되며, 편성된 조나 면접관에 따라 지원자에게 주어지는 질문이나 시간이 다름.
- 면접관의 주관적인 판단에 따라 평가가 이루어져 평가 오류가 빈번히 일어남.
- 상황 대처 능력이나 언변이 뛰어난 지원자에게 유리한 면접이 될 수 있음.

면접가이드

2 구조화 면접 기법

※ 능력중심 채용에서는 타당도가 높은 구조화 면접을 적용한다.

1 경험면접(Behavioral Event Interview)

면접 프로세스

안내	지원자는 입실 후, 면접관을 통해 인사말과 면접에 대한 간단한 안내를 받음.
질문	지원자는 면접관에게 평가요소(직업기초능력, 직무수행능력 등)와 관련된 주요 질문을 받게 되며, 질문에서 의도하는 평가요소를 고려하여 응답할 수 있도록 함.
세부질문	•지원자가 응답한 내용을 토대로 해당 평가기준들을 충족시키는지 파악하기 위한 세부질문이 이루어짐. •구체적인 행동·생각 등에 대해 응답할수록 높은 점수를 얻을 수 있음.

- 방식
  해당 역량의 발휘가 요구되는 일반적인 상황을 제시하고, 그러한 상황에서 어떻게 행동했었는지(과거 경험)를 이야기하도록 함.
- 판단기준
  해당 역량의 수준, 경험 자체의 구체성, 진실성 등
- 특징
  추상적인 생각이나 의견 제시가 아닌 과거 경험 및 행동 중심의 질의가 이루어지므로 지원자는 사전에 본인의 과거 경험 및 사례를 정리하여 면접에 대비할 수 있음.
- 예시

지원분야		지원자		면접관	(인)
경영자원관리 조직이 보유한 인적자원을 효율적으로 활용하여, 조직 내 유·무형 자산 및 재무자원을 효율적으로 관리한다.					
주질문					
A. 어떤 과제를 처리할 때 기존에 팀이 사용했던 방식의 문제점을 찾아내 이를 보완하여 과제를 더욱 효율적으로 처리했던 경험에 대해 이야기해 주시기 바랍니다.					
세부질문					
[상황 및 과제] 사례와 관련해 당시 상황에 대해 이야기해 주시기 바랍니다. [역할] 당시 지원자께서 맡았던 역할은 무엇이었습니까? [행동] 사례와 관련해 구성원들의 설득을 이끌어 내기 위해 어떤 노력을 하였습니까? [결과] 결과는 어땠습니까?					

기대행동	평점
업무진행에 있어 한정된 자원을 효율적으로 활용한다.	① - ② - ③ - ④ - ⑤
구성원들의 능력과 성향을 파악해 효율적으로 업무를 배분한다.	① - ② - ③ - ④ - ⑤
효과적 인적/물적 자원관리를 통해 맡은 일을 무리 없이 잘 마무리한다.	① - ② - ③ - ④ - ⑤

척도해설

1 : 행동증거가 거의 드러나지 않음	2 : 행동증거가 미약하게 드러남	3 : 행동증거가 어느 정도 드러남	4 : 행동증거가 명확하게 드러남	5 : 뛰어난 수준의 행동증거가 드러남
관찰기록 : 총평 :				

※ 실제 적용되는 평가지는 기업/기관마다 다름.

2 상황면접(Situational Interview)

면접 프로세스

안내 — 지원자는 입실 후, 면접관을 통해 인사말과 면접에 대한 간단한 안내를 받음.

질문
- 지원자는 상황질문지를 검토하거나 면접관을 통해 상황 및 질문을 제공받음.
- 면접관의 질문이나 질문지의 의도를 파악하여 응답할 수 있도록 함.

세부질문
- 지원자가 응답한 내용을 토대로 해당 평가기준들을 충족시키는지 파악하기 위한 세부질문이 이루어짐.
- 구체적인 행동·생각 등에 대해 응답할수록 높은 점수를 얻을 수 있음.

- 방식
  직무 수행 시 접할 수 있는 상황들을 제시하고, 그러한 상황에서 어떻게 행동할 것인지(행동의도)를 이야기하도록 함.
- 판단기준
  해당 상황에 맞는 해당 역량의 구체적 행동지표
- 특징
  지원자의 가치관, 태도, 사고방식 등의 요소를 평가하는 데 용이함.

• 예시

지원분야		지원자		면접관	(인)

유관부서협업
타 부서의 업무협조요청 등에 적극적으로 협력하고 갈등 상황이 발생하지 않도록 이해관계를 조율하며 관련 부서의 협업을 효과적으로 이끌어 낸다.

주질문

당신은 생산관리팀의 팀원으로, 2개월 뒤에 제품 A를 출시하기 위해 생산팀의 생산 계획을 수립한 상황입니다. 그러나 원가가 곧 실적으로 이어지는 구매팀에서는 최대한 원가를 줄여 전반적 단가를 낮추려고 원가절감을 위한 제안을 하였으나, 연구개발팀에서는 구매팀이 제안한 방식으로 제품을 생산할 경우 대부분이 구매팀의 실적으로 산정될 것이므로 제대로 확인도 해 보지 않은 채 적합하지 않은 방식이라고 판단하고 있습니다. 당신은 어떻게 하겠습니까?

세부질문

[상황 및 과제] 이 상황의 핵심적인 이슈는 무엇이라고 생각합니까?
[역할] 당신의 역할을 더 잘 수행하기 위해서는 어떤 점을 고려해야 하겠습니까? 왜 그렇게 생각합니까?
[행동] 당면한 과제를 해결하기 위해서 구체적으로 어떤 조치를 취하겠습니까? 그 이유는 무엇입니까?
[결과] 그 결과는 어떻게 될 것이라고 생각합니까? 그 이유는 무엇입니까?

척도해설

1 : 행동증거가 거의 드러나지 않음	2 : 행동증거가 미약하게 드러남	3 : 행동증거가 어느 정도 드러남	4 : 행동증거가 명확하게 드러남	5 : 뛰어난 수준의 행동증거가 드러남

관찰기록 :

총평 :

※ 실제 적용되는 평가지는 기업/기관마다 다름.

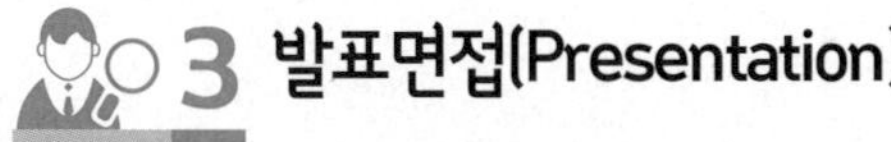

3 발표면접(Presentation)

면접 프로세스

안내
- 입실 후, 지원자는 면접관으로부터 인사말과 발표면접에 대해 간략히 안내받음.
- 면접 전 지원자는 과제 검토 및 발표 준비시간을 가짐.

발표
- 지원자들이 과제 주제와 관련하여 정해진 시간 동안 발표를 실시함.
- 면접관은 발표내용 중 평가요소와 관련해 나타난 가점 및 감점요소들을 평가하게 됨.

질문응답
- 발표 종료 후 면접관은 정해진 시간 동안 지원자의 발표내용과 관련해 구체적인 내용을 확인하기 위한 질문을 함.
- 지원자는 면접관의 질문의도를 정확히 파악하여 적절히 응답할 수 있도록 함.
- 응답 시 명확하고 자신있게 전달할 수 있도록 함.

- 방식
  지원자가 특정 주제와 관련된 자료(신문기사, 그래프 등)를 검토하고, 그에 대한 자신의 생각을 면접관 앞에서 발표하며, 추가 질의응답이 이루어짐.
- 판단기준
  지원자의 사고력, 논리력, 문제해결능력 등
- 특징
  과제를 부여한 후, 지원자들이 과제를 수행하는 과정과 결과를 관찰·평가함. 과제수행의 결과뿐 아니라 과제수행 과정에서의 행동을 모두 평가함.

4 토론면접(Group Discussion)

면접 프로세스

안내
- 입실 후, 지원자들은 면접관으로부터 토론 면접의 전반적인 과정에 대해 안내받음.
- 지원자는 정해진 자리에 착석함.

토론
- 지원자들이 과제 주제와 관련하여 정해진 시간 동안 토론을 실시함(시간은 기관별 상이).
- 지원자들은 면접 전 과제 검토 및 토론 준비시간을 가짐.
- 토론이 진행되는 동안, 지원자들은 다른 토론자들의 발언을 경청하여 적절히 본인의 의사를 전달할 수 있도록 함. 더불어 적극적인 태도로 토론면접에 임하는 것도 중요함.

마무리 (5분 이내)
- 면접 종료 전, 지원자들은 토론을 통해 도출한 결론에 대해 첨언하고 적절히 마무리 지음.
- 본인의 의견을 전달하는 것과 동시에 다른 토론자를 배려하는 모습도 중요함.

- 방식
  상호갈등적 요소를 가진 과제 또는 공통의 과제를 해결하는 내용의 토론 과제(신문기사, 그래프 등)를 제시하고, 그 과정에서의 개인 간의 상호작용 행동을 관찰함.
- 판단기준
  팀워크, 갈등 조정, 의사소통능력 등
- 특징
  면접에서 최종안을 도출하는 것도 중요하나 주장의 옳고 그름이 아닌 결론을 도출하는 과정과 말하는 자세 등도 중요함.

5 역할연기면접(Role Play Interview)

- 방식
  기업 내 발생 가능한 상황에서 부딪히게 되는 문제와 역할을 가상적으로 설정하여 특정 역할을 맡은 사람과 상호작용하고 문제를 해결해 나가도록 함.
- 판단기준
  대처능력, 대인관계능력, 의사소통능력 등
- 특징
  실제 상황과 유사한 가상 상황에서 지원자의 성격이나 대처 행동 등을 관찰할 수 있음.

6 집단면접(Group Activity)

- 방식

  지원자들이 팀(집단)으로 협력하여 정해진 시간 안에 활동 또는 게임을 하며, 면접관들은 지원자들의 행동을 관찰함.

- 판단기준

  대인관계능력, 팀워크, 창의성 등

- 특징

  기존 면접보다 오랜 시간 관찰을 통해 지원자들의 평소 습관이나 행동들을 관찰하려는 데 목적이 있음.

3 면접 최신 기출 주제

SK하이닉스 Maintenance &Operator 면접 최신 기출 주제

1. 우리 회사에 입사 지원하게 된 동기는 무엇인가?
2. 우리 회사에서 본인이 잘할 수 있는 일은 무엇인가?
3. 지원한 분야가 어떤 분야라고 생각하는지 말해 보시오.
4. 지금 지원한 분야와 본인이 어울리지 않는다는 생각이 드는데, 이에 대해 어떻게 판단하는가?
5. 우리 회사에 지원했다 떨어진 이력이 있는데, 이때에 대해 말해 보시오.
6. 이번에도 우리 회사에서 떨어진다면 어떤 일을 하겠는가?
7. 본인은 팔로워형 사람인가, 리더형 사람인가?
8. 메인터넌스 직무는 힘들다고 소문이 나 있다. 본인의 생각은 어떠한가?
9. 남들이 본인을 평가할 때 가장 많이 사용하는 단어가 무엇인가?
10. SK하이닉스에 대해 아는 대로 알해 보시오.
11. 과정과 결과 중 무엇이 더 중요한지 말해 보고, 그 이유를 말해 보시오.
12. 상사가 불합리한 지시를 내린다면 어떻게 대응할 것인가?
13. 교대 근무가 가능한가?
15. 낸드플래시와 D램의 차이에 대해 설명해 보시오.
16. 여가시간에는 주로 무엇을 하며 보내는가?
17. 반도체 8대 공정에 대해 말해 보시오.
18. 한국기업이 아닌 외국계 기업 중 반도체 기업을 아는 대로 말해 보시오.
19. 학점이 낮은/높은 편인데, 그 이유는 무엇인가?
20. 사회적 기업이 하는 일에 대해서 설명해 보시오.
21. 자격증이 있는데, 어떤 이유로 따게 되었는지 말해 보시오.
22. 타사에서 인턴으로 일한 경험이 있는데, 왜 우리 회사에 지원하게 되었는지 말해 보시오.
23. 최근 SK하이닉스와 관련된 사회적 이슈를 하나 말하고, 그에 대한 자신의 생각을 말해 보시오.
24. 솔직히 우리 회사 말고 또 어떤 회사에 지원했는가?
25. 마지막으로 하고 싶은 말이 있다면 말해 보시오.

⏭ 인성면접 실제 기출 주제

1. 본인에게 회사란 무엇인가?
2. 국가를 위해 헌신한 경험이 있는가?
3. 입사 후 포부를 말해 보시오.
4. 평등이란 무엇이라 생각하는가?
5. 본인은 왜 회사원이 되고 싶은가?
6. 우리 회사의 장점은 무엇이라 생각하는가?
7. 일을 효율적으로 처리하였던 경험에 대해 말해 보시오.
8. 최근 감명 깊게 본 영화는 무엇인가?
9. 우리 회사에 자신이 어떤 영향력을 끼칠 수 있는가?
10. 본인이 추구하는 가장 중요한 가치는 무엇인가?
11. 밤새워 무엇인가에 몰두해 본 경험에 대해 말해 보시오.
12. 소통에 있어서 중요한 것이 무엇이라 생각하는가?
13. 본인의 성장과정에서 가장 기억에 남는 경험은 무엇인가?
14. 남에게 피해를 줄까 봐 행동하지 않은 사례가 있다면 말해 보시오.
15. 현시점에서 가장 문제가 되는 사회 현안이 무엇이라고 생각하는가?
16. 구체적으로 어디에서 자원봉사를 했는가? 그 활동을 통해 얻은 것은 무엇인가?
17. 면접을 보러 오면서 이 건물에서 보았던 것 중 가장 기억에 남는 것은 무엇인가?
18. 기업의 목적은 이윤추구인데, 이윤추구가 도덕과 충돌할 때 어떻게 할 것인가?
19. 본인이 대학에 다닐 때 들었던 전공과목 중 가장 재미있었던 과목과 그 이유는 무엇인가?
20. 만약 같이 일하는 선배가 시대에 뒤떨어지는 사고방식을 가지고 있어 의견충돌이 자주 발생한다면 어떻게 해결할 것인가?
21. 리더로서 지방에서 근무하는 것과 스태프로 수도권에서 근무하는 것 중 하나를 선택한다면 무엇을 선택하겠는가? 그 이유는 무엇인가?
22. 블라인드 면접에 대해서 어떻게 생각하는가?
23. 자신이 노력하는 인재임을 증명할 수 있는 경험에 대해 말해 보시오.
24. 야근 및 주말 근무에 대해서 어떻게 생각하는가?
25. 자신의 단점과 그 단점을 극복하기 위해서 하고 있는 노력에 대해 말해 보시오.
26. 정직에 대한 자신의 생각과 이와 관련된 경험을 말해 보시오.
27. 평소 어떤 일을 경험할 때 과감한 편인가, 신중한 편인가?
28. 우리 회사말고 다른 회사에 지원한 경험이 있는가?
29. 주위 사람들에게 떠밀려서 일했던 경험과 이를 통해 깨닫게 된 것이 있다면 말해 보시오.
30. 집단이나 조직에서 갈등이 발생했을 때 어떻게 해야 하는지 경험에 비추어 말해 보시오.

미래를 창조하기에 꿈만큼 좋은 것은 없다.
오늘의 유토피아가 내일 현실이 될 수 있다.

There is nothing like dream to create the future.
Utopia today, flesh and blood tomorrow.
빅토르 위고 Victor Hugo

SK하이닉스
Maintenance/Operator

감독관 확인란

실전모의고사 1회

성명표기란

ㄱ ㄴ ㄷ ㄹ ㅁ ㅂ ㅅ ㅇ ㅈ ㅊ ㅋ ㅌ ㅍ ㅎ

ㅏ ㅑ ㅓ ㅕ ㅗ ㅛ ㅜ ㅠ ㅡ ㅣ ㅐ ㅒ ㅔ ㅖ ㅘ ㅙ ㅚ ㅝ ㅞ ㅟ ㅢ

ㄱ ㄴ ㄷ ㄹ ㅁ ㅂ ㅅ ㅇ ㅈ ㅊ ㅋ ㅌ ㅍ ㅎ ㄲ ㄸ ㅃ ㅆ ㅉ ㄳ ㄺ ㄻ

수험번호

⓪ ① ② ③ ④ ⑤ ⑥ ⑦ ⑧ ⑨

(주민등록 앞자리 생년제외) 월일

⓪ ① ② ③ ④ ⑤ ⑥ ⑦ ⑧ ⑨

수험생 유의사항

※ 답안은 반드시 컴퓨터용 사인펜으로 보기와 같이 바르게 표기해야 합니다.
〈보기〉 ① ② ③ ❹ ⑤

※ 성명표기란 위 칸에는 성명을 한글로 쓰고 아래 칸에는 성명을 정확하게 표기하십시오. (맨 왼쪽 칸부터 성과 이름은 붙여 씁니다)

※ 수험번호/월일 위 칸에는 아라비아 숫자로 쓰고 아래 칸에는 숫자와 일치하게 표기하십시오.

※ 월일은 반드시 본인 주민등록번호의 생년을 제외한 월 두 자리, 일 두 자리를 표기하십시오.
〈예〉 1994년 1월 12일 → 0112

※ 검사문항 : 1～80

gosinet (주)고시넷

문번 (기초지식)	답란	문번 (언어이해)	답란	문번 (패턴이해)	답란	문번 (상황판단)	답란
1	① ② ③ ④ ⑤	1	① ② ③ ④ ⑤	1	① ② ③ ④ ⑤	1	① ② ③ ④ ⑤
2	① ② ③ ④ ⑤	2	① ② ③ ④ ⑤	2	① ② ③ ④ ⑤	2	① ② ③ ④ ⑤
3	① ② ③ ④ ⑤	3	① ② ③ ④ ⑤	3	① ② ③ ④ ⑤	3	① ② ③ ④ ⑤
4	① ② ③ ④ ⑤	4	① ② ③ ④ ⑤	4	① ② ③ ④ ⑤	4	① ② ③ ④ ⑤
5	① ② ③ ④ ⑤	5	① ② ③ ④ ⑤	5	① ② ③ ④ ⑤	5	① ② ③ ④ ⑤
6	① ② ③ ④ ⑤	6	① ② ③ ④ ⑤	6	① ② ③ ④ ⑤	6	① ② ③ ④ ⑤
7	① ② ③ ④ ⑤	7	① ② ③ ④ ⑤	7	① ② ③ ④ ⑤	7	① ② ③ ④ ⑤
8	① ② ③ ④ ⑤	8	① ② ③ ④ ⑤	8	① ② ③ ④ ⑤	8	① ② ③ ④ ⑤
9	① ② ③ ④ ⑤	9	① ② ③ ④ ⑤	9	① ② ③ ④ ⑤	9	① ② ③ ④ ⑤
10	① ② ③ ④ ⑤	10	① ② ③ ④ ⑤	10	① ② ③ ④ ⑤	10	① ② ③ ④ ⑤
11	① ② ③ ④ ⑤	11	① ② ③ ④ ⑤	11	① ② ③ ④ ⑤	11	① ② ③ ④ ⑤
12	① ② ③ ④ ⑤	12	① ② ③ ④ ⑤	12	① ② ③ ④ ⑤	12	① ② ③ ④ ⑤
13	① ② ③ ④ ⑤	13	① ② ③ ④ ⑤	13	① ② ③ ④ ⑤	13	① ② ③ ④ ⑤
14	① ② ③ ④ ⑤	14	① ② ③ ④ ⑤	14	① ② ③ ④ ⑤	14	① ② ③ ④ ⑤
15	① ② ③ ④ ⑤	15	① ② ③ ④ ⑤	15	① ② ③ ④ ⑤	15	① ② ③ ④ ⑤
16	① ② ③ ④ ⑤	16	① ② ③	16	① ② ③ ④ ⑤	16	① ② ③ ④ ⑤
17	① ② ③ ④ ⑤	17	① ② ③	17	① ② ③ ④ ⑤	17	① ② ③ ④ ⑤
18	① ② ③ ④ ⑤	18	① ② ③	18	① ② ③ ④ ⑤	18	① ② ③ ④ ⑤
19	① ② ③ ④ ⑤	19	① ② ③	19	① ② ③ ④ ⑤	19	① ② ③ ④ ⑤
20	① ② ③ ④ ⑤	20	① ② ③	20	① ② ③ ④ ⑤	20	① ② ③ ④ ⑤

※ 검사문항 : 1～80

SK하이닉스
Maintenance/Operator

감독관 확인란	

실전모의고사 2회

성명표기란

ㄱ	ㅏ	ㄱ	ㄱ	ㅏ	ㄱ	ㄱ	ㅏ	ㄱ	ㄱ	ㅏ	ㄱ
ㄴ	ㅑ	ㄴ	ㄴ	ㅑ	ㄴ	ㄴ	ㅑ	ㄴ	ㄴ	ㅑ	ㄴ
ㄷ	ㅓ	ㄷ	ㄷ	ㅓ	ㄷ	ㄷ	ㅓ	ㄷ	ㄷ	ㅓ	ㄷ
ㄹ	ㅕ	ㄹ	ㄹ	ㅕ	ㄹ	ㄹ	ㅕ	ㄹ	ㄹ	ㅕ	ㄹ
ㅁ	ㅗ	ㅁ	ㅁ	ㅗ	ㅁ	ㅁ	ㅗ	ㅁ	ㅁ	ㅗ	ㅁ
ㅂ	ㅛ	ㅂ	ㅂ	ㅛ	ㅂ	ㅂ	ㅛ	ㅂ	ㅂ	ㅛ	ㅂ
ㅅ	ㅜ	ㅅ	ㅅ	ㅜ	ㅅ	ㅅ	ㅜ	ㅅ	ㅅ	ㅜ	ㅅ
ㅇ	ㅠ	ㅇ	ㅇ	ㅠ	ㅇ	ㅇ	ㅠ	ㅇ	ㅇ	ㅠ	ㅇ
ㅈ	ㅡ	ㅈ	ㅈ	ㅡ	ㅈ	ㅈ	ㅡ	ㅈ	ㅈ	ㅡ	ㅈ
ㅊ	ㅣ	ㅊ	ㅊ	ㅣ	ㅊ	ㅊ	ㅣ	ㅊ	ㅊ	ㅣ	ㅊ
ㅋ	ㅐ	ㅋ	ㅋ	ㅐ	ㅋ	ㅋ	ㅐ	ㅋ	ㅋ	ㅐ	ㅋ
ㅌ	ㅒ	ㅌ	ㅌ	ㅒ	ㅌ	ㅌ	ㅒ	ㅌ	ㅌ	ㅒ	ㅌ
ㅍ	ㅔ	ㅍ	ㅍ	ㅔ	ㅍ	ㅍ	ㅔ	ㅍ	ㅍ	ㅔ	ㅍ
ㅎ	ㅖ	ㅎ	ㅎ	ㅖ	ㅎ	ㅎ	ㅖ	ㅎ	ㅎ	ㅖ	ㅎ
	ㅘ		ㄲ	ㅘ	ㄲ	ㄲ	ㅘ	ㄲ	ㄲ	ㅘ	ㄲ
	ㅙ		ㄸ	ㅙ	ㄸ	ㄸ	ㅙ	ㄸ	ㄸ	ㅙ	ㄸ
	ㅚ		ㅃ	ㅚ	ㅃ	ㅃ	ㅚ	ㅃ	ㅃ	ㅚ	ㅃ
	ㅝ		ㅆ	ㅝ	ㅆ	ㅆ	ㅝ	ㅆ	ㅆ	ㅝ	ㅆ
	ㅞ		ㅉ	ㅞ	ㅉ	ㅉ	ㅞ	ㅉ	ㅉ	ㅞ	ㅉ
	ㅟ			ㅟ	ㄺ		ㅟ	ㄺ		ㅟ	ㄺ
	ㅢ			ㅢ	ㄻ		ㅢ	ㄻ		ㅢ	ㄻ

수험번호

0	0	0	0	0	0
1	1	1	1	1	1
2	2	2	2	2	2
3	3	3	3	3	3
4	4	4	4	4	4
5	5	5	5	5	5
6	6	6	6	6	6
7	7	7	7	7	7
8	8	8	8	8	8
9	9	9	9	9	9

(주민등록 앞자리 생년제외) 월일

0	0	0	0
1	1	1	1
2	2	2	2
3	3	3	3
4	4	4	4
5	5	5	5
6	6	6	6
7	7	7	7
8	8	8	8
9	9	9	9

수험생 유의사항

※ 답안은 반드시 컴퓨터용 사인펜으로 보기와 같이 바르게 표기해야 합니다.
〈보기〉 ① ② ③ ❹ ⑤

※ 성명표기란 위 칸에는 성명을 한글로 쓰고 아래 칸에는 성명을 정확하게 표기하십시오. (맨 왼쪽 칸부터 성과 이름은 붙여 씁니다)

※ 수험번호/월일 위 칸에는 아라비아 숫자로 쓰고 아래 칸에는 숫자와 일치하게 표기하십시오.

※ 월일은 반드시 본인 주민등록번호의 생년을 제외한 월 두 자리, 일 두 자리를 표기하십시오.
〈예〉 1994년 1월 12일 → 0112

	문번	답란		문번	답란		문번	답란		문번	답란
기초지식	1	① ② ③ ④ ⑤	언어이해	1	① ② ③ ④ ⑤	패턴이해	1	① ② ③ ④ ⑤	상황판단	1	① ② ③ ④ ⑤
	2	① ② ③ ④ ⑤		2	① ② ③ ④ ⑤		2	① ② ③ ④ ⑤		2	① ② ③ ④ ⑤
	3	① ② ③ ④ ⑤		3	① ② ③ ④ ⑤		3	① ② ③ ④ ⑤		3	① ② ③ ④ ⑤
	4	① ② ③ ④ ⑤		4	① ② ③ ④ ⑤		4	① ② ③ ④ ⑤		4	① ② ③ ④ ⑤
	5	① ② ③ ④ ⑤		5	① ② ③ ④ ⑤		5	① ② ③ ④ ⑤		5	① ② ③ ④ ⑤
	6	① ② ③ ④ ⑤		6	① ② ③ ④ ⑤		6	① ② ③ ④ ⑤		6	① ② ③ ④ ⑤
	7	① ② ③ ④ ⑤		7	① ② ③ ④ ⑤		7	① ② ③ ④ ⑤		7	① ② ③ ④ ⑤
	8	① ② ③ ④ ⑤		8	① ② ③ ④ ⑤		8	① ② ③ ④ ⑤		8	① ② ③ ④ ⑤
	9	① ② ③ ④ ⑤		9	① ② ③ ④ ⑤		9	① ② ③ ④ ⑤		9	① ② ③ ④ ⑤
	10	① ② ③ ④ ⑤		10	① ② ③ ④ ⑤		10	① ② ③ ④ ⑤		10	① ② ③ ④ ⑤
	11	① ② ③ ④ ⑤		11	① ② ③ ④ ⑤		11	① ② ③ ④ ⑤		11	① ② ③ ④ ⑤
	12	① ② ③ ④ ⑤		12	① ② ③ ④ ⑤		12	① ② ③ ④ ⑤		12	① ② ③ ④ ⑤
	13	① ② ③ ④ ⑤		13	① ② ③		13	① ② ③ ④ ⑤		13	① ② ③ ④ ⑤
	14	① ② ③ ④ ⑤		14	① ② ③		14	① ② ③ ④ ⑤		14	① ② ③ ④ ⑤
	15	① ② ③ ④ ⑤		15	① ② ③		15	① ② ③ ④ ⑤		15	① ② ③ ④ ⑤
	16	① ② ③ ④ ⑤		16	① ② ③		16	① ② ③ ④ ⑤		16	① ② ③ ④ ⑤
	17	① ② ③ ④ ⑤		17	① ② ③		17	① ② ③ ④ ⑤		17	① ② ③ ④ ⑤
	18	① ② ③ ④ ⑤		18	① ② ③		18	① ② ③ ④ ⑤		18	① ② ③ ④ ⑤
	19	① ② ③ ④ ⑤		19	① ② ③ ④ ⑤		19	① ② ③ ④ ⑤		19	① ② ③ ④ ⑤
	20	① ② ③ ④ ⑤		20	① ② ③ ④ ⑤		20	① ② ③ ④ ⑤		20	① ② ③ ④ ⑤

gosinet
(주)고시넷

대기업 · 금융

고시넷 대기업
20대기업 인적성검사 온·오프라인 통합 기본서

2023
LG그룹 온라인 인적성검사 최신기출유형 모의고사

고시넷 대기업
SK그룹 종합역량검사 온라인 SKCT 최신기출유형 모의고사 4회

고시넷 대기업
현대자동차 모빌리티 기술인력 생산직 최신기출유형 모의고사

고시넷 대기업
KT그룹 온라인 인적성검사 종합인적성검사 최신기출유형 모의고사 5회

2024
포스코그룹 온라인 인적성검사 최신 기출유형 모의고사

고시넷 대기업
포스코 생산기술직 온라인 인적성검사 최신기출유형 모의고사 4회

고시넷 대기업
삼성 고졸채용 온라인 GSAT 5급 최신기출유형 모의고사

2024
이랜드그룹 인적성검사 최신 기출유형 모의고사

2024
KCC 온라인 인적성검사 최신 기출유형 모의고사

2023
효성그룹 인적성검사 최신 기출유형 모의고사

2023
샘표식품 인적성검사 최신 기출유형 모의고사

2023
삼양그룹 온라인 인적성검사 최신 기출유형 모의고사

2024
S-OIL 에쓰오일 온라인 인적성검사 최신 기출유형 모의고사

고시넷 대기업
S-OIL 생산직 온라인 필기시험 최신기출유형 모의고사 4회

2024
MG새마을금고 NCS 기출예상모의고사

2024
지역신협 인적성검사 최신 기출유형 모의고사

2024
지역수협 인적성검사 최신 기출유형 모의고사

고시넷 대기업
SK하이닉스 Maintenance/Operator 필기시험 SKCT

고시넷 금융권
NH농협은행 NCS 온라인 필기시험 최신기출유형 모의고사 6급

고시넷 금융권
금융상식 경제상식

고시넷 NCS
지역농협 6급 통합기본서

고시넷 농·축협
지역농협 6급 NCS 오픈봉투모의고사 5회

저마다의 일생에는,

특히 그 일생이 동터 오르는 여명기에는

모든 것을 결정짓는 한 순간이 있다.

그 순간을 다시 찾아내는 것은 어렵다.

그것은 다른 수많은 순간들의 퇴적 속에

깊이 묻혀있다.

- 장 그르니에, 섬 LES ILES

2024 | SK Hynix | 인적성검사

고시넷 대기업

SK하이닉스 고졸/전문대졸 Maintenance/Operator 필기시험

SKCT

정답과 해설

최신 대기업 인적성검사

20대기업 온·오프라인 인적성검사 통합기본서

핵심정리_핸드북 제공

최신기출유형+실전문제

권두부록 대표기출유형

파트 1 언어능력

파트 2 수리능력

파트 3 추리능력

파트 4 공간지각능력

파트 5 사무지각능력

파트 6 인성검사

- 핵심정리[핸드북]

2024 | SK Hynix | 인적성검사

고시넷 대기업

SK하이닉스 고졸/전문대졸 Maintenance/Operator 필기시험 SKCT

정답과 해설

(주)고시넷

권두부록 최근 기출문제

1 유형 A 기초지식

부록 4쪽

01 ①	02 ④	03 ⑤	04 ②	05 ②
06 ⑤	07 ③	08 ②	09 ④	10 ②
11 ④	12 ②	13 ③	14 ③	15 ②
16 ①	17 ①	18 ②	19 ⑤	20 ③

01

| 정답 | ①

| 해설 | ②, ③, ④는 어린 동물을 가리키지만 ① rooster는 수탉을 의미한다.

| 오답풀이 |

② calf : 송아지

③ lamb : 어린 양, 양고기

④ gosling : 새끼 거위

⑤ foal : 망아지

02

| 정답 | ④

| 해설 | ①, ②, ③은 모두 문학의 한 종류지만 ④ resume은 이력서를 의미한다.

| 오답풀이 |

① poem : 시

② novel : 소설

③ play : 희곡

⑤ essay : 수필

03

| 정답 | ⑤

| 해설 | ergonomic : 인체공학의, 인체공학적인

| 오답풀이 |

① anatomically : 해부학상으로, 해부학적으로

② economics : 경제학

③ uncomfortable : 불편한

④ adjustability : 조절 기능

해석 매니저는 허리에 문제가 있어 인체공학적인 의자를 사기로 결심했다.

04

| 정답 | ②

| 해설 | game controller : 게임조종기, 비디오게임 컨트롤러

| 오답풀이 |

① consolation : 위로가 되는 것

③ interface : (컴퓨터) 인터페이스

④ council : 의회

⑤ counsel : (원로나 전문가에 의한) 조언, 충고

해석 새로운 닌텐도 게임 조종기는 매우 잘 디자인되었다.

05

| 정답 | ②

| 해설 | pay attention to : ~에 주목하다, ~에 유의하다

해석 모든 직원들은 반드시 공장안전에 주의를 기울여야 한다.

06

| 정답 | ⑤

| 해설 | delve into(~을 파고들다, ~을 철저하게 조사하다, ~을 캐내다)의 유의어는 investigate(조사하다, 연구하다)이다.

| 오답풀이 |

① discourse : 말하다, 담화하다, 강연하다

② corroborate : 확실히 하다, 확증하다

③ explicate : 해설하다, 해명하다, 전개하다

④ converse : 담화하다, 서로 이야기하다

어휘 resident : 주민, 거주민 / mine : 채굴하다, 채광하다, 광산 / suffer from : ~을 앓다, ~으로 고생하다 / asthma : 천식 / coal mining : 탄광업 / suburban area : 근교, 교외

해석 예전에는 채굴을 했지만 지금은 천식을 앓고 있는 주민들과의 몇몇 인터뷰를 포함하여, 그 다큐멘터리는 온타리오 근교의 탄광업 문제들을 조사한다.

07

| 정답 | ③

| 해설 | 꽃가게를 열 정신적 · 재정적 준비가 되어 있냐는 질문에 대한 긍정의 대답으로, '난 내가 가진 것으로 시작해 기회를 잡을 준비가 되어 있다'는 내용이 들어가는 것이 적절하다.

| 오답풀이 |
① 내일 병원에 들를 계획이야.
② 난 그렇게 될 수 없어! 나는 직장을 얻기 위해 노력해야 해.
④ 내 사업을 시작하는 것에 대해 생각하고 싶지 않아.
⑤ 네가 상관할 바 아냐.

어휘 on your mind : 마음에 있는 / prospect : 전망, 예상, 기대, 경치 / nowadays : 요즘, 현재, 현대, 오늘날 / prepared : 준비가 되어 있는 / mentally : 정신적으로, 마음속으로 / financially : 재정적으로, 재정상 / strategic : 전략상 중요한, 전략상의 / segment : 영역, 구획, 부분 / thorough : 철저한, 충분한, 완벽한 / strive : 노력하다, 얻으려고 애쓰다 / be ready to : ~할 준비가 되어 있다 / take a chance : 운에 맡기다 / think about : ~에 대해 생각하다 / my own : 나 자신의

해석 A : 무슨 사업을 염두에 두고 있니?
B : 꽃가게를 하는 것의 전망이 요즘 좋은 것 같니?
A : 좋을 수 있겠다. 그런데 정신적으로나 재정적으로나 준비는 되어 있니?
B : 난 내가 가진 것으로 시작할 준비가 되어 있고 기회를 잡을 준비가 되어 있어.
A : 좋아! 그러면 전략상 중요한 장소와 올바른 영역 또한 선택해야 해. 좋은 결과를 얻기 위해서는 철저한 조사를 해야 해.
B : 나도 알아. 사업을 시작하는 것이 그것을 잘 운영하는 것보다는 훨씬 쉽지.

08

| 정답 | ②

| 해설 | 무슨 소리가 들리고 있다는 말과 유리 조각이 앞바퀴에 박혀 있다는 말 사이에는 '아마도 공기가 타이어에서 빠져나가고 있는 것 같아'가 들어가는 것이 적절하다.

| 오답풀이 |
① 나는 내 고객들에게 유익한 조언을 해 주었어.
③ 그 정비사는 약속이 있는 것 같아.
④ 아! 네 전화기가 진동 모드로 울리고 있어.
⑤ 아마 이번 주에 병원에 갈 것 같아.

어휘 wheel : 바퀴, 수레 바퀴 / sound advice : 유익한 조언, 좋은 충고 / mechanic : 정비사, 수리공, 기계공 / appointment : 약속, 임명, 지정 / vibration : 진동, 흔들림, 떨림

해석 M : 저게 무슨 소리지?
W : 소리? 아무것도 안 들리는데.
M : 잘 들어봐. 무슨 소리가 들려. 아마도 공기가 타이어에서 빠져나가고 있는 것 같아.
W : 아, 멈춰서 확인해 보자.
M : 봐 봐! 유리 조각이 오른쪽 앞바퀴에 박혀 있어.
W : 정말? 음…. 맞네. 어떡해야 하지?
M : 걱정하지 마. 타이어를 교체해 본 적이 있어.

09

| 정답 | ④

| 해설 | 금요일 밤에는 식당에 줄을 서서 기다려야 할 것이므로 미리 예약을 한다는 뜻의 'book a table'이 들어가는 것이 적절하다.

| 오답풀이 |
① 예약을 취소하다.
② 수표를 주다.
③ 아침을 먹다.
⑤ 조리법을 확인하다.

어휘 reservation : 예약, 보류, 조건 / it is necessary : ~할 필요가 있다 / wait in line : 줄을 서서 기다리다 / absolutely : 전적으로, 틀림없이 / check : 수표, 대조, 점검, 저지

해석 M : 메리, 저녁 먹으러 나갈래?
W : 오, 좋아. 어디로 갈 거야?
M : 시내에 새로 생긴 피자집 어때?
W : 예약해야 되니?
M : 필요 없을 것 같은데.
W : 하지만 금요일 저녁이기 때문에 줄을 서서 기다려야 할지도 몰라.
M : 네 말이 정말 맞아. 그러면, 바로 자리를 예약할게.
W : 좋아.

10

| 정답 | ②

| 해설 | 지하철이 얼마나 자주 오냐는 질문에 대한 대답으로 '5분 정도 마다요'가 들어가는 것이 적절하다.

| 오답풀이 |
① 걸어서 가기에는 너무 멀어요.
③ 줄을 서서 기다리셔야 해요.
④ 30분 정도 걸려요.
⑤ 1호선이나 4호선을 타시면 돼요.

어휘 approximately : 대략, 대강, 얼추 / or so : 정도, 쯤, 가량

해석 M : 실례합니다. 서울역에는 어떻게 가나요?
W : 지하철을 타시면 돼요.
M : 얼마나 걸리나요?
W : 대략 한 시간쯤 걸려요.
M : 지하철은 얼마나 자주 다니죠?
W : 5분 정도 마다요.

11

| 정답 | ④

| 해설 | $159+84 \rightarrow 160+80=240$

따라서 가까운 답인 ④를 선택한다.

12

| 정답 | ②

| 해설 | $78-37 \rightarrow 80-40=40$

따라서 가까운 답인 ②를 선택한다.

13

| 정답 | ③

| 해설 | $3.5+3.09\times2.1\div0.24=3.5+27.0375=30.5375$

14

| 정답 | ③

| 해설 | $4\frac{6}{11}\times\frac{11}{15}=\frac{50}{11}\times\frac{11}{15}=\frac{10}{3}$

15

| 정답 | ②

| 해설 | $\left(\frac{3}{5}-\frac{2}{7}\right)\times\frac{7}{11}=\left(\frac{21}{35}-\frac{10}{35}\right)\times\frac{7}{11}=\frac{11}{35}\times\frac{7}{11}=\frac{1}{5}$

16

| 정답 | ①

| 해설 | 작년 남자 직원의 수를 x명, 여자 직원의 수를 y명이라 하면 다음 식이 성립한다.

$x+y=480$ …… ㉠

$1.1x+0.8y=450$ …… ㉡

㉠×1.1－㉡을 하면

$0.3y=78$

$\therefore y=260,\ x=220$

따라서 작년 남자 직원은 총 220명이다.

17

| 정답 | ①

| 해설 | 가위, 메모지, 형광펜 한 개의 가격을 각각 x원, y원, z원이라 하면 다음 식이 성립한다.

$3x+5y+2z=25,000$ …… ㉠

$5x+y+3z=23,000$ …… ㉡

$6x+2y+z=27,000$ …… ㉢

㉡×2－㉢을 하면,

$4x+5z=19,000$ …… ㉣

㉡×5－㉠을 하면,

$22x+13z=90,000$ …… ㉤

㉣×11－㉤×2를 하면,

$29z=29,000$

$\therefore z=1,000$

따라서 형광펜의 가격은 1,000원이다.

18

| 정답 | ②

| 해설 | 올해 민아 어머니의 나이를 x세라 하면, 아버지의 나이는 $(68-x)$세이고 두 사람의 나이 차는 $(68-x)-x=68-2x$(세)가 된다. 아버지가 현재 어머니의 나이였을 때 어머니의 나이는 아버지 나이의 $\frac{7}{8}$이었다고 했으므로 다음 식이 성립한다.

$x:\{x-(68-2x)\}=8:7$ $\quad x:(3x-68)=8:7$

$8(3x-68)=7x$ $\quad 17x=544$

$\therefore x=32$(세)

따라서 올해 민아 어머니의 나이는 32세이다.

19

| 정답 | ⑤

| 해설 | 두 정육면체 주사위를 던졌을 때의 눈을 $(a,\ b)$라고 할 때 합이 5가 되는 경우는 (1, 4), (2, 3), (3, 2), (4, 1), 합이 10이 되는 경우는 (4, 6), (5, 5), (6, 4)이다.

따라서 주사위를 두 번 던져 나온 눈의 합이 5의 배수가 되는 경우는 모두 7가지이다.

20

| 정답 | ③

| 해설 | A 지역에 비가 올 확률이 0.7, A와 B 지역 모두 비가 올 확률이 0.4라고 하였으므로 B 지역에 비가 올 확률을 x라 하면 $0.7\times x=0.4$, $x=\frac{4}{7}$이므로 B 지역에 비가 오지 않을 확률은 $\frac{3}{7}$이다.

2 유형 B 언어이해

부록 11쪽

01 ②	02 ②	03 ③	04 ②	05 ①
06 ②	07 ⑤	08 ②	09 ③	10 ①
11 ③	12 ②	13 ④	14 ④	15 ①
16 ④	17 ③	18 ②	19 ③	20 ①

01

| 정답 | ②

| 해설 | 시력이 나빠지면 안경을 쓰고, 청력이 나빠지면 보청기를 껴야 한다.

02

| 정답 | ②

| 해설 | 소환과 호출은 어디로 오라고 하거나 불러내는 명령을 의미하며, 서로 유의관계에 있다. 따라서 무엇을 하라고 일러 시키는 의미인 명령과 지시가 같은 유의관계이다.

03

| 정답 | ③

| 해설 | '성김'은 공간적으로 사이가 뜬 것을 의미하고, '빽빽함'은 사이가 비좁고 촘촘한 것을 가리킨다. 따라서 이 두 단어의 관계는 반의관계이다. '넉넉하다—푼푼하다'는 두 단어 모두 '여유가 있고 넉넉하다'의 뜻으로 유의관계에 해당한다.

04

| 정답 | ②

| 해설 | 해수욕을 하러 가는 여름, 장마철이 있는 여름, 매미가 활동하는 여름을 연상할 수 있다.

05

| 정답 | ①

| 해설 | 파란 하늘, 파란 바다, 태극무늬 중 음을 의미하는 파란색을 연상할 수 있다.

06

| 정답 | ②

| 해설 | 눈이 얼면 생기는 얼음, 냉장고에 생기는 얼음, 살얼음을 연상할 수 있다.

07

| 정답 | ⑤

| 해설 | 대학교 과제, 대학교에서 활동하는 동아리, 대학교 교수를 연상할 수 있다.

08

| 정답 | ②

| 해설 | 베를린 장벽, 벽시계, 돌벽을 연상할 수 있다.

09

| 정답 | ③

| 해설 | 그리스 · 로마 신화의 제우스, 민주주의의 발상지인 그리스, 지중해의 그리스를 연상할 수 있다.

10

| 정답 | ①

| 해설 | 인공위성, 지구를 중심으로 공전하는 지구의 위성인 달을 통해 '위성'을 연상할 수 있다.

11

| 정답 | ③

| 해설 | • 성적 조회, 신원 조회

• 조회 시간에는 교장 선생님의 훈화 말씀이 있다.

12

| 정답 | ②

| 해설 | 수영, 파도, 배를 통해 '바다'를 연상할 수 있다.

13

| 정답 | ④

| 해설 | '구관조'는 사람의 말을 잘 흉내내는 새로 말, 새, 부리와 관련이 있다.

14

| 정답 | ④

| 해설 | 제시된 명제를 'p : 요리를 잘한다', 'q : 청소를 잘한다', 'r : 키가 크다'로 정리한 다음 그 대우까지 기호로 나타내면 다음과 같다.

- p → q(~q → ~p)
- q → r(~r → ~q)
- 나 → p

세 번째 명제와 두 번째 명제 그리고 첫 번째 명제의 삼단논법으로 '나는 요리를 잘하고 청소도 잘하며 키가 크다'가 성립하여 '나는 키가 크다'는 항상 참이 된다.

| 오답풀이 |

①, ② 제시된 명제를 통해 알 수 없다.

③ 두 번째 명제의 대우를 통해 거짓임을 알 수 있다.

⑤ 세 번째 명제와 두 번째 명제 그리고 첫 번째 명제의 삼단논법을 통해 거짓임을 알 수 있다.

15

| 정답 | ①

| 해설 | 제시된 명제를 'p : 영화를 좋아한다', 'q : 감수성이 풍부하다', 'r : 꼼꼼한 성격이다', 's : 편집을 잘한다'로 정리한 다음 그 대우까지 기호로 나타내면 다음과 같다.

- p → q(~q → ~p)
- r → s(~s → ~r)
- p → r(~r → ~p)

두 번째 명제의 대우와 세 번째 명제의 대우의 삼단논법으로 '편집을 잘하지 못하면 꼼꼼하지 않고, 꼼꼼하지 않으면 영화를 좋아하지 않는다'가 성립하여 '편집을 잘하지 못하면 영화를 좋아하지 않는다'는 항상 참이 된다.

| 오답풀이 |

②, ③, ④, ⑤ 제시된 명제를 통해 알 수 없다.

16

| 정답 | ④

| 해설 | 제시된 명제를 'p : 안경을 썼다', 'q : 가방을 들었다', 'r : 키가 크다', 's : 스카프를 맸다'로 정리한 다음 그 대우까지 기호로 나타내면 다음과 같다.

- p → ~q(q → ~p)
- ~p → ~r(r → p)
- s → q(~q → ~s)

두 번째 명제의 대우와 첫 번째 명제 그리고 세 번째 명제의 대우의 삼단논법으로 '키가 큰 사람은 안경을 썼고, 안경은 쓴 사람은 가방을 들지 않았으며, 가방을 들지 않은 사람은 스카프를 매지 않았다'가 성립하며 '키가 큰 사람은 스카프를 매지 않았다'는 항상 참이 된다.

| 오답풀이 |

①, ②, ③, ⑤ 제시된 명제를 통해 알 수 없다.

17

| 정답 | ③

| 해설 | 첫 번째 조건에 따라 출발 직후 1등은 C이며 4등이 B임을 알 수 있다. A는 2등 또는 3등으로 달리고 있는데, 결승선을 통과한 결과 A가 1등을 했으며, 역전을 당한 사람은 C 한 명뿐이라고 했으므로 A는 2등으로 달리고 있었음을 알 수 있다. 남은 사람은 E와 D 중 더 빠르게 달린 사람은 E이므로, CAEBD 순으로 달리다 ACEBD 순으로 최종 순위가 정해졌음을 알 수 있다.

18

| 정답 | ②

| 해설 | 세 번째 조건에 따라 재무팀은 5층에 위치하고 두 번째 조건에 따라 홍보팀과 물류팀은 1층 혹은 3층에 위치하게 되는데, 물류팀이 1층이면 네 번째 조건이 성립되지 않는다. 따라서 물류팀이 3층, 홍보팀이 1층에 위치하고, 네 번째 조건에 따라 인사팀은 2층에, 마케팅팀은 남은 4층에 위치하게 된다.

층	팀
5층	재무팀
4층	마케팅팀
3층	물류팀
2층	인사팀
1층	홍보팀

19

| 정답 | ③

| 해설 | 18번의 해설과 다섯 번째 조건에 따라 홍보팀인 D는 1층에서 근무하고 E는 물류팀이 있는 3층 또는 재무팀이 있는 5층에서 근무하게 되는데, 제시된 조건으로는 E가 어느 팀에서 근무하는지 정확히 알 수 없다.

20

| 정답 | ①

| 해설 | 19번의 해설에서 D는 1층 홍보팀, E는 3층 혹은 5층에서 근무하게 됨을 알 수 있다. 마지막 조건에 따라 어떤 경우에도 A는 2층인 인사팀에서, B는 4층인 마케팅팀에서 근무함을 알 수 있다.

3 유형 C 패턴이해

부록 17쪽

01 ③	02 ③	03 ③	04 ②	05 ⑤
06 ②	07 ③	08 ④	09 ①	10 ②
11 ④	12 ②	13 ④	14 ⑤	15 ⑤
16 ①	17 ①	18 ②	19 ②	20 ④

01

| 정답 | ③

| 해설 | ⊈⊌⊋≭≫≧≗≞⊎⊈⊆⊅⊄⊑⊈⊊⊉⊈⁊⋈⋸∈⋹⊟⋛
⋜⋹⋧⊈⊊⊧ ⊣⊅⋄⊊⊪⊬⊊≹⋨≧≯⊊⊈⊏⋉⋵⊈⋓⋦

02

| 정답 | ③

| 해설 | ◰▩◫▥◨▧◲▤▣▦◳◩◲▨◪▨▤▣◨◳◰◫◧▦
▤▩◳◨▣▥▧◪◳▧◱▦▩◳◩▤◫▣▧▨◳▥◱◩◧▩◫
◲▨▦

03

| 정답 | ③

| 해설 | ГТзЪЦТвьжлЩХдФзРрюмзФСцэдызтЯКНкФаГжт
зЧгзхщсДИМгкУнГНБЧздЪФйхзвЁКОЮлйсдзТД

04

| 정답 | ②

| 해설 | Improvements are invented only by those who can feel that something is not good.

05

| 정답 | ⑤

| 해설 | 기억력이 나쁜 것의 장점은 같은 일을 여러 번, 마치 처음처럼 즐길 수 있다는 것이다.

06

| 정답 | ②

| 해설 | ◎⦶○◉◔◌⦶◐◎◴◌⦶◎◷◌○◐◴◎●○◎◒◑
◔●○◌◕◷⦶◶◎◷◌⦶○◉

07

| 정답 | ③

| 해설 | ○표시된 부분이 다음과 같이 변경되어야 한다

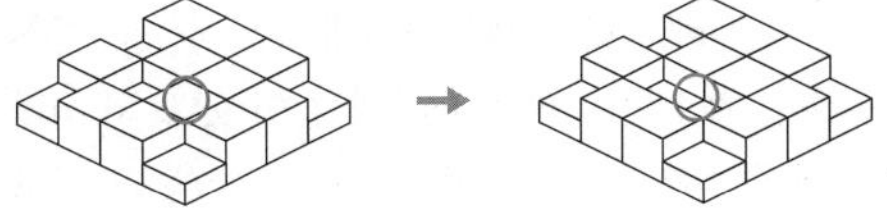

08

| 정답 | ④

| 해설 | ○표시된 부분이 다음과 같이 변경되어야 한다.

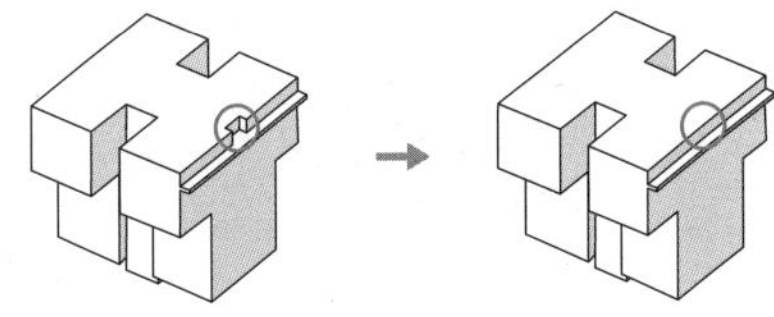

09

| 정답 | ①

| 해설 | 시계방향으로 90° 돌린 모양은 다음과 같다.

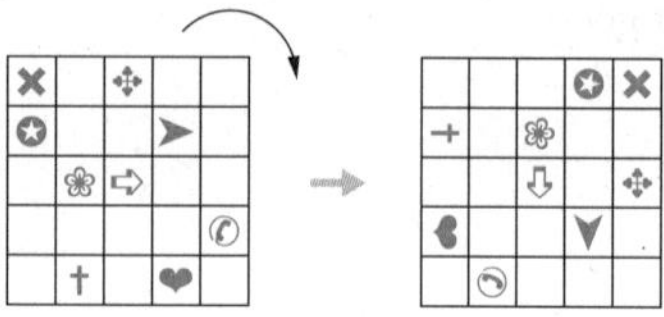

10

| 정답 | ②

| 해설 | 시계방향으로 90° 돌린 모양은 다음과 같다.

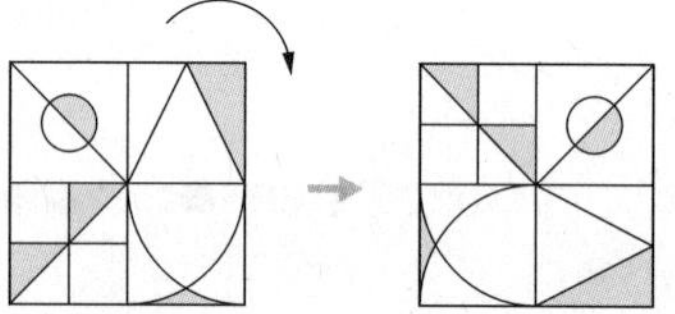

11

| 정답 | ④

| 해설 | 각 선택지의 도형마다 제시된 4개의 도형 중 크기가 가장 큰 것의 위치를 먼저 찾아 배치하고 나머지 3개의 도형들도 선을 그려가며 찾을 수 있다. 제시된 도형을 다음과 같이 a, b, c, d라 할 때 가장 크고 자리 잡기가 용이한 d를 기준으로 선을 그어 보면 다음과 같다.

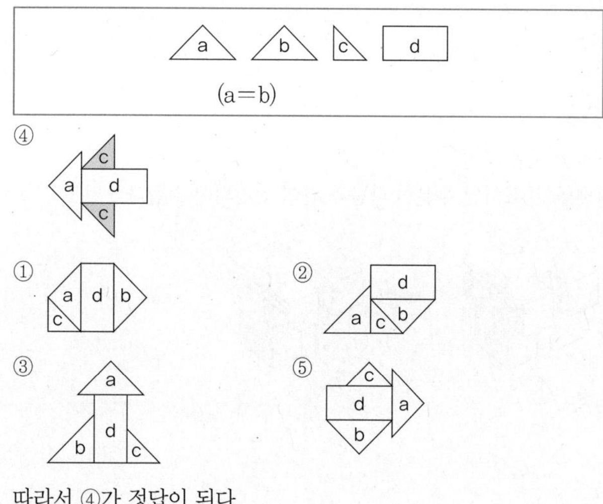

따라서 ④가 정답이 된다.

12

| 정답 | ②

| 해설 | 제시된 도형을 다음과 같이 a, b, c, d라 할 때 선을 그어 보면 다음과 같다.

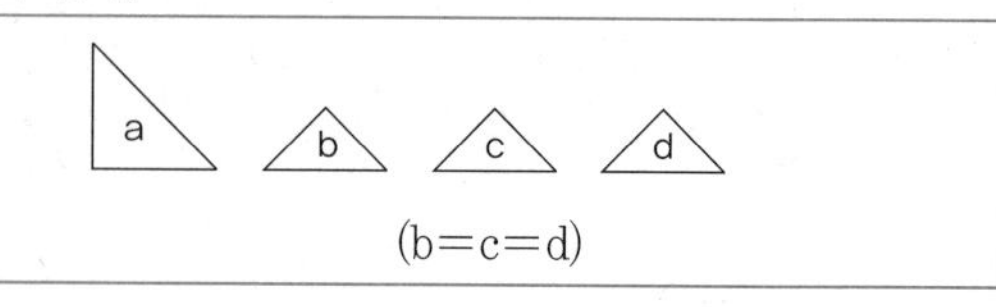

②

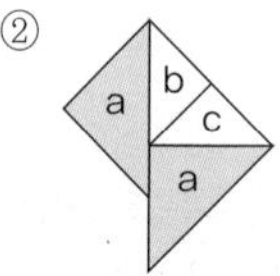

①

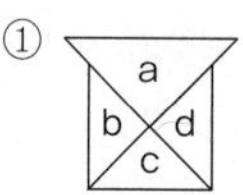

③

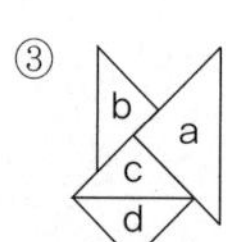

④

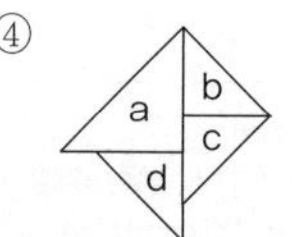

⑤

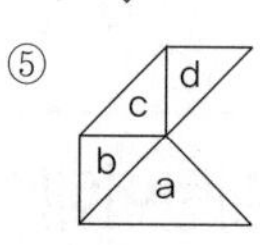

따라서 ②가 정답이 된다.

13

| 정답 | ④

| 해설 | 제시된 도형을 다음과 같이 a, b, c, d라 할 때 선을 그어 보면 다음과 같다.

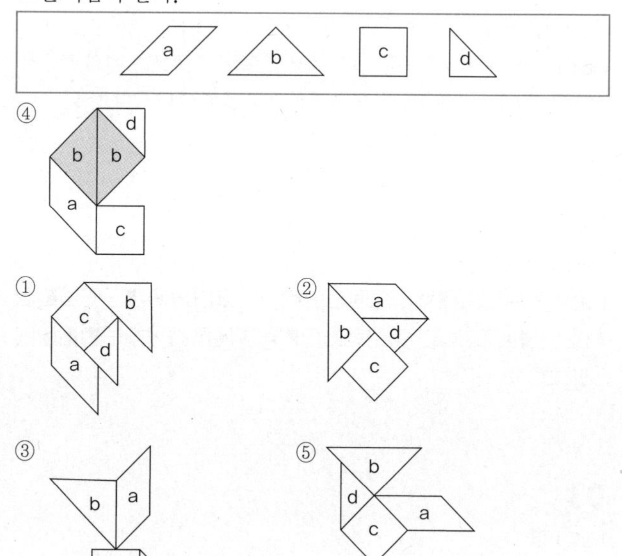

따라서 ④가 정답이 된다.

14

| 정답 | ⑤

| 해설 | 제시된 도형을 다음과 같이 a, b, c, d, e라 할 때 선을 그어 보면 다음과 같다.

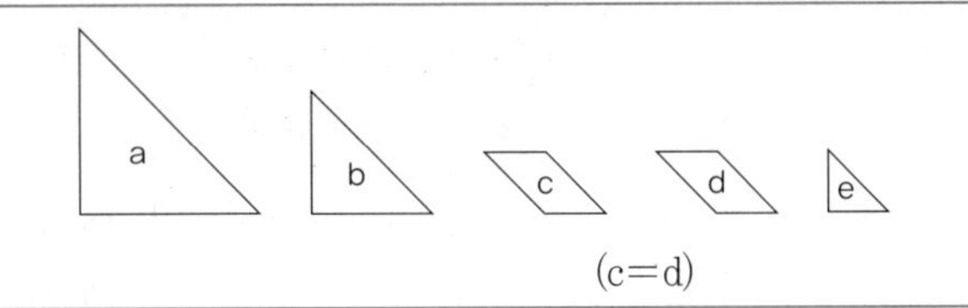

⑤

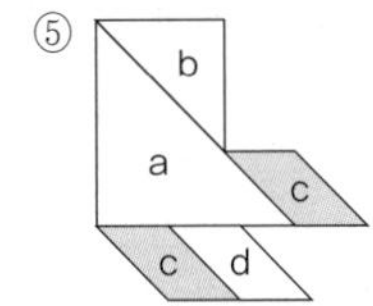

①

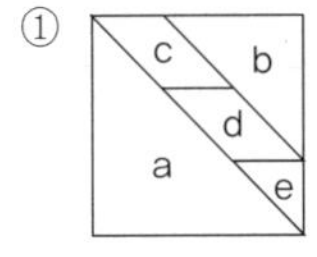

②

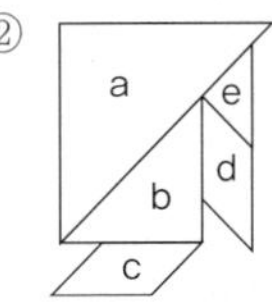

③

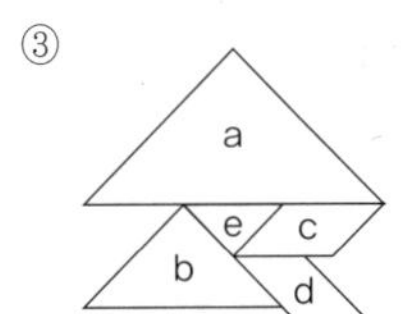

④

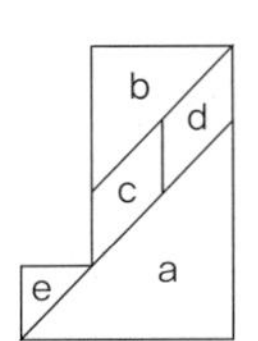

따라서 ⑤가 정답이 된다.

15

| 정답 | ⑤

| 해설 | 가로축을 중심으로 뒤집으면 다음과 같다.

16

| 정답 | ①

| 해설 | 역순으로 펼치면 다음과 같다.

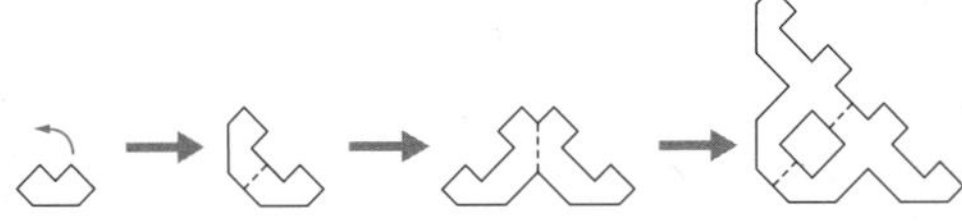

17

| 정답 | ①

| 해설 |

ⓑ	ⓐ
ⓒ	ⓓ

정육면체의 한 면을 다음과 같이 4개로 나눠 ⓐ~ⓓ로 구분하고 A, B 표시가 있는 면의 글씨가 올바르게 읽힐 수 있는 방향으로 봤을 때, 표시 위치가 ⓐ~ⓓ 중 어느 위치에 있는가를 확인한다. 문제의 그림 표시는 A는 ⓑ, B는 ⓒ이다.

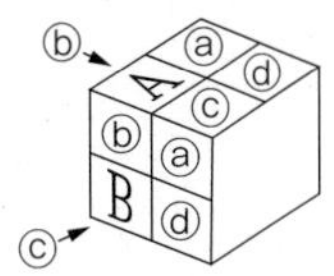

선택지의 전개도에서도 같은 것을 확인해 본 결과 다음과 같이 정리할 수 있다.

구분	A	B
①	ⓑ	ⓒ
②	ⓑ	ⓓ
③	ⓑ	ⓓ
④	ⓓ	ⓑ
⑤	ⓐ	ⓒ

따라서 기호의 위치가 같은 것은 ①이다.

18

| 정답 | ②

| 해설 | ②의 ○ 표시된 부분이 다음과 같이 바뀌어야 한다.

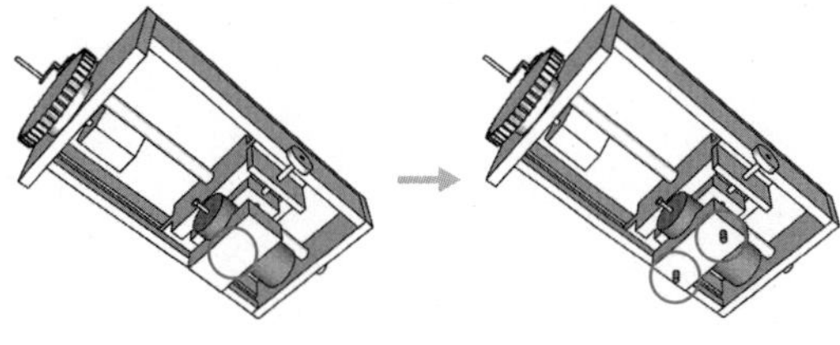

19

| 정답 | ②

| 해설 | ②와 같은 모양의 조각은 나타나 있지 않다.

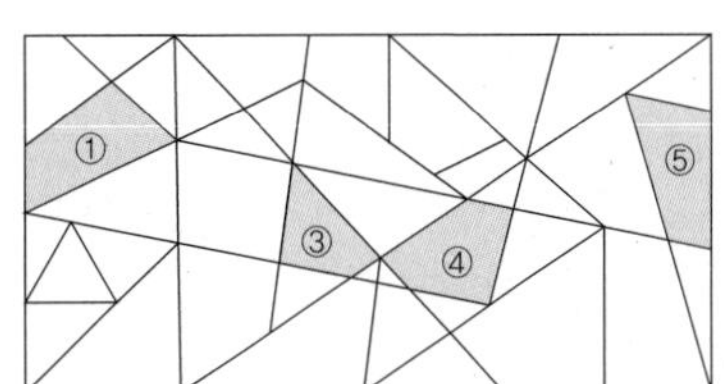

20

| 정답 | ④

| 해설 | 먼저 두 블록의 개수를 합하여 선택지의 블록 개수와 다른 것을 찾으면 좀 더 빨리 풀 수 있다. 이 방법으로 찾지 못할 경우에는 각 선택지에 모양이 특이한 것을 먼저 대입해 보면 쉽게 찾을 수 있다.

④는 동그라미 친 부분이 제거되어야 한다.

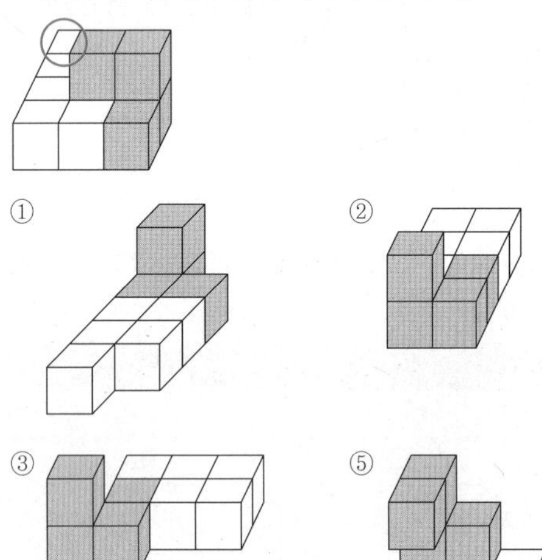

파트 1 유형A 기초지식

1 영어

실력다지기

문제 38쪽

01 ②	02 ①	03 ②	04 ③	05 ③
06 ④	07 ⑤	08 ④	09 ①	10 ⑤
11 ④	12 ④	13 ③	14 ③	15 ②
16 ①	17 ②	18 ①	19 ③	20 ④
21 ②	22 ①	23 ③	24 ①	25 ①
26 ④	27 ②	28 ③	29 ④	30 ①

01

| 정답 | ②

| 해설 | terminate : 끝나다, 종료되다

② end : 끝나다, 종결하다

| 오답풀이 |

① destroy : 파괴하다

③ limit : 제한하다, 한정하다

④ justify : 옳다고 하다, 정당화하다

⑤ apologize : 사과하다

02

| 정답 | ①

| 해설 | sufficient : 충분한

① enough : 충분한

| 오답풀이 |

② suitable : 적당한, 알맞은

③ evident : 분명한, 명백한

④ steady : 안정된, 확실한

⑤ urge : 독촉

03

| 정답 | ②

| 해설 | risk : 위험

② danger : 위험

| 오답풀이 |

① damage : 손상, 피해를 입히다

③ repair : 수리(수선)하다

④ deny : 부인하다, 거부하다

⑤ warn : 경고하다

04

| 정답 | ③

| 해설 | extend : 더 길게[크게/넓게] 만들다, 연장하다, 확대하다

③ widen : 넓어지다, 커지다

| 오답풀이 |

① steep : 가파른, 비탈진

② shallow : 얕은

④ narrow : 좁은, 아슬아슬하게 된

⑤ condole : 위로하다

05

| 정답 | ③

| 해설 | book을 동사로 사용하면 '예약하다'라는 의미이다.

| 오답풀이 |

② alter : 변하다, 달라지다, 고치다

⑤ accompany : 동반(동행)하다

06

| 정답 | ④

| 해설 | message는 글이나 말로 된 전갈, 이메일이나 휴대전화로 받는 메시지, 책이나 연설이 전하고자 하는 교훈 등 다양한 의미로 사용된다. 따라서 한 마디의 말, 약속 등의 의미를 갖고 있는 word가 답이 된다.

| 오답풀이 |

① article : 글, 기사

07

| 정답 | ⑤

| 해설 | notify는 '통보하다'라는 의미의 동사이다.

| 오답풀이 |

① admire : 존경하다

② wander : 거닐다, 돌아다니다, 헤매다

③ sort : 분류하다

④ enhance : 향상시키다

08

| 정답 | ④

| 정답 | in advance는 부사로 '미리, 사전에'라는 의미이다. 따라서 선택지 가운데 같은 뜻은'beforehand'이다.

| 오답풀이 |

① light up : (불을)밝히다

② take off : (옷 등)을 벗기다

③ recommend : 추천하다

⑤ forfeit : 몰수당하다, 박탈당하다

09

| 정답 | ①

| 해설 | calm : 고요한, 차분한

① loud : 시끄러운, 야단스러운

| 오답풀이 |

② chilly : 쌀쌀한, 냉정한

③ gloomy : 우울한, 어둑어둑한

④ reserved : 과묵한

⑤ recommend : 권고하다

10

| 정답 | ⑤

| 해설 | front : (사물의) 앞쪽, 겉모습, 앞쪽의

⑤ rear : 뒤쪽, 뒤쪽의

| 오답풀이 |

① surface : (사물의) 표면, 지면, 수면, 외관

② position : 위치, 자리, 처지

③ under : 아래에

④ reflect : 반영하다

11

| 정답 | ④

| 해설 | common : 공통의, 공동의, 평범한

④ personal : 전용의

| 오답풀이 |

① population : 인구

② generation : 세대
③ public : 대중의
⑤ stricter : 엄격학, 완전한

12

| 정답 | ④
| 해설 | feigned : 거짓의 허위의
④ genuine : 진짜의
| 오답풀이 |
① faithful : 충실한
② assumed : 가장한, 꾸민
③ successful : 성공한
⑤ weakness : 나약함, 힘이 없음

13

| 정답 | ③
| 해설 | separate : 분리하다
③ connect : 연결하다
| 오답풀이 |
① exclude : 배제하다
② stay : 머물다
④ save : 구하다, 저장하다
⑤ accuse: 비난하다, 고소(고발)하다

14

| 정답 | ③
| 해설 | similar : 비슷한, 유사한
③ different : 다른, 상이한
| 오답풀이 |
① familiar : 친근한, 익숙한
② common : 흔한, 공통의
④ same : 같은, 동일한
⑤ bliss : 행복, 천국의 기쁨

15

| 정답 | ②
| 해설 | doctor : 의사, nurse : 간호사, patient : 환자
따라서 제시된 단어와 관련이 있는 것은 hospital(병원)이다.
| 오답풀이 |
① fire station : 소방서
③ police station : 경찰서
④ university : 대학
⑤ pharmacy : 약국

16

| 정답 | ①
| 해설 | Santa Claus : 산타클로스, Rudolph : 루돌프, Jingle Bells : 징글벨
따라서 제시된 단어와 관련이 있는 것은 Christmas Day(크리스마스)이다.
| 오답풀이 |
② Thanksgiving Day : 추수감사절
③ Mother's Day : 어머니날
④ Independence Day : 독립기념일
⑤ Family Day : 가족의 날

17

| 정답 | ②
| 해설 | be famous for : ~로 유명하다
해석 이 회사는 상품의 품질이 좋기로 유명하다.

18

| 정답 | ①
| 해설 | 'live'는 '살아 있는'이라는 의미 외에 '생방송의, 생중계의, (공연이) 실황인'이라는 뜻을 가지고 있다. 그러므로 a live concert가 적절하다.
| 오답풀이 |
② lived : (보통 복합어로 구성되어) 생명이 ~한
③ living : 살아 있는, 현재 사용되는, 생계수단, 생활방식
④ alive : 살아 있는, (생기가) 넘치는, 존속하는
⑤ funny : 우스운
해석 BTS는 5월 20일에 라이브 콘서트를 개최했다.

19

| 정답 | ③
| 해설 | instead of : ~대신에
해석 우리는 부(富) 대신에 행복을 선택해야만 한다.

20

| 정답 | ④

| 해설 | keep, finish, avoid 등의 동사는 동명사만을 목적어로 취할 수 있다.

해석 너는 그 책을 계속 읽는 것이 좋겠다.

21

| 정답 | ②

| 해설 | "Koreans are one of the hardest working people in the world."와 "Their parents work very hard."그리고 "They usually start their work early in the morning and come back home late at night."를 통해서 한국인들은 성실한, 근면한(diligent)하는 것을 알 수 있다.

어휘 do one's best : 최선을 다하다. / have an education : 교육을 받다. / lazy : 게으른, 느긋한 / clever : 영리한, 재주가 있는 , 기발한

해석 나의 아버지는 한국인들은 전 세계에서 가장 열심히 일하는 사람들 중 하나라고 말씀하신다. 그리고 나도 그것이 사실이라고 생각한다. 나는 댈러스에서 살고 있고, 나의 이웃에는 한국 출신의 몇몇의 친구들이 있다. 그들의 부모님은 매우 열심히 일을 한다. 그들은 보통 그들의 작업을 아침 일찍 시작하고, 늦은 밤에 집으로 돌아온다. 그리고 그들은 그들이 아이들이 더 좋은 교육을 받기 위해 최선을 다한다. 그들은 삶에서 무엇이 중요한지를 알고 있다.

22

| 정답 | ①

| 해설 | 유명인의 공적인 행동과 그들의 진정한 모습들을 혼동해서는 안 된다.

| 오답풀이 |

② 유명인을 만나고자 하는 열정을 가져야 한다.
③ 유명인이 말하는 어떤 것도 믿어서는 안 된다.
④ 유명인이 그들의 진정한 모습에 주의하는 것을 깨달아야 한다.
⑤ 유명인의 공적인 행동이 그들의 진정한 모습과 일치한다고 생각해도 된다.

어휘 passion : 열정, 격정, 열애 / the celebrated : 유명인 / prestige : 명성, 신망, 위신 / acquire : 얻다, 획득하다, 손에 넣다 / come across : 마주치다(발견하다), 만나다 / impressive : 인상적인, 감동을 주는 / conceal : 감추다, 숨기다 / correspond with : ~와 일치(부합)하다 / confuse : 혼동하다, 잘못 알다

해석 나는 항상 많은 사람들이 유명인을 만나고 싶어 하는 열정에 놀라게 된다. 당신이 유명한 사람들을 알고 있다고 당신의 친구에게 말함으로써 당신이 얻는 명성은 당신 스스로가 중요한 사람이 아니라는 것을 증명할 뿐이다. 유명인은 그들이 마주치는 사람들을 다루는 솜씨를 발전시킨다. 그들은 세상에 하나의 가면을, 흔히 인상적인 가면을 보여주지만, 그들의 진정한 모습들을 감추기 위해 조심한다. 그들은 그들에게 기대되는 역할을 수행하며, 연습을 통해 그것을 매우 잘 수행하는 법을 배우지만, 만약 당신이 그들의 이 공적인 행동이 그 사람의 이면과 일치한다고 생각한다면 당신은 어리석은 사람이다.

23

| 정답 | ③

| 해설 | 성공적인 면접의 3단계

| 오답풀이 |

① 일자리를 얻는 데에 전념하고 있음을 보여주는 방법
② 면접 동안의 긍정적인 태도
④ 면접 동안에 당신의 능력을 보여주는 것의 중요성
⑤ 눈을 마주 보며 미소 짓는 방법

어휘 chance : 가능성, 가망, 승산, 기회 / demonstrate : 보여주다, 증명하다, 논증하다 / at ease with : ~에 편하게, ~에 마음 편히 / firmly : 힘차게, 굳게, 단단히, 견고하게, 단호하게 / be in touch : ~와 연락하다, ~와 연락하고 지내다 / check back with : ~와 다시 연락하다, ~와 다시 만나다 / indicate : 나타내다, 보이다, 가리키다, 표시하다 / commitment : 전념, 헌신, 위임, 책임, 실행, 약속, 확약, 참가 / if you don't mind : 괜찮으시다면, 상관없으시다면

해석 가장 성공적인 면접은 3가지 기본 단계들을 따른다. 만약 당신이 그 단계들을 알고 있다면, 당신은 일자리를 얻을 수 있는 가능성을 높이는 것이다. 첫 번째 단계는 약 3분 정도 지속되고 당신이 먼저 자기소개를 할 때 일어난다. 이 3분 이내에, 당신은 상냥하고 다른 사람들과 잘 지낸다는 것을 보여줘야 한다. 이때는 힘차게 악수하고, 눈을 맞추고, 그리고 미소를 지을 때이다. 두 번째 단계 동안에, 당신은 당신의 기술과 능력을 설명해야 한다. 이것은 고용주에게 당신이 얼마나 능력이 있는지를 보여줄 수 있는 기회이다. 세 번째 단계는 면접의 마지막에 온다. 비록 그것은 겨우 1분 내지 2분간 지속되지만, 이 단계는 그럼에도 중요하다. 고용주가 "연락드리겠습니다."라고 말할 때, 당신은 "괜찮으시다면, 며칠 내에 제가 다시 연락드리겠습니다."와 같은 어떤 말을 해야 한다. 이와 같은 언급은 일자리를 얻는 데에 전념하고 있음을 나타낸다.

24

| 정답 | ①

| 해설 | 서로 상쇄될 수 있는 진술들에 대한 구체적인 예가 되기 위해서는 "Two heads are better than one."과 상쇄되는 속담(겉으로 보기에 비유가 비슷한 듯하나 그 뜻이 다른 것)을 찾으면 된다.

| 오답풀이 |

② 피는 물보다 진하다.
③ 필요할 때 도와주는 친구가 진짜 친구다.
④ 급할수록 돌아가라.
⑤ 벌이 없으면 꿀도 없다.

어휘 insightful : 통찰력 있는 / circumstance : 상황, 환경 / qualification : 자격, 조건 / without qualification : 무조건[무제한]으로 / cancel out : 상쇄되다

해석 인생의 상황들에 적용시켰을 때, 많은 대중적인 속담은 옳으며, 심지어 통찰력이 있기까지 하다. 그러나 속담이 무조건으로 표현될 때 서로 상쇄될 수 있다. 예를 들어 "사공이 많으면 배가 산으로 간다."라는 속담은 종종 사실이지만, "한 사람보다는 두 사람의 지혜가 낫다(백지장도 맞들면 낫다)."라고 하는 것이 맞을 때도 있다.

25

| 정답 | ①

| 해설 | A가 주차할 자리를 찾다가 늦었다고 하였으므로, A가 타고 온 것은 승용차라는 것을 알 수 있다.

어휘 terribly : 몹시, 끔찍이 / oversleep : 늦잠을 자다 / spend 시간 ~ing : ~하는 데 ~의 시간이 걸리다 / entrance : 입구 / auditorium : 객석, 공연장, 강당

해석 A : 정말 미안해, Susan!
B : 음, 괜찮아. 그런데 왜 늦은 거야? 아침에 늦잠 잤니?
A : 아니. 사실은, 주차할 자리를 찾는 데 거의 30분이나 걸렸어.
B : 정말? 아마도 이 쇼를 보러 온 사람들이 많나봐.
A : 그래. 저기 봐! 입구가 사람들로 붐비고 있어.
B : 우리도 서둘러서 객석으로 입장하는 게 좋겠어.
A : 좋아. 가자!

26

| 정답 | ④

| 해설 | 'jumped out of a plane'에서 답이 스카이다이빙임을 알 수 있다.

어휘 Atlantic : 대서양 / backpacking : 배낭여행

해석 A : 기분이 어때?
B : 별로예요. 지금까지 이렇게 겁내본 적이 없어요.
A : 안심해. 괜찮아질 거야.
B : 잘 모르겠어요.
A : 누구나 처음은 겁나기 마련이야.
B : 글쎄요, 저는 자동차 경주도 했었고, 대서양도 횡단했었지만, 비행기에서 점프는 해보지 못했어요. 그리고 지금은 제가 원하는 건지도 확신하지 못하겠어요.
A : 그럼 왜 이 강의를 선택한 거니?

27

| 정답 | ②

| 해설 | 'I'd like to improve my pronunciation'을 통해 B는 영어발음을 향상시키고 싶음을 알 수 있다.

어휘 speech : 연설, 담화 / improve : 개선되다, 향상되다 / practice : 연습하다 / pronunciation : 발음 / in front of : ~앞에서

해석 A : Min-su, 영어 웅변대회 준비는 잘 돼가니?
B : 글쎄, 준비는 많이 했는데 여전히 발음은 향상이 안 되고 있어. 그 문제에 대해 도와줄 수 있어?
A : 아마 할 수 있을 거야. TV 쇼에서 아나운서들이 어떻게 발음을 연습하는지 본 적이 있거든.
B : 정말? 그들은 어떻게 해?
A : 그들은 거울 앞에서 입과 입술이 어떻게 움직이는지 보면서 소리를 연습하더라. 너도 그렇게 해봐.
B : 고마워.
A : 천만에.

28

| 정답 | ③

| 해설 | 'Yesterday I broke my glasses while playing basketball'을 통해 농구를 하다 안경이 부러졌음을 알 수 있다.

해석 A : 안녕하세요? 무엇을 도와드릴까요?
B : 네. 제가 안경을 새로 사고 싶은데요. 어제 제가 농구를 하다가 안경을 부러뜨렸거든요.
A : 좋아요. 먼저 안경테부터 선택하는 게 어떠세요? 이쪽에 있어요. 한번 보세요.
B : 좋아요. 음. 저는 이 정사각형 모양의 안경테가 좋은데요. 한번 써봐도 되나요?
A : 물론입니다. 여기 있어요. 잘 맞나요?
B : 딱 맞네요. 이걸로 할게요.

A : 좋아요. 이제 렌즈를 보기 위해서 눈을 검사해보죠. 이쪽으로 따라오세요.
B : 네.

29

| 정답 | ④

| 해설 | 빈칸 다음에 B가 극장 규칙을 설명하는 것으로 보아 '그 규칙들이 뭔데?'가 어울린다.

어휘 miss : 놓치다 / announcement : 안내방송, 발표, 소식 / bring : 가져오다 / turn off : 끄다 / allow : 허락하다, 허용하다 / no way : 절대 안 된다

해석 A : 늦어서 미안해. 내가 놓친 부분이 있어?
B : 극장 규칙에 대한 안내방송만 있었어.
A : 그렇구나. 그 규칙들이 뭔데?
B : 음, 음식을 안에 들여서는 안 되는 것.
A : 아주 쉽구나(일반적인, 뻔한 이야기구나). 그게 다야?
B : 아니, 휴대폰은 꺼야 하고 애완동물은 극장에 들이면 안 돼.
A : 알겠어. 영화 볼 때 사진 좀 찍어도 돼?
B : 물론 절대 안 되지.

30

| 정답 | ①

| 해설 | 빈칸 뒤에 A가 2개의 창문이 있다고 대답하였으므로 '그 집에 몇 개의 창문이 있지?'가 적절하다.

어휘 flat : 평평한 / roof : 지붕 / triangle : 삼각형 / beside : ~옆에

해석 A : 저 예쁜 집 좀 봐.
B : 어떤 것(어디)? 평평한 지붕이 있는 집?
A : 아니, 그 지붕은 삼각형 모양이야.
B : 안 보여. 그 집에 몇 개의 창문이 있지?
A : 2개의 창문이 있어.
B : 오, 보이는 것 같아. 그 옆에 나무가 있지?
A : 그래, 그 옆에 키 큰 나무가 있어.
B : 오, 이제 보여. 정말 예쁘다.

2 수학

실력다지기

문제 98쪽

01 ④	02 ②	03 ④	04 ③	05 ②
06 ⑤	07 ①	08 ③	09 ④	10 ②
11 ③	12 ②	13 ②	14 ①	15 ④
16 ④	17 ③	18 ②	19 ①	20 ③
21 ②	22 ②	23 ②	24 ③	25 ④
26 ③	27 ③	28 ④	29 ⑤	30 ②
31 ④	32 ④	33 ④	34 ②	35 ②
36 ①	37 ③	38 ②	39 ①	40 ②
41 ②	42 ⑤	43 ③	44 ②	45 ①
46 ③	47 ②	48 ②	49 ④	50 ④
51 ②	52 ③	53 ③		

01

| 정답 | ④

| 해설 | $1,455+715+258+39 \fallingdotseq 1,500+700+260+40$
$=2,500 \fallingdotseq 2,467$

02

| 정답 | ②

| 해설 | $124 \div 4 \times 2 = 31 \times 2 = 62$

03

| 정답 | ④

| 해설 | $4\sqrt{6} \times 2\sqrt{2} - 4\sqrt{3} = (4 \times 2)\sqrt{6 \times 2} - 4\sqrt{3}$
$= 8\sqrt{3 \times 2 \times 2} - 4\sqrt{3} = 16\sqrt{3} - 4\sqrt{3} = 12\sqrt{3}$

- $a\sqrt{b} \times c\sqrt{d} = (a \times c)\sqrt{b \times d}$
- $\sqrt{a^2 b} = a\sqrt{b}$
- $a\sqrt{b} \pm c\sqrt{b} = (a \pm c)\sqrt{b}$

04

| 정답 | ③

| 해설 | $3.5+3.09\times2.1\div0.24\fallingdotseq3.5+3\times2\div0.2$

$=3.5+6\div0.2=33.5\fallingdotseq30.5375$

05

| 정답 | ②

| 해설 | $\frac{2}{3}\div\left(\frac{3}{5}-\frac{2}{7}\right)=\frac{2}{3}\div\left(\frac{21-10}{35}\right)$

$=\frac{2}{3}\times\frac{35}{11}=\frac{70}{33}$

06

| 정답 | ⑤

| 해설 | $\square\div4=3\times7\times4$

$\therefore\ \square=3\times7\times4\times4=336$

07

| 정답 | ①

| 해설 | $6\times\square+75=17\times9$

$6\times\square=17\times9-75$

$6\times\square=78$

$\therefore\ \square=13$

08

| 정답 | ③

| 해설 | $7\times(\square+0.7)=0.7\times12$

$\square+0.7=0.7\times12\div7$

$\square+0.7=1.2$

$\therefore\ \square=0.5$

09

| 정답 | ④

| 해설 | $34+765\square17-25=54$

$765\square17=54-34+25$

$765\square17=45$

$\therefore\ \square=\div$

10

| 정답 | ②

| 해설 | $\frac{5}{6}\div\frac{2}{3}\times\frac{8}{9}\square\frac{1}{3}=\frac{7}{9}$

$\frac{5}{\cancel{6}_{2}}\times\frac{\cancel{3}^{1}}{\cancel{2}_{1}}\times\frac{\cancel{8}^{2}}{9}\square\frac{1}{3}=\frac{7}{9}$

$\frac{10}{9}\square\frac{3}{9}=\frac{7}{9}$ ← 파악하기 쉽도록 분모를 통분

$\therefore\ \square=-$

11

| 정답 | ③

| 해설 | ㉡을 통해 ×가 −로 사용되었음을 알 수 있다. 이를 ㉠에 대입해 보면,

$(105-32)+4=292$　　$73+4=292$

292는 73의 4배이므로 +가 ×로 쓰였음을 알 수 있다.

$\therefore$ ㉢ $66+12\times177\ \Rightarrow\ 66\times12-177=792-177=615$

12

| 정답 | ②

| 해설 | a는 양의 정수(자연수)이므로 $9\times a>0$이다. b도 한 자릿수의 양의 정수(자연수)이므로, 연산결과를 −25로 하기 위해서는 ○=−, △=×여야 한다.

$(9\times a)-(b\times10)=-25$

−25는 5의 배수이므로 $(9\times a)$도 5의 배수여야 한다. 그러므로 $a=5$가 된다.

$45-(b\times10)=-25$　　$b\times10=70$　　$b=7$

$\therefore\ a+b=5+7=12$

13

| 정답 | ②

| 해설 | $(9■2)☆12=(9+2)☆12=11\times11-12=109$

14

| 정답 | ①

| 해설 | $5☆(2■9■8)=5☆\{(2+9)■8)\}$

$=5☆(11+8)=5\times5-19=6$

15

| 정답 | ④

| 해설 | A 코스의 거리를 x, B 코스의 거리를 y라 놓으면 다음과 같이 정리할 수 있다.

• 총 거리 : $x+y=10$ …… ㉠

• 등산에 걸린 총 시간 : $\frac{x}{3}+\frac{y}{4}=3$ …… ㉡

㉠, ㉡을 연립하여 풀면 $x=6$(km), $y=4$(km)이다.

16

| 정답 | ④

| 해설 | G−F 지점 간의 이동시간은 7 : 50～8 : 20으로 30(분)= $\frac{1}{2}$(시간)이며, F−K 지점 간의 이동시간은 8 : 30～10 : 20으로 1시간 50분 즉, $\frac{11}{6}$시간이다.

$\frac{1}{2}+\frac{11}{6}=\frac{14}{6}$(시간) 동안 11.2km를 이동하였으므로 평균 이동속력은 $11.2\div\frac{14}{6}=11.2\times\frac{6}{14}=4.8$(km/h)이다.

17

| 정답 | ③

| 해설 | 콩쥐가 경주 거리를 달린 시간은 $\frac{42}{4}=10.5$(시간)이며, 2km/h 더 빨랐던 팥쥐가 낮잠을 자지 않았을 경우의 경주 시간은 $\frac{42}{6}=7$(시간)이다. 팥쥐가 낮잠을 자는 바람에 콩쥐가 팥쥐보다 2시간 빨리 도착하였다고 했으므로 팥쥐가 결승점에 도착하기까지 걸린 시간은 12시간 30분이 된다. 따라서 팥쥐가 낮잠 잔 시간은 5시간 30분이다.

18

| 정답 | ②

| 해설 | A, B 두 사람이 출발점에서 달리기 시작하여 첫 번째로 만나는 데 걸리는 시간을 t라 하면 다음과 같은 식이 성립한다.

$5t+7t=600$ $12t=600$ $t=50$(s)

첫 번째로 만난 지점에서 출발하여 두 번째로 만나는 지점까지 걸리는 시간도 50초, 두 번째로 만난 지점에서 출발하여 세 번째로 만나는 지점까지 걸리는 시간도 50초이므로 출발점에서 세 번째로 만나는 지점까지 걸리는 시간은 총 150초이다. 150초 동안 A가 이동한 거리는 $5\times150=750$(m)이므로 여기에서 경기장의 둘레(1바퀴 길이)를 빼면 출발점에서부터 떨어진 거리가 된다. 따라서 $750-600=150$(m)이다.

19

| 정답 | ①

| 해설 | A 소금물의 처음 농도를 x%, B 소금물의 처음 농도를 y%라 하면 다음과 같은 식이 성립한다.

$\frac{x}{100}\times300+\frac{y}{100}\times100=\frac{5}{100}\times400$ $3x+y=20$ …… ㉠

$\frac{x}{100}\times100+\frac{y}{100}\times300=\frac{6}{100}\times400$ $x+3y=24$ …… ㉡

㉠, ㉡을 연립하면 $x=4.5$(%), $y=6.5$(%)이다.

20

| 정답 | ③

| 해설 | 설탕물을 섞기 전 A에 들어있는 설탕의 양은 16g, B에 들어있는 설탕의 양은 26g이다. A에서 덜어낸 25g의 설탕물에 들어있는 설탕의 양은 $25\times0.16=4$(g)이므로 이를 B에 넣으면 $\frac{26+4}{100+25}\times100=24$(%)의 설탕물이 만들어진다. 새로 만들어진 B에서 덜어낸 25g의 설탕물에 들어있는 설탕의 양은 $25\times0.24=6$(g)이므로 이를 A에 넣으면 $\frac{16-4+6}{100-25+25}\times100=18$(%)의 설탕물이 만들어진다.

21

| 정답 | ②

| 해설 | 89점을 받은 횟수를 x, 94점을 받은 횟수를 y라 하면 다음과 같은 식이 성립한다.

$x+y=10$ ……………………………… ㉠

$\frac{89x+94y}{10}=91$ ……………………… ㉡

㉡을 정리하면, $89x+94y=910$ …… ㉢

㉠을 정리하면, $y=10-x$이고 이 식을 ㉢에 대입하면

$89x+94(10-x)=910$ $5x=30$

$\therefore x=6$(회), $y=4$(회)

22

| 정답 | ②

| 해설 | 전체 일의 양을 1로 놓으면 A, B, C 각각 혼자서 하루에 할 수 있는 일의 양은 A는 $\frac{1}{3}$, B는 $\frac{1}{6}$, C는 $\frac{1}{4}$이다.

따라서 A, B, C 세 사람이 함께 물건을 만들 때 걸리는 시간은

$$\frac{1}{\frac{1}{3}+\frac{1}{6}+\frac{1}{4}}=\frac{1}{\frac{4+2+3}{12}}=\frac{1}{\frac{9}{12}}=\frac{1}{\frac{3}{4}}=\frac{4}{3}=1.333\cdots(\text{일})$$

이므로 약 2일이 걸린다.

23

| 정답 | ②

| 해설 | • A 방식으로 1분에 할 수 있는 일의 양$=\frac{1}{10}$

• B 방식으로 1분에 할 수 있는 일의 양$=\frac{1}{15}$

A 방식으로 일을 한 시간을 x분이라 하면, B 방식으로 일을 한 시간이 A 방식으로 일한 시간보다 10분 더 길다고 했으므로 B 방식으로 일을 한 시간은 $(x+10)$분이 된다.

전체 작업량을 1이라 하면 'A 방식으로 일한 양+B 방식으로 일한 양=1'이므로 다음과 같은 식이 성립한다.

$\frac{x}{10}+\frac{x+10}{15}=1$ $\quad 3x+2(x+10)=30$

$5x=10$ $\quad x=2$(분)

따라서 A 방식으로 일을 한 시간은 2분, B 방식으로 일을 한 시간은 $2+10=12$(분)이다.

24

| 정답 | ③

| 해설 | 노트북 배터리의 분당 소모량은 $\frac{1}{20}$이고 분당 충전량은 $\frac{1}{10}$이다. P 군이 10분 동안 사용하고 남은 배터리는 $1-\left(\frac{1}{20}\times 10\right)=\frac{1}{2}$이고 노트북을 사용하며 충전할 때의 분당 충전량은 $\frac{1}{10}-\frac{1}{20}=\frac{1}{20}$이다. 따라서 다시 완전히 충전되는 데 걸리는 시간은 $\frac{1}{2}\div\frac{1}{20}=10$(분)이 된다.

25

| 정답 | ④

| 해설 | 정가의 10%를 할인한 가격으로 5개를 팔았을 때의 이익과 정가의 15%를 할인한 가격으로 10개를 팔았을 때의 이익이 동일하기 때문에, 정가의 10%를 할인해서 팔았을 때의 1개당 이익은 정가의 15%를 할인해서 팔았을 때의 1개당 이익의 2배이다.

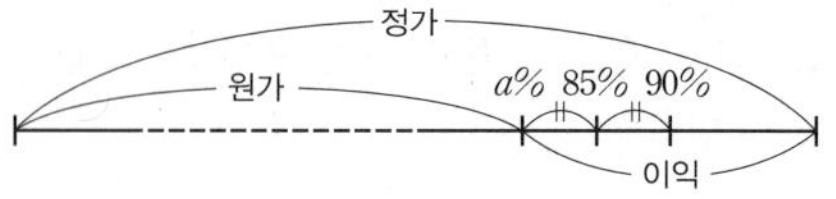

그림과 같이 원가를 정가의 a%라고 하면 다음과 같은 식이 성립한다.

$90-a=2(85-a)$

$90-a=170-2a$

$a=80(\%)$

이에 따라 원가는 정가의 80%이고, 정가로 팔았을 경우의 이익은 정가의 20%가 된다. 5,000원이 정가의 20%이기 때문에(= 정가의 10%는 2,500원), 1개당 가격은 25,000원이다.

26

| 정답 | ③

| 해설 | 재료비가 5만 원인 상품 50개에 대한 10%의 이윤은 $50,000\times 0.1\times 50=250,000$(원)이다. 동일한 이윤을 남기도록 상품 20개에 대해 책정해야 할 이윤을 x라 하면 다음과 같은 식이 성립한다.

$50,000x\times 20=250,000$ $\quad 1,000,000x=250,000$ $\quad x=0.25$

따라서 25%의 이윤을 남겨야 한다.

27

| 정답 | ③

| 해설 | A 제품의 원가를 x원이라 하면 정가는 $1.1x$원, 할인판매 가격은 $(1.1x-2,000)$원이므로 다음과 같은 식이 성립한다.

$(1.1x-2,000)-x=1,000$

$0.1x=3,000$

$\therefore x=30,000$(원)

따라서 A 제품의 할인판매 가격은 $1.1\times 30,000-2,000=31,000$(원)이다.

28

| 정답 | ④

| 해설 | 가위, 바위, 보의 3종류이므로 3명의 모든 경우의 수는 $3\times 3\times 3=27$(가지)이다. 한편, 아무도 이기지 않는 경우는 3명 모두 같은 종류를 내놓을 경우 3가지와 3명 모두 다른 종류를 내놓을 경우 6가지($_3P_3=3!$)이므로 총 9가지가 된다. 따라서 구하는 확률은 $\frac{9}{27}=\frac{1}{3}$이 된다.

29

| 정답 | ⑤

| 해설 | 1. 처음에 사선 위로 간다.

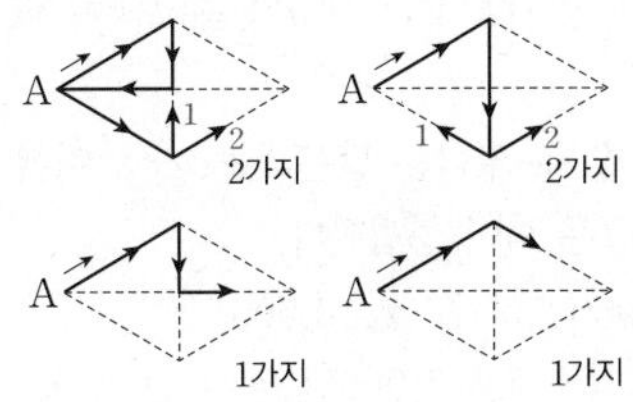

$2+2+1+1=6$(가지)

2. 처음에 사선 밑으로 가는 길의 수는 1.과 같으므로 6가지이다.

3. 처음에 중간으로 간다.

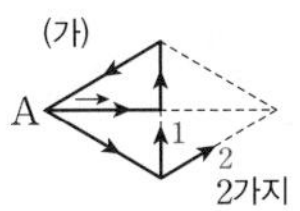

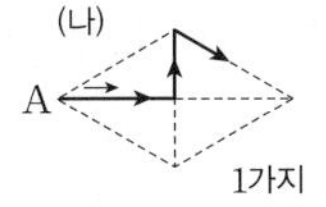

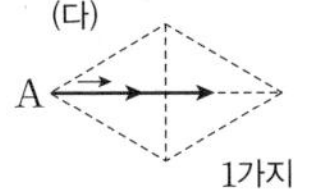

중앙에서 밑으로 가는 경우에도 (가) · (나)와 같이 3가지가 있다.

$(2+1)\times 2+1=7$(가지)

$\therefore\ 6\times 2+7=19$(가지)

30

| 정답 | ②

| 해설 | 조사 대상 직원 전체의 집합을 U, 배드민턴 동아리를 신청한 직원의 집합을 A, 탁구 동아리를 신청한 직원의 집합을 B라 하면 다음과 같이 정리할 수 있다.

$n(\mathrm{U})=40,\ n(\mathrm{A})=17,\ n(\mathrm{B})=25,\ n(\mathrm{A}\cup\mathrm{B})=35$

이때, $n(\mathrm{A}\cup\mathrm{B})=n(\mathrm{A})+n(\mathrm{B})-n(\mathrm{A}\cap\mathrm{B})$이므로

$n(\mathrm{A}\cap\mathrm{B})=n(\mathrm{A})+n(\mathrm{B})-n(\mathrm{A}\cup\mathrm{B})$

$=17+25-35=7$

따라서 탁구 동아리만 신청한 직원의 수는

$n(\mathrm{B})-n(\mathrm{A}\cap\mathrm{B})=25-7=18$(명)이다.

31

| 정답 | ④

| 해설 | 이음매의 수는 테이프의 수보다 1이 적어진다.

연결한 테이프의 수를 x개라 하면, 풀칠하는 부분 길이의 합은 $3(x-1)$cm가 되므로 전체 길이에 대한 식을 세우면 다음과 같다.

$20x-3(x-1)=224 \qquad 20x-3x+3=224 \qquad 17x=221$

$\therefore\ x=13$(개)

32

| 정답 | ④

| 해설 | 3명, 4명, 5명에게 똑같이 나누어 주면 항상 3개가 남는다는 것은 상자 안에 구슬이 3, 4, 5의 공배수에 3을 더한 값만큼 있다는 것을 의미한다. 3, 4, 5의 최소공배수는 60이고 상자 안에 들어 있는 구슬이 100개가 넘는다고 하였으므로 조건을 만족하는 최솟값은 123개이다.

33

| 정답 | ④

| 해설 | A 마을 주민의 수는 4와 7의 최소공배수 28의 배수가 되며, (마을 주민 수−12), 즉 (마을 주민 수+1)은 13으로 나누어떨어진다. 28의 배수는 28, 56, 84, 112, 140, 168, 196, 224, 252, 280, …이고, 이 수에 +1을 하였을 때 13으로 나누어떨어지는 수는 168, 532, 896, …이므로 A 마을 주민은 최소 168명이다.

34

| 정답 | ②

| 해설 | 지영이에게 남아 있는 연필 길이는 $160\times\left(1-\frac{7}{8}\right)=20$(mm)이고, 지훈이에게 남아 있는 연필 길이는 $160\times\left(1-\frac{5}{8}\right)=60$(mm)이다. 따라서 남아 있는 연필의 길이를 합하면 $20+60=80$(mm), 즉 8cm이다.

35

| 정답 | ②

| 해설 | 각 시간마다 세균의 수를 계산해보면 다음과 같다.

- 1시간 후 : $(6-2)\times 3=12$(마리)
- 2시간 후 : $(12-2)\times 3=30$(마리)
- 3시간 후 : $(30-2)\times 3=84$(마리)
- 4시간 후 : $(84-2)\times 3=246$(마리)
- 5시간 후 : $(246-2)\times 3=732$(마리)

따라서 732마리가 되는 것은 5시간 후이다.

36

| 정답 | ①

| 해설 | 주어진 연간 임대수익률 공식에 수치를 대입해 보면 연간 임대수익률은 $\frac{1,000,000\times12}{500,000,000-100,000,000}\times100=3.0(\%)$이다.

37

| 정답 | ③

| 해설 | $91\div7=13$이므로 91일 중 주말은 총 $13\times2=26$(일), 공휴일은 3일이다. 주말에는 각각 3시간씩, 공휴일에는 4시간씩 연습을 하므로 A의 총연습시간은 $(3\times26)+(4\times3)=90$(시간)이다.

38

| 정답 | ②

| 해설 | 1kg에 10원씩 내릴 때마다 판매량은 2kg씩 증가하고, 10원씩 올릴 때마다 판매량은 2kg씩 감소하므로 판매금액이 $(3,000-10x)$원일 때, 판매량은 $(100+2x)$kg이다.
이때 1kg의 원가가 2,000원이므로 하루의 이익은 $(1,000-10x)(100+2x)$가 된다.
이를 정리하면
$(1,000-10x)(100+2x)=-20x^2+1,000x+100,000$
$=-20(x-25)^2+112,500$
따라서 x가 25일 때 이익이 최대가 되고, 이때 1kg당 판매금액은 $3,000-250=2,750$(원)이다.

39

| 정답 | ①

| 해설 | 가장 작은 숫자와 가운데 숫자(18), 그리고 가장 큰 숫자 사이의 동일한 간격을 x라 한다면 가장 작은 숫자는 $18-x$, 가장 큰 숫자는 $18+x$가 된다. 따라서 다음과 같은 식을 세울 수 있다.
$18^2=(18-x)\times(18+x)+4$
$324-4=(18-x)\times(18+x)$　　$320=324-x^2$
$x^2=4$　　$\therefore x=2$
따라서 가장 작은 숫자는 $18-2=16$, 가장 큰 숫자는 $18+2=20$이다.

40

| 정답 | ②

| 해설 | A, B, C 세 개의 부서가 배정받을 운영비를 각각 a, b, c로 놓고 식을 세우면 다음과 같다.
$a+b+c=6,000$　　$a+b=4,100$
B가 최저 운영비를 배정받으므로 $b<1,900$이 된다.
이때, 나머지 a와 c 중에서 c가 최고액일 경우에 $b<a<1,900$이 되므로 $a+b+c=6,000$에 어긋난다. 따라서 a가 최고액이 되며 $a\geq2,000$임을 알 수 있다.
한편, b와 c의 합은 a를 초과할 수 없다는 말은 $b+c$가 a 이하라는 말과 같기 때문에 다음과 같은 식이 성립한다.
$b+c\leq a$　　$4,100-a+1,900\leq a$　　$a\geq3,000$
즉, A 부서가 받을 수 있는 최저액은 3,000만 원이 된다. 또한, 최고액과 최저액에 대한 제한은 없었으므로 최저 운영비 b가 최소 단위 운영비인 100만 원이라면 a의 최고액은 $6,000-100-1,900=4,000$(만 원)이 된다.
$\therefore$ 4,000(만 원)$-$3,000(만 원)$=$1,000만 원

41

| 정답 | ②

| 해설 | 얼룩말의 수를 x, 타조의 수를 y라 하면 다음과 같은 식이 성립한다.
$x+y=22$　…… ㉠
$4x+2y=72$　　$2x+y=36$　…… ㉡
㉠, ㉡을 연립하여 풀면 $x=14$(마리), $y=8$(마리)이다.

42

| 정답 | ⑤

| 해설 | 큰 활자를 사용한 종이를 x장, 작은 활자를 사용한 종이를 y장이라 하면 다음과 같은 식이 성립한다.
$x+y=16$　…… ㉠
$1,200x+1,500y=21,000$　　$4x+5y=70$　…… ㉡
㉠, ㉡을 연립하여 풀면,
$4(16-y)+5y=70$
$\therefore y=6$(장), $x=10$(장)

43

| 정답 | ③

| 해설 | 축구가 좋은 학생을 x명, 야구가 좋은 학생을 y명이라 하면, 축구가 좋은 학생 중에서 야구가 좋은 학생은 $0.8x$명, 야구를 좋아하지 않는 학생은 $0.2x$명으로 나타낼 수 있다. 또한, 야구가 좋은 학생 중 축구가 좋은 학생은 $0.6y$명, 축구를 좋아하지 않는 학생은 $0.4y$명이 된다. 이를 벤 다이어그램으로 나타내면 오른쪽

그림과 같다.

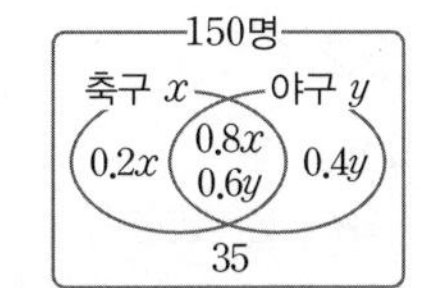

축구와 야구 모두 좋아하는 학생의 수가 같아야 하므로

$0.8x=0.6y \quad 4x=3y$ …… ㉠

학생수가 150명이므로

$0.2x+y+35=150 \quad x+5y=575 \quad x=575-5y$ …… ㉡

㉡을 ㉠에 대입시키면,

$4(575-5y)=3y \quad 2,300-20y=3y$

$23y=2,300 \quad y=100$(명)

$\therefore x=575-5\times100=75$(명)

따라서 축구가 좋다고 대답한 학생은 75명이다.

44

| 정답 | ②

| 해설 | 분침과 시침이 겹치기 5분 전에서부터 다시 겹치기 5분 전까지의 시간은 결국 '시계의 분침과 시침이 겹치고 난 후에 다시 겹치기까지의 시간'과 같은 유형이다. 시계의 시침과 분침이 겹치고 나서 다음에 다시 겹칠 때까지의 시간을 t분이라 하면 분침은 1분에 6°씩 움직이므로 $6t°$ 앞으로 나아가고 시침은 1분에 0.5°씩 움직이므로 $\frac{1}{2}t°$ 앞으로 나아간다. 여기에서 분침은 한 바퀴 돌고 시침을 쫓아 만나게 된 것이므로 분침이 이동한 각도는 '360°+시침이 나아간 각도'와 같다.

$6t°=\frac{1}{2}t°+360° \quad t=\frac{720}{11}=65+\frac{5}{11}$

이때 $\frac{5}{11}$분을 초로 바꾸면 $\frac{5}{11}\times60≒27$(초)이다.

따라서 약 1시간 5분 27초 뒤에 뻐꾸기가 울게 된다.

45

| 정답 | ①

| 해설 | A, B가 처음에 가지고 있던 돈을 각각 a원, b원이라 하고 빵값을 x원이라 하면 다음과 같은 비례식이 성립한다.

- 빵값을 A가 낼 경우
  $(a-x):b=5:6$
- 빵값을 B가 낼 경우
  $a:(b-x)=9:2$

비례식에서 외항의 곱과 내항의 곱은 같으므로 다음이 성립한다.

$5b=6(a-x)$ …… ㉠

$9(b-x)=2a$ …… ㉡

㉠, ㉡을 연립하여 풀면,

$22b-27x=6x$가 되어 $b=\frac{3}{2}x$이다. …… ㉢

㉢을 ㉡에 대입하면 $9\left(\frac{3}{2}x-x\right)=2a$이므로 $a=\frac{9}{4}x$이다.

따라서 A와 B가 처음에 가지고 있던 돈의 비는

$\frac{9}{4}x:\frac{3}{2}x=3:2$이다.

46

| 정답 | ③

| 해설 | 흰색 A4 용지 한 박스의 단가를 x라 하면, 컬러 A4 용지 한 박스의 단가는 $2x$이므로 다음과 같은 식이 성립한다.

$(50\times x)+(10\times2x)-5,000=1,675,000$

$70x=1,680,000$

$\therefore x=24,000$(원)

47

| 정답 | ②

| 해설 | A가 첫 번째로 지불한 비용을 x, B가 첫 번째로 지불한 비용을 y라 하면 A가 두 번째로 지불한 비용은 $0.5x$가 되고, B가 두 번째로 지불한 비용은 $1.5y$가 된다. 이들이 지불한 비용에 관한 식을 세우면 다음과 같다.

$x+0.5x+y+1.5y=32,000 \quad 1.5x+2.5y=32,000$ …… ㉠

$1.5x+5,000=2.5y$ …… ㉡

㉡을 ㉠에 대입하면,

$1.5x+1.5x+5,000=32,000$

$3x=27,000$

$\therefore x=9,000$(원)

48

| 정답 | ②

| 해설 |

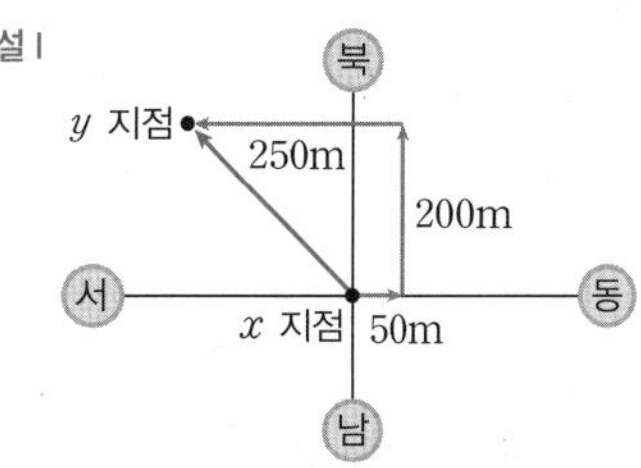

동쪽으로 이동하였다가 다시 서쪽으로 이동하였는데 이동거리가 서쪽이 더 길어서 이는 결국 서쪽으로 이동한 것이 된다. 따라서 경로를 모두 합하면 북으로 200m, 서로 200m 이동하였으므로 북서쪽으로 이동한 것이 된다.

49

| 정답 | ④

| 해설 |

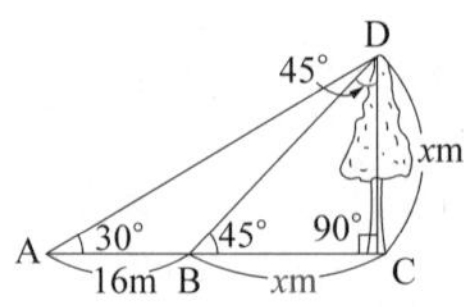

1. 나무높이 $\overline{CD}=x$m라 하면 $\overline{CD}=\overline{BC}$이므로,
 $\overline{BC}=x$, $\overline{AC}=16+x$
2. $\angle DAC=30°$, $\angle ACD=90°$이므로
 $\overline{AC}:\overline{CD}=\sqrt{3}:1$
 $(16+x):x=\sqrt{3}:1$
 $\sqrt{3}x=16+x$
 $(\sqrt{3}-1)x=16$
 $\therefore x=\dfrac{16}{\sqrt{3}-1}=\dfrac{16(\sqrt{3}+1)}{(\sqrt{3}-1)(\sqrt{3}+1)}$
 $=\dfrac{\overset{8}{\cancel{16}}(\sqrt{3}+1)}{\cancel{2}}=8(\sqrt{3}+1)(\text{m})$

50

| 정답 | ④

| 해설 | (가) Z로 이동하는 인원은 X에서 $d\%$, Y에서 $f\%$이므로
 $Z=dX+fY$ …… ㉠
 따라서 (가)는 옳다.

(나) $X=bV+cW$ …… ㉡
 $W=aV$ …… ㉢
 ㉢을 ㉡에 대입하면,
 $X=bV+acV$ …… ㉣
 또한, $Y=eW$ …… ㉤
 ㉢에 ㉤을 대입하면, $Y=aeV$ …… ㉥
 ㉣과 ㉥을 ㉠에 대입하면,
 $Z=d(bV+acV)+f(aeV)$
 $=bdV+acdV+aefV$
 $=(bd+acd+aef)V$이므로 (나)도 옳다.

51

| 정답 | ②

| 해설 | **50**번의 (나)가 V에서 출발한 학생이 Z에 도착하는 경우를 나타낸 것이므로 여기에 수를 대입하여 계산한다.

$bd+acd+aef=0.4\times0.6+0.5\times0.35\times0.6+0.5\times0.6\times0.35$
$=0.24+0.105+0.105=0.45$

$\therefore$ 45%

52

| 정답 | ③

| 해설 | $Z=eX+fY+cV$ …… ㉠
$X=dY$ …… ㉡
$V=aX+bY$ …… ㉢
㉡을 ㉢에 대입하면,
$V=aX+bY=a(dY)+bY=adY+bY$ …… ㉣
㉡과 ㉣을 ㉠에 대입하면,
$Z=eX+fY+cV=e(dY)+fY+c(adY+bY)$
$\therefore Z=edY+fY+acdY+bcY$

53

| 정답 | ③

| 해설 | **52**번에서 $Z=edY+fY+acdY+bcY$임을 구하였다. 이 중 dY가 있는 항이 X를 경유했을 때이므로 비율은 다음과 같이 구할 수 있다.

$$\frac{edY+acdY}{edY+fY+acdY+bcY}=\frac{(0.15+0.15)Y}{(0.15+0.5+0.15+0.2)Y}=0.3$$

따라서 30%이다.

파트 2 유형B 언어이해

1 언어이해

실력다지기

문제 146쪽

01 ⑤	02 ⑤	03 ②	04 ③	05 ③
06 ④	07 ④	08 ③	09 ②	10 ②
11 ③	12 ④	13 ③	14 ④	15 ①
16 ⑤	17 ②	18 ④	19 ①	20 ③
21 ⑤	22 ③	23 ③	24 ①	25 ①
26 ④	27 ④	28 ③	29 ③	30 ②
31 ③	32 ③	33 ②	34 ③	35 ②
36 ①	37 ②	38 ①	39 ②	40 ①
41 ③	42 ③	43 ②	44 ①	45 ①
46 ③	47 ①	48 ①	49 ②	50 ①
51 ③	52 ②	53 ①	54 ①	55 ③
56 ②	57 ①	58 ①	59 ①	60 ①
61 ①	62 ③	63 ③	64 ③	65 ⑤

01

| 정답 | ⑤

| 해설 | • 단군은 '널리 인간을 이롭게 한다.'는 홍익인간을 건국 이념으로 삼았다.

• 뇌의 손상으로 의식이 없고 움직일 수 없으나 호흡이나, 소화 등의 기능은 유지되는 상태의 환자를 식물인간이라고 한다.

• 투명인간은 영국 소설가 웰스의 공상과학 소설에서 유래된 것으로, 다른 사람의 눈에 보이지 않는 상태의 인간을 가리킨다.

02

| 정답 | ⑤

| 해설 | 장미, 여우, 보아뱀을 통해 「어린왕자」와 그 작가인 생텍쥐페리를 연상할 수 있다.

03

| 정답 | ②

| 해설 | • 요정은 사람의 모습을 하고 신기한 능력을 가진 초자연적 존재로, 동화에 자주 등장한다.

• 동화의 대부분은 착한 일을 권하고 나쁜 일을 벌하는 권선징악을 주제로 삼고 있다.

• 유리 구두를 통해 동화 「신데렐라」를 연상할 수 있다.

04

| 정답 | ③

| 해설 | • 예전의 소설가들은 원고지에 직접 소설을 썼다.

• 소설은 작가의 상상력이나 사실 등을 허구적으로 꾸민 글을 말한다.

• 인세는 저작물을 판매하는 단체나 사람이 저작물의 판매량에 따라 저작자에게 일정 비율로 치르는 돈으로, 소설가는 인세를 받는다.

05

| 정답 | ③

| 해설 | • 고려 명장이자 충신인 최영 장군은 "황금 보기를 돌 같이 하라."는 명언을 남겼다.

• 황금비율은 한 선분을 둘로 나누었을 때, 전체에 대한 긴 선분의 길이의 비와 긴 선분의 길이에 대한 짧은 선분의 길이의 비가 같도록 나눈 것으로 약 1.618 : 1이 된다.

• 미다스(Midas)는 그리스 신화에 나오는 왕으로, 황금의 손을 가지려는 지나친 욕심 때문에 손에 닿는 모든 것이 황금으로 변하는 저주에 걸리게 된다.

06

| 정답 | ④

| 해설 | • 박쥐는 야행성, 흡혈 등의 습성으로 인해 드라큘라를 상징하기도 하며, 드라큘라가 박쥐나 안개 등으로 변신한다는 이야기도 있다.

• 박쥐는 주로 동굴과 같은 습하고 어두운 곳에서 서식한다.

• 박쥐는 초음파를 발생하여 어두운 곳에서 다른 물체에 부딪치지 않으며, 또한 먹이의 위치를 탐지한다.

07

| 정답 | ④

| 해설 | • 미국의 라이트 형제는 인류 최초로 유인 동력 비행기를 발명하였다.
• 영국의 민담인 「아기돼지 삼형제」가 있다.
• 그림 형제는 독일의 형제 작가로 '백설공주' '헨젤과 그레텔', 등의 이야기를 수집하여 「그림 동화집」을 완성하였다.

08

| 정답 | ③

| 해설 | • 이명은 아무런 소리가 없음에도 잡음이 들리는 상태로, 귀에서 나타나는 질병이다.
• 포유류의 귀 내부에는 달팽이 모습과 흡사하여 달팽이관이라 불리는 기관이 있다.
• 고흐는 네덜란드 출신의 프랑스 화가로, 스스로 자신의 귀를 자른 것으로 알려져 있다.

09

| 정답 | ②

| 해설 | • 예부터 붉은 팥은 귀신을 쫓는 액막이의 의미를 지닌다.
• 귀신 중에는 달걀의 모양을 한 달걀귀신이 있다.
• 우리나라의 전설이나 이야기 속에는 원한을 품은 여인이 귀신이 되어 소복을 입고 나타나는 모습이 자주 나온다.

10

| 정답 | ②

| 해설 | • 안데르센의 동화인 「눈의 여왕」이 있다.
• 여왕개미는 개미 사회의 우두머리로, 일개미보다 크며 알을 낳을 수 있다.
• 왕족이 남아 있는 국가 중 대부분이 형식적인 존재로 남아있는 반면, 영국의 여왕은 상징적인 존재로 여러 곳에서 영향력을 발휘하고 있다.

11

| 정답 | ③

| 해설 | • 오징어의 다섯 쌍의 다리 중 한 쌍의 다리에는 빨판이 있어, 이를 이용하여 먹이를 잡는다.
• 오징어를 셀 때, 오징어 스무 마리를 한 축이라고 한다.
• 오징어는 대표적인 연체동물이다.

12

| 정답 | ④

| 해설 | • 여우가 고향을 향하여 머리를 숙이고 죽는다는 뜻의 수구초심은 고향을 그리워하는 마음이다.
• 향수는 고향에 대한 그리움이다.
• 연어는 알을 낳기 위기 강을 거슬러 고향으로 간다.

13

| 정답 | ③

| 해설 | 어림은 대강 짐작으로 헤아린다는 뜻이고, 짐작은 어림잡아 헤아린다는 뜻이므로 유의어 관계이다. 목적과 유의어 관계에 있는 단어는 의도이다.

14

| 정답 | ④

| 해설 | 컴퓨터의 한 종류가 노트북이므로 상하관계이다. 빵과 상하관계는 바게트이다.

15

| 정답 | ①

| 해설 | 침착하다와 차분하다는 유의관계이다. 비난하다와 유의관계는 트집을 잡아 따진다는 힐난하다이다.

16

| 정답 | ⑤

| 해설 | 입문과 초보는 유의관계이다. 슬기와 유의관계는 지혜이다.

17

| 정답 | ②

| 해설 | 카카오는 초콜릿의 주재료이다. 젤리의 주재료는 젤라틴이다.

18

| 정답 | ④

| 해설 | 팀장과 사원은 한쪽이 존재해야 다른 한쪽이 존재하는 관계인 상대관계이다. 선배의 상대관계는 후배이다.

19

| 정답 | ①

| 해설 | 일주일과 한 달은 부분과 전체의 관계이다. 일주일이 모여 한 달이 되듯 영토는 국가를 구성하는 한 부분이다.

20

| 정답 | ③

| 해설 | 추리와 유추는 유의관계이다. 노여움과 유의관계는 분노이다.

21

| 정답 | ⑤

| 해설 | 고유어와 외래어는 반의관계이다. 선택지에서 반의관계는 가파르다와 완만하다이다.

22

| 정답 | ③

| 해설 | 조심조심과 살금살금은 유의관계이다. 선택지에서 유의관계는 우물쭈물과 머뭇머뭇이다.

23

| 정답 | ③

| 해설 | 호랑이와 범의 관계는 한자어와 고유어의 관계이다. 원숭이의 고유어가 잔나비이다.

24

| 정답 | ①

| 해설 | 참신과 진부는 반의관계이다. 선택지에서 반의관계는 진화와 퇴화이다.

25

| 정답 | ①

| 해설 | 하위 항목들은 모두 한강을 가로지르는 다리들이다. 선택지 중에 한강을 가로지르는 다리는 청담대교이다. 나머지는 전남, 부산, 전북에 있는 다리들이다.

26

| 정답 | ④

| 해설 | 하위 항목들은 모두 바로크 시대 작곡가들이다. 선택지 중에 바로크 시대 작곡가는 비발디이다. 하이든은 고전시대, 리스트, 슈베르트, 브람스는 낭만주의 시대 작곡가이다.

27

| 정답 | ④

| 해설 | 하위 항목들은 모두 영국, 미국, 중국의 화폐단위이다. 선택지 중에 화폐의 단위는 우리나라의 원이다. 나머지는 무게, 수량을 나타내는 단위들이다.

28

| 정답 | ③

| 해설 | 삼단논법에 따라 'A → B이고, B → C이면 A → C이다'가 성립하므로 '진달래를 좋아하는 사람 → 감성적', '감성적 → 보라색을 좋아한다'이므로 '진달래를 좋아하는 사람 → 보라색을 좋아한다'가 성립한다.

29

| 정답 | ③

| 해설 | 비행기 티켓을 예매한다 : A, 여행가방을 경품으로 받는다 : B, 태국으로 여행을 간다 : C, 연예인을 만난다 : D라고 할 때, 주어진 명제를 기호로 나타내면, A → B, C → D가 되고 마지막 문장은 ~D → ~A가 된다. 명제의 대우도 항상 참임에 따라 A → D가 성립하므로, 주어진 명제에서 A → D라는 결론을 도출하기 위해서는 A → C나 B → C, 또는 B → D라는 명제가 필요하다.

따라서 밑줄 친 부분에 알맞은 것은 B → C의 대우인 '태국으로 여행을 가지 않는다면 여행가방을 경품으로 받지 않을 것이다'가 된다.

30

| 정답 | ②

| 해설 | 두 번째 명제 '자신의 직업에 만족하는 사람은 돈을 많이 번다.'와 세 번째 명제 '돈을 많이 버는 사람은 외식을 자주하지 않는다.'를 통해 '자신의 직업에 만족하는 사람은 외식을 자주하지 않는다.'를 알 수 있다. 이 명제의 대우인 '외식을 자주하는 사람은 자신의 직업에 만족하지 않는다.'와 첫 번째 명제인 '초밥을 좋아하는 사람은 외식을 자주한다.'를 통해 '초밥을 좋아하는 사람은 자신의 직업에 만족하지 않는다.'를 알 수 있다.

31

| 정답 | ③

| 해설 | 첫 번째 명제 '편식을 하면 손톱이 갈라진다.'와 세 번째 명제 '손톱이 갈라지면 힘이 세지 않다.'를 통해서 '편식을 하면 힘이 세지 않다.'를 알 수 있고, 이 명제의 대우인 '힘이 세면 편식을 하지 않는다.'가 성립한다. 두 번째 명제 '두부를 좋아하면 힘이 세다.'와 '힘이 세면 편식을 하지 않는다.'를 통해 '두부를 좋아하면 편식을 하지 않는다.'를 알 수 있다.

32

| 정답 | ③

| 해설 | 예문을 정리하면,

- A>B
- C>A, D
- A, B, C, D>E

→ C>A>B>E (A~B ↔ D)

따라서 B와 D의 키는 비교할 수 없다.

33

| 정답 | ②

| 해설 | 먼저 두 번째 예문에 따라 D는 B의 바로 앞 좌석에 앉으므로 D와 B는 위 · 아래로 함께 묶어 생각할 수 있고, 세 번째 예문에 따라 A와 B는 대각선 방향에 앉아 있으므로 좌석의 배치는 다음과 같은 2가지 경우가 가능하게 된다.

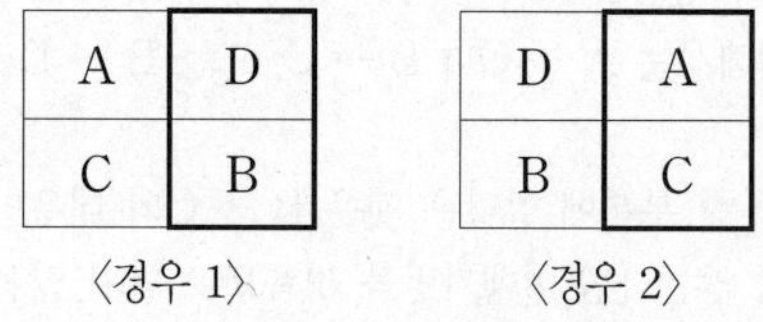

〈경우 1〉 〈경우 2〉

그런데 네 번째 예문에서 C는 B의 왼쪽 좌석에 앉아 있다고 하였으므로 〈경우 1〉이 되어, 운전을 하는 사람은 D가 아닌 A임을 알 수 있다.

34

| 정답 | ③

| 해설 | 주어진 제시문만으로는 연관성을 찾을 수 없다.

35

| 정답 | ②

| 해설 | 첫 번째 예문에서 A의 모든 옷 색깔은 파란색이거나 보라색이라고 하였지만, 네 번째 예문에 따라 A는 C에게만 가끔 옷을 빌려 입고, 다섯 번째 예문에서 C에게는 파란색이나 보라색 옷은 없다고 하였으므로 A는 파란색이나 보라색이 아닌 C의 다른 색 옷을 입을 수도 있다. 또한 두 번째와 세 번째 예문에 따라 B는 모든 옷 색깔이 파란색이거나 보라색인 A에게 가끔 옷을 빌려 입으며, 보라색 옷을 즐겨 입는다고 하였지만, B는 보라색 옷을 즐겨 입을 뿐 보라색 옷만 입는 것은 아니므로 B 또한 항상 파란색이거나 보라색의 옷만 입는다고 할 수 없다.

36

| 정답 | ①

| 해설 | 예문이 참이면 대우 또한 참임을 생각하면서 문장의 참 · 거짓을 판단한다. 우선 첫 번째 예문의 대우는 '부산에 가 본 적이 있는 사람은 제주도에 가 본 적이 없다.'이고, 세 번째 예문의 대우는 '제주도에 가 본 적이 없는 사람은 경주에 가 본 적이 있다.'가 된다. 또한 두 번째 예문의 대우는 '경주에 가 본 적이 있는 사람은 전주에 가 본 적이 없다.'가 되므로, 삼단논법에 따라 '부산에 가 본 적이 있는 사람은 전주에 가 본 적이 없다.'는 참이다.

37

| 정답 | ②

| 해설 | A를 기준으로 놓고 그림을 그려보면 다음과 같은 두 가지 경우가 있을 수 있다.

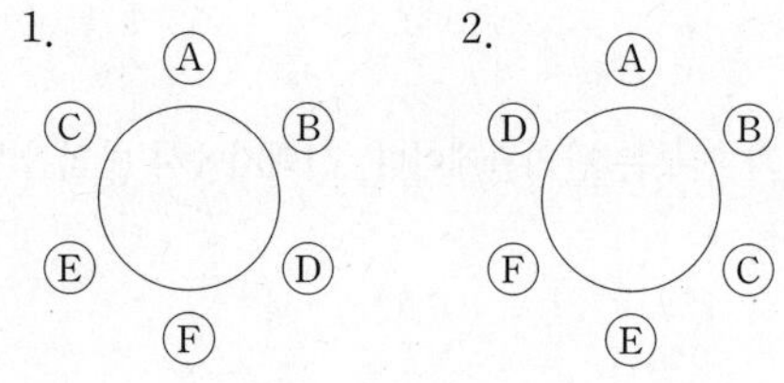

따라서 A의 오른쪽 옆자리에 앉는 사람은 C 또는 D이므로 주어진 문장은 거짓이다.

38

| 정답 | ①

| 해설 | 첫 번째 예문의 대우 '인사성이 좋은 직원은 인기가 많다.'와 두 번째 예문의 대우 '인기가 많은 직원은 창의력이 좋지 않다.'에 따라 '인사성이 좋은 직원은 창의력이 좋지 않다.'는 참이다.

39

| 정답 | ②

| 해설 | 삼단논법에 의해 두 번째 예문의 대우 '인기가 많은 직원은 창의력이 좋지 않다.'와 세 번째 예문의 대우 '창의력이 좋지 않은 직원은 기획부 직원이다.'가 연결되어 거짓임을 알 수 있다.

40

| 정답 | ①

| 해설 | 두 번째 예문 '창의력이 좋은 직원은 인기가 많지 않다.' → 첫 번째 예문 '인기가 많지 않은 직원은 인사성이 좋지 않다.' → 네 번째 예문의 대우 '인사성이 좋지 않은 직원은 순발력이 좋다.' → 다섯 번째 예문 '순발력이 좋은 직원은 판단력이 좋다.'로 이어진다. 따라서 '창의력이 좋은 직원은 판단력이 좋다.'는 참이다.

41

| 정답 | ③

| 해설 | 제시된 예문을 정리하면 다음과 같은 경우가 성립한다.

A	B	C	D	E
색종이	한지 철사 찰흙	한지 철사	물감	한지 철사 찰흙
한지 철사 찰흙	색종이			

따라서 경우에 따라 E가 한지를 가져올 수도, 가져오지 않을 수도 있으므로 알 수 없다.

42

| 정답 | ③

| 해설 | C가 한지를, E가 철사를 가지고 오기로 했다면 A와 B에게 남은 것은 색종이와 찰흙인데, 이것만으로는 둘 중에 누가 색종이를 가지고 오는지 알 수 없다.

43

| 정답 | ②

| 해설 | A가 철사를 가지고 오기로 했다면 B는 자연스레 색종이를 가져오게 되고, C는 한지, E는 찰흙을 가지고 오게 된다.

44

| 정답 | ①

| 해설 | 주어진 예문을 표로 작성하면서 풀면 쉽게 알 수 있다.

	A	B	C	D	E
상의	빨간색	파란색	노란색	노란색	파란색
하의	파란색	노란색	파랑 빨강	빨강 파랑	빨간색

네 번째 예문의 전제하에 먼저 A는 노란색을 싫어하여 입지 않고 파란색 상의를 입고 있지 않으므로 빨간색 상의를 입고 있으며, 다섯 번째 예문에서 B가 노란색 하의를 입은 1명이므로 A가 파란색 하의를 입고 있음을 알 수 있다. 또한, A가 빨간색 상의를 입은 1명이므로 B는 파란색 상의를 입고 있을 것이고, C와 D의 상의 색깔이 같음에 따라 C · D는 노란색 상의를, E는 파란색 상의와 빨간색 하의를 입고 있음을 알 수 있다. 이 경우 C · D의 상의 색깔이 같으므로 하의의 색깔은 서로 달라 C가 파란색이면 D는 빨간색이고, C가 빨간색이면 D가 파란색일 것이나, 둘 중 누가 어떤 색깔인지는 주어진 예문만으로 알 수 없다.

45

| 정답 | ①

| 해설 | **44**번 해설 참고

46

| 정답 | ③

| 해설 | **44**번 해설 참고

47

| 정답 | ①

| 해설 | 네 번째 예문의 대우 '술을 좋아하는 사람은 매일 아침 이를 닦는다.'와 첫 번째 예문에 따라 '술을 좋아하는 사람은 청결한 것을 좋아한다.'는 것을 알 수 있다.

주어진 예문과 각각의 대우 명제를 정리하면, 다음과 같다.

이 닦기○ → 청결○	대우 ⇒	청결× → 이 닦기×
담배○ → 술 ○ and 이 닦기○		술× or 이 닦기× → 담배×
청결○ → 세탁○		세탁× → 청결×
이 닦기× → 술×		술○ → 이 닦기○

48

| 정답 | ①

| 해설 | 두 번째 예문 '담배를 피우는 사람은 ~ 매일 아침 이를 닦는다.'→ 첫 번째 예문 '매일 아침 이를 닦는 사람은 청결한 것을 좋아한다.'→ 세 번째 예문 '청결한 것을 좋아하는 사람은 매일 세탁을 한다.'로 이어진다. 따라서 삼단논법에 따라 '담배를 피우는 사람은 매일 세탁을 한다.'는 참이다.

49

| 정답 | ②

| 해설 | 약식으로 정리하면 「청결× → 이 닦기× → 술× → 담배×」가 되므로, 청결한 것을 좋아하지 않는 사람은 담배를 피우지 않는다. 이 명제의 대우는 '담배를 피우는 사람은 청결한 것을 좋아한다.'인데, 제시문의 대우는 '담배를 피우는 사람은 청결한 것을 좋아하지 않는다.'이므로 거짓이다.

50

| 정답 | ①

| 해설 | 다섯 번째 예문에 따라 동창회장에 도착한 순서를 나타내보면 '시인－D(변호사)－의사' 또는 '의사－D(변호사)－시인'임을 알 수 있는데, '시인－D(변호사)－의사'의 경우 A(교사)가 시인보다 빨리 도착하면 1등이 되므로 네 번째 예문에 위배된다. 따라서 도착한 순서는 '의사－A(교사)－D(변호사)－시인'이나 '의사－D(변호사)－A(교사)－시인'이 되는데, B가 가장 늦게 도착하였다는 마지막 예문을 통해 둘 중 어느 경우든 시인은 B, 의사는 C로 결정된다.

51

| 정답 | ③

| 해설 | **50**번 풀이를 참고하면 변호사가 도착한 순서는 2등일 수도 있고, 3등일 수도 있다.

52

| 정답 | ②

| 해설 | **50**번 풀이를 참고하면 1등으로 도착한 사람은 의사인 C이다.

53

| 정답 | ①

| 해설 | 어떤 바나나는 노란색이고, 노란색인 과일은 잘 익은 과일이므로 어떤 바나나는 잘 익었다.

54

| 정답 | ①

| 해설 | 어떤 명제가 참일 때 그 명제의 대우는 무조건 참이다. 따라서 두 번째 예문 '모든 딸기는 빨간색이다'의 대우 '빨간색이 아닌 것은 딸기가 아니다'는 참이다.

55

| 정답 | ③

| 해설 | 어머니가 사온 과일은 노란색이고 어떤 바나나는 노란색이지만 노란색인 과일이 모두 바나나인 것은 아니므로, 어머니가 사온 과일이 바나나인지 아닌지는 알 수 없다.

56

| 정답 | ②

| 해설 | C와 D는 함께 있고 도서관에 있는 사람은 1명뿐이므로 D가 도서관에 있다는 명제는 거짓이다.

57

| 정답 | ①

| 해설 | 표를 그려 살펴보면 쉽게 답을 찾을 수 있다.

운동장	집(2명)	도서관(1명)
A, C, D	B, E or F	E or F

먼저 위치가 제시되어 있는 A와 B를 각각 운동장과 집에 넣는다. 다음으로 집에는 2명, 도서관에는 1명이 있다고 했으므로 함께 있는 C와 D는 집과 도서관에 있을 수 없고 운동장에 있게 된다. 남은 E와 F는 집 또는 도서관에 있게 되며, 예문만 가지고는 누가 어느 곳에 있는지 알 수 없다. 주어진 명제에서는 E가 도서관에 있다는 조건이 추가되므로 F는 집에 있다는 것을 알 수 있다.

58

| 정답 | ①

| 해설 | **57**번 풀이 참고

59

| 정답 | ①

| 해설 | 다해가 무단횡단을 하여 교통 법규를 지키지 않은 것은 길을 빨리 건너려는 것이지 다른 사람을 죽이려고 한 것은 아니다. 따라서 제시된 문장은 다해가 의도하지 않은 행동에 대한 결과를 의도한 행동의 결과로 잘못 파악한 의도 확대의 오류이다.

60

| 정답 | ①

| 해설 | 성급한 일반화의 오류란 한 개 또는 몇 개의 우연한 사례를 근거로 전체가 그 사례의 측성을 가지고 있다고 추론하는 오류로서 객관성이 결여된 정보나 사례 및 불충분한 통계 자료 등 특수한 사례를 근거로 하여 일반적인 법칙을 성급하게 이끌어 내는 오류이다.

61

| 정답 | ①

| 해설 | '태식이가 정직하다'는 충분히 검증되지 않은 근거(자기가 직접 그렇게 말했어)를 바탕으로 한 사실이므로 어떤 사실의 근거로 쓰일 수 없다. 따라서 이 말의 결론도 성립할 수 없다. 이는 논증의 결론 자체를 전제의 일부로 사용하는 오류를 범하고 있으므로 순환논증의 오류를 범하고 있음을 알 수 있다.

62

| 정답 | ③

| 해설 | 타당한 근거 없이 군중 심리나 열광하는 대중들에게 호소하는 '대중에 호소하는 오류'에 해당한다.

| 오답풀이 |

① 부분의 특성을 전체의 특성과 일치하여 생각하는 '합성의 오류'에 해당된다.
② 어떤 사람, 생각, 제도 등의 기원이 어떤 특성을 지니고 있기 때문에 그것들도 그러한 특성을 지닐 것이라고 결론 내리는 '발생학적 오류'에 해당한다.
④ 전체에 대하여 참인 것을 부분에 대하여도 참이라고 잘못 추리하는 '분해의 오류'이다.
⑤ 비유를 부당하게 적용함으로써 발생하는 '잘못된 유추의 오류'이다.

63

| 정답 | ③

| 해설 | 제시된 문장은 '아침에 안경 쓴 남자를 봄'과 '재수 없음'을 연결하여 일반적인 법칙처럼 인식하는 성급한 일반화의 오류이다. '소풍을 가다'와 '비가 오다'를 연결해 일반적인 법칙처럼 인식한 ③의 경우가 동일한 오류를 범하고 있다.

| 오답풀이 |

①, ⑤ 감정에 호소하는 오류를 범하고 있다.
②, ④ 흑백 논리의 오류를 범하고 있다.

64

| 정답 | ③

| 해설 | 밑줄은 개인의 이론과 그의 근원적 속성을 관련시켜 생각하려는 발생학적 오류이다.

| 오답풀이 |

① 성급한 일반화의 오류, ② 결합의 오류, ④ 연민에 호소하는 오류, ⑤ 순환논증의 오류

65

| 정답 | ⑤

| 해설 | 도자기는 영광스러운 유산이고 뚝배기는 수치스러운 유산이라는 판단은 흑백논리에 속한다. 성공이 아니면 실패라는 것도 흑백논리의 오류이다.

| 오답풀이 |

①, ④ 정황에 호소하는 오류, ② 비정합성의 오류, ③ 원인오판의 오류

파트 3 유형C 패턴이해

1 유형C 패턴이해

실력다지기

문제 240쪽

01 ③ 02 ② 03 ⑤ 04 ④ 05 ②
06 ①
07 (01) ③ (02) ② (03) ④ (04) ⑤ (05) ①
(06) ② (07) ⑤ (08) ① (09) ③ (10) ④
(11) ③ (12) ④ (13) ⑤ (14) ① (15) ②
(16) ④ 08 (01) ④ (02) ② (03) ① (04) ⑤
(05) ④ (06) ③ (07) ⑤ (08) ② (09) ①
(10) ③ (11) ④ (12) ② (13) ⑤ (14) ④
(15) ③ (16) ① 09 (01) ④ (02) ① (03) ③
(04) ④ (05) ② (06) ③ (07) ① (08) ②
(09) ③ (10) ⑤ (11) ④ (12) ④ (13) ①
(14) ⑤ (15) ② (16) ③ (17) ② (18) ②
(19) ③ (20) ⑤ 10 (01) ③ (02) ① (03) ②
(04) ④ (05) ④ (06) ③ (07) ① (08) ⑤
(09) ④ (10) ④ (11) ③ (12) ② (13) ②
(14) ③ (15) ① (16) ② (17) ② (18) ④
(19) ③ (20) ⑤ 11 (01) ④ (02) ③ (03) ③
(04) ④ (05) ② (06) ③ (07) ⑤ (08) ⑤
(09) ③ (10) ④ (11) ④ (12) ② (13) ①
(14) ④ (15) ② (16) ③ (17) ② (18) ②
(19) ① (20) ① 12 (01) ④ (02) ③ (03) ⑤
(04) ④ (05) ④ (06) ① (07) ⑤ (08) ②
(09) ① (10) ③ (11) ② (12) ③ (13) ⑤
(14) ② (15) ② (16) ③ (17) ① (18) ④
(19) ⑤ (20) ④
13 ④ 14 ③ 15 ① 16 ④ 17 ③
18 ③

19 (01) ② (02) ② (03) ① (04) ② (05) ④
(06) ③ (07) ④ (08) ① (09) ② (10) ③
20 (01) ① (02) ② (03) ② (04) ⑤ (05) ③
(06) ④ (07) ② (08) ③ (09) ① (10) ⑤
21 ② 22 ④ 23 ① 24 ④ 25 ③
26 ② 27 ④ 28 ③ 29 ④ 30 ②
31 ④ 32 ①
33 (01) ⑤ (02) ① (03) ③ (04) ② (05) ⑤
(06) ② (07) ④ (08) ③ 34 (01) ② (02) ④
(03) ④ (04) ② (05) ① (06) ① (07) ⑤
(08) ② 35 (01) ④ (02) ② (03) ⑤ (04) ③
(05) ② 36 (01) ⑤ (02) ① (03) ② (04) ②
(05) ③ (06) ④ (07) ② (08) ⑤ (09) ⑤
37 (01) ④ (02) ④ (03) ① (04) ⑤ (05) ①
38 (01) ④ (02) ① (03) ⑤ (04) ③ (05) ①
(06) ② 39 (01) ④ (02) ⑤ (03) ① (04) ③
(05) ④ (06) ② 40 (01) ③ (02) ① (03) ⑤
(04) ⑤ (05) ④ (06) ② 41 (01) ② (02) ①
(03) ④ (04) ③ (05) ⑤ (06) ④
42 ④ 43 ③ 44 ① 45 ⑤ 46 ③
47 ③ 48 ③ 49 ② 50 ③ 51 ④
52 ② 53 ⑤ 54 ② 55 ④ 56 ③
57 ⑤ 58 ③ 59 ⑤ 60 ① 61 ③
62 ② 63 ④ 64 ① 65 ④ 66 ③
67 ① 68 ① 69 ② 70 ② 71 ④
72 ③ 73 ③ 74 ① 75 ④ 76 ③
77 ⑤ 78 ⑤ 79 ③ 80 ① 81 ②
82 ⑤ 83 ② 84 ④ 85 ⑤ 86 ③
87 ③ 88 ⑤ 89 ②

01

| 정답 | ③

| 해설 | 해당 코드는 532-254-38-734-41로, 이 코드를 부여받은 고객은 2번 고은주, 9번 한홍주, 12번 구현민, 17번 이혜자 총 4명이다.

02

| 정답 | ②

| 해설 | 해당 코드는 'ㄱㄴㄷ-255-37-721-41'이다. 이 코드를 부여받은 고객은 6번 주희숙, 8번 박동규 총 2명이다.

03

| 정답 | ⑤

| 해설 | 4 2 1 3 순서로 왼쪽 위, 오른쪽 위, 왼쪽 아래, 오른쪽 아래에 조합하면 〈보기〉의 그림과 같은 모양이 된다.

04

| 정답 | ④

| 해설 | 받는 사람의 주소는 대구광역시 달서구 호림동이다.

05

| 정답 | ②

| 해설 | 표의 가로줄을 행, 세로줄을 열로 나타내어 표시하면 다음과 같다.

- 3행 3열 : 201214562 → 201124562
- 6행 2열 : 송우원 → 송두원

06

| 정답 | ①

| 해설 | 6행 3열 : 201215862 → 201215362

07

(01)

| 정답 | ③

| 해설 | 이런 문제 유형은 앞쪽 두개의 문자를 먼저 찾으면 보다 빠르게 해결할 수 있다. 또 찾은 문자를 분류표에 표시하여 제외하는 것도 효과적인 방법이다.

WXHK는 ③의 두 번째 행에 해당한다.

(02)

| 정답 | ②

| 해설 | HGCF는 ②의 세 번째 행에 해당한다.

(03)

| 정답 | ④

| 해설 | LBDZ는 ④의 세 번째 행에 해당한다.

(04)

| 정답 | ⑤

| 해설 | DBXU는 ⑤의 첫 번째 행에 해당한다.

(05)

| 정답 | ①

| 해설 | ELOP는 ①의 네 번째 행에 해당한다.

(06)

| 정답 | ②

| 해설 | NOCK는 ②의 첫 번째 행에 해당한다.

(07)

| 정답 | ⑤

| 해설 | TCSN는 ⑤의 세 번째 행에 해당한다.

(08)

| 정답 | ①

| 해설 | FJZK는 ①의 두 번째 행에 해당한다.

(09)

| 정답 | ③

| 해설 | LIGK는 ③의 첫 번째 행에 해당한다.

(10)

| 정답 | ④

| 해설 | GOUV는 ④의 네 번째 행에 해당한다.

(11)

| 정답 | ③

| 해설 | FRTA는 ③의 네 번째 행에 해당한다.

(12)

| 정답 | ④

| 해설 | EMFC는 ④의 첫 번째 행에 해당한다.

(13)

| 정답 | ⑤

| 해설 | ZHFL는 ⑤의 네 번째 행에 해당한다.

(14)

| 정답 | ①

| 해설 | SPNM는 ①의 첫 번째 행에 해당한다.

(15)

| 정답 | ②

| 해설 | OLTV는 ②의 두 번째 행에 해당한다.

(16)

| 정답 | ④

| 해설 | IJPQ는 ④의 두 번째 행에 해당한다.

08

(01)

| 정답 | ④

| 해설 | HGFE는 ④의 두 번째 행에 해당한다.

(02)

| 정답 | ②

| 해설 | XAGH는 ②의 세 번째 행에 해당한다.

(03)

| 정답 | ①

| 해설 | IHKL은 ①의 네 번째 행에 해당한다.

(04)

| 정답 | ⑤

| 해설 | VUTS는 ⑤의 네 번째 행에 해당한다.

(05)

| 정답 | ④

| 해설 | VXAF는 ④의 첫 번째 행에 해당한다.

(06)

| 정답 | ③

| 해설 | UTSR은 ③의 네 번째 행에 해당한다.

(07)

| 정답 | ⑤

| 해설 | NMLK은 ⑤의 첫 번째 행에 해당한다.

(08)

| 정답 | ②

| 해설 | RQPO는 ②의 네 번째 행에 해당한다.

(09)

| 정답 | ①

| 해설 | LKJI는 ①의 두 번째 행에 해당한다.

(10)

| 정답 | ③

| 해설 | DCBA는 ③의 세 번째 행에 해당한다.

(11)

| 정답 | ④

| 해설 | OPQR은 ④의 네 번째 행에 해당한다.

(12)

| 정답 | ②

| 해설 | GFED는 ②의 첫 번째 행에 해당한다.

(13)

| 정답 | ⑤

| 해설 | PONM은 ⑤의 두 번째 행에 해당한다.

(14)

| 정답 | ④

| 해설 | DGJK는 ④의 세 번째 행에 해당한다.

(15)

| 정답 | ③

| 해설 | GHIJ는 ③의 두 번째 행에 해당한다.

(16)

| 정답 | ①

| 해설 | ZYXW는 ①의 첫 번째 행에 해당한다.

09

(01)

| 정답 | ④

| 해설 | ○▲◎×는 ④의 세 번째 행에 해당한다.

(02)

| 정답 | ①

| 해설 | △×□△는 ①의 첫 번째 행에 해당한다.

(03)
| 정답 | ③
| 해설 | ×○◎△는 ③의 세 번째 행에 해당한다.

(04)
| 정답 | ④
| 해설 | ◎△○□는 ④의 첫 번째 행에 해당한다.

(05)
| 정답 | ②
| 해설 | ▽△◎□는 ②의 첫 번째 행에 해당한다.

(06)
| 정답 | ③
| 해설 | □○□◎는 ③의 네 번째 행에 해당한다.

(07)
| 정답 | ①
| 해설 | ×○▲○는 ①의 두 번째 행에 해당한다.

(08)
| 정답 | ②
| 해설 | □▽××는 ②의 네 번째 행에 해당한다.

(09)
| 정답 | ③
| 해설 | ○□▲×는 ③의 두 번째 행에 해당한다.

(10)
| 정답 | ⑤
| 해설 | ○□◎△는 ⑤의 두 번째 행에 해당한다.

(11)
| 정답 | ④
| 해설 | □×△○는 ④의 두 번째 행에 해당한다.

(12)
| 정답 | ④
| 해설 | △▽○□는 ④의 네 번째 행에 해당한다.

(13)
| 정답 | ①
| 해설 | ◎△□○는 ①의 세 번째 행에 해당한다.

(14)
| 정답 | ⑤
| 해설 | △◎□×는 ⑤의 네 번째 행에 해당한다.

(15)
| 정답 | ②
| 해설 | ◎△□▲는 ②의 두 번째 행에 해당한다.

(16)
| 정답 | ③
| 해설 | ▽○▲△는 ③의 네 번째 행에 해당한다.

(17)
| 정답 | ②
[해설] ○▲◎△는 ②의 세 번째 행에 해당한다.

(18)
| 정답 | ②
| 해설 | ××◎○는 ②의 다섯 번째 행에 해당한다.

(19)
| 정답 | ③
| 해설 | △▽×○는 ③의 첫 번째 행에 해당한다.

(20)
| 정답 | ⑤
| 해설 | ×▲○□는 ⑤의 다섯 번째 행에 해당한다.

10

(01)
| 정답 | ③
| 해설 | －×÷＋는 ③의 첫 번째 행에 해당한다.

(02)
| 정답 | ①
| 해설 | ×÷＋－는 ①의 여섯 번째 행에 해당한다.

(03)
| 정답 | ②
| 해설 | ×－×＋는 ②의 여섯 번째 행에 해당한다.

(04)
| 정답 | ④
| 해설 | ＋÷÷－는 ④의 첫 번째 행에 해당한다.

(05)
| 정답 | ④
| 해설 | ÷×－＋는 ④의 두 번째 행에 해당한다.

(06)
| 정답 | ③
| 해설 | ÷÷÷－는 ③의 세 번째 행에 해당한다.

(07)
| 정답 | ①
| 해설 | －＋－＋는 ①의 세 번째 행에 해당한다.

(08)
| 정답 | ⑤
| 해설 | ××÷＋는 ⑤의 여섯 번째 행에 해당한다.

(09)
| 정답 | ④
| 해설 | －＋＋－는 ④의 세 번째 행에 해당한다.

(10)
| 정답 | ④
[해설] ＋÷÷×는 ④의 네 번째 행에 해당한다.

(11)
| 정답 | ③
| 해설 | ×÷×＋는 ③의 두 번째 행에 해당한다.

(12)
| 정답 | ②
| 해설 | －÷＋÷는 ②의 네 번째 행에 해당한다.

(13)
| 정답 | ②
| 해설 | －＋－×는 ②의 다섯 번째 행에 해당한다.

(14)
| 정답 | ③
| 해설 | ×＋＋－는 ③의 네 번째 행에 해당한다.

(15)
| 정답 | ①
| 해설 | ＋＋＋－는 ①의 첫 번째 행에 해당한다.

(16)
| 정답 | ②
| 해설 | ××＋×는 ②의 세 번째 행에 해당한다.

(17)
| 정답 | ②
| 해설 | ＋＋－－는 ②의 두 번째 행에 해당한다.

(18)
| 정답 | ④
| 해설 | ÷－×＋는 ④의 다섯 번째 행에 해당한다.

(19)
| 정답 | ③
| 해설 | ＋－－×는 ③의 다섯 번째 행에 해당한다.

(20)
| 정답 | ⑤
| 해설 | －＋＋÷는 ⑤의 네 번째 행에 해당한다.

11

(01)
| 정답 | ④
| 해설 | ♤◇◇♡는 ④의 첫 번째 행에 해당한다.

(02)
| 정답 | ③
| 해설 | ♡◇♤♡는 ③의 두 번째 행에 해당한다.

(03)
| 정답 | ③
| 해설 | ◇♤♡♡는 ③의 다섯 번째 행에 해당한다.

(04)
| 정답 | ④
| 해설 | ♧♧♡♧는 ④의 세 번째 행에 해당한다.

(05)

| 정답 | ②

| 해설 | ♤♤♧♡는 ②의 첫 번째 행에 해당한다.

(06)

| 정답 | ③

| 해설 | ◇♧◇♤는 ③의 첫 번째 행에 해당한다.

(07)

| 정답 | ⑤

| 해설 | ◇♧♡◇는 ⑤의 다섯 번째 행에 해당한다.

(08)

| 정답 | ⑤

| 해설 | ♧♤◇◇는 ⑤의 세 번째 행에 해당한다.

(09)

| 정답 | ③

| 해설 | ♤♡♧◇는 ③의 세 번째 행에 해당한다.

(10)

| 정답 | ④

| 해설 | ◇♡◇♤는 ④의 네 번째 행에 해당한다.

(11)

| 정답 | ④

| 해설 | ♡♡♧♤는 ④의 두 번째 행에 해당한다.

(12)

| 정답 | ②

| 해설 | ♧◇♡♧는 ②의 네 번째 행에 해당한다.

(13)

| 정답 | ①

| 해설 | ◇♤♡◇는 ①의 두 번째 행에 해당한다.

(14)

| 정답 | ④

| 해설 | ♡♡♤♤는 ④의 다섯 번째 행에 해당한다.

(15)

| 정답 | ②

| 해설 | ♡♧♡◇는 ②의 두 번째 행에 해당한다.

(16)

| 정답 | ③

| 해설 | ♤♡♧♤는 ②의 네 번째 행에 해당한다.

(17)

| 정답 | ②

| 해설 | ♡◇♤♤는 ②의 세 번째 행에 해당한다.

(18)

| 정답 | ②

| 해설 | ♤♡♤◇는 ②의 다섯 번째 행에 해당한다.

(19)

| 정답 | ①

| 해설 | ♧♤◇♡는 ①의 세 번째 행에 해당한다.

(20)

| 정답 | ①

| 해설 | ◇♧♡♤는 ①의 다섯 번째 행에 해당한다.

12

(01)

| 정답 | ④

| 해설 | 2587은 ④의 첫 번째 행 범위에 속한다.

(02)

| 정답 | ③

| 해설 | 8014는 ③의 세 번째 행 범위에 속한다.

(03)

| 정답 | ⑤

| 해설 | 3543은 ⑤의 첫 번째 행 범위에 속한다.

(04)

| 정답 | ④

| 해설 | 8076은 ④의 세 번째 행 범위에 속한다.

(05)

| 정답 | ④

| 해설 | 6006은 ④의 두 번째 행 범위에 속한다.

(06)

| 정답 | ①

| 해설 | 1318은 ①의 첫 번째 행 범위에 속한다.

(07)

| 정답 | ⑤

| 해설 | 6753은 ⑤의 두 번째 행 범위에 속한다.

(08)

| 정답 | ②

| 해설 | 7598은 ②의 세 번째 행 범위에 속한다.

(09)

| 정답 | ①

| 해설 | 7251은 ①의 세 번째 행 범위에 속한다.

(10)

| 정답 | ③

| 해설 | 5235는 ③의 두 번째 행 범위에 속한다.

(11)

| 정답 | ②

| 해설 | 8717은 ②의 네 번째 행 범위에 속한다.

(12)

| 정답 | ③

| 해설 | 8040은 ③의 세 번째 행 범위에 속한다.

(13)

| 정답 | ⑤

| 해설 | 6877은 ⑤의 두 번째 행 범위에 속한다.

(14)

| 정답 | ②

| 해설 | 4513은 ②의 두 번째 행 범위에 속한다.

(15)

| 정답 | ②

| 해설 | 1856은 ②의 첫 번째 행 범위에 속한다.

(16)

| 정답 | ③

| 해설 | 7994는 ③의 세 번째 행 범위에 속한다.

(17)

| 정답 | ①

| 해설 | 3962는 ①의 두 번째 행 범위에 속한다.

(18)

| 정답 | ④

| 해설 | 9567은 ④의 네 번째 행 범위에 속한다.

(19)

| 정답 | ⑤

| 해설 | 9873은 ⑤의 네 번째 행 범위에 속한다.

(20)

| 정답 | ④

| 해설 | 8171은 ④의 세 번째 행 범위에 속한다.

13

| 정답 | ④

| 해설 | 각 기호의 의미를 바탕으로 해독하면 순서대로 '음악, 체육, 국어, 수학, 영어'이다.

14

| 정답 | ③

| 해설 | B → A → C ➔ 우회전 → 정지 → 좌회전

15

| 정답 | ①

| 해설 | △ → ◇ → ♡ ➔ 학교 → 공원 → 집

16

| 정답 | ④

| 해설 | △ ◇ ○ ➔ 나무 집 연못

17

| 정답 | ③

| 해설 | 스리랑카 : JsFuFaLPa, 싱가포르 : JuLAaRiFs

18

| 정답 | ③

| 해설 | 순서대로 〈보기〉에서 찾으면 '그, 버스, 을/를, 타다'가 나온다.

19

(01)

| 정답 | ②

| 해설 | 〈보기〉의 분류표와 대응하기 위해서는 왼쪽에 제시된 문자가 다음과 같이 바뀌어야 한다.

DAED ㅏㅛㅕ ㅏㅗㅓ ㅏㅠㅣ ㅏㅛㅕ

(02)

| 정답 | ②

| 해설 | DEBC ㅏㅛㅕ ㅏㅠㅣ ㅏㅜㅑ ㅏㅕㅡ

(03)

| 정답 | ①

| 해설 | CDAB ㅏㅕㅡ ㅏㅛㅕ ㅏㅗㅓ ㅏㅜㅑ

(04)

| 정답 | ②

| 해설 | CBCD ㅏㅕㅡ ㅏㅜㅑ ㅏㅕㅡ ㅏㅛㅕ

(05)

| 정답 | ④

| 해설 | EDAC ㅏㅡㅓ ㅏㅛㅕ ㅏㅗㅓ ㅏㅕㅡ

(06)

| 정답 | ③

| 해설 | ACDB ㅏㅗㅓ ㅏㅕㅡ ㅏㅛㅕ ㅏㅜㅑ

(07)

| 정답 | ④

| 해설 | EBAC ㅏㅠㅣ ㅏㅜㅑ ㅏㅗㅓ ㅏㅕㅡ

(08)

| 정답 | ①

| 해설 | DEDB ㅏㅗㅕ ㅏㅠㅣ ㅏㅛㅕ ㅏㅜㅑ

(09)

| 정답 | ②

| 해설 | CBAA ㅏㅕㅡ ㅏㅜㅑ ㅏㅗㅓ ㅏㅗㅓ

(10)

| 정답 | ③

| 해설 | ADAB ㅏㅠㅡ ㅏㅛㅕ ㅏㅗㅓ ㅏㅛㅕ

20

(01)

| 정답 | ①

| 해설 | 〈보기〉의 분류표와 대응하기 위해서는 왼쪽에 제시된 문자가 다음과 같이 바뀌어야 한다.

UURT 5 25 17 5 25 17 5 17 27 5 25 7

(02)

| 정답 | ②

| 해설 | TSTR 5 25 7 5 37 17 5 25 7 5 17 27

(03)

| 정답 | ②

| 해설 | SUVU 5 37 17 5 25 17 5 7 15 5 25 17

(04)

| 정답 | ⑤

| 해설 | RSTU 5 17 27 5 37 17 5 25 7 5 25 17

(05)

| 정답 | ③

| 해설 | UTUV 5 25 17 5 25 7 5 25 17 5 7 15

(06)

| 정답 | ④

| 해설 | VSRT 5 7 15 5 37 17 5 17 27 5 25 7

(07)

| 정답 | ②

| 해설 | UUTR 5 25 17 5 25 17 5 25 7 5 17 27

(08)

| 정답 | ③

| 해설 | URSV 5 25 17 5 17 27 5 37 17 5 7 15

(09)

| 정답 | ①

| 해설 | VTRU 5 7 15 5 25 7 5 17 17 5 25 17

(10)

| 정답 | ⑤

| 해설 | VUSR 5 7 15 5 25 17 5 37 27 5 17 27

21

| 정답 | ②

| 해설 | 秋分春分 – 秋分春汾

22

| 정답 | ④

| 해설 | 寤寐不忘 – 寤寐不汇

23

| 정답 | ①

| 해설 | 伯牙絕絃 – 伯芽絕絃

24

| 정답 | ④

| 해설 | 立身揚名 – 立身揚洺

25

| 정답 | ③

| 해설 | 磨斧爲針 – 磨斧爲枕

26

| 정답 | ②

| 해설 | 刻鵠類鶩 – 刻鵠紐鶩

27

| 정답 | ④

| 해설 | HSCV361JR798 – HSCV861JR793

28

| 정답 | ③

| 해설 | http://www.whitehouse.gov/ – http;//www.whitehouse.gov/

29

| 정답 | ④

| 해설 | sze, cns, tuy, vxq가 일치한다.

A
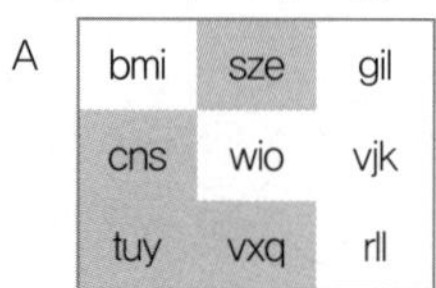

bmi	sze	gil
cns	wio	vjk
tuy	vxq	rll

B
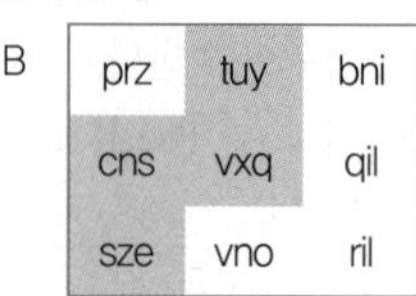

prz	tuy	bni
cns	vxq	qil
sze	vno	ril

30

| 정답 | ②

| 해설 | 해서, 해파가 일치한다.

A
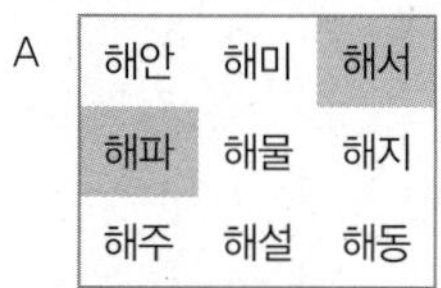

해안	해미	해서
해파	해물	해지
해주	해설	해동

B
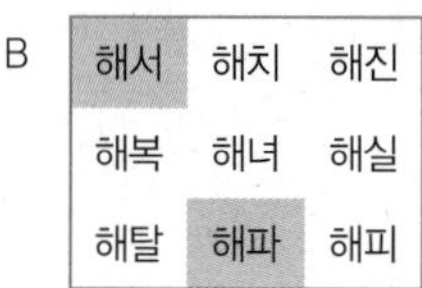

해서	해치	해진
해복	해녀	해실
해탈	해파	해피

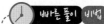

빠른 풀이 비법

앞 글자가 모두 '해'로 시작하므로 뒷글자만 확인하면 더 빨리 찾을 수 있다.

31

| 정답 | ④

| 해설 |

伽	儺	多	喇	摩	乍	亞	仔	且	他	坡	下
佳	娜	茶	懶	瑪	事	俄	刺	侘	咤	婆	何
假	懦	癩	痲	些	兒	咨	借	唾	巴	厦	亞
仔	且	他	瑪	事	俄	娜	茶	懶	瑪	些	兒

32

| 정답 | ①

| 해설 |

Γ7a	Δ8h	Θ9s	Λ7z	Ξ8m	Π9f	Σ2d	Φ3q	Ψ4h	Ω6p	Ω7j
Θ8e	Δ9a	Γ0k	Σ1s	Π3d	Λ5a	Θ6k	Ψ1d	Φ5d	Σ1l	Γ7f
Ω2c	Ψ3g	Φ1v	Σ3h	Γ4d	Π7e	Ξ6e	Λ2p	Θ3k	Δ5i	Ψ0z

33

(01)

| 정답 | ⑤

| 해설 | 컬러로 칠한 부분의 수는 12, 14, 10이므로 가장 큰 수와 작은 수의 차는 10－4＝4이다.
이를 대입하여 식을 정리하면 다음과 같다.
(8＋9＋7)÷4＋(8＋5＋1＋15)
＝24÷4＋29＝6＋29＝35
따라서 마지막 숫자는 5이다.

(02)

| 정답 | ①

| 해설 | 컬러로 칠한 바둑판의 수들을 살펴보면 각각 8, 15, 6과 10, 12, 9이으로 가장 큰 수와 작은 수의 차는 9와 3이고 이를 대입하여 정리하면 다음과 같다.
(9＋5＋10＋24)－9×3＝48－9×3＝21
따라서 마지막 숫자는 1이다.

(03)

| 정답 | ③

| 해설 | 컬러로 칠한 부분의 수는 3, 2, 24이므로 가장 큰 수와 가장 작은 수의 차는 22이다. 이를 대입하여 식을 정리하면 다음과 같다.
22＋(8＋10＋1)－(3＋6＋15＋4)
＝22＋19－28＝13
따라서 마지막 숫자는 3이다.

(04)

| 정답 | ②

| 해설 | 컬러로 칠한 바둑판의 수들을 살펴보면, 각각 4, 24, 20과 14, 2, 20이다. 가장 큰 수와 작은 수의 차이는 16과 18이므로 이를 대입하여 식을 정리하면 다음과 같다.
16÷(3＋1)×18＝16÷4×18＝72
따라서 마지막 숫자는 2이다.

(05)

| 정답 | ⑤

| 해설 | 컬러로 칠한 부분의 수는 9, 7, 6이므로 가장 큰 수와 가장 작은 수의 차는 3이다. 이를 대입하여 식을 정리하면 다음과 같다.
(8＋27＋4)÷3＋(3＋12＋1＋6)
＝39÷3＋22＝35
따라서 마지막 숫자는 5이다.

(06)

| 정답 | ②

| 해설 | 컬러로 칠한 바둑판의 수들을 살펴보면 각각 14, 7, 6과 8, 6, 15이다. 가장 큰 수와 가장 작은 수의 차이는 8과 9이므로 이를 대입하여 식을 정리하면 다음과 같다.
8×9÷(3＋2＋1)
＝8×9÷6＝12
따라서 마지막 숫자는 2이다.

(07)

| 정답 | ④

| 해설 | 컬러로 칠한 바둑판의 수들을 살펴보면 각각 12, 10, 15와 9, 7, 24이므로 가장 큰 수와 가장 작은 수의 차를 구하면 5와 17이다. 이를 대입하여 식을 정리하면 다음과 같다.
(3＋12＋20)÷5＋17
＝35÷5＋17＝24
따라서 마지막 숫자는 4이다.

(08)

| 정답 | ③

| 해설 | 컬러로 칠한 바둑판의 수들을 살펴보면 각각 27, 1, 20과 4, 7, 6이므로 가장 큰 수와 가장 작은 수의 차를 구하면 26과 3이다. 이를 대입하여 식을 정리하면 다음과 같다.
26＋(12＋15＋24)÷3
＝26＋51÷3＝43
따라서 마지막 숫자는 3이다.

빠른 풀이 비법
검게 칠한 부분과 컬러로 칠한 부분의 계산법을 혼동하지 않도록 조심한다.

34

(01)

| 정답 | ②

| 해설 | 〈보기〉에 따라 치환하면 다음과 같다.
(48♡59)－(13◇1)÷(24♧22)
＝59－(13＋1)÷(24－22)
＝59－14÷2＝52
따라서 마지막 숫자는 2이다.

(02)

| 정답 | ④

| 해설 | (9◇6)×(5♤7)+(23♤19)
(9+6)×5+19
=15×5+19=94
따라서 마지막 숫자는 4이다.

(03)

| 정답 | ④

| 해설 | (84♡78)÷(45♧41)−(8◇9)
=84÷(45−41)−(8+9)
=84÷4−17=4
따라서 마지막 숫자는 4이다.

(04)

| 정답 | ②

| 해설 | (33♧27)×(24♤18)÷(9♡7)
=(33−27)×18÷9
=6×18÷9=12
따라서 마지막 숫자는 2이다.

(05)

| 정답 | ①

| 해설 | (34◇41)÷(3♡2)+(46♤55)=(34+41)÷3+46
=75÷3+46=71
따라서 마지막 숫자는 1이다.

(06)

| 정답 | ①

| 해설 | (22◇27)+(11♡14)×(45♧42)
=(22+27)+14×(45−42)
=49+14×3=91
따라서 마지막 숫자는 1이다.

(07)

| 정답 | ⑤

| 해설 | (37♧18)×(2♤6)+(12◇15)
=(37−18)−2+(12+15)
=19−2+27=65
따라서 마지막 숫자는 5이다.

(08)

| 정답 | ②

| 해설 | (28◇42)÷(12♧7)×(6♤3)
=(28+42)÷(12−7)×3
=70÷5×3=42
따라서 마지막 숫자는 2이다.

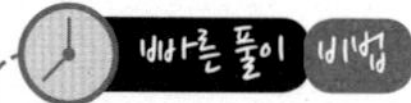

기호에 맞는 사칙연산 기호나 숫자를 미리 표시해 두고 푸는 것이 빠르다.

35

(01)

| 정답 | ④

| 해설 | A, B, C 식의 값은 각각 6, 3, 4이다. 이를 분류표 '나'에 대입하면 다음과 같다.
6×(4×3)−(2×4)
=6×12−8=64
따라서 마지막 숫자는 4이다.

(02)

| 정답 | ②

| 해설 | A, B, C 식의 값은 각각 24, 2, 18이다. 이를 분류표 '다'에 대입하면 다음과 같다.
(2×18)−24÷(3×2)
=36−24÷6=2
따라서 마지막 숫자는 2이다.

(03)

| 정답 | ⑤

| 해설 | A, B, C 식의 값은 각각 9, 1, 4이다. 이를 분류표 '가'에 대입하면 다음과 같다.
(4×4)−(3×9)+(6×1)=16−27+6=−5
따라서 마지막 숫자는 5이다.

(04)

| 정답 | ③

| 해설 | A, B, C 식의 값은 각각 9, 3, 2이다. 이를 분류표 '라'에 대입하면 다음과 같다.
(7×9)÷3−(4×2)
=63÷3−8=13
따라서 마지막 숫자는 3이다.

(05)

| 정답 | ②

| 해설 | A, B, C 식의 값은 각각 5, 2, 3이다. 이를 분류표 '마'에

대입하면 다음과 같다.

$2+(6\times3)\div(2\times5)$

$=2+18\div10=2$

따라서 마지막 숫자는 2이다.

36

(01)

| 정답 | ⑤

| 해설 | 각 문자를 치환하면 다음과 같다.

$M-O+K=20-15+10=15$

따라서 마지막 숫자는 5이다.

(02)

| 정답 | ①

| 해설 | 각 문자를 치환하면 다음과 같다.

$G+T-P=16+15-10=21$

따라서 마지막 숫자는 1이다.

(03)

| 정답 | ②

| 해설 | 각 문자를 치환하면 다음과 같다.

$S-L+W=12-10+10=12$

따라서 마지막 숫자는 2이다.

(04)

| 정답 | ②

| 해설 | 각 문자를 치환하면 다음과 같다.

$D+H-U=19+23-10=32$

따라서 마지막 숫자는 2이다.

(05)

| 정답 | ③

| 해설 | 각 문자를 치환하면 다음과 같다.

$B-J+E=18-8+13=23$

따라서 마지막 숫자는 3이다.

(06)

| 정답 | ④

| 해설 | 각 문자를 치환하면 다음과 같다.

$I+C+V=18+13+13=44$

따라서 마지막 숫자는 4이다.

(07)

| 정답 | ②

| 해설 | 각 문자를 치환하면 다음과 같다.

$W-Q+Y=10-9-21=22$

따라서 마지막 숫자는 2이다.

(08)

| 정답 | ⑤

| 해설 | 각 문자를 치환하면 다음과 같다.

$A+M-N=20+20-15=25$

따라서 마지막 숫자는 5이다.

(09)

| 정답 | ⑤

| 해설 | 각 문자를 치환하면 다음과 같다.

$R-F+P=14-9+10=15$

따라서 마지막 숫자는 5이다.

빠른 풀이 비법

해당 문자의 숫자를 그냥 대입하거나 주변 8개의 숫자를 모두 더하여 계산하는 실수를 하지 않도록 주의한다. 1의 자리만 구하면 되므로 계산할 때 1의 자리만 눈으로 암산하면 훨씬 빠르게 해결할 수 있다.

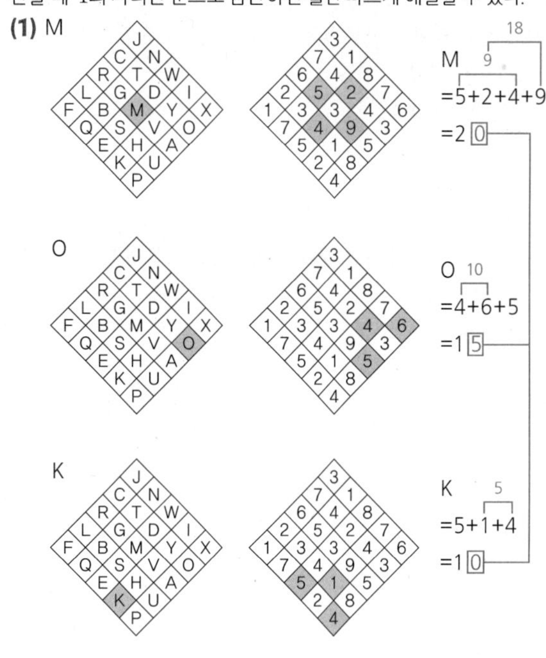

∴ M−O+K=20−15+10

=15

37

(01)

| 정답 | ④

| 해설 | 문자에 대한 숫자를 정확히 대입하면 다음과 같다.

i − E B C : 010

f − E B C : 101

(02)

| 정답 | ④

| 해설 | 문자에 대한 숫자를 정확히 대입하면 다음과 같다.

h − A C D : 111

g − A C D : 100

(03)

| 정답 | ①

| 해설 | 문자에 대한 숫자를 정확히 대입하면 다음과 같다.

j − D A B : 011

i − D A B : 101

(04)

| 정답 | ⑤

| 해설 | 문자에 대한 숫자를 정확히 대입하면 다음과 같다.

g − C E A : 001

i − C E A : 000

(05)

| 정답 | ①

| 해설 | 문자에 대한 숫자를 정확히 대입하면 다음과 같다.

f − B D E : 001

h − B D E : 011

38

(01)

| 정답 | ④

| 해설 | 〈분류표 1〉에 따라 식을 치환하면

Ⅰd−(Ⅱa÷Ⅲd)+Ⅲb

=16−(15÷3)+7

=16−5+7=18

따라서 〈분류표 2〉 ④의 두 번째 행에 해당한다.

(02)

| 정답 | ①

| 해설 | 〈분류표 1〉에 따라 식을 치환하면

Ⅱc+Ⅳb−(Ⅱd÷Ⅳc)

=13+12−(10÷5)

=13+12−2=23

따라서 〈분류표 2〉 ①의 첫 번째 행에 해당한다.

(03)

| 정답 | ⑤

| 해설 | 〈분류표 1〉에 따라 식을 치환하면

Ⅲc+(Ⅰc×Ⅳa)−Ⅰa

=11+(2×8)−6

=11+16−6=21

따라서 〈분류표 2〉 ⑤의 두 번째 행에 해당한다.

(04)

| 정답 | ③

| 해설 | 〈분류표 1〉에 따라 식을 치환하면

(Ⅲb×Ⅰb÷Ⅲd)+Ⅳc

=(7×9÷3)+5

=(63÷3)+5=26

따라서 〈분류표 2〉 ③의 세 번째 행에 해당한다.

(05)

| 정답 | ①

| 해설 | 〈분류표 1〉에 따라 식을 치환하면

Ⅳd−Ⅲa+(Ⅰd÷Ⅰb)

=14−1+(16÷4)

=14−1+4=17

따라서 〈분류표 2〉 ①의 세 번째 행에 해당한다.

(06)

| 정답 | ②

| 해설 | 〈분류표 1〉에 따라 식을 치환하면

(Ⅱc×Ⅳc)−(Ⅲc×Ⅲd)

=(13×5)−(11×3)=65−33=32

따라서 〈분류표 2〉 ②의 세 번째 행에 해당한다.

39

(01)

| 정답 | ④

| 해설 | 〈분류표 1〉에 따라 식을 치환하면

(Ⅰe×Ⅲh÷Ⅱe)+Ⅰh

=(10×6÷3)+7

$=(60\div 3)+7=27$
따라서 〈분류표 2〉 ④의 세 번째 행에 해당한다.

(02)

| 정답 | ⑤

| 해설 | 〈분류표 1〉에 따라 식을 치환하면

$(\mathrm{III}h\times \mathrm{II}f)-(\mathrm{IV}e\times \mathrm{III}g)$
$=(6\times 8)-(9\times 4)$
$=48-36=12$
따라서 〈분류표 2〉 ⑤의 첫 번째 행에 해당한다.

(03)

| 정답 | ①

| 해설 | 〈분류표 1〉에 따라 식을 치환하면

$\mathrm{IV}g+(\mathrm{II}h\div \mathrm{IV}f)-\mathrm{I}h$
$=15+(16\div 2)-7$
$=15+8-7=16$
따라서 〈분류표 2〉 ①의 세 번째 행에 해당한다.

(04)

| 정답 | ③

| 해설 | 〈분류표 1〉에 따라 식을 치환하면

$(\mathrm{II}e\times \mathrm{III}f)-(\mathrm{III}e\div \mathrm{IV}f)$
$=(3\times 13)-(14\div 2)$
$=39-7=32$
따라서 〈분류표 2〉 ③의 세 번째 행에 해당한다.

(05)

| 정답 | ④

| 해설 | 〈분류표 1〉에 따라 식을 치환하면

$\mathrm{II}g+(\mathrm{I}e\div \mathrm{I}f\times \mathrm{IV}e)$
$=1+(10\div 5\times 9)$
$=1+(2\times 9)=19$
따라서 〈분류표 2〉 ④의 두 번째 행에 해당한다.

(06)

| 정답 | ②

| 해설 | 〈분류표 1〉에 따라 식을 치환하면

$\mathrm{III}g\times \mathrm{II}e\times \mathrm{III}h\div \mathrm{II}f$
$=4\times 3\times 6\div 8$
$=12\times 6\div 8=9$
따라서 〈분류표 2〉 ②의 첫 번째 행에 해당한다.

40

(01)

| 정답 | ③

| 해설 | 제시된 문자와 숫자를 〈분류표 1〉에 따라 변환하면

R 54 312 3295=가 다 나 가 이다.
따라서 〈분류표 2〉 ③의 오른쪽에 해당한다.

(02)

| 정답 | ①

| 해설 | 제시된 문자와 숫자를 〈분류표 1〉에 따라 변환하면

J 71 127 3361=다 나 가 다 이다.
따라서 〈분류표 2〉 ①의 왼쪽에 해당한다.

(03)

| 정답 | ⑤

| 해설 | 제시된 문자와 숫자를 〈분류표 1〉에 따라 변환하면

V 23 174 3274=가 가 다 나 이다.
따라서 〈분류표 2〉 ⑤에 해당한다.

(04)

| 정답 | ⑤

| 해설 | 제시된 문자와 숫자를 〈분류표 1〉에 따라 변환하면

L 42 278 3388=다 다 나 다 이다.
따라서 〈분류표 2〉 ⑤에 해당한다.

(05)

| 정답 | ④

| 해설 | 제시된 문자와 숫자를 〈분류표 1〉에 따라 변환하면

F 84 119 3312=나 나 가 가 이다.
따라서 〈분류표 2〉 ④의 왼쪽에 해당한다.

(06)

| 정답 | ②

| 해설 | 제시된 문자와 숫자를 〈분류표 1〉에 따라 변환하면

N 19 168 3256=다 가 다 나 이다.
따라서 〈분류표 2〉 ②의 오른쪽에 해당한다.

41

(01)

| 정답 | ②

| 해설 | 제시된 문자와 숫자를 〈분류표 1〉에 따라 변환하면

131 83 T 4285=가 나 나 다 이다.

따라서 〈분류표 2〉 ②의 왼쪽에 해당한다.

(02)

| 정답 | ①

| 해설 | 제시된 문자와 숫자를 〈분류표 1〉에 따라 변환하면
205 28 D 4129=나 다 가 나 이다.
따라서 〈분류표 2〉 ①의 오른쪽에 해당한다.

(03)

| 정답 | ④

| 해설 | 제시된 문자와 숫자를 〈분류표 1〉에 따라 변환하면
172 59 W 4186=다 가 나 가 이다.
따라서 〈분류표 2〉 ④의 오른쪽에 해당한다.

(04)

| 정답 | ③

| 해설 | 제시된 문자와 숫자를 〈분류표 1〉에 따라 변환하면
214 17 P 4243=나 다 다 다 이다.
따라서 〈분류표 2〉 ③의 왼쪽에 해당한다.

(05)

| 정답 | ⑤

| 해설 | 제시된 문자와 숫자를 〈분류표 1〉에 따라 변환하면
141 69 X 4207=가 가 나 가 이다.
따라서 〈분류표 2〉 ⑤에 해당한다.

(06)

| 정답 | ④

| 해설 | 제시된 문자와 숫자를 〈분류표 1〉에 따라 변환하면
166 92 E 4134=다 나 가 나 이다.
따라서 〈분류표 2〉 ④의 왼쪽에 해당한다.

42

| 정답 | ④

| 해설 | 이 문제는 궤적을 그리는 점이 도형의 밖에 있지만, 이 점이 도형의 안에 있든 밖에 있든 풀이 방식은 같다. 정사각형을 3개 놓은 직사각형이므로, 각도는 모두 90°이며, 회전각도 모두 90°가 된다.

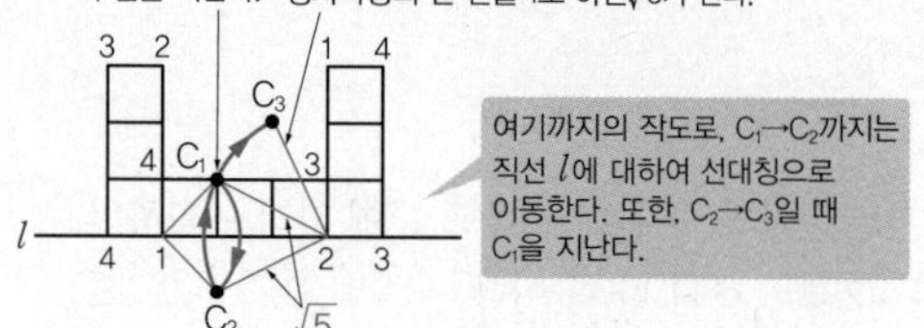
이 점을 지난다.
정사각형의 한 변을 1로 하면 $\sqrt{5}$가 된다.
3 2 1 4
4 C_1 C_3 3
l
4 1 2 3
C_2
$\sqrt{5}$
여기까지의 작도로, $C_1 \to C_2$까지는 직선 l에 대하여 선대칭으로 이동한다. 또한, $C_2 \to C_3$일 때 C_1을 지난다.

다음 회전($C_3 \to C_4$)을 살펴본다.

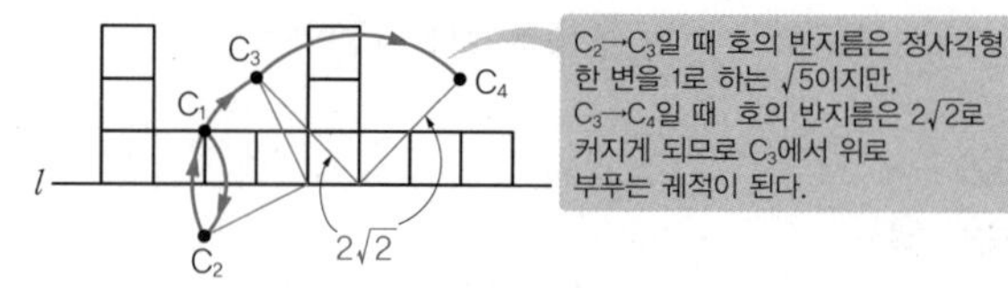
C_3
C_1
C_4
l
C_2
$2\sqrt{2}$
$C_2 \to C_3$일 때 호의 반지름은 정사각형 한 변을 1로 하는 $\sqrt{5}$이지만,
$C_3 \to C_4$일 때 호의 반지름은 $2\sqrt{2}$로 커지게 되므로 C_3에서 위로 부푸는 궤적이 된다.

$C_4 \to C_5$ 회전을 살펴보면,

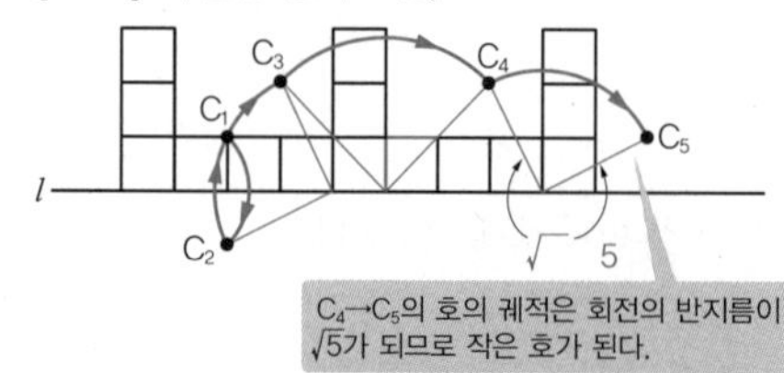
C_3
C_4
C_1
C_5
l
C_2
$\sqrt{5}$
$C_4 \to C_5$의 호의 궤적은 회전의 반지름이 $\sqrt{5}$가 되므로 작은 호가 된다.

43

| 정답 | ③

| 해설 | 도형의 꼭지점이 4개이므로 3개의 호를 그리며, 1회전시키면 처음과 같아지므로 궤적의 처음과 끝점의 높이가 같아야 한다.

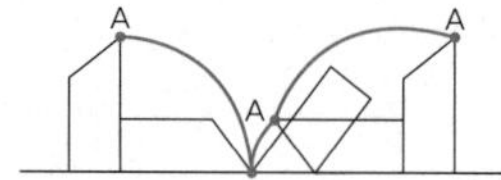
A
A
A

44

| 정답 | ①

| 해설 | 정사각형의 한 변의 길이가 $3a$이고 내부를 회전하면서 이동하는 작은 정사각형의 한 변의 길이가 a이므로 큰 정사각형 한 변을 3등분하면서 나아가기 때문에, 3×3 바둑판으로 구분하면 좋다.

1. 3×3 바둑판으로 구분한다.

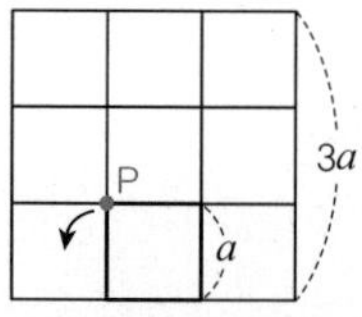
P
$3a$
a

2. 숫자를 붙여가며 회전시키면서 점 P를 따라간다.

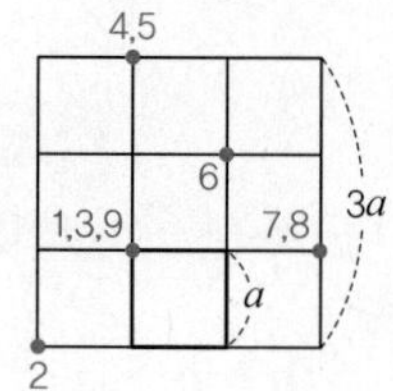
4,5
6
1,3,9
7,8
$3a$
a
2

3. 숫자순으로 잇는다.

0초 → 1초에서, 아래에서 위

1초 → 2초에서, 위에서 아래

그러므로 짝수 초 → 홀수 초일 때는 아래에서 위로, 홀수 초 → 짝수 초일 때는 위에서 아래가 된다.

구하고자 하는 시간이 5초(홀수) → 6초(짝수)이므로 위에서 아래로 가는 궤적이 된다.

45

| 정답 | ⑤

| 해설 | 궤적을 그리는 점이 2 : 1 내분점이며 이는 이등분점(중점)보다도 까다로우므로 바둑판을 그리지 않고 풀어보도록 한다. 궤적을 그리는 점을 따라가면서 숫자(1, 2, 3, …)를 붙이면서 파악한다.

점 P의 움직임을 1, 2, 3, …으로, 점 Q의 움직임을 1, 2, 3, …으로 기입한다.

점 P가 점 Q의 2배 속도로 이동하는 것에 주의하면, 점 Q가 정사각형의 한 변을 움직이는 동안에 점 P는 정사각형의 두 변을 움직이는 것이 된다.

점 P와 점 Q의 숫자가 같은 곳을 이은 선분의 점 P로부터의 2 : 1 내분점이 점 T인데, 정사각형의 왼쪽 위에 2와 2, 6과 6이 있으므로, 내분점 T도 이 왼쪽 위에 있게 된다.

두 점이 각각 직선상을 움직이는 경우에는 두 점을 잇는 선분의 내분점의 궤적도 직선을 그리기 때문에, 왼쪽 위의 점과 직선으로 이어져야 한다. 이것을 충족하는 것은 ⑤뿐이다.

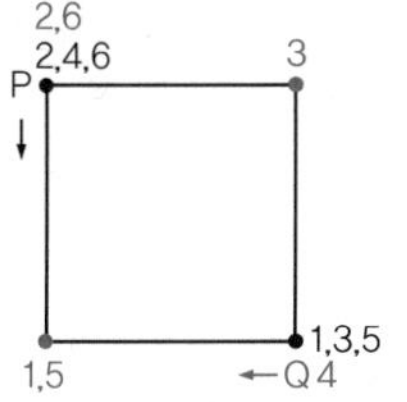

46

| 정답 | ③

| 해설 | 정삼각형 1개의 점 P가 원에 접하는 횟수는 단서 조건에 의해 12÷3=4(회) 있었음을 알 수 있으므로 우선 ②·④·⑤를 제외한다. ①과 ③ 중 원주를 4등분하고 있는 것이 답이 된다.

47

| 정답 | ③

| 해설 | 겹치는 두 선 중 어느 선이 위로 올라가 있는지 혹은 어느 선이 아래에 있는지 잘 파악하면 된다. 선이 교차하는 지점에서 위 → 아래 → 위 → 아래를 반복해야 한다.

48

| 정답 | ③

| 해설 | 직선, 곡선에 관계없이 선택지의 각 점에 모이는 선의 수를 세어, 홀수점에 ●를 표시한다.

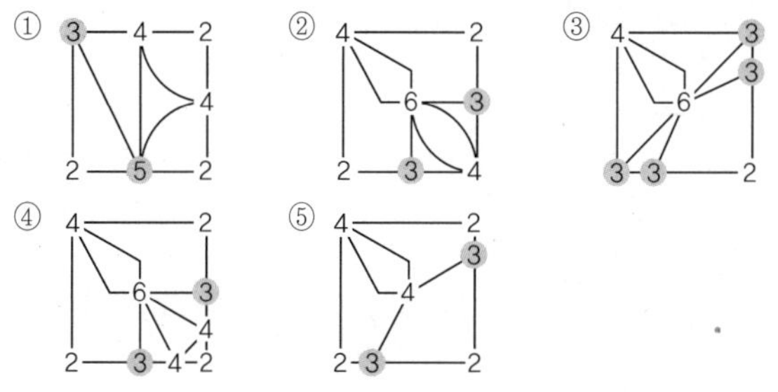

①, ②, ④, ⑤는 홀수점이 2개씩 있으므로 어느 한쪽이 '시작점'이 되고 다른 한쪽이 '종료점'이 된다.

③은 홀수점이 4개 있다. 한붓그리기가 가능한 것은 홀수점이 없거나 2군데일 때 뿐이므로 한붓그리기가 불가능하다.

보충 플러스+

한붓그리기의 사고법에 따라, 다음 [그림 1~3]에 대하여, 점과 점을 잇는 방법이 같은 것이 어느 것인지도 판단할 수 있다. 이러한 출제 방식도 있으므로 주의하자.

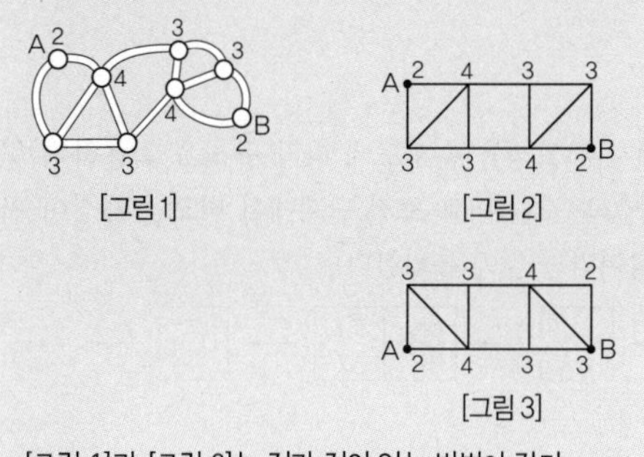

[그림 1]과 [그림 2]는 점과 점의 잇는 방법이 같다.

49

| 정답 | ②

| 해설 | 한붓그리기가 가능한 조건은 다음과 같다.

a. 시작점과 종료점 이외에 통과하는 점은 짝수점이다.

b. 시작점이자 종료점이 되는 점(시작점과 짝수점이 일치)은 짝수점이다.

c. 시작점(or 종료점)이면서 종료점(or 시작점)이 아닌 점(시작점과 종료점이 다름)은 홀수점이다.

한붓그리기가 가능한 조건인 a~c를 정리하면, 한붓그리기가 가능한 것은 홀수점이 0 혹은 2개인 도형의 경우만이다. 즉, 주어진 도형에 홀수점이 1개 혹은 3개 이상 있으면 홀수가 0, 2개가 되도록 선을 지우면 한붓그리기가 된다는 것이다.

주어진 도형에서 홀수점은 홀수의 선분이 모인 점이므로 ○ 표시를 하면 다음과 같다.

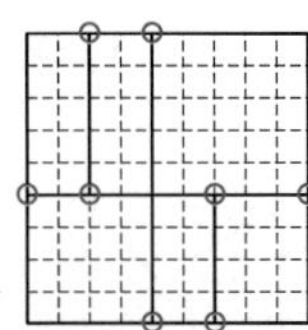

한붓그리기가 가능하게 하기 위해서는 홀수점을 0 혹은 2개가 되도록 조정하면 된다. 하지만 문제에서는 '최소 몇 cm를 지우면 되는가'를 묻고 있으므로 홀수점을 2개로 줄이면 된다.

가능한 한 짧은 선으로 6개의 홀수점을 짝수점으로 바꿔야 하므로 다음 ×표시한 선을 지우면 소거하는 부분이 최단으로 되면서 홀수점이 2개가 된다.

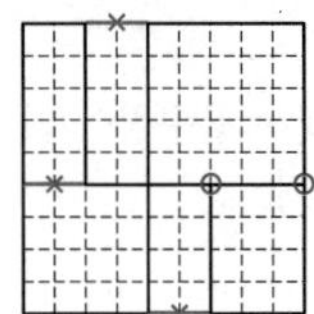

따라서, 지우는 부분의 길이는 2×3=6(cm)이다.

50

| 정답 | ③

| 해설 | 처음에 제시된 도형을 순서도에 따라 규칙을 적용하여 변환 · 비교하면 다음과 같다(비교 조건 단계에서 비교할 대상이 처음에 제시된 도형이라는 것에 유의한다).

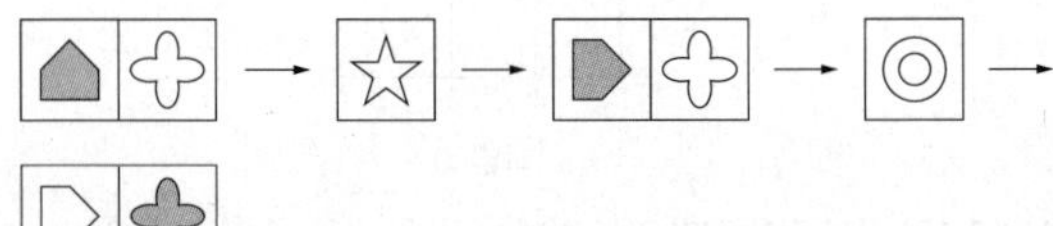

51

| 정답 | ④

| 해설 | 처음에 제시된 도형을 순서도에 따라 규칙을 적용하여 변환 · 비교하면 다음과 같다.

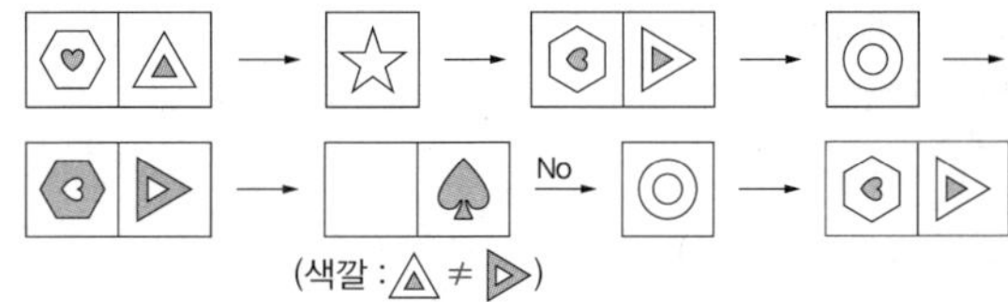

52

| 정답 | ②

| 해설 | 처음에 제시된 도형을 순서도에 따라 규칙을 적용하여 변환 · 비교하면 다음과 같다.

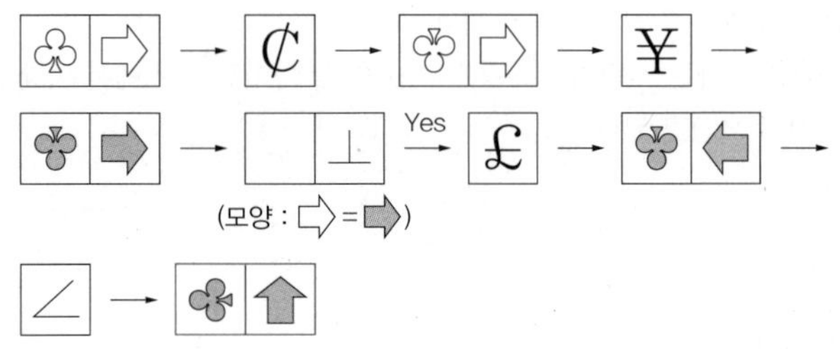

53

| 정답 | ⑤

| 해설 | 처음에 제시된 도형을 순서도에 따라 규칙을 적용하여 변환 · 비교하면 다음과 같다.

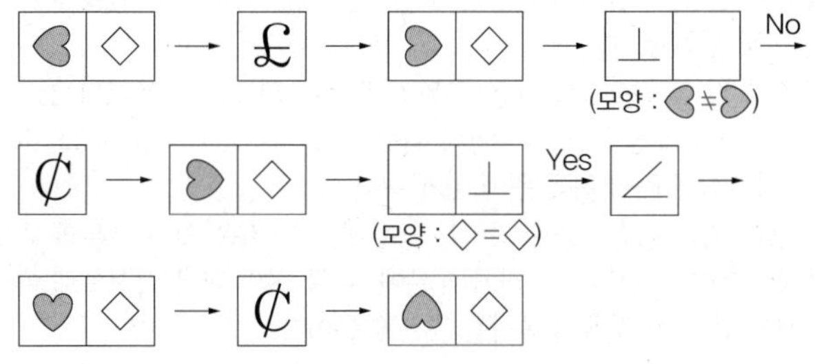

54

| 정답 | ②

| 해설 | 처음에 제시된 도형을 순서도에 따라 규칙을 적용하여 변환 · 비교하면 다음과 같다.

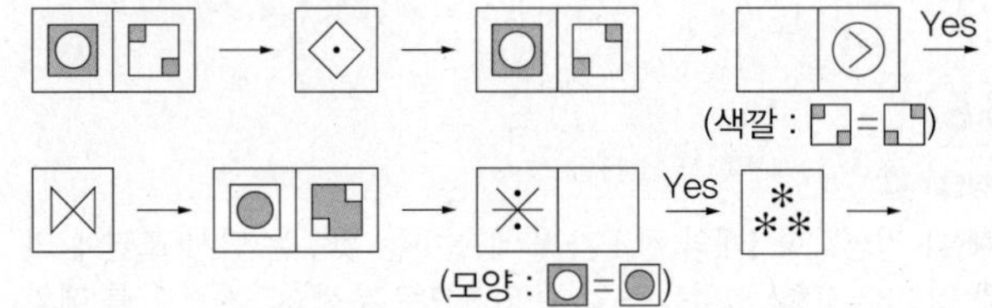

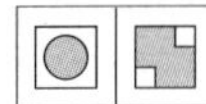

55

| 정답 | ④

| 해설 | 처음에 제시된 도형을 순서도에 따라 규칙을 적용하여 변환 · 비교하면 다음과 같다.

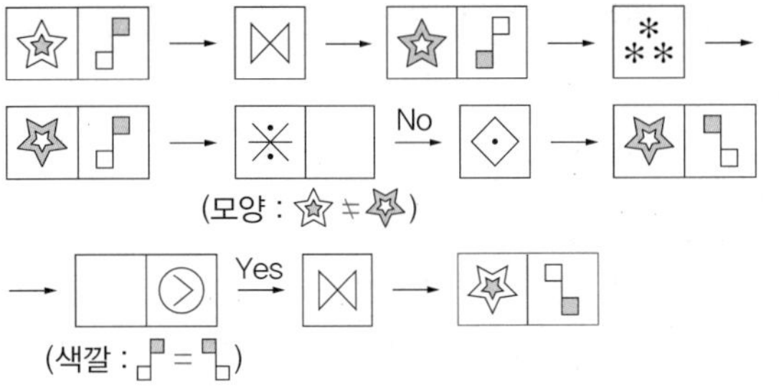

56

| 정답 | ③

| 해설 | 처음에 제시된 도형을 순서도에 따라 규칙을 적용하여 변환 · 비교하면 다음과 같다.

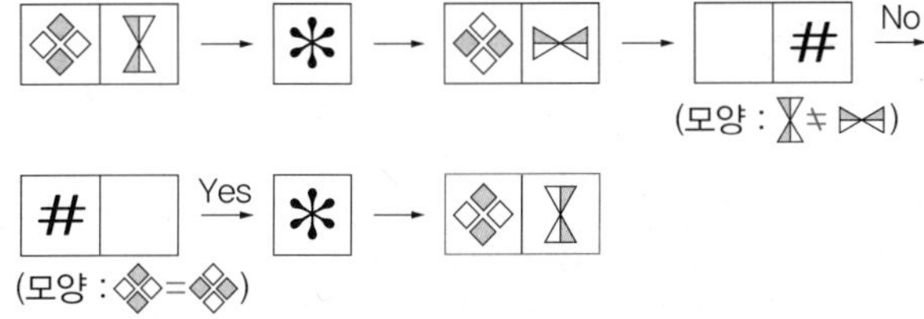

57

| 정답 | ⑤

| 해설 | 처음에 제시된 도형을 순서도에 따라 규칙을 적용하여 변환 · 비교하면 다음과 같다.

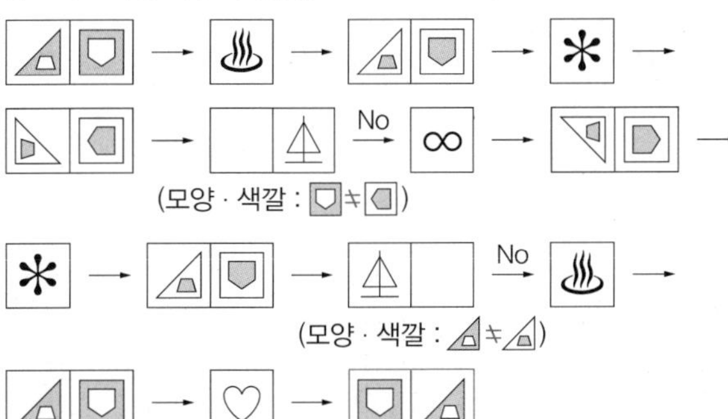

58

| 정답 | ③

| 해설 | △(K) → ♤ → Ⓚ → ▣ → Ⓩ

모형 △(K)는 두 번째 우선순위인 원료 K와 두 번째 우선순위인 형태 △로 이루어져 있다. 문제의 규칙 ♤에 의해 형태 △는 최하위 우선순위 형태인 ○가 되고, 규칙 ▣에 의해 원료 K는 우선순위보다 한 단계 높은 원료인 Z가 된다. 따라서 형태 ○와 원료 Z가 합쳐진 ⓩ가 답이 된다.

59

| 정답 | ⑤

| 해설 | ⬠(Z) → ▨ → △(K) → ◉ → △(J)

모형 ⬠(Z)는 첫 번째 우선순위인 원료 Z와 첫 번째 우선순위인 형태 ⬠로 이루어져 있다. 문제의 규칙 ▨에 의해 원료와 형태 모두 한 단계 낮은 우선순위인 △(K)가 되고, 이후 규칙 ◉에 의해 △(K)의 원료 K는 우선순위보다 한 단계 낮은 J가 된다. 따라서 형태 △와 원료 J가 합쳐진 △(J)가 답이 된다.

60

| 정답 | ①

| 해설 | △(S) □(E) → ♩ → ⬡(E) △(C) → ■ → △(E) □(C) → ★ → ⬡(S) → ♧ → □(S)

규칙 ♩에 의해 △(S)□(E)의 원료와 형태가 한 단계 높은 우선순위인 ⬡(E)△(C)로 바뀌고, 규칙 ■에 의해 형태가 각각 △와 □로 바뀐다. 규칙 ★에 따라 △(E)□(C)를 하나로 배합하는데, 서로 다른 원료와 형태끼리 배합되므로 제3의 원료인 S와 제3의 형태인 ⬡가 결합한 ⬡(S)가 된다. 마지막으로 규칙 ♧에 의해 형태 ⬡가 원료 S와 동일한 우선순위인 □로 바뀌므로 정답은 □(S)가 된다.

61

| 정답 | ③

| 해설 | ⬡(E) △(S) → ♧ → △(E) □(S) → ■ → □(E) ⬡(S) → ▣ → □(S) ⬡(S) → ★ → △(S)

규칙 ♧에 의해 ⬡(E)△(S)의 형태가 원료와 동일한 우선순위인 △□로 바뀌고, 규칙 ■에 의해 형태가 각각 한 단계 낮은 우선순위인 □⬡로 바뀐다. 규칙 ▣에 의해 □(E)⬡(S)의 원료는 모두 최상위 우선순위인 □(S)⬡(S)로 변화하고, 규칙 ★에 따라 그 둘을 하나의 원료와 형

태로 배합한다. ⓢⓢ의 원료는 서로 같으므로 그대로 S를 유지하고, 형태는 서로 다르므로 □⬡를 제외한 제3의 형태 △로 변화한다. 따라서 원료 S와 형태 △가 결합한 ⓢ가 답이 된다.

62

| 정답 | ②

| 해설 | 제시된 도형을 변환 조건에 따라 각 선택지 ①~⑤를 변환시키면 다음과 같다.

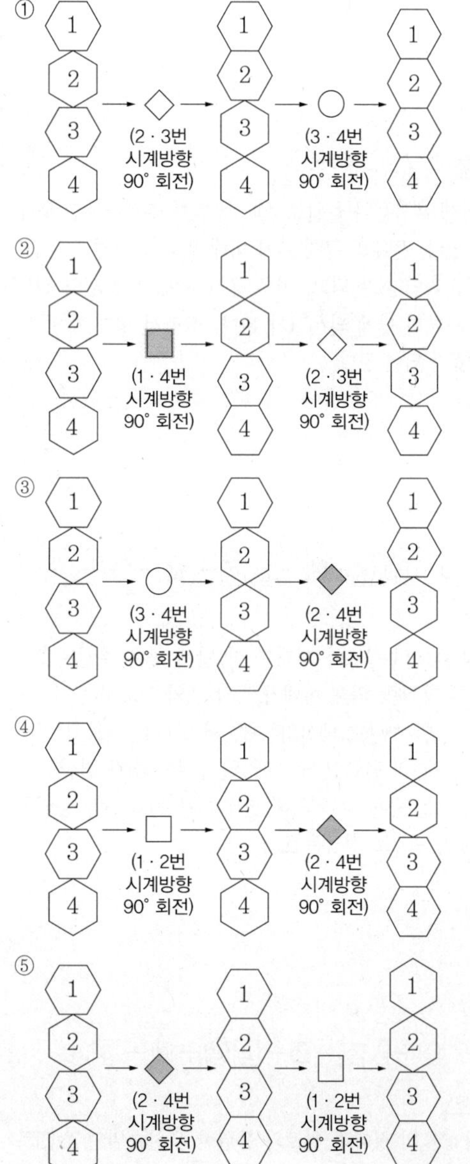

따라서 화살표 후 도형이 나오기 위해서는 ②와 같은 과정을 거쳐야 한다.

63

| 정답 | ④

| 해설 |

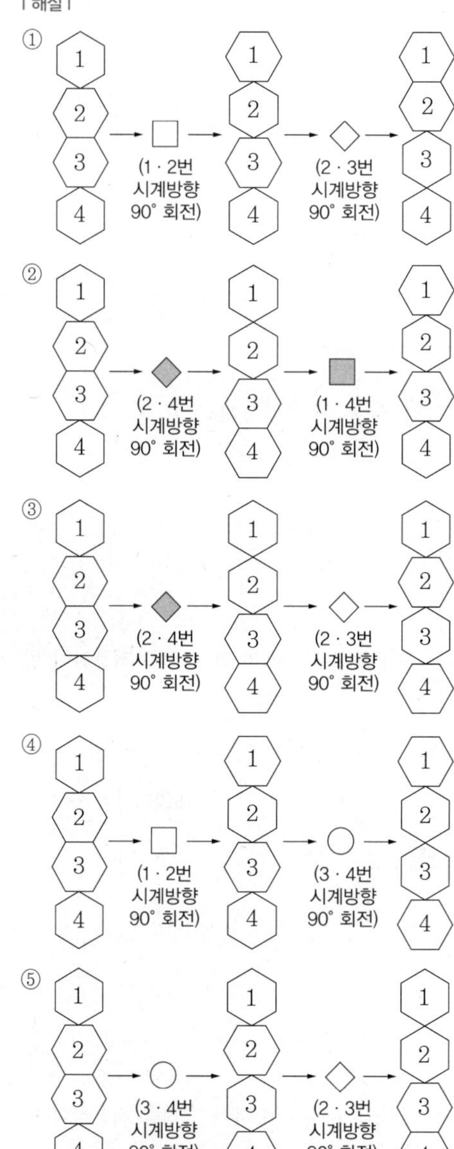

따라서 화살표 후 도형이 나오기 위해서는 ④와 같은 과정을 거쳐야 한다.

64

| 정답 | ①

| 해설 | 원래 그림의 위치를

A	B	C
D	E	F
G	H	I

라고 한다면 변화된 그림의

위치는

H	I	A
B	C	D
E	F	G

이다.

같은 관계로 ?의 모양을 추리해 보면 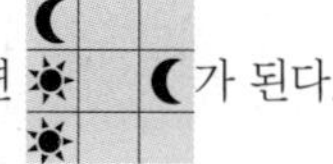 가 된다.

65

| 정답 | ④

| 해설 | 사각형은 45°씩 회전하며, 네 귀퉁이를 시계방향으로 이동하고 있다.

오각형은 반시계방향으로 90°씩 회전, 네 귀퉁이를 반시계방향으로 이동하고, 번갈아가며 색 반전을 하고 있다.

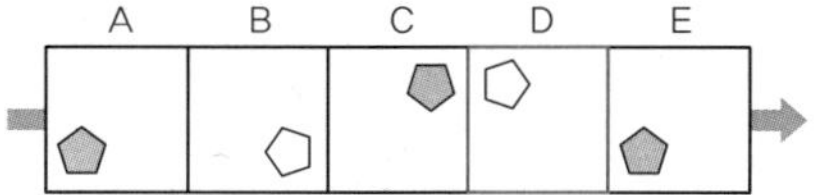

원은 네 귀퉁이를 시계방향으로 이동하고, 색 반전을 하고 있다.

이를 합성하면 ④가 된다. →

66

| 정답 | ③

| 해설 | 오른쪽 세로줄의 두 도형을 비교해보면, 위쪽 도형은 '삼각형－타원－원－사각형' 순이지만, 아래쪽 도형은 '사각형－타원－원－삼각형' 순으로 가장 바깥쪽의 도형과 가장 안쪽의 도형 위치가 서로 바뀌었음을 알 수 있다.

따라서 A의 아래쪽 도형이 '삼각형－원－사각형－타원' 순이므로 A는 '타원－원－사각형－삼각형' 순이 되어야 하고, B의 위쪽 도형이 '원－사각형－삼각형－타원' 순이므로 B는 '타원－사각형－삼각형－원' 순이 되어야 한다. 위쪽의 가로줄도 일정한 규칙을 가지고 있다고 하였으므로 위에서 구한 A 도형을 대입하여 생각해보면 가장 안쪽에 있는 도형이 가장 바깥쪽으로 나오는 규칙을 발견할 수 있다.

67

| 정답 | ①

| 해설 | 위쪽의 가로줄을 보면 네모 칸의 수는 변화가 없지만 빗금 또는 색칠된 네모의 위치는 바뀌어 있다. 그 바뀐 위치를 살펴보면 빗금 또는 색칠된 네모가 왼쪽으로 한 칸씩 이동하고, 가장 왼쪽의 네모는 가장 오른쪽으로 이동한 것을 알 수 있다.

따라서 A는 가장 왼쪽부터 '회색－빗금－흰색－검정색', '검정색－흰색－빗금－회색', '검정색－회색－흰색－빗금', '흰색－흰색－빗금－회색'이 나와야 한다.

그리고 가운데 세로줄의 두 도형을 비교해보면 가로줄 한 칸이 줄었는데, 위에서 두 번째 줄이 없어진 것을 알 수 있다. 따라서 B의 위쪽 도형에서 위에서 두 번째 줄을 없앤 것을 찾으면 된다.

68

| 정답 | ①

| 해설 | 기호의 규칙을 살펴보면 다음과 같다.

- ⊙ : 색깔 반전(흑 ↔ 백)
- ☆ : 가장 바깥쪽에 원 추가
- ⊠ : 내부 도형만 180° 회전
- ♀ : 좌우대칭(Y축 대칭)
- ◇ : 시계방향으로 90° 회전
- ☼ : 상하대칭(X축 대칭)

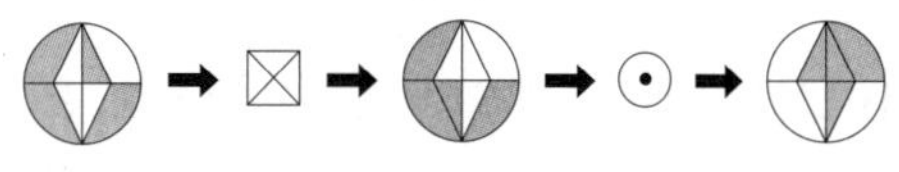

69

| 정답 | ②

| 해설 |

70

| 정답 | ②

| 해설 | 우선 두 번째 가로열의 변화와 두 번째 세로열의 변화를 보면, 모두 바깥에 있던 삼각형이 사각형으로 바뀌었고, 이 두 열에는 공통으로 ☆이 들어가 있으므로 ☆은 바깥의 도형을 사각형으로 바꾸는 기호임을 알 수 있다. 이를 두 번째 세로열에 적용시키면 처음 도형과 마지막 도형의 색깔이 서로 바뀌는 것으로 보아 ♡은 색 반전 기호임을 유추할 수 있다. ♡ 색 반전 기호를 첫 번째 가로열에 역으로 적용시키면 ◑는 반시계방향으로 90° 회전하는 기호임을 알 수 있다. 이를 토대로 규칙을 함께 정리하면 다음과 같다.

기호	규칙
◑	반시계방향으로 90° 회전
♡	색 반전(흑 ↔ 백)
▣	180° 회전(원점 대칭)
☆	가장 바깥의 도형을 사각형으로 바꿈.

◎	좌우대칭(Y축 대칭)

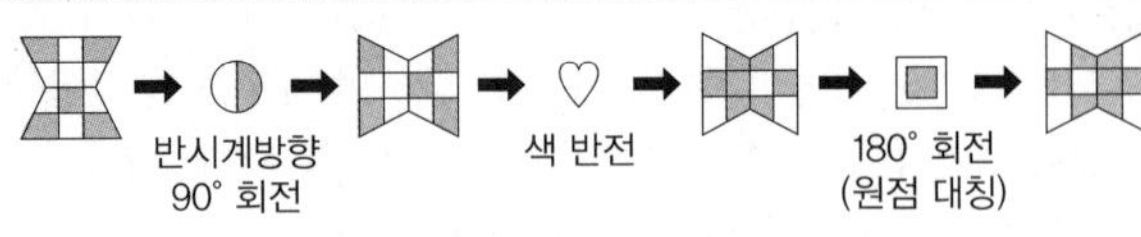

71

| 정답 | ④

| 해설 |

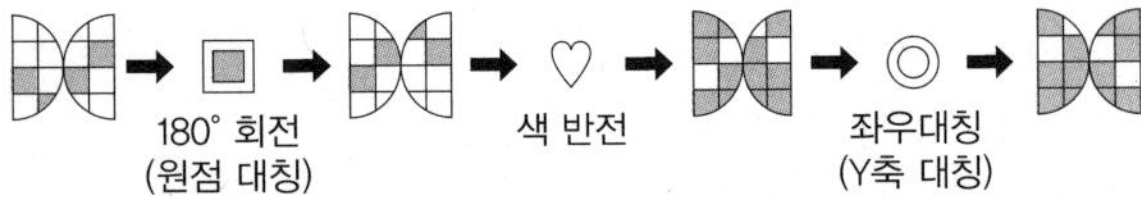

72

| 정답 | ③

| 해설 | 첫 번째 가로열 · 첫 번째 세로열 · 두 번째 세로열에 공통으로 ◎가 들어가 있고, 세 열 모두 마지막 그림이 색 반전되었으므로 ◎는 색 반전 기호임을 알 수 있다. 이를 첫 번째 가로열과 두 번째 세로열에 적용해보면 ▣는 반시계방향으로 90° 회전, ☆는 180° 회전임을 알 수 있다. 첫 번째 세로열에 ▣과 ◎을 적용해보면,

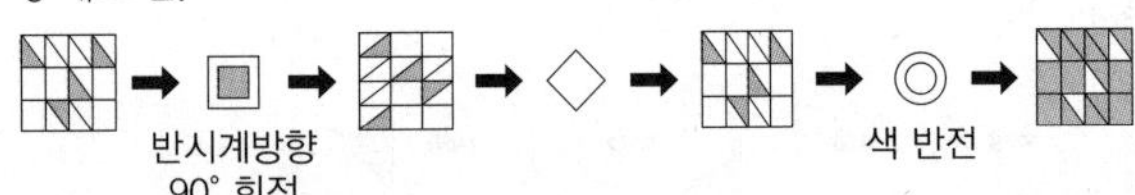

이 되므로 ◇는 시계방향으로 90° 회전 기호임을 알 수 있다. 마지막으로 두 번째 가로열에 ◇과 ☆을 적용하는 데 시계방향으로 90° 회전과 180° 회전이 함께 진행되면, 결국 반시계방향으로 90° 회전하는 것과 같으므로

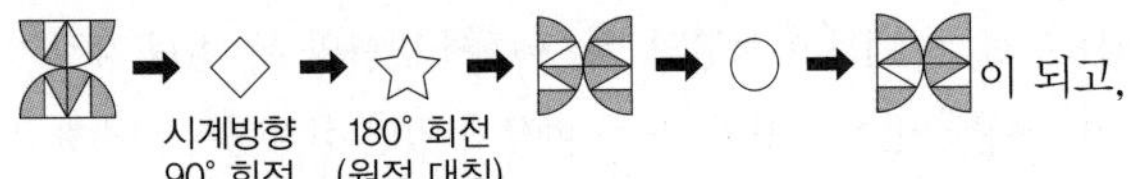

○는 상하대칭(X축 대칭)이 된다.

이를 종합해보면 다음과 같다.

▣	반시계방향으로 90° 회전
◎	색 반전(흑 ↔ 백)
◇	시계방향으로 90° 회전
☆	180° 회전(원점 대칭)
○	상하 대칭(X축 대칭)

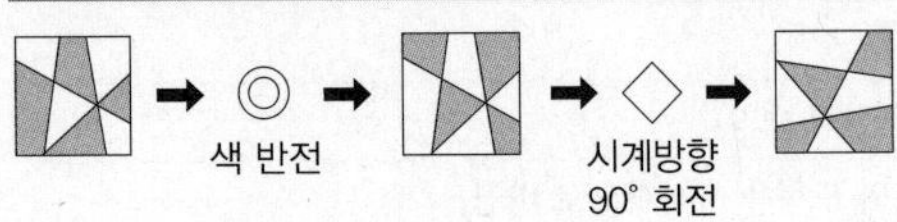

73

| 정답 | ③

| 해설 | ☆의 180° 회전과 ▣의 반시계방향 90° 회전은 시계방향으로 90° 회전과 같다.

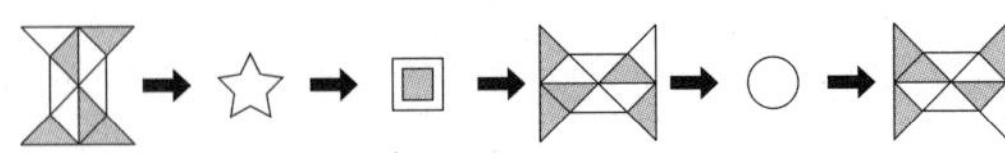

74

| 정답 | ①

| 해설 |

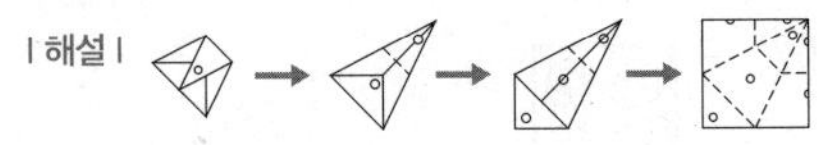

75

| 정답 | ④

| 해설 |

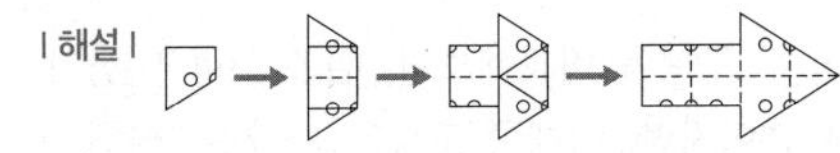

76

| 정답 | ③

| 해설 |

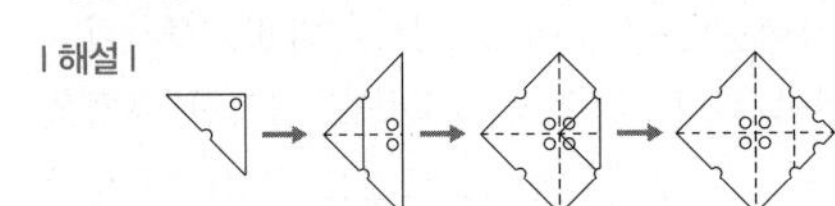

77

| 정답 | ⑤

| 해설 |

78

| 정답 | ⑤

| 해설 |

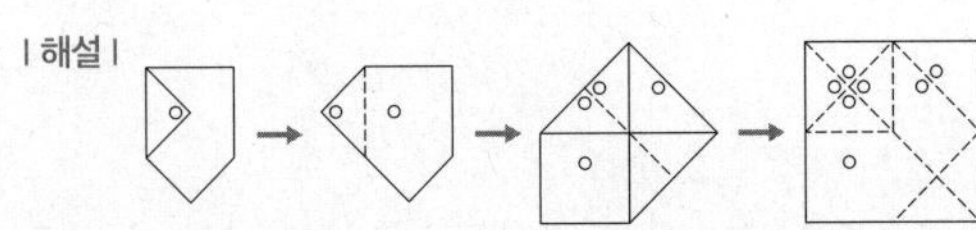

79

| 정답 | ③

| 해설 |

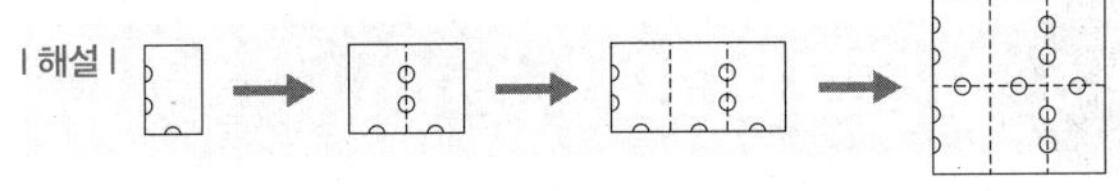

80

| 정답 | ①

| 해설 |

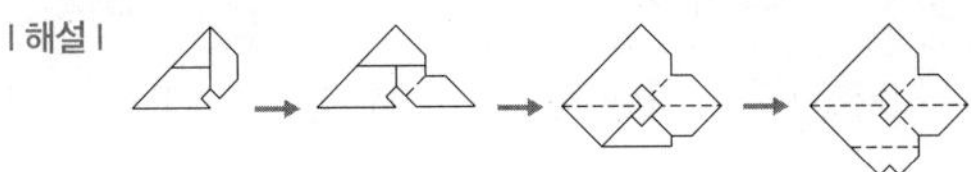

81

| 정답 | ②

| 해설 |

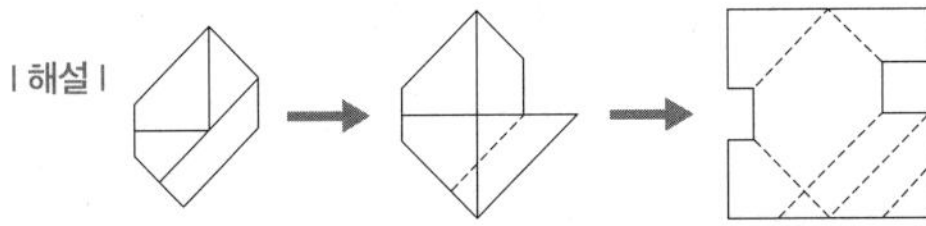

82

| 정답 | ⑤

| 해설 |

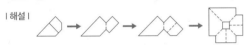

83

| 정답 | ②

| 해설 |

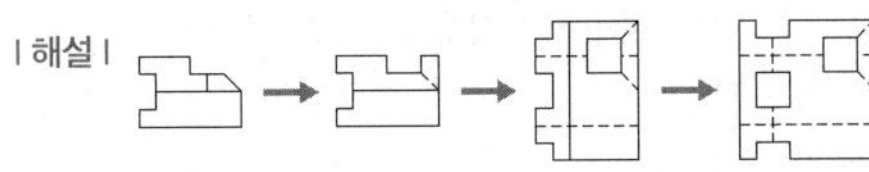

84

| 정답 | ④

| 해설 | 1. 앞에서 본 모양(①, ③)

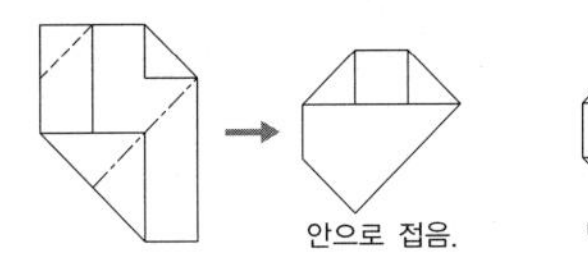

2. 뒤에서 본 모양(②, ⑤)

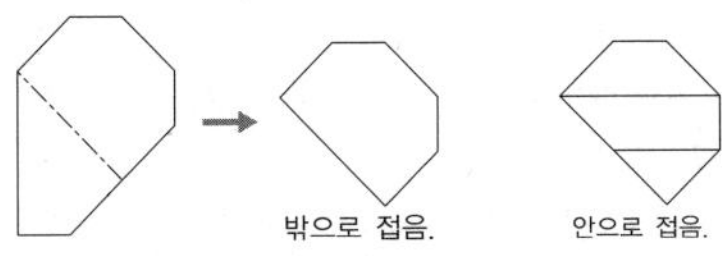

85

| 정답 | ⑤

| 해설 | 1. 앞에서 본 모양(①, ④)

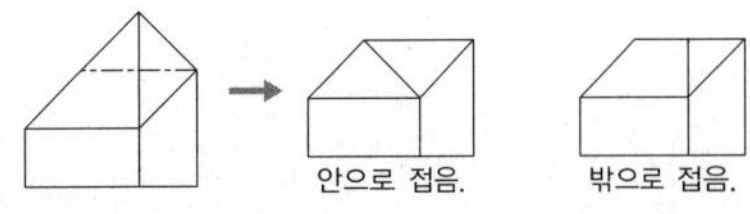

2. 뒤에서 본 모양(②, ③)

86

| 정답 | ③

| 해설 | 1. 앞에서 본 모양(①, ④)

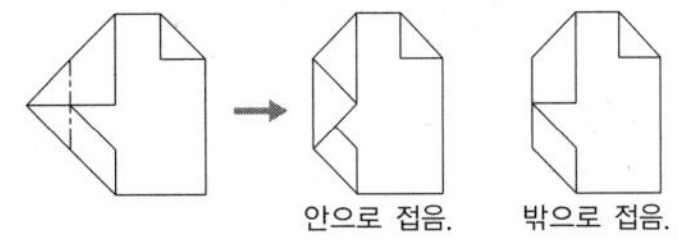

2. 뒤에서 본 모양(②, ⑤)

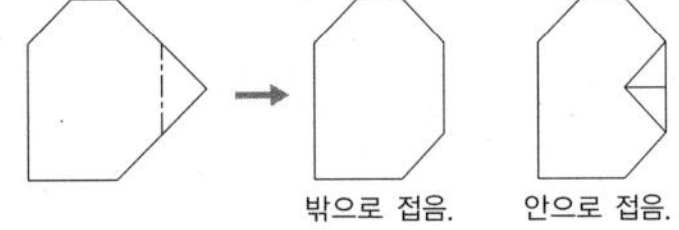

87

| 정답 | ③

| 해설 | 1. 앞에서 본 모양(①, ④)

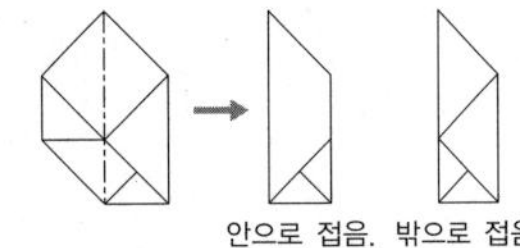

2. 뒤에서 본 모양(②, ⑤)

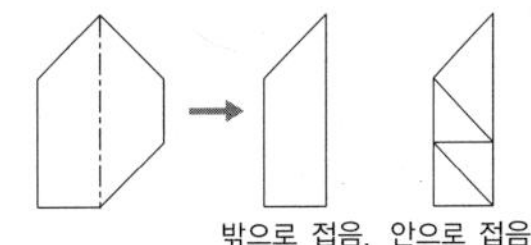

88

| 정답 | ⑤

| 해설 | 1. 앞에서 본 모양(①, ②)

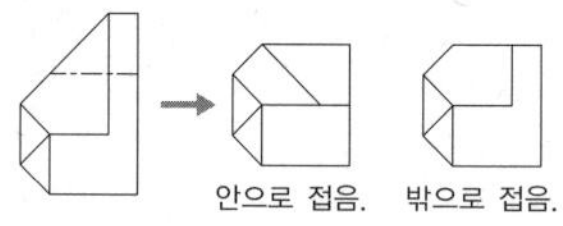

2. 뒤에서 본 모양(③, ④)

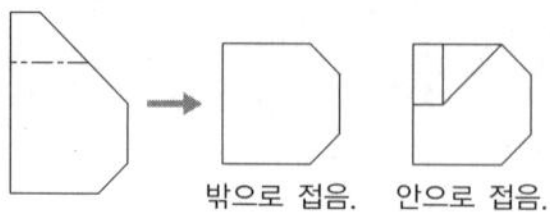

89

| 정답 | ②

| 해설 | 1. 앞에서 본 모양(①, ④)

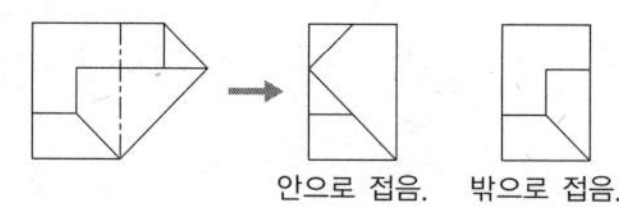

2. 뒤에서 본 모양(③, ⑤)

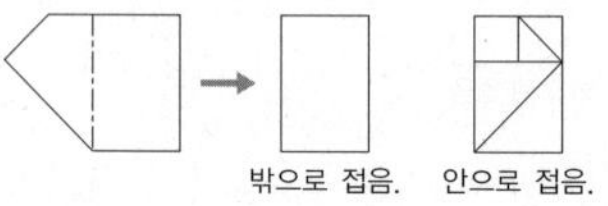

파트 5 실전모의고사

1회 실전모의고사

1 유형A 기초지식

문제 306쪽

01 ②	02 ①	03 ④	04 ④	05 ②
06 ②	07 ②	08 ③	09 ①	10 ①
11 ②	12 ①	13 ④	14 ④	15 ②
16 ③	17 ④	18 ①	19 ④	20 ⑤

01

| 정답 | ②

| 해설 | 주어진 단어들은 서수, 즉 첫 번째, 두 번째, 네 번째를 나타내는 단어이다. 따라서 빈칸에는 세 번째를 뜻하는 THIRD가 와야 한다. 영어의 서수는 FIRST, SECOND, THIRD까지는 외워야 하며 FOURTH부터는 기수에 -TH를 붙이는 규칙을 적용한다.

02

| 정답 | ①

| 해설 | 주어진 단어들은 요일을 나타내는 단어들이다.

Monday, Tuesday, Wednesday 다음 빈칸에는 목요일을 뜻하는 Thursday가 와야 한다.

어휘 Monday : 월요일 / Tuesday : 화요일 / Wednesday : 수요일 / Thursday : 목요일 / Friday : 금요일 / Saturday : 토요일 / Sunday : 일요일 / Holiday : 공휴일, 방학

03

| 정답 | ④

| 해설 | shampoo(샴푸), soap(비누), dentifrice(치약), toothbrush(칫솔)는 shower room(샤워실)과 관련 있는 단어들이다.

04

| 정답 | ④

| 해설 | professor(교수), major(전공), credit(학점)은 university(대학)와 관련 있는 단어들이다.

어휘 major : 주요한, 중대한, 전공 / credit : 신용 거래, 학점

05

| 정답 | ②

| 해설 | 밑줄 친 get long and deep sleep은 '길고 깊은 잠에 빠진다'로 해석되므로 '겨울잠을 자다, 동면하다'라는 의미의 hibernate로 바꾸어 쓸 수 있다.

어휘 survive : 살아남다, 생존하다 / state : 상태 / coma : 혼수 상태

해석 어떤 동물들은 생존을 위해 겨울 동안 길고 깊은 잠에 빠진다. 동물이 그런 상태에 있는 동안 그 동물의 모든 신체적 기능이 거의 정지된다.

06

| 정답 | ②

| 해설 | A는 파란색 바지를 사고 싶다고 했으므로 '알겠습니다. 다른 지점에 연락해 보겠습니다.'라는 답변이 적절하다.

| 오답풀이 |

① 바지가 당신에게 잘 어울리는군요.

③ 죄송하지만 스웨터는 현재 품절입니다.

④ 이 스웨터는 바지보다 더 쌉니다.

⑤ 전화주셔서 감사합니다.

어휘 purchase : 구입하다 / branch : 가지, 지점

해석 A : 이 바지를 어제 구입했는데요, 집에 도착해서 이게 저한테 좀 큰 것을 알았어요. 9사이즈는 없나요?

B : 잠시만요… 죄송하지만, 파란색 9사이즈는 없어요. 하지만 검은색은 있어요.

A : 음, 저는 이 아이보리색 스웨터랑 맞춰 입을 파란색 바지를 사고 싶어서요.

B : ______________

07

| 정답 | ②

| 해설 | A가 해결책을 제시하고 있는 것을 보아 B가 A에게 문제를 해결할 방법을 물었다는 것을 알 수 있다. 따라서 '어떻게 해야 할까요?'가 적절하다.

| 오답풀이 |

① (당신은) 무엇을 할 건가요?

③ 내가 곧 나아질 거라고 생각하나요?

④ 그것을 어디서 찾을 수 있죠?

⑤ 전화를 사용해도 될까요?

해석 A : 기분이 좋지 않아 보여요. 무슨 문제라도 있나요?

B : 사실, 내 아들이 걱정돼요. 그 애는 자기 방에서 인터넷 서핑을 하는 데 모든 시간을 소비하거든요.

A : 아, 그건 심각한 문제네요. 인터넷에는 해로운 웹사이트들이 많아요.

B : 당신 말이 맞아요. ______________

A : 그를 계속 지켜볼 수 있도록 컴퓨터를 거실에 놓는 것이 좋겠어요.

08

| 정답 | ③

| 해설 | B의 발언 뒤에 A가 원하는 바를 언급하는 것으로 보아 빈칸에는 '그 밖에 원하시는 건 없나요?'가 적절하다.

| 오답풀이 |

① 즐거운 크리스마스가 되길 바랍니다.

② 그 케이크는 정말 맛있었어요.

④ 당신은 산타클로스를 믿나요?

⑤ 최선을 다하겠습니다.

어휘 order : 명령하다, 주문하다 / square : 정사각형 모양의 / decoration : 장식품, 장식

해석 A : 우리 아이들을 위해서 크리스마스 케이크를 주문하고 싶은데요.

B : 네! 동그란 모양과 정사각형 모양 중 어떤 디자인을 원하세요?

A : 어디 보자. 전 동그란 모양이 좋은데요.

B : 그럼 어떤 장식을 원하세요? 저희는 산타와 나무, 그리고 꽃 장식을 가지고 있습니다.

A : 산타가 좋겠어요.

B : 알겠습니다, 부인. ______________

A : 그리고 케이크 위에 메시지를 남기고 싶은데요. 예를 들면 'I Love You.' 같은 거요.

B : 좋은 생각이시네요.

09

| 정답 | ①

| 해설 | 빈칸 뒤에 A가 함께 쇼핑하러 가자는 것으로 보아 B가 쇼핑을 같이하자는 제안을 했음을 알 수 있다. 따라서 '네가 선물 고르는 것 좀 도와줄래?'가 적절하다.

| 오답풀이 |

② 나는 쇼핑센터를 찾고 있다.

③ 그녀는 정말 귀엽고 포동포동해!

④ 나의 누이를 본 적이 있니?

⑤ 정말 고마워.

해석 A : Daniel, 한국에서 지내본 소감이 어때?

B : 아주 좋아! 내가 여기 머물렀던 모든 순간이 즐거웠어.

A : 잘됐다! 그럼 집으로 돌아갈 준비는 다 되었니?

B : 거의, 하지만 내 누이의 선물을 준비해야 해.
A : 너의 여동생? 아니면 누나?
B : 여동생이야. ____________
A : 좋아, 함께 쇼핑하러 가자!
B : 좋아.

10

| 정답 | ①

| 해설 | Alex가 세탁비를 내겠다고 하였으나 빈칸 뒤 대화를 보면 Rafael이 파티에서 사고는 일어난다며 거절한 것을 알 수 있다. 따라서 '별일 아니야'라는 말이 적절하다.

| 오답풀이 |

② 너에게 달려 있어.
③ 곧 알 수 있어.
④ 더 좋을 수는 없다.
⑤ 기꺼이 그렇게 할게.

[어휘] get home : 집에 도착하다 / apologize : 사과하다 / dumb : 바보, 어처구니없는 실수 / stain : 얼룩, 때, 더럽히다

[해석] Rafael : 여보세요?
Alex : 안녕, Rafael. Alex야.
Rafael : 오, 안녕? 집에 잘 도착했니?
Alex : 그래, 고마워, 나 지난밤에 대해 사과하고 싶어. 바닥에 커피를 쏟다니 너무 바보 같았어.
Rafael : 잊어버려.
Alex : 하지만 보기 싫게 얼룩졌을 게 틀림없어. 내가 세탁비를 낼게.
Rafael : 들어봐, ________ 특히 파티에선 사고가 일어나기 마련이야.
Alex : 그렇게 말한다면야. 하지만 정말 미안해.
Rafael : 괜찮아, 월요일날 보자. 안녕.

11

| 정답 | ②

| 해설 | $64\div8-5+3=8-5+3=6$

| 오답풀이 |

① $64\div8-5\times3=8-15=-7$
③ $64\div8-5-3=8-5-3=0$
④ $64\times8+5-3=512+5-3=514$
⑤ $64+8\div5\times3=64+4.8=68.8$

12

| 정답 | ①

| 해설 | $0=6\div6\times6-6=6\times6\div6-6$
$=6-6\div6\times6=6-6\times6\div6$

13

| 정답 | ④

| 해설 | 혼란을 막기 위해 ÷는 □로, −는 ○로 바꾸어 생각한다.
(□, ○) ⇨ (+, ×), (+, ÷), (−, +), (−, ×), (−, ÷), (×, +), (×, ÷) 중 하나

(2○13)은 15 또는 26 또는 $\frac{2}{13}$이므로 □는 +나 ×가 될 수 없다. 따라서 □는 −이다. 이때 95−(2○13)=69를 만족하는 ○는 ×뿐이므로 (□, ○)=(−, ×)이다.
이를 ㉡에 대입해 보면, $37\times(7-4)=111$로 등식이 성립함을 알 수 있다.
따라서 '?'에 들어갈 숫자는 $(22-3)\times3=57$이다.

14

| 정답 | ④

| 해설 | 두 열차가 엇갈려 지나가는 시간이 8초이므로 열차 A의 분속을 초속으로 나타내면 다음과 같다.
1,680m/min=28m/s

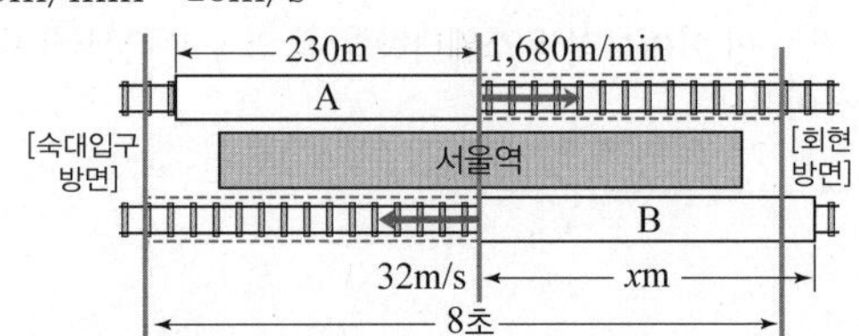

회현 방면에서 달려오는 열차 B의 길이를 xm라 하면 8초 동안 두 열차가 이동한 거리의 합은 $(230+x)$m이므로 다음과 같은 식이 성립한다.
$(28\times8)+(32\times8)=230+x$
$224+256=230+x$
$\therefore x=250$(m)

15

| 정답 | ②

| 해설 | C와 같은 방향으로 달리고 있는 A가 C를 12분 만에 앞질렀으므로, 12분에 A와 C는 연못 한 바퀴의 차이를 벌리고 있다.

한편, 반대 방향으로 달리고 있는 B와 C는 8분 만에 만났으므로, B와 C 두 명을 합쳐서 8분에 연못을 1바퀴 돌고 있다.
A와 B는 속력이 같으므로 이 두 명이 달리는 속력을 a, C의 속력을 c라 하면, 다음과 같은 식이 성립한다.
$(a-c):(a+c)=8:12$
$8(a+c)=12(a-c) \quad -4a=-20c \quad a=5c$
이로부터 $a:c=5:1$이 된다.

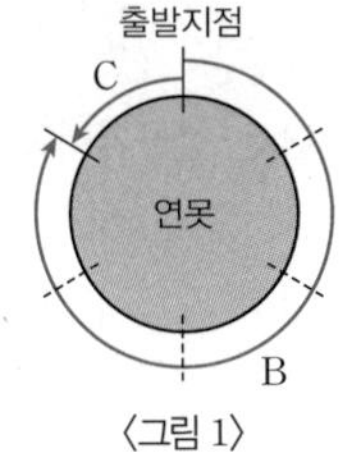

〈그림 1〉

B와 C가 만나는 상황을 생각하면 〈그림 1〉과 같이 B는 8분 동안 연못 주변의 $\frac{5}{6}$만 달리는 것이 되므로, B가 연못을 1바퀴 도는 데 걸리는 시간은 $8+8\times\frac{1}{5}=9+\frac{3}{5}$(min), 즉 9분 36초이다.
A와 B의 속력이 같으므로 A가 연못을 1바퀴 도는 데 걸리는 시간도 9분 36초가 된다.

16

| 정답 | ③

| 해설 | □BCNM의 넓이가 △ABC 넓이의 $\frac{3}{4}$이므로 △AMN의 넓이는 △ABC 넓이의 $\frac{1}{4}$이다.
⇨ △ABC와 △AMN의 넓이의 비=4:1
$\overline{BC}\,/\!/\,\overline{MN}$이므로 △ABC와 △AMN은 닮은꼴 도형이고 닮음인 두 평면도형의 넓이의 비는 (길이)^{2}의 비와 같으므로, 두 삼각형의 넓이의 비가 4:1이면 길이의 비는 2:1이 된다.
$\therefore\ \overline{MN}=\frac{1}{2}\times\overline{BC}=\frac{1}{2}\times 50=25(\text{cm})$

17

| 정답 | ④

| 해설 | A와 B만 합격할 확률은 (A가 합격할 확률)×(B가 합격할 확률)×(C가 불합격할 확률)로 구하면 된다.
따라서 $\frac{1}{2}\times\frac{1}{3}\times\left(1-\frac{3}{4}\right)=\frac{1}{24}$이다.

18

| 정답 | ①

| 해설 | 현재 첫째, 둘째, 셋째의 나이를 각각 x세, y세, z세라 하면 첫째가 1억 4천만 원의 상금 중 6천만 원을 가지게 되었으므로 다음과 같은 식이 성립한다.

$14,000\times\frac{x}{x+y+z}=6,000$ ……………………… ㉠

또한, 10년 후 다시 퀴즈쇼에 나가 상금 1억 4천만 원을 받고 나이에 비례해 상금을 나누면 첫째가 가지게 되는 금액이 5,600만 원이므로 다음과 같은 식이 성립한다.

$14,000\times\frac{x+10}{(x+10)+(y+10)+(z+10)}=5,600$

$14,000\times\frac{x+10}{x+y+z+30}=5,600$

$14,000x+140,000=5,600(x+y+z)+168,000$

$14,000x=5,600(x+y+z)+28,000$ ……… ㉡

㉡을 ㉠에 대입하면,

$\frac{5,600(x+y+z)+28,000}{x+y+z}=6,000$

$5,600+\frac{28,000}{x+y+z}=6,000$

$\therefore\ x+y+z=70$

따라서 현재 첫째의 나이는 $\frac{6,000}{14,000}\times 70=30$(세)이다.

19

| 정답 | ④

| 해설 | 벤 다이어그램으로 조건을 정리하면 다음과 같다.

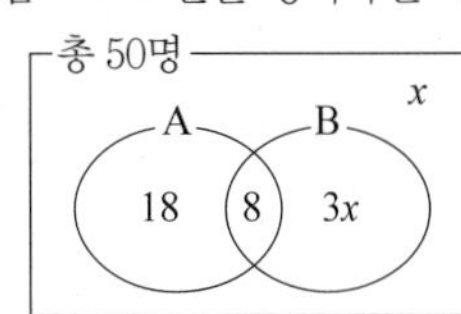

모두 불합격한 사람 수를 x명이라 하면 다음과 같은 식이 성립한다.
$18+8+3x+x=50$
$4x=24$
$\therefore\ x=6$(명)

20

| 정답 | ⑤

| 해설 | 90개의 톱니를 가진 톱니바퀴가 8번 회전하였으므로 720번씩 맞물리게 된다. A 톱니바퀴는 15회 회전하였고, B 톱니바

퀴는 18회 회전하였으므로 두 톱니바퀴의 톱니 수는 각각 720÷15=48(개), 720÷18=40(개)가 된다. 따라서 톱니 수의 합은 48+40=88(개)이다.

2 유형B 언어이해

문제 313쪽

01 ④	02 ②	03 ②	04 ④	05 ①
06 ②	07 ④	08 ②	09 ②	10 ④
11 ④	12 ①	13 ④	14 ④	15 ①
16 ③	17 ②	18 ③	19 ①	20 ②

01

| 정답 | ④

| 해설 | 고드름, 썰매, 빙하, 팥빙수를 아우르는 상위 개념은 얼음이다.

02

| 정답 | ②

| 해설 | 힌두교는 고대 인도에서 발생하여 인도에서 가장 많은 신자를 보유한 종교고, 카레는 인도의 대표적인 요리이며, 뉴델리는 인도의 수도이다.

03

| 정답 | ②

| 해설 | 흑연은 연필심의 재료이고, 우유는 치즈의 재료이다.

04

| 정답 | ④

| 해설 | 병아리는 닭의 새끼를 이르는 명칭이고, 노가리는 명태의 새끼를 이르는 명칭이다.

05

| 정답 | ①

| 해설 | 축구는 11명이 한 팀이 되어 진행하는 스포츠이고, 농구는 5명이 한 팀이 되어 진행하는 스포츠이다.

06

| 정답 | ②

| 해설 | 하늘에서의 이동수단은 항공기이고, 바다에서의 이동수단은 선박이다.

07

| 정답 | ④

| 해설 | 맥주의 주된 원료는 보리이고, 와인의 주된 원료는 포도이다.

08

| 정답 | ②

| 해설 | '맞추다'는 '미리 부탁하여 만들게 하다.'는 뜻으로 '옷을 맞추다'와 같이 쓰이며, '맞히다'는 '과녁이나 목표에 바로 맞게 하다, 적중하다.'는 뜻으로 '정답을 맞히다'와 같이 쓰인다.

09

| 정답 | ②

| 해설 | 둘 이상의 실질형태소가 한 단어로 결합한 합성어 중 앞의 말이 뒤를 꾸며주는 수식합성어를 고르는 문제로 책가방과 같은 형태의 손수레가 정답이다.

10

| 정답 | ④

| 해설 | '나긋나긋하다'는 말투가 부드럽고 상냥함을 나타내는 형용사이므로 빈칸에는 반죽이나 밥 등이 물이 없어 빽빽한 상태를 나타내는 형용사 '되다'가 들어가야 한다. '섞다'는 상태나 성질을 나타내는 것이 아니라 행위를 나타내므로 들어갈 수 없다.

11

| 정답 | ④

| 해설 | 천연가스를 이용하여 자동차를 움직일 수 있고, 전기를 이용하여 냉장고를 작동시킬 수 있다.

12

| 정답 | ①

| 해설 | 감기에 걸리면 병원에서 치료를 받고, 내란을 범한 자는 교도소에 가둔다.

13

| 정답 | ④

| 해설 | 하위 항목으로 제시된 상어, 삼치, 멸치는 모두 바닷물고기이므로 다랑어가 적절하다.

| 오답풀이 |

잉어, 메기, 붕어, 송어는 모두 민물고기다.

14

| 정답 | ④

| 해설 | 하위 항목으로 제시된 미국, 캐나다, 영국은 모두 영어를 공용어로 사용하는 국가들이므로 호주가 적절하다.

| 오답풀이 |

독일과 스페인, 프랑스, 일본은 모두 자국 언어를 공용어로 사용하고 있다.

15

| 정답 | ①

| 해설 | 하위 항목으로 제시된 플루트, 오보에, 색소폰은 모두 목관악기이므로 리코더가 적절하다.

| 오답풀이 |

미림바는 타악기, 아코디언은 건반악기, 첼로와 우쿨렐레는 현악기이다.

16

| 정답 | ③

| 해설 | 예문의 두 번째 문장의 대우를 통해 '배구를 못하면 농구를 못한다'는 것을 알 수 있다. 이를 '농구를 못하면 탁구를 못한다'는 세 번째 예문과, '탁구를 못하면 달리기를 못한다'는 첫 번째 예문의 대우에 따라 추론하면 '배구를 못하면 달리기를 못한다'는 사실을 알 수 있다. 그런데 주어진 문장의 '배구를 못하면 테니스를 못한다'가 참이 되기 위해서는 '달리기를 못하면 테니스를 못한다'가 성립되어야 하는데, 이것은 네 번째 예문의 이로써 이는 참일 수도, 거짓일 수도 있으므로 문장의 참 · 거짓은 알 수 없다.

17

| 정답 | ②

| 해설 | 삼단논법에 따라 '나는 줄넘기를 잘한다. → 나는 등산을 잘한다. → 나는 농부이다.'가 성립되어 '나는 농부이다'가 참이 된다. 따라서 '나는 농부가 아니다'는 거짓이다.

18

| 정답 | ③

| 해설 | 네 번째 예문의 대우는 '직원들의 불만이 많아지면 휴가가 줄어든다'이고, 주어진 문장은 '직원들의 불만이 많아지면 휴가를 보내주어야 한다'이다. 이는 당위성의 내용으로 연결되는 것은 아니므로 이 문장의 옳고 그름은 알 수 없다.

19

| 정답 | ①

| 해설 | 첫 번째 예문의 '전기세가 줄어들면 생산성이 떨어진다'와 두 번째 예문의 '생산성이 떨어지면 야근수당이 줄어든다'를 통해 참임을 알 수 있다.

20

| 정답 | ②

| 해설 | 두 번째 예문의 대우는 '야근수당이 많아지면 생산성이 올라간다'이고, 세 번째 예문의 대우는 '생산성이 올라가면 직원들의 불만이 줄어든다'이다. 따라서 '야근수당이 많아지면 직원들의 불만이 많아진다'는 거짓이다.

3 유형C 패턴이해

문제 319쪽

01 ④	02 ④	03 ②	04 ③	05 ⑤
06 ②	07 ②	08 ④	09 ①	10 ④
11 ⑤	12 ①	13 ②	14 ③	15 ①
16 ④	17 ②	18 ③	19 ①	20 ②

01

| 정답 | ④

| 해설 | 펀칭 문제는 마지막으로 접힌 모양부터 출발하여 역으로 펼치면서 뚫린 구멍의 위치를 파악하면 된다. 이때 접었던 선을 축으로 하여 대칭하는 곳에 구멍을 표시해나가며 확인한다.

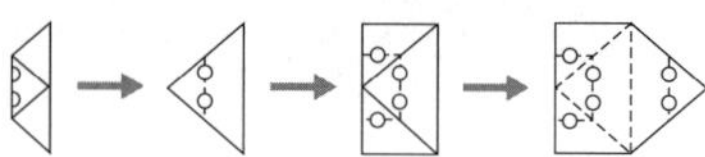

02

| 정답 | ④

| 해설 |

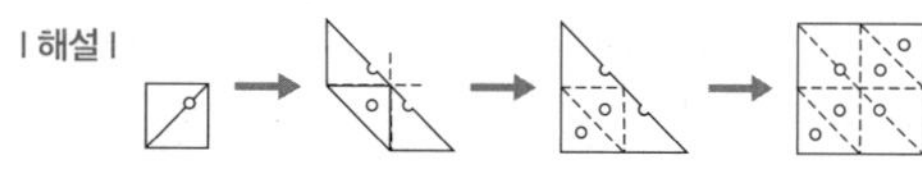

03-04

| 정답 | **03** ② **04** ③

| 해설 | 선대로 접었을 때 맞붙는 면을 파악하여 찾는다.

05

| 정답 | ⑤

| 해설 | 역순으로 펼치면서 접은 선을 축으로 하여 색칠된 부분을 서로 대칭이 되게 그려가며 찾는다.

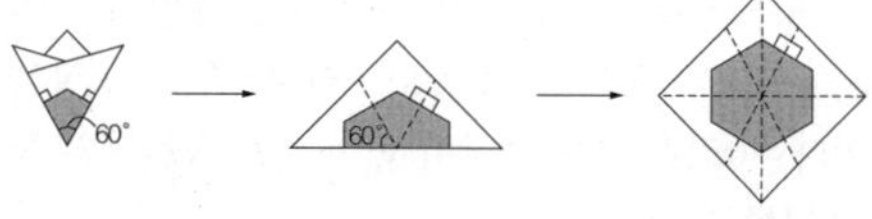

06

| 정답 | ②

| 해설 |

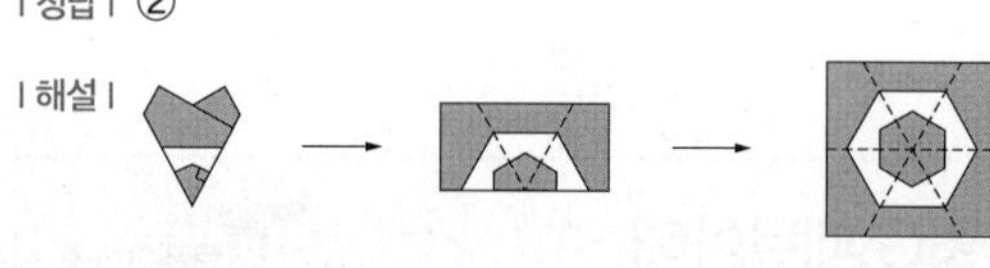

07

| 정답 | ②

| 해설 |

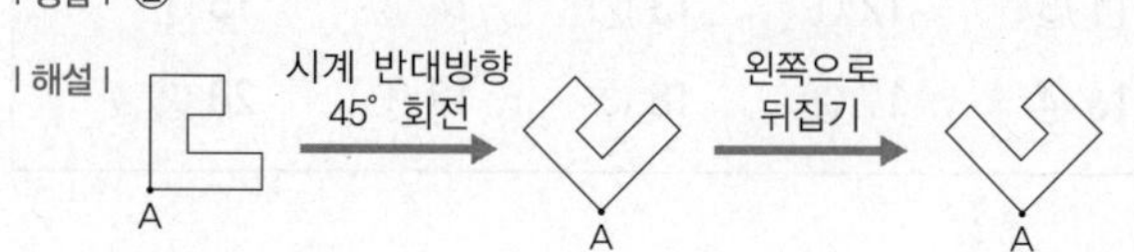

08

| 정답 | ④

| 해설 | ④의 그림은 네모 상자의 모양이 가로로 긴 직사각형이 되어야 한다.

09

| 정답 | ①

| 해설 | 첫 번째, 세 번째 고리는 검은 고리이거나, 반은 검고 반은 흰 고리이며, 두 번째와 네 번째 고리는 확실하게 반은 검고 반은 흰 고리이다. 이를 전제로 살펴보면, ①은 원래 사슬을 왼쪽에서 봤을 때 나올 수 있는 모양인데 두 번째와 네 번째에 걸려있는 고리의 색이 틀렸다. 왼쪽에서 바라볼 때, 나올 수 있는 모양이 되려면, 다음과 같이 두 번째는 흰쪽이 네 번째는 검은 쪽이 보여야 한다.

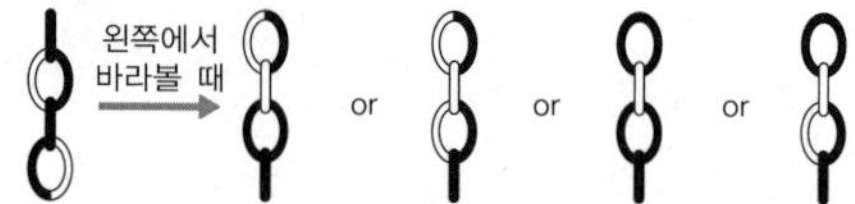

따라서 ③과 ⑤는 왼쪽에서 보았을 때 나타날 수 있는 모양임을 알 수 있다. 마찬가지로 생각해 보면 ②와 ④는 반대편에서 보았을 경우의 모양임을 알 수 있다.

10

| 정답 | ④

| 해설 | 이 고리는 보이는 부분이 흰색이기 때문에 전체가 흰 고리일수도 있고, 반은 검고 반은 흰 고리일 수도 있다. 만일, 전체 흰 고리라면 선택지 ②, ③의 모양은 나올 수 있다. 또는 반은 검고 반은 흰 고리라면, 반대편에서 보았을 때 선택지 ①과 ⑤의 모양이 나올 수 있다. 하지만 ④의 경우는 전체가 검은 고리일 때 나올 수 있는 모양으로 정답이 아니다.

11

| 정답 | ⑤

| 해설 | 점 P가 원 중심에 있으므로, 원호를 포함하는 도형이 직선 상을 회전할 때 직선 l과 평행한 선이 생길 것이다.

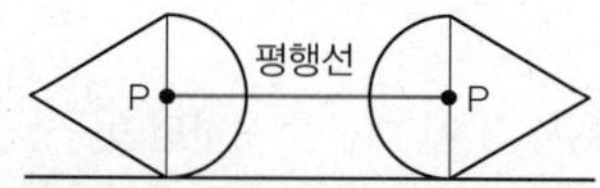

주의해야 할 것은 삼각형 부분이 직선 l에 다다를 때이다.

호가 된다.

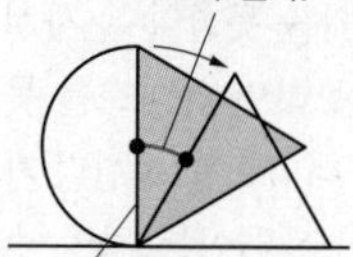

이 길이를 반지름으로 하여 회전하므로 호가 생긴다.

즉, 평행선 뒤에 호가 생기고, 조금 내려가는 궤적이 생기게 된다. 그리고 다음 회전에서 삼각형의 높이 부분을 회전 반지름으로 하는 궤적이 생기게 되므로, 다시 호가 된다.

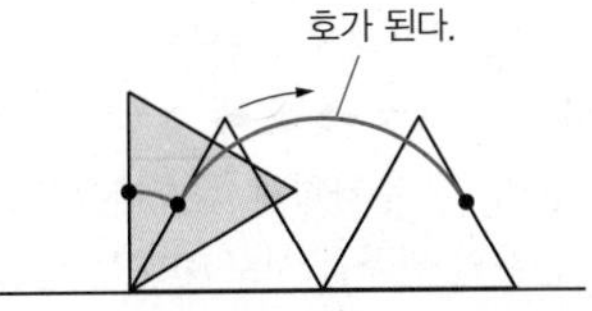

궤적 전체를 나타내면 다음 색선과 같다.

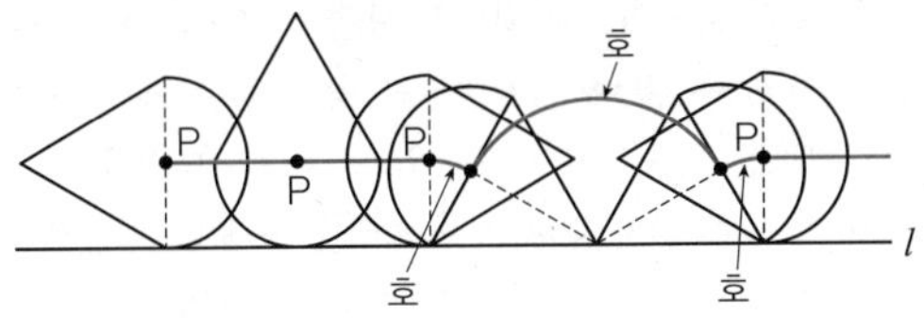

원호를 포함하는 도형이 직선상을 회전할 때의 궤적

1. 원의 중심 궤적은 바닥(지면)과 평행선
2. 원주상의 점의 궤적은 곡선(사이클로이드 곡선)

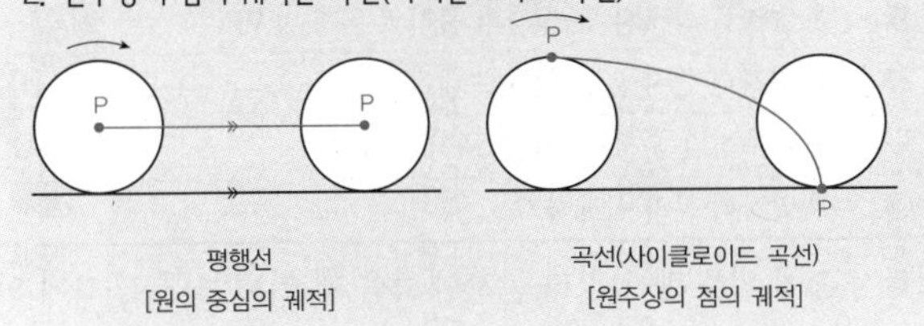

12

| 정답 | ①

| 해설 | 위상수학의 한 분야인 '매듭' 문제로, 다음과 같이 변형할 수 있다.

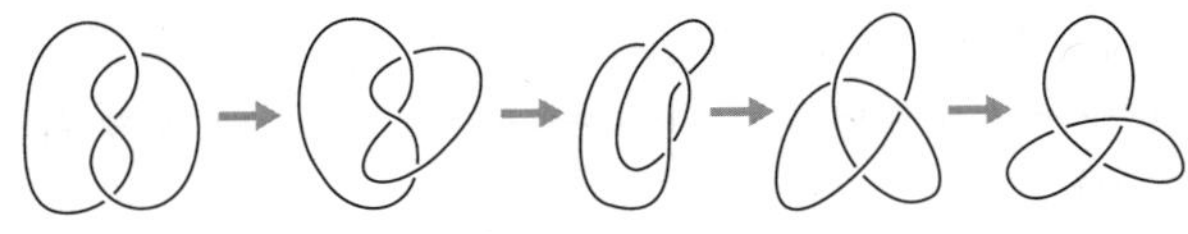

13

| 정답 | ②

| 해설 | 홀수점이 0개이거나 2개일 경우에만 한붓그리기가 가능하다. 따라서 홀수점이 0개인 ②가 가능하다.

14

| 정답 | ③

| 해설 | (가)와 (나)의 선의 교점을 세면 다음 그림과 같다.

(가) 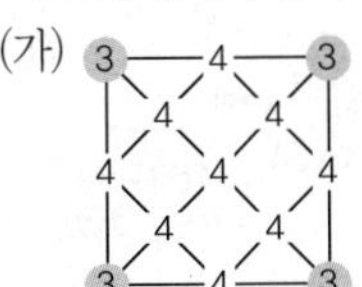

(나) 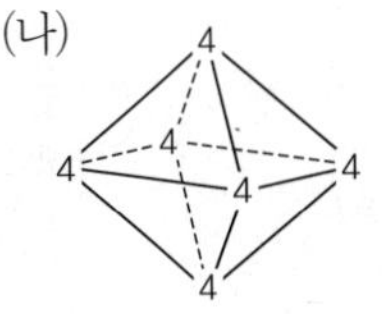

따라서 (가)는 홀수점이 4개 있으므로 한붓그리기가 불가능한 도형이며, (나)는 홀수점이 없으므로 한붓그리기가 가능한 도형임을 알 수 있다.

보충 플러스+

한붓그리기 문제는 평면도형이든 입체도형이든 관계없이 응용 가능하므로, 선의 교점에서 홀수점의 수를 세고 그것이 0개나 2개 있는 도형이라면 한붓그리기가 가능한 도형이고, 그 외에는 한붓그리기가 불가능한 도형이라고 판단할 수 있다.

15

| 정답 | ①

| 해설 | ◎ → △ → ◎를 통해 △가 좌우대칭(Y축 대칭)이라는 것을 알 수 있다.

첫 번째 세로열과 두 번째 가로열에는 공통으로 ◈가 들어가 있고, 두 열 모두 마지막 도형이 처음 도형과 색이 반대인 것으로 보아 ◈는 색 반전 기호임을 알 수 있다. 이를 적용하면 두 번째 가로열 변화를 통해 ♡는 반시계방향으로 90° 회전 기호인 것도 알 수 있다.

나머지 열의 변화도 역으로 거슬러가며 살펴보면 종합적으로 다음 규칙이 성립한다.

기호	규칙
◉	180° 회전(원점 대칭)
◈	색 반전(흑 ↔ 백)
☆	시계방향으로 90° 회전
♡	반시계방향으로 90° 회전
△	좌우대칭(Y축 대칭)

따라서 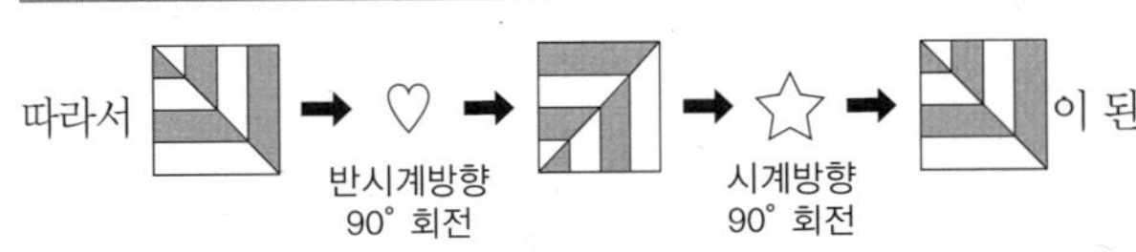

이 된다(반시계방향 90° 회전과 시계방향 90° 회전이 연이어 진행되면 처음 모양과 같다).

16

| 정답 | ④

| 해설 |

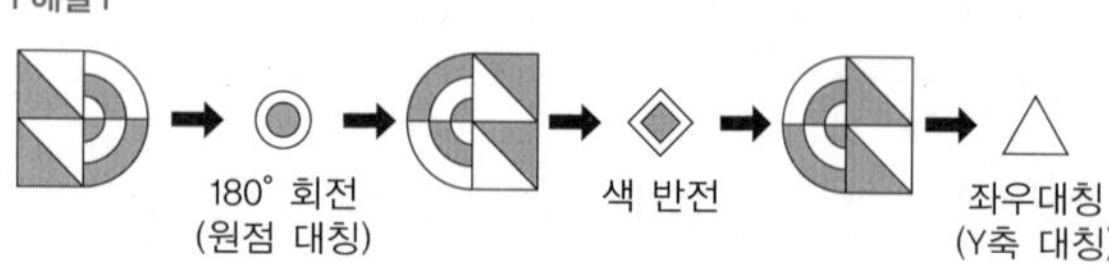

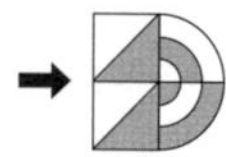

17

| 정답 | ②

| 해설 |

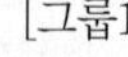

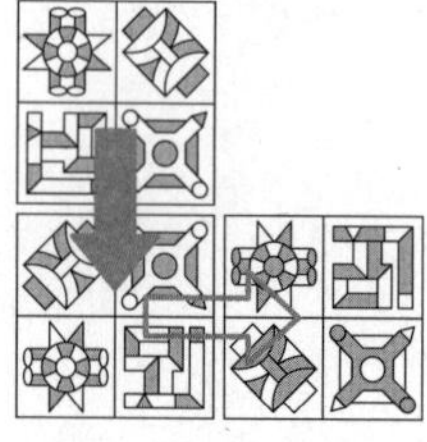

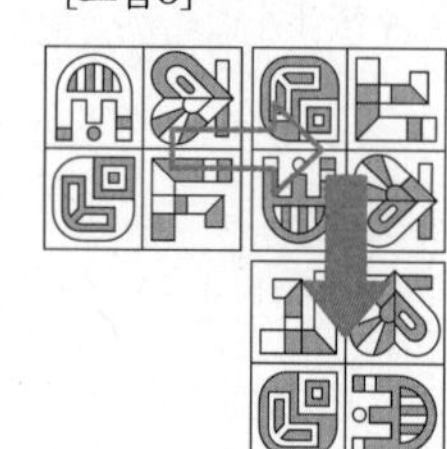

- 세로 규칙(위 → 아래) : 사각형 전체 반시계방향 90° 회전(or 각 도형 반시계방향 90° 회전+위치 반시계방향으로 1칸 이동)
- 가로 규칙(좌 → 우) : 사각형 전체의 상하대칭(or 상하칸 자리 바꿈+각 도형 상하대칭)+색 반전

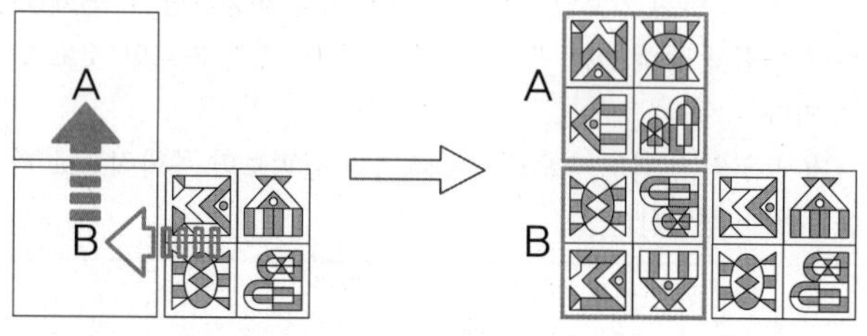

- ⊞ → B(우 → 좌) : 사각형 전체의 상하대칭+색 반전[가로 규칙(좌 → 우)과 동일]
- B → A(아래 → 위) : 사각형 전체의 시계방향 90° 회전 (or 각 도형 시계방향 90° 회전+위치 시계방향 1칸 이동)

18

| 정답 | ③

| 해설 | ㄴㅇㅎ열과 ㅍㅁㅂㅈ열을 보면 ◈가 공통으로 들어가는데, 변화과정을 거쳐 각각 끝 문자에 ㅅ, 첫 문자에 ㄱ이 추가되어 있는 것으로 보아 ◈는 한 개의 문자를 추가하는 암호임을 유추할 수 있다.

그런데 문자를 앞자리에 추가하는 것인지, 뒷자리에 추가하는 것인지는 알 수 없으므로, 우선 ◈를 맨 앞자리에 문자를 추가하는 암호라 가정하면 ㄴㅇㅎ ➡ ◈ ➡ ㅅㄴㅇㅎ ➡ ❋ ➡ ㅎㄴㅇㅅ이 성립되어, ◈이 맨 앞자리에 한 문자 더 추가하는 암호가 되며, ❋이 맨 앞자리 문자와 맨 뒷자리 문자의 위치를 서로 바꾸는 암호임도 추측할 수 있다.

이에 따라 ㅍㅁㅂㅈ열에서 역으로 확인해 보면 ㅁㅂㅈㅍ ➡ ◈ ➡ ㄱㅁㅂㅈㅍ, ㅍㅁㅂㅈ ➡ ● ➡ ㅁㅂㅈㅍ를 통해 ●는 맨 앞자리 문자를 맨 뒤로 보내는 암호임을 알 수 있고, ㅂㅈㅅㄷ열에서 ㅂㅈㅅㄷ ➡ ❋ ➡ ㄷㅈㅅㅂ ➡ ♡ ➡ ㅂㅅㅈㄷ를 통해 ♡는 문자의 정렬 순서를 역순으로 바꾸는 암호임을, ㄱㅁㅂㅈㅍ열에서 ㄱㅁㅂㅈㅍ ➡ ♡ ➡ ㅍㅈㅂㅁㄱ ➡ ◑ ➡ ㅈㅂㅁㄱ를 통해 ◑는 맨 앞자리 문자를 삭제하는 암호임을 알 수 있다.

도형들에 정해진 규칙들을 정리하면 다음과 같다.

◈	맨 앞자리에 한 문자 더 추가하기
❋	맨 앞자리 문자와 맨 뒷자리 문자의 위치 바꾸기
●	맨 앞자리 문자를 맨 뒤로 보내기
♡	문자의 정렬 순서를 역순으로 바꾸기
◑	맨 앞자리 문자 삭제하기

따라서 ●에 의해 맨 앞자리 문자인 ㄹ을 맨 뒤로 보내고, ♡에 의해 문자의 정렬을 역순으로 바꾼다.

ㄹㅋㅌㅅ ➡ ● ➡ ㅋㅌㅅㄹ ➡ ♡ ➡ ㄹㅅㅌㅋ

19

| 정답 | ①

| 해설 | ❋에 의해 맨 앞자리 문자와 맨 뒷자리 문자의 위치를 바꾸고, ◑에 의해 맨 앞자리 문자를 삭제한 다음, ◈에 의해 맨 앞자리에 한 문자를 더 추가한다.

ㅊㄱㅅㅂㅎ ➡ ❋ ➡ ㅎㄱㅅㅂㅊ ➡ ◑ ➡ ㄱㅅㅂㅊ ➡ ◈ ➡ ㅇㄱㅅㅂㅊ

20

| 정답 | ②

| 해설 | 변화과정의 결과인 ㄱㅅㅊㄹㄷ을 역으로 진행시키면 ㄷㅅㅊㄹㄱ ➡ ❋ ➡ ㄱㅅㅊㄹㄷ, ㅅㅊㄹㄱ ➡ ◈ ➡ ㄷㅅㅊㄹㄱ가 되므로, ㄱㅅㅊㄹ ➡ ? ➡ ㅅㅊㄹㄱ가 되기 위해서는 ?에 맨 앞자리 문자를 맨 뒤로 보내는 암호인 ●를 넣는 것이 적합하다.

ㄱㅅㅊㄹ ➡ ● ➡ ㅅㅊㄹㄱ ➡ ◈ ➡ ㄷㅅㅊㄹㄱ ➡ ❋ ➡ ㄱㅅㅊㄹㄷ

2회 실전모의고사

1 유형A 기초지식

문제 336쪽

01 ③	02 ④	03 ②	04 ③	05 ④
06 ②	07 ③	08 ②	09 ③	10 ②
11 ④	12 ②	13 ①	14 ⑤	15 ③
16 ②	17 ①	18 ⑤	19 ③	20 ③

01

| 정답 | ③

| 해설 | agree with : ~의 의견에 동의하다

해석 A : 휴일에 일하는 것은 너무 부당해요.

B : 당신 말에 동의해요.

02

| 정답 | ④

| 해설 | keep, finish, avoid 등의 동사는 동명사만을 목적어로 취할 수 있다. keep+~ing : ~하는 것을 계속하다.

해석 너는 그 책을 계속 읽는 것이 좋겠다.

03

| 정답 | ②

| 해설 | call off : (약속 등을) 취소하다

| 오답풀이 |

① call on : 방문하다, 요구하다

③ call for : 요청하다, 불러내다

④ call in : 불러들이다, 도움을 청하다

⑤ call somebody up : ~에게 전화를 걸다, ~을/를 출전시키다

해석 A : 야구는 누가 이겼나요?

B : 아무도 이기지 않았어요. 어젯밤에는 비가 왔는데, 경기를 하기에는 땅이 너무 많이 젖어서 경기를 취소했어요.

04

| 정답 | ③

| 해설 | 밑줄 친 부분의 발언 뒤로 B가 '클래식 음악 듣는 것을 즐기냐'는 질문에 대한 자신의 답을 하고 있으므로 밑줄 친 부분에 들어갈 내용은 '당신은요?'가 가장 적절하다.

| 오답풀이 |

① 가장 좋아하는 음악가가 누구인가요?

② 이 곡의 제목이 무엇인가요?

④ 무엇을 도와드릴까요?

⑤ 왜 클래식 음악이 유명할까요?

해석 A : 클래식 음악 듣는 것을 즐기시나요?

B : 자주는 아니지만 가끔 들어요. ______________

A : 저도요. 저는 슈베르트를 좋아해요.

05

| 정답 | ④

| 해설 | 'Do you have the time?'은 시간을 묻는 질문이다. 따라서 '미안하지만 저는 시계가 없네요'라는 대답이 가장 적절하다. 시간이 있는지를 묻는 질문은 'Do you have a time?'이다.

| 오답풀이 |

① 오늘은 안 돼요.

② 미안하지만 저는 바빠요.

③ 네, 저는 오늘 저녁에 한가해요.

⑤ 저는 숙제를 해야 해요.

해석 A : 지금 몇 시입니까?

B : ______________________

06

| 정답 | ②

| 해설 | 다른 선택지는 모두 사과에 대한 '괜찮습니다(신경 쓰지 마세요)'의 표현이나, ②는 '걱정해 주셔서 감사합니다'라는 의미로 대화의 맥락상 어울리지 않는다.

해석 A : 저녁식사 감사히 먹었습니다. 이제 집으로 가야겠습니다. 오! 이런, 죄송합니다. 거기에 꽃병이 있는 걸 못봤습니다. 제가 더 조심했어야 했는데.

B : ______________________

A : 그 꽃병은 매우 비싸 보이는데요.

B : 걱정마세요, 그렇게 비싸지 않아요.

07

| 정답 | ③

| 해설 | 종달새는 무엇을 먹고 사느냐는 질문에 나무에서 산다고 대답하고 있으므로 어색한 대화이다.

어휘 live on : ~을/를 먹고 살다(live by)

08

| 정답 | ②

| 해설 | 알약의 처방법에 대한 대화 내용을 통해 약국에서의 대화임을 알 수 있다.

| 오답풀이 |

① 시청, ③ 소방서, ④ 편의점, ⑤ 주차장

어휘 pill : 알약

해석 A : 하루에 몇 알씩 먹어야 하나요?

B : 하루에 세 번, 식후 30분에 드세요.

09

| 정답 | ③

| 해설 | 공연 표 예매에 대한 대화 내용을 통해 공연장 또는 극장에서의 대화임을 알 수 있다.

| 오답풀이 |

① 식당, ② 역, ④ 공항, ⑤ 병원

해석 A : 표 두 장 있습니까?

B : 죄송합니다. 다 팔렸습니다. 그러나 다음 금요일 공연의 표는 몇 장 있습니다.

10

| 정답 | ②

| 해설 | give[bear] a hand : ~을/를 도와주다(=help, assist 등)

해석 이것을 좀 도와주시겠습니까?

11

| 정답 | ④

| 해설 | $24 \div 3 + 17 = 25$

12

| 정답 | ②

| 해설 | $13 - 4 = 9$

13

| 정답 | ①

| 해설 | 성인의 입장료는 8,000원, 어린이의 입장료는 $8,000 \times 0.8 = 6,400$(원)이다. 성인의 수를 x명이라 하면 어린이의 수는 $(50-x)$명이므로,

$8,000x + 6,400(50-x) = 371,200$

$1,600x + 320,000 = 371,200$

$1,600x = 51,200$

$\therefore x = 32$(명)

따라서 성인은 32명, 어린이는 18명이므로 성인은 어린이보다 14명 더 많다.

14

| 정답 | ⑤

| 해설 | 60km/h로 달린 거리를 $x$km, 50km/h로 달린 거리를 $(200-x)$km라 하면,

$\frac{x}{60} + \frac{200-x}{50} = \frac{7}{2}$

$5x + 6 \times (200-x) = 1,050$

$5x + 1,200 - 6x = 1,050$

$x = 150$(km)

따라서 60km/h로 달린 시간은 $\frac{150}{60} = 2.5$(시간)=2시간 30분이다.

15

| 정답 | ③

| 해설 | 500원짜리 스티커를 x개, 1,000원짜리 수첩을 y개 구매했다고 하면

$x + y = 40$ ······································ ㉠

$500x + 1,000y = 30,000 - 1,500$ ········· ㉡

㉠, ㉡을 연립하여 풀면 $x=23$(개), $y=17$(개)이므로 구입한 스티커의 개수는 23개이다.

16

| 정답 | ②

| 해설 | • 정가 : $160,000 + (160,000 \times 0.5) = 240,000$(원)

• 할인가 : $240,000 - (240,000 \times 0.15) = 204,000$(원)

17

| 정답 | ①

| 해설 | 톱니바퀴 A, B, C는 각각 톱니 수의 최소공배수만큼 맞물리고 난 후에야 처음 시작한 위치에서 다시 만날 수 있다. A, B, C의 톱니 수 6, 10, 15의 최소공배수는 30이고, B는 톱니가 10

개이므로 B가 최소 30÷10=3(바퀴)를 회전해야 톱니바퀴 A, B, C 모두 처음 위치로 돌아간다.

18

| 정답 | ⑤

| 해설 | 전체 일의 양을 1이라고 하면 A는 1시간 동안 $\frac{1}{5}$만큼 일을 하고, B는 1시간 동안 $\frac{1}{7}$만큼 일을 하는 것이 된다. 따라서 두 사람이 함께 구슬을 꿰는 데 걸리는 시간을 x(시간)라고 하면

$x\left(\frac{1}{5}+\frac{1}{7}\right)=1 \qquad x=\frac{35}{12}$(시간)

따라서 함께 구슬을 전부 꿰는 데 걸리는 시간은 2시간 55분이다.

19

| 정답 | ③

| 해설 | 양 끝에도 나무를 심으므로 나무의 수는 간격의 수+1(그루)이다.

따라서 250÷5+1=51(그루)이 필요하다.

20

| 정답 | ③

| 해설 | 농도(%)$=\frac{\text{소금의 양}}{\text{소금물(=소금+물)의 양}}\times 100$이므로,

$\frac{75}{75+225}\times 100=25(\%)$이다.

2 유형B 언어이해

문제 342쪽

01 ⑤	02 ①	03 ①	04 ①	05 ⑤
06 ③	07 ③	08 ①	09 ④	10 ①
11 ②	12 ②	13 ③	14 ①	15 ③
16 ①	17 ③	18 ③	19 ⑤	20 ①

01

| 정답 | ⑤

| 해설 | 벽, 손목, 뻐꾸기, 전자를 아우르는 상위개념은 시계이다.

02

| 정답 | ①

| 해설 | 코다리, 노가리, 황태, 북어를 아우르는 상위개념은 명태이다.

03

| 정답 | ①

| 해설 | 한글, 알파벳, 히라가나, 한자를 아우르는 상위개념은 문자이다.

04

| 정답 | ①

| 해설 | 대나무, 난초, 매화는 국화와 함께 사군자이다.

05

| 정답 | ⑤

| 해설 | 월요일은 달(月)에서 유래했다.

삭망은 음력 초하루와 보름을 아울러 부르는 말이다.

태음력은 달이 지구를 한 바퀴 도는 시간을 바탕으로 만든 역법이다.

06

| 정답 | ③

| 해설 | 시계바늘, 주사바늘이 있고, '바늘이 가는 데 실 간다.'라는 속담이 있다.

07

| 정답 | ③

| 해설 | 전태일은 청계천 평화시장에서 재봉사로 일을 했다.

전태일은 근로기준법을 준수할 것을 주장하였다.

전태일은 분신으로 생을 마감하였다.

08

| 정답 | ①

| 해설 | 골무와 반지는 손가락에 끼는 것이다.
약속을 할 때 흔히 손가락을 걸고 한다.

09

| 정답 | ④

| 해설 | 소방관은 소방서에서 일하고, 교사는 학교에서 일한다.

10

| 정답 | ①

| 해설 | 물고기를 잡기 위해서는 지렁이가 필요하고, 불을 피우기 위해서는 나무가 필요하다.

11

| 정답 | ②

| 해설 | 멍석은 짚을 원료로 하고, 도기는 점토를 원료로 한다.

12

| 정답 | ②

| 해설 | 대한민국의 수도는 서울이고, 중국의 수도는 베이징이다.

13

| 정답 | ③

| 해설 | 선희가 참여 중인 A 프로젝트 구성 사원의 대부분이 2년차이지만, 모두가 2년차는 아니므로 선희가 몇 년차인지는 알 수 없다.

14

| 정답 | ①

| 해설 | 선희가 A 프로젝트에 참여 중인 것은 확실하므로, 적어도 1개 이상의 프로젝트에 참여하고 있음을 알 수 있다.

15

| 정답 | ③

| 해설 | A 프로젝트에 참여 중인 사원의 대부분이 2년차이지만 모든 2년차 사원들이 이 프로젝트에 참여하고 있는지는 알 수 없다.

16

| 정답 | ①

| 해설 | 정상 초파리는 약물 B의 존재 유무와 상관없이 위로 올라가는 성질을 보인다. 하지만 유전자 A가 돌연변이 된 초파리는 약물 B를 넣은 배양기에서는 위로 올라가지 못하며, 약물 B를 넣지 않은 배양기에서는 위로 올라가는 운동성을 보인다. 따라서 유전자 A가 돌연변이 된 초파리가 약물 B를 섭취하면 파킨슨씨병에 걸린다는 것을 알 수 있다.

17

| 정답 | ③

| 해설 | 돌연변이 된 유전자 A가 약물 B를 섭취할 경우에는 파킨슨씨병에 걸리나, 정상 초파리의 경우에는 약물 B를 섭취해도 파킨슨씨병에 걸리지 않는다. 그러나 파킨슨씨병에 걸리지 않았다고 해도 약물 B 섭취로 인한 유전자 A의 돌연변이 여부는 알 수 없다.

18

| 정답 | ③

| 해설 | 물리적 자극에 대한 운동성이 비정상이라고 해서 모두 파킨슨씨병에 걸렸거나 돌연변이 된 유전자 A를 가졌다고 볼 수 없으므로, 이러한 초파리가 약물 B를 섭취할 경우의 파킨슨씨병 발병 여부는 알 수 없다.

19

| 정답 | ⑤

| 해설 | 논증의 결론 자체를 그 논증에 대한 전제로 사용하는 '순환논증의 오류'에 해당한다.

| 오답풀이 |

① 배타성이 없는 두 개념 외에는 다른 가능성이 없다고 단정지어 버리는 '선언지 긍정의 오류'를 범하고 있다.
② 논지와 직접적인 관련이 없는 권위자의 견해를 근거로 신뢰하게 하는, 즉 '부적합한 권위에 호소하는 오류'를 범하고 있다.
③ 반례가 존재하고 적절하지 않은 비유를 드는 '잘못된 비유의 오류'를 범하고 있다.
④ 어떤 논리를 뒷받침하기 위해 제시한 논거가 실제적으로는 다른 논지를 뒷받침하는 '논점 일탈의 오류'를 범하고 있다.

20

| 정답 | ①

| 해설 | 매개념 부주연의 오류란 '모든 X는 Y이다. Z도 Y이다. 따라서 Z는 X이다(또는 X는 Z이다)' 형식의 오류로 삼단논법의 전제에서 매개념이 한 번도 주연이 되지 않은 경우에 발생하는 오류이다.

| 오답풀이 |

② 정언 삼단논법의 두 전제 속에 나타나는 대전제와 소전제 양쪽에 공통된 개념이 모호하기 때문에 생기는 오류이다.

③ 선언적 삼단논법에서 대전제의 어느 한 명제를 긍정하는 것이 필연적으로 다른 명제의 부정을 도출한다고 여기는 오류이다.

④ 어떤 주장을 함에 있어 그 주장의 근거로 그 주장을 사용하는 오류이다.

⑤ 부당하게 적용된 유추에 의해 잘못된 결론을 이끌어 내는 오류이다.

3 유형C 패턴이해

문제 349쪽

01 ①	02 ④	03 ②	04 ①	05 ①
06 ①	07 ④	08 ③	09 ①	10 ①
11 ③	12 ②	13 ②	14 ③	15 ④
16 ④	17 ②	18 ④	19 ①	20 ③

01

| 정답 | ①

| 해설 | 작은 수부터 큰 수로 정렬한다.

02

| 정답 | ④

| 해설 | 오름차순(사전 순서)일 때 모음 'ㅔ'는 'ㅣ'보다 앞선다.

03

| 정답 | ②

| 해설 | cake와 champagne, dress와 dance는 첫 글자가 같으므로 2번째 글자를 비교해 본다. 오름차순일 때 a는 h나 r보다 앞서므로 cake－champagne, dance－dress 순으로 정렬된다.

04

| 정답 | ①

| 해설 | ㄱ부터 오름차순으로 정렬한다.

05

| 정답 | ①

| 해설 | 〈보기〉의 관계는 왼쪽 그림을 시계방향으로 90° 회전한 것이다.

06

| 정답 | ①

| 해설 | 〈보기〉의 관계는 왼쪽 그림에 색반전이 적용된 것이다.

07

| 정답 | ④

| 해설 | 나머지 도형들은 색칠되어 있는 부분이 다르다.

① 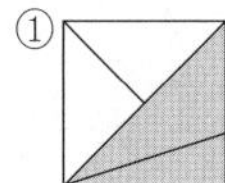 ② 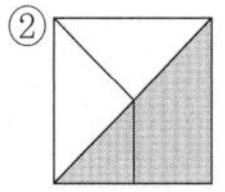 ③ 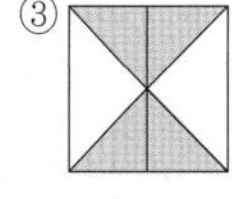 ⑤ 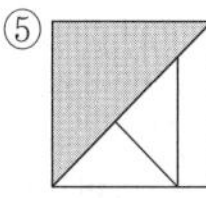

08

| 정답 | ③

| 해설 | 나머지 도형들은 색칠되어 있는 부분이 다르다.

① 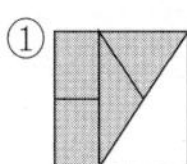 ② 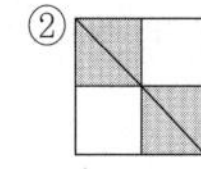 ④ 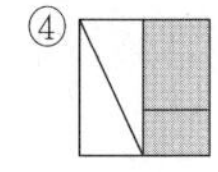 ⑤ 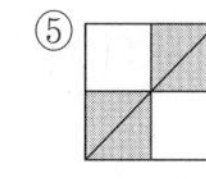

09

| 정답 | ①

| 해설 | 문제의 도형은 원의 일부를 자른 것을 2개 합친 것이다. O_1, O_2를 별도로 생각할 때 O_2는 a에서처럼 전체 원의 중심이다. 그리고 O_1는 b의 굵은 선 원의 원주상에 있다고 볼 수 있다.

a

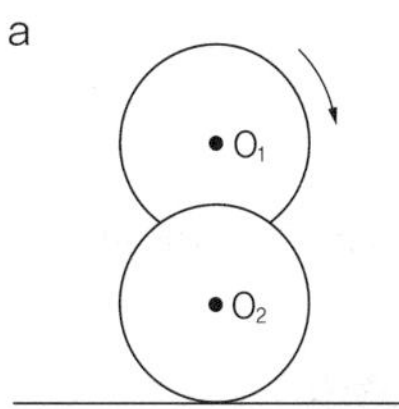

b

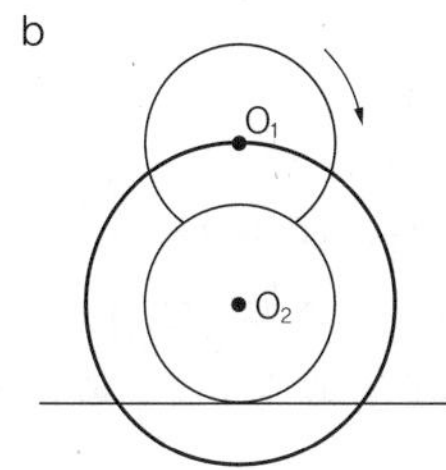

O_2의 궤적은 직선(도형이 회전해 가는 바닥과 평행), O_1의 궤적은 곡선인 것을 알 수 있다. 궤적을 각각 나타내 보면 다음과 같다.

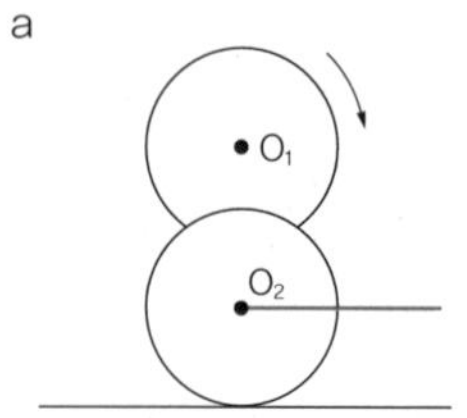

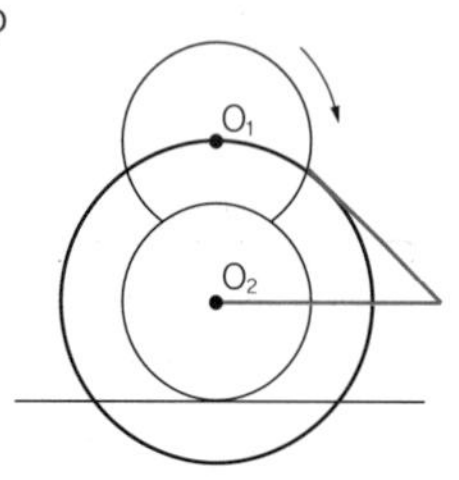

이때 O_1을 중심으로 하는 원이 지면에 접한다.

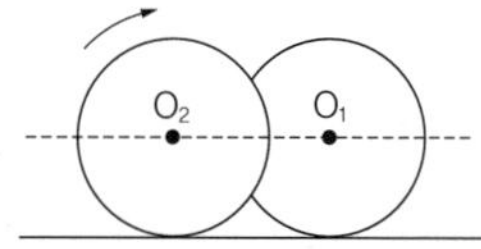

이후에는 O_2가 O_1의 위에 위치하도록 회전해 가므로 2개 점은 상하가 뒤바뀌게 된다. 즉, O_2의 궤적은 직선 → 곡선 → 직선, O_1의 궤적은 곡선 → 직선 → 곡선을 반복한다.
따라서 궤적의 상하가 서로 반대되어 있는 ①이 적절하다.

10

| 정답 | ①

| 해설 | 다음과 같이 변형할 수 있다.

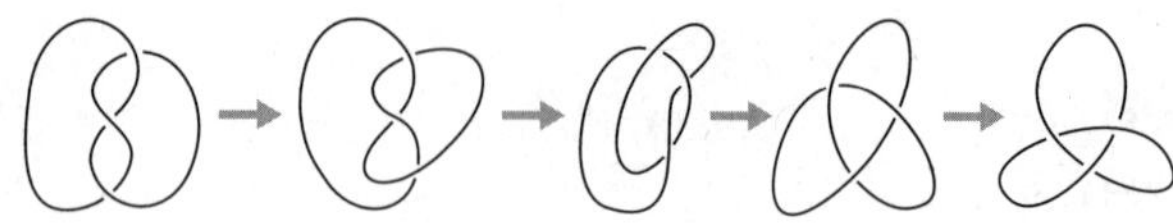

| 오답풀이 |
③은 ①, ②와 비슷하지만 매듭이 지어진 상태가 아니다.

11

| 정답 | ③

| 해설 | 주어진 문자를 ABCD라 가정하고 흐름도의 규칙을 정리하면 다음과 같다.

1. ▨ : BCD
2. ◉ : DCBA
3. ◈ : CBAD
4. ◇ : DABC
5. ▷ : ABCD?(맨 뒷자리에 문자 추가하기)

따라서 ▨에 의해 맨 앞자리 문자인 ㅢ를 삭제하고, ◈에 의해 첫 번째 문자와 세 번째 문자의 위치를 바꾼다.

ㅢㅐㅏㅛㅖ ➡ ▨ ➡ ㅐㅏㅛㅖ ➡ ◈ ➡ **ㅛㅏㅐㅖ**

12

| 정답 | ②

| 해설 | ◇에 의해 맨 뒷자리의 문자를 맨 앞으로 보내고, ◉에 의해 문자의 정렬 순서를 역순으로 바꾼 후, ◈에 의해 첫 번째 문자와 세 번째 문자의 위치를 바꾼다.

ㅝㅔㅑㅠ ➡ ◇ ➡ ㅠㅝㅔㅑ ➡ ◉ ➡ ㅑㅔㅝㅠ ➡ ◈ ➡ **ㅝㅔㅑㅠ**

13

| 정답 | ②

| 해설 | ㅔㅡㅑㅐㅜ는 ◇에 의해 ㅜㅔㅡㅑㅐ가 되는데, 이 문자들이 ㅞㅑㅡㅔㅜㅐ가 ◉의 과정을 거치기 전 문자인 ㅐㅜㅔㅡㅑㅞ가 되기 위해서는 ㅐ가 맨 앞자리로 가고, 맨 뒷자리에 ㅞ가 추가되어야 한다. 따라서 ?에는 ◇ ➡ ▷의 과정이 들어가야 한다.

ㅔㅡㅑㅐㅜ ➡ ◇ ➡ ㅜㅔㅡㅑㅐ ➡ **◇** ➡ ㅐㅜㅔㅡㅑ ➡ **▷** ➡ ㅐㅜㅔㅡㅑㅞ ➡ ◉ ➡ ㅞㅑㅡㅔㅜㅐ

14

| 정답 | ③

| 해설 | 주어진 문자를 ABCD라 가정하고 흐름도의 규칙을 정리하면 다음과 같다.

1. ◎ : DABC
2. □ : ABDC
3. ☆ : YABCD(맨 앞에 Y 추가)
4. ▶ : DCBA
5. ○ : BCD

따라서 ☆에 의해 맨 앞에 문자 Y를 추가하고, □에 의해 맨 뒷자리의 문자인 P와 Y의 위치를 바꾸어 준 다음, ○에 의해 맨 앞의 문자인 Y를 삭제한다.

HAPPY ➡ ☆ ➡ YHAPPY ➡ □ ➡ YHAPYP ➡ ○ ➡ **HAPYP**

15

| 정답 | ④

| 해설 | ▶에 의해 문자의 정렬 순서를 역순으로 바꾸고, ☆에 의해 맨 앞에 Y를 추가한 뒤, ◎에 의해 맨 뒷자리 문자인 H를 맨 앞으로 보낸다.

HOST ➡ ▶ ➡ TSOH ➡ ☆ ➡ YTSOH ➡ ◎ ➡ **HYTSO**

16

| 정답 | ④

| 해설 | ☆에 의해 맨 앞자리에 Y를 추가한다. Y2475가 ◎를 반영하기 전인 742Y가 되기 위해서는 우선 문자의 정렬 순서를 역순으로 바꾼 다음 맨 앞의 5를 삭제해야 하므로 ▷ ➡ ○의 과정이 있어야 한다.

2475 ➡ ☆ ➡ Y2475 ➡ ▷ ➡ 5742Y ➡ ○ ➡ 742Y ➡ ◎ ➡ Y742

17

| 정답 | ②

| 해설 | [조건 1]과 [조건 2]의 규칙 해석은 다음과 같으며, [조건 2]의 값을 먼저 도출한 결과에 [조건 1]을 적용하면 된다.

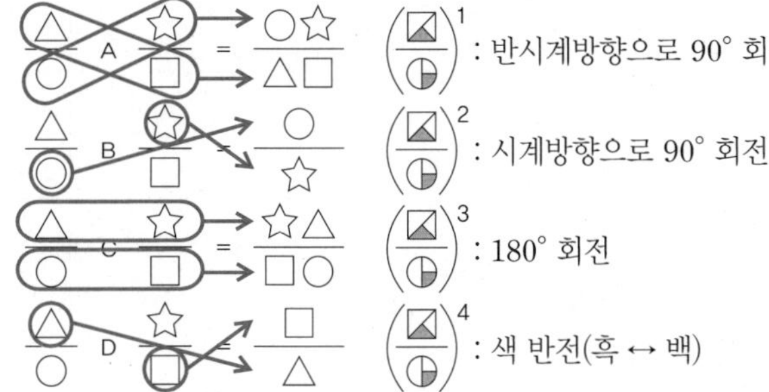

이를 문제에 적용하면 다음과 같다.

18

| 정답 | ④

| 해설 |

19

| 정답 | ①

| 해설 | 각 기호가 나타내는 규칙은 다음과 같다.

- ⊙ : 각 도형의 색 반전(흑 ↔ 백)
- ♡ : 각 도형을 180° 회전(원점 대칭)
- ⋈ : 각 도형을 시계방향으로 90° 회전
- ☆ : 각 도형을 상하대칭(x축 대칭)

제시된 도형에 각 기호의 규칙을 순서대로 적용하면 다음과 같다.

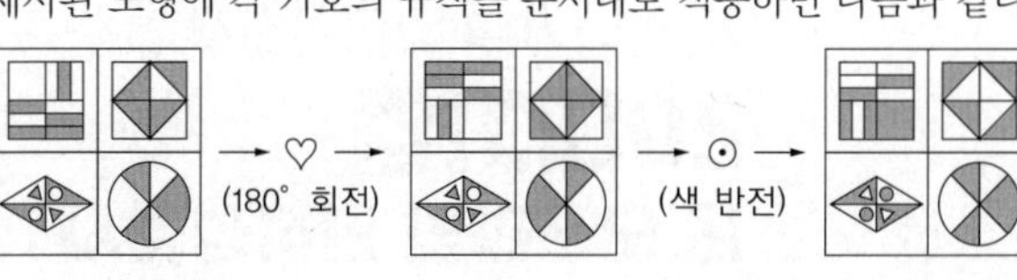

20

| 정답 | ③

| 해설 |

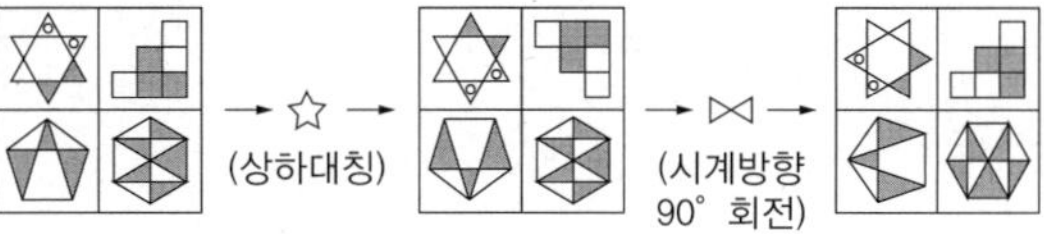

최신 대기업 인적성검사

20대기업 온·오프라인 인적성검사 통합기본서

핵심정리_핸드북 제공

최신기출유형+실전문제

권두부록 대표기출유형

파트 1 언어능력

파트 2 수리능력

파트 3 추리능력

파트 4 공간지각능력

파트 5 사무지각능력

파트 6 인성검사

- 핵심정리[핸드북]